货殖探索系列

唐宋变革与明清转型

中国商业金融史国际学术研讨会论文集

刘秋根 封越健 王金营 主编

河北大学出版社·保定

出 版 人：耿金龙
责任编辑：王红梅
装帧设计：王占梅
责任校对：边志鹏
责任印制：靳云飞

图书在版编目（CIP）数据

唐宋变革与明清转型：中国商业金融史国际学术研讨会论文集 / 刘秋根，封越健，王金营主编. -- 保定：河北大学出版社，2019.9
ISBN 978-7-5666-1541-1

Ⅰ. ①唐… Ⅱ. ①刘… ②封… ③王… Ⅲ. ①商业经济－经济史－中国－中古－学术会议－文集 Ⅳ. ① F729.4-53

中国版本图书馆 CIP 数据核字（2019）第 213657 号

出版发行：河北大学出版社
地址：河北省保定市七一东路 2666 号　邮编：071000
电话：0312-5073033　0312-5073029
邮箱：hbdxcbs818@163.com　网址：www.hbdxcbs.com
经　　销：全国新华书店
印　　刷：保定市北方胶印有限公司
幅面尺寸：148 mm × 210 mm
印　　张：22.125
字　　数：570 千字
版　　次：2019 年 9 月第 1 版
印　　次：2019 年 9 月第 1 次印刷
书　　号：ISBN 978-7-5666-1541-1
定　　价：78.00 元

⊙ 国家社会科学基金重大招标课题“山西契约文书的搜集整理与研究”（课题批准号：14ZDB036）资助出版

⊙ 教育部省属高校人文社科重点研究基地河北大学宋史研究中心基地建设经费资助出版

⊙ 河北省人文社科重点研究基地建设经费资助出版

⊙ 河北大学历史学强势特色学科建设经费资助出版

⊙ 河北大学中国史学科“双一流”建设经费资助出版

⊙ “河北省创新团队领军人才”项目资助出版

目　录

货币、金融、财政研究

商业、商人、市场研究

其　他

新经济制度史研究漫谈
——代前言

刘秋根

亚当·斯密指出：分工是促进经济发展的。马克思认为：生产力中的生产工具、技术等是支撑生产力的骨骼系统。我们应该补充的是，经济制度未必不具有同样的意义。因为贸易只有在配套健全的制度下才得以进行。故而经济制度史一直是中国社会经济史研究的重点领域。而这一研究大体可分为三个阶段：以前多注意赋役制度史、土地制度史、租佃制度史；20世纪80年代后期以来，与工商业、货币金融相关的制度引起了关注，与以往不同的是，不但历史学，法学、经济学的理论方法也得到了学术界重视；进入21世纪以来，受西方制度经济学及制度经济史的影响，更进入了一个新的发展时期。时至今日，新的世纪已经过去了十多年，我们在这里提所谓的“新经济制度史研究”，其意何在？“新经济制度史”又该如何进行？下面以中国传统商业金融史研究为例，做以下几个方面的分析，看看这个“新经济制度史研究”是否能够成立。

一

新经济制度史从其研究对象看，还应该是以传统工商业、金融业为主体，以商人、手工业者为主体，这与以前的研究是一脉相承的，当然，这不是说不研究农业、土地制度、赋役制度、租佃制度等，以及近现代工商业、金融，而是研究角度及重心转移而已。

从另一个角度看，这样的制度史研究，又是以非官府制度为主体的，主要需弄清楚的是那些可能在官府法律政策中没有明确规定，但商人却又自觉地或不得不遵守的一系列制度。以工商业金融为例，如合伙制度、会计制度、商业交易中的牙行制度、货栈制度、学徒制度（担保制度）、东掌之间的委托代理制度、店铺管理、经营制度、利率制度，还有契约制度等。当然对于法律及政策中有明确规定的制度，我们更要予以重视。因为中国固有法律虽无以《民法》《商法》《票据法》为名称的正式法典，但类似的、有时功能上可替代的法律还是存在的。这些法从立法实践来看，与商人习惯法是有着不可分割的源流关系的。封建专制君主在这里也不是任意胡为的。

二

新经济制度史研究，就史料运用而言，应该是以民间文献、档案、碑刻资料为主，以传统史籍、文集、笔记、小说、方志等材料为辅。这不是说要有意排斥传统史料，一方面是到目前为止，已经发掘了大量民间文书材料，亟须加以运用以提高认识水平；另外一方面是，土改、“文革”中这方面的文书资料已经被毁坏了很多，而近年来工业化的进展，城乡生活方式的改变，有些纸质文献被无知的所有者破坏也不容忽视。清代纸质账本、信件被用来点炉子、糊顶棚的事时有听闻。有的被卖到市场上，被那些假斯文的人作为猎奇的对象，甚至一些品相好的契纸被人做成礼品，成为装点门厅的工具，其原物似乎还保存着，而与原契所在地方、所有者相关的一些信息则全部丢弃了，其学术价值大大下降。这可以说是商品化所导致的损失。对这些文献，尤其是更为稀缺、与工商业金融相关的契约文书，学术界应尽快介入，收集整理，进行研究。

传统的以官方史籍为主体的史料，对于上述那些制度的记载是极其缺乏的，由此我们也就了解不到多少相关的细节信息，只是在与政治利益相关时，有时也会有一些信息因此留传下来。如商人经营影响下层百姓日常生活或社会秩序时，在相关的奏议或地方官的案件审判之中，才会留下一些文字。一些文化水平高的地方官，有时会将这类案例留下一部分，编为案例集；有时也会通过《实录》、奏议集等形式流传下来。清代档案是个仅有的例外，它虽是官方文书，但也在一些与刑政有关的案例中记载了一些反映工商业金融状况的微观细节，但仍然不是最原始的资料，而且其本身带有的官方价值观十分浓厚。故而即使是清代或民国初年，官方色彩的史料也只能作为新经济制度史研究的辅助。

以账局为例。作为一种重要的金融机构，在官方史料乃至其他类型的传统史料中，是难得一见的，清嘉庆年间因为它经营京债，才引起官府注意，在清查一些与官债相关的案子时，对账局才有了一些文字记载。至于账局具体是如何经营的，与工商业关系如何，则不得而知。至咸丰三年，传太平军逼近北京，北京市场混乱，山西账局收本回乡，靠它供给资金的钱庄、典当和大量商铺因乏本而大量关闭。这样在《实录》、王茂荫的集子以及中国第一历史档案馆档案的几个奏折中留下了一些零零星星的记载。直到清末进行企业注册登记，才又有了一些文字材料。近年因相关的民间文书材料的发现，才使我对账局认识丰富起来，如有两份清单，一份是乾隆四十七年的，反映了一家名叫玉盛吉记的账局如何借入资金，又对外放贷资本的，与之资金往来的绝大多数是各种不同的商号；一份是同一个账局道光年的清单，此份清单记载了一段时间内对官员所放京债的情况，是官员由于丁忧、死亡、被降职等原因而导致的坏账，相当详细，可见，京债一方面利息高，一方面风险也大。而每一单的借款数额则相当的高，多达五千、六千、七千，甚至一万多两。为此账局有时采取与别的字号合作的方式，以分散风险。还有一些账折或账本，使我们对账局与别的商号来往的情况有了非常详细的了解，账局类似银行机构的运行细节也就显示出来了。

三

新经济制度史研究，我觉得应该还是以历史学的方法，即对史料进行考订、解读的方法为主。当然这样的解读，显然非单纯的历史学考证方法所能胜任，它需要多学科合作、综合性地运用货币金融学、经济学、会计学、法学、社会学等进行综合解读。或者多学科知识背景的人组成团队，共同讨论、集体攻关，如当年傅斯年先生的史语所那样，才有可能攻克某些难关。

但这种对于各门社会科学的运用，似乎又是比较松散的，即主要运用各门社会科学作为工具来解读史料、提出问题以及给研究者指出思考问题的方向。这种方法的运用，有一个基本要求就是史料胜过理论，理论得与史料融合，靠史料所显示出来的、进行过概念化加工的历史事实来说明问题、解决问题，而不是一味地阐述理论，从理论到理论。

不过，以上所说的这些，可能还局限在个别历史事实的阐释，即确定历史事实的阶段，依照历史研究基本要求，我们在此基础上，如果要探讨两个或多个历史事实之间的关系，甚至阐发一些规律性的东西，得出一些宏观的、属于宏大叙事的结论，划分出一些发展的阶段，怎么样呢？应该说，这样的前景是有的，有这样的宏观思想是必要的，但我们并不匆忙得出这样的东西来，只有在进行了大量的个案分析之后才可能自然地走向这一步。故而新经济制度史研究最为主体的、长期的工作就是要不厌其烦地进行这样的个案分析。

为了这样的个案分析，实地调研的方法也是需要经常运用的，不但是为了收集材料，当然这是最为重要的一面，也有与地方史专家、商人后裔、本地居民接触，体会地方风土人情，找到某种对所研究对象的感觉等。尤其是非本地人研究地方史，更是如此。经济制度史与这些因素是强烈相关的。

当然大量的统计方法的运用也是必然的，既然是最原始的史料，而且反映商业金融经营过程中的记载，大多数的文献类型是有数字的，对这些数字，在整体上理解了材料的基础上，从不同问题、不同理论角度做统计分析，做出大量的表格又是必然的事情。

四

新经济制度史研究应以本土制度为主体，当然也要关注与西方经济制度的同异，在中西比较的前提之下进行工作，但着重说清楚的还应是如下问题：传统经济制度怎么样？是如何演变的？对中国经济运行影响如何？中国特定的文化背景、生产方式对它的成型、变化影响如何？强调这种主体性，是为了避免以现代的观念来说古代，以西方的观念来说中国，尤其是后者更应避免。如中国传统工商业金融的积累，皆经数世，中国也没有国家意志下的对外掠夺，这与西方发达各国工业化早期通过对外掠夺积累形成了鲜明对比。以晋商为例，工商业、金融业多开办中小企业，不搞大企业，即使是同一个东家，也有资金可以办大企业，一般也不办，有时一个东家在同一城镇，同类企业搞二至三个中小企业。原因是：首先，独立核算的小企业，一方面船小好掉头；另外一方面，即使亏本，甚至倒闭，对股东的整个资本也不会有大的影响。其次，晋商金融重视实体经济，账局、票号、典当、钱庄等业务与经济运行高度融合，开办金融机构的东家多同时开办工商业字号，表现为混业经营；另一方面，经营者、财东对工商业运行态势相当了解。所以它是完全与经济发展相适应的。此外，中国传统商业、金融业经营多重视朋友关系，即如晋商所说的“相与”关系，不搞垄断，不一味追求竞争，不同帮之间的商人有时合作关系还相当频繁。这些制度与理念不但与西方，也与现代经济制度形成了鲜明对比。

综合以上所述，新的经济制度史研究，既是历史，也是进行时，还可以说是新的历史时期中国经济制度史研究发展、走向可能的一种趋势。本集便有不少论文表现出这样的新特色。故撰此短文，以代前言。

本次会议的如期召开暨本论文集的出版是几个单位合作的成果，《中国经济史研究》编辑部及当时副主编、编辑部主任封越健研究员为促进中国社会经济史尤其是中国商业金融史的研究多次谈到要搞一些小型学术研讨会的创意，这与我的想法不谋而合。他积极参与、细心筹划，并全力支持，于是有了此次会议的召开。河北大学经济学院近年来愈加重视华北区域经济尤其是河北区域经济方面的研究，与宋史研究中心、中国社会经济史研究所的学科发展方向也颇有契合。王金营院长积极襄助，此次会议论文集最终面世。会议的会务工作主要是唐晔副教授带领我的学生，包括毕业的与在读的学生完成的。河北大学出版社对中国社会经济史学科的成果出版历来支持，编辑王红梅女士劳动尤多。我对以上我的好友、同学、同事等的支持、辛苦劳动表示衷心感谢。

企业研究

古代中国社会“合伙”制度再思考

上海社会科学院经济研究所　张忠民

一、问题思考的背景

如果从长时段的经济增长及制度变迁看，唐宋明清时期是考察近现代中国社会经济制度转型和变迁的逻辑起点。正因为如此，关心和考察中国经济长期表现的中外学者，在研究与此有关的问题时，几乎都将关注的眼光以及关心和考察的重点置于这一长历史时期。

长时段的社会经济变迁考察，主要有两大考量视角：一是社会经济发展或者说是增长的经济总量及其相关问题的考察，这也就是近年来海内外学者普遍关注的 GDP（国内生产总值）增长的长期考察；二是与之有关的制度变迁的长期考察，其中最重要的是基于产权变迁的企业制度的考察，以及基于市场发育变革的市场经济以及相应的交易制度、交易环境的变化。而在近现代之前社会企业制度的变迁中，无论是西方社会，还是东方的中国，“合伙制”都是最值得我们认真研究和深入探讨的企业组织形式。“合伙制”企业组织的变革无论对传统企业制度的研究，还是近现代企业制度的生成和演变都具有重要的意义。

二、思考之一——考察的路径与方法

对古代中国社会“合伙制”的研究涉及历史学、经济学、法学、管理学、社会学等众多学科。大体而言，大致上可以有两种稍有区别的研究：一种是以个案为主，带有实证或者是考据性的研究，研究的目的和宗旨是要考察“合伙制”在古代中国社会不同时空条件下的真实存在形态以及运行方式等；另一种研究则是在前述研究基础上，带有理论概括的总体性制度研究，其宗旨和目的是要提炼和概括出古代中国社会“合伙”的基本制度特点，以及在中国社会经济长时段变迁中的地位和作用等。当然，以上所言只是一种较为笼统的一般性概括，在实际研究中，也可以有介于两者之间的考察和研究。

就考察的方法而言，不论是哪一种类别的研究，其基本的出发点首先是“论域”的界定，即从什么是“合伙”开始。或者说，无论使用什么样的具体研究方法，在研究历史上的“合伙”之前，首先应该弄清楚，或者是要搞明白，我们要研究的“合伙”究竟是一种什么样的企业制度，首先对“合伙”要有一个概念或者说是标准。如果认为古代合伙与现代合伙有区别，那么首先就要先从理论上予以说明或者证明。

三、思考之二——单帮：合伙与独资之辨析

“合伙”与“独资”，一般来说似乎并没有什么特别难分之处，特别是在理论界定上。但是，在古代中国社会，诸如明清时期的商业活动中，确实有一些值得考量的地方，其中最显著的就是对“单帮”形式商业贸易的把握和理解。

四、思考之三——合伙中的股权与债权

古代中国社会的合伙，“贷本经营”“委托经营”均十分普遍。这其中就涉及了合伙中“股权”与“债权”的问题。这里大致上有两种情况：

第一种情况是，合伙企业的合伙人如果是以自有资本合伙，形成的资本就是完全的“股权”；如果是以借贷资本合伙，形成的资本对出资人而言一方面是股权，但另一方面这一“股权”本身又是对“债权”的一种使用，同时又是一种债务。

第二种情况是，合伙企业的融资，如果出资人是对合伙企业的追加投资，形成的就是对合伙企业的“股权”；如果出资人是对合伙企业的借款，那么形成的就是对合伙企业的“债权”。前者的剩余索取是股息和红利，同时承担相应的亏赔责任；后者的索取是“利息”，它们并不负担企业的亏赔责任。

五、思考之四——合伙中的资本所有权与使用权的分离

资本所有权与使用权的分离是不是考察“合伙”的标准？从方法论上讲，从一个特点的考察入手，判别其是否属于某一个事物类别，基本的逻辑要求是考察的这个特点必须为这一个类别的事物所独有。在古代中国社会的资本组织形式中，资本所有权与资本使用权的分离是不是“合伙”企业所独有的？或者说，“合伙”企业的产权及治理结构上是不是一定表现为资本使用权与资本使用权的分离？众多的实证研究足以对此给出说明，并且足以在此基础上做出有说服力的理论概括。

合伙的本质是“两权合一”，作为出资的合伙人负有同等的经营管理权。所以，对合伙的一般界定，在合伙企业中，合伙人既是合伙企业的出资人，同时也是合伙企业的控制人或者说

是经营者。当然，合伙企业的资本所有权和经营权很多场合下也是可以分离的。企业的经营管理既有合伙人自身直接参与的经营管理（其中有些是全部合伙人都参加经营管理，也有些是部分受委托的合伙人参与经营管理），也有鉴于知识与技能的局限（如矿冶、票号中的行业专门知识和技能），合伙人自身并不直接参与经营管理，而是延请专门人员对企业进行经营管理，从而形成了传统合伙企业中的“委托经营”制，以及形成了传统经济组织中的职业管理者阶层。

此外，在古代中国社会，独资企业的“两权分离”也是常见之现象。

六、思考之五——合伙的法人地位与有限责任

这里涉及古代中国社会合伙中是否存在“匿名合伙”，或者是“隐名合伙”的问题。现有的文献资料及相关的研究表明，这种状况应该是不同程度存在的。由此就会派生合伙者内部或者是相互之间的“有限责任”问题。这种“有限责任”是合伙人内部的一种事先约定。它们与合伙企业对第三者的“责任”不是同一个问题。应该说，作为合伙企业，其对第三者而言，所负的仍然是一种“无限责任”，而且是连带的无限责任。

所谓“法人地位”，本质上是民事主体的问题。法人地位的存在，需要相应的法律规定和法律规定的调整。同时，一个企业成为法人，还必须同时具有独立的“法人财产所有权”，以及相应的独立的可处置的“法人财产”，这样，才有可能成为法律诉讼上的独立的民事主体，并且以其独立的法人财产承担其相应的法人责任。否则，企业的民事主体就仍然只能是合伙的自然人，而不是企业法人。只不过这里的自然人不是合伙者中的一个人，而是除事先约定之外的所有合伙人，相应承担的是连带无限责任。

七、思考之六——合伙制、股份制、公司制

对这一问题的思考，不仅需要对历史事实精深的了解和掌握，更需要对相关理论充分的理解、把握和融会贯通的运用。合伙有股份合伙，也有非股份合伙。那么，实行股份合伙的合伙制是不是就是股份制了？如果是，它们与所谓的“股份制”及公司制又有什么区别？此外，什么是股份制？股份制的真实含义或者说是理论界定是什么？股份制是不是一种独立的企业组织形式？它的“法律”依据和凭借是什么？股份制是不是就是公司制？如果是，为什么要有两种界定？如果不是，那么彼此的区别又在哪里？什么样的企业是股份制？什么样的企业又是公司制？如此等等。理论的辨析直接涉及逻辑的合理，逻辑的合理直接又涉及研究的科学与规范。

简短的结语

以上的思考至少告诉我们两点：一是对古代中国社会“合伙制”的研究显然还大有余地，大有可思考、可深入之处；二是对古代中国社会“合伙制”研究的深入，除了认真发掘、考究、解读和掌握史料外，理论的思考和辨析似乎应该格外引起我们的重视。

明清官利制与股俸制的异同
——徽晋商帮分配制度比较

江苏省社会科学院历史研究所　王裕明

徽商和晋商是明清时期两大著名商帮。两大商帮在发展过程中，形成了各自的活动时空；在经营管理方面，既有共通之处，又各有鲜明特点。就分配制度而言，官利制和股俸制可谓徽商和晋商的两种重要方式。或者说（从现有材料来看），明清时期，徽商创新了官利制分配制度，晋商创新了股俸制分配制度。

官利制和股俸制两种分配制度既有相通之处，又有所差异。相通之处在于：两者都是明清时期两权分离下的产物，属于明清商业经营中的一种激励机制，有利于提高经营效益。差异之处在于：两者形成的时间不同，官利制出现早，约形成于明代中后期，不迟于明代万历年间，股俸制出现晚，约形成于清代中期，不迟于道光年间；两者来源不同，官利制来源于包利制，直接来源于正余利制，是正余利制的异名，股俸制则来源于分成制，是分成制股化的表现；两者影响不一，官利制直接为近代股份企业所承继，对近代股份制影响巨大，而股俸制对近代民间商业经营影响较大。

一

官利制和股俸制属于两种不同的分配制度。其中，官利制，是将利润分成官利和余利两部分。所谓官利，指经营者按照约定利率付给所有者资本的利息。余利，指官利之外的利润，由经营者和所有者共同分配。所有者不仅分得官利，而且还分有余利；经营者不仅享有薪俸，而且还分有余利。股俸制，又称股份。股俸有正本、副本之分和银股、身股之别。所谓正本，即财东的合约投资，每股几千银两到一万银两不等，可按股分红，但无股息；副本，又称护本，是财东除正本外又存放商号或票号的资本，只得利息，不参加分红，也不能随意抽取。所谓银股，即财东投入商号或票号的资本；身股又称顶生意，即不出资本而以人力顶一定数量的股俸，按股额参加分红。①

官利制是徽商经营的重要分配制度。从明代中后期至清末，徽商及其店铺一直都采用官利制的分配制度。

明万历年间程虚宇兄弟采取过官利制分配制度。据《崇祯二年休宁程虚宇立阄书》所载，程虚宇家庭两次分家概况，第一次为万历二十四年程虚宇兄弟分家，第二次为崇祯二年程虚宇诸子分家。对于这两次分家的形式及商业利润的分配方式，阄书虽无明确记载。不过，据阄书有关内容推算，万历二十四年程虚宇兄弟分家后，其商业利润分为正利和余利两部分，其正利按照年利率10%计利，而余利由经营者参与分配，如万历三十年虚宇第三子管理黄州铺分得“余银五十两”。可见，万历二十四年程虚宇兄弟分家后，商业利润采取了官利制的分配方式。②

清雍正年间和记店业采取官利制分配制度。据《雍正五年程曦二、程友沧等立议墨合同》③ 载：

---

① 《清代晋商的股俸制》，《中国社会经济史研究》1989年第1期。

② 参见拙作《明清商人家庭中分产不分业的分家方式——以程虚宇家庭为例》，《学海》2008年第6期。

③ 周向华主编：《安徽师范大学馆藏徽州》，安徽人民出版社2009年版，第167页。

立议墨合同程曦二、程友沧、程敷承、程序中，今因合开和记店业，凭中公议同事人等，务宜协力合志，无得徇己怀私，俾生意茂盛店业兴隆，因立合同议约一样四张，各执一张存据，所有议条开列于后：

一议每人各入本银五十两平九六色九七。

一议每年除分半钱作官利，不得拨出俱收作本外，所有余利以三十两为率，任事人分一半，余照本均分，倘不足则任事人所分亦应量减如多俱照本均分。

一议生意昌大其本不敷各股均加本领无得推诿。

一议筹米银钱概不得私支。

一议客俸按月支付不得透支。

一议所置家伙并丝微欠账，公同酌议销除，不得混入余利。

一议本小利微，概不得赊欠。

一议开张谢神约用六钱，余节约用四钱，不得多用。

一议在店人等荤每月四次，酒每夜半注。

一议在店人等无得酣酒赌博平伙等事，倘有此情罚银十两修路，除本算。

一议在店人等每年算账日，神前立誓不得怀私。

一议同事人等倘有不愿做者，所置家伙照本均分。

据其所载，程曦二、程友沧、程敷承、程序中 4 人合伙经商，各出资银 50 两，开设和记店业，但和记并不是由 4 人共同经营，而是由“任事人”经营。分配方式是将利润分为“官利”和“余利”。其中，官利为按照所有者资本数和 15％的固定年利率支付给所有者；官利之外的利润，为余利。余利归经营者和所有者所有，并根据其数量多寡，分配方式有所不同。经营者除余利外，尚有薪俸。

嘉庆年间溆浦文懋店采取官利制分配方式。据《嘉庆十二年溆浦裕余》[1] 载：

十二年通共卖钱六千七百二十二千，店用官利开列于后：

一支本年房租钱五十一千六百文，

一支辛俸钱一百七十一千六百三十六文，

一支出店工食钱九千六百零八文，

一支官利钱二百九十一千六百三十五文，

一支堂食钱一百六十五千九百五十文，

一支零用钱三十四千七百十文，一

一支杂用钱四十八千九百三十一文，

一支置物钱八千，

一支押包折去钱三千五百文，

共支过钱八百十七千三百二十文。

除支仍余钱二十一千五百九十二文，

总共得毛利八百三十八千九百十二文。

据其所载，文懋店由缉熙等人合伙开设，采取合伙者负责经营的方式，两权适度分离。在此情况下，采取官利制分配方式，官利归所有者所得。同治十二年支出中，不仅支出官利钱291.635千文，而且还有余利21 591文。

同治年间义泰典采取官利制分配方式，其年总载[2]：

出还勋记本三万两，出还勋记官利附存九千四百零八两七钱五分，

出还公记本一万五千两，出还公记官利附存四千七百零四两三钱七分五厘，

① 《嘉庆十二年溆浦裕余》1册，南京大学历史系资料室藏。

② 《同治十三年义泰典月总藏》1册，中国社会科学院历史研究所藏。

出还四记官利附存四千七百零四两三钱七分五厘，

出还公记本一万五千两，

出付本年官利七千二百两，出付官利附存息二千二百五十八两一钱，

出付银串余三百三十四两七钱五分四厘，出付各记款息六百五十八两四钱二分二厘，

出付两年余利二千六百七十九两零一分六厘。

据其所载，勋记、公记等义泰典所有者该年不仅分有官利，而且还分有余利。

此外，明清徽商商业或店铺中，明代万历年间程氏染店、万历年间吴文奎诸子，清代康熙年间陈士策诸子、乾隆年间吴于周兄弟、乾隆年间张恒裕典、乾隆年间吴丰典、光绪年间用和质以及宣统年间仁大洋货布店等都采取官利制分配制度。

股俸制是晋商经营重要的分配制度。清代中后期以降，晋商及其店铺一直都采用股俸制的分配制度，如同治十二年太谷县志成信公记即是采取股俸制分配的。其分配方式为①：

立合同员仑同管事伙友孔宪仁、马应彪等，情因志成信生意开设，历年已久，号体屡露，参差不齐，今东伙公同议定明白，业已复行振作，从此原日旧东有减退增加，另有新添东家，有入本账，逐一可考，字号仍系志成信，设立太谷城内西街，以发卖苏广彩绸杂货为生涯，共计正东名下本银三万四千两，按每二千两作为银股一俸，统共计银股十七俸。众伙身股，另列于后。自立之后，务要同心协力，以追管晏圣明之遗风，矢公矢己，而垂永远无弊之事业。日后蒙天赐福，按人银棒股均分，倘有不公不法，积私肥己者，逐出号外。照此一样，立写二十一张，众东

① 《山西票号史料》，山西经济出版社2002年版，第586、587页。

各执一张，铺中公存一张，以为永远存证。恐口无凭，立合同为证。

汝楫宅入本银一千两作为银股五厘，

汝霖宅入本银四千两作为银股二俸，

……

师国祯顶身股六厘，

张玉琴顶身股四厘。

据其所载，志成信公记由汝楫宅、汝霖宅等21个合伙人合伙开设。而利润则是按股份分配，分配的股份又分为银股和身股两种。其中，银股指所有者资本股，归所有者所有，共17股，每股2000两，共银34 000两；身股指人力股，归经营者所有所有，共8人6股，全部股份合计23股。

二

从经营方式来看，官利制和股俸制都是两权分离的产物。其中，官利制分配制度适用于聘用经营、负责经营、分守经营和轮流经营等经营方式，股俸制分配制度适用于聘用经营等经营方式。

1. 官利制分配制度的经营方式

（1）聘用经营。所谓聘用经营，指在独资或合伙组织中，所有者自己并不经营商业或店铺，而是聘请他人来经营。聘用经营，两权完全分离。官利制适用于聘用经营。如宣统三年仁大洋货布店即是一例①。

立合同墨据程石记、郑镛记、郑际记等以乡谊而兼世

① 《清宣统元年程石记、程镛记、郑际记立合同墨据》，转引李东侠《试论徽商的情与理》，《徽学丛刊》第六辑第70页，2008年。

好，意气本属相投，惟创始端，赖店规成法，尤宜遵守。今在苏城玄妙观前宫巷左东朝西，合股开设“仁大”洋货布店。公议：坐本洋五千元，内程石记计股本洋二千元，郑镛记计股本洋一千五百元，郑际记计股本洋一千五百元，合成资本洋五千元。官利周年一分行息，闰月不算，余利以三年期满照股均分。毋存偏见，毋徇私情，合众力以同心，处百年如一日，庶几渐臻丰裕，共庆泰来。兹请邹琴清兄为执事，务望和衷共济，协力同心。惟愿店业日隆，同沾利益，则厚望焉。店事无论盈亏，均待至期拆账，盈则均沾，亏则均如，以昭公允，各无异言。恐口无凭，立此合同墨据三纸，每人各执一纸，永远大发存照。

据其所载，仁大洋货布店虽由程石记、郑镛记、郑际记合伙开设，但三家并不自己经营，而是委托邹琴清经营。在官利周年一分行息，闰月不算，余利以三年期满照股均分。

(2) 负责经营。所谓负责经营，在合伙组织中，商业或店铺不是由所有合伙者经营，而是由部分合伙者经营。负责经营，两权适度分离。如明代万历年间，由吴元吉、程本修、程观如、程遵与、程邦显、吴以超和吴彦升等程、吴两姓数人合伙开设的程氏染店，由合伙人之一的吴元吉负责经营，其利润分配则采取官利制。又如光绪年间用和质，由春记、受记、诵记、锦记、赞记、升记等合伙开设。经营方式是其中一位合伙人负责经营，而利润分配同样采取官利制方式。

(3) 分守经营。所谓分守经营，指在合伙组织中，所有者分成若干小组，每组专门负责某一商事或经营某一店铺。分守经营，可采取官利制分配制度，如万历三十八年十月至万历三十九年十月间，文奎诸子采取分守经营方式。账簿载：“是季分守，伯贞守国，康元祈北、季荪祈西，穴存众，周而复始。”①

① 《万历收支银两册》第1册，中国国家图书馆藏。

其中，伯时、贞甫两人负责兴国州典铺经营，康侯、元龙两人负责蕲州北典铺经营，季常、荪倩两人负责蕲州西典铺经营。而该年分配制度则采取官利制。

(4) 轮流经营。所谓轮流经营，指在合伙组织中，商业或店铺由合伙人之一经营，并按年或一定时间轮流周转。轮流经营，体现了合伙人在经营上的一种公平、平等的权利。轮流经营，可采取官利制分配制度。如明代万历年间，程虚宇兄弟在家乡率东开设的典铺，经营方式实行轮流经营。阄书载："本村河西铺父命轮管，丁酉初轮予管一周，结算明白交与诸弟，至辛酉予年六十有九，请凭亲族同诸弟侄眼同结算。"① 而分配方式则采取官利制。

2. 股俸制分配的经营方式

聘用经营可采取股俸制分配制度。如咸丰十年山西祁县渠源帧、渠源湖、渠派洛、渠本立等合资创办的百川通票号，在经营方式上实行聘用经营，在分配制度上采用股俸制。百川通票号先后聘请平遥武大德、祁县渠川至、平遥庞凝山和刘敬义等人管理。而分配方式则为：将利润分为银股和人力股两种，其中银股10俸，人力股20俸。

理论而言，负责经营、分守经营以及轮流经营同样可以采取股俸制分配制度，遗憾的是，这方面材料尚难见到。

不论是官利制还是股俸制，都是两权有所分离下所采取的分配制度。

三

从来源来看，官利制来源于包利制，直接来源于正余利制，是正余利制演进的结果；股俸制来源于分成制，是分成制的

---

① 《崇祯二年程虚宇立阄书》，《徽州千年契约文书（宋元明）》卷八，花山文艺出版社1991年版。

股化。

官利制来源于包利制。所谓包利制，在两权分离的情况下，经营者不管经营效益如何，都将按照约定的包利或包利率支付给所有者，包利以外的利得，归经营者所有。如明弘治年间，徽商周隆、周茂和周达兄弟三人合伙业盐，曾采取包利制。正德十年，三人“商议，众存本银一百两，每一年加利二十两。其银三分，轮流领做，每年正月十五日三面交递，立领经收，至本年十二月中还众明白，毋得推故”①。在周隆兄弟三人合伙经营中，由于实行轮流经营，两权适度分离。在此情况下，利润分配采取包利制方式，规定经营者不管经营效益如何，每年都要付给所有者包利银20两，至于经营者所有，应是包利以外的经营所得。在包利制分配方式中，利润分为两部分，一是包利，即资本分利，全部归所有者所得；一是包利以外的所得，即经营分利，全部归经营者所得。又明代方良度、方再扬在衡州所开的典铺亦曾采取包利制。该典铺由方良茂经营，两权分离，在此情况下，规定经营者方良茂不管经营效益如何，每年按照18%的利率付利给所有者，后因利率问题而发生纠纷。

> 审得方良茂，为方良度、方再扬开典衡州，议定包利一分八厘，无异说也。已而，良度之父应征，见他典之颇宽，中悔其薄，必欲加二厘。再扬已算清受讫。良度蝇逐之徒，亦欲照侄而权子母。无奈从肆交盘而归良茂，贪矣，曾有七十四金之约在良度处，尚不能即楚，又再增二分，茂所以争而犯分也。原处人方恒新议，谅加十金。在良度，未免艰苦，而何益于良度太仓之一梯，良度所以攘臂忿忿然。二分之加，毕竟蛇足。在肆则即以度、扬之物偿度、扬，归则窘汉耳矣。愿为富翁下一砭，良度姑市义焉。一

---

① 《正德十年周隆等立阄书》，《中国明朝档案总汇》第1册，广西师范大学出版社2002年版，第90页。

放利，一不弟，均徽。[1]

包利制分配方式与官利制既有相通之处，又有所差异。相通之处在于，两者都将利润分为两部分。包利制将利润分为包利和包利以外的利得两部分，官利制将利润分为官利和余利两部分。可见，包利相当于官利，包利以外的利得，相当于余利。不仅如此，包利同官利一样，皆归所有者所有。不同的是，官利制中，余利归所有者和经营者共同所有；而包利制中包利以外的利得，仅归经营者所有。由此可知，包利制明显带有官利制雏形。

官利制直接来源于正余利制。所谓正余利制，是将利润分成正利和余利两部分。其中，正利，指经营者按照约定利率付给所有者资本的利息。余利，指正利之外的利润，由经营者和所有者共同分配。所有者不仅分得正利，而且还分有余利；经营者不仅享有薪俸，而且还分有余利。对于正余利制分配方式，记录最为明确的是《万历程氏染店查算账簿》[2]。据该账簿所载，程氏染店由程吴两姓数人合伙开设。其分配方式是将利润分为两部分，一为正利，一为余利。合伙人首先分得正利（有时直接称“利”），然后分得余利。对于正利，所有的合伙人都有；同一年次，各合伙人的正利率相同。余利也是所有合伙人都有，但不是所有年次都有。同一年次，各合伙人的余利率并不完全相等。如万历二十八年五月初一日查算实在于后：

共存还人本利七千零六十三两三钱七分
除还外仍实在四千九百二十五两三钱七分九厘
内原本三千五百九十九两三千七分九厘

① 傅岩：《歙纪》卷九《纪谳语》，黄山书社 2007 年版，第 161 页。

② 《万历程氏染店查算账簿》，见《徽州千年契约文书·宋元明编》卷八，花山文艺出版社 1991 年版。

该正利五百七十五两九钱
二共正本利四千一百七十五两二钱七分九厘
除正本利外仍得余利七百五十两
支过四百二十五两七钱七分
仍实在银四千四百九十九两五钱零九厘

其中，程本修原本银1900.875两，得正利304.14两、余利276.872两；程观如原本银422.063两，得正利67.53两、余利61.475两；程遵与原本银190.325两，得正利30.452两、余利27.721两；吴彦升原本银61.285两，得正利9.8052两、余利8.926两；吴元吉原本银378.16两，得正利60.05两、余利250两；程邦显原本银646.672两，得正利103.467两、余利125两。现将各人原本、正利、余利、正利率和余利率列表如下：

表1　各合伙人具体得利表

姓名	原本（两）	正利（两）	余利（两）	总数（两）	正利率%	余利率%
程本修	1900.875	304.14	276.872	2481.887	16	14.56
程观如	422.063	67.53	61.475	551.068	16	14.56
程遵与	190.325	30.452	27.721	248.498	16	14.56
吴彦升	61.285	9.805	8.926	80.016	16	14.56
吴元吉	378.16	60.05	250	688.66	16	66.11
程邦显	646.672	103.467	125	875.141	16	19.33

该年程氏染店合伙人的利润，分为两部分，一为正利，一为余利。对于正利，所有的合伙人都有，经计算，其年利率皆为16%；对于余利，所有合伙人都有，不过其年利率并不等同，其中，程本修等4人为14.56%，而吴元吉为66.1%，程邦显为19.33%。显然，程氏染店正余利制的分配方式，与官利制一

样，皆将利润分为两部分，正余利制将利润分为正利和余利两部分，官利制将利润分为官利和余利两部分，其中，两者余利名称一致，而正利相当于官利。不论是官利还是正利，皆归所有者所有，余利则所有者和经营者共同所有。所有者不仅分得官利或正利，经营者不仅分得余利，而且还享有薪俸。如康熙五十九年陈士策分家规定："一店只可合做，分劳任事得俸，坐正利，分余利。""或有己本入店公营，坐正利而分余利，管事者均受。"① 陈士策商业中，"或有己本入店公营，坐正利而分余利"，说明所有者利润分为"正利"和"余利"两种，显属正余利制分配方式。"分劳任事得俸"说明经营者享有薪俸。可知，正余利制和官利制本质一致，名异而实同。

股俸制来源于分成制，是分成制股化的结果。所谓分成制，简而言之，就是除本分利，指经营利润归所有者和经营者共同所有。其中，经营者没有薪俸，所有者资本没有利息。如《金瓶梅》所载，西门庆伙计韩道国为西门庆经营店铺，所得利润则与西门庆共同分配。"与我恩主西门大官人做伙计，三七分钱。掌巨万之财，督数处之铺，甚蒙敬重，比他人不同。"② 又乾隆年间，分成制与股俸制相比，既有一定的共通之处，又有所差异。共通之处在于，利润没有分成两部分，由所有者和经营者按照一定的比例进行分配，即由资本和人力共同分配。不同之处在于，股俸制分配是将资本和人力股份化，而分成制则没有将资本和人力股份化。这说明，股俸制是分成制股化的表现。

四

从目的来看，不论是官利制，还是股俸制，都在于优化分

---

① 《康熙五十九年休宁陈姓阄书》，引章有义《明清及近代农业史论集》，第311、313页。

② 《金瓶梅》第五十三回《陈敬济失钥罚唱　韩道国纵妇争锋》。

配制度，提高经营效益。因而官利制和股俸制一样，都属于一种激励机制。

官利制的目的在于提高经营效益。万历年间，吴文奎诸子采用官利制分配方式，这种分配方式是在万历三十八年十月分家以后。而在万历三十八年十月文奎诸子未分家以前，文奎诸子实行按资分配，即，各年结算时，先根据利润和原资本数计算出分配率，然后按分配率以及各资本所有人的本金数，求得各应得盈利。显然，这一分配方式没有官利（正利）和余利之分，也就不是官利制。万历三十八年十月分家后，采取分守经营方式，因而利润分配由原来按资制调整为官利制。万历三十九年十月核算时，诸子得利为：

> 伯兄原本三千一百七十五两一钱九分四厘，该利二百八十五两七钱六分七厘，是季分守得余利银一百六十两四钱三分。
>
> 康侯原本三千零二十两一钱三分六厘，该利二百七十一两八钱一分二厘，分守得余利九十七两二钱七分。
>
> 季常原本二千四百六十七两一钱二分五厘，该利二百二十二两零四分一厘，分守得余利一百五十二两五钱三分八厘。
>
> 荪倩原本二千一百八十三两三钱七分二厘，该利一百九十六两五钱零三厘，分守得余利一百五十二两五钱三分八厘。
>
> 贞甫原本二千四百八十四两六钱五分一厘，该利二百二十三两六钱一分八厘，分守得余利银一百六十两四钱三分。
>
> 元龙原本一千五百零二两五钱九分九厘，利一百三十五两二钱三分四厘，分守得余利九十七两二钱七分。

该年度，文奎诸子利润分配如下：

表 2　文奎诸子利润分配表

	伯兄	康侯	季常	荪倩	贞甫	元龙
资本	3175.194	3020.136	2467.125	2183.372	2484.651	1502.599
（正）利	285.767	271.812	222.041	196.503	223.618	135.234
利率	9%	9%	9%	9%	9%	9%
余利	160.43	97.27	152.538	152.538	160.43	97.27
余利率	5.05%	3.22%	6.18%	6.98%	6.46%	6.47%

从该年度记载来看，该年度利润分配已有官利和余利之分。其中，官利归所有者所有，余利归经营者所有。经计算，其官利按照利率9%计利的，其余利诸子并不相同。其中，伯时和贞甫相同，康侯和元龙相同，季常和荪倩相同。这是因为诸子分管不同典铺，其经营效益不等，所获余利及余利率也就不等。吴文奎诸子之所以采用官利制分配方式，旨在提高经营效益。这可从分家前后的利润率中看出。文奎诸子分家前后的利润率如下：

表 3　文奎诸子分家前后的利润率

年度	万历三十三年	万历三十四年	万历三十五年	万历三十六年	万历三十七年	万历三十八年	万历三十九年	万历四十年	万历四十一年
利润率（%）	9.72	12.03	11.63	7.86	7.02	8.96	12.55	14.15	11.35

由上表可知，万历三十三年至万历三十八年间，文奎去世后、诸子未分家前，年平均利润率为9.54%；万历三十八年分家以后，年平均利润率为12.68%。由于分配方式的调整，分家后的经营效益明显高于分家前。

股俸制也有利于提高经营效益。在股俸制分配的商号中，大多员工都享有身股。首先，商号掌柜（经理）享有身股。商号开办之初，财东聘请到领本掌柜后，即视其能力而确定其身股数，一般为八厘至一分；也有的财东聘请到领本掌柜后，先试用三年，三年内领取年薪，然后视其能力给予身股。掌柜所顶身股连同银股一同写入合约。其次，商号内的高薪金伙友（指带有经商经验和技术入号并享有年薪的伙友）享有身股。在经过三个账期后，由大掌柜视其个人能力和业绩折成一定数额的身股，报告财东许可后，记入商号的万金账中，一般商号的中层管理人员，可顶身股四至六厘不等，普通高薪伙友可顶身股三至四厘，这些人员相当于现在的白领阶层。最后，住号十年以上的伙友也享有身股。只要其工作勤奋无过失，业绩突出，也可由大掌柜向财东推荐认可后，顶身股一至二厘，同时将其姓名及所顶身股数计入商号万金账内，并在下一个账期参加分红。不论是掌柜，还是伙友，都是商号内部经营人员。经营人员享有身股，即是将经营人员收益直接与经营效益联系起来。商号经营效益越好，每股收益就越大，从而享有身股的经营人员收益就越多；反之亦然，商号经营不好，每股收益就越小，享有身股的经营人员收益就越少。股俸制通过身股形式，极大地调动了全体员工的积极性，故而有助于提高经营效益。

从影响来看，官利制分配制度为近代中国股份制企业所承继。据朱荫贵研究，清同治十一年成立的中国第一家股份制企业——轮船招商局，即推行官利制分配制度。轮船招商局成立之初，在其发行的股票上明确刊载“当经本局议定，招集股银壹百万两，分作千股，每股银壹千两，先收银五百两，每年壹分生息”的字样。次年招商局的第一届账略结算中，就有“所有股本，概发官利，长年一分，此外所有盈余，仅二千一百余两，故无从酌提花红”的记载。第六届账略中对前六届官利的派分有“总共六年已派利六分，与开办章程相符”的总结。光绪九年招商局决定增加资本，“乃决定再招股本银一百万两，合成二百万两股本”。增招资本的办法是：“凡旧股一股得再入一股股本，限光绪八年年底交清，仍按交银之日起计算官利。再第九届发官利一分，余利一分，旧股东附新股者除此次官利余利不收外，只需再找出银八十两，便可领百两股票一纸。”自“招商局”后，绝大多数企业的招股章程和发行的股票中都有关于官利的明确记载。如开平矿务局招商章程规定：“即将每年所得利息，先提官利一分，后提办事者花红二成，其余八成仍按股均分。”又徐州利国矿务招商章程也规定：“每届一年结算一次，先提官利一分，下余花红银两，以二成酬劳办事诸人，八成按股均分。”又上海机器织布局招商章程也规定：“股本宜提官利也。今集股四十万两，官利照禀定章程周年一分起息，每年共计九八规银肆万两。”又山东登州铅矿的招商章程规定：“收银之日起，先行派分庄息，俟熔炼发售之后，长年官利一分，并找足以前庄息不敷一分之官利。”又上海平准股票公司的章程中同样规定：“本公司股本官利议定长年一分。”这种官利制度，是承继明清时期商业经营分配制度而来，与西方股份制企业实行的股息视利润多少而定的分配方式有着明显的不同。①官利制分配对近代股份企业产生巨大影响，这一点，股俸制则要逊色得多。

顺便说明的是，官利制分配制度并非徽商所独有，其他地域商人或商业也采取官利制分配。如乾隆年间戴学扬开设的钱店即采取官利制分配。乾隆四年六月，江苏丹徒戴学扬出本钱五十千文开设钱店，由王世掌经理，言定每年除起二分钱官利，其余赚利对分。② 该钱店中，戴学扬为所有者，王世掌为经营者。该店铺将利润分成两部分，一为官利，一为余利。其中，官利归资本所有者所得，余利归资本所有者和经营者。又同治四年四月复隆坊、钱蔼珊和王有率等于苏州阊门合开源昌义号

---

① 朱荫贵：《引进与变革：近代中国企业“官利”制度分析》，《近代史研究》2001 年第 1 期。

② 中国社科院经济所藏刑部抄档，转引刘秋根《中国古代合伙制初探》，人民出版社 2007 年版，第 227 页。

纸铺采取官利制分配，“每年官利，议明按月一分二厘行息”，余利“议盘见盈余，匀作拾二股分派，很隆坊得三股半，钱蕴珊得两股半，王右率得四股，酬送店内诸友，共得两股”。[①] 源昌义号纸铺分配方式，将利润分为官利和余利两部分，其中，官利归所有者所有，余利由所有者和经营者共同分配。

同样，股俸制也非晋商所独有，其他地域商人或商业也存在股俸制。如道光年间北京万盛木厂分配方式采取股俸制。万盛木厂由刘云龙、王魁进和王文广合伙开设于北京崇文门外，并由王文广、周际宁和高福庆经营管理。东伙规定“钱股五股半，每股作京钱一千吊正。刘云龙入京钱一千吊正，作一股；王魁进入京钱四千吊正，作四股；王文广入京钱五百吊正，作五厘，身作五厘；财神一股；周际宁身作一股，高福庆身作五厘，共计股八股半”，所得利润，“按股均分”。[②] 又同治三年开设于厦门的联昌号丰记就是按股俸制方式分配的。该商号由泉城登贤铺黄诗记、黄书记、联美号、厦门内柴市街黄潜记合同安厦门双连池吴安记的等合伙开设，共 30 股，每股银 400 两，共本银12 000两，交与黄青龙经理，约定“每年得息银两，除开用行费外，按股均分。就中加荫三股，内黄青龙官得一股二格，黄鉴舍得 9 格，王长官得 9 格，以为诸移任事酬劳”[③]。联昌号丰记分配方式，将利润分为银股和身股两部分，其中银股 30 股，归所有者所有；身股 3 股，归经营者所有。

官利制和股俸制是明清时期商业经营中的两种不同的分配制度。官利制最早应用于徽商商业经营中，应是徽商创立的；股俸制最早应用于晋商商业经营中，应是晋商创立的。不论是

---

① 杨国桢：《明清以来商人“合本”经营的契约形式》，《中国社会经济史研究》1987 年第 3 期。

② 卢忠民：《近代北京商业店铺中的人力股制度》，《中国经济史研究》2008 年第 3 期。

③ 杨国桢：《明清以来商人“合本”经营的契约形式》，《中国社会经济史研究》1987 年第 3 期。

官利制还是股俸制，都是明清时期两权分离下的产物，目的在于调动经营人员的积极性，从而提高经营效益。官利制是徽商采取的一种激励机制，不容否认。

官利制的形成早于股俸制，官利制出现不迟于明代万历年间，股俸制形成不迟于清代道光年间。官利制来源于包利制，直接来源于正余利制；股俸制则来源于分成制，是分成制股化的表现。官利制直接为近代股份企业所承继，对近代股份制影响巨大。

中国古代白银货币化的国际契机

中国人民大学财政金融学院　何　平

北宋创设“交子”纸币后的巨幅贬值和铜钱供给不足，促使白银在经济生活中的地位逐渐增强。继起的金、元时期，白银货币化的尝试都得到了加强。元代由于蒙古势力跨地域的远距离的商业贸易，促成具有世界通货性质的白银流入量和使用增加，并将白银作为在全国普遍实施纸币制度的基础。但元代纸币制度的崩溃促使货币的选择又集中在铜钱和白银上。

明代初年，官方在无力恢复铜钱充分供给的情况之下，希望建立“大明宝钞”的普遍纸币制度，但财政性发行促使纸币迅速贬值。面对巨幅贬值的纸币和官方铜钱供给不足带来的私铸与劣币泛滥，民间在货币选择上，不得不选择次优的策略，也就是在继续使用铜钱及部分劣质铜钱的同时，逐渐将价值相对稳定的白银作为重要资财和大额交易的计值标准和流通媒介。这种从民间形成的货币选择趋势，在1581年最后通过明朝政府“一条鞭法”赋税制度改革，白银的货币功能官方化、制度化。自此，明清货币的主体就是白银和铜钱。

正是在这种背景之下，西方的白银流入支持了中国货币选择的白银趋向。外国白银的流入本身与中国经济发展的规模有关，同时，也与中西贸易的不均衡有关（西方运送白银来填补中国经常性的顺差），甚至与西方套取黄金的活动有关。至于银钱比价的波动，并不一定反映白银余额的多少。因为，白银的使用需要鉴定和称量，在特定市场层次使用不方便。在货币结构上，合标准的铜钱铸造越多，使用铜钱的地理范围越大，由于铜钱铸造的相对不足，反而推高铜钱比价。明清时期货币制度的选择决定了中国的白银供求状况。

明清时期白银供求问题，是与白银货币化的过程和明清时期货币制度的整体结构变迁相联系的。本文将从货币选择和货币结构的动因和过程方面，在铜钱纸币和白银的货币整体中的结构变化中，来探讨明清时期的白银供求问题。

一、作为分水岭的 13 世纪

明代白银货币地位的确立是以明代以前特别是元代的白银货币化的实践和元代蒙古帝国跨越国境的统治及其社会经济活动为背景的。

唐末以后，白银在经济活动中的地位日益重要起来。宋代已经出现白银货币化的趋向，而在金朝末年，白银货币的发行和使用已经历多次尝试。但是，只是到了元代，白银作为价值尺度才真正全面确立起来。13 世纪既是中国货币价值尺度的分水岭（此前以铜钱为价值尺度），也是世界政治经济活动真正互动和走向一体化的关节点。

元代初年即以银纳税，从太宗窝阔台时代的 1230 年起，在华北地区将宋金时期以铜钱或者纸币纳税的专卖税（酒、醋、盐为主），商税改为以银纳税，到 1239 年课税额提高到 220 万两。① 太宗即位前后，蒙古帝国还实施了“包银”制，一户缴纳 4—5 两。②

这些银两，除了少部分留在华北地区充当驿站等费用之外，其余部分均上缴中央。而中央的用途，却是支付西亚产商品的

---

① 参见《元文类》卷五七《中书令耶律公神道碑》、《元史》卷二《太宗本纪》。

② ［日］安部健夫：《元代包银制考究》，《元代史研究》，创文社，1972 年。

货款。

西亚地区自古以来以黄金和白银作为价值标准。阿拔斯王朝（750—1258）建立了自身独特的货币制度。就其货币状况来说，在旧萨珊王朝统治下的东部地区，用白银作为货币。在罗马帝国统治下的西部地区，以黄金作为主要货币形式。东部的白银使用，促进了银矿的开发和白银价格的波动，10世纪后半期开始，出现了严重的白银短缺。在蒙古帝国内部，除了宫廷用度和赏赐之外，对于西亚出产的马、宝石、绢织物等奢侈品具有强劲的需求。历代大汗力图利用从事东西贸易的西域商人来联结蒙古高原和伊斯兰商圈，建立宫廷的商品供给渠道，而西域商人要求蒙古统治者用白银作为西亚商品的货款。而这些白银的供给来源于华北地区的白银征收。实施以银纳税，除了蒙古与西域商人将白银吸收到蒙古高原、西亚的欲望之外，也是由于金代末年的华北地区白银作为最普遍货币的事实。

“同提举榷货司王三锡请榷油，岁可入银数万两，高琪主之，众以为不便，遂止。”①

金朝内部关于实施油专卖的争论，正好反映了以白银缴纳税收的企图。

元朝在平定中原后，其税收和交易都是在原来金朝既有的货币制度基础上进行的。有史料称，“朝廷初平中夏，是时未有钞法，贸易不过丝、银，科差以是为准”②。贸易用丝料或者白银，科差征派也只有以此为准。

但是，元代正式建立起对中原的统治之后，忽必烈在中统元年（1260）实施全面的“中统钞”纸币制度。为什么没有用银来统一国家的货币呢？首先是白银的不足。大量白银流入西亚，同时，赏赐用银亦多，《元史》决定该年后支付银6万余锭（折合300万两）。其次，白银在农村基层民众之间的普及程度

① 《金史》卷一五《宣宗本纪》，兴定三年四月庚寅条。

② 陈文圭：《墙东类稿》卷四《流民贪吏盐钞法四弊》。

很低。第三，白银是不适合作为一般流通手段的货币。白银价值高，属于每次要称量重量、鉴定成色、切割开来使用的称量货币，作为日常交易中的流通手段，在使用上是极为不便的。第四，中国历代王朝，铜钱为政府管理价格和物流的手段。正是由于承担着这样的使命，才选择铜这一低贱金属作为钱的原料。政府根据自己的主观意愿故意将铜钱的面额价值与原材料的价值分离开来，通过征税按其面额接受，来维持其价值。

而白银的情形是这样的，大部分存在于民间，其本身具有价值的贵金属，仅凭借原材料价值的信用而流通，而其价格纯粹由市场的供需关系决定，具有民间主导型的性质。白银发挥不了经济管制的作用。

但是，元朝没有能力铸造铜钱，而使用纸币，则成本低廉并可迅速大量供给。

纸币的优点，在当时的省议中举出了下面各点：

“又当时钞法，有甚便数事。艰得，一也。经费省，二也。银本长足不动，三也。伪造者少，四也。视钞重于金银，五也。日实不虚，六也。百货价平，七也。”①

比起铜钱，可节省铸造费用，同时可通过印造纸币填补财政亏空减轻税收负担，在流通中一定比例的纸币的损坏，形成发行者的盈利，通过兑换储备金的方式将银储备在官府手中，不会出现私铸泛滥，控制纸币发行量就可以控制物价。

元代纸币价值的维持，是靠它完备的白银储备制度和兑换制度。只要这个基础出现动摇，它的纸币就难以通行。

但是，同条文献也表明，忽必烈政权当初只发行纸币，是在特殊动荡局面下的紧急措施，实际上有一个今后铸钱，转移到铜钱纸币并用的货币组合的计划。

“其钱贯显印钞面，将来以钱钞互为表里，此张本也。”

这反映了铜钱和钞票组合的意向。但是，元代自始至终，

---

① 《中唐事记》上，中统二年二月条。

是以银为价值尺度的。在中统钞的快速推进过程中，忽必烈政权是以与铜钱并用为前提来发行中统钞的，其面额单位以铜钱的单位贯、文来表示。然而，事实上的货币单位却继续使用锭、两、钱、分等白银的重量单位。这与当时货币形式的国际化直接相关。

据称，在蒙古帝国时期，华北地区用于标价的白银重量单位，首先被从事东西贸易的维吾尔人接受，而且，他们还在两、钱之外，制定了与锭、分等银的重量单位完全相同的维吾尔语的计算单位。于是，蒙古人也采用这种单位，进而影响到波斯人。所以，从货币单位上我们可以看出，在蒙古帝国时期，出现了以中国的白银重量单位为出发点的等值的国际货币单位，这是跨国境的帝国内部商品交易和经济联系的需要。①

从金朝末年到蒙古帝国，在白银发挥的各种功能之中，只有作为价值尺度的功能在中统钞发行后继续存在，而正是这个价值尺度的根本转换，为明清时期的货币结构的调整准备了条件。从此，白银货币主导的时代到来了。

二、明代的货币结构和白银货币化的国际契机

应当说，白银从世界历史来看，直到 16 世纪才真正在中国获得它的法定货币地位。它在中国地位的确立与 13 世纪蒙古势力跨国活动直接关联。

明朝的货币结构，是在既有的历史条件之下确立起来的。在至元（1264—1294）后半期以后，元代纸币的价值巨幅贬值。在这种情形下，白银的使用又恢复过来。在至大四年（1311）以后，白银的使用全面解禁。此后，白银作为货币使用再次发展，并发挥其作为价值尺度以外的货币职能。这成为明代白银

① 高桥弘臣：《宋金元货币史研究——元朝货币政策之形成过程》，上海古籍出版社 2010 年版。

货币化的基础。而且，元朝政府在至大三年（1310）到至大四年（1311）一度铸造发行铜钱，并且在至正十年（1350）以后，再次铸造发行铜钱，使之与纸币并行使用，企图据此阻止纸币的贬值，但没有取得任何效果。

明代曾经尝试实行完全的纸币制度。明代官方依次使用过三种货币：铜钱、纸币和白银。朱元璋在 1361 年占据应天后，就设置宝源局铸造铜钱“大中通宝”，与历代钱币一起在市场上流通。在明代建国的洪武元年（1368），明政府颁行“洪武通宝”。同时各行省也设有宝泉局和京师的宝源局一起铸钱。由于铜钱的铸造受到铜料不足的限制，而且商贾也习惯于元代的纸钞，因此铜钱的流通并不通畅。

洪武七年（1374），明政府设置宝钞提举司，第二年朱元璋下诏中书省印造大明宝钞，发行民间流通，并规定钞一贯折合钱一千文或银一两，钞四贯折合金一两。罢宝源局和宝泉局，停止铸造钱币。两年后又铸造小钱，与钞并行。又规定商税钱钞兼收，其中钱占三成，钞占七成。洪武十三年（1380）设置行用库，立“倒钞法”，允许百姓用旧钞兑换新钞，每贯收取工本费三文钱。在这一年，中书省被废止，印造宝钞的事务归户部掌管，铸造铜钱的事务属工部管理。洪武十六年（1383），在户部设置宝钞广源库和广惠库。宝钞的收纳由广源库掌管，宝钞的发行由广惠库掌管。① 当时各卫所军士的月盐、各盐场的工本，都用宝钞支付。到了洪武十八年（1385），全国官吏的俸禄都用宝钞支付，一石米折算 2 贯 500 文钞。就在官府大力推行用钞作货币的同时，两浙、江西、福建、两广等地的百姓重钱轻钞，甚至达到一贯钞只能折合 160 文铜钱的地步，宝钞严重贬值，钞法难以推行。② 正统以后，宝钞已经不通行了，不过民间却有钞票在行用。当时银钱出入较多的机构，如当铺、钱庄

---

① 《明史·食货志五》钱钞条。

② 朱伯康、施正康：《中国经济史》，复旦大学出版社 2005 年版。

等所发行的会票，就是一种钞票。

随着宝钞的贬值和逐渐废止，白银的使用越来越广泛，虽然在洪武三十年（1397）、永乐九年（1411）和洪熙元年（1425），政府都下达了命令禁止使用白银，但是禁令如此反复地出现，也说明了禁而不止的事实。正统元年（1436）政府下令南方的浙江、江西、湖广、广东、广西各布政使司的管辖范围内不通舟楫的地方，可以将米麦折算成白银缴纳，同时也放松了民间使用白银的禁令，白银取得价值尺度、流通手段和支付手段等职能。至万历时期推行一条鞭法，要求各种租税都折银征收；民间白银的使用范围也在不断扩大，原来的“大数用银、小数用钱”的习惯也逐渐因为铜钱质量的恶化而改变，人们在小额交易中也宁愿使用极为细碎的银子了。

白银之所以取代了宝钞成为主要的流通货币：一方面是由于宝钞在发行中没有取得人们的信任并出现贬值；另一方面也是因为铜钱质量恶化，已经不适于作价值程度了；最后，白银的稳定性和大量的供给使白银在货币地位的竞争中逐渐胜出。白银的来源主要是云南银矿的开采和国外白银的输入。不过到明代末期，社会动荡，白银的供给减少，并被窖藏，银价上涨。于是有人又再次提出废止白银、行用纸钞的主张，比较著名的有天启年间的惠世扬，崇祯年间的何楷、蒋臣、陈子龙和钱秉镫等人。

白银货币化过程与纸币和铜钱在货币体系中的结构变动直接关联。要弄清楚白银货币化的机制，必须明了明代初年货币体系的设计和努力及其后货币结构体系的变化趋势。

为什么不能完全供给充足的铜铸币?

嘉靖四十三年（1564），私铸盛行，钱法阻滞，大学士徐阶上疏言铸钱五大害处：“户、工二部每年以二万八千两有用之银，投诸无用之地，一也；中奸猾之计，开私铸之门，二也；朝廷以此钱赏中外之人，彼受赏者得钱无用，不蒙皇上之恩，三也；官府以此钱给与民商，彼领受者有亏抑之怨，四也；局中作弊之人，坐享其利，而朝廷之钱法，因之阻滞，禁治之令，因之不行，亏损国体，五也。”①

铜钱不能充足地铸造，其关键在于中央财政收支的媒介形式和地方基层对铜钱的需求是不对称的。从明朝政府的利益出发，铸钱损害了他们的财政收益，铜钱和白银是替代关系。但是，从市场发达的层次结构对流通货币的要求来看，铜钱和白银是互补关系。

三、杨成“七十五”的论辩

1574、1575年，是明朝万历皇帝统治刚开始的时候。当时的中国苦于铜钱不足，但是，王朝即使想发行也因为经费很高而难以实现。根据负责铸造铜钱的官厅工部尚书（长官，当时是郭朝宾）的话，铸造铜钱5文要耗费银1分的成本，但是，银1分按当时的比价相当于铜钱7文，也就是说，每铸造5文铜钱就会产生2文赤字费用。但是，与此相反，江西地方的巡抚（长官）杨成针锋相对地提出了异议。巡抚举了同样的例子，进行了下面的推理。已经耗费银1分来铸造5文铜钱的事情表明，铜钱5文（增值5/7）值银8厘，作为“天地之间”也就是社会在一分的本金之外增加了8厘的收益。

按照我们的常识来说，对既然有损失就不可能铸造的工部长官的话当然习惯。但是，毫无疑义的是，明朝在紧接着这之后的1576年开始大量铸造发行了万历通宝。杨成在同年晋升为工部侍郎（次官）。当时的史料描述称，是十分优质的通货。②也就是说，被采纳的是与我们的常识相反的杨成一方的对策。原因在于货币结构层次提出的铜钱服务领域需求的必然性。

嘉（靖）隆（庆）之际，何良俊提出，两京、十三省以及

---

① 《明经世文编》卷二四四，中华书局影印本1962年版。

② 胡我琨：《钱通》卷二，明王万祚疏。

六盐运司都开局铸钱："一局每日铸钱三万，易银得五十两，则终岁可得银一万八千两。总计二十一局，每岁几有五十余万矣。"①

他们关注的是以白银形式的中央税入。但是，事实上，货币在市场层次和水平不一致的情况下，本身也有层次结构，不仅需要合规格的铜钱来满足流通，而且在合规格铜钱不足的情况下，就是劣质铜钱或者私铸铜钱也有它的市场。倘若不根据这种情况实施合理对策，就必然导致市场钱币短缺。所以，高拱上疏言："臣愿陛下特降圣旨，行钱只听从民便，不许再为多议，徒乱小民耳目。如此则人心自定。人心既定，钱法自通，而买卖可行，斯各得以为朝夕矣。"② 这是尊重市场本身对流通货币在结构上提出的需求。

在纸币难以推行，铜钱又不能充足供给的情形下，民间自发地创造出新的媒介形式——白银货币。

在明朝统治的 276 年间，白银经历了一个不寻常的货币化过程。明初，白银并不是合法货币，明朝禁用金银交易。到了明后期，白银通行于全社会，占据了货币流通领域的主导地位。近年学者万明通过对明初至成化年间徽州地区土地买卖交易中 427 件契约使用通货情况的分析，重塑了明代白银不寻常的货币化过程。明代白银的货币化是自民间开始，到成（化）、弘（治）以后才被官方认可，自上而下地展开。其中，最重要的展开方式是赋役折银。以成化、弘治为界，白银从官方非法货币向事实上的合法货币过渡，白银货币化在整个社会全面铺开。随着白银货币化步伐的加快，白银渗透到社会的每一个角落，深入到人们的日常生活中，使得市场前所未有地活跃起来。③ 明

① 《明世宗实录》卷二〇四，台北"中央研究院"史语所校勘影印本 1962 年版。

② 《明经世文编》卷三〇一，中华书局影印本 1962 年版。

③ 万明：《明代白银货币化的初步考察》，《中国经济史研究》2003 年第 2 期。

代的货币结构就形成了白银的世界和铜钱的世界的双重结构，其理论根据是市场层次的不同和使用主体的不同。明代统治者认为，铸钱耗费了白银，是一个得不偿失的做法。在这一点上，他们是只了解上层对白银货币的需求，不了解基层社会对铜钱的需求。二者是互补而非替代的关系。

下面是16世纪中期提倡钱币流通政策的上奏文书。

“是以天下省分，有旧钱者则用，无者遂只用银。然用银极不便于小民。且如山陕用银，即隶卒而下，不得食菜，通衢大邑，无卖饼之家。行路者，必自炊爨而后得食，以不行钱故也。”①

明代王世贞解释了当时人为什么乐意接受白银。他说：

“金太贵而不便小用，且耗日多而产日少；米与钱贱而不便大用，钱近实而易伪易杂，米不能久，钞太虚亦复有浥烂。是以白金之为币，长也。”②

但是，这些优缺点在其他时代也存在，为何没有形成白银货币的世界？这就必须从当时白银的供给来探讨。

到了明代，如上所述，明朝政府原来试图在既有的货币形态中寻求解决流通手段的途径，也就是确立起纸币流通或者铜钱流通的体制。但是，纸币固有的特征和价值维持机制，明朝政府难以保证，铜钱的铸造又难以满足日益增长的经济对通货的充分需求，民间力量就自发地寻找别的道路。而正是在这个时期，西方国家的向东商贸活动增加，这种国际化的活动与国际贵金属的运动一起，支持了明代货币形式的结构调整。白银正式获得货币地位，与西方白银的流入直接相关。

万明透彻地分析了中国白银成为货币的国际国内条件。③ 她

① 葛守礼：《葛端肃公集》卷二《广铸制钱足用疏》。

② 《弇州史料后集》卷三七。

③ 万明：《明代白银货币化：中国与世界连接的新视角》，《河北学刊》2004年3期。

着重从贸易盈余的角度，论述了白银流向中国的两个渠道——西方和日本。如果只将白银的流入看成贸易的结果，可能夸大当时中外贸易的发达程度。事实上，在套汇上的原因目前没有很好地发掘和研究。

我们可以看一下下面两个因素：一个是西方对贵金属的持有，一个是中西黄金和白银的比价差异。

1492年，哥伦布发现新大陆之后，西欧各国开始了对于贵金属的掠夺。一位威尼斯商人曾说，贵金属不管其色泽是白还是黄，“都是每个政府的神经，决定政府的脉搏跳动，构成政府的精神和灵魂，赋予政府以存在和生命……它能主宰一切，克服任何困难……有了它，也就有了一切，没有它，一切都变得死气沉沉”①。

美洲大陆接连发现金银矿。1545年，秘鲁玻利维亚境内波托西银矿被发现。此外，墨西哥的萨卡特卡斯、瓜达拉哈拉等银矿和一些著名金矿陆续开采。西班牙与当地政府勾结，获取廉价的劳动力，这样，大量低成本的贵金属在16世纪流入欧洲。

美洲金银到来之前，欧洲贵金属总存量约黄金2000吨，白银20 000吨（计为白银价值），欧洲当时人均白银拥有量仅600克多，十分少。但1495年之后，西欧新增贵金属中，85%以上来自新大陆的金银矿。②

1521—1600年期间，秘鲁和墨西哥的矿山就出产了1.8万吨白银、200吨黄金，并以合法的渠道进入西班牙。③

巴雷特估算，17世纪和18世纪分别有3.1万吨和5.2万吨

---

① 布罗代尔：《菲利普二世时代的地中海和地中海世界》，商务印书馆1996年版，上卷，第694页。

② 布罗代尔：《15至18世纪的物质文明，经济和资本主义》第1卷，生活·读书·新知三联书店1992年版，第554页。

③ 帕尔伯格：《通货膨胀的历史与分析》，中国发展出版社1998年版，第25页。

的美洲白银流入欧洲。① 17 世纪中叶和 18 世纪中叶的 100 年间，世界黄金产量大约增加了 2 倍，其中大部分也是从美洲输入欧洲的，特别是 1680 年葡萄牙人在巴西米纳斯吉拉斯发现富饶金矿以后。②

这些白银都可能到中国套取黄金。中国黄金的藏量并不少。仅举一例，明正德五年（1510），刘瑾籍没家产中有黄金 12 057 800两。在 16—17 世纪的 158 年中，西班牙自美洲输入黄金的总额，约只相当于刘瑾私有黄金的 39%。事实上，明代还有大量富人蓄藏黄金。③ 而 1798 年籍没和珅家产中就有黄金折银 10 650万两，约占其货币资产的（金+银+钱+洋圆）的 85%。

16 世纪初，中国黄金和白银的比价是 1∶6，而欧洲是 1∶12，波斯为 1∶10，印度为 1∶8。

据此，西方各国将套取黄金作为在中国的经济活动中一个重要的策略。英国东印度公司等，明确规定贸易的一定比例是用白银购买中国的黄金。④

中国的白银供给的外部来源就在中西不同的货币选择中不断扩大，这种选择并不是平等币种的选择，而是由经济结构模式和对外关系的状态决定的中国被动的白银吸纳。

在白银的供求方面，还需要考虑它与铜钱的比价和使用范围上的关系。在清代，越是合规格的铜钱大量铸造，铜钱的推广和需求越大，价格升高。这看起来很不合乎逻辑，但是，它反映了白银和铜钱服务的不同领域及两个领域的消长变化。

---

① Barrett，Ward，1990，"World Bullion Flows，1450—1800"，*in Rise of the Merchant Empire：Long-Distance Trade in the Early Modern World*，1350—1750，edited by James D. Tracy，pp. 224—254，Cambridge：Cambridge University Press.

② 金德尔伯格：《西欧金融史》，中国金融出版社 1991 年版，第 39 页。

③ 全汉昇：《明中叶后中国黄金的输出贸易》，《中国近代经济史论丛》，（台北）稻禾出版社 1996 年版。

④ ［美］马士：《东印度公司对华贸易编年史》第 1 卷，中山大学出版社 1991 年版。

四川盐井商业模式的现代审视

石家庄铁道大学经济管理学院　康金莉

由于特殊的自然条件及特殊的地质构造，巴蜀人早于战国时期就发明了凿井取盐的特殊工艺，形成了源远流长的盐井文化。两千多年来，历代盐商通过艰苦经营，在实现自己财富梦想的同时，也摸索出一套独特的企业组织与管理方法，为中国本土企业发展留下了一笔难得的财富。四川盐井商业经营兼具现代公司股份组织与合伙的双重特性，对其性质归属，有学者将其定性为“合伙股份制”①，也有学者称其为“契约股份制”②。我们认为，四川盐井的企业文化，是中华先人根据经营需要，量身打造的一种本土经营模式，用西方现代公司治理模式的框框去硬行定性，本身就犯了机械照搬西方理论的错误，这与我们研究中华商业文明的初衷相悖。因此，对其股份抑或合伙性质的争论实无必要，它就是“四川盐井商业模式”。

一、源远流长的四川盐井商业文明

巴蜀大地自古盛产盐卤，尤以井盐闻名于世。川东地区流传巴人的先祖廪君与盐神斗智，最后在“鱼盐之地”定居的神

---

① 杨在军、张岸元：《关于近代中国股份制起源的探讨》，《江苏社会科学》2003年第1期。

② 彭久松、陈然：《中国契约股份制》，成都科技大学出版社1994年版。

话故事。盐源县的纳西族，至今仍供奉一位少女形象的盐神，称“开井娘娘”，相传她在牧羊时发现了盐水，后来教会人们开凿盐井。根据目前的考古资料，专家推断，中国井盐业起源于川东的万州及周边地区（今属重庆），其井盐生产最早可溯至商代晚期。① 四川井盐业的最早文字记载则始于李冰开凿广都井（前251—前225年之间）。秦孝文王时，李冰被任命为蜀郡郡守，当时中国南方内陆地区发现的天然盐资源极其稀少珍贵。李冰出生在山西运城，对于家乡的特产和开采技术非常熟悉，于是在广都县（现成都双流华阳境内）用农用工具人工挖掘了四川境内的第一口大盐井，之后陆续开采，改变了四川地区长期缺盐的历史。四川井盐业在两汉时期已初具规模，唐宋时期发展尤为迅猛，唐末全川有盐井640余眼，南宋绍兴年间，四川井盐年产量最高达6000万斤。盐业经济的繁荣，催生了大批盐商富贾，盐商成为中国历代商人中最富有的群体之一，唐代诗人刘禹锡曾著文叹曰：“五方之贾，以财相雄，而盐商尤炽。”②

但直至清代以前，在“盐铁专卖”制度下，禁止井盐的生产者介入销售领域，四川盐井主要为“单夫匹妇”的家庭作坊经营模式。南宋诗人陆游的诗句“卖疏市近还家早，煮井人忙下麦迟”的诗句，反映了四川贡井地区农民一边从事农业种植，一边进行盐业生产的状况。清朝初期，政府为鼓励盐井恢复发展，允许民间自由开凿，自煎自卖。盐井开凿权的放开吸引了大量私人资本进入盐井业，而自煎自卖制度则打破了食盐的官府专卖制度，允许从事生产的灶户进入流通领域，使得盐业生产者可以迅速积累资金，扩大生产规模。乾隆时期，又进一步实行新开盐井降低税赋、永不加课的税收政策。在政府一系列宽松政策的鼓励之下，四川盐井迅速繁荣，雍正九年（1731）

---

① 孙华：《四川盆地盐业起源论纲——渝东盐业考古的现状、问题与展望》，《盐业史研究》2003年第1期。

② 刘禹锡：《刘宾客集》卷二十一《贾客集》。

全川产盐地区达40个州县，共有盐井6100多眼，年产食盐9220多万斤。乾隆时期，四川井盐一般年产量保持在4亿—5亿斤，最高曾达8亿多斤。道咸时期，富甲全川的盐商和盐业家族已为数不少，四川盐商已成为与“晋商、徽商”等国内商帮相并列的一大商帮。因为商业资本的大量投入，以及盐井规模的膨胀，此时期也形成了较为完善的股份制企业经营模式。

二、四川盐井的股份制组织与经营模式

四川盐井在长期经营中，基于外在的自然与制度环境，以及自身生产与投资特点，形成了独具特色的组织架构与经营模式，其中可研究之处颇多，限于篇幅，本文仅就其核心的股份制合作、集资机制及债务偿还的有限责任制度等三方面内容做简要探讨，以为现代企业提供史鉴。

（一）“年限井”与“子孙井”——灵活的股份合作

井盐产区的投资者，大多并非本地人，主要是外省商人，其中尤以陕西、山西的盐商与典当商为多。川盐之所以称为“井盐”，就是因为其采于几百米的井下。因此要采盐必须得先挖井，这就涉及土地的使用问题。而四川盐井的投资者多为外省商人，因此在挖井之前，先要从当地地主那里取得土地的使用权，由此产生了盐井的基本合作形式——投资者与土地所有者之间的合作。通行的做法是，由地主提供土地，称作主人，投资者负责投入货币资本（绝大多数情况是通过邀做股份筹集资本，即所谓合资经营），称作客人。主客双方经过签立契约，合作办井，此所谓“出山约”。根据合作是否有年限限制，四川盐井经营可分为两种基本模式：年限井与子孙井。

年限井又称“客井”，由主人提供井基土地，俗称“一井三基”（即井眼、灶房、车房、井房及其他辅助性设施所用的土地），客人负责凿井的所有费用，主客双方按出资与土地分别持

有股份，俗称日份（或锅份）。合作期满，客人无条件将所占的全部日份（或锅份）连同盐厂建筑全部交还主人，盐场中流传的“客来起高楼，客走主人收”的俗语，形象地描述了年限井的经营特点。具体合作期限由双方协商而定，十几年到二十几年不等。“子孙井”在组织方面基本与“年限井”相同，其与“年限井”的最大区别是主客双方合作没有年限限制，客人永远拥有股权，并且可以传给子孙。因此，子孙井实际上是投资者（客人）同井基地主（主人）的一种长期合作形式。

土地与资本的所有者，基于各自出资分别获得收益。收益的划分方法，是等到盐井投产以后，将全部盐井收益划分为若干股份（当时称为日份或锅份），根据土地作价与货币投资数额，由主客双方分别持有，依据股份分红。除去上述两种投资者之外，另外还有一类股东，是为地主与投资者的合作进行牵线，居中介绍、撮合，并负责盐井日常经营的管理人员，当时称为“承首人”，类似于现代经济中的经纪人或总经理，承首人基于其经营管理才能及所提供的劳务，也可获取一定股份。由此，盐井的股份分为三种类型：地脉日份（股份）、承首日份（股份）、工本日份（股份）。地脉股份为地主所持有，因井基地主提供了井眼用地和生产用地而得名，一般占一井总股份数的1/6左右。承首股份为承首人所持有，一般占一井总股份数的1/10左右。工本股份为盐井投资者所持有，全部工本股份一般占到总股份的80%左右。就单个合资人而言，有可能出现一身二任（如承首人又出资获得工本股份），甚至集三种股东身份于一身（如地主兼做承首人，又出资获得工本股份）的情况。一井股东总人数一般在10—20人，少至3—5人，或多至30余人者亦有。

需要指出的是，地主是凭借“一井三基”占有股份，但并不当然取得收益权，如果参与分配收益，还需要一定条件，此所谓“进班”条件，又称“分班”“起班”等。进班条件在主客双方签约时就要确定下来，一般规定在盐井“见大功”后，才得以分享井产收益。所谓“见大功”，就是凿井成功，已经挖掘出天然气或井盐，并有收益之后。盐井前期投资全部由客方负担，但地主进班后，就必须同样承担对盐井的维修、保养，或继续深凿等各项费用，与货币投资者处于一致的地位。与年限井比，子孙井的进班条件要稍微宽松一些，只要井产的获利能付清凿井及建设必要的设备费用，地主就可以进班，不必等到有大宗收益。

（二）“股份无定”与“资本流水”——灵活的出资机制

盐井的开凿一般需要几年，甚至达数十年时间；凿井投资，浅者以千两计，深者以万两计，甚至有花费至三四万两而不见功者，而且井盐开采能否成功，在投资初期很难预料，其难度之大，可于自贡地区挖耳井的传说中窥见一斑：一家井主约伙开凿盐井，已耗费了大量的资金，家产当尽，未见成功，被迫停工住凿。绝望之余，井主变卖唯一的家产——一副金耳环，请求工人们再做最后尝试。结果，最后一凿，大火呼隆而出，井见大功，濒于破产的井主一变而为富商。因为盐井开采投资规模大、回收周期长、高风险的特点，以单个人或家庭的力量很难负担。因此，四川盐井多为“合资井”，即由多人合作投资的方式募集资金。

凿井为井盐开采的第一阶段，尽管不一定能够成功，但必须要先做第一期投资，而且即便能够成功，也无法预知盐井的挖掘周期，以及需要垫支多少后续资本，因此工程的投资总额无法确定。盐井这种后期收益不确定性的特点，使其形成了一种独具特色的“资本无定”出资机制。在开凿时，一般不要求股东缴足全部资金，只要缴付少量启动资金（自贡盐场称为“底钱”）即可开凿。但凿井工程必须随时保有充足的维持资金，由工本股东按份提供。所谓维持资金，是指保证近期的凿井费用即可，不必多筹，以免造成资金闲置。之后，随着工程的进行，再定期补充维持资金，维持资金数额根据工程所需临时确定，如自贡盐场习惯以一月为一期，由井方出具“月结票”，通知各股东，写明上月凿井进度，经费收支，该股东累交、欠交及下月应交凿费数等项。各股东收到月结通知后，随即按通知要求交付下期凿费。这样一来，整个合资井的维持资金就如流水行渠，源源不断地得到了补充。

（三）“做节”与“抬做”——独特的资本接力制度

因盐井开凿的高风险性与长周期性，为保护地脉股东的利益，四川盐场形成一条不可违背的原则，即一旦开凿，不得中途停工，否则，地主有权无条件收回盐井，投资方不得要求退还前期投资。但因为“股份无定”，凿井所需资金并未在开工时全数缴足，若投资方中途资金困难，则有资金断流风险。为防止这种情况发生，四川盐井创造了一种独特的资本接力法，也称为“做节”。当原投资者（可称为第一投资集团）无力继续筹措资金时，可以邀约第二投资集团参加合资。邀约时，第一投资集团先自行提留部分股份，将剩余股份转让给第二投资集团，由其承担全井凿费，称为下节。股份转让后，上节即免除投资义务，日后仅凭其手中所留股份分取收益。下节即第二投资集团如又感财力不济，则又可如法炮制，形成第三、第四投资集团。这样，通过股份不断分割转让，可避免出现原有股东因资力不足而投资中断的情形出现。

另有一种“抬做”制度，与“做节”制度配合施行。所谓“抬做”是不能按月如数缴足凿井工费的股东，可将其股权转让给其他股东，由其余股东缴付资金，收益权亦随之转让，这其实是一种在原有股东之间股权的再分配。通过股权的内部转让，使得无资金能力的股东退出，消除风险。

（四）“井债井还”——债务清偿有限责任制度

在灵活的集资制度以及“做节”“抬做”制度保障之下，盐井企业较好地解决了资金接续问题，在正常情况下，不大可能出现负债倒闭情况。所以，在很长时期内，都没有形成关于债务处理的特殊机制。但随着盐井开凿越来越深，井下事故逐渐增多，再加上其他多种原因，一些见功生产井陆续出现严重债务问题。为了使合资井债务不致牵连股东个人其他财产，盐场逐步形成了“井债井还”的有限偿还制度。所谓“井债井还”，是指关于合资井的经营所发生的一切债务，全部由盐井本身资产负责偿还，与股东个人无关。在盐井出现资不抵债情况时，也仅以盐井剩余资产抵充债务。例如，四川著名大盐商王三畏堂的盐井财团，后期欠渝沙本息达银1 054 084.17两。王三畏堂方面以资不抵债为由，要求做重大减让，并经中人多方说合，渝沙方面忍痛减收，求得一次性解决。最后议定，王三畏堂偿还债团银559 000两，以王三畏堂拥有的天然气火圈 331 口（其中自业 300 口、佃业 31 口）、大通笕 6 成收入（王三畏堂自留 4 成）、其昌井 15 天日份和添福井 30 天日份等，定期 14 年或 21 年收入560 500两抵佃作偿。应偿额与实偿额相去近 50 万两，减偿数目之大轰动了整个盐场。① 这是“井债井还”制度中有限清偿最典型的例证。

这种处理方式类似于现代公司管理中的破产清算制度。但这种“破产清算”在封建时代的中国，没有形成正规制度，债权债务双方也很少通过诉讼渠道解决，而往往通过中间人居中调解，私了解决。这也是在缺乏正规制度约束的环境下，非正规制度约束起作用的一种体现。

三、共性与特性
——四川盐井经营模式的现代审视

尽管我们不赞同按现代企业组织的分类标准强行为四川盐井经营模式定性，但这并不妨碍我们用现代企业治理标准来衡

① 引自彭久松、陈然《中国契约股份制》，成都科技大学出版社 1994 年版。

量、审视其经营特点，以期为今天企业的灵活组织与经营提供新的思路。现代企业的主要形式包括合伙制与股份公司等类型。合伙企业由全体合伙人共同出资，共同经营，全体合伙人对企业重大事项享有决策权，表现为所有权与经营权高度一致。合伙关系的维持主要依赖合伙人之间的相互信任，因此，除资金合作外，更表现为一种人与人之间的合作。合伙企业出资可以为资金、实物、知识产权、土地使用权等多种形式，亦可以劳务出资，合伙人对企业债务负无限清偿责任。股份公司由全体股东出资，将全部资金划分为等额股份，由股东按出资多少分别持有，但经营管理权则仅由董事及总经理享有，是一种典型的所有权与经营权相分离的组织形式。除少数董事外，大多数股东并不参与企业决策，是一种纯粹的资本合作。股东仅以其出资对公司债务负有限清偿责任。从出资方式看，股份公司只能以现金或实物出资，不能以信用或劳务出资。基于上述特点，股份有限公司形成了严格的资本确定原则、资本维持原则和资本不变原则。无论股份制抑或合伙制企业，都以完善的章程或协议为存在基础，企业资本、经营以及变更等重大事项都受到章程或协议约束。

至清代中后期，由于商品经济的迅速发展，当时中国的几大商帮，如山西票号、京西煤窑、四川盐井等的商业经营中，都曾采取类似于现代企业制度的组织与经营方式，但在股份制组织等企业管理模式方面，四川盐井较其他商帮更为完善，也更接近现代企业治理模式。以影响较大的山西票号为例，票号虽然也采用股份办法确定东家（出资者）与大掌柜（管理者）之间的股份比例，但并无完善的契约制度相约束，双方义务的履行仅凭信用。票号债务普遍采用无限责任形式，票号倒闭时，除票号资产外，另需以东家其他财产偿付，是一种典型的封建商业形式。相比之下，四川盐井则建立了规范的契约制度、风险约束制度以及债务的有限清偿制度，更加符合现代企业的治理标准。

与现代企业组织制度相比，四川盐井兼具股份制与合伙制两种企业特征，同时又结合自身实际，灵活变通，表现出一种传统与现代相融、正规制约与非正规制约互补的经营特色。四川盐井与现代股份公司的一致性表现在如下方面：(1) 契约制度。以契约方式确定股份合伙关系、股份转让及其他经营制度(井史井章)。(2) 所有权与经营权相分离原则。四川盐井的三类股东“地脉日份股东”“工本日份股东”“承首日份股东”，仅有“承首日份股东”负责经营管理，其他两类股东仅凭出资获取收益，实现了所有权与经营权相分离。(3) “井债井还”，债务清偿的有限责任制度。但相对于现代股份公司的纯粹“资合”特性，四川盐井又表现出明显的“人合”特点。虽非出资各方共同经营，但其“契约”制定却需要各方共同参与协商，企业成立高度依赖各出资方之间的相互了解与信任。此外，四川盐井允许劳务、管理才能入股的灵活出资方式，也使其具备合伙企业的部分特征。

现代企业制度的建立使企业经营各个环节完全受正规法规制约。但四川盐井的经营中，在许多方面借助了习惯法等非正规制约的约束力量。由于特殊风险与后期资金的不确定，使得股份企业的“资本不变”“资本确定”等原则无法实施。根据自身所需，四川盐井商人创设了更加灵活的“资本无定、做节、抬做”等出资与股份转让制度。而这些制度又容易造成股本无限细分，使得股份合作关系呈现不稳定性，反过来影响到契约制度的约束力。这使得其在后期管理中，只能依靠行规、惯例与习俗等习惯法进行调整。此外，其“井债井还”有限偿还债务原则的具体实施，也多是依赖中间人反复协调、撮合，实现债务减免，表现为一种契约基础之上的非正规运作。

18 世纪以后，在西方资本主义制度日臻完善，现代公司制度形成时期，中国近代商人在专制政治体制及农业经济环境中，在没有受到任何西方影响的情况下，同步形成了与股份经营、合伙制等与现代公司治理结构相似的经济体制，收异曲同工之效。但这并非单纯巧合，而是基于盐井企业自身风险及所处环境的复杂性所产生的结果。由于受到中国封建政治经济制度与传统文化影响，四川盐井的股份经营体制又更多折射出中国本土文化与习惯法的精神。

书信与企业的信息网络
——以近代山西寿阳县商号谦瑞益为例

河北大学宋史研究中心暨历史学院　杨建庭

信息在一个企业运行中占有举足轻重的作用，能否及时掌握市场变化的信息关系到企业的盈亏，甚至兴衰。关于近代企业的信息网络的研究目前还不充分，重要的原因是受制于史料。笔者最近有幸阅读到近代寿阳县谦瑞益商号总号与各地分号之间的来往信稿，从这些信稿里我们可以勾画出一个商号的信息网络，在没有利用当时先进的通信手段的情况下，通过邮件建成企业的信息网络，对了解现代化以前的中国企业的信息网络情况有着重要意义。

对于书信的史料价值，冯尔康、严昌洪等前辈学者有详细的论述，都认为是可信的史料，但都没有涉及商人商业信件。学界研究商人信件的文章也不多，笔者所见王振忠就反映徽州学徒在上海生活的十封书信专门撰文，但该信件也仅反映这些学徒的生活方面的信息。本文所依据的这些信件的价值在于，通过信件，我们可以了解总号与分号之间、分号与分号之间的业务往来，所在地市场信息的汇报等，这些信件给我们提供了鲜活的近代企业运作的资料。作为初步的梳理和研究，问题很多，还请大家多批评指正。

一、寿阳粮食业与谦瑞益

本文所依据的材料为山西收藏家刘建民先生所藏的山西寿阳县谦瑞益商号的各种文书材料。

关于谦瑞益商号的成立时间和地点，笔者掌握的信息很有限，查阅寿阳县方志和碑刻资料，目前还没有发现这个商号的情况。走访当地文史部门，目前也没有得到确切信息。笔者根据目前已经掌握的这批信件，从外地寄往寿阳的邮件，收信地址基本上写的就是寿阳东关，不由其他商号转收；而且由寿阳发出的邮件署名一般为“本号具”，我们据此可以推测谦瑞益商号的总号设立在寿阳县城东关，主要从事粮食长途贸易，兼营杂货等商号。这里离正太铁路寿阳站很近，方便上货卸货。

在正太铁路通车后，寿阳县城逐渐演变成为商业中心，各商业资本纷纷转在县城开设商号，县城商业如雨后春笋般地发展起来。1921年前后，商业由二百多家发展成为四百多家。这些商号行业俱全，号称十大行。

表1　民国年间寿阳县城商业发展表

行业	数量	行业	数量
钱行	27	药材行	12
粮行	17	饮食业	16
花布行	20多	杂货水果行	20多
六陈行	19	服务行业	30多
当行	6		

资料来源：寿阳县志编纂委员会编《寿阳县志》，山西人民出版社1989年版，第267页。

在这份表格中，民国时期寿阳县城，粮食业是寿阳商业的一个重要行业。另据民国初年日本人调查：

> 寿阳系正太铁路沿线的一个城市，以铁路里程计，距太原五十点九二英里，距石家庄九十九点九八英里。从车站到城内约五六百米。……据当地人称，县城约有二百户，人口二千多人，但因城外东南方有一大街区，如将城内城外人口合起来计算，当有居民四百户，人口三千余人。城内有一条通往东西两门的大街，名曰十字街，宽约四点五米，其他皆不值一看的小巷。……但城外东关离车站近，交通方便，商店几乎全部云集于此，是贸易中心。……（寿阳）粮食产量较多，交易旺盛。东关的大商店多为粮店。……商业中心在城外东关，粮店鳞次栉比。

据《寿阳县志》记载，民国时期，东关一带有大量从事粮食贸易的商号，城乡粮店林立，当时县城粮店主要有普丰年、寿山城、农有庆、西成庆、保泰恒、德丰庆、福源兴、天锡光、永裕东、福源予、协义和、德逢泰、庆三余、溥源汇、兆丰年、聚源庆、聚源顺、聚源予、惠丰庆等十九家，其次四乡八镇、铁路沿线以及较大的村庄所设的大小粮店也不下五十余家。谦瑞益应该是属于其中一家，目前从我看到的方志资料和碑刻资料中，并没有发现这个商号的记载，可能它只是一个小型商号之故。

二、谦瑞益商号的文书资料

关于谦瑞益商号的资料，有信件（有信封的、没有信封的、只有信封的和明信片的）、洋钱比价行情单、商品发货单。这批材料数量约近500份，时间主要集中在1923—1927年。这些材料内容非常丰富，对了解该商号的运行提供了许多信息。本文只以其中的信件进行一些初步分析。

各个信封及信函的格式和款式不一，信封为手工制作。信纸也不是统一格式，大小格式也较为随意，随着文字的多少、纸张的大小而改变。信封和信纸由于时间久远，受潮，很多信纸沾染上红纸的颜色而变色，也有一些被老鼠啃噬有缺角的信件，造成一些文字无法释读。

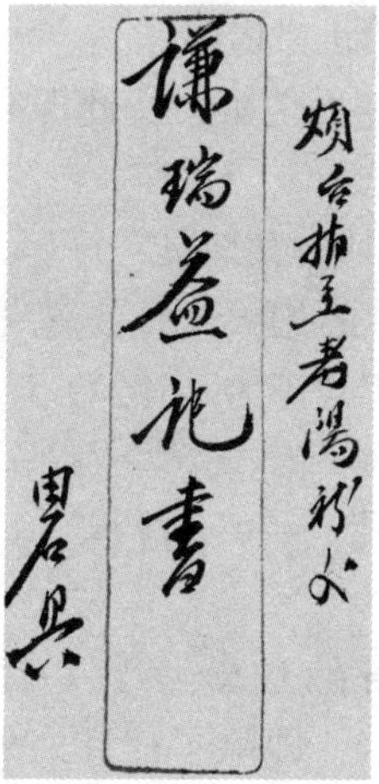

图 1　谦瑞益商号信封

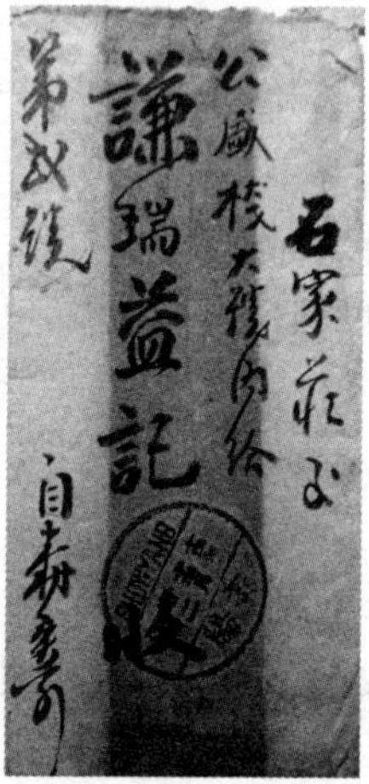

图 2　谦瑞益商号信封

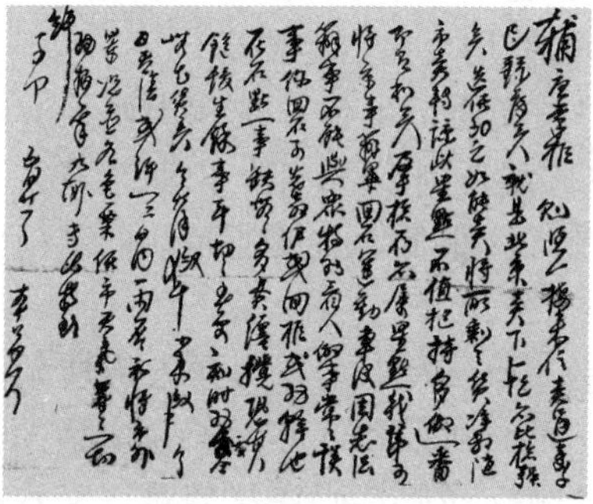

图 3　谦瑞益商号信件

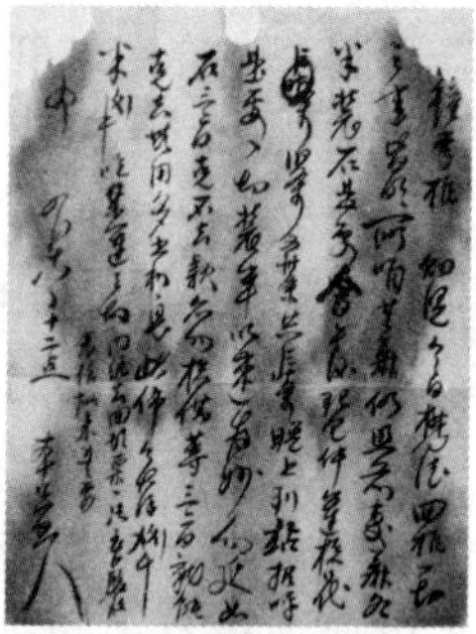

图 4　谦瑞益商号信件

再看一下谦瑞益商号的信件格式，基本格式与普通邮寄一样，都包括称呼、正文、结尾、署名和日期五个部分。

称呼有的信件开头省略，大部分信件称呼放到了结尾部分，一般为“某某掌柜知”“上诸位掌柜览”，等等。

正文是信件主体，不可缺少。正文开头一般先介绍信件的收阅情况，诸如“第四十五封信启者，今寄去四十四封信可想至否?”“第十八封信，启者。前去之信约许至否?”“启者，今接到十一次信，悉矣。”等等。然后开始正文内容。

结尾一般以“别无甚事，专此”“别无他事，特此即终”等语句结束。

署名一般“本号具”“某某具”“某某由某地具”等。

日期有的直接写农历月份日期，有的用天干地支纪年法写年份，“乙丑（1925）”“丙寅（1926）”“丁卯（1927）”等。

三、最主要的通信手段——信件

我们要确认信件所建立的信息网络在1923年至1927年是否就是谦瑞益商号所有的信息获取渠道，即除了信件之外，还有什么其他的信息获取渠道？在信息网络的分析中是否有遗漏？诸如电报、电话之类的通信设备，在当时的社会经济条件下，覆盖面很窄，在东部开放口岸的使用要比内地要高。

民国年间，山西电信有中央交通部电信系统和山西地方的军用电信系统，发报机数量少，截止到1928年，山西全省共有发报机34台，山西的电报普及程度很低，主要还是政府部门使用抑或军用，商业领域应用还很少。

电话通信，在民国十七年（1928）以前，山西省内所架设的电信线路，都是电报线路，无长话设备，亦无长途电话。长距离电信通信靠电报，商民既嫌汉译码、码译汉繁难，又嫌电报在表达内容时若用语简单，则欠明了，若文长则多付报费，希望能以语言长距离直接联系。直到民国十七年，山西于太原—榆次间利用电报线路，试办长途电话，效果很好，随之在省内陆续推行。也就是说，在本文所涉及的时间段内，信件是最主要的通信手段，能直接反映该商号的信息网络。

四、谦瑞益商号的信息网络

网络由节点、连线、信息主体组成，我们梳理谦瑞益商号的信息网络从网络节点（分号分布点）、连线（交通线）、信息主体（信件内容）三个部分着手。

1. 信息网络节点

本文对这些信封（两种情况：有信封有信，有信封没有信）进行了统计。这批信封共 217 件。需要说明的是，这些信封或者信件并不是这一时期谦瑞益商号来往的所有信件，这里只能看作一个抽样。不能说明实际的通信数量，只能说明相关比例。只对有收发地址的信封进行统计，有一方缺失的不做统计。

上文已经叙述，其总号设在寿阳县城的东关。我们从各个信封中可以看出其在多个地方设有分号。由寿阳寄给其他地区的谦瑞益分号的信都是由一个从事货栈业或行栈业的商号转交。本文根据这些信封上的信息整理谦瑞益的分号或办事处如下：

表 2　谦瑞益的分号或办事处分布表

分号（办事处）所在地	所在货栈或行栈字号	地址
石家庄	公盛栈	石家庄火车站
榆次	聚和通	正太路榆次县车站
阳泉	永义兴/德裕公	阳泉站
平遥	天义得	平遥县城隍庙街
北京（什方院）	裕成厚/义合永	京汉北京西便门外车站
太原	晋泰亨	太原西米市
汾阳	庆和厚	汾阳县东关
平定州	谦吉允	
太谷	宝兴泰	

看这些货栈的地址，有两种情况，一种是在车站附近，方便于上下货，如榆次、石家庄、北平等处的货栈就是在火车站附近，另一种情况是如平遥、太原，行栈是在粮食市场，方便收购和销售粮食，收集市场信息。

在这个商品流通的网络里节点有很多，包括有寿阳、榆次、太谷、平遥、太原、阳泉、汾阳、石家庄和北京等地，但主要是以下 6 个：平遥、榆次、太原、寿阳（包括北沟镇）、石家庄、北京。

表 3　竖栏地区发往主要市县信件次数表

	平遥	榆次	太原	寿阳	石家庄	北京	共计
平遥		9	0	15	0	0	24
榆次	7		0	6	0	0	13
太原	0	2		7	0	0	9
寿阳	15	17	2		8	2	44
石家庄	0	10	0	18		8	36
北京	0	2	0	1	2		5
共计	22	40	2	47	10	10	131

表 4　竖栏地区收到主要市县信件次数表

	平遥	榆次	北沟	寿阳	石家庄	北京	共计
平遥		10	0	15	0	0	25
榆次	7		0	17	10	2	36
北沟	0	0		1	15	0	16
寿阳	0	6	0		18	2	26
石家庄	0	0	0	8		2	10
北京	0	0	0	10	9		19
共计	7	16	0	51	52	6	132

综合两个表格可以看出：首先，寿阳、榆次、石家庄收发邮件的数量都较多。在这个流通网络里，是最主要的节点。其次，不同节点形成了很多的连线，其中主要的连线是：寿阳—榆次、寿阳—平遥、寿阳—石家庄、榆次—石家庄和石家庄—北京之间，它们之间来往信件较多。这些节点和连线形成了连接周边城乡的流通网络。

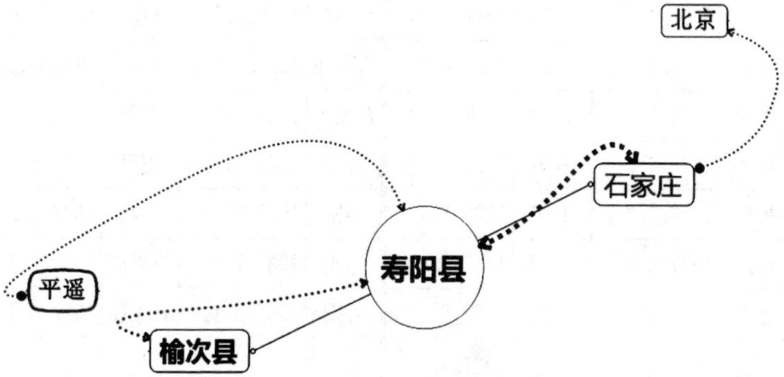

图 5　谦瑞益商号的销售网络图

2. 谦瑞益商业网络的连线

各节点之间是如何传递信息的？我们通过信封可以发现，有些信封上有的有邮局邮戳，有的则没有。也就是说，邮件有的是通过邮局寄送的，有的是通过顺路人携带过去的。如有的信封上写明“烦台捎至榆次转交聚和通宝栈台收专谦瑞益记启”这种让顺路人捎信的方式在邮局已建立的情况下还是存在的，传统性与近代化在这一时期是并存的。

明了这两种方式，我们再看一下效率，即信息的传递时间。通过邮局寄送的，我们可以通过寄出和到达的邮戳来做一个管窥。笔者统计了一下 34 封能清晰看到两地邮戳时间的信封。

表 5　信件收发两地邮戳时间表

收信地	时间	寄信地	时间	收信地	时间	寄信地	时间
北京	1926.6.15	石家庄	1926.6.12	平遥	1927.7.13	榆次	1927.7.12
北京	1926.6.11	石家庄	1926.6.9	平遥	1927.7.16	榆次	1927.7.14
北京	1927.6.14	寿阳	1927.6.12	平遥	1927.7.20	榆次	1927.7.19
北京	1927.6.21	石家庄	1927.6.19	平遥	1927.8.1	寿阳	1927.7.31
北京	1927.6.21	石家庄	1927.6.20	平遥	1927.7.8	寿阳	1927.7.6
北京	1927.6.28	寿阳	1927.6.24	平遥	1927.8.7	榆次	1927.8.6
北京	1927.7.2	寿阳	1927.6.30	石家庄	1925.12.22	寿阳	1925.12.22
北京	1927.7.31	寿阳	1927.7.27	石家庄	1925.4.27	寿阳	1925.4.27
北京	1927.7.31	寿阳	1927.7.28	寿阳	1924.11.2	阳泉	1924.11.2
北京	1927.7.7	寿阳	1927.7.4	寿阳	1927.10.3	榆次	1927.10.2
北京	1927.9.2	寿阳	1927.8.30	寿阳	1927.7.13	石家庄	1927.7.13
北京	1927.9.4	寿阳	1927.9.1	寿阳	1927.8.10	石家庄	1927.8.10
汾阳	1927.7.22	榆次	1927.7.20（太原）	寿阳	1925.5.22	石家庄	1925.5.22
平定州	1925.3.28	寿阳	1925.3.28	寿阳	1926.1.6	石家庄	1926.1.6
平遥	1927.9.25	寿阳	1925.9.25	寿阳	1926.5.4	石家庄	1926.5.4
平遥	1927.6.22	寿阳	1927.6.21	太原	1926.9.24	寿阳	1926.9.24
平遥	1927.7.13	寿阳	1927.7.12	阳泉	1925.7.8	寿阳	1925.7.8

从这个表格我们可以看到，石家庄到北京用 2—3 天，寿阳到北京用 3—4 天，寿阳到平遥 1—2 天，榆次到平遥同样也是 1—2 天，寿阳与石家庄之间基本上只要 1 天。

我们根据资料统计各区段之间的距离，如下表所示，如果一般行人行走，山西与省外的联系少则数天才能到达，表 5 的效率是如何做到的？这首先要得益于平汉铁路和正太铁路的开通，使得来往于这些地点的人、货物、资金的流通速度加快了，同时信息流通速度也随之加快。平汉铁路和正太铁路开通以后就开始办理邮寄业务。

表6　铁路沿线各节点之间的距离

区段	距离（公里）	区段	距离（公里）
北平—石家庄	277	北京—寿阳	438
石家庄—寿阳	161	榆次—寿阳	57

数据来源：曾鲲化《中国铁路史》，新化曾宅，1924年，第649、680页。

网络节点中的平遥、太谷等地在1927年以前还没有通铁路，信件的邮寄是通过步班邮路，在民国八年（1919），榆次到平遥已经开通昼夜兼程步班邮路，从榆次县城到平遥县城81公里，如果以平常步行速度，每小时5公里，昼夜兼程，16小时就可以到达。

3. 信息网络的主体——信件内容

首先，业务处理信息，这是信件传递的最主要的内容。包含了总号对分号的业务安排，各分号之间的业务往来，分号给总号的业务汇报等，这些信件较多，列举几则信件：

> 今晚王君从榆□车来石过晚，亦未卸车，待明日下过再报。弟今亦准回柜返榆。又晚十一点辅唐从京回石，咱京之货余数售清，价洋十一元，环未配□，所咱装京麦子待明办理车皮，如何详细再报，看车皮刻时总怕不能运动，皆因车皮南用甚紧之故，咱石款项前信报知。
>
> 今弟从谷来平晚，所有二处此事，昨日汝卿兄回榆说□。至于咱榆天义得发麻包一百口至今还未收见，见信择点。又及太谷协和庆，伊张掌柜在榆做的二百石，看是多少。来信批明（弟），汝卿兄来此，弟返谷催货。所咱贪芝麻一事，刻时天义得住的客十余数家，只几日亦未生意，

此地无货。所有平之事弟与通记巨永兄办理。

闻由正定回栾不过就许，来石再问。咱存蔴□今银方付德丰泰，存石与天和庆，谈至价麦钱七十一元五角，门里货庆记不愿来做，咱货不够一车，非与庆记零货撞整不能卖，信至兄看能照前价购足一车，倘不□敷业，已与庆记伙卖再信批来。昨日盛记售与正定客黑豆二车，五元七角，恒信丰一车，同价。迟几天交皮款，今东乡天佑昌来黑豆一车，未卖。闻今晚又来粮不少，此时未到。信内统来粮票，遂时付店，咱个买便新口袋一车，系好三字八十，约价九元七角，次无字一百七十，约价七十五分。未实迟三二日与别号旧包皮混凿捎去，至日到时速差木匠刻印打上就配。

通过这些邮件，各地及时沟通了粮食的售出情况，包括数量和价格，以及谦瑞益与其他商号业务往来情况，更了解了各地的市场行情。

其次，信内也汇报了各地价格信息。作为从事粮食长途贸易的商号，价格信息是最核心的信息，区域间价格差是企业利润来源之一。作为企业，了解两地之间存在的价格差是必要的。价格信息一般在信的结尾，附带说明。这里面包括的粮食种类有黑豆、绿豆、茭子、小米等山西产的粮食。本文列举数条说明：

（一九二七年四月十九日，石家庄）报去石地行市。二细米六元一角二分，□米六元（上下），麦五元六角八分，一二茭子三元七角，□□五元二角，石地每日从西来粮车甚多，看来石地杂色。

（七月初一日，石家庄）报去石地行市。二细米六元二角，鱼米五元八角九分，寿米五元五角六分，黑豆五元二角，茭子三元六角七分元。惟是茭子黑豆非常洁色，一点皆因天高，栾城赵州客多贪之故。

（一九二七年九月十三日，石家庄）报去石地这几日诸粟二细米六元四元五角，寿米五元九角，榆茭子四元六角七分，寿茭子四元四角七分，黑豆五元六角，绿豆八元四角五分，小豆六元一角二分，麦子八元二角三分。

（一九二七年五月初十日，平遥）呈报去小米三元七角八分，黑豆三元四角五分，混麦子五元七角八分，每石无货。芝麻十二元三角四分，无做生意。

各种粮食价格很详细，特别像茭子还有榆次和寿阳的区别，产地不一样，价格也不一样。对于粮食市场情况也是略做说明。

也有信件专门谈商品价格的，如：

今收到货一车，逐宗兑矣。当□卖过一石茭子五十二元，价三元六角六分，一二黑豆七十三元，六元八角四分，黄豆无人承手。所来之米不能卖，因货次不黄，宝源隆、和合永照此货卖五元，以后万勿再贪次庄货，前天庆丰久照此货卖四元九角。所茭子货太次，若非有行情，此货万不能卖。又者克帽甚多，分量不足。又兼内中里坏，大包子越不成东西。今日做过清茭子三元八角，足一百二十斤，与寿货大不相同，榆细黄米二元八分，大粒黄豆四元八角八分。

这封邮件清楚地告诉我们商品价格在贸易中的作用，可见及时获取粮食的市场价格对于粮食长途贩运多么重要，而各地来往的邮件中时常提及各地粮食价格等市场行情。

除了商品的价格之外，还有一种价格在信件中时常提及，那就是大洋与铜钱的比价。下表列举了部分比价数据。

表 7　大洋与铜钱比较表（部分）

时间	地点	比价	时间	地点	比价
乙丑四月十六日	寿阳	3407	丁卯四月廿一日	石家庄	3800
乙丑八月初八日	寿阳	3496	丁卯四月二十九	石家庄	3800
丙寅二月十六日	寿阳	4022	丁卯六月二十九	寿阳	4700
丙寅七月三日	寿阳	4530	丁卯七月十七日	寿阳	4580
丁卯二月二十一日	寿阳	4700	丁卯八月初四日	寿阳	4412
丁卯四月初五日	石家庄	3800	丁卯八月十八日	平遥	2200
丁卯四月十九日	石家庄	3800	丁卯九月初四日	榆次	6800

从这些数据可以看出，1927 年石家庄的铜钱比山西的值钱，也较为稳定。另一个方面，寿阳县从 1925 年以来，铜钱一直是在贬值的。

通过上面的梳理，我们可以看到在 1923—1927 年间，谦瑞益的信息网络是由以传统书信为载体，铁路为主体运输，传递以业务往来、各地市场信息为核心的信息主体组成，基本可以认为是在电话、电报没有普及情况下的民国企业商业信息网络的缩影。

票号书信的寄送
——《未知字号京师分号与成都分号往来书信》[1] 解读

河北大学历史学院专门史方向硕士生　周星辉

票号的主要业务是汇兑，客户在某一地点交付银两给票号，而后可以在另一地点向票号收取银两。汇兑之中并不进行白银的运输，而是票号的收款分号与付款分号之间用书信沟通，付款的分号收到信凭就从本地支付给客户。因此票号对书信的依赖颇深，不使用书信就无法开展业务。书信既是票号经营中必不可少的工具，对票号书信的特点、寄送习惯等方面进行研究便有助于观察票号经营的特色。在票号存在的百年之间，由于社会生产力的发展，书信寄送的方式有所变化，导致票号的经营习惯也发生了微妙的变化。然而长久以来单就票号书信的研究较少，本文试就以上方面做一些初步探讨，以便抛砖引玉，促进票号书信研究的进一步发展。

现存与票号有关的书信大致可分为三类，其中一类是票商与亲友、客户之间联络往来的书信，这类书信传世很少，内容多涉及家事，对票号的经营事项并无记载。另一类是票商之间

---

① 资料来自山西收藏家刘建民先生家藏票号信稿，这本信稿是京师分号抄录的该分号与成都分号往来信稿的底稿，按收发时间编次，共有京师分号收到成都分号信三十五次，京师分号寄去成都分号信三十九次，均包括副信与不列次信。由于其中提到避同治皇帝讳，所以估计是同治时代的书信，但票号的字号不详。

商讨经营方略的书信，这类书信往往涉及重要决策，从中可以看到票号种种举措背后的商业目的。但这类书信保存零散，因为虽然是商议经营事项，但仍属私信，并不像票号各分号之间通报业务的书信一样抄录成册，留底稿保存。典型的例子是李宏龄收录在《同舟忠告》中的几封建议信。[①] 第三类，也是传世最多、内容最丰富的一类，是票号经营过程之中，主号与分号或各分号之间通报业务的例行信件。作为票号汇兑业务的主要工具，例行信件定期寄送、逐次编号，还抄录底稿，以备查证。集结成册的信稿抄件由于可以集中反映某一时段、某两个分号之间的业务，所以对于当时当地票号业务的研究很有参考价值。由于是例行公务，这类信件并不涉及职员私事，从中看不出票商的日常生活，乃至办事的方法、经营的手法也无从揣测——这与其他商号信件不同。从两段票商信件和典商信件的对比可

① ［清］李宏龄：《同舟忠告》，《敦五老仁台大人青览》《仲卿老仁台大人尊鉴》等。

以清楚看出票号例行信件的这一特点。①

一、票号信稿的内容

票号信稿有专门的格式，叙述各类事件有固定的次序，而且是不分时间、地域、字号，都是大致如此。一封信最开头，往往先写此前寄信、收信的基本情况，上次寄信的日期、捎信

① 票商信件："月内廿五日洪发轿铺脚子带去第廿六次信一封，内叙之情，今复抄原稿一纸，随信附呈，俟至一并收阅。于月初一日收接第廿一、二次信两封。内情领悉，至统来之众信、例本、收条、捐照等件，均各照信收明、转交。祈勿计念。寄信后，泾会来成交银二百五十两，报知。今随信定会去，明年正月廿五日无利交世兴升足纹银四千两，尚未立票砝，至祁先为安置备交。俟立票砝，再为详报。咱在成本月十五日收，伊除空期外，每千两贴咱银五十五两。又揽去张兴祥、黄岐、刘受禄三名，各捐文监生，又董文泰捐从九职一名，四名共结去本平足银九十三两。……随封去夏侯诰等复开履历一单、重寄京会票信一封、士彦兄一信。至日一并收阅，转致。刻下成地钱价一千七九，黄货一十三四，白蜡廿二三加一秤，红花廿五六平秤，余无别叙，专此。再报，郭萌唐于昨日动身回铺。"（《正月初七日收接成都第二十七次信》）典商信件："静堂尊兄大人阁下廾电敬启，自□驾登舟后，掘（屈）指旬日有余，谅想一路顺风，早为平吉抵岸矣。近维旅祉绥和，福德日增，定符私颂。兹叙新市灯节所玩花灯，较去岁颇多数条。而军队弹压，尚属安谧。至于荣里伙台等，已于十六日登舟赴汉，铺中往家寄捎信物等件，托段开珍伙带回，勿念。惟系伊等虽云动身，时逢连日风雪交加，未知阻隔于何处，刻下尚未审抵汉否。所有我号生意，既望以来，每日扯拉净出钱百串之数，至念，日合，实存架本四万五千八。念二三日天道稍晴，两日共出钱玖百串之谱。张怡顺约交二千之款，已挑来铜元一千串正；吴锦翁浮存之项，尚未用去。至此铺中净存铜元台票三千串之数，估约月内可以够用。惟系出月之钱，亦在紧要，祈阁下早为布置，速与庆记号客照护往铺寄信，不然，郁翁过于小心。顺报春宾请毕，铺中诸凡平善，勿须锦注。今附信统来，阁下草报，兼令甥贺东验收是妥。兹逢邮便，特此奉达，顺候钧安。暨六筐先生近佳。……"（刘建民先生收藏洪宪元年至民国二年新市、老新口等地典商信件，《洪宪元年新正念三日灯下渤邮沙吉号信》）由上文两段可见，虽然都是记述的日常经营事项，却仍有很大不同。票号信件所叙述的内容纯是公务，典商信件则稍有一些生活细节；票号信件内容刻板，只用习惯性的行业用语写明业务状况，简单朴素，典商信件则言辞修饰，颇有文理，还附有亲切问候。更大的不同是票号信件不但只叙公务，叙述的内容也按类别前后排序，条目清晰，典商信件没有如此刻板的格式。

的人或商铺、信的编次，最近收到的是第几次信，等等。而后写汇兑的情况，每笔都注明银两数目、几时交银、贴费、平码、得空期多少天。再之后是其他业务（这些业务五花八门，如果是某地分号对北京分号，很大比例会有捐纳的业务，如上例）。叙述业务之后，信中会列明随信附寄的其他物品和信件。也有多家票号的书信会附记当时当地的钱价或放贷利率，因此从票号信稿，可以清楚地看到当时当地的货币情况。到这里如果没有其他的事务，书信就结束了，如果还有其他的琐碎事情，则附于此后。

此外，有些时候票商还需要商量一些经营方略之类的问题，则以“再启者”“另启者”“再”等字眼开头，另写一纸，写明前因后果，随例行经营信件一起寄出。这类书信很少，只有在有事商议的时候才会出现。因此书信的内容往往不是日常事务，却较为重要。山西收藏家刘建民先生家藏的两本某字号大掌柜致分号的“再启”信，其中便透露了很多的经营方略。

二、票号信件的寄送习惯

票号各分号之间只有便利地互相联络，汇兑业务才可以顺利开展。书信便是联络的第一工具。因此票号对书信的寄送十分谨慎，寄出的书信依次排序，如果有其中某封信丢失，立刻就能一目了然。不仅如此，票号还有一份抄稿，这种抄稿也就是信中所称的“副信”。副信大多在下次寄信时附寄，有时候也以另外的渠道再寄一次。如果事情紧急，信的内容十分重要，票号会在寄出正信的同时以另外的渠道寄出副信，以保证书信及时稳妥地送到。如此严密的措施，都是为了保证书信的寄送万无一失。

而我们现在看到的信稿资料，很大一部分是在正信与副信（或底稿）寄出的同时，寄出书信的分号另外抄录的一份，这一份其实是用来存档，本文所用的资料就是这样一份存档稿。票号寄出的一封信并不仅仅是一封信，还要至少再抄录两份，至于收信的分号是否抄录存档还不算在内。

清末组建邮局之前，书信的寄送远比现在复杂，各家票号选择的送信机构也不尽相同。蔚泰厚京师分号与苏州分号的通信显示，在1844—1845年时大多通过天成局寄信，而1851—1852年则天成局与正大局均有。[①] 日升昌平遥总号致分号的信则显示托过蔚丰厚、新泰厚两家票号的“公脚”，应是多家票号合作，轮流寄信。[②] 这两类情况在清末成立邮局之前都很常见，也有的票号既用民信局也和其他票号合作寄信。还有一种情况，是通过其他的分号转寄，通常可以转寄信件的两个分号之间距离较近，或是向第三个分号寄信较为方便，日升昌张家口分号致汉口分号信就有从北京分号转寄的，平遥总号致广州分号信则可从汉口分号转寄。[③] 不论是转寄，还是几家票号合作寄信，都是为了尽量节省邮资。如果有员工上下班路过，也可以让他们带信，除此之外，票号也会托其他信任的商户或个人捎信。而清末民初，邮局业务稳定之后，托邮局寄信的情况就变得比较多见。

大体而言，民信局并非票号寄信的唯一选择，如果某一个城市中设庄的票号比较多，这些票号往往几家合作，轮流派人送信，或共同出资雇“专脚”寄信。既保证安全，又可以节约成本。某票号川号致京号的一段书信详细地记录了一次票号合资雇脚夫送信的事项。

“另启者，今川省同行议定，每月往京专脚两次，其脚费按号公摊，每月由川起程系十三、二十七日，限二十五天到京。

---

① 黄鉴晖：《山西票号史料（增订本）》，附录，第二编第八章《蔚泰厚票号资料》，第1109—1212页。

② 黄鉴晖：《山西票号史料（增订本）》，附录，第一编《日升昌票号资料》，第三章《同治年间信稿》，第858—864页。

③ 黄鉴晖：《山西票号史料（增订本）》，附录，第一编《日升昌票号资料》，第二章《咸丰年间信稿》，第846—848页。

由京回川，每月系初四、十八日起程，限二十八、九，三十天抵川，断不有误，倘然风雨阻隔，脚子多走两天，实亦难保。惟是由川起程，及由京回川起身日期决不可改，此系会议定规。倘若更改，无论某号经理必要受罚。……再此次之信系咱号着脚于贵赴京送信，限五月初八日至京不误，欠去脚力银六两，至日付给……”①

而此前这家票号的信，是分别托豫和恒、蔚丰厚、乾丰亨等数家票号或商号寄送的。寄信的时间和次序见下表：

表1 寄信时间、次序表

时间	送信机构	信的序号
十一月初三	蔚丰厚	二十二
十一月十二	乾丰亨	二十三
十一月二十三	豫和恒	二十四
十二月初三	乾丰亨	二十五
十二十一	乾丰亨	二十六
十二月十九	乾丰亨	二十七
十二月二十六	乾丰亨	二十八
正月初九	豫和恒	二十九
二月初二	蔚丰厚	三十
二月初六	乾丰亨	三十一
二月十二	广聚	三十二
三月初七	和泰号	三十三
三月十二	广聚	三十四
三月二十二	乾丰亨	三十五
三月二十八	和泰号	三十六

① 刘建民先生收藏票号信稿手写本：《初三日托洪发轿铺带去第三十八次信》。

续表

时间	送信机构	信的序号
四月十一	利川号	三十七
四月十六	由泾转去	三十八
四月二十六	和泰号	三十九
五月初三	万德泰	四十
五月十三	协同庆	一
五月十八	协同庆（川脚刘开）	二
五月二十二	豫和恒	三
五月二十六	豫和恒	四
闰五月初四	余贵	五
闰五月十三	乾源（川脚胡丰顺）	六
闰五月十七	天成亨	第六次原稿
闰五月十七	天成亨	七
闰五月二十一	豫和恒	八
闰五月二十六	广聚	九
六月初四	和泰号	十
六月初四	乾丰亨	第十次副信
六月十二	乾丰亨	十一
六月十八	蔚泰厚	十二
六月二十七	乾丰亨	十三
七月初四	广聚	十四
七月十三	刘月波	十五
七月十八	乾丰亨	十六
七月二十三	天源亨	十七
七月二十八	乾丰亨	十八

由前一年的十一月初三，到第二年的七月二十八，可以认为是十个月的时间，除副信外共寄信三十七次，其中正月偏少，只有一次，其他的月份大致每月三到四次。而自四月末五月初，票号合资雇佣专脚之后，寄信的次数比从前有所增加，可见这一举动使信件的寄送有所便利，虽然每月两次的频率并不能满足票号寄信的需要。

虽然这次合资雇佣专脚总体而言比较成功，章程也比较严密，然而还是刚一开始就遇到了麻烦。《六月十二日乾丰亨川脚寄去第十一次信》中写道："再报，今次蔚泰厚经理之川脚，限定到京之日，伊误期数日，迟延至初一日晚刻，才初二日早将咱号之信送到，所以咱号揽来之捐名均已误。惟从九，不但□，而且又赶新致章程，已滞我号误事。皆因广聚等号教脚夫身带黄货钱砝，因此不能赶路之故。"可见书信的延误对票号来说直接意味着生意的延误和银钱的损失。然而在当时那个时代，书信的寄送并没有快捷的方法，如果再遇上战争迭起，沿途不得安宁，想要安全准时地寄信就几乎更是不可能。票号在晚清烽烟弥漫的社会几经浮沉，迎来了更先进的通信方式——电报，然而电报却给票号带来了新的麻烦。

三、电汇的迷津

电报与书信，两种不同的通信方式，也带给票号两种不同的汇兑模式。前者是迅捷的电汇，电报一到，客户就可以在异地迅速地收款；后者是传统的信汇，由于送信的时间漫长，客户必须在交银之后等待一段时间才能至交汇的分号取款，这段时间短则几十天，长则几个月之久。

电报远比寄信便利快捷，电汇更方便了有紧急事项的客户，但是电报的产生却没有给票号带来快捷的利益。这正是因为电报的迅速，电汇款项交款的期限很短，使得票号失去了一个重要的利益来源——得空期。票号汇兑银两一般的方式是收汇的分号先收银，一段时间之后，交汇的分号付款给客户。在电报产生之前，由于书信传递并不迅速，收银与交银的时间间隔较长，票号将这段时间称为“得期”或者“得空期”。在得空期之中将银两用于放贷，获利颇丰，甚至不比汇费逊色，一直是票号重要的利润来源。如李宏龄言：“会水每千已收三十两，交银总在四五个月以后，此四五月中又可获利数十金，计每千会水已在百金之谱。即使电水增加，亦断不能过此数，且交银太速，反少得四五个月利息，甚不上算。”① 信中李宏龄比较信汇与电汇的不同，便把着眼点主要放在得空期上，然而其中将得空期说得略显夸张。通观票号书信，得空期四五十天的比较常见，如果交银的时间太晚，则汇费也往往较少，有一个例子是汇兑一千两白银，“合净贴期七十五天，两无贴费”。而这笔生意之中，利润的来源自然是这七十五天放贷的利息，如果不放贷则无利可图。票号经营的过程中，放贷的银两经常比存款还多，就是在使用这些得空期之中，正在为客户保管的银两。“票号从发生到衰败，不论是票号的一个分号还是票号的全体，一直都是放款超过存款总额的20%以上，不仅把存款全部用于放款，还把收交汇兑的间歇款项用于放款，这就是它经营的最大危险的根源。”② 对票号来说，虽然这种放贷一空的做法不太安全，并且需要不断地调拨白银维持各分号存银的平衡，利润却很有保障。

而电汇除了利润降低，安全方面也存在隐患。李宏龄致票号的主事人员的建议中对此有所说明。“电会必系紧急用项，而刻下电局偏将此项电报列入第三等，且字多舛误，往返查问，必索多费。虽各家皆有暗码，然至数次查问之后，必不免有泄漏之处。既有泄漏，则难免有意外之误，此则不可不防也。”③

---

① ［清］李宏龄：《同舟忠告》，《信件》之九。

② 黄鉴晖：《山西票号史》第八章，山西票号的衰败，第527页。

③ ［清］李宏龄：《同舟忠告》，《信件》之九。

可见对于票号来说，电汇实在是远远比不上传统的信件汇兑，万一出错，损失惨重。然而时代发展，银行兴起，竞争激烈，电汇远远比传统汇兑便捷。如果不承揽这方面的生意，就会把自己的客户推向别家，从而更加被边缘化。面对这样的环境，不论怎样选择，前景都不看好，这使票商颇为无奈。而票号的主要竞争对手——银行，对得空期却并没有很大的依赖。两者在这个业务方面竞争，差距会越来越大。

票号最初兴起之时以书信作为重要的工具，而通信条件的发展却又使票号失去了一部分利益，还面临困境，这不能不说是一个微妙的变化。或者可以追溯到此前票号的产生，当时它与所处的环境水乳交融，而此后百年时间淘洗社会剧变，它们逐渐走向了两个不同的方向。票号逐利的主要方向是实际的白银，这使它必须依赖汇兑过程中为客户保管的白银所产生的放贷利润，因此票号经营的过程中不仅倚仗书信，还倚仗着旧时代书信寄送的那种并不太快的速度。当通信技术迈上一个新的台阶，新式银行可以利用电汇手段迅速地抢占汇兑市场，票号面临着激烈的竞争与严酷的环境。电汇不仅导致票号利润缩减，也影响了票号业务的开展。至于票号与银行的竞争已不是本文讨论的范畴，然而电报与书信这两种工具的对比，却能明显提示票号利润来源的两大方面：汇兑与放贷。信汇能带来双重收益，电汇却只得其中之一。当信汇逼于无奈被电汇逐步取代，票号已在逐步走向没落，在票号生意兴旺的时期，书信一直起着不可或缺的作用。

票号的汇兑业务必须通过书信来完成，寄信的方式由于次数之多显得多种多样，最常见的是通过民信局、几家票号合伙雇佣公脚、独家雇佣专脚、别的商户或他人寄信时捎带等四种。由于业务与存档的需要，一封信会再抄录两份乃至更多。我们现在见到的信稿不仅可以反映当时票号的经营状况，还可以清晰地反映票号书信的寄送情况。

1907年营口大型破产案的救济过程

——中日间围绕商业秩序角逐的展开

日本武藏野学院大学　高　宇

引　言

19世纪60年代初，营口开港和封禁政策的解体，拉开了近代中国东北地区经济开发的帷幕。此后几十年间，人口增加与土地开垦成为东北经济开发最主要的支撑，营口港也很快发展成东北地区最大的贸易港，由广东、山西、山东、直隶四省商人构成的营口贸易商群体对东北经济开发起到了举足轻重的作用。日俄战争后，日本殖民势力正式进入东北，殖民当局与蜂拥而来的日商首先遇到的强敌是中国商人。中国商人运用根植于商业自治体系的交易制度与区域货币安排构筑的防御体系，构成殖民势力控制东北经济的最大障碍。因此，如何利用和摧垮传统经济秩序，成为日俄战争期间和其后一段时间日本殖民势力的主要经济目标之一。

但迄今为止，无论日本还是中国学界对于营口开港后东北经济开发过程的研究，较多集中在移民、大豆及其副产品出口等较为宏观的课题，或者满铁、三井等日本企业，而对于中方商业主体的演变与发展则较少关注，以致无法对中国商人在东北经济开发中的地位做出确切的评价，进而得出似乎日本殖民机构和日系企业在东北开发过程中占主导地位的扭曲结论。因此，探讨传统华商依托传统中国经济秩序的活动，对于搞清真实的东北经济开发真实过程具有极为重要的意义。本文试图通过对当时的一件大型破产案发生原因及中国官商合作挽救危机的过程的分析，探讨日俄战争期间和其后一段时间营口华商的活动和经济秩序的变化。

1907 年 11 月，营口发生了一桩大型破产案件，大银炉兼贸易商东盛和宣布破产。东盛和是广东商人所创，主营贸易及与贸易有关的海运业，兼营油坊、银炉业，有东和泰、东生长两银炉和东生怡、昌平德两处机器油坊及海运公司。不仅从事大豆三品出口，也从事棉纱、棉布、砂糖、面粉进口，拥有专用出口轮船一艘、不定期租用轮船两艘，经营营口到芝罘间定期航班。“营口商人不问大小都与之有交易关系，当时号称掌握营口半街的生意。”① 其破产后亏损额达 400 万两之多，是开港以来最大规模的破产案，对营口商界造成巨大的震动。最为详尽分析东盛和事件发生原因及其对营口金融制度影响的，是 1911 年满铁调查科出版的《南满洲经济调查资料第六营口》，以下主要依据该资料对此案的发生和之后的救济过程进行探讨。

关于东盛和破产原因有诸多猜测，商界一般认为是因飞子交易失败而导致，日方指责其滥发过炉银。而且，从总的经济走势和各方面因素看，存在着许多不利的环境变化。1905 年 9 月日俄停战协定签订后，东北整体经济需求骤然减少，引发了经济恐慌②；1905 年末，日军开始迅速回收战时发行的总额约 1.8 亿日本银元的军票，而奉天将军为保证新设的官银号钱票发行，下令禁止奉天的粮行和钱庄发行抹钱③，货币流通额的骤减

---

① 满铁调查课《南清洲经济调查资料第六营口》第三编金融，1911 年，第 20—21 页。以下简称“营口调查第三编”。

② 战争中军事采购造成了经济过热，停战后恐慌和萧条随之而来，“满洲物资需求降到最少限度，给予当地商业巨大打击，其后直到 1909 年，北满经济界处于长期的恐慌状态”。[俄] 东清铁道经济调查局编：《北满州と东支铁道》下卷（俄文翻译调查资料第 2 号），满铁庶务部调查科翻译印刷，1923 年，112 页。

③ 陆军省秘《明治三十七、八年战役满洲军政史》第一卷，第 1296 页。

带来了强烈的紧缩效果；日本扶植大连港也引起对营口未来的悲观预测，这些都对当时的营口商业造成深刻的影响。

另一方面，战后萧条、商界恐慌、军票撤出、大连竞争背景下东盛和的破产等因素造成的前所未有的冲击，对于急切想抵制外国货币流通、并从商人手中回收货币发行权的清廷地方政权和大清银行来说，都提供了一个机会。清地方政权与大清银行趁机介入过炉银定价机制，与公议会联手展开了救市政策，为恢复营口商业秩序、阻止连锁破产的发生发挥了很大作用，也对之后的营口商业秩序产生了重要的影响。

一、东盛和破产原因分析

营口市场在日俄战争中经历了过热和萧条等不同时期。战事初起时一度发生恐慌，过炉银决算停止。但交战双方军需采购都集中于营口，1904 年下半年交易转入活跃，随着营口与内陆交通的恢复，谷物对日输出迅速增加，1905 年总贸易额达七千余万两，刷新了营口贸易纪录。市场大盘上升，商人纷纷扩大交易、银炉发行条件趋于宽松，票号也趁机放出资金，过炉银流通额一时达一千万两，超出过去平常年份最高流通额 2 倍以上。[①] 商人们预测战争景气仍会持续，一面高价进口各种日用品，一面从东北内地高价采购原料，计划增加大豆、豆饼等的出口。战时景气以 1905、1906 年之交为转折，上年的过热和迅速冷却，形成了债务纠纷和破产的连锁。但是，日军的营口军政署为保证其军事采购，在营口商人对内地商人的债案处理中，极力维护营口商人的债权。其处理过程，可反映出战时和停战后交易纠纷的性质以及实际影响。

1. 东盛和、西义顺对通江口商人豆价纠纷案

所谓飞子交易案是指营口银炉业者东盛和、西义顺对通江

① 参看“营口调查第三篇”20 页。

口商人豆价纠纷案。1904年旧历11月（新历1905年1月），营口贸易商东盛和、西义顺与通江口商户广增达、广义信、信逢源、广增通、广泉溥、德兴广、仁发合、富成海八家分别达成购买大豆136 500石、71 000石的契约，约定1905年旧历6月1日现金现货两清。1905年旧历5月，上述两号遣人至通江口准备付款履行交易时，通江口8商因大豆市价上涨而拒绝履行契约，将为其采购的大豆雇船运至营口出售他人。但东盛和与西义顺采购的大豆多是代横滨、神户日商购买的，约定交货期限，不得因市价涨落而毁约。两商号于1905年旧历8月3日以上述8家商户有违奉天将军衙门所定“银豆兑交章程”、至期不交豆为由，提出赔偿豆价之诉。东盛和索赔军票440 939元，西义顺索赔341 400元。11月24日，军政署召集双方，判依照营口6月豆价以每石军票12元计算赔偿，令通江口商人具结，限14日内交付赔偿。但至期上述8商未履行，东盛和与西义顺12月再次向军政署请求，要求严厉追究，令其履行赔偿。

奉天将军收到营口军政署交涉信函后，派员对此事进行调查，1906年2月18日（旧历1月25日）奉天交涉总局复信中，提示了昌图府知府徐守景调查的情况。据1905年旧历11月24日通江口8家商人申述，该契约根据1904年旧历8月前奉天将军增祺时期规定所签，8商代营口两号以每石3吊八九百文价格预购期豆20万石。但1905年春日俄交战，旧历2月9日通江口交易停市，至今未复。而当时在当地辗转买卖的大豆达数百万石。该商户等认为，因战乱不能履行赔偿，其契约形同废纸，但至交货期既然无行无市，自然也不知应据何结算。后来因期粮捐局、河税局、河防营管带等官署指出，此状况有碍收纳捐税，召集众商议，提出按停市当时价格每石3吊980文计，结算其3成以纳捐税的办法，众商因负担减轻，皆同意此法。独有东盛和、西义顺两家不服。10月初，通江口4商遣伙计到营口与两号商议欲平息此事，反被告到营口军政署。军政署判按照6月营口行市每石12元价格、扣去运费杂费赔偿，令伙计签字画押，并扣住3名伙计，遣返1人报信，限14日内交银，否则严罚。通江口商人指出，代买期豆20万石只是中介行为，营口当时并无12元高价，以此计算不合理。而且两号所存之豆，是通江口商人作为中介商代买代存，根据规程纳税的。中间人只是按每斗收取一成手续费为常，未必有必须交货之理。若依其要求结算，须付该号70万元军票之多，别客亦必仿效索赔，总金额将达3000万吊之多。通江口众商根本没有支付如此巨额赔偿的能力。奉天交涉总局根据通江口商人的申诉，提出此案是中国内政，应由交涉局会同财政局详查后审结。

对于此陈述，军政署的基本看法是，通江口商人合谋造成了停市，以创造毁约牟利的理由。此后，经数度交涉，此案最终由奉天将军命期粮局总办程守道负责调停，于1906年10月12日达成协议。以营口军政署与东盛和、西义顺的约定为基础，即按1905年旧历6月1日营口现豆交易行情、扣除通江口至营口运费及杂费为当时价格，以成交时行情计算成交价，通江口商人本应支付成交时总额与时价总额的差额，但念及广增达等商号多无赔偿实力，因此仅以应支付额的一成支付赔偿，德兴广有赔偿能力，故令其全额赔偿。由广增达、广增通、德兴广、广全溥、仁发合、广益信6号支付东盛和军票49 629元，由广泉溥、仁发合、信逢源、富成海4号支付西义顺军票24 140元。1906年11月30日，营口军政署将上年11月24日通江口8商户的具结文书送交奉天交涉总局。①

此案反映了1905年交易极为活跃的状况，也显示了当时商业纠纷多发的基本原因，即对战争状况下合约履行的理解之差。

① 参看秘《明治三十七、八年战役满洲军政史》第五卷，1915年，第401—420页。

当时的大豆买卖有河俑[①]、地俑之别，地俑又有车俑、囤俑、火车俑之别，此外还有以仓储证券买卖的飞子交易。豆类交易一般分为现货和票据两种，河俑属于前者，地俑两者皆有。票据买卖也分现货和约期交付，后者称为期票或期货交易。期货交易价格是冬季无豆时根据最下等豆决定，至河开豆来后实际交付。此时，可依照各行规约发行以豆质为基础、再加几分折扣的期票（称为飞子），一粮行所发飞子在各粮行皆可融通，其支付以过炉银计算。[②] 东盛和与西义顺及通江口 8 商的交易属于约期交易中的囤俑，即粮行油店预购大豆、在院内以苇席设囤保存大豆，每囤一般 500 石。双方约定交货条件后，买方预付现金、卖方发行提货票。但本案中所争并非货款，而是围绕不交货造成的损失的纠纷。最终营口两商与通江口商人达成赔偿豆价损失一成的协议。此案处理反映了营口债权处理中优先保护期豆交易债权的习惯，也表明期豆交易违约对东盛和造成的实际损害并不严重，相反，东盛和破产后营口市场信用完全被破坏，飞子交易一时被完全禁止。[③]

2. 厚发和贷款回收案

厚发和也是营口大银炉之一，是直隶商人开设的主要银炉。此案反映了停战对东北谷物交易商的影响，因此虽然与东盛和并无直接关系，但也在此一同探讨。厚发和与奉天谷物商债案基本内容是，奉天商号日兴隆掌柜的李锡钧 1905 年旧历 10 月

---

① 此字在当时的资料中，记为“亻再”字，是东北大豆交易中的造字，疑其可能为“载”或“秤”的代字。查其使用原因，是因河运、车运、整囤买卖等场合，因大豆干燥程度、质量有所区别，所使用斗量衡器也不同，而且斗量时有清斗、混斗之分，对其交易方式也各有不同规定，故专用此字表示运输、称量、交易方法的区别。因运输方法和称量方法在字义中都有偏重，难下定断。此处，因秤字的变体“俑”字，再加书写时的简化造字可能性大，暂且从之。

② 参看加藤末郎《清国出张复命书》，第 34 页。

③ 参看农商务省农务局农务汇纂第 74 号《大豆其他ノ豆类ニ关スル调查》1919 年，第 154 页。

至11月间，因交易需要从厚发和借得银8万两。但1906年1月，日兴隆无故关店，并将所有财产隐匿并改换名义。厚发和只得向营口军政署投诉。① 此案中日兴隆是奉天大粮商之一，1905年夏秋收购了大量粮食，但次年初店主却关店逃逸。

接到起诉后，军政署先照会海城县，将日兴隆存于田庄台升发合内的红粮2370余石、小米600余石，存于锦隆德内红粮4870余石封存，照会锦州县将对日兴栈出资市钱16万吊、所存粮米4000石封存。将海城所存粮米交付厚发和，令其作价变卖以偿贷款。粮食作价后合银32 618两余，还有47 400两没有着落。

军政署再照会奉天驿巡道，要求将锦州的出资和存粮交付厚发和偿债。但奉天也有很多债主在追讨日兴隆欠债，奉天驿巡道先令商务总会议定日兴隆债务偿还方案，若无不公道台无由干预，若有不公再由道台秉公裁决。后奉天商务总会做出按八折偿还厚发和债权的决议，但厚发和坚称此贷款纯粹出于友情，并未收高利，希望全额偿还。军政署又与奉天驿巡道、交涉局、奉天将军交涉，请准以日兴隆在锦州存粮和出资偿还债务，至于日兴隆在奉天总号存粮、房产数处、红粮飞子8000石、小米飞子4000石用于偿还其他债主。1906年8月11日，奉天巡道终于做出判决，将锦州日兴栈市钱16万吊折银2万两、日兴隆所有栈房一处折价12 000两交付厚发和结案，即依然按商务总会所定八折赔偿方案判决。

上述偿付完成后，营口军政署认为，该号折价接受的粮食赔偿价值不足，并有代付利息等支出，名虽八折，但实际亏损很大。军政署在当年10月决定，将营口查封的日兴隆房屋3处中扣去玉发号分担出资895两余、仁和兴出资2577两余、三和昌出资市钱7302余吊，将房产交付厚发和以补亏损。

---

① 关于此案，参看秘《明治三十七、八年战役满洲军政史》第五卷，第386—401页。

上述两案分别反映了1904年到1906年初的东北商业交易形势，1905年开河后，虽因战争各地发生停市现象，但实则豆价高涨，交易十分活跃。汇集通江口的大豆达数百万石。豆价高昂和停市造成冬季成交期豆毁约现象多发，营口最大的贸易商东盛和和西义顺都因此而遭受损失。众商最终承诺赔偿损失，只有豆价的1成左右。

后者显示了1905年秋冬的交易境况，1905年9月日俄合约签订、夏秋之际谷价和银价双双下跌，导致1906年初粮商大量破产。1906年1月，奉天城内从事谷物中介的最大粮食行栈13户中，破产者7户、停业者3户。① 粮栈破产在奉天和铁岭引起连锁反应，由于粮栈是钱票的最大发行者，钱票无法兑现使奉天很多钱庄和商户受到牵连，1907年初有8家钱庄关闭、100多商户破产，铁岭拒收奉天发行的钱票，粮食交易信用机制遭到破坏。②

由上述情况看来，战时交易违约账面计算的损害额虽相当大，但并不能动摇银炉经营基础。相比较之下，停战协议后的股价银价暴跌造成的连锁破产和交易停顿的影响更为巨大。飞子交易的失败并非东盛和破产的主要原因，东盛和破产引发的信用危机反而是此后一段时期限制飞子交易的原因。

二、长期不决算的真实原因何在？

日方认为东盛和破产的主要原因是滥发过炉银，“据可靠内部信息，东盛和号的商业账簿从义和团事件以前，直到日俄战争的九年半时间里完全没有整理。若其不能利用过炉银，就不

---

① 日本陆军省《明治三十七、八年战役满洲军政史》第七卷，1915年6月，第430页。

② 奉天军政官小山秋作《奉政报告第百八十五号奉天官银号ニ关スル调查》1906年3月5日。

能在如此长时间向如此多方面伸手”①。即东盛和业务扩张过快，主要利用滥发过炉银信用实现。因此，欲搞清此问题需搞清银炉一直不能决算的真实原因。最初的银炉信用危机发生在甲午战后，其后庚子事变和日俄战争都引发了信用危机，后两个事变看似分别出现的，实际上其过程和影响是连续的。

甲午战前营口有银炉 20 余户，专为贸易商提供交易账户存款和转账需要，战争爆发后，商家挤兑导致银炉破产，已发行的过炉银也因债务人逃避未归无法决算。银炉资本金过小无法应对大的经济波动的弱点显现出来。这导致战后很长一段时间商家不信任银炉，在对外贸易额连续两年猛增的情况下②，过银炉交易决算才在 1897 年阴历 9 月重开。③ 重开后银炉之间强化了出资者连带责任。此后进入东北的华俄道胜银行和横滨正金银行，为展开在华业务，也尝试加入到银炉出资者的行列中。

1900 年庚子事变后同样发生过炉银危机。当时市场交易中断，过炉银无法决算，加色异常高涨，达到每锭过炉银 30 两水平。华俄道胜银行、横滨正金银行也因动乱蒙受了损失。1901 年秋，横滨正金银行与华俄道胜银行共同逼迫俄国政厅强迫银炉实施决算，规定过炉银比价为小洋 81 元 5 角。④ 当时现银几乎退出市面，各种硬通货中小洋流通额最多。两行设定以小洋决算过炉银，实际上暗含着以小洋代替过炉银的用意，但市面小洋流通额不足以决算全部过炉银，仅够决算银炉与外国银行间借贷，与华商决算依然无法进行。这一经验是横滨正金银行后来再次企图废除过炉银时，预先准备巨额贷款的原因。⑤ 决算

---

① 引自外务省通商局《满洲事情》第 2 辑（牛庄、安东），1911 年，第 286 页。

② 参看加藤末郎《清国出张复命书》，第 22 页。

③ 楢原陈政《清国商况视察复命书》，第 111 页。

④ 引自秘《明治三十七、八年战役满洲军政史》第五卷，第 649 页。

⑤ 参看大藏次官若槻礼次郎致外务次官玲冈舍己庄第三八五六号函件《过炉银整理》，1906 年 4 月 9 日。

了外国银行借贷后，当地银炉至卯期仍不能决算，只能对债权者中不愿转入下期者采用以过炉现银决算的变通方法。过炉现银本是至卯期应变为现银部分，但银炉无法决算，债权人拒绝接受过炉银，银炉只能附上稍高加色准许其转入下期流通，为区别于一般过炉银而称过炉现银。但兑换现银时仍须支付若干反映现银供求的加色。此方式在甲午战后已经使用，但到这一时期才正式命名，可作为独立货币买卖并决算债权债务。

但是，无论以小洋还是过炉现银决算，都是为解决大的外来冲击下无法决算问题的临时规定。其变化也反映出营口资金需求长期化引起的交易上的矛盾。随着营口贸易规模的增大，进出口双方的资金回收周期都加长了，需求之间衔接也日趋紧密。由此导致了卯期决算的相对化，卯期已不可能决算全部借贷，而须将其主要债权附上加色转入下期流通。即使到了腊卯，仍要设法将主要部分转入下年度。这导致了资本提供者与运用者关系的永久化。[①] 但面临外来因素引起的危机频发，资本提供者也需考虑其资本运用风险，为保证金融市场的健康，在形式上虽无法放弃卯期决算，实质上却设法通过制度的运用对应资金需求的长期化。

1903 年末，日俄战争尚未爆发，营口市场已开始动荡。1904 年初战端一开，营口银炉即停止了决算。加色升至 25 两以上，其后愈发高涨，最高升到 36 两以上，7 月日军占领营口后，军政署对公议会构造和贸易金融构造进行了调查。发现公议会以最大的 15 名商人为会员。对银炉业管理完全由公议会实施，公议会员多数本身是银炉业者或与银炉有密切关系者，会员中表面上与银炉无关者仅 6 人。由此得出结论，“公议会不如说是银炉业团体，即使银炉舞弊也无法矫正……过炉银制度颇为复杂，对外国人来说理解和利用都颇困难，故银炉对商人以过炉银为贸易上唯一武器，而当地商人将其作为对我国人乃至对其

---

① 参看“营口调查第三篇”14—15 页。

他外国人之最佳武器。即过炉银制度是满洲贸易上我国人很难逾越的障碍，故若要永久扶持我国权，应该现在就废止过炉银制度”①。把过炉银视为日本商人进入当地的最大障碍，其政策取向转向废除过炉银制度。

军政署开始实施以恢复商业秩序为理由、实则欲一举废除过炉银制度的强制决算政策。公布过炉银一锭对军票73元的公定价，要求银炉按此价格决算。对此，银炉与公议会一再以强制决算将危及营口和东北商业为理由拖延和抗拒实施决算，双方对峙1年多，直到1906年4月1日才以加色5两、小洋80元实施了不完全决算。但市场遭受重创，银炉半数以上破产，商店关门者亦不在少数。“当时军政官想趁机全部废除过炉银、一举以军票取而代之，但最终未能实施。”② 由上述1897年到1906年之间围绕银炉决算的环境观察，从1900年到1906年7月，营口一直处于国内动荡、俄国占领、日本占领造成的连续外来冲击之下，贸易业和海运业受影响尤为严重。尤其到了日军占领时，军政署和横滨正金银行联手策划的强制决算和以各种手段压迫银炉营业的政策，是导致营口商界遭受重创的根本原因。因此，东盛和破产的真正原因，可以说是因动乱造成的损失累加和军政压迫造成的。所谓“滥发过炉银”，实际是将破产原因推给华商的托词。

三、东盛和破产救济与恢复市场秩序

1. 东盛和事件爆发后的救市行动

营口商界在1905年经历了前所未有的繁荣，但随之而来的战后萧条、战争中及停战前后交易损失、长期无决算状况下不

---

① 引自日本陆军省秘《明治三十七、八年战役满洲军政史》第五卷，1915年，第660页。

② 引自“营口调查第三篇”18—19页。

良债权难于消除以及自然灾害①，给营口商业带来了灾难性打击。1906 年阴历 4 月 1 日决算过后，很多银炉和店铺破产，过炉银价跌至 76 元，整个市场走势转为长期萧条。1907 年春又有数家银炉破产，9 月过炉银价跌至小洋 72 元以下。营口道台企图通过强制命令、禁止现银输出抬高过炉银价，但市场状况愈加险恶，商家惶惶不可终日，11 月终于爆发了东盛和破产案。

东盛和破产引发了前所未有的恐慌，所有交易停止，市场一片混乱。为了救市，营口道台一面召集东盛和主要债权者开会，做出统一步调，探讨善后办法的决议，一面请求户部银行放款救济。在官方与公议会主持下，先对东盛和及其联号债务展开调查，调查表明东盛和债务资产互抵后将产生 400 万两亏损，众商更为惊慌，市场动荡不止。直到 10 月下旬官方提出户部银行贷款救济案，人心方才稍安。

户部银行接到营口的请求后，户部银行总监亲赴当地调查，制定救济之策上报度支部②，计划由户部银行贷款 200 万两，收购东盛和抵押的全部货物和资产实施救济，户部银行通过注入现金和主导清算，为商家提供了资金融通，户部银行不仅未受损失，反而推广了其纸币发行范围，提高了信用。③

东盛和倒闭后 10 余日，有银炉开始恢复交易，但过炉银与现银差价显著增大。即使信用最好的银炉发行的过炉银每锭加色也达 18 两，过炉银与小洋比价跌至约 60 元。此时，关于救济资金额度、导入期、通货种类、分配额度等问题议而难决，市场陷于神经过敏，各种传闻引发波动。过炉银价为传言所左右，沦为投机标的，其信用脆弱的弱点彻底暴露。

---

① “在贸易方面，因 1906 年黑死病流行，实行交通管制，内地（日本引用者）交易赴大连者居多。”《上海及营口事情》，农商务省商务局，1915 年 3 月，第 63 页。

② 大清银行总监在该行第二次股东大会上的致辞，《大清银行第二次股东大会报道》，《中外日报》1908 年 5 月 22 日。

③ 参看度支部大臣在大清银行第二次股东大会上演讲，出处同上。

如表 1 所示，东盛和破产案的处理延续了一年多，营口道台和大清银行、商务总会密切配合介入整个债务处理过程。其间市面虽然疲软，但并未引起更大混乱，成功维持了贸易发展和过炉银制度，可称为成功的救市行为。其主要措施是稳定币制与打击投机，由营口道台和商务总会制定并实施过炉银公定决算价格。

表 1　东盛和事件后的过炉银变动因素

时期	小洋行情（过炉银每锭）		宝银加色（过炉银每锭）		变动因素
	最高	最低	最高	最低	
1907 年 10 月	67.00	59.70	13.00	18.00	此非一般行情，而是对有信用银炉发行的过炉银行情。下旬借入 200 万两救济资金消息传来，人心稍安
11 月	62.00	56.60	17.00	25.00	有救济资金延期的传言，关于偿还方式也发生异议，有趁机投机者，行市变动剧烈
12 月	61.00	57.30	18.50	21.50	
1908 年 1 月	66.70	60.00	15.00	19.00	救济资金已定，但封冻期资金需求少，金融稍缓和，官方趁机取缔投机，价格恢复、变动减少
2 月	65.90	64.70	5.20	20.00	
3 月	65.40	63.40	17.70	19.50	为 3 月决算的资金到达，户部银行与各债权人谈判减价赔偿额，对俄华道胜商定以七成赔偿。辽河解冻资金需求多
4 月	63.60	60.60	19.50	23.50	赔偿方法未能解决，6 月决算之议消于无形
5 月	61.70	60.90	21.20	23.60	9 月决算因众商请愿决定延至 12 月，商定决算价格小洋 72 元

续表

时期	小洋行情（过炉银每锭）		宝银加色（过炉银每锭）		变动因素
	最高	最低	最高	最低	
6月	61.20	59.10	21.50	25.00	市况闲散、金融缓慢，救济金分配再起风波。人们得知救济金将用户部兑换券支付，人气大降
7月	63.80	59.55	18.00	24.35	内地大丰收、出口旺盛，救济金分配外商2.5成、华商2成原则基本决定，价格稍起
8月	63.40	61.65	18.00	19.40	因贸易入超、过炉银发行额多，稍嫌低落，月末回归
9月	62.80	62.05	18.50	19.20	平稳
10月	68.30	62.35	11.50	18.05	市场景气好，人们关心集于12月决算，价格稍腾，月末因北京政变小有波动，未几恢复
11月	70.75	67.40	8.60	12.30	11月1日召开商务总会，定72元决算及次年决算价，过炉银陆续回收，大势利好。月末不愿过炉银涨价者煽动购买硬通货，使过炉银下跌，人心浮动，按公定价决算难行，道台虽尽力防范终不能止。最终以67元决算
12月	69.60	67.30	9.50	14.10	

资料来源："营口调查第三篇"22页。

东盛和破产赔偿方案直到1908年6月方才有了眉目。5月，道台下令当年腊卯必以小洋72元价格决算，此后官商结合形成公定决算价格制度。当时营口出现出口上升、金融宽松的状况。11月1日，商务总会决议通过下一卯期后过炉银对小洋决算价格，其所定决算价格为：宣统元年（1909）3月1日决算价74

元、6月1日76元、9月1日78元、12月1日81元。这是一个以一年为期限，由时价起步逐渐提升过炉银价，至腊卯达到小洋81元价位的计划。并规定1909年腊卯之后须以每期81元价位决算。营口道台为贯彻决议，令营口商人组织商务维持会，制定商务维持会简章和整顿银法规章①，要求银炉必须遵守公定价，对违反者从重处以小洋5000元罚款。

商务维持会简章规定，会员分为银炉和其他两个部会讨论；讨论时道、厅两府官员参加；会员有建议可预先提意见书，供讨论抉择；如果外部有关系到整顿银法的意见，也可提到会上讨论。整顿银法规章表明，整顿银炉的办法是1907年在各商号参加情况下讨论决定的，并具结保存于官府。明定目标是腊卯时达到81元价格。规章的文辞与其说是命令，不如说是请求协助。

东盛和事件是营口开港以来最大规模破产案，而且面临大连竞争与日本争夺权益，清廷为维护权益对应营口危机，采取了由大清银行提供贷款主持清算、官方参与制定对债权人赔偿方案、实施过炉银公定决算价格、打击谣言等一系列措施。东盛和问题处理告一段落后，为维持过炉银价值，由商务总会继续执行公定决算价格制度。

经历了上述救市时期后，营口的商业秩序相对于日俄战争前发生了一些变化。第一，以小洋比价表示公定价意味着过炉银定价方式的根本转变，即由历来以对宝银加色间接规定小洋对过炉银比价的方式，转变为先定过炉银对小洋比价、再以此换算宝银加色的方法。小洋在甲午战后开始流通，流通额迅速增加。随着军票撤出，商人从外地输入大量小洋投入当地，不久后奉、吉两省也设银元局开始铸造，迅速取代军票成为主要流通货币。

第二，官方对于过炉银定价的干预经常化，但公定价并非指令性的，官方强制并不能左右决算价格。

第三，过炉银授受形式也发生了变化，东盛和事件后，银

① 引自“营口调查第三篇”24—25页。

炉修改了章程，银炉与存户间导入了存折制度，至民国初，又实行了三联支票制度，逐渐向现代银行制度迈进。

第四，东盛和事件后营口广东商帮势力开始衰落，山西票号也逐步撤出资本。票号主要提供以过炉银定价的会水交易，交易由银炉代理，票号自然处于出资者和银炉监督者的地位。东盛和事件使其遭受深重打击，也感到炉银制度无限扩大信用带来的风险，采取了逐渐回收投资的方针。原来预计达500万两以上的投资额，到1910年前后减少到200万两左右。[①] 东三省官银号、大清银行、交通银行等官方银行逐渐取代其地位。

小　结

从沙俄入侵到日俄战争时期是东北开发史上的转折期，东盛和事件是转折期的代表性事件。此后，中国在东北的主权受到了严重侵害。中东路和满铁以及与其相连的港口成为两个列强对华经济侵略和渗透的根据地。尤其是日本强租的旅大和满铁附属地，位于东北人口最多、经济最繁华的地区，日本殖民势力通过铁路和金融两种方式对东北经济展开积极的渗透，争夺贸易和金融主导权，企图打击和摧毁任何不利于其经济入侵的因素，华商主导的商业贸易体系因此而成为其主要打击目标。

与此同时，日本殖民势力入侵引发了中国自上而下的回收权益运动，奉天官银号的创立和户部银行加入救市都是其体现，中国和日本围绕贸易与金融主导权的对抗拉开序幕。在这一背景下，过炉银制度的提供者由商人单独提供逐渐转变为官督商营，其主要出资者也由广东商人和山西票号转变为政府系银行，官方的加入开辟了对银炉的监管并使其走向现代银行业。进入民国后，随着地方割据势力的兴起，官银号对银炉的利用和监管进一步强化，使其成为东北地方币制的一个重要组成部分。

---

① 参看“营口调查第三篇”45页。

中国经济史研究中有关账簿研究的综述*

衡水学院经济管理系　王文书

新问题、新观点、新方法和新材料是经济史研究创新的四大要素，其中，新史料的发现和研究成为目前经济史学界的热点。随着历史文献典籍电子化进程的加快，“穷尽”文献典籍已经成为可能，因此，学者们的眼光从古籍转向一手材料或相对的一手材料，民间文书等出土文物和官方有关部门积存经济史档案资料的整理利用成为社会经济史研究新的增长点。这些“新史料”包括契约、碑刻、工商业日用百科书、工商业尺牍、日记、族谱、案卷、官方统计报表、账簿等①，其中企业账簿②的研究虽起步较晚，但已经小有规模，本文搜集、总结20世纪80年代以来有关企业账簿研究的成果，综述如下。但不免有疏漏和不妥之处，敬请诸位专家及同好批评指正。

利用账簿史料进行社会经济史研究从民国年间就已经开始

---

* 本文属2014年邯郸学院校级课题“光绪间津冀地区泰和祥商号尺牍的整理和初步研究”中期成果。编号：14223。

① 目前民间文书、官方档案史料还没有统一的科学分类，这一工作亟待完成，以便于学界使用规范的术语。

② 关于租册、置产簿、分家单（阄书）、礼单等也可视为账簿，他们都是历史的见证，不过此类账簿又有其特殊性，他们不同于企业经营账簿，上述账簿相对于企业账簿来说，保留的历史信息不尽相同，为行文方便没有将此类账簿的研究成果列出。

了，孟天培、甘博的《二十五年来北京之物价工资及生活程度》[①] 对北京周边农民经济生活的研究曾大量使用当地的商业账簿。目前，还未发现中华人民共和国成立后到 20 世纪 80 年代专门利用账簿进行社会经济史研究的成果。改革开放后，社会经济史研究再度蓬勃兴起，研究的课题承续了经济史界传统的议题，但研究更为深入，账簿史料成为传统议题研究的新史料证据。梁淼泰先生的《清代景德镇一处炉寸窑号的收支盈利》[②] 一文以同治至光绪年间吴福顺窑号的账本《千祥云集》账本和《日用钱流》账本为主要的史料，结合田野调查及外国传教士的信件、方志、文集等，从微观角度考察单个企业吴福顺窑号的收支盈利情况，从开业资本、产值和生产目的三方面论述，认为清代景德镇民窑已经具备了资本主义萌芽的性质。梁文的贡献在于较早地利用账簿史料，结合田野调查及其他以往不为人关注的史料，对企业进行细致的微观数量分析，在数字的基础上得出自己的结论，认为清代景德镇民窑园器业虽然其组织仍是行会手工业的形式，但与行会手工业的铺户作坊相比较已经具备了资本主义萌芽的性质。虽然论题仍属传统问题，但该文开辟了改革开放以后账簿史料利用的先河。20 世纪 90 年代以后至今，如果按照地理区域划分，对账簿的研究主要集中在以下几个社会经济史研究的基地或专家学者。

一、西南地区的四川、云南和广西的几位学者的研究

四川师范大学的阮明道在账簿研究方面起步相对较早，早

---

① 孟天培、甘博：《二十五年来北京之物价工资及生活程度》，国立北京大学出版部 1926 年版。

② 梁淼泰：《清代景德镇一处炉寸窑号的收支盈利》，《中国社会经济研究》1984 年第 4 期。

在20世纪90年代阮明道先生就对四川师范大学馆藏徽商吴氏经商账簿进行了研究，写成《吴氏经商帐簿研究》① 一文。该文通过吴氏经商账簿的研究，论述芜湖物价在乾隆时期的变化，并从微观上勾勒出一个在芜湖地区经营的徽商私营合伙制店业的经营形式、盈亏消长、店业性质及其经营得失，可补文献记载之空白与不足，该文对深入探讨乾隆年间长江流域市场物价有重要意义。该文的缺憾是没有对此徽商私营合伙制资本构成组合情况进行详细的探讨，估计该账簿及其附属资料对研究明清合伙制研究有一定的价值。

广西学者汪崇筼先生致力于盐业、徽商和江南土地制度的研究。汪先生的《清代徽商合墨及盘、账单——以〈徽州文书〉第一辑为中心》② 依据合墨及相关史料，揭示出徽商创业的曲折经历，以及经营的特点。由同和、兆成盘单可知，这是两个在购销环节上均采用预付款制的商业字号；在多数情况下，其资本年利率在10%—20%之间。亦盛升字号则采用赊销制，该字号于同治十年年终被客户拖欠的银两超出字号所具备的正本总额，但该年度字号的资本利率仍达20%。作者认为账单是徽州商业文书中一个难以阅读的部分，因此对三份不同的账单进行了释读，并对古代会计技术习惯等方面进行总结，表达了推进商业文书研究的愿望。

云南大学吴晓亮教授以云南省博物馆馆藏"洪盛祥"商号的《榆栈洪盛祥各路往来底簿》和《仰光洪盛祥各项零星开费底第三册》两部账册为依据，写成《20世纪前期云南与世界经

---

① 阮明道：《吴氏经商帐簿研究》，《四川师范学院学报》1996年第6期。

② 汪崇筼：《清代徽商合墨及盘、账单——以〈徽州文书〉第一辑为中心》，《中国社会经济史》2006年第4期。另，盘单亦可为古代商号的账簿的一种。汪先生的另一篇文章《清代徽商布茶经营数据分析各一例》（《学术界》2008年增刊）待查。

济的互动——以云南省博物馆藏商号“洪盛祥”的两部账册为个案》① 一文，分别考察了总号设在西南边陲重镇腾冲的商号洪盛祥的两个分支机构——大理分号和仰光分号的棉布贸易和石磺贸易情况，从一个侧面反映了云南地区已经步入早期经济全球化，并表现出云南不同于内地市场的地域特色。

二、黄山学院马勇虎对徽州文书中未发表账簿的研究②

黄山学院的马勇虎先生是利用账簿资料研究徽商成果最多的学者，他承担的两项安徽省级课题和一项国家社科基金课题均是对徽商账簿的研究。他集中研究了黄山学院所藏的“志成号”“万隆号”和“培本有限公司”未公布的账簿，到目前为止公开发表账簿研究的论文六篇。③ 六篇论文中的五篇以“志成号”为中心展开，五篇当中的一篇《晚清徽州钱号与地方社会

① 吴晓亮：《20世纪前期云南与世界经济的互动——以云南省博物馆藏商号“洪盛祥”的两部账册为个案》，《中国经济史研究》2009年第4期。另，文中认为申是宁波简称似有误，申是上海简称，据称因战国四公子之一的春申君封于此，故得名，而宁波简称甬。吴晓亮老师的另一篇文章《云南小家庭、世界大市场——以云南商号“仰光洪盛祥”账册为个案》待查。

② 除了注释9中列出的马永虎先生的六篇文章之外，还有桑良至的《珍贵的徽商经营档案——咸丰年间经商账簿》，《大学图书情报学刊》2008年第1期。文章描述徽州商人的三个账簿，即盘货账簿、当铺经营账簿与生活消费账簿。文章重点研究了账簿的版本状况、账簿的记账格式，及其账目内容，并做了简短的分析。

③ 马永虎：《珍贵的徽商经营账簿——咸丰年间徽商“志成号”账簿文书介绍》，《黄山学院学报》2010年第1期；马永虎：《乱世中的商业经营——咸丰年间徽商志成号商业账簿研究》，《近代史研究》2010年第5期；马永虎：《咸丰年间货币流通的民间形态——徽商志成号商业账簿研究》《安徽史学》2011年第2期；马永虎：《晚清徽州钱号与地方社会的互动——以咸同年间万隆、志成账簿为中心》，《安徽师范大学学报》2011年第1期；马勇虎、李权弟：《徽州商号“伙计”的生活实态——咸丰年间徽商志成号经营账簿研究》，《黄山学院学报》2011年第2期；马永虎：《民国徽商、乡村工业与地方市场——培本有限公司经营账簿研究》，《中国社会经济史研究》2011年第1期。

的互动——以咸同年间万隆、志成账簿为中心》涉及万隆号，最后一篇研究的是培本公司的账簿。

关于“志成号”的系列论文都分别介绍了“志成号”账簿文书的基本情况，探究了账簿的来源地和该商号东家的家乡，确定“志成号”为婺源商人在江西乐平开设的一家以经营布匹和货币兑换为主的商号，归总了该账簿的构成（包括总录、杂支、杂用、誊清、暂记、盘货、货源等不同类型的账册），统计了各类型账簿的数量，简单介绍了各类账簿的内容，明确了该账簿的史料价值。从介绍中我们可看出，马先生的几篇论文远远不能囊括志成号账簿的全部内容，还有相当多的材料可供我们挖掘探究，正如作者所言，志成号账簿“数量巨大，系统完整，类型多样，内容丰富，是研究晚清徽商经营活动的珍贵资料，以此为切入点，可以考察晚清商业与社会的若干层面”①。

马勇虎先生的系列论文还以志成号账簿为中心，探讨了咸丰年间货币流通的民间形态、钱号与地方社会的互动、商号“伙计”的生活实态等问题。文章根据志成号经营账簿中的有关货币资料，研究了银钱流通的民间形态、民间用币的类型和种类，以及货币的比价变化，从而揭示出行会组织、民间约定惯例对银钱民间流通的影响；洋钱等民间货币的流通，显示出民间用币的多样性，以及货币制度的紊乱；货币比价的变动，既是地方金融市场货币流通规律的反映，也与战争的影响密切相关。文章真实反映了咸丰年间社会底层由于货币制度紊乱造成的货币流通不畅的情形，以及底层百姓的应对措施，具体入微地探讨弥补了货币制度宏观研究和国家制度层面研究缺乏微观支持的不足。

马先生的系列论文还以万隆号和志成号为对象，着重探讨了商号或钱号为了保证经营的顺利，如何与基层的保长，官僚

① 马永虎：《乱世中的商业经营——咸丰年间徽商志成号商业账簿研究》，《近代史研究》2010 年第 5 期，第 105 页。

机构的县丞、典史、把总等官员，以及商业行帮和行会保持密切的互动，呈现出以权势为导向、以利益为依归的互动模式，较为典型地反映出近代基层社会官商之间的关系。由此我们可知晚清商业资本并不是由正规的法律制度来保证正常的商业利润，早期资本家只能依靠隐形的非正规的习俗潜规则来保护自己的利益。不稳定、不确定地靠地方强恶势力的保护必然会导致商业的衰败。文章通过账簿揭示了商业经营与地方市场、地方社会的关系，也反映出咸丰朝持续多年的社会动乱严重地恶化了商业经营的环境，降低了徽商经营效益，折射出乱世状态下商业经营的艰难。

马先生的系列论文还详细探讨了志成号伙计的工资俸金结构、支取方式，以及“小伙钱”“公伙钱”奖励分配制度，考察了伙计日常伙食、年终宴请的食品结构及金额标准，较为细致地反映出商号伙计的真实生活形态，揭示出晚清徽商雇员人力成本相对其他经营成本较高的基本特点。

马先生的另一篇论文《民国徽商、乡村工业与地方市场——培本有限公司经营账簿研究》[①] 以民国初年培本有限公司经营账簿为基础，考察了培本公司的股份构成、股东增资撤股及资本回报率等情况，考证出该公司并非真正的有限责任公司，但资本回报率较高；文章还考察了培本公司借贷的融资方式，认为徽州地区借贷利率高于长江流域。[②] 文章还研究了公司的原料供应和产品销售情况，可知，培本公司所使用的棉纱来源于苏浙沪地区，产品销于本地市场，且销售情势良好；文章通过研究工人地域构成及织工生产管理突出质量和效率，揭示了公司职工完全的雇佣劳动的性质。总之，文章通过账簿揭示了培

① 马勇虎：《民国徽商、乡村工业与地方市场——培本有限公司经营账簿研究》，《中国社会经济史研究》2011 年第 1 期。

② 较高的资本回报率可能与较高的借贷利率有关，并不能完全说明该公司的利润率高，这需进一步研究。

本公司生产经营等活动，较为细致地展现出近代徽商经营乡村工业的实态，描述了一条不同于北方农村工业发展的路径。

三、河北大学刘秋根老师及其弟子对账簿的研究

刘秋根老师以账簿为主要史料进行经济史研究比较领先，在 2003 年和 2005 年发表两篇文章①，其中一篇以万历程氏染店账本为例，对徽商融资形态进行分析，发现明代徽商合伙制店铺资金融通方式灵活，途径较多，其中有向本店股东借贷、向股东以外的一般私人家庭借贷、向金融机构（主要是典当、合会及商人与商铺）借贷。借贷利率平稳下降，出现资金供求固定化趋势，向金融机构借贷比重增大，一般家庭高利贷则日益受到排挤。另一篇文章主要研究了明清徽商铺店商人经营中广泛存在的合伙制形态。文章从股东构成及其权力、行为角度进行分析，认为该店铺有了主要股东与一般股东、小股东与大股东的区别，这是有限责任公司或有限合伙出现的先期因素，但是股东权力也未受太大的制约，其投入资本、支取利润、退股、顶股均相当自由，但同时也须负担无限清偿责任，所以简单的有限合伙并未出现。

刘秋根老师及弟子张建朋对企业账簿进行会计史角度研

---

① 刘秋根：《明代徽商合伙制店铺融资形态分析——以万历程氏染店账本为例》，《河北大学学报》2003 年第 3 期；刘秋根、谢秀丽：《明清徽商工商业铺店合伙制形态——三种徽商账簿的表面分析》，《中国经济史研究》2005 年第 3 期。南京大学范金民教授的《明代徽商染店的一个实例》（《安徽史学》2001 年第 3 期）在刘秋根老师之前曾对《万历程氏染店查算账簿》反映的染店的合伙制度和经营状况进行了考证和分析。

究[①]，分析了明清账簿会计技术方面的发展。张建朋的硕士论文《明清民间会计报告的演变研究》和《明清时代工商企业的资产负债表——以〈万历程氏染店查算账簿〉为中心》[②] 专门了考察明清徽商几个盘单账簿，勾勒出明清会计报告发展演变的轨迹。一是资产负债表的发生发展。明清时期，一些商人开始编制投资分利表，出现了财产目录。这些都相当于资产负债表的一部分，但没有组合在一起，还不算资产负债表。从《万历程氏染店查算账簿》看，它已把资产负债表的三部分拼接在一起，按“资产－负债＝资本”的恒等公式编制，可算是原始的资产负债表。到《程鸣玉记盘单》，原始的资产负债表已简洁明了，格式趋于定型，形成了自己独特的格式和术语。再到《九江同顺号洋货行盘单》，其编制水平进一步发展，格式还出现了变化。“该”字不仅包括负债，还把合伙人的出资及利润分配情况也包括进来，并试图求得“存”与“该”两大项的总和相等。二是在资产负债表发展的时候，利润表也在孕育。《乾隆广丰账簿》年终总结还出现了利润表的内容。但这些利润表项目排列还没有规律，由于没有解决销售成本的计算问题，还算不出利润。龙门账和四脚账把这些问题解决了，这两种会计报告有资产负债表和利润表两部分，二者组成一个体系。张建朋的另一篇文章《晋商裕庆当账簿研究——以会计史为中心》[③] 研究了刘建民先生收藏的裕庆当账簿，发现该账簿既保持着“四柱结算法”

---

① 另外，巩慧贤的《凭证与账簿——以集体化时期剪子湾的会计资料为中心》（《现代营销》）利用集体化时期剪子湾村的凭证和账簿，从二者的格式和内容分别进行分析后，认为凭证是经济活动中事项与数字的具体反映，账簿是经济活动中事项与数字的集中反映，在研究时应该将这两种形式不同而实质一样的资料结合起来，强调了会计史研究中凭证研究的重要性。

② 张建朋：《明清民间会计报告的演变研究》，河北大学 2010 年硕士学位论文；刘秋根、张建朋：《明清时代工商企业的资产负债表——以〈万历程氏染店查算账簿〉为中心》，《河北大学学报》2010 年第 1 期，此文是上述硕士论文的一节。

③ 张建朋：《晋商裕庆当账簿研究——以会计史为中心》，《会计之友》2012 年第 10 期。

的格式，同时又采用了“合龙门结算法”的方法，确认双轨式计算利润的方法是从“四柱结算法”向“合龙门结算法”发展的有力证据。

近几年，刘秋根老师从对已经发表的各类文书的研究向搜集整理研究民间档案文书转变。他与学生合写的《民国时期华北农村银钱借贷分析——基于五本借贷账本之上》[①] 便是这一转变的成果之一。作者使用文献分析、统计、会计学的方法，对个人收藏的河北、山东、山西 5 本农村借贷账本进行分析，并将账本中所反映的利率水平与早期的农村调查报告中的数据进行了对比，发现账本利率低于农村调查报告中的数据，且出现利率集中化、稳定化趋势，出现“公认利率”。文章还对账面中出现的保证人、第三者、记账方式、借贷规模进行了分析研究。

四、“北京派”学者对账簿的研究

“北京派”学者之所以称为“北京派”有三层含义：1. 研究对象主要是北京馆藏的账簿；2. 文章主要刊登在北京的《中国经济史研究》上；3. 该群体学者或在北京工作，或曾在北京求学，彼此联系比较紧密，文章内容前后呼应。北京派具有几个特点：1. 注重国际合作，拥有国际视野；2. 注重经济学方法在经济史研究中的应用；3. 注意不同学者研究的彼此呼应，克服自说自话的封闭状态。

袁为鹏、马德斌二先生的《商业账簿与经济史研究——以统泰升号商业账簿为中心（1798—1850）》[②] 介绍了 1798—1850 年间位于北直隶宁津县大柳镇的统泰升商号的历史背景与

---

① 刘秋根、王丽彦：《民国时期华北农村银钱借贷分析——基于五本借贷账本之上》，《古今农业》2012 年第 3 期。

② 袁为鹏、马德斌：《商业账簿与经济史研究——以统泰升号商业账簿为中心（1798—1850）》，《中国经济史研究》2010 年第 2 期。

经营状况、商号账簿的保存数量及年代分布、账簿的记账方式、账本结构与分类情形。该文通过介绍陈志武主持的中国金融史课题组正在整理之中的物价、银钱比价及借贷利率数据库的情况，揭示了统泰升号账簿对中国社会经济史研究的重要史料价值，强调了商业账簿史料对于中国经济史研究的重要意义。

彭凯翔教授的《近代北京货币行用与价格变化管窥——兼读火神会账本（1835—1926）》[①] 从火神会账本中的货币与价格史料出发，结合方志、文集等其他直接、间接史料，对近代北京的货币行用状况与价格结构变化进行探讨。在货币行用方面，说明了“京钱”的记账本位币性质，明确其减值与贬值过程。与京钱相对应的有各种名目的实货币，虚实货币共同构成了近代北京的货币体系，随着该体系的蜕变、瓦解，北京经历了持续的通货膨胀。通过火神会账本中以及其他现有的物价工价数据的比较，进一步对通货膨胀中的相对价格变化有更准确的阐释。[②]

卢忠民老师长期研究清末民国在京的冀州商帮，他以北京

① 彭凯翔：《近代北京货币行用与价格变化管窥——兼读火神会账本（1835—1926）》，《中国经济史研究》2010 年第 3 期。

② 彭凯翔教授在其母校江西财经大学做了一场题为“试论传统中国的利润核算与资本主义精神——以商业记账为例”的学术报告。彭老师在上海交大“账册史料与社会经济史研究会议”上宣读《小议传统社会的利润观念：以商业记账为例》，与江西财大所做学术报告时间仅差几天，据笔者估计二者内容大同小异，待日后见到原文再做补充。

档案馆所藏万和成商铺及其联号的账簿为主要史料，写成系列论文。①

（一）《也谈商业账簿与经济史研究》对北京档案馆馆藏旅京冀州商帮所营之万和成五金商铺及其联号账簿真实性、账簿分类、记账方法与账务处理进行探讨，呼应袁为鹏、马德斌的文章，强调了账簿对中国社会经济史研究的重要史料价值，认为深入对账簿的研究可扩大对经济史研究的深度与广度。

（二）《近代北京商人与山西商人运用人力股制度的比较》和《近代北京五金商铺人力股制度的再认识》两篇文章，运用账簿史料，结合社会调查等史料，对比了北京五金行和山西票号人力股制度的异同，主要就人力股的上下限额、银股与人力股份配比例、份额变动、故身股、创新及效用等方面展开论述，认为清末民国时期随着山西票号的衰落，人力股制度的运用更趋保守，而在京五金商人则较为灵活地运用此制度获得了较大发展。

（三）《近代旅京冀州商帮的日常消费问题初探——以五金商铺员工为中心》运用账簿遗留的信息，对以旅京冀州商帮中的五金商铺员工为中心，分三类对其在京的日常消费问题进行探讨：1. 普通店员的一般日常消费，包括衣、食、住、医等方面，除衣服、鞋帽等穿戴物品外，其余费用一般皆由各商号免费提供；2. 有人力股店员的日常支出去向较为复杂，除借入与

---

① 参见卢忠民《也谈商业账簿与经济史研究——以近代旅京冀州商帮所营之万和成及其联号五金商铺账簿为中心》，《中国经济史研究》2011 年第 4 期；卢忠民、张素薇《民间商业账簿史料真伪辨——以北京档案馆馆藏五金行账簿为例》，《兰台世界》2011 年第 5 期；卢忠民《近代北京商人与山西商人运用人力股制度的比较》，《中国社会经济史研究》2008 年第 4 期；卢忠民《近代北京五金商铺人力股制度的再认识》，《安徽史学》2011 年第 3 期；卢忠民《近代北京商铺的铺底与铺底权》，《中国社会经济史研究》2011 年第 2 期；卢忠民《民国旅京冀州五金商人的广告促销及其费用——以万和成五金商铺〈杂项分类底账〉为中心》，《河北科技师范学院学报》2013 年第 1 期；卢忠民《近代旅京冀州商帮的日常消费问题初探——以五金商铺员工为中心》，《中国社会历史评论》2012 年第十三卷，第 176—185 页。

借出的大支出外，交际费用较高，用于养家的费用偏低；3. 经理或掌柜的日常花费基本都由柜上支付。文章丰富了我们对近代北京商人日常消费、交际等社会生活方面的认识。

（四）《民国旅京冀州五金商人的广告促销及其费用》以万和成五金商铺《杂项分类底账》为中心，对旅京冀州五金商人的广告运用及费用问题进行探讨，认为旅京冀州五金商人所采用的广告宣传形式多样，其中以散发传单等印刷品为主。万和成每年做广告宣传的季节性明显，宣传形式一般根据销售情况及社会形势进行适时调整。万和成的广告费用支出占商铺总开销费用的比重较高，包括制作广告的成本费、人工费、张贴依托物费、广告捐等。各类型广告的捐费除电影广告较低外，其余皆非常高昂，这为一般商铺所无法承受，成为五金商铺发展的瓶颈。此外，《近代北京商铺的铺底与铺底权》也涉及账簿史料。

五、山西大学行龙教授的弟子马文静对未发表的晋商账簿的研究

山西大学中国社会史研究中心的行龙教授一直强调运用民间文献和档案文书研究晋商，他的学生马文静撰写的学位论文《小的却是全面的：一个普通山西商号的账册分析（1893—1935年）》① 就是在这方面对行老师倡导的实践。

该文是对山西大学中国社会史研究中心收藏的一套清末民初晋中文水县农村商号“昌玉公”的账册分析研究。文章首先对四十多本账册进行了会计学归类，并结合实地田野调查和一些方志文献，考证出该商号位于山西省文水县西南社村，商号的名称为“昌玉公”及其历史，并对商号的地理历史环境进行

① 马文静：《小的却是全面的：一个普通山西商号的账册分析（1893—1935年）》，山西大学2006年硕士学位论文。

了分析。文章对其中19本账册进行了系统的整理、统计和分析，具体阐述了商号的商品交易情况，这家带有手工作坊的杂货铺以粮食及加工品为交易品，涉及多种生活生产资料，从清末到民初交易商品种类逐渐丰富；交易辐射半径达百里，属于跨县短途交易。文章考察了晋中地区农村市场贸易繁盛的情形；分析了与商品交易密切相关的货币使用情况和银钱兑换比价的变动及原因；统计了各记账年份的商品价格指数，并初步分析了造成物价变动的若干原因；描述了账册中所提及的一些特殊商品，如戒烟丸、麻掺、京文纸、黄盐、口炮等的交易情况；介绍了商号的银钱借贷业务、雇工情况以及记账的格式和习惯。总之，该文为我们展现出清末民初晋中地区社会生活的基本状况以及地方经济发展的基本情况。

六、上海学者对新出土的石仓文书中的账簿的研究

上海交大曹树基教授带领自己的团队，发现并搜集整理了清代中期至民国年间浙江省松阳县石仓镇的近7000份契约文书、几百种账本。在石仓发现的民间文献和民间档案文书统称为石仓文书，对石仓文书中账簿的研究成为账簿研究的新领域。为推动账簿研究的深入开展，上海交大还于2012年4月14日成功举办了《账册史料与社会经济史研究会议》。① 到目前对石仓文书中账簿的研究方兴未艾，其主要成果有三篇。

---

① 会上宣读文章有：曹树基《上海交通大学历史系的地方文献搜集与研究》；彭凯翔《小议传统社会的利润观念：以商业记账为例》；马德斌、袁为鹏《鸦片战争前夕华北的货币与物价：来自统泰升号商业账簿的证据》；章毅、李婉琨《市场化与宗族化：近代石仓五谷会研究》；刘秋根、王丽彦《民国时期华北农村借贷分析——以五个借贷账簿为基础》；曹树基、蒋勤《石仓农家账本——性质、意义与破解之道》；任玉雪《清代吉林将军双城数据库与东北地区经济研究》；李楠《血亲、地缘与经济差异：基于1930年代中国东北农村的考察》。目前笔者未见到部分论文原文。

清代浙南民间有定光佛信仰，每年都有定期崇拜活动，创始成员出资组成宗教互助性民间组织。章毅教授以石仓文书中定光会账簿为中心，撰写了《祀神与借贷：清代浙南定光会研究——以石仓〈定光古佛寿诞会簿〉为中心》① 一文，文章利用账簿考察了定光会的借贷功能。文章首先排除了释读方面的障碍，考证了定光会道光七年的收支情况，认为定光会成员之间的借贷关系可能构成该会最核心的经济活动内容，文章还统计了1829—1857年和1858—1910年两个时期定光会的收支情况，发现前期经济活动为活跃期，后期为经济活动稳定期，后期基本失去了借贷功能。文章还考证了借贷对象的不同身份，对比了会众和非会众的借贷利率，认为会众通过定光会往往能得到利率比当地名义利率远为低廉的借款。但过低的利率使得稳定的借贷关系不易维持，另一方面借贷关系的频繁发生也容易破坏会首的轮值制度。定光会具有平等性、封闭性、非营利性的特征，从根本上说，定光会的经济功能仍被涵摄于其宗教性之中，并未得到充分的发展。

关于清代石仓冶铁业，曹树基、蒋勤二人利用石仓文书中的账簿合作撰写了两篇论文：《石仓冶铁业中所见清代浙南乡村工业与市场》和《后炼铁时代的石仓转型：以〈闻翰鹤雇工账本〉为中心（1837—1870）》。②

《石仓冶铁业中所见清代浙南乡村工业与市场》利用浙江松阳石仓《本炉往来簿》中所载“阙彤昌号”嘉庆二十五年日常收支明细账，对“阙彤昌号”的经营关系、炼铁成本与收益、物价与工价、资本来源以及石仓冶铁业与国内铁市场的关系进

① 章毅：《祀神与借贷：清代浙南定光会研究——以石仓〈光古佛寿诞会簿〉为中心》，《史林》2011年第6期。

② 曹树基、蒋勤：《石仓冶铁业中所见清代浙南乡村工业与市场》，《“中央研究院”历史语言研究所集刊》第81本，第四分册，2010年；蒋勤、曹树基：《后炼铁时代的石仓转型：以〈闻翰鹤雇工账本〉为中心（1837—1870）》，《浙江社会科学》2012年第10期。

行了分析，认为石仓冶铁业的成功在于廉价劳动力的使用，技术投入成本压缩到最低，道光萧条导致国内市场萎缩和萧条之后洋铁输入的冲击导致浙南冶铁业的衰败。

《后炼铁时代的石仓转型：以〈闻翰鹤雇工账本〉为中心（1837—1870）》可谓是上述论文的接续篇，它利用浙江松阳石仓的《阙翰鹤雇工账本》，结合闻翰鹤其他账本及买地契约，考证出石仓阙氏对冶铁业衰败之后遗留的废地开发成农田的雇工支出和雇佣教师等教育投资支出增加，描述了道光后期炼铁业衰退以后，石仓闻氏进行的农业转型与科举转型。石仓闻氏的农业转型属于“产业降级”，生产方式倒退；“文化跨越”式科举转型，闻氏力所不及。总之，闻氏家族又回到了“耕读传家”的传统模式，注定了石仓闻氏无法改变家族经济衰败的命运。文章还为我们留下了两个文缘——关于茶排阙氏农业转型后的生活状况和南坑口阙氏企业的发展与辉煌，我们期待新的成果的出炉。

七、广东学者译著教会账簿研究成果

16至18世纪耶稣会士来华传教，有不少传教士的账簿或财务报告经由澳门寄往欧洲，这些材料成为18世纪末欧洲人了解中国的窗口。时至今日，包括华籍传教士在内关于教会日常开支的记录又开辟了我们了解历史的另一面镜子。清初苏沪地区两个传教士鲁日满、吴渔山日常生活的账簿是他们无意间留下的珍贵史料，对研究清初江南的社会经济史有很高的历史价值。

暨南大学赵殿红女士翻译了比利时著名汉学家高华士（Noel Golvers）博士《清初耶稣会士鲁日满常熟账本及灵修笔

记研究》[1] 一书，该书主要考证了比利时耶稣会士鲁日满从1674年10月7日到1676年3月或4月日常生活账本（包括收入账、支出账及记录自己精神修炼过程的神操笔记三个部分）的每一细节，内容十分详尽细致，详细揭示了鲁日满传教活动、日常活动、与不同阶层的中国人的关系、日常生活的收入和开支等生活细节，内容涉及当时各种商品和服务的价格、货币兑换比率等社会经济史的信息，为我们展示了一幅17世纪江南地区的生活实景图。

中山大学章文钦教授与澳门档案学者刘芳女士合作，整理了葡萄牙东波塔档案馆藏清代澳门中文档案，对明清之际文化名人、华籍耶稣会士吴渔山主持嘉定教务时期的账簿，进行了细致的整理，并做了详细考证，写成《吴渔山嘉定账簿初探》[2]一文。文章考证了账簿的发生地为清初江南传教中心上海附近的嘉定，确定账簿的发出人为康熙中后期嘉定堂区的管堂司铎吴渔山。文章详细列举了嘉定地区的物价，在与鲁日满常熟账本对比基础上，探讨了账簿所载货币的兑换比率，分析了吴渔山的消费水平，从账簿出发探寻了吴渔山交际、节庆、求医、纳税诸事，反映了清初社会经济生活的一个侧面。文章还就堂区会众活动、经费来源与开支等方面进行了天主教史的探索。

八、对账簿研究的几点看法

（一）现在研究的账簿账材料只是全部现存账簿的冰山一角，大量的账簿材料的搜集、整理亟待加强。

1957年，国务院批转了中央工商行政管理局和国家档案局

---

① ［比］高华士（Noel Golvers）著，赵殿红译：《清初耶稣会士鲁日满常熟账本及灵修笔记研究》，大象出版社2007年版。此前赵殿红翻译了《耶稣会士鲁日满账本》，刊登在《暨南史学》（第一辑2002年）上。

② 章文钦：《吴渔山嘉定账簿初探》，《中华文史论丛》2009年总第九十四期。

《关于前私营工商类的文书材料、账册的保管、处理意见》，意见的主旨在于保护有价值的文书材料和账册，对有代表性的企业，规模大、历史长（三十年以上①）的企业存在的工商档案要求全部保留下来，由合营企业负责保管和整理，（少数已经并入国营的企业，由国有企业负责）并准备在国家规定的期间将应永久保存的部分转交中央的或地方的国家档案馆。北京学者们研究的统泰升账簿、火神会账本和万和成五金行账簿可能属于这一类被保留下来。但是对其他企业的档案当时没有考虑历史价值的因素，同意做销毁处理，可能大量的有历史价值的档案材料，包括账册被销毁了。

不过很多民国以前私营企业的材料被个人有意或无意地保留下来。散落于民间的账簿材料数量不可胜数，即使在一个比较小的文物市场也可以发现一些不太成系统的账本。《程益泰商号经营史料汇编》就是盐城一位退休老人程松对自己家族曾经经营的企业材料的整理，内容包括作者母亲所作回忆文章、铺规、单据、信函、契约、广告传单、价目表，以及 1917—1951 年间的账册若干本。② 像这样散落于民间的账簿不为少数。有一位有识的档案工作者说："许多有价值的档案散失在民间，应该及时发现、抢救并进行研究。这些有价值的档案，特别是一些民间契约文书和反映民间经济活动的账册，是研究当时当地经济状况十分难得的微观材料。比如，曾经存在于正宁乡间的'燕翼堂'商号以及它留存下来的契约账簿，就是我们研究正宁历史上经济社会发展的最佳材料，我们档案部门应妥善保管并及时向社会提供利用。"③

在县级以下政府部门也有大量的历史材料的积存，其中账

---

① 按：应为 1927 年以前的工商企业。

② http：//blog. sina. com. cn/u/2612020952，同松的博客。博客上有该书的书影，目前本人并未见到原书，只是从博客上了解到该书的部分原文。

③ 张会民：《正宁县档案馆珍藏"燕翼堂"契约、账簿》，《档案》2007 年第 1 期。

簿也占有一定的比例，但是不同于存放于各级国家档案机构的材料，机关根本不重视这些有价值的东西，基本上是任意堆放在没有任何保护措施的空房子里任其霉烂变质。所以，当务之急是对积存于各级政府机构中的账簿档案、散落于民间的账簿进行保护性的搜集和整理。

（二）对账簿的相关研究需要加强，要注意实地调研的方法的运用。

账簿的史料价值不言自明，账簿是研究会计史、社会史、经济史等不可多得的直接材料。但是，目前关于账簿的研究还是有待进一步加强。据夏维中、王裕明介绍，南京大学收藏的徽州文书中，“商业账簿共有250余册，约占总量的一半。商业账簿类型多种多样，既有实录簿，又有誊清簿；既有总登簿，又有分录簿。按其内容则有收支簿、往来簿、盘货簿等。这些账簿反映的内容涵盖了当时杂货茶、典当、药铺、布、染坊、冶铁、盐、钱庄、屠牲、运等各行各业，其中又以前四种为主。涉及的范围主要集中在徽商经营的传统区域——长江流域的江浙、皖赣及两湖地区。时限上起乾隆年间，下迄民国三十八年(1949)，尤以同光时期为多。这些账簿是研究后期徽商活动的珍贵史料”①。但是我们可以看到的研究这些账册的成果除了王裕明的典商的研究外并不多见。其他地方对已经被收藏的账册的研究情况差不太多，相对于收藏的账簿的数量，研究成果的数量与之并不成正比。比如，截至2011年底，锦屏、黎平、剑河、天柱、三穗、台江、岑巩7个县档案馆征集进馆的契约文书已达10万件，其中账簿的数量亦占一定比例，可能是清水江文书的整理正在进行中，到目前为止，我们仍未见到清水江文书中账簿的相关研究。所以，账簿的研究还有很大的开发利用空间。

---

① 夏维中、王裕明：《南京大学历史系所藏徽州文书评介》，《中国社会经济史研究》2000年第4期。

账簿的研究应该进一步与田野调查和口述史相结合。账簿保存的信息有用但存在一定的局限性，与账簿相关的账簿纸面以外的活的历史有待进一步到账簿的发生地、账簿涉及地去实地调查，与采访相关地点、相关人员相结合，使得账簿的研究更具历史的实感。这样的方法已经为很多学者所采用。如，石仓文书的发现就是曹树基教授实地调查发现的。袁为鹏到德州宁津县大柳镇实地考察；马文静对晋商账簿的考证运用了社会学田野调查的方法，直接采访商号所在地的老人，了解当地的情况，"这不仅加深了我们对历史背景和当地社会人文环境的认识，也有助于我们把一个小商号几十年的经营活动融入到大的历史背景和当地的社会生活中去理解和把握"①。诚然如此。

（三）账簿研究需要各地学者进一步的交流与合作

目前，账簿研究的交流已经开始，上海交大于 2012 年 4 月 14 日成功举办了《账册史料与社会经济史研究会议》，来自不同大学和研究机构的学者就账簿的研究进行交流，介绍了各自的研究情况，宣读了自己的研究成果。账簿的研究已经登上了世界经济史大会这样的论坛，2012 年 7 月第十六届世界经济史大会在南非召开，中国社会科学院经济所史志宏研究员与北京航空航天大学张丽教授合作组织的"1500 年以来中国经济的表现：事实与数据"专场讨论会，伦敦政治经济学院马德斌教授和中国社会科学院经济研究所袁为鹏研究员提交了《鸦片战争前夜中国北方经济的货币与价格：基于统泰升账簿的证据》论文。另外的分会场对于商业账本及中国传统的会计与记账方法进行讨论，袁为鹏、理查德·麦可、马德斌提交合作的论文《1850 年前中国会计与簿记方法的发展：以统泰升商业账簿为中心》，吴晓亮教授亦提交论文《云南小家庭、世界大市场——以云南

---

① 马文静：《小的却是全面的：一个普通山西商号的账册分析（1893—1935 年）》，山西大学 2006 年硕士学位论文。

商号“仰光洪盛祥”账册为个案》，与会学者就账簿的研究展开讨论。[①]

笔者认为账簿研究的交流与合作应从以下几方面开展工作，1. 民间文书特别是账簿亟待科学的统一的分类。建立合理的文书分类标准是做好整理研究工作的必要的前提。目前的情况是各地的学者对民间文书完全按照自己的标准进行分类，这种分类不规范造成学界研究交流的困难，比如，租册是否是账簿的问题，家庭开支账单、分家单、置产簿是否是账簿问题等，这就需要各地学者通力合作，在充分讨论的基础上建立各方都可接受的科学统一的分类标准，改变分类标准杂乱无章的局面，这将有利于文书的检索利用和专题研究，以此来促进进一步的交流合作。2. 出版高水平的整理注释的账簿材料也是交流的重要方面。目前，各地出版了一些民间文书和档案材料，但是已经出版的账簿也只是夹杂在别种类型的文书材料中，比较系统完整的账簿原始材料的出版还未出版，这影响了对账簿的研究。因为文书的释读，包括账簿的释读需要专业的知识，一个人的知识不可能涵盖全部领域。为增加可读性，减少释读的难度，减少不必要的重复劳动，减少释读方面的错误，对账簿材料注解的基础性工作十分必要，这也是学界在分工基础上的合作。[②] 3. 建立相对开放式的数据库，实现符合市场规范的资源共享。单个的账簿可能没有太大的价值，成一定规模的资料价值会更大，不同的大学、研究机构合作，建立可扩充的账簿数据库意义非同寻常，给研究者提供很大的方便，其价值不可低估。但因为账簿资料的搜集整理和账簿数据库的开发需要付出大量的人力物力财力，数据库的相对垄断是必要的，是对知识产权的

---

① 赵学军：《第十六届世界经济史大会侧记》，《中国经济史研究》2012 年第 4 期。

② 文献学专业的储小旵博士曾对徽州文书的释读做过大量的工作，指出了以往非专业释读很多的错误。

保护；但是垄断也应该是相对的，不应完全控制在自己手中，秘不示人，在别人付出相应的报酬后，数据库应该对全体学者开放，所有付费人员可以比较自由地利用数据库资源，以推动账簿的研究向前发展。

货币、金融、财政研究

货币的非国家化：汉代中国的经历（前175年—前144年）

北京大学经济学院　管汉晖

一、引　言

在货币发行权利的归属问题上，经济学家产生过激烈争论。弗里德曼（Friedman，2006）认为，鉴于货币对一国宏观经济的重要性，其必须由中央银行发行和管理，实现货币稳定的关键是货币当局必须遵循某种规则，且如果可能的话，规则应该体现在一部“货币宪法（Monetary Constitution）”中，此时，货币增长导致的价格水平变动就是可预期的。与弗里德曼相反，哈耶克（Hayek，2007）认为政府垄断货币发行权导致的过度征收铸币税是物价不稳定和经济波动的根源，只有废除政府对货币创造（Money Creation）的垄断，才能实现价格水平稳定。在哈耶克看来，政府发行和操纵货币的专有权无助于得到优于其他制度的货币，它只是政府实施其主导政策的一个重要工具，因而只会有助于政府权力的增长：“当代的政治很大程度上以下面的假设为基础：政府有权按自己的意愿创造任何数量的货币，并使人们接受，政府据此强有力地捍卫着自己的传统权力。基于同样理由，将这种权力从政府手中拿走，也是最为重要的，无论如何，政府都不应当比私人更有理由获得其所欲求的东西。”（哈耶克，2007，第31—32页）他进一步论证，20世纪中期以后政府之所以不断扩张，很大程度上是由于它能够通过发行货币来弥补其赤字，而亚当·斯密（Adam Smith）阐述的“根据自然的自由制度，政府应当承担的三项职责”（《国民财富的性质和原因的研究》，1776）中，并没有提到控制货币发行（哈耶克，2007，第32页）。因而，国家控制货币不能提供可靠的支付手段必须对货币不够稳定及过去一个世纪的通货膨胀承担责任，对政府垄断货币的制度进行小的修补，难以根除这些缺陷和危险。哈耶克秉承奥地利学派（Austrian School）的传统，将一般商品与服务市场上的自由竞争引入货币领域，提出废除中央银行及政府对货币创造的垄断权、用市场中的竞争性货币（competitive currencies）取代国家对货币供应的控制，这就是“货币非国家化”理论。

与理论上的激烈争论并存的是与“货币非国家化”相关的实证研究的匮乏，且既有研究大都基于美国或英国（苏格兰）货币史上的自由银行（Free Banking）时代。如White（1984）研究了1844年前苏格兰自由银行时期货币发行的竞争体系，Rockoff（1974；1985）考察了美国南北战争前20年间自由银行的竞争性货币发行行为。虽然这些历史例证证明，在某些条件下，货币竞争体系比政府垄断货币体系价格更稳定，但无一呈现出完美的货币绩效（哈耶克，2007，第5页）。

公元前2世纪中期的西汉文帝和景帝执政时期，中国曾经有过古代史上唯一的政府放任私人铸币的经历，为检验“货币非国家化”理论提供了自然试验（natural experiment）。本文利用考古学和钱币学关于历史上铸币标准以及重量和成色的相关数据，通过对比“放铸”与“公铸+禁铸”（国家垄断）时期的铸币质量，实证研究汉文帝“使民放铸”政策的货币经济绩效，重点在阐释货币市场的竞争机制如何发挥作用。本文的研究发现，在交易双方对铸币重量具有充分对称信息的情况下，货币市场的竞争导致高质量的私人铸币得以流通，实证研究的结论完全支持这一发现。因此，本文验证了哈耶克“货币非国家化”理论的有效性。此外，哈耶克认为，只有不兑现的信用货币时代才能实行自由货币，金属货币时期铸币权力必须由政府垄断，本文的研究修正了这一观点，因而拓展了“货币非国家化”理论的应用范围。

与既有的为数不多的“货币非国家化”的实证研究相比，本文的贡献在于如下几点：首先，已有的研究全部基于近代以降信用货币时期的经历，以中古时期金属铸币时代中国的放任私铸史实检验“货币非国家化”理论，更具典型意义与价值；其次，既有研究大都基于美国或苏格兰历史上的自由银行时期私营银行竞争性发行货币的经历，而在汉代中国，中央政府彻底放弃铸币权，放任私有属性更强的私人铸币，可见相较于自由银行，中国的自由货币是更加彻底的货币竞争；最后，本文的实证研究基于考古学和钱币学的相关数据和发现，数据可信度高，因而实证研究的结论非常稳健。

下文内容将做如下安排：第二部分介绍历史背景，第三部分论述交易双方对货币具有对称和非对称信息时，Gresham 法则起作用的不同方式，后者进而导致货币绩效的差异，第四部分利用考古学和钱币学的研究成果对“使民放铸”政策的效果进行实证检验，第五部分是总结性评论。

二、历史背景

（一）放任私铸政策的出现及其历史地位

中国货币历史悠久，种类繁多，但铸币权大多由官方控制。自秦统一六国后，官方虽将方孔半两钱作为法定货币，使古货币的形态从此固定下来，但并未实现货币体系的统一标准化，混乱的货币制度一直延续到西汉。西汉初期的高祖、惠帝、吕后执政三朝尝试发行过几种货币，如榆荚半两、三铢半两、八铢半两、五分钱等，但都面临泛滥的盗铸和严重的通货膨胀问题。在此背景下，西汉文帝实行货币改革，此时期是中国货币史上极其罕见的私人铸币合法化的时期。货币改革的主要内容有：首先，铸币采取“法重四铢，文曰半两”的形制，明确规定法定重量是“四铢”（约合 2.604 克），“半两”并非政府规定的法重，亦非钱币之面额，而仅是铜钱的名称；其次，政府正式赋予私人以自由铸币权。汉文帝推行铸币的放任政策，让民间拥有自由铸币的权利，不仅是秦汉历史上第一次，以其程度与规模而论，也可能是秦以后帝制时期唯一的一次（陈彦良，2007，第 323 页）。

中国历史上使用铸币的朝代，其铸币从朝代初期至后期多呈现出一种模糊的减重趋势。图 1 是清代通宝从顺治到宣统的重量参数走势，图 2 是秦汉时期铸币的法重符合百分数走势。比较两幅重量走势图的大致性态可见，清代货币减重趋势非常明显，铸币平均实际重量。

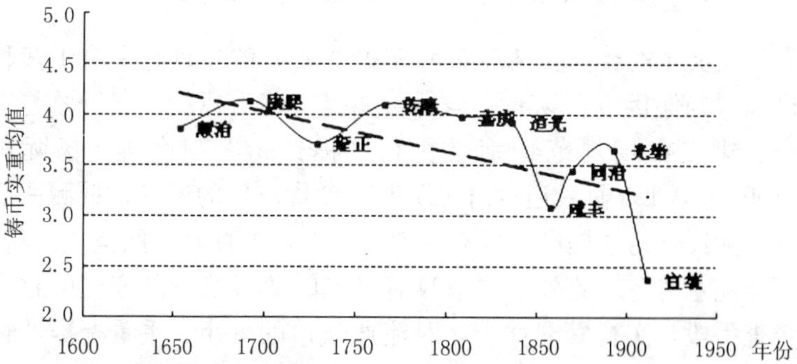

图 1　清朝通宝重量参数趋势：从顺治到宣统（1644—1912）

资料来源：铸币重量数据来自周卫荣（2004，第 96—100 页），为清代各执政朝平均。

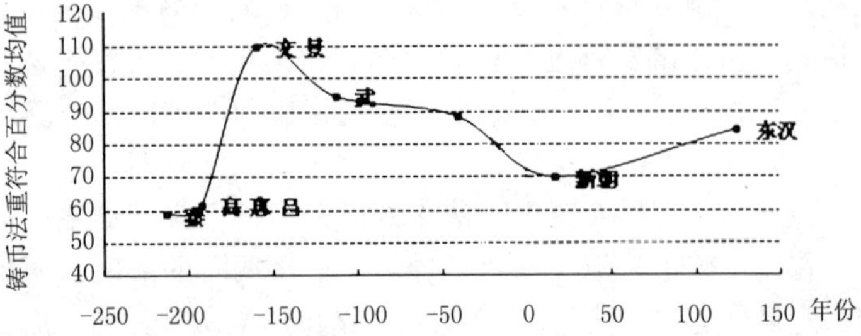

图 2　秦汉时期铸币法重符合百分数走势（前 221—220）

注：①负数年份表示“公元前”。②“法重符合百分数”的详细算法见下文表 1。

资料来源：铸币重量数据来自周卫荣（2004，第 30—45 页）、杜维善（2000，第 157—300 页）、王雪农与刘建民（2005，第 338—435 页），按图示 7 个时期分别加以平均。

从朝代初期顺治时的约 3.878 克逐渐下降到末期宣统时的 2.394 克。与此相反，西汉文帝、景帝放任私铸的举措在一定程度上遏制了铸币在一朝内不断减重的趋势，呈现出整个秦汉时期铸币质量的高峰。

（二）汉文帝维护货币市场运行的政策措施

汉文帝的放任私铸政策并非孤立实施的。政府采取了多种措施，确保货币市场有序运行，如提供铸币标准、实行监督审查、建立市场规范特别是实行“称钱衡”制度等。杨际平（1990，第 120 页）通过对《汉书·食货志》的考订，推测西汉政府为民众铸钱提供了可资参考的标准，令百姓依照范式仿铸，而非随意铸造。此外，文帝政府对民间铸钱执行制度性的官方督查手段，实行黥罪律令，对流通钱币的大小、重量标准严格执行，并安排专职官员作为制度保障。王雪农与刘建民（2005，第 48 页）将文帝的“放铸”制度定性为“私铸官验”制度，石俊志（2009，第 89 页）则将这一制度论断为“官督民铸”制度。

除督察之外，政府还规定对市场上流通的铸钱重量进行称量和鉴别的制度，即称钱衡制度。此方面具有说服力的考古发现是1975年湖北江陵纪南城M168号汉墓出土的汉文帝前元十三年（前167年）的101枚四铢半两钱和一件被铭以“正为市阳户人婴家称钱衡”的类似天平的衡杆。衡杆上42字墨书中有“以钱为累，劾曰‘四朱’‘两’”“敢择轻重衡，及弗用，劾论罚，徭里家十日。《黄律》”等字样。随其出土的还有圆环形的专用砝码，砝码实重10.75克/枚，恰合16铢，为符合法度的4枚四铢半两钱的重量。本文认为，在货币质量的改善上，相较于官府的稽核等政策及制度保障，“称钱衡”是更加有效的保障市场良好运行的仲裁工具。原因如下：称钱衡制度最显著的特点不在于由上至下的政策执行的严明性，而是它事实上表达了一种以自由市场为核心，经由市场途径合理取求、公平交易的规则：如果持良币进行交易，买方将要求卖方添加商品（“或用重钱，平称不受”）；如果持劣币进行交易，卖方将要求买方加钱（“或用轻钱，百加若干”）（均引自《汉书·食货志下》）这种规则赋予了市场参与者对钱币质量进行鉴别的基本意识和权利，并且提供了一个有效率的标尺。相较于此类强调经济主体自发性的规则，上述政府的核查不是最重要的。

（三）学术界对“放铸”政策的评价

汉文帝“使民放铸”政策得到了学者们截然相反的评价。较早的评价来自当时的著名学者贾谊，在《谏放民私铸书》中，他认为放任私铸必将导致“黥罪积下”“殽杂为巧”“钱文大乱”，即货币减重、通货膨胀、物价上涨乃至货币体系的崩溃，这一看法在很长一段时期中主导了此后的历史学界。当代不少学者认为民众铸钱必然难以统一货币形制，如杜维善（2000，第101页）否认民众私铸的四铢半两“符合标准”，而是认为其“范式非常多”，这一点与宋叙五（1971，第131—138页）的叙述吻合，且与彭信威（2007）对中国古代“自由放铸”现象的论述可相互印证，彭著指出：“中国古代的自由铸造，是指自由盗铸，人民不但用自己的金属，并且用自己的设备和人工技术，甚至用自己所定的重量和成色的标准。”（彭信威，2007，第 146 页）

当代逐渐有学者对“放铸”政策持肯定的观点，彭信威（2007，第 166 页）肯定了“西汉因通货减重而大跌的币值，在文帝手中慢慢恢复了”的事实，萧清（1984，第 82—87 页）则进一步看到了“使民放铸”与文景之治的关联。陈彦良（2007；2008）以出土钱币实物实测数据为中心，证明了“放铸”政策的成功，进而对放任政策的制度特征加以考察，还以 Gresham 法则解释成功的原因。石俊志（2009，第 92—99 页）指出“在中国两千年货币史中……只有文帝四铢，成功地实现了金属铸币的自由铸造”，并阐明了自由铸造使铸币价值和铸币所包含的金属价值保持一致，且可以保证铸币量自发地适应商品交换对铸币流通总量的客观需求两大经济意义，还看到了此时期“半两钱质量精良、形重规范”，“有效地抑制了劣质钱币的产生和泛滥”的积极效果。汪圣铎（2004，第 52—56 页）、王献唐（2005，第 232—257 页）、王雪农与刘建民（2005，第 51 页）都对文帝配合“放铸”所采取的官方督查制度多有赞言，指出这是一种“放开铸造权，严把验收关，以法律为依托，以制度为保障，民间铸钱纳入国家管理范畴，有标准，有措施，有专职管理人员管理，有特定检测器具的由国家宏观控制的经济行为”，其“较之高帝放铸时，漫无法守，固不可同日语矣”。

（四）放任私铸政策为“货币的非国家化”提供了一个自然试验

如前所述，迄今为止，与“货币非国家化”相关的实证研究尚不多见。另一方面，对汉文帝“使民放铸”政策的研究以历史学的史料整理、档案查考甚至文字学校雠为主，镜像式的定性分析多于定量分析。此外，西汉文帝和景帝时期采用“使民放铸”政策，放任私人铸币，到汉武帝时期则将铸币权收归国有，但这两个历史时期国家规定的货币形制和重量则维持不变，这为比较“私铸”和“公铸＋禁铸”这两个时间上先后存在又绝然对立的货币体制的绩效提供了一个自然实验。因此，本文将“货币非国家化”理论与汉文帝“使民放铸”政策相结合，整理考古学和钱币学与铸钱重量及成色有关的数据，利用规范的经济学方法研究“放铸”政策及官铸政策下的不同货币绩效，重点在于阐明货币市场竞争发挥作用的机制。

三、货币竞争的机制：称钱衡与 Gresham 法则

（一）Gresham 法则的两种表述

针对 Gresham 法则在货币史上的滥用，Mundell（1998）曾做过较为详细的研究。该文认为，Gresham 法则旨在概括一个非常明确的通货原理，而“劣币驱逐良币”非常有力，但是并不恰当地表达了这个原理，而即使是极具权威的学者，也常常曲解 Gresham 法则。Gresham 法则的含义是：当两种交换媒介一起流通时，较有价值的媒介趋于从流通中消失。在最广泛的意义上可以表述如下：当法律允许政府赋予两种或更多流通媒介以同样面值，而这些媒介的内在价值各异时，交易支付总是尽可能使用生产成本最低的那种媒介，最有价值的媒介将趋于从流通中消失。如果流通的媒介总量不足以满足通货的要求，较有价值的媒介将直接出现溢价或贴水。

但是，从严格的意义上说，“劣币驱逐良币”并非如熊彼特（Schumpeter）认为的那样是“不那么正确的”，而是完全错误的。与此相反，“良币驱逐劣币”才是更正确的经验命题。历史上总是那些优良的强势货币驱逐弱势货币，在竞争中取得支配地位，内在一致、高度稳定、质量优良是良币的共同品质，它们将在竞争中胜出，19 世纪的英镑和 20 世纪的美元都是如此。

同样的结论也适用于充当货币的金属，因此 Gresham 法则的正确阐述是，如果交换价格相同，则“贱币驱逐贵币”。综上所述，Gresham 法则存在两种表述：如果两种（或几种）货币的汇率是固定的，则“劣币驱逐良币”；如果汇率不固定，则相反的情形会发生，即“良币驱逐劣币”。

（二）称钱衡与 Gresham 法则

在西汉文帝放任私铸时期，货币市场的竞争之所以能够发挥作用，称钱衡制度是重要的原因。正是这一制度使得不同质量的货币的交换价值是不固定的，由此质量优良的铸币驱逐了质量低劣的铸币，由于竞争，市场中留下来的基本是质量优良的铸币。江陵纪南城汉墓出土的称钱衡表明，文帝时期钱币称重的问题已经得到解决：凡商民买卖所用钱，都需经过称钱天平的称量，测其实重，不可逃避，否则就要受到法律的惩处。

称钱衡制度规定在市场交易过程中，铜钱的使用必须经过政府所颁布的钱秤的称量，否则不得交易，它在法律层面上保证了市场中钱币鉴别的合法性，也为人们提供了质疑实际重量与法重的不等关系的正当性。在市场交易对等的情况下，使得劣币的铸造者修正他们的行为，鉴于不足值的货币根本无法在市场上流通，货币铸造者不得不提升铸币的质量，货币市场产生激烈的竞争。

Gresham 法则在称钱制度下的运行机理是，以称钱衡为代表的市场仲裁机制保证了交易双方对货币的充分对称信息，可使铸币的真实价值得到确认。被用于支付的劣币可以被简易地辨认出来，减重货币的购买力下降在当期（而非下一期）就得到体现，从而市场交易方自然不会按照法定面值接受劣币（唯一的可能是按照贵金属实际含量打折接受劣币）。由于信息的充分对称，使良币和劣币之间没有固定的交换比率（Friedman and Schwartz，1963），达标或超重的半两钱就有比减重的半两钱更高的实际购买力，“劣币驱逐良币”的结果就不具备达成的条件。由此可见，在称钱衡制度下，理论上，良币和劣币之间信息充分对称与二者的汇率不固定是等价的。此外，一般意义上的 Gresham 法则事实上是哈耶克表述的“逆向淘汰机制”的结果，需要良、劣币之间存在固定的兑换比率和同等的法偿能力，而这种人为的固定工作多数时候是由政府的强制力完成的，但汉文帝时期的自由放任状态事实上导致了一个公允的市场定价模式的形成，由于诸交易方之间存在议价与博弈，拥有较高竞争力、适用性的良币自然受到欢迎。称钱法律使得劣币与良币之间的交换比率并未固定，造成“良币驱逐劣币”的情形，导致钱币质量的普遍提升。

（三）“称钱衡”与“行钱律”

与称钱衡制度截然相反的情形是总与官铸政策并行的“行钱律”制度，二者恰好对应了 Gresham 法则的两种形式。强制良、劣钱一起流通的“行钱”法律使得良币遭到劣币驱逐，这是秦末汉初货币体系崩溃的制度性原因。汉文帝前的秦汉政府垄断货币铸造权，其主要保障手段在于以法律（“行钱律”）保护不足值货币的流通。“行钱”系指国家认定的、合法流通的现行钱币，语出汉初《钱律》。《钱律》要求“钱径十分寸八以上，虽缺铄，文章颇可智，而非殊折及铅钱也，皆为行钱”，并要求“敢不择取行钱、金者，罚金四两”。事实上，“行钱律”的思想在秦代《金布律》条文中已有显现，当时钱、金、布三者皆属于得到政府承认的交易媒介，且有固定的比价，律文要求“贾市居列者及官府之吏……择行钱布者……皆有罪”，即强制官府和商贩必须同等接受品质不一的铜钱，在规定劣质铸币也有走向市场可能性的同时，取消了人们通过市场等其他手段判断并选择优/劣质货币的权利。值得留意的是《金布律》记载的该政策实施的后果：“官府受钱者……钱善不善，杂实之……百姓市用钱，美恶杂之，勿敢异”，可见“行钱律”施行时期的钱币质量不容乐观。与此同时，私人盗铸现象又屡禁不止。

行钱制不允许铸币使用者“择行钱布”，即人们不能质疑实际重量与法定重量的不等关系。当铸币的实际重量低于法重时，政府实际上收取了两者差额重量的铸币金属所代表的购买力作为铸币税。但这又导致私铸的泛滥，从而使市场上总的铸币数量急剧增加，即市场上流通的金属铸币的总的名义重量增加了。在实物总量不变的前提下，货币数量的增加将导致铸币金属与实物的比价下降，进而使得单位铸币金属的购买力下降。于是，一方面是质量优良的货币被驱逐出流通领域，另一方面是重量不足的劣币泛滥，其结果则是不仅经济中交易成本上升，物价水平也会剧烈波动。

综合前文所述，汉文帝货币政策的实质在于，政府提供或宣布一个铸币的形式和质量标准，并负有监督查核的责任，但如何铸币以及由谁来铸，政府基本是放任的。在市场交易中，个体在国家颁布的称钱律所保证的公平、自愿的原则上交易；如果交易双方发生争执，称钱衡则还能起到仲裁的作用。称钱衡能够维持铸币的质量，是因为称钱衡使得货币市场产生了激烈的竞争，在竞争条件下，买卖双方必然进行讨价还价。由于减重货币的购买力下降在当期就得到体现，如果市场上流通减重的货币，其购买力较低，卖方自然会要求买方“或用轻钱，百加若干”；同理，如果铸币足值甚至超重，买方要求卖方“或用重钱，平称不受”，即多加些斤两，否则不买。因此，在不受干预的市场行为中，交易者可以随时进行讨价还价，劣币的不足值可以被交易双方所鉴别，并逐渐被足值的良币驱逐出去，最终市场中流通的大都是良币。“只要政府不出面阻止，私人（企业）就能够并且确实在较早以前曾经向公众提供过选择货币的机会，而那些在竞争中脱颖而出的货币的币值基本上是稳定的”（哈耶克，2007，第17页）。这一点在文景时期由于称钱衡的作用而得到保证。同时，由于货币基本是足值的，收取的铸币税数量很小，私人没有增发货币的激励，货币数量将得到控制，这进而促使了物价稳定。

四、实证检验

本节基于考古学和钱币学的研究成果，特别是不同朝代与铸币重量和成色有关的数据记载，实证研究汉文帝“使民放铸”政策的绩效。首先对实证研究使用的方法做一简要说明，其次基于考古发现对秦汉时期的铸币质量进行实证检验，最后进一步将汉文帝时期的铸币质量与其他朝代（清朝通宝）的政府铸币进行比较。

（一）方法：以铸币重量为铸币价值的主要度量标准

在金属货币时代，使铸币重量低于法定标准（减重）、以政府或法律权威强制提高低重量铸币的购买力（升水）、掺杂其他贱金属或杂质（降低成色），皆为铸币者抽取铸币税的方式。具体到本文的情形，我们主要以铸币重量作为铸币价值的衡量标准。其正当性在于，在唐初“开元通宝”出现前，传统铸币多属于称量货币（Weighed Money），以政府法令宣示的货币法定重量决定其购买力，货币的成色变化不大（彭信威，2007，第162页；陈彦良，2007，第329页）。在贵金属含量比例为定值（或接近定值）的情况下，铸币的实重直接决定了其购买力之高低。鉴于此，本节比较秦汉及其他朝代不同时期的铸币重量及其与政府规定的法定重量的比例（法重符合率），实证检验汉文帝放铸政策的绩效。同时，为了更好地说明不同时期的铸币质量，也兼而计算相同时期铸币成色的数据，并综合考虑重量和成色，以作为铸币价值的稳健性检验。

（二）基于考古发现的秦汉时期铸币质量实证检验

本节借鉴陈彦良（2008）的方法，集中杜维善（2000，第157—300页）、周卫荣（2004，第30—45页）、王雪农与刘建民（2005，第338—435页）所收录的关于铸币重量的数据，对从秦朝到西汉武帝年间各种形制的铸币重量参数进行较大样本的归纳。以时间顺序划分为“A：秦”（前221—前207）、“B：西汉初高、惠、吕时期”（前206—前180）、“C：西汉文景时期”（前180—前141）、“D：西汉武帝时期”（前141—前87）、“E：西汉余年（汉昭帝—汉平帝）”（前86—9）、“F：新朝”（9—25）、“G：东汉”（25—220）7个不同阶段，分别统计了170、71、641、150、49、53、22枚各时期铸币的重量，并对其进行独立样本的非参数检验。其基本思想在于：汉文帝在位期（前180—前157）全国为私人竞争性货币市场，“使民放铸”政策停止实行发生于景帝在位期（前157—前141）中的前144年，武帝在位期则为中央和地方政府垄断性的铸币市场。这两个时期的货币形态差别不大，“私铸”和“公铸+禁铸”两种不同的政策对货币绩效影响的差异体现得更为明显。

1. 简单描述性统计

表1给出了7个阶段铸币实际重量及其符合法重的百分数的均值（mean value）和标准差（standard deviation）的简单描述性统计（descriptive statistics）：

表1　七阶段铸币实际重量及其法重符合百分数

阶段代码及样本数	铸币法定重量（单位：克）	铸币实际重量		法重符合百分数		铸币含铜率均值（y）	铸币含铜量的法重符合百分数（x、y）
		均值	标准差	均值（x）	标准差		
A：170	7.812[1]	4.5958	1.5381	58.8296	19.6896	71.023%	41.7825
B[2]：71				62.5315	37.6788	73.972%	46.2558
C：641	2.604	2.8595	0.4526	109.8113	17.3827	79.744%	87.5679
D：150				94.5545	23.0962	80.237%	75.8677
E：49	3.255	2.8796	0.4886	88.4667	15.0111	83.904%	74.2271
F：53				69.9533	18.2856	83.382%	58.3825

续表

阶段代码及样本数	铸币法定重量（单位：克）	铸币实际重量		法重符合百分数		铸币含铜率均值（y）	铸币含铜量的法重符合百分数（x、y）
		均值	标准差	均值（x）	标准差		
G：22	3.255	2.7445	0.4549	84.3718	13.9756	84.655%	71.4249

注：①本文按“1 铢合 0.651 克”的算法转换度量单位。这种算法来自陈彦良（2007，第 331 页）。该文指出：据丘光明、邱隆与杨平（2001，第 190、214 页）研究，秦 1 斤合 253 克，汉 1 斤合 250 克，但都是约定值且差别极小，皆可认定为 250 克；又因为古制 1 斤合 16 两，1 两合 24 铢，故 1 铢合 0.651 克。

②本阶段铸币有几种法定形制：沿用战国晚期半两和秦半两范式的铸币（法重 12 铢，合 7.812 克）；榆荚半两（法重 3 铢，合 1.953 克）；高后二年（前 186）发行的八铢半两（法重 8 铢，合 5.21 克）；高后六年（前 182）发行的五分钱半两（法重 2.4 铢，合 1.562 克）。故计算实际重量均值及标准差是无效的。同理，阶段 D 铸币有三分钱半两（法重 4 铢，合 2.604 克）和五铢（法重 5 铢，合 3.255 克）等多种法定形制，阶段 F 铸币也有大泉五十（法重 12 铢，合 7.812 克）和货泉（法重 5 铢，合 3.255 克）等多种形制，故都不计算。然而，从其法重符合百分数较低的均值和较高的标准差可以看出，官铸货币制度下频繁地改变货币形制并未带来货币质量的真正稳定。

资料来源：铸币重量参数来自杜维善（2000，第 157—300 页）、周卫荣（2004，第 30—45 页）、王雪农与刘建民（2005，第 338—435 页）；铸币含铜率参数来自周卫荣（2004，第 30—45 页）。

由表 1 可见，阶段 C 即文景时期的铸币的实际重量符合法重百分数是各阶段中唯一超过 100 的，比居于次席的阶段 D 即武帝时期高出 15.2568，且该阶段数据的标准差在 7 阶段中也是较小的，可见文景时期的铸币重量比较稳定。即使比较乘上铸币含铜率参数所得到的铸币含铜量的法重符合百分数，亦可见文景时期的参数值也是 7 阶段中最高的。在此基础上，本文将进一步考察各时期铸币法定符合率的差异性（特别讨论文景时期和武帝时期的差别）。

2. 正态性检验

首先以 Shapiro-wilk 正态性检验手段验证各朝代铸币实际重量的法重符合百分数分布与正态分布有无差异。检验结果汇报如下：

表 2　Shapiro-wilk 正态性检验结果汇报

阶段代码及名称	样本总量	p 值
A（秦）	170	0.00001
B（汉初）	71	0.00001
C（文景）	641	0.00000
D（武帝）	150	0.02167
E（西汉余年）	49	0.79059
F（新朝）	53	0.11240
G（东汉）	22	0.46993

上述检验结果表明，除西汉余年（昭帝—平帝）和东汉的样本可以通过 Swilk 正态性检验（即可假定为服从正态分布），其他时期的铸币质量参数均不能通过正态性检验。因而从整体上看，只能通过非参方法检验非正态分布的中位数是否符合法重质量。

3. 中位数是否符合法重的非参数检验

因样本参数非正态分布，只能通过非参方法检验非正态分布的中位数是否符合法重质量，即选取 1 Sample Sign Test 进行检验，检验对象也由正态分布下的均值转向非正态分布下的中位数。检验结果见表 3。

表 3　1 Sample Sign Test 检验结果汇报表①

阶段代码及名称	样本总量	法重符合率高于 100% 的样本数	法重符合率低于 100% 的样本数	p_1	p_2	p_3
A（秦）	170	7	163	1.0000	0.0000	0.0000
B（汉初）	71	12	59	1.0000	0.0000	0.0000
C（文景）	641	472	169	0.0000	1.0000	0.0000
D（武帝）	150	57	93	0.9988	0.0021	0.0041
E（西汉余年）	49	11	38	1.0000	0.0001	0.0001
F（新朝）	53	1	52	1.0000	0.0000	0.0000
G（东汉）	22	3	19	0.9999	0.0004	0.0009

注：①p_1 表示若判定某时期法重符合百分数的中位数的真值（实际值）大于 100，犯第一类错误的概率；p_2 表示若判定中位数真值小于 100，犯第一类错误的概率；p_3 表示若判定中位数真值恰等于 100，犯第一类错误的概率。

由上述结果可见，除放任私铸的文景时期的铸币重量显著高于法定重量（即铸币法重符合百分数显著高于 100）外，其余时期（均为官铸）的铸币样本的实重在统计意义上均显著低于法重。可以断言，文景时期的四铢半两钱是秦汉货币史中质量最为良好、也相对稳定的一种通用货币。

除此之外，与同样采用四铢钱的武帝前期对比亦可得出结论：文景时期铸币的平均水平（均值、标准差）优于武帝时期，这一差异反映了文景时期政策的良好效果及武帝时期禁铸政策的不佳成效，佐证了本文对“使民放铸”与官方垄断铸币权两种政策的高下之辨。

除数据提供的实证检验结果外，西汉文景时期铸币质量改善的另一考古学佐证是钱范的出现与发展。王雪农与刘建民（2005，第 338 页）指出文景时期的半两钱有了版式的特点，这与铸造工艺和技术水平的不断改进是分不开的。据咸阳市博物馆（1973）和蒋若是（1997）的研究，1972 年陕西咸阳出土了两方石范，长 47 厘米，宽近 12 厘米，范面有 60 个钱范腔排列。又据陕西省钱币学会（1992，第 48—53 页）报道，1981 年陕西安康出土了 23 件钱范腔半两石范，这种石范已经出现双直浇道这一浇注系统的改进。上述两种石范皆生成于文帝时期，是钱币质量改善的又一考古学佐证。此外，陈彦良（2008，第 222—223 页）也提到，1982 年，山东博兴县辛张村出土西汉石钱范，其中包含榆荚钱范 1 件，钱模径 1.1 厘米，穿孔宽 0.7 厘米；四铢半两钱范 5 件，其中完好的两件钱模径 2.2 厘米，穿孔 0.6—0.7 厘米，三件残缺的石范钱径 2.3 厘米，穿孔宽 1 厘米；另外还有榆荚和四铢半两合体范 2 件，每件合体范一面刻榆荚钱模，一面刻四铢半两钱模，范面钱模的排列、造型、规格与同出的其他榆荚钱范、四铢钱范相同。据陈文考证，这批榆荚和四铢钱范是汉文帝时期使用的，是国家将私铸合法化后，市场力量驱动私人铸币品质提升在钱范形制上的反映。钱范的目的在于便利铸币操作，从而降低铸币成本。这种改善铸币效率、推动制钱工艺进步的努力，是在市场竞争与铸钱客观需求的驱动下产生的，是与铸币品质的提升相伴随的。

（三）西汉文景时期铸币质量与清朝通宝的比较

中国清代的货币铸造权完全由政府控制。据彭信威（2007，第 557—565 页）记述，清朝制钱（通宝）的法定重量在顺治、康熙、雍正、咸丰 4 个执政期中有过变更，但大体维持在每文 1 钱 2 分（约合 4.463 克）上下。表 4 是周卫荣（2004，第 96—100 页）收录的清朝通宝的实际重量均值、法重符合百分数和标准差的描述性统计。

由表 4 可见，在清朝从顺治到宣统的所有执政期中，没有一个阶段的铸币实际重量达到法定重量标准。可见官铸并未为清朝提供高质量的铸币，该事实从一个侧面佐证了本文对秦汉时期铸币质量实证检验所得结论的一般性。且如图 1 所显示的那样，清朝通宝从朝代初期到朝代晚期呈现出明显的减重趋势。

结　语

本文利用中国西汉文帝和景帝时期放任私人铸币的历史经历作为自然试验，对“货币非国家化”理论进行实证检验，展示了立足于考古学、钱币学和文献学发现破除“货币恰好最需要垄断”的理论成见，进而影响到社会科学“迷思”（Myth）的解决。本文有如下发现：

在金属铸币时代，如果交易双方对货币重量具有完全对称的信息，政府只需提供铸币标准，货币的供给和需求完全由市场决定，在这样的条件下，竞争使得私人供给货币的货币市场运行良好。竞争机制主要通过 Gresham 法则发挥作用，在关于良劣币信息对称的前提下，Gresham 法则导致良币驱逐劣币，于是市场上流通的主要是良币。具体到西汉“放铸”时期，称钱衡的使用保证了交易双方对货币的充分对称信息，减重货币的购买力下降在当期就得到体现。理论上，良币和劣币之间汇率不固定与信息对称是等价的。钱币学中的西汉铸币合金成分和重量的数据记载，以及钱范的考古发现，为上述结论提供了稳健、可信的实证支持。

迄今为止，对“货币非国家化”理论的实证支持主要来自欧洲和美国 19 世纪中期的自由银行，本文研究的汉代中国“使民放铸”现象能够为这一理论提供更好的支持。因为中国的情形是自由货币即私人铸币，而非自由银行，货币供给者的私有属性更强，竞争更彻底。

哈耶克认为，只要政府不出面阻止，私人（企业）就能够向公众提供选择货币的机会，那些在竞争中脱颖而出的货币的币值基本是稳定的。正如商品市场一样，货币市场的竞争也会产生预期的最佳结果。“每个发行自己货币的银行都有能力调整其

表 4　清代各王朝所铸通宝的实际重量及其法重符合百分数

铸币名称	时间跨度	铸币实际重量		法重符合百分数		铸币含铜率	铸币含铜量的
		均值	标准差	均值（a）	标准差	均值（b）	法重符合率（a、b）
顺治通宝	1643—1661	3.8778	0.4711	86.8678	10.5535	63.495%	55.1567
康熙通宝	1661—1722	4.1484	0.7460	92.9298	16.7124	61.033%	56.7178
雍正通宝	1722—1735	3.7250	1.0166	83.4453	22.7744	64.578%	53.0529
乾隆通宝	1735—1796	4.1111	0.3919	92.0948	8.7799	54.810%	50.4772
嘉庆通宝	1796—1820	3.9889	0.4886	89.3568	19.3498	55.912%	49.9612
道光通宝	1820—1850	3.9375	0.6718	88.2056	15.0482	51.018%	45.0007
咸丰通宝	1850—1861	3.1000	0.6137	69.4444	13.7485	57.941%	40.2368
同治通宝	1861—1875	3.4600	0.7232	77.5090	16.2004	53.856%	41.7432
光绪通宝	1875—1908	3.6174	0.3502	88.2453	7.8458	49.216%	43.4308
宣统通宝	1908—1912	2.3944	0.9071	53.6390	20.3197	55.268%	29.6452
清朝总体	1644—1912	3.7642	0.8640	84.3238	19.3543	57.674%	48.6329

资料来源：周卫荣《中国古代钱币合金成分研究》，中华书局 2004 年版，第 96—100 页。

发行数量以使其最为公众乐意接受——竞争会迫使每家银行这样做。事实上，每家银行都知道，如果它不能满足人们的预期，所遭受的惩罚就是立刻丢掉自己的生意。如果在这个市场上取得成功显然是一桩非常有利可图的事业，而成功却有赖于建立起信誉，那么，每家银行都将致力于获得人们的信赖，让人们相信，它有能力、也有决心实现其所宣示的目标。在这样的竞争格局下，仅仅是获取利润的动机本身，就能形成一种比政府发行的货币更佳的货币。”（哈耶克，2007，第56页）这一论断的有效性在中国的情形中得到很好的证实。不同之处在于，中国的货币发行主体是私人，而非银行。

本文的研究还修正和拓展了哈耶克的“货币非国家化”理论。他认为竞争货币理论只适用于不兑现的信用货币时代，金属铸币时代货币应由政府提供。本文的研究则发现，即使在金属铸币时代，在满足一定条件的机制作用下，私人发行货币的货币市场也能良好运行。

数据附录

本文使用的数据主要来自杜维善（2000，第157—300页）、周卫荣（2004，第30—45页）、王雪农与刘建民（2005，第338—435页）。数据具体处理如下：

1. 杜维善《半两考》（2000，第157—300页）

（1）“秦”一章第一节“秦始皇帝二十六年”（80枚）全取，第二节“秦始皇帝早期至中期”（57枚）全取，第三节“秦始皇帝晚年至秦二世皇帝三年”（43枚）取第七五五—七七八号合计24枚，“一型　榆荚半两”“二型一式　榆荚半两”“二型二式　小半两”“三型　榆荚半两”“四型”，合计19枚。因属于榆荚半两系列、重量显著不符合秦半两标准而弃用；

（2）“西汉”一章第四节“西汉孝文帝五年至十三年”（36枚）、第五节“西汉孝文帝十三年至孝景帝初年”（23枚）、第六节“西汉孝文帝年间”（24枚）、第七节“西汉孝景帝年间”（12

枚)、第十一节“西汉孝文帝至孝景帝年间地方铸钱（一型、二型）”(34枚)、第十三节“西汉孝景帝年间地方铸钱（二型）”(8枚)、第十四节“西汉孝文帝至孝景帝年间地方铸钱（三型）”(1枚)、第十六节“西汉孝文帝至孝景帝年间地方铸钱（四型）”(4枚）划归阶段 C；

（3）是章第八节“西汉孝武帝建元元年至五年”(10枚)、第九节“西汉孝武帝建元五年至元狩五年”(36枚)、第十七节“西汉孝武帝年间地方铸钱（四型）”(8枚）划归阶段 D；

（4）是章第十节“西汉孝景帝至孝武帝年间地方铸钱”(9枚)、第十二节“西汉孝景帝至孝武帝年间地方铸钱（二型）”(10枚)、第十五节“西汉孝文帝至孝武帝年间地方铸钱（四型）”(38枚)、第十八节“西汉孝文帝五年至孝武帝元狩五年”(18枚)、第十九节“西汉孝文帝至孝武帝年间（纪值类、斜文类、小字类）”(12枚）数据弃用。原因在于这些参数均跨越本文设定的两个阶段，难以区分以利用。

2. 周卫荣《中国古代钱币合金成分研究》(2004，第30—45页)

（1）原则：只有铸币重量参数存在的铸币才取用。该书主要讨论的是货币成色问题，但前文已确认，相对于铸币整体减重对货币贬值的影响，成色减低是次要的，故足注17所载的成色数据在此仅附于描述性统计计旁，作为铸币价值的稳健性检验；

（2）编号 QB01—11 的“秦半两”划归阶段 A；

（3）分别编号为 HB1—14 与 HB17 的“榆荚半两”“八铢半两”划归阶段 B；

（4）编号 HB18—39 与 HB46—94 的“四铢半两”划归阶段 C；

（5）编号 HB96—104 的“有郭半两”与编号 HW1—30 的“武帝五铢”划归阶段 D；

（6）编号 HW31—81 的“西汉五铢”划归阶段 E，编号 HW82、3 的“西汉小五铢”数据因属于小五铢系列、重量显著不符合五铢标准而弃用；

（7）分别编号为 WM1—35 与 WM36—59 的“大泉五十”“货泉”划归阶段 F，分别编号为 WM70、1 与 WM74 的“小泉直一”“货泉”数据因样本为孤例或重量显著异常而弃用；

（8）编号 DW7—27 的“东汉五铢”与编号 DW28 的“剪边有郭”划归阶段 G。

3. 王雪农与刘建民《半两钱研究与发现》（2005，第 338—435 页）

（1）第九章“文景时期四铢半两钱（文景‘四铢钱’）”中的所有铸币（编号总 1146—总 1575）重量参数全取，合计 430 枚，划归阶段 C；

（2）第十章“武帝时期的四铢半两钱（武帝‘三分钱’）”中的所有铸币（编号总 1576—总 1650）重量参数全取，合计 75 枚，划归阶段 D。

参考文献

[1] 北京市古墓发掘办公室. 大葆台西汉木椁墓发掘简报. 文物，1977（6）.

[2] 班固著. 汉书·食货志. 颜师古注释. 北京：中华书局，1962.

[3] 陈彦良. 四铢钱制与西汉文帝的铸币改革. 清华学报，2007（2）.

[4] 陈彦良. 江陵凤凰山称钱衡与格雷欣法则. 人文及社会科学集刊，2008（2）.

[5] 戴志强，周卫荣，樊祥熹. 满城汉墓出土五铢钱的成份检测及有关问题的思索. 钱币学与冶铸史论丛. 北京：中华书局，2002. 25—31.

[6] 杜维善. 半两考. 上海：上海书画出版社，2000.

[7] 冯永谦，韩宝兴，刘忠诚，邹宝库，柳川，肖世星. 辽阳旧城东门里东汉壁画墓发掘报告. 文物，1985（6）.

[8] 胡志仁，刘宝爱，卢建国. 陕西凤县梁鹿坪西汉墓清理简报. 文博，1989（3）.

[9] 弗里德里希·冯·哈耶克. 货币的非国家化. 中译本. 北京：新星出版社，2007.

[10] 蒋若是. 论西汉四铢半两钱. 蒋若是著. 秦汉钱币研究. 北京：中华

书局，1997. 73—92.
[11] 林满红. 嘉道钱贱现象产生原因“钱多钱劣论”之商榷：海上发展深入影响近代中国之一事例. 张彬村，刘石吉. 中国海洋发展史论文集·第五辑. “中央研究院”中山人文社会科学研究所，2008. 205—241.
[12] 蒙代尔. 导言. 蒙代尔. 蒙代尔经济学文集·第六卷：国际货币：过去、现在和未来. 中译本. 北京：中国金融出版社，2003. 1—10.
[13] 米尔顿·弗里德曼. 货币的祸害：货币史片断. 中译本. 北京：商务印书馆，2006.
[14] 彭信威. 中国货币史. 上海：上海人民出版社，2007.
[15] 千家驹，郭彦岗. 中国货币史纲要. 上海：上海人民出版社，1986.
[16] 钱剑夫. 秦汉货币史稿. 武汉：湖北人民出版社，1986.
[17] 丘光明，邱隆，杨平. 中国科学技术史·度量衡卷. 北京：科学出版社，2001.
[18] 陕西省钱币学会. 秦汉钱范. 西安：三秦出版社，1992.
[19] 石俊志. 半两钱制度研究. 北京：中国金融出版社，2009.
[20] 宋叙五. 西汉货币史初稿. 香港：香港中文大学出版社，1971.
[21] 汪圣铎. 中国钱币史话. 北京：中华书局，2004.
[22] 王雪农，刘建民. 半两钱研究与发现. 北京：中华书局，2005.
[23] 王献唐. 中国古代货币通考. 华东师范大学中国文字研究与应用中心整理. 青岛：青岛出版社，2005.
[24] 咸阳市博物馆. 咸阳市近年发现的一批秦汉遗物. 考古，1973 (3).
[25] 萧清. 中国古代货币史. 北京：人民出版社，1984.
[26] 徐承泰. 两汉货币的私铸. 江汉考古，2000 (2).
[27] 亚当·斯密. 国民财富的性质和原因的研究·上卷. 中译本. 北京：商务印书馆，1997.
[28] 闫晓君. 试论张家山汉简《钱律》. 法律科学，2004 (1).
[29] 杨际平. 析汉武帝五年“除盗铸钱令”. 文史. 第 32 辑. 北京：中华书局，1990. 120—171.
[30] 余耀华. 中国价格史：先秦—清朝. 北京：中国物价出版社，2000.
[31] 张彬村. 十七世纪云南贝币崩溃的原因. 张彬村，刘石吉主编. 中国海洋发展史论文集·第五辑. “中央研究院”中山人文社会科学研究所，1993. 153—186.
[32] 张家山二四七号汉墓竹简整理小组编著. 张家山汉墓竹简（二四七号

墓）. 释文修订本. 北京：文物出版社，2006.
[33] 张南. 秦汉货币史论. 南宁：广西人民出版社，1991.
[34] 周卫荣. 中国古代钱币合金成分研究. 北京：中华书局，2004.
[35] 朱活. 谈银雀山汉墓出土的货币. 文物，1978 (5).
[36] Akerlof, GeorgeA. 1970. The Market for "Lemons": Quality Uncertainty and the Market Mechanism. Quarterly Journal of Economics, Vol. 84, No. 3.
[37] Chen, Chau-nan, Pin-tsun Chang, Shikuan Chen. 1995. The Sung and Ming Paper Monies: Currency Competition and Currency Bubbles. Journal of Macroeconomics, Vol. 17, No. 2.
[38] Dixit, AvinashK, Joseph E. Stiglitz. 1977. Monopolistic Competition and Optimum Product Diversity. American Economic Review, Vol. 67, No. 3.
[39] Friedman, Milton, Anna Schwartz. 1963. A Monetary History of the United States, 1867—1960. Princeton: Princet on University Press for NBER.
[40] Klein, Benjamin. 1974. The Competitive Supply of Money. Journal of Money, Credit and Banking, Vol. 6, No. 4.
[41] Mundell, Robert. 1998. Uses and Abuses of Gresham's Law in the History of Money. Zagreb Journal of Economics, Vol. 2, No. 2.
[42] Rockoff, Hugh. 1974. The Free Banking Era: A Reexamination. Journalof Money, Credit and Banking, Vol. 6, No. 2.
[43] Rockoff, Hugh. 1985. New Evidence on Free Banking in the United States. American Economic Review, Vol. 75, No. 4.
[44] White, Lawrence H. 1984. Free Banking in Britain: Theory, Experience and Debate, 1800—1845. Cambridge University Press.

辽朝的春捺钵与官府借贷

河北大学宋史研究中心暨历史学院　肖爱民

辽朝是游牧的契丹人于10世纪初期在中国北方建立的政权，其显著特点是地跨游牧和农耕两大区域，行国和城国兼有，① 实行"以国制治契丹，以汉制待汉人"的"因俗而治"② 的统治政策。故辽朝虽然先后建立了五京，但契丹皇帝并不住在京城，而是一年四时捺钵。关于四时捺钵与金融借贷的关系，在《辽史》中只有如下一段关于春捺钵与官府借贷的资料：辽道宗在位期间，渤海人大公鼎"徙长春州钱帛都提点，车驾如春水，贵主例为假贷，公鼎曰：'岂可辍官用，徇人情?'拒之。颇闻怨詈语，曰：'此吾职，不敢废也'"③。以往的相关研究，

① 据《续资治通鉴长编》记载："上（指宋神宗赵顼——引者注）谓辅臣曰：'唐明皇晚年逸豫，以致祸乱。如本朝无前世离宫别馆、游豫奢侈之事，非特不为，亦无余力可为也。盖北有强敌，西有黠羌，朝廷汲汲枝梧不暇。然二敌之势所以难制者，有城国，有行国。自古外裔能行而已，今兼中国之所有，比之汉、唐尤强盛也。'"认为辽朝是行国（游牧政权）和城国（农耕政权）兼有，比之汉唐尤为强盛。见［宋］李焘《续资治通鉴长编》卷三二八，神宗元丰五年（1082）七月乙未，上海师范大学古籍整理研究所、华东师范大学古籍整理研究所点校，中华书局1989年版，第7899—7900页。王晦的《道山清话》中也有大致相同的记载。见［宋］王晦《道山清话》，文渊阁四库全书，台湾商务印书馆1986年初版，第1037册，第657页。

② ［元］脱脱：《辽史》卷四十五《百官志一》，中华书局1975年版，第685页。

③ 《辽史》卷一百五《能吏·大公鼎传》，第1460页。

多是集中在作为财赋机构的长春州钱帛司，如向南和杨若薇先生的《辽代经济机构试探》[①]、关树东先生的《辽朝州县制度中的“道”“路”问题探研究》[②] 等文，而对于为何要设置长春州和在长春州设立钱帛司以及“贵主”在春捺钵期间向钱帛司借贷的原因问题，则很少涉及。在此，笔者想就上述问题进行探讨，不当之处，请批评指正。

一、辽朝皇帝的四时捺钵

为了解决上述问题，首先应该了解一下辽朝皇帝的四时捺钵。对此，《辽史》中有较为详细的记载：

> 辽国尽有大漠，浸包长城之境，因宜为治。秋冬违寒，春夏避暑，随水草就畋渔，岁以为常。四时各有行在之所，谓之“捺钵”。
>
> 春捺钵：曰鸭子河泺。皇帝正月上旬起牙帐，约六十日方至。天鹅未至，卓帐冰上，凿冰取鱼。冰泮，乃纵鹰鹘捕鹅雁。晨出暮归，从事弋猎。……
>
> 夏捺钵：无场所，多在吐儿山。……四月中旬起牙帐，卜吉地为纳凉所，五月末旬、六月上旬至。居五旬。与北、南臣僚议国事，暇日游猎。七月中旬乃去。
>
> 秋捺钵：曰伏虎林。七月中旬自纳凉处起牙帐，入山射鹿及虎。……
>
> 冬捺钵：曰广平淀。……其地饶沙，冬月稍暖，牙帐多于此地坐冬，与北、南大臣会议国事，时出校猎讲武，兼受南宋及诸国礼贡。……

---

① 向南、杨若薇：《辽代经济机构试探》，《文史》第十七辑，第105—121页。

② 关树东：《辽朝州县制度中的“道”“路”问题探研》，《中国史研究》2003年第2期，第129—143页。

每岁四时，周而复始。皇帝四时巡守，契丹大小内外臣僚并应役次人，及汉人宣徽院所管百司皆从。……五月，纳凉行在所，北、南臣僚会议。十月，坐冬行在所，亦如之。①

结合《辽史》中的相关记载，可知辽朝契丹皇帝的四时捺钵详情如下：每年正月上旬开始，皇帝从冬捺钵之地启程赴春水之地鸭子河泺春捺钵，约二个月到达，先凿冰钩鱼，后捕鹅雁；四月中旬开始，由春捺钵之地启程赴夏捺钵，五月末六月初到达，避暑纳凉，与北、南臣僚会议国事，闲暇游猎；七月中旬开始，从夏捺钵之地启程赴秋捺钵，入山射猎；九月末十月初开始，由秋捺钵之地启程赴广平淀冬捺钵，坐冬违寒，与北、南臣僚会议国事。一年之中，契丹皇帝并不住在京城中，而是春捺钵钩鱼捕鹅雁，秋捺钵入山射鹿虎，只在夏捺钵和冬捺钵期间才与北、南臣僚商讨议事，处理政务。这种政权的运作方式与中原农耕王朝的皇帝居住京城皇宫中，每日上朝与大臣处理政务迥然有异，为辽朝行国特色的最突出表现。

如果从中国古代北方游牧民族的生产生活方式来看，辽朝皇帝的四时捺钵，即根据季节的变化进行春水、避暑、秋山、坐冬，与古代北方大漠草原上行国匈奴政权的单于庭有至少三季营地，② 柔然、突厥、回纥汗国的汗庭有两季营地③以及大蒙古国的汗庭有四季营地④的现象是一样的，为契丹皇帝一年之中

---

① 《辽史》卷三十二《营卫志中》，第373—375页。

② ［汉］司马迁：《史记》卷一百十《匈奴列传》，中华书局1973年版，第2892页；［汉］班固：《汉书》卷九十四上《匈奴传》，第3752页。

③ ［北齐］魏收：《魏书》卷一百三《蠕蠕列传》，中华书局1974年版，第2293页；［唐］李延寿：《北史》卷九十九《突厥传》，中华书局1974年版，第3288页；耿世民：《古代突厥文碑铭研究》，中央民族大学出版社2005年版，第134、161、198—202、206—215页。

④ ［波斯］拉施特主编：《史集》第二卷，余大钧、周建奇译，商务印书馆1997年版，第70—71页。

有规律迁徙的春、夏、秋、冬四季营地。因此，所谓四时捺钵，实际上就是契丹皇帝遵循草原轮牧习惯性法则的一种生产生活方式，① 与中原农耕地区的农民从事春种、夏耘、秋收、冬藏的耕作生产生活方式性质一样。对此，出使过辽朝的北宋人张舜民就曾有过很形象的比喻："北人打围，一岁间各有所处……如南人趁时耕种也。"②

根据傅乐焕先生的研究，上引《辽史》中四时捺钵的具体地点，当是辽圣宗统治后半期以后的事情。③ 就是说，确定鸭子河泺为春捺钵之地是在辽圣宗统治时期，之前诸帝的春捺钵之地各不相同。那么，长春州及其钱帛司又是何时因何而设置的呢？

二、长春州及其钱帛司的设置与职掌

首先，关于长春州为今何地？目前，有两种观点：一种认为是今吉林省白城市洮北区德顺蒙古族乡古城村城四家子古城。④ 另一种认为是吉林省松原市前郭尔罗斯蒙古族自治县八郎乡北上台子村的塔虎城。⑤ 而可以明确证明城四家子古城或塔虎城为辽代长春州遗址的确凿证据至今尚未发现，但是因为在2007 年 6 月城四家子古城中出土了金代刻砖，证明了此城为金

---

① 肖爱民：《论辽朝"四时捺钵"的性质及其地位——从中国古代北方游牧民族的生产生活方式谈起》，载马永真等主编《论草原文化》第八辑，内蒙古教育出版社 2011 年版，第 265—278 页。

② ［宋］张舜民：《张舜民使辽录》之"打围"，载赵永春《奉使辽金行程录》，吉林文史出版社 1995 年版，第 126 页。

③ 傅乐焕：《辽代四时捺钵考五篇》，载同氏《辽史丛考》，中华书局 1984 年版，第 36—172 页。

④ 宋德辉：《城四家子古城为辽代长春州金代新泰州》，《北方文物》2009 年第 2 期，第 92—95 页。

⑤ 郭珉：《塔虎城为辽代长春州及金代新泰州故址考》，《金史研究论丛》，哈尔滨出版社 2000 年版，第 311 页。

章宗承安三年（1198）复置于长春县的新泰州，而金代的长春县是由辽长春州降级设置的。[①] 故相对来说，城四家子古城为辽代长春州的可能性较大。

其次，其因何而建呢？据《辽史》记载："长春州，韶阳军，下，节度。本鸭子河春猎之地。兴宗重熙八年置。隶延庆宫，兵事隶东北统军司。统县一：长春县。户二千。"[②] 因为长春州地区原本是辽朝皇帝鸭子河春猎之地，是春捺钵的中心地区，故其当因春捺钵而设置，即是为了满足辽朝皇帝春捺钵的需要而设置的。在行政建制上，属于上京临潢府，隶属于兴宗直辖的宫卫延庆宫，下辖一县：长春县，二千户。在军事上，隶属于专门镇抚女真、室韦的东北路统军司。

辽圣宗于太平二年（1022）正月，"如纳水钩鱼"。二月辛丑朔，"驻跸鱼儿泺"。[③] 此为辽朝诸帝首次远赴东北的纳水（今嫩江）与鸭子河（混同江，今松花江）一带春捺钵。之前辽帝的春捺钵之地并不固定，而此后的兴宗、道宗和天祚皇帝诸帝除特殊情况外，基本上都来此地春捺钵。太平四年（1024）二月，圣宗"诏改鸭子河曰混同江，挞鲁河曰长春河"[④]。从长春州、长春河的名字可以看出，州的设置和挞鲁河的改名确实与春捺钵有着密切关系。另外，在《辽史》中还有一个与春捺钵密切相关的"春州"，为兴宗、道宗和天祚皇帝春捺钵期间主要驻跸之地，傅乐焕先生认为辽无春州，此春州乃长春州之简称。[⑤]

第三，关于其设置的时间，前引《辽史》的《地理志》记载为兴宗重熙八年（1039）。而本纪中还有两条资料：一条为圣

① 宋德辉：《城四家子古城为辽代长春州金代新泰州》，《北方文物》2009年第2期，第92—95页。

② 《辽史》卷三十七《地理志一》，第445页。

③ 《辽史》卷十六《圣宗七》，第190页。

④ 《辽史》卷十六《圣宗七》，第192页。

⑤ 傅乐焕：《辽代四时捺钵考五篇》，载同氏《辽史丛考》，第41—46页。

宗太平二年（1022）“三月甲戌，如长春州”①。另一条为兴宗重熙八年（1039）十一月，“己酉，城长春”②。看来《地理志》的资料是源自兴宗本纪，元朝史臣在修《地理志》时，误把兴宗本纪中“城长春”的时间，作为地方行政机构长春州设置的时间。其实所谓“城长春”是指修筑长春州的州治，并不表明长春州才开始设置。因此，长春州至少是应该设置于圣宗太平二年（1022）三月以前，兴宗重熙八年（1039）十一月，为修建城池作为长春州的州治时间。

第四，长春州钱帛司的设置与职掌。关于其设置的时间，《辽史》载：兴宗重熙二十二年（1053）闰七月，“癸巳，长春州置钱帛司”③。根据《辽史》中“及其有国，内建宗庙朝廷，外置郡县牧守，制度日增，经费日广，上下相师，服御浸盛，而食货之用斯为急矣。于是五京及长春、辽西、平州置盐铁、转运、度支、钱帛诸司，以掌出纳”④的记载，则长春州钱帛司的性质是属于州县之上的地方路级理财机构，为辽朝中后期的8个理财路之一⑤，中央政府由南枢密院下设的户房来具体负责统筹诸理财路的管理。其职掌与五京、辽西、平州等地所设置的盐铁、转运、度支等计司一样，执掌长春一路的出纳，具体负责征缴租调、盐课、坑冶、商麴等课赋以足上供，并掌管本路官仓与经费。因为长春州是为春捺钵而设，且地处春捺钵的中心，故其钱帛司的职责主要还是保障辽朝皇帝春捺钵期间财赋

① 《辽史》卷十六《圣宗七》，第190页。

② 《辽史》卷十八《兴宗一》，第222页。

③ 《辽史》卷二十《兴宗三》，第246页。

④ 《辽史》卷五十九《食货志上》，第923页。

⑤ 关树东：《辽朝州县制度中的“道”“路”问题探研》，《中国史研究》2003年第2期，第129—143页。

方面的需求。长官为钱帛都提点[①]，下设钱帛都监[②]等属官，属于南面财赋官。根据研究，出任者基本上是汉人和渤海人，且大部分有家世背景。[③]

三、“贵主”于春捺钵期间借贷原因探析

大公鼎任长春州钱帛都提点时，春捺钵期间向钱帛司假贷的“贵主”是指何人？他们为何要在春捺钵期间向钱帛司借贷呢？对于这两个问题，过去契丹辽史和经济史的研究中基本没有涉及，下面试做探讨。

要解决上述问题，首先应该知道跟随辽朝皇帝四时捺钵的有哪些人。据《辽史》的记载，辽朝皇帝四时捺钵，作为政府官员有“契丹大小内外臣僚并应役次人，及汉人宣徽院所管百司皆从。汉人枢密院、中书省唯摘宰相一员，枢密院都副承旨二员，令史十人，御史台、大理寺选摘一人扈从”，每年正月上旬，启程赴春捺钵时，“宰相以下，还于中京居守，行遣汉人一切公事”。[④] 这里暂且不谈皇帝春捺钵时，“宰相以下还中京居守，行遣汉人一切公事”的记载是否正确，但可以肯定的是辽朝的中央政府机构跟随皇帝四时捺钵，对于这个迁徙移动的中央政府，辽朝人称作“行朝”。[⑤] 另外，除了中央官署，跟随皇帝四时捺钵的还有帝后的诸宫卫（斡鲁朵和宫）和“辽内四部

---

① 《辽史》卷四十八《百官志四》的“诸钱帛司职名总目：某州钱帛司都点检”，根据下文和《大公鼎传》，“都点检”乃“都提点”之误。见《辽史》卷四十八《百官志四》，第 822 页。

② 《王邻墓志》，载向南《辽代石刻文编》，河北教育出版社 1995 年版，第 121—122 页。

③ 蒋金玲：《辽代南面财赋机构考》，《求索》2012 年第 3 期，第 230—232 页。

④ 《辽史》卷三十二《营卫志中》，第 375—376 页。

⑤ 《常遵化墓志》《创建静安寺碑铭》，载向南《辽代石刻文编》，第 127—129、360—363 页。

族”（遥辇九帐族、横帐三父房族、国舅拔里乙室已族和国舅别部），各宫卫和族帐“合族而处”。[①] 因此，跟随皇帝四时捺钵的人员是“官属、部落咸挈妻子以从”[②]，既有朝中的文武百官、负责保卫安全的士兵、隶属于宫卫的宫分户、著帐郎君和著帐户等应役次人，还有皇族、后族等，是一个规模庞大的游动集团。

那么，在春捺钵期间，向钱帛司假贷的“贵主”是指其中的哪些人呢？隶属于帝后直辖宫卫的宫分户、保卫帝后安全的士兵以及著帐郎君、著帐户等应役次人等，从身份和地位来说，肯定不属于“贵主”之列。而“其在廷之官，则有俸禄”[③]，不太可能再去借贷，故所谓的“贵主”当主要是指那些跟随皇帝四时捺钵的皇族和后族，具体来说是诸宫卫的主人和“辽内四部族”中的契丹贵族。

这些属于皇族和后族的“贵主”，为何会在春捺钵期间向长春州钱帛司借贷呢？此与辽朝特有的“投下”制度有关。据《辽史》记载：

> 头下军州，皆诸王、外戚、大臣及诸部从征俘掠，或置生口，各团集建州县以居之。横帐诸王、国舅、公主许创立州城，自余不得建城郭。朝廷赐州县额。[④]
>
> 其间宗室、外戚、大臣之家筑城赐额，谓之“头下军州”……不能州者谓之军，不能县者谓之城，不能城者谓之堡。[⑤]

---

① 《辽史》卷三十二《营卫志中》，第376页。

② ［宋］路振：《乘轺录》，载贾敬颜《五代宋金元人边疆行记十三种疏证稿》，中华书局2004年版，第69页。

③ ［宋］路振：《乘轺录》，载贾敬颜《五代宋金元人边疆行记十三种疏证稿》，第75页。

④ 《辽史》卷三十七《地理之一》，第448页。

⑤ 《辽史》卷四十八《百官志四》，第812页。

可知能够建立投下军州的只有横帐诸王、国舅、公主等皇族和后族，且须由朝廷赐给州、军称号。而那些“城”“堡”，其实也是投下性质的私城，只不过是没有获得朝廷的赐额。因此，可以说建立投下军州是契丹贵族们的特权。[①] 通过对已知投下军州的具体分析可知，皇族建立者较多，后族较少，“当然也就更没有由他异姓大臣创立的头下州了”[②]。根据考古调查，这些投下军州“俱在上京、中京和东京道，而以上京所辖的头下州为最多，考其地均在今内蒙古、辽宁和吉林三省区”，“它们是在一个略呈弯曲的、不规则的条状地带上分布的，也就是沿着草原的边缘地带创建的”[③]，而尤以潢河（今西拉木伦河）流域和土河（今老哈河）流域最为集中。这些投下主与辽朝最高统治者有着极为密切的关系，在日常生活中，作为“辽内四部族”成员，他们要跟随皇帝四时捺钵，很少去自己的投下居住生活，投下的具体管理则交由本主部曲充任的官吏来进行。[④] 投下部曲既要为主人提供日常生活必需品，还需战时提供兵源。

如前所述，辽朝从圣宗统治中期以后，春捺钵的地点基本上确定在今嫩江和松花江一带。正月上旬从冬捺钵地点潢河和土河交汇处的广平淀启程，途中要走约两个月才能到达。从三月初直至四月中旬启程赴夏捺钵，辽帝与文武百官、贵族、卫士、应役次人等要在春捺钵中生活一个半月的时间，消费很大，需要大量生活资料。这里远离契丹贵族建在潢河和土河流域等地的投下，加之天气寒冷，导致投下部曲为主人翻山越岭千里迢迢运送生活必需品非常困难，且不安全。而在春捺钵中，设

---

① 何天明：《辽代头下军州若干问题探讨》，《北方文物》2011 年第 1 期，第 82—86 页。

② 冯永谦：《辽代头下州探索》，《北方文物》1986 年第 4 期，第 80—85 页。

③ 冯永谦：《辽代头下州探索》，《北方文物》1986 年第 4 期，第 80—85 页。

④ 刘浦江：《辽朝的头下制度与投下军州》，载同氏著《松漠之间——辽金契丹女真史研究》，中华书局 2008 年版，第 73—97 页。原载《中国史研究》2000 年第 3 期。

有行宫市场和北、南宰相府市场，可以采购到衣食住行所需的生活用品。因此，如果能够在春捺钵期间就地借贷，既可免去投下部曲远程运送的烦劳和危险，又能解决生活所需，是非常好的办法。于是，在皇帝的默许下，这些拥有投下的契丹贵族就向本是为了满足中央政府机构春捺钵期间财政需要的长春州钱帛司借贷，而钱帛司长官都提点碍于情面和贵族的势力，不得不网开一面，公钱私用，借贷给贵族。从道宗时“贵主”就已经“例为假贷”可知，大概自辽帝开始在嫩江和松花江一带春捺钵，为满足财政需要于重熙二十二年（1053）设置长春州钱帛司后，这种借贷现象可能就出现了。因此，到道宗统治时期，对于契丹贵族和长春州钱帛司都提点来说，已经习以为常，不以为怪。反而大公鼎出任钱帛司都提点，忠于职守，以“岂可辍官用，徇人情”为借口，拒绝借贷，给“贵主”们生活带来了极大不便，招致了怨恨咒骂，以至于这一事件成了大公鼎作为能吏的典型事例而被记载下来。那么，贵族向钱帛司的借贷，日后如何偿还？有无利率等？由于没有相关资料，不得而知。

既然在春捺钵期间，有契丹贵族向钱帛司借贷的现象，那么，辽朝中期以后，在夏、秋、冬捺钵期间，有没有这种借贷现象发生呢？一则相关史料匮乏，情况不明。二则从夏捺钵地点多在永安山（今内蒙古赤峰市巴林右旗庆陵所在的大山）、秋捺钵多在庆州（为庆陵的奉陵邑，今内蒙古赤峰市巴林右旗白塔子苏木庆州古城）诸山、冬捺钵在广平淀，均在契丹腹地的潢河和土河流域，帝后诸宫卫与所设提辖司很近，尤其是上京就在附近，契丹贵族也距自己的投下不远，往夏、秋、冬捺钵运送生活用品相对来说方便，不必远涉长途，所以发生借贷的可能性不大。因此，在庆州和永州（在潢河和土河交汇处，距冬捺钵广平淀三十里）等地也就没有设置钱帛司等专门理财的机构。

结 语

由于辽朝地跨游牧和农耕两大区域，呈现出行国和城国兼有的复杂特殊社会面貌。契丹皇帝尽管建立的五京，但并不住在其中，而是仍然保持故有的游牧渔猎传统，一年四季迁徙捺钵。自圣宗统治中期以后，春捺钵地点开始固定在今嫩江和松花江一带。为了满足春捺钵的需要，尤其是中央政府的财政方面的需求，辽朝在春捺钵之地先设立了长春州，后又设置了钱帛司。跟随皇帝四时捺钵的契丹贵族，在远离自己投下的春捺钵之地，因为有行宫市场和北、南宰相府市场可满足生活需要，故为了方便，他们不再要求投下部曲远途运送生活必需品，而是向钱帛司借贷，就地在市场购买，逐渐形成惯例。从而使看似毫无关系的春捺钵与官府借贷之间产生了联系，这种特殊的现象是以前经济史和辽金史学界没有重视的。期待着有更多的史料发现，以促进这一问题的深入研究。

宋代的税权分隶与地方财政

上海师范大学历史学院　黄纯艳

宋代是否存在地方财政至今仍有分歧。汪圣铎先生、包伟民先生等认为存在地方财政，而宫泽知之先生等否定存在地方财政。宫泽先生否定地方财政的基本理由是宋代地方无制税权，因而只有地方经费而无地方财政。汪先生和包先生对宋代地方财政的讨论主要是基于行政层级的财政机构和赋税收支，不涉及税权的问题。两种不同意见之间并未进行对话和讨论。本文试图从税权分割的角度对宋代地方财政的存在及其特点做一初步讨论。宋代财政收入在中央和地方，以及各类机构间的分配与唐代两税三分制相比，不仅财政经费划分更细，而且对赋税窠名权属进行了划分，表现出更加明确的分税制特点。

一、宋代主体税正税的权属分隶

宋代财政收入是两税和工商业税并驾齐驱的格局，其中财政最为倚重的主体税是两税、禁榷税和商税。

从财政收入分配上，宋代的财权被多重分割，不仅有中央与地方间实行分隶，而且在中央有内藏、朝廷、三司（元丰改制后的户部）、总领所（南宋绍兴十一年以后）分割财赋，地方转运司、提刑司、常平司，州、县的知州、县令及通判、县丞各有财权。财政征收和管理权在不同的机构和官职上进行分隶。另一方面赋税窠名权属也通过多种方式在中央和地方，以及不同财政机构间实行分隶，既有两税、禁榷、坊场、商税等正税的分隶，也有对附加税和杂税的分隶。《群书考索》续集卷四四《兵制门》称“其税赋、榷酤、商税、茶盐、坑冶山泽之利各以分数隶给州郡，及系省房廊、地利、坊场、河渡、支酬衙前不尽者尽归本州”。这说的是北宋前期的情况，从两税到各种课利都有一定比例在中央和州郡间分隶。后来虽有变化，赋税窠名的分隶和共享仍然存在。

中央和地方各级理财机构的财赋各有规定的窠名来源。明州承担的“朝廷窠名”从物色上共包括银、绢、䌷、绵、绫、盐钞纸、钱七色。银包括圣节银和大礼银，绢包括夏税和买绢、岁币绢、圣节绢、大礼绢，钱包括折帛钱、无额上供钱、御膳羊钱、供给钱、起发七分酒息钱、僧道免丁钱、经总制钱、内藏库钱（坊场正名钱）、左藏库钱（坊场七分宽剩钱、坊场净利钱、官户不减半役钱、圣节折银价钱、大礼年份折银价钱、减省人吏雇钱、在京官员雇钱），皆有定额。䌷、绵、绫、盐钞纸亦各有定额。“监司窠名”中，转运司钱包括月解钱、移用降本钱、殿步司马草钱、重华宫糯米钱、御酒库糯米钱、宽余耗剩米、官吏茶汤食钱及杂支等钱，提刑司钱包括圣节抛降银折钱、赃赏钱。① 上述明州各机构窠名既有正税，也有附加税和杂税，大部分设立定额且并非某一机构独占，而是各机构，包括中央与地方间共享分成。共享分成是宋代税权属分隶的主要形式。我们首先考察一下两税、禁榷税和商税正税的权属分隶。

北宋前期两税收入有规定数额留归州县，如《群书考索》续集卷三七所称“国初之制”，“二税有定例分数隶属州郡”，“二税分数隶属州县，地利赢余归之本州”。到熙宁变法，收夺了州县的两税分数。“二税分数旧属州县也，至是归运司以备经

---

① 《宝庆四明志》卷六《叙赋下》，《宋元方志丛刊》本，中华书局 1990 年版。

费矣”①。熙宁以前归属州县的两税分数应该是指两税正税中有规定的分隶于州县的数额。因史籍缺载，已不得其详。仙游县夏税正税产盐中的赡学盐钱499贯570文省内178贯204省“支省额学职俸，余丞、厅催拨头合等外解军学”。27万多贯产盐钱绝大部分都解发使府、通判厅、转运司、提举司、经制司，完成上供。夏秋二料役钱中有弓手额钱和支遣吏役手力等庸钱不解发使府、通判厅或提举司。② 在一定程度上反映了两税分隶的情况。

两税正税基本上用于上供，相对而言，禁榷税和商税分隶地方数量更多。北宋前期“天下财赋除其供辇送京师之外，余者并留之州郡。至于坊场、坑冶、酒税、商税则兴废增亏不常，是以未尝立为定额。其留州郡者，军资库、公使库系省钱物，长吏得以擅收支之柄”③。工商业收入不立上供定额，很大部分归地方使用。熙宁变法后情况有所变化：“坊场河渡昔归州县，今充为上供焉。”“茶盐、坑冶昔在州县，今归使者焉。”④ 但禁榷税和商税收入中仍有中央和地方分隶和共享的窠名。其中酒利对于地方财政最为重要。朱熹说到南康军“财赋匮乏，官兵支遣常是不足，逐时全仰酒税课利分隶相助”⑤。所谓分隶应该就是按比例，或根据定额及额外之数确定地方所得。如，绍兴六年（1136）知州胡寅请于朝，“设置（淳安县郭）官酒务，认还名课钱外，以所得息钱充本州经费”⑥。就是定额外的息钱归州用。

---

① 《古今源流至论》续集卷三《州县财》，文渊阁《四库全书》影印本，1990年。

② 《仙溪志》卷一《财赋》，《宋元方志丛刊》本，中华书局1990年版。

③ 《文献通考》卷一九《征榷考六》，中华书局点校本2011年版。

④ 《古今源流至论》续集卷三《税赋》。

⑤ 朱熹：《晦庵先生文集》卷二〇《乞减移用钱额札子》，《朱子全书》本，上海古籍出版社2010年版。

⑥ 《嘉靖淳安县志》卷四《酒税》，天一阁明代方志丛刊本。

北宋初期明州“酒课尽入系省，州用仰足于此”。酒课全部作为系省钱留作州用。庆历二年（1042）有臣僚“请增酒价，以其钱起发上供，利端始开”。熙宁元丰以后“分隶（诸司）名色益多”，“州益苦匮”，甚至“曩由漕司桩管移用者尽入经总制司”。都酒、比较、赡军三省务的“分隶则例”就是：“每卖到一百贯，本府收三十九贯六百四十二文，本柄在内，其余分隶经总制司四十二贯三百九十四文、籴本司一十五贯一百八十二文、移用司二贯七百八十二文。”即庆元府（明州）连同本钱在内所得不到40%。在每年62 009贯609文酒息钱中，庆元府只能获得1547贯377文。① 鄞县、定海、奉化、慈溪等县官务酒课也分隶于经总制司、籴本司、移用司、内藏、庆元府等机构。庆元府大嵩坊等八坊场抱纳息钱156 891贯680文，“常平司正名、五分、籴本司四分钱、本府六分版帐钱并在内”②，也是由多个机构分隶。鄞县小溪务系省场宝庆三年（1227）4247贯170文酒息钱中分隶诸司的就占了4108贯338文，庆元府仅得138贯32文。诸司中经总制司最多，得2643贯188文，籴本司得935贯474文，移用司得529贯676文。庆元府留用钱只占3%。③ 其他各县不一一枚举。虽比例不同，但酒课都在各机构间分成共享。

坊场钱在内藏、左藏和地方间分隶。“大中祥符间始有坊场正名钱”，纳入内藏，初无定额。“元丰敕，诸场务每年从本寺（司农寺）于诸路那移一百万贯赴内藏库寄帐封桩”④。熙宁八年（1075）曾诏令司农寺岁支20万缗坊场钱，由都提举市易司以20万缗息钱偿内藏库，也就是说挪用归属于内藏的坊场钱必须归还。熙宁元年（1068）以来，司农寺即借支内藏库钱物。元

---

① 《宝庆四明志》卷五《叙赋上》。

② 《开庆四明志》卷四《宋元方志丛刊》本，中华书局1990年版。

③ 《宝庆四明志》卷一三《鄞县志卷第二叙赋》。

④ 《宝庆四明志》卷六《叙赋下》。

丰二年（1079）又诏令“诸路应发坊场钱百万缗，令司农寺分定逐路年额，立限于内藏库寄纳”①。这一制度一直沿袭到宋徽宗朝。政和五年（1115）诏“内藏库每岁起诸路坊场钱一百万贯文送纳不如期到库，可差左司郎官一员专一催促勾销”②。但坊场钱在内藏库定额外还有大量剩余归属朝廷和地方。元符三年（1100）户部言：“天下坊场三万一千余处，总一界一千一百余万，每岁以一百万入内帑，助邦国用。”③ 但是除内藏有定额外，朝廷和地方如何分隶不知其详。绍兴年间规定了坊场钱的分隶比例。如台州坊场钱总额30 000贯，“内拨（坊场正名钱）一万五千贯发纳内库外，余钱以十分为率，七分作宽剩起解（左藏库），三分充州用”④。七分宽剩和三分州用都是坊场正税，就是“坊场净利钱除认发内藏外，余为七分宽剩，三分州用”。朝廷和州郡间实行比例分成，而内藏是实行定额的，“诸州不许未敷内库正额先纳宽剩”，保障内藏定额后的部分归朝廷和地方。如庆元府“旧额一万五千贯”，嘉定十七年（1224）立新额13 000贯。绍兴元年（1131）又于“买扑坊场价上增添净利钱五分”，解发朝廷，最多的时候（绍兴十七年，1147）明州（庆元府）解发七分宽剩钱34 000贯，五分净利钱24 000余贯。⑤ 如按“三分充州用”的比例计算，应有14 571余贯归州用。宝庆元年（1225）前后庆元府人户买扑坊场 29 处，庆元府所得息钱占 23.2%。⑥

盐课是国家财政的重要来源，但是盐课正税在某些地区和特定的盐法下地方可以获得一定份额，甚至大部分盐利。例如，

---

① 《宋会要辑稿》职官二七之一二，中华书局影印本 1957 年版。

② 《宋会要辑稿》职官二七之二二。

③ 《太平治迹统类》卷二九《用度损益》，文渊阁《四库全书》本，1990 年。

④ 《嘉定赤城志》卷一六《财赋门》，《宋元方志丛刊》本，中华书局 1990 年版。

⑤ 《宝庆四明志》卷六《叙赋下》。

⑥ 《宝庆四明志》卷一三《鄞县志卷第二叙赋》。

至道二年（996）杨允恭改革淮浙盐法，完全恢复了官卖制，食盐的运输与销售主要由地方政府承担。运回各路后，“盐荚只听州县给卖，岁以所入课利申省，而转运司操其赢，以佐一路之费”①。通过卖盐，“诸路岁得盐课无虑数十万缗以充经费”②。增收的盐利在朝廷和转运司间分配。如绍圣三年（1096）令江湖淮浙六路增收到盐钞引“五分入朝廷封桩，五分转运司。元符元年九月令福建准此”③。这样的局面直到蔡京将淮浙改行钞法才改变。“崇宁三年（淮浙盐）始行钞法，罢两浙淮南官般官卖盐，听客人铺户任便兴贩”。盐利正税全部归属榷货务，临安、建康、镇江三榷货务每年正税钞钱额共2400万贯，全部归属朝廷。解盐于庆历八年（1048）实行钞法，但熙宁三年（1070）规定部分盐利归陕西转运司，“解池盐岁以二百四十二万缗为额，自明年始。其岁增钱十二万缗，半令三司封桩，半与陕西转运司移用”④。

两广和福建盐法在官卖和钞盐间多次反复，官卖制时地方有很大分成，“每盐纲内例有转运司增盐、通判厅经总制盐”，各州在本州发卖的岁额盐有“转运司盐、有本州盐、有通判厅盐、有本县盐”。⑤“二广诸州岁计财用并仰漕司盐利。漕司量诸州每岁合用之数给之以盐，使之发卖”。广西“漕臣专一路煮海之利，州郡所用财计尽皆仰给漕臣”⑥。实行官卖制时，“漕司鬻

---

① 《文献通考》卷一五《征榷考二》。

② 《玉海》卷一八二《建隆发运使绍兴经制发运使》，广陵书社排印本2003年版。

③ 《文献通考》卷一五《征榷考二》，第438页。

④ 《续资治通鉴长编》卷二一四熙宁三年八月辛巳、卷二九六元丰二年二月丙辰，中华书局点校本1992年版。

⑤ 《历代名臣奏议》卷三一九《论汀赣江盗贼利害》，文渊阁《四库全书》本，1990年。

⑥ 吴儆：《竹洲集》卷二《论乞委漕臣同帅臣措置备边》，文渊阁《四库全书》本，1990年。

盐，以其息什四为州用”①。邕州所卖盐每斤价钱中各有分隶，初每斤盐价 100 文，绍定以后因“通判厅申请，以经制钱亏额，添六文，每斤一百六文，内百文归州家，六文归倅厅，遂为永例”②。

福建最初“诸州以漕司钱运盐鬻之，而以其息什四为州用”，“其后或乃夺取其息之半”，后来又“以盐息什三予诸郡”。③ 但在官卖制下地方总是可以分享盐利。特别是福建“上四州官鬻盐以给岁费”，“公私百计皆倚盐以办”。④“闽部上四州于省司、常平之外，盐仓库亦号重务”，对盐利依赖很大。建安县卖盐分隶于诸司及府库、本县：“每月以九日卖大上供，其钱专解上供库，余解府司。以二十一日卖小上供，所卖到钱解转运司，其余分隶提举司、经总制库及府司诸库。若纲本盐钱则解盐钱库，诸县助学盐钱则解学事库，诸纲市利盐钱则解公使库，诸县折纳春冬衣盐钱则解军资库，丰国盐罢科茶盐钱则解盐钱库。”⑤ 汀州每年发卖盐钱需解纳转运司盐息钱 7605 贯 416 文，提举司吏禄钱 312 贯，通判厅头子赡学钱 1284 贯 720 文。汀州宁化县卖盐息钱中地方留用的有提举司吏禄钱 123 贯（钱会合计），州净利钱 2176 贯 388 文（钱会合计），通判厅头子赡学钱 1508 贯 422 文（钱会合计）。⑥ 这些钱都是地方留用经费。

商税也是地方能够共享的主要税种，是地方经费的重要来源。商品经济较发展的地方商税收入较多。知英州陈孝曾说：“[英] 州郡财计除民租之外全赖商税。”⑦ 江陵府对商税的依赖

---

① 《宋史》卷一八三《食货下五》，中华书局点校本 1977 年版。

② 《建武志·赋税》，《永乐大典方志辑佚》第五册，中华书局点校本 2004 年版。

③ 朱熹：《晦庵先生文集》卷八九《右文殿修撰张公神道碑》。

④ 朱熹：《晦庵先生文集》卷八九《中奉大夫直焕章阁王公神道碑铭》。

⑤ 《建安志》，《永乐大典方志辑佚》第二册，中华书局点校本 2004 年版。

⑥ 《临汀志》，《永乐大典方志辑佚》第二册，中华书局点校本 2004 年版。

⑦ 《宋会要辑稿》食货一七之四一。

也比较大，“酒为戎司据其大半之利，独有商税，州用百色取办于此”①。甚至“江上诸州自归、峡、荆、岳、鄂、黄、蕲、江、池、太平十州，皆仰商税以充利源”②。州郡所获得的是商税在中央和地方间分隶的部分。

淳化三年（992）后，商税立额，熙宁十年（1077）再立新额。各州商税有定额。商税正税分隶诸司和州县。《至顺镇江志》引《咸淳志》载：杭州“江口务，旧例月以四万贯为额比较，除本府分隶诸司外，余尽解府”。“景定四年总计解府二十万四千三百三十八贯六百六十文，分隶诸司在内”③。汀州州城商税务商税于绍兴十八年（1148）立新额 4999 贯 167 文，“以十分为率，解赴知通衙交纳，州库六分，通判衙四分”④。庆元府宝庆元年（1225）时商税的“分隶则例”规定“商税（正税）钱一百贯文，本府共得四十八贯四百六十二文，诸司共得五十一贯五百三十八文”。即商税正税收入 48.46%归州府，51.54%归诸司。具体而言，这 100 贯商税钱中有正额钱 76 贯 923 文，增收额钱 23 贯 77 文，归属诸司钱中 23 贯 846 文归总制司，27 贯 692 文归籴本司，归庆元府的 48 贯 462 文中 41 贯 539 文归系省，6 贯 923 文归军期。总制司和籴本司两司钱属于中央财政。庆元府都税院岁额35 662贯 475 文，其中诸司得19 296贯 391 文，庆元府得16 366贯 84 文。诸门引铺岁额10 912贯 5 文，其中诸司得 5904 贯 310 文，庆元府得 5007 贯 695 文。奉化、慈溪、定海、小溪、石碶、宝幢、澥浦七税场岁额共收40 530贯，其中诸司得21 170贯 823 文，庆元府得19 359贯 177 文。自嘉定六年以来澥浦场添认庆元府钱 350 贯，故庆元府实共收19 709贯

① 彭龟年：《止堂集》卷六《江陵条奏边备疏》，丛书集成初编本，中华书局1985 年版，原作“不用百色”，据文渊阁《四库全书》本改。

② 《历代名臣奏议》卷二五八李椿奏议。

③ 《至顺镇江志》卷六《商税》，《宋元方志丛刊》本，中华书局 1990 年版。

④ 《临汀志》，《永乐大典方志辑佚》第二册，中华书局点校本 2004 年版。

177 文。[1] 上述商税收入以及奉化、慈溪、定海、小溪、石碶、宝幢、澥浦七税场收入都准确遵照 48.46%归州府，51.54%归诸司的分隶则例。如奉化县宝庆元年（1225）商税岁额钱 1800 贯，其中诸司 927 贯 684 文（经总制司 429 贯 226 文、籴本司 498 贯 458 文），占 51.54%，庆元府 872 贯 316 文，占 48.46%，余不一一枚举。[2]

坑冶课利自宋初以来旧例除本钱外“其物悉归之内帑”[3]。熙宁间，仍诏令诸路“今后并依旧例尽数入内藏库”，所以“坑冶之入不理为左藏库年额之数”。元祐年间将部分课利分隶地方，改为“诸路坑冶课利七分起发赴内藏库，三分充漕计”。此后又经过全入内藏库和三分归漕司的反复，到靖康改元（1126）再将“三分复尽输内藏矣”[4]。

二、宋代附加税和杂税的权属分隶

附加税是以正税为母体，随正税按照一定比例附加征收的税收，没有独立的征收对象和计税依据。宋代几乎对所有的主体税正税都征收附加税。宋代的杂税是指有独立征收对象和计税依据，但收入细碎的赋税窠名，类似于今天的辅助税。宋代附加税和杂税名目繁多，而且呈不断增加趋势。附加税和杂税既有明确归属中央或地方的，也有在中央和地方间实行分隶的。如南宋台州承担的上供中户部左藏库收入主要窠名有夏税及和买䌷、夏税及和买绢、夏税折绢钱、夏税绵、夏税折帛钱、籴本钱、经总制钱、坊场七分宽剩钱、坊场五分净利钱、减下人吏顾钱、在京官员顾钱、官户不减半役钱、实花纱钱、七分酒

---

① 《宝庆四明志》卷五《叙赋》。

② 分见《宝庆四明志》卷一三、一五、一七、一九。

③ 《文献通考》卷一八《征榷考五》。

④ 《文献通考》卷二三《国用考一》。

息钱、外任官供给钱、僧道免丁钱、代发平海军银；内藏财赋窠名有坊场正名钱和降本钱。其中既有正税，也有附加税。转运司财赋窠名有系省窠名钱、六文赡军钱、历日钱、耗剩米钱、校士酒钱、盐钞纸札；提刑司财赋窠名有岁赐钱、五分头子钱、赃罚钱、行遣纸札；提举司财赋窠名有盐司头子钱、贴收水脚钱、额外三分钱、盐、茶；坑冶司财赋窠名有铅铁坑钱。① 这些是指上供以外归属地方诸司的财赋，几乎全部为附加税和杂税。

熙丰之后中央收夺地方财利的力度不断加大，地方财政日益困窘，附加税和杂税实际成为地方财政的主要来源。如福州在南宋前期赋税分隶已经严重不足，“凡州之费岁为缗钱至七十万”，而“岁之所收以归州用者数止于是”，即只有“系省窠名钱一十一万三千三百七十八贯六百八十八文省”，“州税务日纳商税、牙契本州所得钱二万五千贯文省”。②

如上文所言，两税正税基本归属中央，但有多种附加税归属地方。蔡戡曾说到南宋两税的附加税：“今二税之内有所谓暗耗，有所谓漕计，有所谓州用，有所谓斛面”，“又有水脚，又有縻费”。③“漕计”“州用”就是归属转运司和州郡的附加税。嘉定九年（1216）时宣城征收两税苗米，“每石除一省石起发纲解外，转运司耗米贰升，本府得用米六斗三升”④，所言即加征附加税作为漕计和州用。斛面、水脚、縻费等附加税往往也是地方筹集经费的办法。而且地方征收两税附加税的数额可能超过正税，南宋湖北路就出现“常以一亩之田而出数亩之赋，如米曰上供、钱曰马草，皆额外敛”，“巴陵亩至为钱二百六十有

---

① 《嘉定赤城志》卷一六《财赋门》，《宋元方志丛刊》本，中华书局 1990 年版。

② 《淳熙三山志》卷一七《财赋类》，《宋元方志丛刊》本，中华书局 1990 年版。

③ 蔡戡：《定斋集》卷五《论州县科扰之弊札子》，文渊阁《四库全书》本，1990 年。

④ 《续宣城志》，《永乐大典方志辑佚》第二册，中华书局点校本 2004 年版。

畸，而仓例受民输者既三加之又五加之，一斛之苗几三斛有畸而未已也。非此则州县无所取给”。“州县用度不给，辄阴以取之民，又巧为名色，多于赋什六七”。[①] 附加税名目也层出不穷，“率敛之名种类闳大。秋苗之外又有苗头，苗头未已又行八折，八折未已又曰大姓，大姓竭矣又曰经实，经实均矣又曰均敷，均敷之外名字未易数也”[②]。这些附加税都是地方解决岁计的主要来源。

绍兴二十年（1150）臣僚说到，本来允许百姓缴纳夏秋二税，“或在州，或就县，各从其便”，但是“州郡利于出剩，及合干专库等人利于縻费，遂致须管就州送纳”，官府“切取出剩归公使库”。所谓出剩就是征收两税时所收的水脚、市例、縻费、加耗、头子、斛面等附加税。绍兴五年（1135）曾规定“受纳苗米所收水脚、市例、縻费等钱，每硕不过二百文省。如不及二百文处，依旧数收纳”。但在实际征收中州县常于每硕加征六斗五升或七斗，甚至州县所征“加耗之入，或过于正数。官收一岁之租，而人输两倍之赋”。因为两税附加主要归属州县，导致州县妄征，有人建议“莫若度州县所用，有不可阙者，多寡之数，立为定例”，“委监司约束所部州县，不得过收加耗”。但因为州县可以将“出剩之数虚作粜到，所得价钱，尽资妄用”[③]，归地方使用，也就不可能禁绝州县多增附加税。州县的经费甚至依赖于加耗。转运司为了完成上供，“不恤州县之有无，诛求无厌，致秋税之入少得留州”，但一州有岁计，“岁有养兵、吏禄之费，无所从出，故不免于输纳之间收取耗剩，以取赡给”。[④] 如，南康军苗米尽充上供起发，而本军官吏军兵一

① 廖行之：《省斋集》卷五《论湖北田赋之弊宜有法以为公私无穷之利札子》，文渊阁《四库全书》本，1990年。

② 《建炎以来系年要录》卷五二绍兴二年三月甲寅，中华书局排印本1988年版。

③ 《宋会要辑稿》食货六八之二一七、一一。

④ 《宋会要辑稿》食货七〇之五〇。

岁粮廪无着，“从来只于人户输纳苗米多收加耗，高量斛面，及侵支漕司科拨未尽米斛，应副支遣”①。甚至江西一路“经常之费惟仰加耗”②。也说明加耗是归属地方的附加税。

食盐实行官卖制时地方可以获得盐课正税的分隶，实行钞盐法时榷盐正税全部归属中央，地方只能从附加税中获得收入。如淮浙盐实行钞法时，商人请盐，一袋三百斤，“先于榷货务入纳钞引钱二十四贯省，别于主管司纳窠名钱请盐”。窠名钱就是附加税。如庆元府卖盐窠名钱有贴纳钱、盐本钱、雇船水脚钱、贴收水脚钱、袋本钱等17种，总计13贯501文，或作为买盐和造袋本钱归诸盐场，或留州充官吏食钱，或解发榷货务、封桩库、提盐司、经总制司。另有各盐场“出剩廒底（盐货），所卖盐货支官吏俸给”，“每月不下收二三百千”，归属庆元府。③ 实行钞盐法以后，地方能分享的盐利十分有限。

商税也有头子钱、市利（例）钱等附加税，分隶不同机构。南宋庆元府商税“分隶则例”规定，每100贯商税征收5贯600文头子钱，其中诸司5贯400文，庆元府公使钱195文，诸司中总制司2贯、移用司550文、提刑司公使钱50文。④ 定额外加征的商税不止头子钱，其他名目的附加税也分隶于各机构。政和间“于则例外增收一分税钱，而一分增收税钱窠名自此起。至今以五分充州用、五分充转运司上供，谓之五分增收钱”。绍兴二年（1132）“令诸路转运司量度州县收税紧慢，增添税额三分或五分，而三五分增收税钱窠名自此始。至今以十分为率，三分本州，七分隶经总制司，谓之七分增税钱”⑤。为了预防税场官吏拘拦商旅，宋代“立条约，专拦皆有食钱”，“约官税一

---

① 朱熹：《晦庵先生文集》卷一六《乞截留米纲充军粮赈粜赈给状状》。

② 张守：《毗陵集》卷六《乞除豁上供充军粮札子》，上海古籍出版社2008年版。

③ 《宝庆四明志》卷六《叙赋下》。

④ 《宝庆四明志》卷五《叙赋》。

⑤ 《文献通考》卷一四《征榷考一》，第401页。

百，专拦等合得事例钱十文。官中遂以为定例。每纳税钱一百文，别取客人事例钱六文，以给专拦等食钱”。但出现“事例钱不及十文亦收十文”的情况，于是又令“市利钱二十文以下并放”。“是纳税钱及三百文以上方有市利钱”。[1] 李新说到税务专拦甚至“一专拦之身一岁之得几七八千缗”[2]。可见这项专项使用的附加税并没有完全按照规定比例征收。

头子钱是对多种正税和官钱征收的附加税，主要归属地方，也有分隶中央的。《建炎以来朝野杂记》卷一五《经制钱》称“头子钱者，唐德宗除陌之法也。五代、国初亦取之，以供州用”，未确称衍生于何种正税。《文献通考》卷四《田赋考四》载：开宝六年（973）有诏“诸仓场受纳所收头子，一半纳官、一半公用，令监司与知州、通判同支使。头子钱纳官始求此”。此后头子钱也部分分隶中央。熙宁变法后所征的“役钱每千别纳头子五钱”，用于“修官舍，作什器，夫力辇载之类”[3]，作为地方经费。在本属地方财赋的系省钱和杂税钱基础上所收的头子钱也分隶于中央和地方。南宋初规定“诸路州县出纳系省钱所收头子钱，贯收钱二十三文省，内一十文省作经制起发上供，余一十三文充本路郡县并漕司用。今欲令诸路州县杂税出纳钱贯收头子钱上量增作二十三文足，除漕司及州旧合得一十三文省，余尽入经制窠名帐内，起发助军”[4]。另有昆山县用职田头子钱桩办提举司接官头子钱、提刑司职租头子钱、通判东厅职租头子钱、通判西厅职租头子钱。[5]

宋代杂税名目繁多，有的归属地方。醋息钱归地方所有，是公使钱的来源之一。开宝六年（973）允许明州（庆元府）公

---

① 郑侠：《西塘集》卷一《市利钱》，文渊阁《四库全书》影印本，1990年。

② 李新：《跨鳌集》卷二二《上漕使书》，文渊阁《四库全书》影印本，1990年。

③ 《宋会要辑稿》食货六五之一三。

④ 《宋史》卷一七九《食货下一》。

⑤ 《淳祐玉峰志》卷之中《税赋》。

使库买扑酒务糟酵造醋沽卖，熙宁六年（1073）又规定“官监醋务如公使库愿认纳课利，造醋沽卖收钱，贴助公使库者听”。设立经制钱以后，“都酒务拨糟酵造醋纳糟本钱，充经制、直达二窠名，其余息钱归公使库”。绍兴间，“令诸州公使库卖醋息及糟麸蘖生畜产价钱，谓非抑配出卖者听岁额外支用”。后改为东西二醋库纳公使库钱外，其余交纳经制司、籴本司和移用司。属下奉化、定海、象山三县醋息钱都隶属公使库。[①] 李新说到地方官为了增加公使钱，“商旅去来，舟车一至，不问课利之多寡，先令认醋息，然后收税”。因为南宋醋息归属地方，“以添置公用为文”，“使司公库仅有二分之得，而州郡所（得）倍之”，而商税正税多归属中央，所以地方官征收动力不同，“醋息有厚得而利速，课利有常数而增亏不问”。[②] 黄榦说到新淦县每年以醋息钱为名征收数千缗，而实际上“若是县道卖醋，则不过五六百缗”[③]。大概因为醋息钱归属地方，地方故而将其他杂收钱系于醋息钱名下。另如扬州“公使额钱每年五千贯文，除正赐六百贯、诸杂收簇一千九百贯外，二千五百贯并系卖醋钱”[④]。醋息钱占了一半。所谓“收簇”也是若干杂税的总称，《文献通考·国用考一》称“州郡所入醋息、房园、祠庙之利，谓之收簇”。

糟钱初属地方。明州于熙宁六年（1073）七月诸酒务新征五分糟钱并出卖糟本钱，都属于不系省额钱，“应副本务内诸般支用”。宋徽宗朝改为中央和地方分隶。政和四年（1114）四月又规定州县卖糟钱“除旧额钱系提举司分拨外，其所添钱专充直达纲支费”。宣和四年（1122）官监酒务卖糟价钱每斤添二文

---

① 《宝庆四明志》卷五《叙赋上》。

② 李新：《跨鳌集》卷二二《上漕使书》。

③ 黄榦：《勉斋集》卷二七《申临江军乞减醋息钱》，文渊阁《四库全书》影印本，1990年。

④ 《苏东坡全集》《奏议集》卷一二《申明扬州公使钱状》，中国书店1986年版。

足，应副经制移用。南宋时添卖糟钱依旧归属经制钱。① 也有部分归属地方，如鄞县糟钱 111 贯 888 文中经总制司得 34 贯 908 文，庆元府得 75 贯 92 文，移用司得 11 贯 898 文。奉化县糟钱 165 贯 846 文中经总制司得 49 贯 834 文，移用司得 19 贯 250 文，庆元府得 96 贯 762 文。糟钱 163 贯 390 文经总制司得 26 贯 526 文，移用司得 22 贯 368 文，庆元府得 114 贯 496 文。象山县糟钱 191 贯 172 文，纳庆元府。②

契税是对田宅交易所收的杂税，又称牙契，也经历了初属地方，后由中央和地方分隶的过程。契税始于开宝二年（969）“令民典卖田宅输钱印契税”，庆历四年（1044）始定“每贯收税钱四十文省”的比例。均谓归属地方。宣和四年于“每贯增收二十文充经制移用”，部分归属中央财政。绍兴五年（1135）有于每贯增收“合同钱一十文入总制”，也属中央财政。乾道七年（1171）规定契税每“纳正税钱一贯，除六百七十五文充经总制钱外，三百二十五文存留，一半充州用，余一半入总制钱帐”。地方一直能够分享契税，因此有人称“牙契今为州县利源矣”③。但从乾道七年（1171）的规定中可见归属地方的比例很少。所以平江府曾因本府财力窘匮，而“牙契税钱拨隶制司，充上供解发”，特申请“今年所收全年牙契税钱免充上供解发，专一应副修城使用”。④ 汀州契税在南宋后期也大部归属中央，牙契“以十分为率，随季行算，分隶解纳。内三分拨充经制，一分充州用，六分解赴提领安边太平库送纳，其每年收到钱数不等，解发诸司”，“诸司”包括都大提点司、转运司、提举常

① 《宝庆四明志》卷五《叙赋上》。

② 《宝庆四明志》卷一三《鄞县志卷第二叙赋》、卷一五《奉化县志卷第二叙赋》、卷一七《慈溪县志卷第二叙赋》、卷二一《象山县志全叙赋》。

③ 《文献通考》卷一九《征榷考六》。

④ 崔敦礼：《宫教集》卷五《代平江守臣乞截拨牙契钱修城札子》，文渊阁《四库全书》影印本，1990 年。

平茶盐和安抚司。[1]

契税“有正限纳者，有放限纳者，分隶不同”。“正限则以其七隶经总制，放限则以其七归州用”。如庆元府嘉定十七年（1224）所收契税，正限缴纳5426贯796文，归属诸司4703贯766文，归属庆元府723贯30文，而放限缴纳的72 004贯857文，归属诸司37 621贯617文，庆元府可得34 383贯240文，比例较正限大为提高。契税虽然由负责上供的通判与更关注州用的知州通签，“然倅之权非敢与郡比，故正限少而放限多”。知州为多得州用，甚至减税三之一吸引百姓限外投税。[2]

南宋四川的情况比较特殊，南宋初契约分隶中中央占大头，“诸州人户典卖田宅契税钱所收窠名，七分隶经总制，三分属系省”。绍兴末，四川契税因总领四川财赋王之望之请，归属总领所，“凡嫁资、遗嘱及民间葬地皆令投契纳税，一岁中得钱四百六十七万余引，而极边所捐八郡及泸、夔等未输者十九郡不与焉”[3]。如此庞大的收入完全归属了总领所。

杂税名目繁多，如庆元府隶于公使库的杂税另有楼店务钱、河涂租堰钱、城基房廊钱。隶常平司的有官户不减半钱、河渡。[4] 此不一一论列。

熙丰以后，宋代廷推行了一系列收夺地方财利的措施，熙宁以后将多项地方财赋封桩入朝廷，元丰时又有无额上供钱，宣和时有经制钱，绍兴时增加总制钱、月桩钱和版帐钱。熙宁以后归于朝廷封桩钱的有“若卖盐宽剩钱、阙额禁军请受、减省造船钱之类，名目甚多，本皆转运司之物，而一切封桩。归于朝廷者浸多，则转运司安得不窘乎?”[5] 无额上供钱包括坊场

---

① 《临汀志》，《永乐大典方志辑佚》第二册，中华书局点校本2004年版。

② 《宝庆四明志》卷六《叙赋下》、《宋会要辑稿》食货六四之一一一。

③ 《宋史》卷一七四《食货上二》。

④ 《宝庆四明志》卷六《叙赋下》、卷一五《奉化县志卷第二叙赋》等。

⑤ 《宋朝诸臣奏议》卷一〇七，王觌《上哲宗论封桩钱》，上海古籍出版社2010年版。

税钱、增添盐酒钱、卖香矾钱、卖秤斗钱、卖铜锡钱、披剃钱、封赠钱、淘寻野料钱、额外铸到钱、铜铅木脚钱、竹木税钱、误支请受钱、代支失陷赏钱、赃罚钱、户绝物帛钱。①

经制钱的来源最初有卖酒钱、鬻糟钱、商税、田宅贸易牙税、头子钱、楼店钱等，南宋进一步增加，经制钱名目较北宋更多，除上述外，还有耆户长雇钱、抵当四分息钱、转运司移用钱、勘合朱墨钱、常平司七分钱、茶盐司袋息等钱、人户合零就整二税钱、免役一分宽剩钱、官户不减半民户增三分役钱、常平司五文头子钱等，“凡十数色合而为经制”。②

总制钱的来源有“税契、七分得产勘合、添酒、五文茶盐袋息之类，凡二十余色，合而为总制”。除上举外，还有耆户长雇钱并抵当库桩四分息钱、转运司移用钱、勘合朱墨钱、出卖系官田舍钱及赦限内典卖牛畜等印契税钱、进献纳贴钱、常平司七分钱、常平司五分头子钱、二广福建江东西路免役一分宽剩钱、两浙西路役人顾钱、官户不减半、民户增三分役钱、人户合零就整二税钱等。③

月桩钱初以酒税、上供、经制等朝廷窠名钱应副，因“经制钱州县皆有定额，不尽分隶月桩。此外所存名目惟上供钱及七分酒息钱二种而已，其余盖尽以取足于州县也”④。州县用来筹集月桩钱的就是三等以下人户夏税畸零⑤以及“曲引钱、白纳醋钱、卖纸钱、户长甲帖钱、保正牌限钱、折纳牛皮筋角钱、两讼不胜则有罚钱，既胜则令纳欢喜钱”，此外有增收头子钱、

---

① 《文献通考》卷二三《国用考一》。

② 《群书考索》后集卷六三《经总制》，文渊阁《四库全书》影印本，1990年；《建炎以来系年要录》卷八六绍兴五年闰二月己巳，第1430页；陈傅良《止斋先生文集》卷一九《赴桂阳军拟奏事札子》，文渊阁《四库全书》影印本，1990年。

③ 《文献通考》卷一九《征榷考六》；建炎以来朝野杂记》甲集卷一五《总制钱》，中华书局点校本2000年版。

④ 《文献通考》卷一九《征榷考六》，第552页。

⑤ 朱熹：《晦庵先生文集》卷二〇《乞除豁经总制钱及月桩钱状》。

勘合钱、闰月坊场钱等。① 昆山的版帐钱"并系酒息桩办"，也有以围田收入补助版帐的版帐围田租。② 反映了版帐钱的来源也是一些附加税和杂税。

除版帐钱部分由州郡充上供额外，这些名目皆归属朝廷，都以收夺地方余利为名征收，而每一种都包含了若干窠名。这些收夺地方税权的措施实际上将原来归属地方的若干附加税和杂税收归或分隶中央。如有人所说"朝廷之所以取之州县者曰经总制、月桩、板帐钱也，而州县之所借以办此钱者曰酒坊、牙契、头子钱也"③。台州的经总制钱"以本州与诸县酒税及二税分拨头合，并牙契等钱起发"。庆元府的经总制钱的来源"出于属县给纳二税头子、勘合、耆户长免役、里外酒税，并入户典卖田宅税契窠名等"。④

这些名目既作为收夺地方余利的手段，则可知用来筹集这些名目的窠名原本都全部或主要归属地方。绍熙元年（1190），左谏议大夫何澹、权户部侍郎赵彦逾等人讨论南宋渡江以来收夺地方税权不断加剧的趋势，说道："如总制，如月桩，如折帛，如降本，如七分坊场、七分酒息、三五分税钱、三五分净利宽剩折帛钱、僧道免丁钱之类，则绍兴间权宜创置者也。如州用一半牙契钱、买银收回头子钱、官户不减半役钱、减下水脚钱之类，几一百万，则又乾道间权宜创置者也。如经制并无额钱、增收窠名之类，则绍兴间因旧增添者也。如添收头子钱、增收勘合钱、增添盐袋钱之类，凡四百余万，则又乾道间因旧增添者也。"这些本属地方的窠名都是"方其军与之初则以乏兴为虞"的理由收夺的，但"及其事定之后则又以养兵馈虏为忧。

---

① 史浩：《鄮峰真隐漫录》卷九《临陛辞日进内修八事札子·不取月桩》，文渊阁《四库全书》影印本，1990年。

② 《淳祐玉峰志》卷之中《税赋》，《宋元方志丛刊》本，中华书局1990年版。

③ 《文献通考》卷一九《征榷考六》，第558页。

④ 《嘉定赤城志》卷一六《财赋门》，《宝庆四明志》卷六《叙赋下》。

是以有置而无废，有增而无减”。天下财赋由此都集中到了朝廷、户部和四总领所。[1] 这也可见上举的附加税和杂税本属地方所有。

结论

作为宋代主体税的两税、禁榷税和商税主要归属中央，但地方也以多种形式共享。禁榷税中盐法实行官卖制时，盐税由中央与地方共享，至道二年（996）至蔡京变法间淮浙盐税甚至大部分归属地方。酒税和商税始终由中央和地方共享。附加税和杂税既有完全归属中央或地方，也有在中央和地方间分隶。

宋代中央与地方的税权分隶主要有三种形式：一是划分中央和地方窠名，例如熙宁变法后两税正税完全成为中央税，而北宋初期头子钱完全归属地方等；二是窠名分成，禁榷、商税及多种附加税和杂税都实行过中央和地方间按比例分成共享；三是定额分配，如坊场正名钱完成内藏定额外，地方可以共享。

宋代中央与地方税权分割总体表现为中央税权不断扩大，地方税权不断被收夺的趋势。这一趋势在熙丰以后不断加剧，很多原属地方的税权，特别是附加税和杂税，逐步收夺到中央，或中央参与共享分成。

由上述也可以看到，宋代不仅存在地方各级机构财政收支上的权力和地方经费，也存在地方税权。虽然地方对所属赋税只有所有权，而无设立、废罢、蠲免、倚阁等制税权，但显然已不是简单的中央统收统支，作为地方经费的系省、不系省及公使钱也不是完全的中央财政拨款，而有窠名来源，实行了明确的不完全分税制。宋代存在分税制下的地方财政，中央掌握税收立法权，但地方所属的赋税有征收、管理和使用的权力。

宋代地方财政的主要来源是附加税和杂税，这一基本特点

---

[1] 《宋会要辑稿》食货五六之六五、六六。

与宋代不断收夺地方税权的趋势对宋代地方行政产生了深刻影响：一方面使税收成为地方事实上的首要政务，另一方面加剧了赋税征收中的苛政和违法行为。

附记：因已超过交稿时限，成稿仓促，“宋代地方财政的特点”一节未完稿，针对该节的“结论”最后两点显得唐突，待随后补充。

论宋金交聘中的南宋地方公务接待与支出
——以一份交聘公务接待清单为中心

河北大学宋史研究中心暨历史学院　周立志

一、概　说

南宋与金朝缔结了合约，达成交聘关系。交聘行为作为国家承办的外交事务，受到两国政府的重视。两国政府均建立奖惩措施以保障交聘事宜的正常有序运转。交聘行为是以一方使节代表本国皇帝觐见另一方皇帝实现的，这中间自然包括一方使节在另一方疆域内的所有活动，既有朝堂上的国书、对话等公务往来，又有使节与对方使节（接伴、馆伴、送伴）间的日常交流，也有沿途经行之处的公务互动。

就南宋而言，金朝使节由淮河进入南宋境内，一入境，便有宋廷差出的接伴使节陪同，从盱眙军前往都城临安。金使一行抵达临安赤岸，便由馆伴使节负责接待金使。回程到赤岸又转由送伴使节送至盱眙。南宋使节出使金朝也经由这一路线出疆。从《北行日录》及《事林广记》之《朝京驿程》，我们得知交聘使节的经行之处和食宿之地（部分）：盱眙—龟山—渎头—洪泽—闻家峰—淮阴县—磨盘—楚州—平河桥—黄浦—宝应—范水—界首—塘头—高邮军—露筋—邵伯埭—扬州—瓜洲—镇江府—丹徒—新丰—丹阳县—吕城—奔牛—常州—毗陵—无锡县—平江府—吴江县—平望—秀州（嘉兴府）—永乐—崇德县—长河堰—临安。

交聘沿线所经州县，即为冲要之地，官员选任及在职审查要较他处严格，凡不赞成和议、文墨不高、年老貌衰者或被调任他处，或被辞退，以便更好地做好交聘往来的公务接待工作。同时，交聘往来之处，“信使往来，差调繁重”①，除差役外，地方路、州军、县各级政府还要承担各种公务开支。金使、宋使往来于宋朝境内，沿途需要准备御筵、顿食，差人牵挽船只、点火台与火墩照明、防护使节与随行礼物等。如一年仅遣正旦、生辰二使（排除吊祭、报谢等泛使），宋金使节往来便有八次，地方官员迓迎送往，回答不暇，② 无怪乎杨万里有诗写道：“北使才归南使来，前船未送后船催。”③ 即便这样，地方官员仍十分热衷于交聘的公务接待，因凡参与公务接待者，均有酬赏，以致“尽以应办为名，往来将迎，动费数日，并不存留一员在州县”④。从宋金交聘中，我们能够窥见地方公务接待和支出。地方政府一方面积极参与交聘接待公务，一方面承受着交聘公务带来的人力、物力、财力开支压力。而一份交聘公务接待清单的出现，为我们提供了揭示地方政府公务接待和支出的契机。

二、一份交聘公务接待清单的“发现”

赵彦卫《云麓漫钞》记录了一大段独特的交聘史料，为他书所未载，多次被今人引用。陈学霖先生在《赵彦卫〈云麓漫钞〉之宋金史料》中以“金使来贺招待耗费”为小标目对这一史料进行了引用和分析，提出这段史料作为清单在金使耗费及

---

① 《嘉定镇江志》卷五页12，《宋元地方志丛书》本。

② 《宋会要辑稿》职官三六之五八，中华书局1957年版。

③ 《杨万里集笺校》卷一一《郡中上元灯减旧例三之二，而又迎送使客》，中华书局2007年版，第628页。

④ 《宋会要辑稿》职官三六之五九。

赏赐方面载录开支详细，并概括了清单的具体内容。[①] 遗憾的是，陈先生此文仅仅是对该史料做了简单介绍（300 字左右），并没提及平江府和交聘公务接待，也未指出这段史料实为平江府应对交聘公务的一份接待清单。基于此，本文重新对该清单进行梳理。

平江府交聘公务的接待清单全文如下：

金国每年贺正旦、生辰遣使，所过州县，日有顿，盱眙、镇江、平江、赤岸有宴。平江排办司数：

牵船、当直、防护、枪旗、棹手、火台、火把、岸棹、灯笼，共用五千三百一十四人。

防护禁军一百三十二人，邻州替。

牵船人二千六人。

使副当直一百六十人。

准备阻风添牵船一百五十人。

旗枪队一百二十人。

运使牵船二百九十六人。

盱眙、镇江、平江三押宴，防护、当直、牵船一百五人。

人使船棹手六十人。

押进马至邻州十三人。

沿流五巡尉。

火台、火把、岸棹三千一百七十六人。

火台一千八百六十二座。

灯笼四百七十一碗。

火把船九十八只。

接伴使副当直五十人。

牵船二百四十人。

递马船十只。

---

① 陈学霖：《赵彦卫〈云麓漫抄〉之宋金史料》，《金宋史论丛》，香港中文大学出版社 2003 年版，第 147—150 页。

每程用带毛角羊二千斤，四程计八千斤。

北果钱五百贯。

御筵果卓十行，行十二楪。

食十三盏，并双下。

顿食使副每分：羊五斤，猪五斤，面四斤，粳米五升，鸡一只，鸭一只，鲤四斤，油半斤，柴三十片，炭二秤，四两烛一对，酒一斗，果三十楪，蜜煎十楪。油、盐、酱、菜、料物各有数。

点心：栗一升，羊一斤半，猪腰子一对，面一斤半。

上中下节各有降瞰。若折钱，使副折银三两三钱，都管九钱一分，上中节七钱六分，下节四钱五分半。

御筵不坐折金七钱。

姑苏馆批支一千五十六贯八百十五文。

公使库一千六百三十九贯四百五十八文。

军资库八千七百六十七贯一百五十九文。

凡贺正、生辰来回程，御筵、顿食等，每次用二万贯，共四万贯，他州亦不减此。①

从一行行内容、数据（人数总额与具体分配、支出总额与经费来源及支出事项）来看，赵彦卫为我们呈现了一份详细的清单。从散落在史料各处的“平江排办司数”“姑苏馆”“邻州”“他州”，可以将这份清单内容指向平江府。而金朝遣使、御筵等则将清单定性为公务接待清单。其中“接伴使副”“盱眙、镇江、平江三押宴”则将交聘行为具体锁定为金朝遣使来程途经平江。至此，这段史料作为平江府交聘公务接待清单的新性质也便被“发现”了。

---

① 赵彦卫：《云麓漫钞》卷六，北京大学图书馆藏明姚咨影宋抄本。需要说明的是，引文依照原书格式录入，仅做了几处调整，1. 原引文“沿流五巡尉。火台、火把、岸棹三千一百七十六人”系一行，今拆作二行。2. 将“顿食使副每分”“点心”之内容进行了压缩并行。

该清单未署年月，陈学霖先生指出“可能系绍兴年间首次议和后”，“亦可能指第二次隆兴议和后之情形，但不致迟至金末”。① 结合他书史料，笔者得出了更确切的时间。乾道七年（1171），南宋下诏：“金（按：当为今）后使人往回所差防护人，令浙西安抚司行下沿路诸州府依临安府例于禁军内差拨，逐州交替。其镇江府诸军所差人更不差发。”② 平江府为浙西路辖区，清单中“防护禁军一百三十二人，邻州替”恰与诏书吻合，说明清单当为乾道七年诏书颁布之后所记。庆元五年（1199），“浙西沿路州县遇两国聘使及接送伴来往并照淮河体例，止以兵卒牵挽舟船”，获得批准。③ 而清单中平江府需差役的“五千三百一十四人”包括“牵船人二千六人”，可知牵船人并非兵卒，说明清单当在庆元五年前写成。故清单当在乾道七年与庆元五年之间记成。

回到清单本身，如此详细地公务接待信息，公务接待的局外人显然是不能够编造的。针对其撰者，会有这样的疑问：为什么是赵彦卫？据傅根清先生的考证，赵彦卫“淳熙元年至淳熙三年左右佐长洲县”④。赵彦卫任长洲县丞，长洲县治所便在平江城内。长洲县丞虽参与交聘公务接待，但作为平江府下级机构难以得知平江排办司的确切情形。时任平江府学教授且作为赵彦卫好友的陈造介绍赵彦卫说到：“吾友赵彦卫景安，佐吴门幕，一时郡守使者，委以事而立办，谘以疑而冰释。”⑤ 直接表明赵彦卫在长洲县丞任上，介入了不少平江府州级事务。交

---

① 陈学霖：《赵彦卫〈云麓漫抄〉之宋金史料》，《金宋史论丛》，第150页。

② 《宋会要辑稿》职官三六之五七。

③ 《宋会要辑稿》职官五一之四三。

④ 傅根清：《赵彦卫生平考索》，《云麓漫抄》附录一，中华书局1996年版，第274页。傅先生对赵彦卫任职考证中认为赵彦卫“淳熙后期至绍熙元年，供职苏州”（第275页），依据是《姑苏台同年会诗序》“会同年之在吴下者于姑苏台”，证据单薄，仅能说明赵彦卫在平江，并非一定任职，故本文不予采信。

⑤ 陈造：《江湖长翁集》卷二三《拥炉闲话序》，明万历刻本。

聘作为平江重要的公务，“郡守使者”或委事，或谘疑于赵彦卫，这使得赵彦卫能够掌握公务接待的细节，也便回答了清单的撰者为什么是赵彦卫这一疑问。而赵彦卫任职时间符合上文对清单的时间限定，结合其任职时间，清单时间被限定在淳熙元年（1174）至淳熙三年（1176）。

三、交聘公务接待清单的内容剖析

南宋与金交聘实施初期，南宋对沿途交聘公务接待做了规定：“北使所过州县，供帐共亿，务令丰洁，小有不备，令监司按劾，以期仰体国家睦邻敦好之意。”[①] 绍兴十五年（1145），知平江府王映便因“应办国信馆舍、宴设为一路最”，得以落“直”字。[②] 从以上两则史料可知南宋政府通过奖惩措施来促使沿途政府从优处置交聘公务。知平江府王映在交聘公务接待中的经验故例无疑影响了此后平江府的交聘公务接待，而清单内容也或多或少在此背景下被赵彦卫所书写。

（一）地方交聘公务接待之御筵与顿食等支出

金使往来皆有御筵、顿食，顿食每日由州县供应，南宋在盱眙军、平江府、镇江府、临安府赤岸四处设御筵。[③] 如清单所述，“凡贺正、生辰来回程，御筵、顿食等，每次用二万贯，共四万贯”。即金朝贺正旦或贺生辰来回程，平江府每次御筵、顿

---

① 《建炎以来系年要录》卷一五二，绍兴十四年十一月己酉，中华书局1988年版，第2455页。

② 《建炎以来系年要录》卷一五四，绍兴十五年十一月丁巳，第2491页。

③ 《宋会要辑稿》职官三六之四四，《攻媿集》卷47，《崔舍人玉堂类稿》卷13、14等多处有载。而《中兴礼书》（《续修四库全书》本）卷二三三绍兴三十年十一月载有“都省批下两浙路转运副使吕广问申贺正旦人使回程，盱眙军、平江府、镇江府、常州赐御筵”，可知常州也赐御筵，因未见于其他记载，疑施行时间当不长。

食等花费 4 万贯。以单程计，平江府需花费 2 万贯。

按照驿程，平江府境内顿食当不止一次。然而从清单“姑苏馆批支”来看，其中顿食也发生在平江府城，即金使在平江府城内停留时间至少包括顿食与御筵二餐及中间的时间，这是在其他史书中未能指明的。绍兴三十年（1160），金朝贺生辰使萧荣等来，经过平江时，提出观看姑苏台、百花洲，这并非旧例，接伴使黄中应允了他的要求。① 这也说明金使在平江府停留时间是宽裕的。即便如此，使节往来需要“计程赴行在”②，在平江府城时间一天左右。在一天左右的时间里，平江府仅在交聘公务上便开支 2 万贯，不能不算是大手笔。

清单中提供了顿食的详细情形，尤其是金朝使副的食、物供应，如折钱，则上到使副、下至三节人都有说明。相较顿食更为重要的御筵，清单则缺乏详细介绍，仅见“御筵果桌十行，行十二楪。食十三盏，并双下”，“御筵不坐折金七钱”。从中获知御筵果桌楪数、食物盏数及上桌入宴方式，御筵折钱信息也不完整。从顿食、御筵的果楪数明显可以看出顿食与御筵的巨大差距，且顿食是定量供给，仅供食材，食物由金朝使团自行料理，而从食 13 盏可知平江御筵规格极高。有关御筵的详细情形，可以参阅《北行日录》金朝御筵款待宋使酒食 13 行和《重明节馆伴语录》南宋御筵款待金使酒食 9 盏的记载。

有关御筵费用，他书载及：“若盱眙等军，在路四处应办南北贺正生辰，常使往回程各八次，赐御筵每处费钱一万八千五百余贯，而沿途应办复不预。”③ 南宋对本国使节沿途未见赐御筵，御筵仅赐予金使，故往回程 8 次仅 4 次赐御筵。此处18 500余贯为盱眙等军“每处”费钱，包括平江府，依文意知为 4 次御筵费的总额，而非 1 次御筵的费用，故每次御筵费 4625

---

① 《建炎以来系年要录》卷一八五，绍兴三十年五月戊子，第 3098 页。
② 《皇朝中兴纪事本末》卷六九，北京图书馆出版社 2005 年版，第 1250 页。
③ 《齐东野语》卷一二《淳绍岁币》，中华书局 1983 年版，第 215、216 页。

余贯。

除御筵外，顿食费用亦应考虑。金朝使团的具体编制：使副各1人、都管2人、上节9人、中节14人、下节39人。依清单提供的折银数，每次顿食需银43.645两。

平江每次接待金使"每程用带毛角羊二千斤"，而金朝使副顿食用羊合计仅13斤，考虑到金朝使团三节人顿食标准较使副各有降低，均以使副计，也不过416斤。由此可以预计御筵及平江各级官吏因公消费了1600余斤羊。

清单中还明列"北果钱五百贯"，系平江府买北方水果开支。

除明确的开支外，诸多隐性的支出，如赠予金使的礼物、私觌，馈送本国接伴使团及运使、押宴等财物，购置国信物品等，共同构成了2万贯开支。

在交聘公务接待方面，临安府负担最重，除了赤岸御筵与顿食外，还要负责金使在临安期间的天竺寺烧香、浙江亭观潮、冷泉亭饮食等诸项事宜。因御筵等费用甚巨，不可避免地存在不如法供应事，如绍兴十八年（1148），临安府安排御筵及观潮、冷泉亭的饮食便没有很好供应。① 绍兴二十年（1150），赤岸等处赐御筵，各项接待均不如沿途经过州县。② 面对巨大的交聘公务开支，其他地方也存在不如法供应的情形，如绍兴二十三年（1153），人使来程，淮南转运司应副酒食多不足备。③ 知楚州傅延嗣、楚州通判李处经也因金朝使节往来经由楚州时，"饔饩牲牢"等供应之物"菲薄"，慢待了来使，而降两官。④ 以上几例交聘公务接待的负面案例被检举出来，并责令整改，如

① 《宋会要辑稿》职官三六之四五、四六。

② 《宋会要辑稿》职官三六之五〇。

③ 《建炎以来系年要录》卷一六四，绍兴二十三年五月癸卯，第2685页。

④ 张扩：《东窗集》（文渊阁《四库全书》本）卷一二《楚州通判李处经降右宣义郎制》、卷一二《知楚州武略大夫傅延嗣降两官制》，从制书内容看，当为同一事而遭贬秩之罚。

朝廷便命令临安府及赐御筵官员亲自过问交聘公务事宜，务必做到“排设丰洁，不得减克料例”①。反过来说，绝大多数地方政府认真操办交聘公务，从优接待了金使的日常起居饮食。

与其他进贡国家的公务接待相比，金使待遇要优厚得多。如绍兴二十六年（1156），南宋曾下诏命令伴送三佛齐进奉人使回程，除日用吃食蔬菜、熟药外并不得应副。② 没有如金使那样在沿途设御筵，且顿食仅为日用吃食蔬菜，也不能与金使往来供应的猪、羊、鸡、鸭、鲤等相比。

（二）地方交聘公务经费的来源

宋辽交聘时期，沿途便有了接待交聘公务的费用。嘉祐八年（1063），契丹庆吊祭奠使来，朝廷赐雄州 2000 贯，北京 700 贯，其余州军各 500 贯。③ 元丰五年（1082），因黄河之扰，交聘路线从东线改由西线，故大名府拨钱 1000 贯给相州，恩州、冀州各拨钱 1500 贯给邢州、赵州、磁州，即各州往来接待交聘公务费用为 1000 贯。④ 经费由地方公使库钱支出。如有突发使事（系泛使），国家也会专门赐钱给地方以办好交聘公务。

南宋绍兴十五年（1145），曾下诏：人使经过州军，令两浙、淮南转运司并以官钱办理交聘公务，即地方以官钱接待，而不得以此科扰百姓。⑤ 绍兴三十年（1160），因去年以来使命往来频繁，由于沿途州郡经费不足，极有可能横取于民。而两淮地区流民还没完全归附，交聘公务的接待更为费力。故令逐州将用于交聘公务的实支钱数，经转运司验明后上报，由朝廷

---

① 《宋会要辑稿》职官三六之五〇。

② 《宋会要辑稿》职官三五之一九。

③ 《宋会要辑稿》礼六二之四一。

④ 《续资治通鉴长编》卷三二四，元丰五年三月甲辰，中华书局 2004 年版，第 7808 页。

⑤ 《宋会要辑稿》职官五一之一六。

给予这部分经费。[1] 据此可知，南宋与金的交聘公务经费的来源与宋辽时期大致相同，绝大部分由地方出资做好公务接待，只有在交聘使命往来频繁，地方无财力接待时，再由朝廷给予经费来办理。

姑苏馆，绍兴十四年（1144）郡守王映建，为平江府馆驿，号称两浙西路客馆之最，馆待金使之地，平江御筵也在此置办，"专以奉国信贡客经由"[2]。"军资库、公使库，则皆财赋之在州郡者也"[3]，公使库、军资库均是地方财政的重要组成部分，也验证了交聘费用由地方出资排办的结论。依清单所记，姑苏馆、公使库、军资库批支共11 463.432贯，[4] 这些经费系一次单程交聘公务接待费用，与实际支出的"二万贯"尚有很大差距。[5] 于是，便出现了两个问题。

第一，"二万贯"是准确与可靠的数额吗？笔者认为"二万贯"是约数，赵彦卫即便身处平江府交聘公务接待中，也无法准确统计出支出的确凿数额，而只能笼统地说花了"二万贯"。且与公使库三处支出的经费来看，剩下的8500余贯仍无处支出，一年假定金使两次往来便有34 000余贯的差额，即便科扰行户与百姓，如此的数量且年年如此是难以想象的。

---

① 《建炎以来系年要录》卷一八四，绍兴三十年正月丁酉，第3072页。

② 范成大纂修，汪泰亨等续修：《绍定吴郡志》卷七页20下、21上，宋绍定刻元修本。

③ 《文献通考》卷二四《国用二》，中华书局1986年版，第238页。

④ 《云麓漫抄》涉闻本，公使库支出少二十贯，而它本均同引文所载，疑涉闻本误刻。

⑤ 有史料显示，路级转运司在交聘公务接待中也投入了经费。除州县级支出外，尚有路级财政的支出。经费用于路级交聘公务接待，也可能用以补缀地方上不足。如刘弥正在嘉定元年（1208）左右作为淮南东路转运判官，得转运司留钱19 000贯"护视通问、贺生辰使各一"（《叶适集·水心文集》卷二〇《故吏部侍郎刘公（弥正）墓志铭》，中华书局1961年版，第388页）。原文19 000贯作"十九千"，当系省贯的情形。详可参阅李伟国《宋代文献计钱方式例析》，邓广铭等主编《宋史研究论文集》，浙江人民出版社1987年版，第224—230页。

第二，差额是否存在？答案是肯定的，赵彦卫在列出公使库等三处精确的批支数额后，又指出“二万贯”，除了表达“总额”的用意外，便是说明了之间差额的事实。以官钱应办使节往来，而不科扰百姓，是一种理想状态，而实际上则并非如此。对于沿途州县而言，交聘公务的开支往往使之“费用日虑窘乏”①，成为“穷州”②。虞俦曾接伴、送伴金使，就有诗说：“北使朝京阙……顿食更频催。州县愁劳费，风霜困往来”，以至“和盟终不赞”，③ 足见交聘公务接待的费用对沿途既是一种任务，也是一种负担。绍兴三十年（1160），便下诏，自去年以来使命往来，淮南州郡有买人户各种物品不支价钱或有亏价的，令人户赴国信所陈诉。④ 此则诫令恰恰说明了为了做好交聘公务接待，淮南州郡存在着强夺百姓物品或有亏价强行收买的情形。同样因交聘往来频繁，知临安府钱端礼上奏：“本府排办国信多缘阙乏钱物，临期于铺行收买物色，过期则不支价钱，致使行户失业。自绍兴二十八年以后，未还铺户国信等买物钱二万九千四百八十余贯。”⑤ 查绍兴二十八年到三十年三月，共有5次金朝使节（其中有1次为泛使）前来，仅排办御筵，便有10次，未还铺户买物钱达29 480余贯。这是一个佐证，说明交聘公务的费用对沿途来说是不小的负担，不过负担又转嫁到百姓身上。至于平江府的差额究竟为多少，或即为8500余贯，已难以考证。然而可以明晰的是，最终为差额买单的便是平江府的百姓。

① 《宋会要辑稿》职官四八之一二〇。

② 《杨万里集笺校》卷一一《郡中上元灯减旧例三之二，而又迎送使客》，第628页。

③ 《尊白堂集》卷一《往瓜洲护使客回程》，文渊阁《四库全书》本。

④ 《宋会要辑稿》职官三六之五三。

⑤ 《宋会要辑稿》职官三六之五三、五四。

（三）人力及舟船支出

清单中，平江府共用牵船、当直等共用 5314 人，而从其中所列，仅防护禁军 132 人，牵船人 2006 人，火台、火把、岸棒 3176 人，合计便是 5314 人。若考虑到当直、枪旗、棒手人数，则平江府差役人数要比 5314 人多。其中人数差误或为赵彦卫误记。

每年南宋使者奉使出疆返程到瓜洲，需差役 1800 人。[①] 又有载逐年奉使金朝及接送伴使副、赐宴中使回程经过瓜洲渡江，每次所用人夫不下 2000 余人，与金使往来同。[②] 清单中载“牵船人二千六人”与此说法吻合。

乾道元年（1165），因接待金使及接伴一行，平江府差岸棒、灯笼、牵挽所计人数为 1826 人。但平江上级机构两浙西路转运判官姜诜认为交聘公务所差役人数稍多，牵挽 100 人仍旧差军兵、仓脚，将灯笼、岸棒人数减少 100 人，通用 1726 人。这一路级处理意见在本路交聘沿途州府得以推行。[③] 显然，这与清单所记人数相去甚远，或系赵彦卫所记更为细致，将所有的差役情形均列出，也有可能淳熙元年至三年赵彦卫所记时，交聘公务的接待标准要比乾道元年时高。

如清单所记，共用 5300 多人，如此众多的人，仅差役便是一项难题。如镇江府每年交聘公务接待需用船担礼物人不超过 2000 人，由丹徒县官差拔城郭人户充役。因“坊正、县吏不问实用人数多寡，遍于诸房排门差拔，闾巷骚然”[④]。不到 2000 人的差役便出现“闾巷骚然”的局面，而 5300 多人的差遣，稍有不慎，则会生乱。交聘公务接待差调繁重，最重要的是做到役

---

① 《宋会要辑稿》职官五二之三。

② 《宋会要辑稿》职官五一之三八。

③ 《宋会要辑稿》食货五〇之二〇。

④ 《嘉定镇江志》卷五页 12。

简劳均。

交聘公务接待中，地方政府对金使、宋使（奉使出疆、接送伴、赐宴中使），在差役人员并无区别，一律按金使往来接待规格应办。直到绍熙二年（1191）情况才有所改观，奉使金朝回程差夫1000人，送伴使副回程差夫800人，赐宴中使回程差夫200人，[①] 比以前差夫二千余人多有折损。但人数依旧不少，且沿途用于交聘公务的雇差，是必须要做的任务，“牵担之夫动以千百计”[②]，并未从根本上缓解沿途交聘公务接待的压力。沿途州县除了差百姓牵船、点火照明外，还往往将医人、兽医、工匠、行铺户等人预期科差。在乾道元年（1165）前，赐宴中还有妓人助兴。[③] 临安府则尚需差“乐人三百人，百戏军七十人，筑毬军三十二人，起立毬门行人三十二人，旗鼓四十人”[④]。交聘公务接待需要大量的差役，“役简劳均”往往流于形式，很难做到。对于沿途百姓来说，无疑是很大的骚扰。

金朝贺正旦使往来，为冬季严寒之时，也有贺生辰使为盛夏极暑之时，这对沿途“素无支请，昼夜暴露或至羸乏”[⑤] 的牵挽人夫，无疑是种折磨。虽朝廷屡有下诏令优加存恤，无令少有所失，然而却往往有冻死之人。[⑥] 绍兴二十五年（1155），朝廷命令淮东、浙西两路转运司每遇河冻年份，于系省钱内支出300贯犒设酒肉蒸糊等，在牵船人每次（共三次）轮替时，令饱暖后方得上船。[⑦] 绍兴二十九年（1159），诏令两浙转运司自今遇接送金使往来，每船预给米二万，或遇阻风及大寒极暑时，

① 《宋会要辑稿》职官五一之三八。
② 《宋会要辑稿》职官五一之四四。
③ 《宋会要辑稿》职官三六之五六。
④ 《宋会要辑稿》礼四五之一九、二〇。
⑤ 《宋会要辑稿》职官三六之五二。
⑥ 《宋会要辑稿》职官三六之五一、职官五一之四四。
⑦ 《宋会要辑稿》职官三六之五一。

每日发放给每名牵船人夫支米2升炊饭。[1] 而在实施过程中，沿途官司往往“束散多不以时，其间未免减克”。[2]

有关舟船，清单中见“火把船九十八只”与“递马船十只”，而使节等所用船只情况不明。绍兴三十二年（1162），尚书省曾提到，淮南转运司原有应备人使舟船30余只。[3] 可知人使往来用船的大致规模。乾道六年（1170），因交聘往来经由的运河浅涩，原来舟船已不合适。于是，两浙路转运司打造腾浅铁头等船共100艘以备交聘使节往来。[4] 这种轻便船自此取代原有船只，以应用于交聘公务接待。

以金使往来为例，金朝使团66人，南宋接送伴使团亦有三四十人，舟船有130余只，后达200余只。如平江一处，差役5300余人，牵船人便有2000余人，每次使船行进，队伍无疑是浩浩荡荡的。交聘公务接待依金使、奉使出疆、送伴使等差役人员有多有少，最少也近1000人。交聘使节往来频繁，沿途需要差役众多的人夫与舟船，无疑对沿途经济产生不小的负面影响。

（四）地方官吏在交聘公务中的作为

清单中提及“运使”，即转运使。叶适曾对转运司又如是评价：“故事，运司虽名察两路。其实内不过应办宫禁；外往来部舟护虏使客而已。”[5] 清单中的“运使”无疑即“往来部舟护虏使客”。清单中有“沿流五巡尉”。奉使往来，州军要派巡尉防护出界。[6] 平江府派巡尉达5人之多，足见对排办交聘的重视。

---

① 《宋会要辑稿》职官三六之五二。

② 《宋会要辑稿》职官五一之四四。

③ 《宋会要辑稿》食货五〇之一九。

④ 《宋会要辑稿》食货五〇之二三。

⑤ 《叶适集·水心文集》卷一八《朝请大夫主管冲佑观焕章侍郎陈公（景思）墓志铭》，第358页。

⑥ 《宋会要辑稿》职官三六之五七。

转运司负责一路金使往来的防护，而州军要派巡尉在辖区内防护金使往来，是两个层次。清单中还有“押宴”，也有称押伴，即“押伴御宴”。按《重明节馆伴语录》中三处提及“押伴”，一为胡枢密，一为葛知院，一为户部尚书，可见押宴人当官高，以示御宴之档次，也为优待金使之意。至于沿途的押宴官，因未见记载，故仍不知其具体情形。但可以明确的是沿途的押宴官授命权来自朝廷，官职绝非低微。清单中提及的“运使”“巡尉”“押宴”均为交聘公务中必须要差遣的官员。

偶有其他情形，则需再派人防护。如淳熙十六年（1189），因平江府、镇江府等处赐金使御筵多不齐整肃静，致使人群聚集，冗闹观看。今金朝聘使所到州军先行预报，守臣专门差人约拦犯人禁勘，以保障御筵严整。①

交聘使节往来，沿途地方官吏纷纷前来迎迓与馈送。如前所述，转运司护送金使往来之人一为地方路级长官之身份，一为监察所属州县排办状况，州县之人自当前来迎迓拜会。而奉使出疆及接送伴、馆伴使在使节开始与完成时均有面见皇帝奏事的机会，尤其是在使事完成后，使副亲自向皇帝述职，② 如宋贶接伴北使还，弹劾两浙西路提点刑狱公事吴传病不任事，因此吴传被罢免。③ 奉使在一定程度上能考核地方各级官员，接送伴“宾客有利害可行，及人才可用者，一一奏闻，庶尽知民间利病，因可得人才”④。从该层面看，奉使与沿途官员之间地位是不平等的，故屡见沿途各级官员的迎迓。

一路一州一县各级官员如统兵、帅臣、监司、知州、通判已下均出门伺候。南宋意识到交聘往来沿途官员出门伺候，又须接见稽留行程，并投下启状书札，为交聘使副所回答不暇，

---

① 《宋会要辑稿》职官五一之三五。

② 《北行日录》下乾道六年二月十四日载“使副上马赴朝参”。

③ 《建炎以来系年要录》卷一五八，绍兴十八年十一月壬子，第2572页。

④ 《建炎以来系年要录》卷一七二，绍兴二十六年四月丁酉，第2835页。

彼此均疲劳，妨碍职事。故在乾道八年（1172）下诏，令沿途官员除有职事行移公文外，不许投接启状书札。除巡尉防护外，余人并不许迎送接见。[①] 然而杨万里曾在淳熙五年（1178）左右在常州任官，便见有《迓使客夜归》《雪夜候迎使客》《使客不至夜归独酌》《梅露堂燕使客夜归》《郡中上元灯减旧例三之二，而又迎送使客》等诗，[②] 数次迎迓使客往来，即便“雪夜”，也要亲自等候迎接金使。可见乾道八年的诏令并未得到很好的贯彻。

迎迓之外，尚见有奉使出疆、接送伴使副及三节人收受沿路州军的馈送，如绍兴十六年（1146）接伴使王循友等言：“接伴使副沿路收受州郡馈送及有数处犒设官吏等”及同月下接送伴“所差指使、亲从、译语等人除身分合得券食钱外，其沿路州军所送钱物并不许收受”[③]，绍兴二十五年（1155），今后差往金朝贺正旦生辰使副并三节人等回并不许收受供给馈送以自盗论，供送者与同罪，奉使一行往回经由州军县镇非理需索靡费一切尽行往罢。[④] 然实际情形却远非如规定的那样，如绍兴二十八年（1158），又降下“奉使接、送伴使副往回不得辄赴筵会，如违，依已降收受馈送指挥科罪”及淳熙十六年（1189）“今来使人往来频并，沿路州县不得馈送，如有违戾，并以赃论”的诏书，[⑤] 足见沿途州县的馈送仍在继续，虽禁但不止。

交聘公务系宋金两朝外交往来的纽带，凡沿路接待标准行之有年，若接待食物之类有所加减，均关系国体，可能会引起争端。但在公务接待中，有些地方官员不顾已有的接待标准，对交聘公务中金使提出的任何需求，均全力迎合。于是公务接待中往往会出现了以下情形：

---

① 《宋会要辑稿》职官三六之五八。

② 《杨万里集笺校》卷一〇一一二。

③ 《宋会要辑稿》职官五一之一七。

④ 《宋会要辑稿》职官五一之一八。

⑤ 《宋会要辑稿》职官五一之一九、三五。

夫宴劳饮食之供，不过如羊豕、鸡鹜、鱼虾、果蓏、酒茗、酰醢、笋蕈、蔬乳水陆之物，不至阙供而已。今乃纽于绍兴间虏使一时之需，官吏循习并缘，妄以所需必办为辞，科扰百姓。如杂虫、怪禽、生麋、兦兔、彘胎、羊羔、长蛇、文雉，以至龟、蛙、鼠、猬之属，琐细必备，皆生致之。以告觅水载陆负，憧憧道涂，与夫先期追集，整办伺候，动涉旬月，不得着业，甚为可念。①

在地方官员竭力为交聘公务准备各式物品的同时，有些地方官员借机中饱私囊，以准备各种交聘所需物品为名，超标准、超数额收取物品借机敛财。② 另一方面，我们看到在交聘公务之下的百姓之苦：

大金人使将到，并接送伴等一行，应牵挽人夫闻多未尝支破钱米，或值雪寒，不无冻馁，有至死者，深可悯恻。③

生辰、正旦，国信往来，正当严寒，沿路牵驾舟船人夫衣装不办，多致冻死。今岁尤众，平江府界死者一十八人，而官司不为措置。④

第二段史料时间发生在淳熙六年（1179），距赵彦卫写成清单之后没有几年的时间。这份清单一方面提供了地方政府在交聘公务接待中各种开支和细节，另一方面也注定了在巨大的差役和物品需求背后百姓的苦难。此处史料中特别提出的平江府界冻死牵船人 18 人仅仅是其中一个注脚。

---

① 《宋会要辑稿》职官三六之七一。
② 《宋会要辑稿》职官三六之五六。
③ 《宋会要辑稿》职官三六之五一。
④ 《宋会要辑稿》职官三六之五九。

宋金元明时期的市场发展与货币流通格局的演进*

云南省社会科学院　王文成[①]

中国历史源远流长，五千多年的文明发展史，有着十分显著的连续性特征。但五千年中国文明史并非一成不变，在不同时期又有着鲜明的时代特性。唐代以降的近千年来，政治、经济、文化、社会诸领域的延续、变迁与发展，更令人瞩目，发人深思。国内外学术界不仅先后提出了唐宋变革、宋元鼎革、明清转型诸说，而且跨越断代、总体把握近千年中国历史发展趋势的成果也不断涌现。其中，草市镇长盛不衰、大都会此起彼伏、市场结构急剧变动，纸币显而复隐、铜钱废而复行、白银用而不铸，构成了这一时期商业金融史延续、变迁与发展的重要内容，受到了越来越多学者的关注。笔者不揣浅陋，拟对从宋金元明时期中国传统市场结构与货币流通格局的延续与演进，做一简要梳理、分析，以期抛砖引玉，对深化和拓展相关领域的研究有所裨益。

* 本文在作者主持的国家社科基金项目“宋明城乡市场的发展与货币流通格局的演进”[项目批准号：05BJL052]最终成果基础上修改成文。该项目于2012年3月通过鉴定验收，鉴定等级良好，结项证书号20120567。

① 王文成，男，博士，云南省社会科学院副院长、研究员，主要从事中国经济史研究。

一、宋金时期的城乡市场、钱楮并用与白银货币化

唐宋之际的城乡市场，以草市镇的兴起和坊市制度的终结为标志，进入了一个全新的发展时期。对此，李埏先生指出，“像草市、墟市这类初级市场，不是唐宋才有的。依据社会经济发展规律，只要生产力带上个体性质，个体经济初有发展之后，就可能出现了。”“不过，直到唐宋时期，这种市场才多见于载籍，则说明它此时有了很大发展。”更重要的是，“假若在这种集市上，只有附近的小生产者彼此进行交换，对以外的世界并无什么联系，那么，它不过是些孤立的点，还没有很大的意义。反之，假如它和外界有了较密切的联系，它的商品由此进入外界的商品流通，那么，它的意义就不可同日而语了。唐代中叶以降，在江南、西川等最发达的经济区内，这种与外界商品流通有联系的集市，已经不少”。与“农民必须乡居地著，附着在土地上”，导致“在农村，是市场去相就产品，出现了草市、墟市”的情况不同，“在城市，则是产品去相就市场，出现了行肆邸店”。交换关系开始把广大的农村与城市联系在一起，唐宋之际“全国性的市场已经形成了”，只是“这个商业网还是漫画式的。全国性市场也还处于它的幼年阶段”。①

宋金时期城乡市场持续发展，特别是以草市镇为代表的乡村市场，与区域内具有一定规模的城市市场之间，联系与交往更加密切，不少地区形成了“城乡交相生养”的互动关系：“城郭乡村之民，交相生养。城郭财有余，则百货有所售；乡村力有余，则百货无所乏。”而城市对于维系日益扩大的城乡交流发挥了重要的作用，“城郭之民，日夜经营不息，流通财货，以售

---

① 李埏：《从钱帛兼行到钱楮并用》，见《不自小斋文存》，第281—282页。

百货，以养乡村”①。而在条件具备的地方，不仅城乡之间的交换日益活跃，而且城与城之间的“市”——商品流通和交换，也随之发展起来。市场在逐步渗入农村的同时，通过“城与乡”—“城与城”—“城与乡”的联系，形成了一定区域范围内，不同地区、不同政区城乡之间持续的商品流通，形成了区域内的城乡市场互动。依托这种特定区域内的城乡市场互动，出现了下图所示的区域市场及区域市场内部的层级关系：

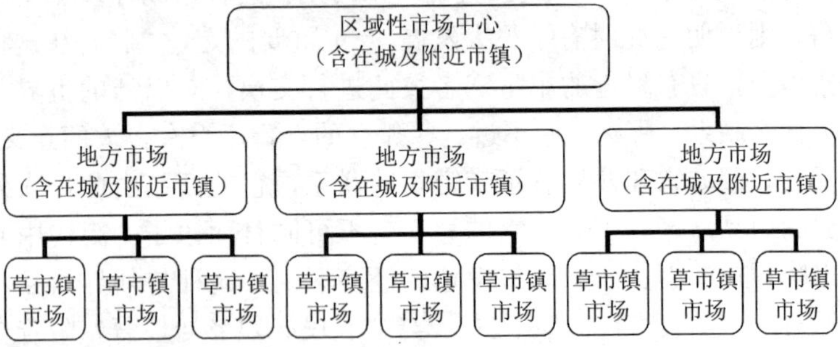

图1　宋金时期区域市场层级结构示意图

值得注意的是，在这样的区域市场上，小生产者的货币——铜钱不仅适应了他们细碎、零星的小额交易的需要，而且能适应小生产者季节性商品销售与常年购买商品的需要。因为铜钱以其自身的金属价值，保证货币不因生产和消费周期的不一致而贬值。在铜钱不足的时候，即使改用铁钱也没太大关系。只是铁钱略重，行之不远，单日一次往返的距离——市场半径比使用铜钱更短一些而已。这或许也正是四川的草市镇不仅发达，而且密度更高、数量更多、相互之间距离更近的原因所在。

① 李焘：《续资治通鉴长编》卷三九四，元祐二年正月辛巳。

可是，把小生产者的商品集中起来，由多个城市市场中经营、贩卖，小生产者的货币——铜（铁）钱却显得笨重不便。宋太祖问身强体壮的御前侍卫周仁美："力能负钱几许?"周仁美勇敢地声称能"胜七八万"。可太祖却忍不住脱口而出："可惜压死!"既而赐钱，"止命负四万五千"。① 四川铁钱单位重量与单位价值比更低，批量商品流通、大额资金的调度经营，所面临的矛盾更加尖锐。

于是人们一方面大量贮藏铜铁钱以备不时之需、积累财富，把笨重的铜铁钱委托存放于柜坊、邸店时，要求柜坊、邸店"书填贯，不限多少，收入人户见钱，便给交子"②；另一方面把存放铜铁钱甚至借贷钱物的依据——"交子"，转手交给售货人、债权人，让他们自己到柜坊、邸店取钱。因为此时传统社会中的乡土信用关系，已发展到了"房族、亲戚、邻居，其贫者才有所阙，必请假焉"，甚至"虽米、盐、酒、醋计钱不多，然朝夕频频"的程度③；城乡市场之间、城市市场之间的商业信用关系，更达到了抚州民陈泰"每岁辄出捐本钱"贷崇仁等县债户，"各有驵主其事"，只需每半年一次"自往敛索"结账的程度。④ 而在"交相生养"的城乡区域市场上，传统社会的乡土信用，与蓬勃发展的商业信用日益紧密地交织在了一起。亲邻、同乡、保人、牙人、行人互为担保，售货人、债权人接受这样的"契券"，尽可放心。更何况接受书填贯文的"交子"后，确实能够再次转手出去，或者到指定的柜坊如数兑钱，又能省去搬运之苦，何乐不为?

至此，交相生养的区域市场上，以铜铁钱在乡间、在零碎交易及贴兑找零中的广泛使用和大量贮藏、委托存放为保证，

① 《宋史》列传三十八《周仁美传》。
② 李攸：《宋朝事实》卷一五。
③ 袁采：《袁氏世范》，《亲戚不宜频假贷》。
④ 洪迈：《夷坚志》，《夷坚支癸》卷五《陈泰冤梦》。

以乡土社会信用、商业信用交织而成的信用网络为基础，不需要特别费心，就实现了信用手段的流转、使用。它以铜铁钱的贯文为单位，代表铜铁钱价值，部分履行货币流通手段、支付手段的职能。接下来，宋廷把它收之入官，盖上朝廷的印章，用天命皇权和朝廷财政为刻印在“交子”上的贯文数字承担信誉保证，业已能在市场上顺利转手的“交子”，摇身一变，成为有朝廷信誉担保的纸币。与特定区域市场体系的形成相适应，“钱楮并用”货币流通格局在该区域内正式确立。

当然，即使楮币有如此坚实的价值保证和朝廷权威，也还是不能取代乡间市场、零碎交易市场上以金属自身价值担保的铜铁钱。因为区域市场体系的根基仍旧是小生产者之间的商品聚散。在这里仍旧需要铜铁钱以其经久、朴实的金属价值作保证，不允许舍铜铁钱而它就。楮币也只用于解决城市市场、规模较大的市镇市场上批量交易中钱荒与钱重的问题，而不可能解决所有货币问题。因此，聪明的商人、豪右和宋廷，乃至伪齐刘豫政权①，发行的“交子”“会子”“钱引”等各种楮币，通常面额都在1贯以上，南宋和金朝楮币流通范围进一步扩大，面额也在300文以上。甚至崇宁间专门用来收兑当十大钱的小钞，最小的面额也是100文。相应地，北宋时期1两白银相当于1贯铜钱的市场比价，也决定了白银尚难以直接进入市场，用作货币。更何况北宋初年不仅计量单位的十进制还没有用于金银，称量工具还没有能够准确秤出1厘白银，把金银在城乡市场的交易中反复切割、组合、鉴定成色，显然没有计数纸币方便，甚至不如市填交子方便。在业已形成的区域性市场体系中，白银仍旧价值重大而不适小用。于是，与前述区域性市场层级关系相对应，我们看到了如下图所示的“钱楮并用”但分层流通景象：

---

① 《中兴小记》卷二三《绍兴七年十一月壬寅》记载：“豫初僭位，作楮币，自一贯至百贯。”

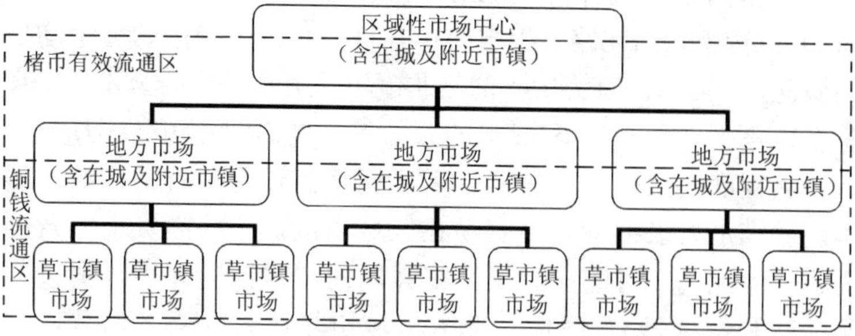

图 2　区域市场层级与钱楮并用分层流通示意图

不仅如此，宋代层级结构显现、城乡交相生养的区域市场，却没有也不可能在各地均衡推进，同步发展。而是率先在经济发达、市场基础条件较好的地区形成。其中以成都城市市场为中心、以川西平原和周边茶山为依托的川峡区域市场，正是其中发育程度较高的典型地区之一。因此，益州 16 户富户率先用“交子”流通，用“交子”结算。经过宋廷的整顿，率先发行了世界上第一张纸币。而南宋初年同样的情况又在杭州重演，临安豪右们同样以所藏的巨额铜钱为保证，以区域市场体系上的乡土信用、商业信用为基础，把“便钱会子”用于流通、结算。宋廷随之也把它变成了以铜钱为价值保证、以贯文为单位、以朝廷信誉为担保，南宋时期影响最大、流通最广的纸币——东南会子。

需要说明的是，两宋时期也在其他地区先后发行了各种各样的纸币，但效果却不尽相同。其中如淮交、湖会，与益州交子、东南会子类似，与当地区域市场体系及信用关系的发育程度相适应，能够得到市场的认可和接受。但有的却缺乏必要的市场基础，或超越了信用关系所能达到的范围，不可避免地遭遇市场的冷遇。楮纸更由于印上了文字、图案，加盖了朝廷的印章，失去了纸张本身的用途，变成了不能再用的“弊楮”。其中最典型的当数北宋中叶在陕西发行的交子，甚至崇宁三年（1104）行于京西北路、崇宁四年（1105）行于淮南的交子均也当属此。[①] 而以汴京为中心的华北市场，虽然区域市场体系发育程度也不低，但这一区域中的茶盐钞、便钱钞运用范围广泛，在相当程度上化解了小生产者需要铜钱而钱重难行的困难，基本能够满足大宗批量商品贸易在区域内流通、巨额资金经营的需要。因此北宋时期类似于钱楮并用的“钱钞”并用（铜钱与茶盐钞和便钱钞），适应了北方区域市场体系发展的需要，在“钞”不具备完全货币形态的情况下，形成了“钱”“钞”互补格局。因此，崇宁四年（1105）宋廷令准“新样印制”、除闽浙湖广之外“通行诸路”的钱引，由于与“钱”“钞”互补相冲突，不到一年就被迫权罢印制，且“在官者如旧法更印解盐钞；民间者许贸易，渐赴买钞所如钞法分数计给”，逐步收回[②]，退回到“钱”“钞”互补状态。

金朝灭北宋占领华北后，虽然华北地区小生产者的市场一度受到破坏，但很快恢复。而且金朝继辽之后，大力开发东北，拓展草原市场，使黄河以北、特别是长城北的集镇市场快速发展，长城内外农牧区市场的交流与互动，远远超越了宋辽榷场贸易、走私贸易及贡使贸易的规模，形成了以上京—燕京—南京为支点，以警巡院城市、录事司城市、司候司城市和建制镇、草市镇分层组成的五级城乡市场体系。于是境内沿用的宋、辽旧钱大量流往东北，支撑长城以北城乡市场的发展。而在华北地区，北宋时期的城乡市场体系虽然受战火影响而一度萎缩，但以茶盐绢帛和跨越长城内外的批量贸易快速发展，对大额货币的需求更为强烈。因此金廷还没来得及铸钱，就于贞元二年

---

① 李埏：《北宋楮币史述论》及所附《小钞始末》，《不自小斋文存》，第336—373页。

② 《宋史》卷一八一，《食货》下三。

(1154)“复钞引法，遂制交钞”①，把北宋时期不具备完整货币形态的“茶盐钞”“便钱钞”转化成了纸币，继续以“钞”名之，并明确限制在黄河以南流通。与华北城乡交相生养的区域市场相适应的“钱钞并用”货币流通格局正式确立，华北“钱钞并用”货币区形成。

至此我们看到，宋金时期以区域性的城乡市场互动发展为前提，在形成了区域性市场体系、具有较为完整的市场层级结构的地区，先后确立了“钱楮并用”的货币流通格局，形成了不止一个“钱楮并用”货币区。虽然地域有南北之别，朝廷有宋金之异，但以小生产者卷入市场、民生商品在城乡间聚散为特征的区域市场体系，及与之相适应的以铜钱为保证、以朝廷信誉担保的交会钞引，在特定的货币区内广泛流通。龙登高所说的“币制的复杂性与割据性”②、高聪明提出的“宋代货币流通的不统一”问题③，愈演愈烈。

然而，在城乡市场互动并形成区域性市场体系的同时，商品流通却没有也不可能局限于区域市场。反之，跨区域的商品流通还呈现出了更大批量的特点。而这却是区域性的“钱楮并用”货币流通格局所无法解决的货币问题。于是不适小用的白银在这样的市场交易中，被大量用于“回货”贸易，用于“折博”交易，用来兑现便钱钞，甚至直接投入市场以解决部分地区的“钱荒”，在宋廷每年给辽金两朝连续多年每年交纳20—25万两岁币银的同时，却从宋金榷场贸易中取回了大量白银。在跨越区域市场、跨越宋金政权界线的“双跨贸易”中，在大宗批量商品流通中，白银已然“无往不可”，在价值转移与让渡中，发挥了重要作用。

而在北宋以降的一百多年中，白银正是通过日益频繁地用

---

① 《金史》卷四八，《食货》三。

② 龙登高：《中国传统市场发展史》，第244—245页。

③ 高聪明：《宋代货币与货币流通研究》，第104页。

于“折博”交易，与各种商品及铜钱广泛而持久地进行价值比较和交换。通过与各种商品的价值比较及互换，不仅茶、盐、绢帛、粮草、马匹等商品的价值共同体现在了白银身上，而且这些商品完成价值比较和交换后转而进入消费，白银却留在了市场上。与各种商品来而不往的流通相对应，白银开始了以货币身份周而复始的循环流通。不仅如此，在“折博”交易中，白银还与铜钱进行了更为频繁和广泛的价值比较，并与铜钱一样留在了市场上周而复始地流通，银钱之间从商品与货币的关系，变成了货币与货币之间的关系，银钱相对稳定的价值兑换关系随之形成。至迟在南宋乾道间，宋廷已正式公布了官方的兑换价格——“省则”。在远距离批量贸易市场上，在铜铁钱过于细碎而“不适大用”、楮币所依托的商业信用无法覆盖、无法适应的市场上，白银从商品变成了货币。相应地，在跨区域的商品贸易中总是被用作“回货”的白银，当然地成了与商品流通相适应、但流通方向相反的跨区域货币流通。

在以往的研究中，人们由于直接用白银“表示物价”的材料不多，因此对宋代白银货币化已经实现的结论不无疑虑。实际上，认真梳理有关史料，白银单一地表示物价、总计一类商品乃至家财的记载已见于史籍。更重要的是，当我们从宋代铜钱仍然流通、朝廷明令公布并维持上百年的银钱兑换“省则”的基本事实出发，从市场上同时流通两种金属货币的角度，去考察此时白银“表示物价”的具体情况时，则可看到更多的白银“表示物价”的材料：铜钱继续作为基准定价货币流通，白银则与铜钱通过法定兑换价表示物价——“兑银计值”。这正是宋代批量商品市场上更广泛、更普遍存在的“表示物价”的方式。我们已不能因为没有从两种金属货币同时流通的角度搜集、阐释史料，否定白银货币化。

于是，至迟在南宋和金朝时期的市场上，我们看到了与全国市场的空间布局与层级结构相适应的货币流通格局：

（一）在宋金各地日益发展的市镇市场及城市小额交易市场

上，铜铁钱仍旧很受欢迎，广泛流通，在整个货币流通格局中，继续发挥着基准定价作用。

（二）在宋金各地城乡交相生养的区域市场体系中，批量贸易和大额资金的调动使用，以铜铁钱贮藏为价值保证，朝廷提供信誉担保，发行和流通区域性楮币，形成了不止一个“钱楮并用”货币区。

（三）在远距离批量贸易中，特别是“钱楮并用”不能覆盖的跨区域、跨政权贸易中，广泛使用白银，并以银计价，或“兑银计值”。

以宋金时期最具代表性的四川、东南、华北市场为例，我们可制成宋金时期全国市场结构与货币流通格局示意图：

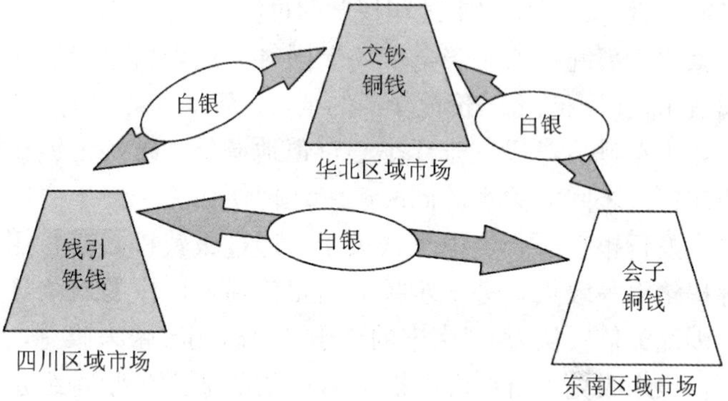

图 3　宋金三大区域市场与货币流通格局示意图

这样，以成都、汴京、临安以及正在兴起的鄂州为支点，以跨越不同政权辖区市场的榷场为补充，以长江水运、运河与汴河河运及驿路运输为骨架，全国三大区域市场之间的互动不断加强。宋金之际的全国市场，承唐宋之际的发展势头，漫画色彩减弱，脉络与骨架更加清晰，向我们呈现出了一幅水墨画式的全国市场图景。而与这样的市场结构相对应的，正是区域性的钱楮并用与跨区域的白银流通。至迟南宋初年的宋金市场上，已经形成了钱银楮相对分区域、分层次流通的货币流通格局。

二、金元时期的市场结构与“银钞相权”

从1206年成吉思汗统一蒙古诸部，到1279年元朝统一全国的半个多世纪中，中国传统市场发生了一系列重大变化，市场的空间结构与层级结构由北而南，急剧改组。漠北草原市场、畏兀儿市场、长城沿线农牧交错区市场、华北市场、长江流域市场到岭南市场，逐步在同一个政权辖区内相互激荡、整合，华北、四川区域市场体系遭到严重破坏，市场层级结构一度萎缩。货币流通格局在承接宋金时期钱楮并用、白银货币化成果的基础上，完成了向“银钞相权”的过渡。

蒙古诸部统一前，宋金市场上同时流通着白银和铜钱两种金属货币及以铜铁钱为价值保证的纸币。于是宋孝宗称：“朕以会子，十年睡不着。”① 宋廷小心审慎地调整、维持银钱比价及楮币与银钱之间的关系。同时，宋廷把便钱关子用于白银异地汇兑，发行银会子、金银见钱关子，通过银钱钞品搭行用、以银称提楮币等政策，进一步扩大白银流通，白银的地位日益提升。因此彭信威认为：“南宋的会子，有时用金银来收兑，主要是用白银来收兑，白银成了纸币的兑现基金。”② 哈特维尔、万志英甚至认为：南宋“1160年创设的新纸币（会子），使货币体系与白银联系在了一起。白银成为维持会子价值的主要准备金”③。在白银货币化实现后，宋朝货币的白银化——白银在多种货币组合中逐步成为主要货币的过程，随之展开。南宋臣僚

---

① 戴埴：《鼠璞》卷上《楮券源流》。

② 彭信威：《中国货币史》，第418页。

③ Hartwell, “Foreign Trade, Monetary Policy, and Chinese ‘Mercantilism,’ ” pp. 463—64. Richard Von Glahn, *Fountain of Fortune*: *maoney and monetary polisy in China*, 1000—1700. p. 257. University of California Press, 1996。

乾道二年（1166）就已经认为："楮币可行于无事之时，而不可行于有事之际。或边方有风尘之警，则楮币难行，银价增贵，见钱必出。以银代钱，无往不可。"数十年之后，在楮币贬值、铜钱逃逸市场的情况下，白银与楮币之间的价值折算关系，出现了"官会与银价，常相为消长。会子轻则银价重，会子重则银价轻"互为轻重的趋势。① 白银在银钱钞的相互关系中，开始获得货币的基准定价地位；而楮币则向人们充分展示了其面额可随意分割和流通中便于携带的特性，为人们用楮币代表白银价值，便捷地等量分割白银价值在市场上流通，形成银钞相权的货币流通格局，奠定了基础。

金朝在占领华北并恢复、发展了华北区域市场的同时，地跨长城内外的农牧区市场交流空前活跃。不仅上京—燕京—南京城市间批量贸易兴盛，而且沿着辽朝在草原上兴筑的城市和金蒙之间的榷场，把市场空间进一步向北拓展。金朝不仅依托上京—燕京—南京为支点的5级城乡市场体系和跨区域市场发展，依托检视北宋库藏获得的上亿两黄金、2亿—4亿两白银②为基础，以每年20万两以上的岁币银为补充，明昌二年（1191）"天下见在金千二百余铤，银五十五万二千余铤"③（分别约合6万两、2700多万两），较快地实现了白银货币化，而且在交钞严重贬值、铜钱更大规模藏而不用的情况下，承安二年（1197）十二月"改铸银名'承安宝货'，一两至十两分五等，每两折钱二贯，公私同见钱用"④。

承安宝货按交钞的等分比例铸成铸币，刷新了中国银币史的记录，以民间市场的白银流通为基础，通过朝廷法令肯定了白银货币化及货币白银化的成果，确立了白银在金朝货币中的

---

① 卫泾：《后乐集》卷一五，知福州。
② 李心传：《建炎以来系年要录》卷1。
③ 《金史》卷五〇《食货》五。
④ 《金史》卷四八《食货》三。

主币地位。此后，金朝“民但以银论价”“赎铜计赃”“皆以银价为准”，白银取代铜钱成为基准定价货币。对于藏而不出、铸而不给的铜钱，贞祐三年（1215）四月金廷干脆“罢铜钱，专用交钞、银货”①。用朝廷法令明确宣布取缔铜钱，肯定了银、钞的法定货币地位。此后金廷发行的各种楮币，虽然仍旧沿用铜钱的贯文单位，但实际上与铜钱无关，而是通过银 1 两折算为 2 贯的数量换算，与白银的价值相联系。

不仅如此，金廷铸承安宝货，还明确规定“与钱兼用，以代钞本”②。通过银钱之间 1 两兑换 2 贯的价值兑换关系，“权”钞而行。“银钞相权”的货币流通格局开始萌发。但承安宝货既作为“与钱兼用”的钞本之一，由朝廷强制规定两者之间的兑换价，又作为铸币直接投入市场流通，交钞急剧贬值和银钱之间的巨大价差，必然导致市场上“私铸‘承安宝货’者多杂以铜锡”，最终陷入“浸不能行，京师闭肆”③ 的困境。这充分说明：如果白银与铜钱同为钞本，与交钞同时在市场上流通，朝廷强制规定其间的兑换价，必然因银钱钞三者市场价的激烈波动而失败。反之，朝廷强制规定兑换价，就必须禁止白银流通。在废止铜钱后，以银为“本”但禁银流通，以银权钞、以钞等分白银的银钞相权关系已逐步酝酿形成。

在宋金时期全国市场发展、白银逐步取得基准定价货币的地位、“银钞相权”呼之欲出之际，蒙古诸部从草原上兴起。1206 年蒙古诸部统一后，承接了辽金时期城市市场从中原跨过长城、向草原北向拓展的趋势，进一步促进了草原市场的发展，促进了蒙古草原与长城内外农牧区的经济交流。特别是蒙古灭夏、金之后，草原本地财富增值、周边地区财富向草原聚集，全面提高了草原市场的购买力，强化了长城内外农牧区经济交

---

① 《金史》志二七《食货》一。

② 《金史》卷四八《食货》三。

③ 《金史》卷四八《食货》三。

流。以诸投下、斡脱商人、汉人世侯为经营主体，地跨长城内外的远距离批量贸易快速发展。同时北方市场上的小生产者，在战争的摧残下和蒙军的掳掠中，大量逃离市场，甚至失去了参与市场活动的资格。北方市场的空间布局结构北移，而市场层级关系萎缩。因此，与蒙古诸部兴起后北方市场结构的重组相适应，蒙廷不仅没有恢复金朝已经废除了的铜钱，而且全面推进赋税征银，进一步提升白银的地位，使之成为唯一合法的货币，并以宋金银锭（波斯文بالش，音 Balish，汉语音译“巴里失”；畏兀儿语 yastuq，汉语音译“雅斯科特”）的形制和秤量使用的方式，在华北市场、草原市场、畏兀儿市场乃至与西域的贸易中广泛使用。

蒙古太宗八年（1236）正月诸王大会，“有于元者，奏行交钞”。深悉金朝银钱钞关系的耶律楚材，把交钞的印发数量控制在了“万锭”以内。① 从当时斡脱银发展的情况来看，太宗时发行的交钞，已可能与白银建立了密切的价值联系（蒙古时期部分区域性钞券，曾与丝为本）。在赋税征银、斡脱贷银的双重压力下，以华北为主体、兼跨大漠南北的北方市场上，充满了对白银的渴求。这进一步促成了汉地世侯依托斡脱信用和世侯权威，以白银价值为基准，发行区域性的纸币。至迟宪宗元年（1251），史楫在真定“请立银钞相权法”，明确以“法”的方式规范银钞关系，收到了“度低昂而重轻，变涩滞为通便”② 的效果。史料中正式出现了“银钞相权”之名。忽必烈即位后，正式行中统钞，按“银钞相权”的原则，以白银为“钞本”，为中统钞提供价值保证；中统钞则以贯文为单位，与白银建立 2 贯兑银 1 两的等价兑换关系，简单而便利地用纸钞对白银价值进行小额等分，并代表白银在市场上流通。以朝廷严格的法律规范为依据，中统钞与白银“相权”而行的货币流通格局，在蒙

① 《元史》卷一四六《耶律楚材传》。

② 《元史》卷一四七《史楫传》；王恽：《秋涧集》卷 54《史公神道碑》。

元辖区市场上全面确立。宋金以来北方市场上纷繁复杂的商品货币关系，去粗取精，化繁为简，完成了从“钱楮并用”向“银钞相权”的转变。

至元十六年（1279）元朝平宋之际，四川区域市场、荆湖市场、岭南市场受到战火影响较重，但以江南为核心的区域市场体系较为完整地延续下来。元朝统一南方后，全国市场进一步整合，各区域市场之间的联系空前加强，以长城内外农牧区市场、华北平原市场、长江沿线市场为主体，元朝市场交流与互动全面发展。特别是长江、运河水运及海运、驿站陆运相互衔接，还使全国市场的核心区，依托成本低廉的水运和繁盛的商业都会，更多地向东部倾斜。大都、杭州两大都会及长城内外、大江南北的一批区域性中心城市的地位进一步凸显，全国市场体系得到了进一步完善发展。

与市场体系的健全、发展相适应，“银钞相权”法及相应的货币流通格局随之拓展。元廷在收兑南宋旧会，“兑”“禁”“刮”“拘”历代旧钱的基础上，至元十七年（1280）六月宣布“江淮等处颁行钞法，废宋铜钱”①，把“银钞相权”的货币流通格局扩大到江淮等处。至元二十四年（1287）进一步总结元钞发行以来，特别是江淮等处行钞后的经验教训，颁行《至元宝钞通行条画》，实施“至元钞法”。②

《至元宝钞通行条画》全面、精密地体现和贯彻了“银钞相权”原则。元廷明确规定：新增发至元钞，以1∶5的比价，与中统钞并行流通，交易、信贷须统一按中统钞计值；“随路设立官库，买卖金银，平准钞法，私相买卖，一律禁断”，严格禁止移用、侵蚀钞本；至元、中统两钞共17种面值，分别与白银1两、5钱、2钱5分、2钱、1钱5分、1钱、5分、3分、2分5厘、2分、1分5厘、1分、5厘、3厘、2厘5毫、2厘、1厘，

---

① 《元史》卷一一《世祖本纪》八。

② 《大元圣政国朝典章》卷二〇《户部》卷六《行用至元钞法》。

形成17个等次的一一对应关系；以中统钞计算的金银比价，从1∶7.5上升到了1∶10。“至元钞法”通过发行新钞，进一步肯定和承认了白银作为基准定价货币的地位，重新调整了中统钞与白银和黄金的比价，使之成为小面额零钞，并与面额较大的至元钞一道，实现了对白银价值精密、完整的等分。

“至元钞法”随即得到了较为认真的贯彻实施。元廷以路为单位建立健全“诸路宝钞都提举司”、平准库、行用库，收储、核拨、管理钞本银，平准钞价，发行新钞，倒换昏钞。其中，见于《元典章》记载的65个平准行用库、78个行用钞库①，广泛分布在各地“紧关去处”，覆盖了全国各地主要市场中心地。至元三十一年（1294）八月，“诸路平准交钞库”收贮的法定货币准备金——白银，也达到了“九十三万六千九百五十两”。②同时，元廷总体上较好地控制着纸币印发规模。至元二十四年（1287）至至大二年（1309），23年累计印发中统钞87 916 515锭，年均印行量3 822 457锭。③中统钞、至元钞作为白银的价值符号，不仅广泛通行于大漠南北、甘青滇藏、岭表海疆，而且渗入到细碎、零星的小额贸易市场。因此，阿拉伯商人伊本·白图泰来华所见，仍是“中国商人习惯于将所有的金银熔铸成锭。每锭重一堪塔尔左右，置于门框上面”。“中国人交易时，不使用金银硬币。他们把得到的硬币，如上所述铸成锭块。他们交易时却使用一种纸币，每纸大如手掌，盖有素丹的印玺。如该项纸币旧烂，持币人可去像我国的造币局一样的机构免费调换新纸币，引局内主管人员都由素丹发给薪俸。该局由素丹

---

① 《大元圣政国朝典章》卷九《吏部》卷之三《平准行用库窠名》《行用库窠名》。

② 《钦定续文献通考》卷九《钱币考》。

③ 《元史》卷九三《食货》一。

派一大长官主持。如有携带金银硬币去市上买东西者，则无人接受”①。结合元朝市场情况，我们看到了如下市场结构与货币流通格局的景观。

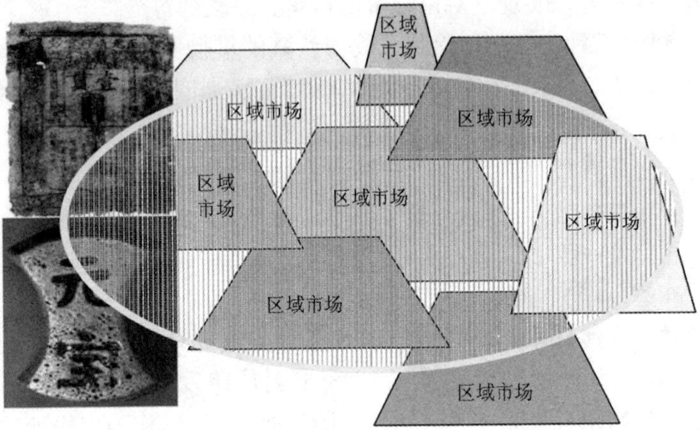

图 4　元代市场结构与货币流通格局示意图

白银作为法定的基准货币，以及中统、至元钞对白银价值的有效等分及流通中的便利性，提升了元朝全国市场的整合程度，有力地促进了全国市场体系的发展。朝廷收贮白银，适时平准钞价，各方商旅持钞往来，“适千里者如在户庭，之万里者如出邻家”②。但是，对照元代城乡市场特别是区域市场的层级

---

① 马金鹏译：《伊本白图泰游记（校订本）》539、541、542 页译注：“堪塔尔：埃及重量名，约等于 44.928 千克”，“赛蒂：是当时的一批巨商。词非阿拉伯文”。一般认为伊本白图泰来华时间在 1347 年左右。但从元钞的流通情况来看，当时元廷禁止金银流通的政策至少在他眼里仍能得到较好贯彻。但从现有材料来看，至迟大德八年（1304）元廷已放开银禁，且此后除至大二年（1309）至至大四年（1311）间一度恢复禁银外，元朝中后期已不再禁银。故材料暂系于此。而从民间藏银颇多的情况来看，似乎其时在至大间也很有可能。

② 王礼：《麟原前集》卷六《义冢记》。

结构关系，我们也不难发现，以银为本、单一用钞的“银钞相权”货币流通格局，主要适应了城市市场特别是跨地区批量商品流通的需要，它必然面临着与多层次的市场层级结构之间的调适问题。特别是以小生产者为主体的零星交易快速恢复发展，区域差异不断扩大，对小面额货币的需求量、价值稳定性以及价值载体的经久性，都提出了更多更严格的要求。元廷不仅必须严格按照货币的公共性、社会性，坚持“银钞相权”，在垄断货币发行权的同时，切实有效地严格控制伪钞和纸币印发规模，诚实守信地收贮白银、用白银的金属价值为纸币承担信誉担保，而且还须无偿地承担日益增长的小面额货币发行和流通的成本。

然而，在巨大的区域市场差异和复杂的市场层级结构的挑战中，在伪钞泛滥、元廷放弃银钞相权原则的情况下，元钞逐步背离了所代表的白银价值，两者之间的价值对应关系、“相权”关系被割断。单纯依靠朝廷信誉担保的元钞，价值急剧跌落，民间藏银、历代旧钱和民间自铸铜钱直接进入市场。至大三年（1310）改行银钞，铸至大铜钱，次年废止银钞和至大铜钱，既体现了“银钞相权”面临的深刻危机，又进一步背弃了“银钞相权”的原则，货币流通陷入了白银与铜钱恢复流通，共同挤压无本元钞、加剧钞价跌落的困境。至正十三年（1353）元廷又一次实行币制改革，出台了以“钞买钞”、恢复铸钱的“至正币制”，给危机四伏的元钞信誉以最后、最致命的一击。“堂堂大元，奸佞专权，开河变钞祸根源，惹红巾万千”①。单纯依靠朝廷信用支撑的元钞，失去了最后的信誉保障，变成了一文不值的“弊楮”。而白银的复出及铜钱合法货币地位的恢复，则昭示了银钱并行货币流通格局的雏形。

---

① 陶宗仪：《辍耕录》卷二三《醉太平小令》。

三、明代洪武至成弘间的市场结构与“银钱并行”

元末明初的人口流亡、灾荒及战火对全国市场的发展造成一定的负面影响。最发达的市场核心区江南市场的发展及长城内外农牧区的经济往来，受到了严重制约，元大都在农牧区经济交流中的市场中心地位受到动摇。明朝初年打击豪商的政策，进一步迟滞了跨区域的全国市场的恢复和发展。但是，明朝初年恢复农业、维护小生产者经济地位的一系列措施，也使以小农为主体的小商品生产获得了较快的恢复和发展，为小生产者货币——铜钱的恢复和流通，奠定了一定的市场基础。明朝建立后，在既定的市场环境中，在市场秩序的恢复与货币流通格局的重建中，最初理所当然地把注意力较多地放在了铜钱上。

不仅如此，元末农民起义和随之而来的改朝换代首先从南方开始，还决定了各地农民起义军政权最早接触到的、希望获得的首先是适宜于小生产者交换的货币。因此各农民起义政权建立后，纷纷开始在占领区内铸行铜钱。从至正十三年（1353）张士诚铸“天佑通宝”、韩林儿铸“龙凤通宝”、徐寿辉铸“天启通宝”和“天定通宝”、陈友谅铸“大义通宝”，直至朱元璋铸“大中通宝”①，无一例外都是以自己定的年号，铸元朝禁而不止，最终只能恢复其货币地位的铜钱。而明朝建立后，铜钱不仅当然地继续充当朝廷认可的合法货币，而且也是与小生产者市场恢复和发展相适应的货币。

明初全国性市场虽然一度出现紧缩的迹象，但跨区域的商品流通没有也不可能终结。特别是明朝与蒙古诸部沿长城一线的互市贸易的恢复，以及明廷以贸易方式解决“九边”军需供给带动的批量贸易，西南地区以及各地山区开发带来的市场扩

① 参见彭信威《中国货币史》，第570—571页。

容，都有力地促进了全国市场体系的健全、完善和发展。于是，在市镇市场逐步恢复发展的同时，全国市场体系发展的广度、深度都进一步拓展，市场容量扩大，具有写意色彩的水墨画市场，进入了“工笔画”时代。

铜钱与小生产者经营活动的恢复之间的关系已如前述。可在全国性的远距离批量贸易中，在全国性的市场层级中使用铜钱，当然“商贾转易，钱重道远，不能多致，颇不便”。更何况如果专用铜钱的话，靠“中书省及在外各行省皆置局以鼓铸铜钱，有司责民出铜，民间皆毁器物以输官，鼓铸甚劳”，亦不可行。加之元朝以来民间早已熟悉甚至擅长代朝廷之劳铸行私钱的“奸民”，“复多盗铸者”。① 面对铜钱不适大用、鼓铸不继、私钱通行的问题，明廷在“令私铸钱作废铜送官，偿以钱”② 的政策碰壁后，不再勉为其难，期盼铜钱成为通行全国市场的唯一货币。因此，对于元末市场上实际存在的至正钞和白银，朱元璋最初都予认可，照单收下。如王毓铨先生所言，明初“不仅国家在财政上用银，从刘辰《国初事迹》所记的朱元璋的一道命令中有‘历代铜钱与金银相兼行使’等文字看，民间用银也是合法的”③。甚至明廷对元钞的态度也很积极，不仅铸“大中通宝”时，明确“以四百文为一贯，四十文为一两，四文为一钱”，按元钞的“贯”“两”“钱”确定铜钱在流通中的价值，而且“凡商税三十取一，收钞及钱”。④ 洪武元年（1368）颁行《计赃时估》，详细列出了各种商品计赃折算为钞价，其中白银1两折80贯，铜钱1000文也折80贯。⑤ 银、钱的价值单位仍旧按钞贯（两）计算。洪武二年（1369）六月还赏赐“思州万户

① 《明太祖实录》卷九八，洪武八年三月。

② 《明史·食货》五。

③ 王毓铨主编：《中国经济通史·明代经济卷》下册，第806页。

④ 《续文献通考》卷一八《征榷一》。

⑤ 《明会典》卷一七九《计赃时估》。

张思温绮帛钞锭”①。

于是，在“商贾沿元之旧习用钞，多不便用钱”② 的情况下，洪武八年（1375）三月，明廷远追“宋有交会之法”，近思“元时亦尝造交钞及中统、至正宝钞”，认为“其法省便，易于流转，可以去鼓铸之害”，决定“诏造大明宝钞”。③ 《明史》④载：其等凡六：曰一贯，曰五百文、四百文、三百文、二百文、一百文。每钞一贯，准钱千文，银一两；四贯准黄金一两。禁民间不得以金银物货交易，违者罪之；以金银易钞者听。遂罢宝源、宝泉局。越二年，复设宝泉局，铸小钱与钞兼行，百文以下止用钱。商税兼收钱钞，钱三钞七。十三年，以钞用久昏烂，立倒钞法，令所在置行用库，许军民商贾以昏钞纳库易新钞，量收工墨直。

明廷发行宝钞，试图在不否定铜钱法定地位的同时，恢复元朝时期的“银钞相权”。即通过国家法令明确宝钞同时与白银和铜钱的法定数量关系，实际流通中则“钱钞并行”。这种表面上看起来择善而从的货币政策，似乎不仅统筹兼顾，系统完整，而且钞票一印，财富到手，令马可·波罗等人惊奇不已的生财魔术传承下来。但实际上明廷的钞法、钱法，却存在一系列严重问题：

（一）把铜钱与金银并列，同时与宝钞面额所标明的价值相联系。这必然面临两种甚至三种金属比价变动导致宝钞无所适从的问题；

（二）金银禁止流通且仅能以金银易钞，不过是单方面用宝钞收兑民间金银，而不再以金银收钞、平准钞价。对金银是否对宝钞起价值保证作用，既不承诺，更谈不上践行。

---

① 《明太祖实录》卷四三，洪武二年六月丁卯。

② 《明史·食货》五。

③ 《明太祖实录》卷九八，洪武八年三月。

④ 《明史·食货》五。

（三）朝廷不再铸钱，至于铜钱是否用于保证宝钞价值，干脆只字不提。两年后被迫恢复铸钱，规定与钞兼行。但钱与钞都不具备完整的法偿地位，商税按“钱三钞七”的比例征收。

（四）像元朝一样，设置行用库，但只买进金银，倒换昏钞。似乎忘了“银钞相权”最根本的平准库。而且行用库实际职责，也只是以新兑旧，倒换昏钞。

因此，明廷的货币政策实质是把两种货币制度——传统“钱法”和“银钞相权法”截头去尾后拼合在了一起。这样的“钱钞并行”勉强推行了20年，问题日益暴露，很快陷入危机。如何处理银钱钞三者的关系，从此成为明廷必须面对的主要货币问题。而遗憾的是，明廷在相当长的一段时期内，没有能够找到解决问题的办法。

至迟洪武末年明钞的贬值即已十分明显，而明廷也发现了导致明钞贬值的主要原因：民间或用银，或用钱，但无论如何不欢迎宝钞，银钱的流通在不断地排挤宝钞。市场如此挑战朝廷权威，明廷当然是难以接受的。因此，洪武二十七年（1394）八月丙戌，明太祖“诏禁用铜钱”，三十年（1397）三月甲子“禁民间无以金银交易”。① 原来与宝钞还有数量上的折算关系的银、钱，干脆全部禁止流通，但却对是否以银钱平准钞价只字不提。大明宝钞回到了元末完全凭朝廷信誉发行的状况，铜钱与白银则在法律上都失去了直接作为货币进入市场的资格。在这样的情况下，无论明廷发行的宝钞数量或多或少，但其结果只能是人们更加珍藏银、钱，拒用宝钞。在银钱的挤压下，使宝钞变成废纸。

洪武以后，明廷反复采取措施，继续顽强地维护钞法，强抬钞价，印发宝钞。但仅仅依靠朝廷信誉支撑的宝钞，至正统年间已是新钞一贯，仅值铜钱10文，旧钞一贯不过一二文，

---

① 《明太祖实录》卷二三四、二五一。

“积之市肆，过者不顾”[①]。宝钞实际上已退出了流通。在宝钞退出流通的同时，明廷对银、钱则分别对待，实行了不同的货币政策。

在对待白银方面，洪武以后，明廷继续坚持银禁，但禁银的态度却日渐缓和，对用银的惩处逐步减轻，最终逐步接受用金银纳税。“英宗即位，收赋有米麦折银之令，遂减诸纳钞者，而以米银钱当钞，驰用银之禁。朝野率皆用银，其小者乃用钱，惟折官俸用钞，钞壅不行。十三年复申禁令，阻钞者追一万贯，全家戍边。天顺中，始驰其禁。”[②] 明廷用自己的实际行动，在正统、天顺间（1436—1464），站到了市场一边——取银而弃钞。白银再次摆脱银钱钞关系的纠缠，冲破朝廷禁令，恢复了独立进入市场流通的资格，再次取得了用于向朝廷纳税的法偿地位。

在对待铜钱方面，洪武以后“钱法”多次反复，而且铸钱与罢铸、禁钱与弛禁相互交错：太宗永乐六年（1408）至永乐九年（1411）间恢复铸钱，宣宗宣德八年（1433）铸行“宣德通宝”。但宣德十年（1435）正月英宗即位罢铸铜钱，年底虽不铸钱但“弛用钱之禁”。正统十三年（1448）再次禁铜钱。“此后很长一段时间里，明王朝的铸钱活动便完全停止了。直到弘治十六年（1503）铸钱活动才重新开始。”但与铸钱一停近 50 多年相比，禁钱则仅维持了 5 年，景泰四年（1453）明廷令钱钞听民相间行使，成化元年（1465）规定商税钱钞中半，弘治三年（1490）六月戊子，“命天下诸司发所贮洪武、永乐、宣德通宝钱，与历代铜钱兼行”[③]。至弘治十六年（1503）恢复铸钱。“至此，铜钱作为仅次于白银的货币，再度具有了合法地位”[④]。

---

① 《续文献通考》卷一〇《钱币考》。

② 《明史》卷八一《食货》五。

③ 《明孝宗实录》卷三九。

④ 王毓铨主编：《中国经济通史·明代经济卷》下册，第 822、836—837 页。

在“钱法”的反复中，出现了禁钱且不铸钱、行钱而不铸钱、铸钱且行钱等多种组合政策。总体上在洪武禁钱令后的100多年间，经历了铜钱禁而不止、朝廷铸钱时兴时废等政策反复，铜钱才像白银一样，重新恢复合法的货币地位。

值得注意的是，大明宝钞发行时规定“每钞贯准铜钱一千，银一两，其余皆以是为差”①。即宝钞同时对银钱作价，且无主次之分，银与钱通过宝钞可按每两折钱1000文兑折；洪武九年（1376），明太祖曾“令民以银、钞、钱、绢代输今年租税”，也规定银一两，钱千文，钞一贯，可折米一石……②通过宝钞折算的银钱间比价，仍是银一两折钱1000文，而且把银钱钞之外的商品也纳入了进来。据彭信威“大明宝钞价格表”显示，如果以每贯钞为标准，根据每贯钞折银和折钱情况，大致可以得出当时银钱间的比价：洪武十九年（1386）、二十八年（1395）银钱折价仍为银一两折钱1000文。永乐五年（1407）为银一两折钱960文，宣德四年（1429）、景泰三年（1452）仍然是银一两折钱1000文。总体来看，通过宝钞折算的银钱比价是较为稳定的，洪武至景泰年间基本维持在银一两折钱1000文左右。银钱关系在明廷颁行的钞法中，似乎保持着较为均等、比价较为稳定的地位。

但是，明廷前述银钱政策的实施，却不时放弃了对银钱关系的调控。特别是银禁、钱禁废弛后，白银与铜钱直接在市场上相遇，双方的价值比例关系、在货币中的主次地位，不时直接通过市场自发调节。于是我们看到，市场上的银钱比价在成化元年（1465）开始发生了重要变化。当年按银钱钞比价折算，银一两折钱减少到了800文，弘治六年（1493）银一两折钱700

① 《明太祖实录》卷九八，洪武八年三月辛酉。
② 《明太祖实录》卷一〇五，洪武九年三月己丑。

文。[①] 正德七年（1512），改定银钱折价为“每七十文折银一钱”[②]，即银一两折钱 700 文。嘉靖四年（1525）银一两折钱 700 文。[③] 也就是说，经过成化、弘治间的市场调节，银钱比价在弘治后基本维持在银一两折钱 700 文左右的水平。从明初以来的情况看，明显出现了“铜贵银贱”趋势。

“铜贵银贱”的趋势，正是银钱之间在市场上自发定价的具体表现。也正是在这一过程中，白银与铜钱之间的关系进一步此消彼长。而结合宋代以来的情况看，白银由于价值重大而不适小用、甚至借助楮币等分白银的情况，至此已发生了根本性的改变。

北宋时期，白银与铜钱的比价曾经处于 1 两值铜钱 1 贯的水平，可是自白银货币化开始后，这一比价被逐步打破，北宋末至南宋初已上升到银 1 两兑铜钱 2 贯的水平。南宋绍兴末这一比价更高，达银 1 两兑铜钱 3300 文，以至南宋规定的银钱兑换法定价——省则，也只有按此比例执行。[④] 此后从孝宗朝至南宋末，这一比价在宋境内维持了一百多年。也正因为如此，南宋时期白银始终难以克服“不适小用”的问题。金朝的情况要好得多，银钱比价长期维持在 1 两兑 2 贯的水平。这也正是金朝辖区白银使用更为普及、率先取得货币基准定价资格的重要原因。此后金元时期总体上一直保持这一兑换比例。

元末及明初银钱兑换价降至每两 1 贯，仅就这一数字而言，已是降到了北宋初期的水平。宣德十年（1435）、正统元年（1436）明廷先后放开钱禁和银禁，虽然银钱关系在正统十三年（1448）至景泰四年（1453）间曾受到朝廷禁钱令的干扰，但通

---

① 根据彭信威“大明宝钞价格表”整理而得。详见彭信威《中国货币史》“大明宝钞价格表”，第 494 页。

② 《明武宗实录》卷八三，正德七年正月庚午。

③ 彭信威：《中国货币史》“大明宝钞价格表”，第 495 页。

④ 参见拙著《宋代白银货币化研究》，第 198—204 页。

过市场的自发作用，30 年后已初见分晓：成化元年（1465）银钱比价改而变为 1 两兑 800 文，此后进一步降至 700 文。

显然，宋金以来 300 多年银钱比价过高、白银不适小用的问题，至此已总体上得到了解决。按照南宋时期无为军矾场秤量白银的“法物”最小单位为 1 钱[①]来计算，此时 1 钱银已适宜于 70 文铜钱的交易。相应地，1 分白银已可用于 7 文铜钱的交易。而按北宋以来专门秤量金银的戥子的基本单位 1 厘[②]来计算，则已“一文不值”了。至此，白银实际已成为朝野率用之物，而铜钱却始终不便用于大额交易，以银直接作为基准定价货币的条件完全成熟，主币地位随之重新恢复。以银为主、银钱并用的货币流通格局形成。于是，结合明代市场结构的情况来看，我们又可看到如下图所示的全国市场与银钱并用的景象。

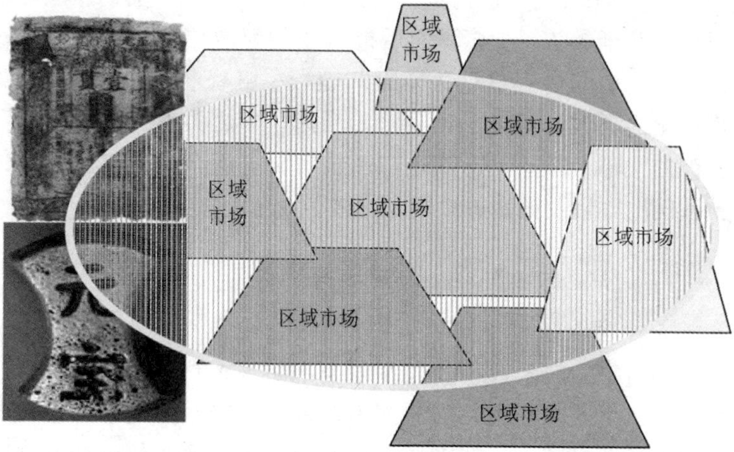

图 5　明代全国市场体系与银钱并用货币流通格局示意图

① 《宋会要辑稿》，《食货》三四之七。

② 郭正忠：《等子的创制与行用》，《纪念李埏教授从事学术活动五十周年史学论文集》。

唯其如此，成化二十三年（1487）明孝宗即位后，丘濬上《大学衍义补》，坦诚进言："以银为上币，钞为中币，钱为下币，以中下二币为公私通用之币，而一准上币以权之焉……宝钞、铜钱通行上下，而一权之以银。"① 丘濬之所以主张以白银为上币，正是因为他承认了"朝野率皆用银"的现实，再一次认可了市场上白银直接面对铜钱时取得的主币地位。只是他所主张的"中币"，不仅因为朝廷背弃信誉只发不收而崩溃，而且在市场上也已没有了行用的空间。因为在白银已适小用，而自宋以来铸行了大量折二、当三、当五、当十钱，还发明了地方性、行业性的各种"省陌"的情况下，市场交易中白银与铜钱所代表的价值关系已实现了完整的衔接，"大数用银、小数用钱"的"银钱并行"货币流通格局已经形成，市场已不需要"中币"介乎其间。也正是基于这样的市场基础，嘉靖年间才以正统，乃至成弘、正德间前后近百年的财政白银化（既非货币白银化、更非白银货币化）为基础，在田赋、徭役、盐课等方面，全面征银，实施一条鞭法。当然，随之而来的白银紧缺和美洲白银输入问题，特别是市镇经济再一次全面勃兴而导致的铜钱问题，以及银钱关系问题，接踵而至。

结　语

通过上面的叙述，我们在宋金元明这个长时段上，看到市场—货币史变化巨大，前后连贯，承袭接转，体现了阶段性与连续性的有机统一。就市场方面而言，北宋到明朝市场发展既体现了明显的阶段性，又保持着很强的连续性。宋金时期，草市镇兴起、坊市制终结，城乡市场"交相生养"，率先在四川、江南、华北等地形成了区域性的市场网络。不同区域市场之间大宗商品往来贩运，逐步架起了跨区域、经常化、批量化的全

① 丘濬：《大学衍义补》之《铜楮之币》下，万历刻本。

国性贸易网络。金元时期全国市场的广度拓展，批量贸易的频度加速，农牧区经济交流空前繁荣，内河航运、海运沟通大江南北，长江流域、江南地区基层市镇市场持续发展，草原、山区、边疆城市兴起，市场辐射空间和层级结构，在经历了急剧重组后，获得了新的发展。明代市场较快恢复，内部结构进一步完善，市场机制逐步引导区域分工、行业分工，在优化产业布局、配置资源方面的作用日益显现。以广大民众日益广泛、深入地参与交换为前提，以乡市、村市、草市、镇市、街市为依托，以批量民生商品的水运、驿运为纽带，区域市场持续发展，相互交叉、重叠、互动，整合形成了更加健全和成熟的全国市场体系。

同时我们看到，基于市场发展的连续性与阶段性，货币流通格局相应呈现出钱楮银密切相关、此退彼进的阶段性特征。同时，货币流通格局的主线乃至宋金元明四朝的货币政策，也具有十分明显的连续性、承袭性。北宋在北方市场广泛用钞，金人继而发行了交钞；北宋用银及宋辽榷场、岁币用银，金朝入汴京后也不惜一切搜刮白银；白银在宋金时期跨区域、跨边界的“双跨”贸易中，从商品变成了货币；南宋确立银钱兑换“省则”，用金银“称提”楮币，金人则进一步铸“承安宝货”，废罢铜钱，尝试以银为钞本，赋予白银基准定价货币的地位。蒙古诸部兴起后，承金人废钱、行钞、流通“锭银”之制，把主要用作器饰甚至马槽的白银，广泛用于交易、借贷、权衡交钞之轻重，通过“银钞相权”统一了辖境的货币。以银为本、单一行钞的“银钞相权”货币流通格局崩溃后，“银钱并行”在元朝中后期已呼之欲出。明朝初建，不仅承元末之余绪，先铸钱后行钞，而且继续单纯以朝廷信誉发行宝钞。为了维持宝钞，甚至不惜重演元朝故事，禁银禁钱。至正统乃至成、弘之际，方才改弦更张，恢复银钱合法的货币地位，承认了“银钱并用”的货币流通格局。

更进一步，我们从市场、货币与货币政策相互关系的角度来看，自宋至明500年间的市场发展，无疑是货币流通格局演进的直接推动者。它从根本上决定着货币流通格局形成、确立、演进的基本方向和可能性边界。如果没有市场，没有市场需求，无论手中持有的是铜铁、金银，抑或纸张、绢帛，它们都与货币无关。不仅如此，宋金元明时期的市场与货币关系史还表明，市场还具有自发从商品中筛选货币的能力。或者说，在市场的作用下，人们能够把适宜于作货币的商品选出来，甚至借助民间商业信用手段，有针对性地解决具体的货币问题。因此，宋元明时期的市场发展，从根本上决定着同一时期货币流通格局的形成、发展、演变：

——基于草市镇的持续发展和坊市制终结，在“城乡交相生养”的互动中，特定区域内城乡市场联为一体，形成了区域性的市场体系。区域市场体系的形成，决定了货币须划区流通，出现了特定的“钱楮并用”货币区；基于区域之间市场联系的加强，白银在大宗交易特别是跨区域、跨政权辖区的市场上，从商品变成了货币；铜钱便于地方性、间歇性小额交易、贴兑找零特性，以其金属价值持久保全小生产者财富的优势凸显。于是，面对快速扩容的城乡市场，历代旧钱与宋朝新铸钱同时流通，仍难免总量不足，顾此失彼，艰于搬运。因此，宋廷尽管费尽力气，铸出了中国历史上空前绝后的巨额铜钱，但还是治不了“钱荒综合征”。

——金元之际全国市场空间拓展、结构重组，导致了白银货币化之后继之以货币的白银化——白银在诸种货币中的地位不断提升，日益成为主要货币。因此，白银在取得基准定价资格时，在更广阔的华北市场、牧区市场、农牧区互动的市场上，与商业信用、斡脱信用、朝廷信用相结合，首先成为兑现和偿付价值的主要手段。蒙元进而以白银的价值支撑纸钞信誉，借纸钞便利地等分、转移白银的价值，使两者“相权”而行，功能互补，确立了“银钞相权”的货币流通格局；铜钱在楮币、白银广泛流通后，变成了面值低于金属价值的小面额货币，藏而不出已难以避免。而金元之际的战乱、基层市场的萎缩和小面额纸币的发行，更使铜钱废而不用、罢而不铸。

——在“银钞相权”货币流通格局下，小生产者纷纷回到市场，市镇市场延续、恢复和发展，全国市场进一步整合。白银在批量商品贸易中广泛流通，小生产者的货币——铜钱因此随之而来，废而复行。在市场机制作用下，明朝白银与铜钱的金属价值及其与商品的市场价格日益契合。银、钱两种金属，在范围广阔、层级丰富、交易繁盛的全国市场上，屡禁不止，强力冲击“钞法”。而元明两朝放弃“银钞相权”，超发纸币，自毁信誉，更加剧了纸币的贬值。“银钞相权”随之终结，与市场发展水平相适应的“银钱并用”货币流通格局全面确立。

诚然，无论宋、金还是元、明，朝廷的货币政策无疑也十分重要。特别是依托商业信用、借助朝廷权威发行楮币，把金属货币的价值符号化，如果没有公共权力的作用，是十分困难的。因此，从飞钱、便钱开始，到交子、会子、交钞、宝钞的发行，既充分体现了朝廷在其中的重要作用，也展示了朝廷应对市场发展的能力与智慧。然而，朝廷滥用公共权力，超越市场边界超额发行纸币；在充分运用公共权力发行纸币的同时，却难以圆满履行禁绝伪钞、维护朝廷信誉的责任，拒不履行铸造小额金属货币、发行“零钞”的义务，最终只能导致朝廷“失信”，导致价值符号所代表的价值贬值，甚至只剩下了毫无意义的符号，使楮币变成“弊楮”。因此，市场在否决朝廷纸币发行权的同时，靠自身金属价值就能流通、童叟无欺的白银与铜钱，相应成为了市场上通行的货币。

因此，市场发展状况及由此而产生的货币需求，也是宋金元明诸朝制定货币政策、发行货币、调整货币流通乃至废除货币的基本前提。没有市场需求，货币不再是货币，朝廷也没有必要发行货币，更没有必要制定货币政策。即使朝廷偏爱的货币，离开了市场发展的状况，终究也要被抛弃。相应地，朝廷的货币政策无论是仁是智，一到市场上就见分晓了。形象地说，市场不仅为朝廷制定货币政策搭建了舞台，而且在赋予朝廷货币发行权的同时，还要求承担相应的公共职能，并对朝廷的举措做出最终的裁决。

明清徽州的民间生息与经济互助

安徽师范大学历史与社会学院　刘道胜

明清以降，随着商品经济和货币关系的发展，借贷、合会、典当、融资等民间金融活动逐渐活跃，民间生息日趋兴盛。① 在明清徽州，举凡宗族置产，合众醵资，普遍重视通过生息经营而实现长效性的经济互助。迄今为止，学术界在考察相关问题时，对明清徽州的民间生息有所涉及，然系统考察尚属空白。②实际上，民间生息在明清徽州社会长期存在，相沿成俗，领域广泛，影响深远。那么，民间生息的主要途径是什么？它是如何运作的？维系这种民间金融运行的信用因素有哪些？生息经营涉及哪些领域？它对徽州社会有何影响？等等。对诸如此类问题加以深入研究，有助于深入揭示传统徽州经济与社会实态。本文拟以明清徽州地方文献和文书资料为中心，对徽州的民间生息现象做一较为全面而深入的考察，敬请批评指正。

---

① 据相关研究，中国古代利用抵挡所等专营机构从事货币存储始于北宋，至明代中叶以后，正式意义上的民间存款生息得到普遍发展。参见刘秋根《试论宋代官营高利贷资本》，《河北学刊》1989 年第 2 期；同氏：《明清高利贷资本》，社会科学文献出版社 2000 年版。按：鉴于所关注资料的特定性，本文集中讨论明清徽州，尤其是徽州基层社会中带有互助合作性质的“民间生息”现象。

② 刘淼、陈瑞、汪庆元等在相关个案研究中，对民间资金发典生息现象均有所涉及。参见刘淼《从徽州明清建筑看徽商利润的转移》，《江淮论坛》1982 年第 6 期；陈瑞《制度设计与多维互动：清道光年间徽州振兴科考的一次尝试》，《安徽史学》2005 年第 5 期；汪庆元《〈汪氏典业阄书研究〉——清代徽商典当业的一个实例》，《安徽史学》2003 年第 5 期。

一、生息途径

中国历史上民间借贷由来已久。《周礼》载："听称责（债）以傅别"①，可见，早在周代即已出现借贷性的民间契约"傅别"，并成为官府处理债务纠纷之重要凭证。实际上，在中国传统社会，赋役重苛、高下失均、年成荒歉、家用匮乏等客观上促使民间借贷的发生。无论商品经济相对萎缩时期，抑或商品货币关系活跃时代，传统意义上的民间借贷一直存在，并成为民间互通有无的一种手段。值得注意的是，至明清时代民间借贷普遍发展，颇为盛行。这种现象在徽州地区尤为突出。

在明清徽州地方文献与民间文书中，有关民间置产生息的记载屡屡可征，尤其是具有民间融资合作与经济互助性质的"融资生利""众存生放""醵钱运利""入典生息"等记载颇为常见，本文统称为民间生息。明清徽州民间生息的主要途径有以下几个方面：

第一，借贷取利。在明清徽州，借贷取利十分多见。《绩溪县志》载："县内民间借贷古已有之"，该志具体列举了互利借贷、借银利、放稻青、利滚利、驮盐利等多种民间借贷形式。②在徽州文书中，亦不乏相关记载。如顺治十一年，《休宁汪氏阄书》载：

> 借出银两共计二百六十四两九钱八分，各亲朋仍有往来帐目另立有帐。
>
> 存实本银六百三十两，三男均分。③

---

① 《周礼注疏》卷三《天官冢宰·小宰》，《十三经注疏》，中华书局1980年版，影印本，第654页。

② 《绩溪县志》，黄山书社1998年版，第517—518页。

③ 张海鹏等主编：《明清徽商资料选编》，黄山书社1985年版，第374—378页。

从中可以看出，亲朋是汪氏放贷的主要对象，文中虽无明确的生息记载，但所借银两数额较大，所涉债务者众多，借贷取息当是不争事实。且不少徽州文书中，凡涉及民间借贷，常明确记载须归还的本利，如“（讼费）不敷，允移借英洋四十元，待讼事已毕，一并本利奉归”①。又如，清代康熙间，婺源县乡村秀才詹元相在其《畏斋日记》中频繁记录银两借贷关系，这些记载均涉及所归还的“本利”数额，属于民间借贷取利范畴。② 民间借贷的债权与债务主体往往具有某种社会关系，多系乡族社会的友情告贷，在自愿互助基础上，以彼此信任为信用，利率亦由当事人依据惯例相互约定，当为民间生息原始形态的一种。进一步揆诸具体记载，民间范畴出贷取利、放债生息，往往多被称为“生放”。这与宋元以来各地方流行说法相同。如“（山木）拚卖归立性清公祀子孙永远生放”③，“各出钱谷，编立首人，经管生放，以为祭祀之用”④。因此，“生放”一语当源于传统民间借贷取利，“生放”的提法在很大程度上带有利用借贷关系而向债务人收取一定利息之意义。

第二，醵资生利。明清时期，随着商品经济和社会的发展，民间生产生活的经济需求日益旺盛，民间融资活动遂日趋活跃。其中，“钱会”或“合会”是传统民间融资的主要形式。先看下例：

> 盖闻戚友有通财之义，经营有襄助之情。是以义孚而成会，情洽以通财。虽会息之无几，幸始终以如一。既蒙

① 《祁门康氏文书》，安徽大学徽学研究中心藏。

② 詹元相：《畏斋日记》，载《清史资料》第4辑，中华书局1983年版，第235—266页。

③ 刘伯山主编：《伯山文书》第1辑，第10册，广西师范大学出版社2005年版，第234页。

④ 刘伯山主编：《伯山文书》第1辑，第10册，广西师范大学出版社2005年版，第455页。

雅爱，切勿逾期。自敬邀戚友位，玉成一会。每位请出钱正，付首会收领。会期公议月一轮。至会期，会首前三日具帖邀请齐集，务必现钱上桌，不押不欠。然后拈阄挨摇，骰点大者得，点同者遵先。首会每次填钱，以下各届应收应填钱则具列于后。今立会书，各执一本存据。①

以上是一份清代同治十一年徽州融资性钱会会书中印制的格式文字。立会者购买这种会书底本后，填写参会、出资、会期等内容，即形成正式会书契约。类似的会书在徽州文书中多有遗存。从上引资料看，民间融资性钱会一般由若干人（股）组成，订立规则，醵资生息。具体地说，参会者本着得资付息、投资回报、互助合作的原则结成临时性的经济组织，每次聚会按照规定比例各自出资，醵集一定的资金，轮流交给会员中的一人使用。每期得会者享受使用会资的权利，并按照其所得会次之序，分期支付相应的利息。这种醵资生息、融资互利的经济会社在明清徽州城乡各地，所在多有，尤为兴盛，其对民间社会经济生活所起的作用令人瞩目。对此，学术界颇有研究。②

第三，入典生息。由明至清，典当业成为徽商经营的主要行业之一，民间或寄资异地徽典生殖，如明末徽州汪氏将族会资金“安在海盐，众眼同生息”③。或择选本土典铺取利，如清代绩溪合邑捐银五千余两，拨发“城内六典银壹千捌百两，各乡四十八典银叁千捌百肆拾两”，给领生息以资助科考。④ 实际

---

① 安徽大学徽学研究中心藏。

② 参见胡中生《钱会与近代社会》，《史学月刊》2006 年第 9 期；同氏：《徽州民间的会书与钱会》，《寻根》2008 年第 6 期。

③ 王钰欣、周绍泉主编：《徽州千年契约文书》宋元明编，第 10 卷，花山文艺出版社 1991 年版，第 89—250 页。

④ ［清］徐会烜辑：《绩溪捐助宾兴盘费规条》，清刊本，安徽省图书馆藏。另参见陈瑞《制度设计与多维互动：清道光年间徽州振兴科考的一次尝试——以〈绩溪捐助宾兴盘费规条〉为中心的考察》，《安徽史学》2005 年第 5 期。

上，徽州本土乡族和亲眷之生息性投资，构成不少典商原始资本的重要来源。在清代道光《汪氏典业阄书》中，载有“净存协和典实本足钱五万五千二百四拾七千八百三十文”，其中，亲友等存款共计四项，达一万五千二百七十九千九百七十三文，约占总资本的28%。① 值得一提的是，大量带有众人所有性质的资产，一般规定经管者不许私自随意借贷，大多予以发典生息。如清代道光间，徽州某氏祀会规定：“存会内各店屋租银，递年和润典经收，算账之日，兑出入匣。”② 休宁松萝门吕氏亦规定：“清明积储银两递年生放典当。”③ 因此，利用信用较高的典当行业以获取利息回报，在典商相对发达的徽州，成为民间资本增殖的可靠途径。

第四，委托运利。在徽州地方文献与文书中，有关“交付殷实之家运利”的记载亦颇为多见，这里的“殷实之家”多指实力相对雄厚的商人。如明代歙县阮弼经商芜湖，其族母即委资阮弼予以运利：

> 族母私蓄数十缗，阴托长公（即阮弼）取息。有顷，族母亡，长公握子息钱，毕归其子。④

又如，《新安大阜吕氏宗谱》载：

> 清明积储银两，递年分与殷实忠直子孙立领营运。至次年约以清明日交众，如过日交兑者罚银一钱，过月者罚银一两，交清复照前收领营运。⑤

① 参见汪庆元《〈汪氏典业阄书〉研究》，《安徽史学》2003年第5期。

② 《道光十四年徽州潘、余氏立阄书》，南京大学历史系资料室藏。

③ 《新安大阜吕氏宗谱》卷五《休宁松萝门祭祀家规》。

④ 汪道昆：《太函集》卷三五《明赐级阮长公传》，黄山书社2004年版，点校本，第765页。

⑤ 《新安大阜吕氏宗谱》卷五《休宁松萝门祭祀家规》。

再如，道光间徽州继善会规定：

> 起会之日，只有银五十余两，系支丁昆和代领生息，于戊戌年将本利兑出。①

可见，“运利”的主要体现是：向包括典商在内的不同行业商人提供资金，并借助商业经营确保“以本获利”。从这个意义上说，委托“运利”的存在，促使大量民间资金转变成为明清徽商的商业资本。

综上所述，所谓民间生息（或称生放、生利、运利）系指利用借贷、合会、典当、融资中的货币流通关系，经营民间资产以取利的金融运行方式。途径不一，形式多样，运作灵活，这是传统民间金融活动形式的生动体现。

二、生息经营

在商品经济尤为活跃的明清徽州，利用借贷、合会、典当、融资中的货币流通关系，实现生息经营十分普遍。那么，这种生息经营是如何运作的呢？

（一）资本来源

在徽州宗族社会中，带有互助性质的生息原始资本，来源多种多样，其主要有：1. 产业收入和买卖所得资金。明万历年间，休宁县泰塘程氏，其祭祀“经费之所出则租谷豆及山租银若干，常储祭银。每银十两，周年生息一两五钱”②。又，歙县谭渡黄氏规定：“祀产租谷定例本年头首二人，下年头首四人公

---

① 《道光至咸丰继善会簿》，南京大学历史系资料室藏。

② 万历《程典·祭祀志》，安徽省图书馆藏。

收贮仓，至次年粜银归匣。”[①] 再如，万历二十九年，徽州吴氏五大房出卖众存地产，所得银两“生利以供拜扫之用”[②]。大体说来，有形产业货币化是不少民间生息资本的重要来源。2. 进主银。[③] 如《新安徐氏墓祠规》云：“进主立户之银，必先照会诸族，交清祀首。” 3. 登科银。如歙县呈坎罗氏文会规定：“凡登科入仕者，均须复银入匣。”[④] 4. 添丁银。如绩溪黄氏宗族规定：“生子上丁照例交丁粮于公匣，斯文收帐。”[⑤] 5. 婚嫁礼银。如休宁孙氏规定：“支下嫁女当日，交兑公堂礼九七色银一两入匣。”[⑥] 6. 罚银。罚银是传统徽州民间秩序维系的重要手段。在徽州宗族文书中，常常可见“罚银入匣公用”的记载。[⑦] 6. 粜谷银。如歙县潭渡黄氏规定：“本祠粜卖租粒及一应银两，俱应凭众公同入匣，封锁寄贮殷实之家运利。”[⑧] 7. 捐输银。如绩溪黄氏规定：“一切捐银不作别用，尽归公匣，置买祭产。”[⑨] 又，道光二年，歙县盐商汪仁晟“捐银千两发典生息，为阖邑应试者卷烛费”[⑩]。再如，道光间，祁门三四都六保谢、方、黄、陈、江、胡、叶人等九姓共同签订合约，“各姓捐输共肆拾仟文整，

---

① 雍正《潭渡孝里黄氏族谱》卷六《附公议规条》。

② 张传玺主编：《中国历代契约汇编考释》，北京大学出版社 1995 年版，第 918 页。

③ 按：“进主银”系为已故父祖等的牌位能入祠供奉而向祠堂交纳的银钱。

④ 《溁川罗氏文会簿·会规》，安徽大学徽学研究中心藏。

⑤ 咸丰《绩溪黄氏家庙遗据录》卷一《祠制·胙包额例》，安徽省图书馆藏。

⑥ 《道光三年休宁孙世德祠簿抄白·祠规》，《徽州千年契约文书》清民国编，第十二卷，花山文艺出版社 1991 年版。

⑦ 参见《徽州千年契约文书》宋元明编，第四卷，花山文艺出版社 1991 年版，第 433 页。

⑧ 雍正《潭渡孝里黄氏族谱》卷六《附康熙己亥公立德庵府君祠规·议银两归匣》，安徽省图书馆藏。

⑨ 《绩溪黄氏家庙遗据录》卷一《祠制·主丁凡例》，咸丰刊本，安徽省图书馆藏。

⑩ 民国《歙县志》卷九《人物·义行》。

生息以备不虞”[①]。8. 合众融资。如乾隆三十七年，祁门二十二都红紫金氏因宗族事务需要，而“虚心自愿，各出本银壹两，名曰‘乐义会’，众同生放，以防物事”[②]。乾隆四十年，金氏又为祭祀越国汪公神会，“族中心志略同者十七人，合议各出钱谷，编立首人，经管生放，以为祭祀之用”[③]。等等。

（二）经营主体

徽州民间生息的经营主体亦多种多样，但主要是基层社会的一些组织性团体所为。

第一，“公祀”。在聚族而居的徽州传统社会，祭神祀祖是宗族乃至地方社会统合并组织化的重要前提和基础。小到个体家庭，大到房派之间，普遍存在层属不一、形式多样的祭祀性共同产业，构成了明清徽州社会经济之重要组成部分。在徽州地方文献中，祭祀性产业经营管理的主体多称为“某某众祀”“某某支祀”“某某公祀”“某某祀会”“某某堂业”“某某祠业”等，本文姑且统称为“公祀”。而祀产生息是保障社会成员互助合作的重要手段。根据《康熙四十五年程氏典商收支盘存总账》载：仅康熙三十七、三十八年，收存“宇公祀会”银两即分别达“三百三十八两五钱三分八厘”和“二百二十三两零二分一厘”。[④] 又如，《乾隆四十八典业账簿》中涉及“葆和堂、永堂、全壁堂、世宁堂”存本，其中“葆和堂”存本即达一百一十两，这里所谓的“堂”当系徽州具体家族之谓。[⑤] 一般而言，为确保

---

① 安徽省博物馆编：《明清徽州社会经济史资料丛编》第1集，中国社会科学出版社1988年版，第574页。

② 刘伯山主编：《伯山文书》第1辑，第10册，广西师范大学出版社2005年版，第454页。

③ 刘伯山主编：《伯山文书》第1辑，第10册，广西师范大学出版社2005年版，第455页。

④ 中国社会科学院历史研究所图书馆藏，1册。

⑤ 中国社会科学院历史研究所图书馆藏，1册。

族务的长效运作，名目繁多的公共开支，往往多用息银而不动或少动本金。如徽州许氏曾将公祀本资三百零八两“归揭田义成公典生息”，并规定利用息银举行每年春秋之祭。① 另外，祀神是传统徽州民间信仰的另一重要体现，这种地域性的祭祀活动亦大多由地方家族轮流承值，不少家族也是通过置产生息予以运作。如下例：

立合文约人士诚、时彦等，窃思越国汪公乃六州福庇，合族之佑神。迭年祭祀，人民无不舒诚。若吾族向有会祀备办仪仗祭器。近因年深日久，觉不光彩。今族中多心志略同，欲有增光之意，共十七人，合议各出钱谷，编立首人经管生放以为祭祀之用。（下略）

乾隆四十年八月十八日同会人：士诚（等17人）②

一般说来，明清徽州存在的大量祭祀性产业，促使其实际联合和功能诉求的逻辑起点多为信仰需要。然而，随着组织化程度的加强，以“公祀”为主体，其发挥的互助功能日趋泛化，乃至扩大到特定人群之信仰、诉讼、教育、赋役、赈济以及地方公共建设、公益活动等范畴。因此，诸如“某某众祀”“某某支祀”“某某公祀”“某某祀会”“某某堂业”“某某祠业”等，虽具“公祀”之名，实乃乡族之间的实体性合作关系。以大量“公祀”为主体的资产，大多通过设置诸如“首人”“值年”“司年”“管年”等专人放债生息，经营增殖，并予以设匣管理的。③

第二，各种会社。在明清徽州社会，民间具有“富庶则各

---

① 参见刘淼《从徽州明清建筑看徽商利润的转移》，《江淮论坛》1982年第6期。

② 刘伯山主编：《伯山文书》第1辑，第10卷，广西师范大学出版社2005年版，第455页。

③ 参见拙作《明清徽州宗族的“公匣”制度》，《中国农史》2008年第1期。

醵钱立会”的传统。[1] 先看下例：

［资料1］立兴祠合同文约大观公秩下启愣等，今因乾隆二十一年三月二十八日在皇净坞标坟，公议将与祭祀一十四人胙食之资六钱正，作本轮流领本生利，周年硬充九七足银六钱积聚以作后日置产立业之费，以兴祀胙，一轮周后，再行生效。自兴之后，各宜齐心协力，以为昌大之基。如有不愿充利者，永远不得入分，祖前立誓；如有用私苟且，侵蚀本利者，身后子孙不得昌盛，永灭绝嗣。久后本利洪大，产业丰厚，祖灵有感比应，一十四人之后裔自有显达富贵绵远，永远和乐。是为序。

乾隆二十一年三月二十八日立齐心兴祠合同文约　大观公秩下肇燃（等）[2]

［资料2］立申饬合同文约康大观祠秩下等，为严立规条以垂永久事。原我别祖封君大观公奕世忠义，孙枝繁衍，向有薄产，清明标祭。乾隆二十一年，有愣等十四位与公墓祭，因剩余资六钱，顿起孝思，祖前立誓，轮流生殖，加倍出息，以增祠产。于是秩下人人感动，齐惇孝思，各愿照式襄成义举，至三十五、六年人有百余股业，置百余金，增立孝义户名，分别供税……新兴孝义产业挨列股份另编首人，轮流经管（下略）。

乾隆四十一年正月念三日立申饬合同文约康大观祠

拱一秩下肇燃（等）

拱五秩下绍宁（等）[3]

以上两份文书均为祁门康氏通过集资立会以祭祖的合同契

① 嘉庆《黟县志》卷三《风俗》。

② 《康义祠置产簿》，南京大学历史系资料室藏。

③ 《康义祠置产簿》，南京大学历史系资料室藏。

约。随着族人“各愿照式襄成义举”，通过立会置产，轮流管理，生息经营，这一建立于乾隆二十一年的祀会，于乾隆三十五、六年即形成“有百余股业，置百余金”的规模，并增立“孝义户”。在明清徽州，建立在平等、自愿、互助基础上的各种会社的发展颇为普遍和兴盛，其类型主要有祭祀会、经济会、公益会、娱乐会以及文会等。以会为主体，设置会首，对会产会资予以生息经营亦是民间普遍做法。如，休宁汪氏文秩公清明会规定：会资“议付殷实者领去，二分钱生息”①。又，道光间，徽州继善会将“现积贮银二百两，公托永有字号暂行生息，候银盈余，公议置租”②。再如，光绪间，徽州胡氏祀会亦规定“祭毕之后共同算帐，除开支外，交付下首照依前例生息”③。另外，如上所述，传统徽州社会还存在大量具有自发性、融资性、互助性的民间钱会，钱会是一种互助合作的有息借贷，实乃民间生息更为基本的形态之一。

第三，乡族机构。④ 有关地域社会更大范围的公共资金，其来源或依靠商贾和殷实之家的捐输。如乾隆十七年，“在扬徽商程扬宗乐输银六万两，以一半先为买谷积贮，以一半交典生息为将来增贮之计”⑤。类似的徽商捐输于徽州方志“义行”中比比可征。或体现为村族之间的联合募捐。如祁门县西部“距城较远”，“山多田少，地瘠民贫，以故习举子业者甚少”。清代道光间，祁西二十二都十六个村，凡八姓，采取以各姓房族为基本单位，联合捐输而创立地域性“鼎元文会”，由各姓举荐贤能

---

① 章有义：《明清及近代农业史论集》，中国农业出版社 1997 年版，第 381 页。

② 《道光至咸丰继善会簿》，南京大学历史系资料室藏。

③ 安徽省博物馆编：《明清徽州社会经济资料丛编》，中国社会科学出版社 1988 年版，第 578—57 页。

④ 带有地域性的乡族联合，其管理主体颇为复杂，然揆诸实际，具体管理者多以特定地域内各宗族为基础，举荐专人联合而成，本文姑且称之为“乡族机构”。

⑤ 民国《歙县志》卷十五《艺文志·惠济仓题疏》。

之人管理会务，以置办教育和奖掖科考。[①] 相关记载可见，这些公共资金数量可观，涉及面广，其经营管理往往由倡捐者、捐输者以及具有较高声望的乡族人士组成，从而形成地域性的经济实体。公益互助的经费开支主要来自特定资产的生息收入。如清代休宁县汪田柱、徐名进各捐银五千两，“俱发乡城典铺生息，以为本邑士子乡试盘费”[②]。道光时，绩溪胡培翚与合邑绅士倡导商人募捐，“得银五千两，发典生息，每科以息银分给应试者旅费”[③]。道光间，歙县盐商汪仁晟“捐银千两发典生息，为阖邑应试者卷烛费”[④]。等等。

（三）生息利率

先看下表：

表1　明清徽州民间生息利率表

序号	时间	记载摘要	月利率/两	年利率/两	资料来源
1	弘治年间	所出银两收积社内，每年当首领去加息三分	3%	36%	弘治《休宁陪郭程氏本宗谱》附录《会约》
2	万历年间	每银十两，周年生息一两五钱	1.25%	15%	万历《程典·祭祀志》
3	万历年间	出银一两五钱，岁加息二钱四分，贴备墓祭支费	1.33%	16%	万历《程典·祭祀志》
4	天启年间	所积本银……寄店生息，每年作一分二厘算利	1.2%	14.4%	《朱世荣分家书》，上海图书馆藏
5	天启年间	所存田价三十两，递年付利六两与嫂程氏日食	约1.67%	20%	《朱世荣分家书》，上海图书馆藏

① 《鼎元文会同志录》道光刊本，上海图书馆藏。
② 道光《徽州府志》卷三《营建志·学校》。
③ 道光《徽州府志》卷三《营建志·学校》。
④ 民国《歙县志》卷九《人物·义行》。

续表

序号	时间	记载摘要	月利率/两	年利率/两	资料来源
6	崇祯年间	众议会本银贰分钱起息	2%	24%	《徽州千年契约文书》宋元明编，卷10，第89—250页
7	顺治十年	仍存肆拾两与叶氏生息，每年得利银陆两捌钱	约1.42%	17%	《休宁程氏置产簿》，载《徽州千年契约文书》宋元明编，卷10，第367页
8	康熙年间	共三两借思原弟，言定每月三分息	3%	36%	詹元相：《畏斋日记》，载《清史资料》第4辑，第264页
9	乾隆二十三年	晋公祀典，初议每支输胙本银三两，一分行息，为清明摽祀之用	1%	12%	《晋公清明祀会序》，载《忠孝城南吴氏宗谱》卷3
10	乾隆三十一年	惠济仓存有原本三万两有余，详定发典生息，周年七厘起息	0.7%	8.4%	道光《徽州府志》卷3《营建志·仓局》
11	乾隆五十年	今有现银三十八两五钱正，众面议定每两每月加一分利钱	1%	12%	《康义祠置产簿》，南京大学历史系资料室藏
12	乾隆五十三年	现银三十八两五钱，每两每月加一分利钱	1%	12%	《康义祠置产簿》，南京大学历史系资料室藏
13	清代	议付殷实者领去，二分钱生息	2%	24%	章有义：《明清及近代农业史论集》，第381页
14	清代	众议每月七厘起息	0.7%	8.4%	《绩溪捐助宾兴盘费规条》，安徽省图书馆藏
15	道光二十七年	每房名下各付出本足钱七千千文，言定每全年九厘算息，闰月不加	0.9%	10.8%	《明清徽州社会经济资料丛编》第一集，第574页
16	光绪二十七年	今领得孝廉堂成本库平银五千两正，周年一分生息	1%	12%	《典业杂志》，抄本，安徽师范大学图书馆藏

按上表所示，明清徽州民间生息的入存利率虽有高低之别，举凡入存本金越高，利息愈低。总体而言，入存利率月息最高不超过3%，大多在1%—2%较为合理区间。究其原因，其一，为防止高利贷者的盘剥，明清官府均规定："凡私放钱债及典当财物，每月取利并不得过三分。"① 其二，传统民间生息主要依赖浓厚的乡族关系网络，为民间生息寻求借贷双方认可的合理性利率提供了可能。再者，徽州典商的影响。如众所知，明清徽州典商告贷取利较薄，如在明代后期拥有当铺数百家之多的南京，"福建铺本少，取利三分四分。徽州铺本大，取利仅一分二分三分，均有益于贫民"②。光绪十九年的一份徽州典商当票中明确"按月二分行息"③。而徽州典商的入存利率当低于其出贷之息。不但大量徽州民间资金系"入典生息"，且典商的入存利率标准对徽州本土借贷、融资等活动，形成合理取息的惯例亦当有一定影响，甚至"照依当店起息"成为相关契约的格式表达。④

（四）生息信用

维系民间生息的信用因素是多方面的。其一，发达的徽州典当业是影响乃至维系民间生息信用的基本保障。作为徽商经营的重要行业之一，明清徽州典当业以其数量多、分布广、规模大、取利轻而著称。尤其该行业严密的经营规则和诚实守信对于充分吸纳徽州本土资金生息经营，确保本息偿还信誉，乃至扩大民间投资阶层，增强民间金融意识均具有深远影响。其

---

① 万历《明会典》卷一六四；《清世宗实录》卷三八、卷四一。

② 周晖：《金陵琐事剩录》卷三，转引自谢国祯编《明代社会经济史料选编》，福建人民出版社2004年版，第110页。

③ 周向华编：《安徽师范大学图书馆藏徽州文书》，安徽人民出版社2009年版，第242页。

④ 《徽州千年契约文书》宋元明编，第三卷，花山文艺出版社1991年版，第62页。

二，或寻求乡族中“殷实之人担保”，或择选“殷实之家”运利，是提高民间生息信用之一重要选择。如明万历间，休宁县程氏对于本族祭祀经费，由专人生息经营，管理者“须以本房殷实之人互保书券”①。又，休宁汪氏文秩公清明会规定：会资“议付殷实者领去，二分钱生息”②。又，乾隆二十三年，徽州吴氏规定：“现输银数，托之支下善营运者，一分二厘行息，逐年照房轮转，以成规则。”③ 再如，道咸间，徽州某氏“继善会”亦规定：所捐会资“付托殷实之家暂行生息”④。大量地方文献与文书记载表明，所谓“殷实之家”一般首选本族中“善经营”者为之。如，弘治《徽州府志》载：李天祥为赈济族人而捐输白金百两，“命子弟能者营什一，岁收其息，置义田，凡丧葬嫁娶、饥寒无资、有志读书而力不逮者，皆取给焉”⑤。万历间，徽州胡氏宗族“清明会银”，即择选“族中善经营者领取，每年按固定利率完纳本利”⑥。天启间，休宁程氏将清明会“本银贰拾肆两叁钱九分，当众面兑交三房显卿领取生息”⑦。徽州吴氏规定：“本祠祭祀银两，上例与各分殷实有产之家领出运利，以荣祖祠。”⑧ 康熙间，休宁陈氏分家阄书云：“将万安布店一所租金坐作逐年完粮，庶免子孙之累……租金所余，择贤生息。”⑨

---

① 万历《程典·祭祀志》，安徽省图书馆藏。

② 参见章有义《明清及近代农业史论集》，中国农业出版社 1997 年版，第 381 页。

③ 《忠孝城南吴氏宗谱》卷三《公立城南支祖清明摽祀会序》，安徽省图书馆藏。

④ 《道光至咸丰继善会簿》，南京大学历史系资料室藏。

⑤ 弘治《徽州府志》卷九《隐逸》。

⑥ 转引自刘秋根《明清高利贷资本》，社会科学文献出版社 2000 年版，第 137 页。

⑦ 《天启元年休宁程氏立清明挂栢簿》，王钰欣、周绍泉主编：《徽州千年契约文书》宋元明编，第 8 卷，花山文艺出版社 1991 年版。

⑧ 《中国明代档案总汇》第 1 册，广西师范大学出版社 2001 年版，第 201 页。

⑨ 《康熙五十九年休宁陈姓阄书》，转引章有义编《明清及近代农业史论集》，中国农业出版社 1997 年版，第 312 页。

毋庸置疑，在明清徽州，一方面，富商大贾、殷实之家通过捐输建立各种基金，以承担乡族社会的公益互助，另一方面，他们对于徽州社会互助基金实现生息经营，确保生息信用方面亦发挥了重要的作用。其三，契约的维系。传统徽州社会具有强烈的契约意识，民间事无巨细，人们动辄央中为凭，形诸白纸黑字，使得契约发生的领域广泛而深入。在明清徽州民间生息经营中，无论“入典生息”，抑或民间相互借贷生放和融资运利，书立契约是普遍的做法。因此，带有地方性、平等性、灵活性的民间生息，亦主要依赖契约关系予以维系，在契约关系之下，欠债还钱，违约受罚成为一种历久弥深的习俗和观念。①并由此产生大量相关文书，兹不赘述。

三、民间生息与经济互助

在历代史志典籍中，不乏“富者操奇赢之资，贫者取倍称之息”这类高利放贷的记载。高利贷是贯穿传统社会常有的一种现象。西汉晁错的《论积贮疏》中即有生动记述：

> 今农夫五口之家，其服役者不下二人，其能耕者不过百亩，百亩之收不过百石……勤苦如此，尚复被水旱之灾，急政暴虐，赋敛不时，朝令而暮改。当其有者半贾而卖，无者取倍称之息。于是有卖田宅、鬻子孙以偿债者矣。而商贾大者积贮倍息，小者坐列贩卖，操其奇赢……此商人所以兼并农人，农人所以流亡者也。②

又如：

---

① 关于民间契约关系的维系，参见拙作《明清徽州民间契约关系的维系》，《安徽师范大学学报》2007年第2期。

② 《汉书·食货志》。

后世农田之利，夺于兼并之家。虽天下之用，举仰于农，而农人不蒙其利。大抵一岁之入，兼并袖手十取之五；假之牛种，则什之七；又乘其乏，举贷以倍称之息，虽八九可也。是故乐岁先饥，凶年多死者，莫农人若也。①

再如，明代天顺元年，官府赈济山东饥荒，其中言道：

官库应有收贮之物，尽皆支出于沿河一带，询访颇收之处有粮之家，粜粟救民。其有粮之家止许存留一年之用，余令尽数两平粜买，不许闭遏不粜。亦不许官豪势要，粜买存积，生放图利。②

不难看出，高利贷产生的社会背景是，或因水旱歉收，饥荒灾疫；或因赋敛不时，徭役无度；或因势豪持富，巧取小民；或因商贾囤聚，乘机取利，等等。显然，这些都是由于传统社会之固有因素造成的贫富悬殊而导致的。就明清时代的民间生息来说，似乎亦可将其与高利贷归于同一范畴，因为二者都是放贷取利。不过，若细加探究，本文关注的民间生息现象，与历史上那种高下失均、巧取豪夺的高利贷相比，还是有所区别的。

第一，经营主体之别。传统高利贷的放债者，主要是富豪和官府所为。富豪靠其雄厚的财力通过放高利贷来盘剥小民，贯穿整个传统社会。宋元时期的官府高利贷十分盛行，势力强大，其运作背后当然是高高在上的官府权势。③ 显然，高利贷的经营主体多属传统社会上层。而民间生息，则多以基层社会的

---

① 《文献通考》卷八五《郊社考》。

② 《明英宗实录》卷二七八，天顺元年五月。

③ 参阅乔幼梅《宋元时期高利贷资本的发展》，《中国社会科学》1998 年第 3 期。

宗族机构、会社组织及其他社会团体等为主，具有浓厚的庶民性质。其资本来源多为宗族众存共业资产，或属会社醵钱集资，以及地方社会因公益事务而“合邑募捐”的资金等。运营这些资金都有相应的组织，并有一定的规章制度，如宗族组织及其公匣制度，会社团体及其规章条约，及其他组织与公约等，其放贷生息一般都是由组织内人员轮值并依规章条约而运营的。

第二，利率高低之别。传统的高利贷，取“倍称之息”“累倍之息”，乃为常态。甚者“数倍不能已者”。其取利手法有所谓驴打滚、羊羔息等，不一而足，都是谋取高额利息。而如前所述，明清徽州的民间生息利率，一般为月息1%—2%，最高不过3%。二者相比，民间生息的利率，一般是维持在社会礼俗认可，且符合当时官府规定的较为合理的区间之内，显著低于高利贷所取高额利率。

第三，巧取豪夺与互助互利之别。从经营宗旨来看，操奇赢，谋暴利，是高利贷的根本追求。“夫富者之为利，莫非放债取厚利，恃势而盈，致使贫乏下民终日逐利以偿其债，中人之家终身营业，以待其吞并，其或家穷力尽，同卖妻鬻子，身为奴仆而后已。”① “徽州民谢兰家贫，其从子回贷以钱而倍取其息，又利其田宅而构害之。”② 而且，高利贷的实施，常常是趁饥馑灾荒之时，或乘小民急用、告求无门之机而运营的。它所反映的是传统社会中富豪与官府对贫民的残酷压榨和无情盘剥，体现的是非对等的高下失均的阶级关系。而民间生息则与其明显不同。民间生息，主要是谋求宗族置产、众存共业、融资合会这类集体性资产，通过放贷取利以达到保值增值的目的。其展现更多的是平等合作、互助互利。这种特征在钱会的运营方式上表现得最为典型。如前所述，钱会是明清徽州十分流行的

① ［宋］黄光大：《积善录》，《丛书集成新编》本。

② ［元］黄溍：《金华黄先生文集》卷二六《邓文原神道碑铭》，《续修四库全书》，第1323册，第356页。

一种民间生息类型。要而言之，一般融资性钱会的运营方式是，在平等自愿的原则下，若干人成立一会，每人出一份资金，若干月或年为一会期，按期轮流值首，运营生息，会期之中每人都要按规定出资付息，同时亦都有机会得到一笔大额融资。这种钱会每人既是出资者，也是借贷者；既是付息者，也是得利者；既是受贷者，也是经营者，机会完全均等，充分体现了平等合作、相互制约、互助互利的原则。

民间生息所得利润的用途也可反映出其互助互利性质。这种情况，在徽州宗族产业的民间生息中有明显体现。关于徽州宗族族产生息的部分事例请看下表：

表 2　徽州宗族族产生息情况表

序号	时间	地点	生息资本来源	记载摘要	资料出处
1	弘治年间	休宁	宗族社祭会资	在会二十八户，所出银两收积社内，每年当首领去加息三分。内户添丁助银三分，亦交付生息	弘治《休宁陪郭程氏本宗谱》附录，《会约》
2	万历年间	休宁	宗族祀产	其经费之所出则租银若干，每银十两周年生息一两五钱	万历《程典·祭祀志》
3	万历十六年	徽州吴氏	祭祀银两	本祠祭祀银两，上例与各分殷实有产之家领出运利	《中国明代档案总汇》第1册，第201页
4	万历二十九年	徽州吴氏	众存产业	众存地（出卖）价银五大房入永兴会生利拜扫之用	《中国历代契约汇编考释》，第918页
5	崇祯年间	徽州汪氏	“四维会”会银	众议会本银周年贰分钱起息	《徽州千年契约文书》宋元明编，卷10，第99页

续表1

序号	时间	地点	生息资本来源	记载摘要	资料出处
6	顺治十年	徽州程氏	出卖房产	遗孀叶氏日给无办，宗族议定出卖房产，银两生息供叶氏生前支给	《徽州千年契约文书》宋元明编，卷10，第367页
7	康熙三十五年	休宁	祠产	所贮祠匣银两递年运筹生息	安徽大学徽学中心藏
8	乾隆三十七年	祁门	捐输立会之资	各出本银壹两，名曰“乐义会”，众同生放以防物事	《伯山文书》第1辑（10），第454页
9	乾隆四十年	祁门	捐资立祀会	合议各出钱谷，编立首人经管生放，以为祭祀之用	《伯山文书》第1辑（10），第454页
10	乾隆四十二年	歙县	为里保之役所立贴费	贴费银叁两，交托楚珍收管生息，完纳钱粮营米并造册使费	《徽州千年契约文书》清民国编，卷2，第4页
11	乾隆五十三年	祁门	为承管祖役所立基金	现银三十八两五钱正，众议利钱递年贴值年做甲催之人收，以为供膳图差季钱册房费用	《康义祠置产簿》，南京大学历史系资料室藏
12	乾隆五十八年	祁门	办税之资	文进、文政二人自愿出钱二百文入祠生放，递年将利代兑纳粮	《康义祠置产簿》，南京大学历史系资料室藏
13	道光四年	祁门	绝嗣户财产	归立性清公祀子孙永远生放，置产以为迭年完粮、祭扫之资	《伯山文书》第1辑（10），第234页
14	同治元年	祁门康氏	置祠产以兴学	契买亦归塾学管业，其增贴之资，候五年之内生息分作经、蒙贰馆习读	安徽大学徽学中心藏

续表 2

序号	时间	地点	生息资本来源	记载摘要	资料出处
15	光绪十二年	徽州黄氏	捐输祀会	（捐输春秋祀会）共计洋蚨肆拾捌元，公同生贩，迭年轮流为首。（每年）祭毕之后共同算账，除开支外，交付下首照依前例生息	《明清徽州社会经济资料丛编》第1集，第578—579页

这些事例表明，徽州宗族或通过族内公匣制度，或委托会社，多将各种族产放贷生息。特别应注意的是，生息之资的用途有“拜扫之用”“祭祀之用”“完纳钱粮”“代兑纳粮”“供膳图差”“造册使费”“经、蒙贰馆习读”“以防物事”等，涉及祭祀、赋役、教育、救济、防灾等各种社会民生事务，范围十分广泛。

此外，有关地方社会的公共资金亦往往借助生息经营，以确保公益活动和公共建设的可持续性需要。如清代绩溪县“捐银存典生息”资助科考的事例：

> 呈为捐银存典生息，储给乡试盘费，恳牒通详，并乞存案事。绩溪士子，半属贫寒。每遇科场，艰于资斧，不克赴闱。邑中绅士爰集众议，启告城乡捐银生息，以给盘费，阖境幸皆踊跃，捐成曹平足纹伍千陆百肆拾两。事已垂成，功期久远，因仿休邑嘉庆年间捐给试费成案，将该项择殷实之典给领营运（下略）。①

总之，明清徽州民间生息的用途涉及家庭生计、宗族事务

① ［清］徐会烜辑：《绩溪捐助宾兴盘费规条》，清刊本，安徽省图书馆藏。

乃至地方社会各种公益事项，范围广泛，领域多样，既反映了民间生息的互助性，也表明了其具有很强的功能性。民间生息为明清徽州社会各项事业的持续发展，不仅提供了相当的经济保障，更形成了一种长效机制。

结　语

在缺乏官府主导的融资渠道和社会保障的传统社会，借贷、融资、合会、典当等形式多样的民间金融活动的兴盛，与社会资金存量以及经济活动对资本的需求量密切相关，明清徽州民间生息现象的普遍发生具有深厚的社会背景。

明代中期以后，商品货币经济空前发展。商品经济的活跃，加速了货币流通，扩大了金融领域，金钱已成为各种社会活动的必要资本。特别是赋役的纳银化，更加大了人们对白银的刚性需求。另一方面，明中叶以后，随着私人海外贸易的发展和白银不断入超，也为国内的货币流通提供了大量的白银资本。就徽州而言，明清时期，徽商兴盛达数百年之久。由于徽商经营的成功，徽州社会对商业资本需求旺盛，与此同时，徽商利润的一部分势必回流本土，使得流入徽州的财富大为增加，社会闲散资金相对充裕。这促使该区域民间资金流转不息，货币关系十分活跃。民间运营“贷本取息”“融资逐利”“醵钱立会”以保值增值的金融意识更为增强，民间生息因时兴盛，长久不衰。

而在商品货币经济发展的同时，社会变迁也加剧了。正如万历《歙志·风土》所言：“寻至正德末，嘉靖初……出贾既多，土田不重，操资交捷，起落不常。能者方成，拙者乃毁。东家已富，西家自贫。高下失均，锱铢共竞。互相凌夺，各自张皇……迨至嘉靖末隆庆间，则尤异矣。”这里显现的，无疑是一幅重商轻农、金融活跃、竞争激烈、贫富分化的社会动荡变迁格局。

面对这种激烈竞争的社会形势，社会各个阶层都不能不有所反应。一方面，以血缘关系为纽带，明清徽州基层社会的宗族组织化趋势日益突显，置产与互助观念深入人心。诸如殷实之家于分析之际因礼仪互助而普遍留存众存产业。不少宗族以公祀、族会为主体而积贮置产，借以谋求或维持其“大家规模”“大家气象”，以实现“支下均沾其恩”。[①] 地方文献中屡屡可见徽州商人“捐资亢宗，以光竹帛”之义行。另一方面，为应对新的社会变迁形势，原有的宗族组织已经不够了。或按不同行业分工，或因某种活动需要，各种会社组织纷纷兴起发展。它们已开始冲破血缘关系甚至地缘关系的束缚，而出现了新的运行机制，并成为明清民间生息金融活动之重要主体。从而，由明至清，徽州社会因家户合作、宗族统合、融资立会、社会捐输而形成的互助基金和经济实体广泛存在。如何确保互助资产的长效运营，生息经营应运而生。明清徽州民间生息金融活动体现出途径多样、主体多元、机制灵活、互利互助等特征，与传统高利贷有所不同。这是值得关注的。

① 《丛桂堂置产簿》，南京大学历史系资料室藏。

清朝“十三行”保商制度与美国存款保险制度的萌芽

清华大学社会科学学院　高淑娟[1]
北京工商大学　谢雪燕[2]

当经济全球化成为不可逆转的历史潮流，随着商品和资本的跨国流动，金融自由化也在加快发展。某一国之内出现危机，很容易在较短的时间内波及其他国家，甚至可能演变成为全球性的危机。金融安全问题成为世界各国关注的焦点。为了应对危机，许多国家纷纷加强了包括审慎监管、最后贷款人、存款保险制度在内的金融安全网的建设。

我国目前尚未建立明确的、有法可依的存款保险制度。随着市场化改革的推进，隐性存款保险制度弊端逐渐显露，因此需要建立显性的存款保险制度取而代之。作为借鉴，考察美国现代存款保险制度的发展过程时，发现 1934 年美国在全球首先建立存款保险制度之前，1829 年纽约州就出现了存款保险制度的萌芽，而萌芽的雏形竟是中国清朝广州十三行的保商制度。

一

存款保险制度（Deposit Insurance System）是一种金融保

---

① 高淑娟，清华大学社会科学学院经济学教授、博导。

② 谢雪燕，经济学博士，北京工商大学教师。

障制度，是指存款性金融机构集中起来建立一个保险机构，投保机构按照存款的一定比例向保险机构缴纳保费，当投保机构面临财务困难或者宣布破产时，保险机构向其提供救助或者直接向存款人赔付全部或者部分存款的一种制度安排。

存款保险制度最早萌芽于美国的纽约州。美国建国初期，大部分商品交易都以硬币特别是西班牙比索为媒介，只有几家私人银行。第一任财政部长亚历山大·汉密尔顿为这一新生的国家规划了最初的财政、货币、商业以及银行体系，他所作的《国家银行的报告》主张联邦政府应该特许且部分出资建立一个国家银行，类似于英格兰银行。美利坚第一银行的业务始于1791年，初始资本1000万美元，1/5的资金由政府提供，其余由私人部门提供。该银行在全美国设立分支机构。营业执照是20年期限。1811年执照到期，没有续约成功而被迫解散。1812年战争中联邦政府的财政赤字催生了建立第二银行的需求，并于1817年正式建立了美利坚第二银行①，1837年合约到期，由于遭到包括杰克逊总统在内的多方势力的反对，第二银行因而停业。②

这一时期可以说是美国国家金融及银行体系的初步建立，但银行监管权力还分散于各州。1811年到1816年，州政府批准银行的数量迅速增加，从117家上升到232家。③

1829年，为了维护银行业的稳定，纽约州就率先引入了存款保险制度。制度的设计者——Joshua Forman是一位锡拉库扎

---

① 建立美利坚第二银行的法案于1816年4月10日由总统签署，1817年成立。初始资本3500万美元，政府提供1/5。可自行设立分支机构，发行银行券，银行券用硬币赎回，并可用于缴税。营业执照的期限为20年。

② 杰克逊总统对银行的攻击一直是经济学家争论的问题，一些权威专家认为杰克逊总统的偏见是边疆居民对金融复杂性缺乏了解以及个人经历的产物。

③ 斯坦利·L. 恩格尔曼，罗伯特·E. 高尔曼：《剑桥美国经济史（第二卷）：漫长的19世纪》，高德步、王钰总校译，中国人民大学出版社2008年版，第454页。

(Syracuse，意大利东部海港城市）商人，其灵感来源于清朝广州洋行（十三行）的保商制度。

保商制度通过行商间的无限共同担保赢得了政府和外商的双重信任，因此获得了极大的成功。“安全基金”的倡导者佛门(Joshua Forman）给纽约州长的信里写道：让银行对彼此而言变得可以信赖的适当性，可以从广州的行商身上看出来。在那里，一群各自行动的人，在政府的允准下拥有与外国人交易的排他性权利，同时在彼此生意失败时，对彼此的债务是可依赖的……这个抽象的公平原则已经经过了70年的现实考验，而在其下行商的连带已经获得了全世界的信任，没有任何安全措施可以超越它。将这个原则调整并使其适应我们共和体制的温和特质，就成了这个系统的基础。①

因此，依照“债务共担”这一思想，佛门设计了存款保险计划，主要包括三个部分：设立保险基金，所有银行都要向基金缴纳保费；设立理事会，拥有监督银行的权力；为银行资本指定一个具体的投资列表，来降低银行投资的风险。值得注意的是，这一存款保险制度通过设立基金来实现共同担保，体系内银行间的责任是有限的，与保商制度的无限共同责任存在差别。

纽约州率先效仿“十三行”的保商制度建立了“安全基金”(Safety Fund)，紧随其后，佛蒙特州、密歇根州、印第安纳州、俄亥俄州和爱荷华州先后建立了存款保险制度，被学术界视为存款保险制度的首轮实验。各州建立存款保险制度的目的基本相同：一是，防止银行倒闭给整个社会所带来的流动性冲击；二是，保护单个存款人的利益，相比而言，前者是更主要的原因。②

---

① 包乐史：《看得见的城市：东亚三商港的盛衰浮沉录》，赖钰匀、彭昉译，浙江大学出版社2010年版，第61—62页。

② CarterH. Golembe. The Deposit Insurance Legislation of 1933：An ExaminationofIts Antecedentsandits Purposes. Political Science Quarterly，1960，75（2）：189.

值得注意的是，纽约州、费蒙特州和密歇根州建立的存款保险制度与印第安纳州、俄亥俄州和爱荷华州建立的存款保险制度存在很大不同，后一种存款保险制度与“十三行”保商制度更为相似，而该制度被历史证明是非常成功的。

1837年以后，各州获得了对银行的监管权力，开启了美国历史上的自由银行时代。当时法律规定，任何一个能筹集到一定最小额度资本金的人，就能开办一家银行，不需要取得立法机构颁发的执照。不过，银行的自由是受到限制的，因为任何银行发行的银行券必须有政府债券作为支持，通常但不总是银行所在州发行的债券。

美国内战之后，建立统一货币的信念得到了普遍的认同，由此带来了银行体系的重要改组。根据财政大臣萨蒙·蔡斯的建议，1863年通过了《国民银行法》，并且对州立银行发行的银行券征收禁止税，其初衷是希望州立银行快速转变为国民银行。但是，在政策制定者的意料之外，随着储蓄银行重要性的上升，州立银行核心部分保留了下来，而且发展壮大成为美国银行体系的重要组成部分。由此，美国进入了双重银行体制时代，并且延续至今。

在这个过程中，金融危机频繁出现，4次主要的危机分别发生在1837年、1857年、1873年、1893年。大量的银行在危机中倒闭，存款人遭受巨大的损失。金融危机影响经济全局的同时，影响了金融管制结构的变化，一些州为了增强本州范围内银行系统的稳定性尝试建立了存款保险制度。

银行业作为金融体系最重要的组成部分，具有吸收存款、发放贷款、办理结算等中介性功能。同时，银行业又是负债经营的高风险行业，存款合约的不稳定性使其容易遭受挤兑。为此，不少国家通过建立存款保险制度来增强存款人对银行体系的信心，维护金融稳定。存款保险制度在19世纪的美国出现并演变为现代存款保险制度，具有客观必然性。作为一项经济政策性保险制度，它可以有效地防止银行挤兑扩散而引发系统性危机，保护存款及小额存款人的利益，保护小银行的利益，维护银行业的公平竞争等。更重要的是，通常而言，一国的金融安全网主要由三部分构成：审慎监管、最后贷款人、存款保险制度。存款保险制度作为金融安全网的重要组成部分，拥有银行的监管以及银行破产处理两项主要职能，对于事前预防银行危机的出现，事后防止危机的扩散起到了重要作用。

二

中国广州“十三行”的保商制度，与其在清朝对外贸易中的特殊地位分不开。

作为中国封建社会肩负对外贸易重任和握有大权的洋行商人行帮，清代十三行起于康熙年间四口通商之时。广州为洋船的集中地，为了加强对外商的管理，开海禁后的第二年设立粤海关监督。荷兰、英国等西方各国前来贸易，岁有定额，以“牙行主之，曰十三行”①。而其名称由来因“沿明之习，命曰十三行”②。如彭泽益20世纪50年代所说：十三行是随着洋货行产生而出现的一个因习俗而特有的命名，以区别其他行口并作为一个洋行商人行帮的统称。③

康熙二十五年（1686）开始从原来的牙行中分设“洋货行”，后来改称“外洋行”，简称“洋行”，“专办外洋各国夷人载货来粤发卖输课诸务”④。康熙五十七年（1718）闽浙总督觉罗满保奏请采取六条措施“以除海洋大弊”，其中就有“客商现之保家、商船水手责之船户或货主，渔船水手责之澳甲同舟宗，各取保结，限定人数，也许盘查。并严禁渔船不许装载货物，

---

① 张汝霖、邱光任：《澳门记略·官守篇》上。

② 《粤海关志》卷二十五，第1页。

③ 彭泽益：《清代广东洋行制度的起源》，《历史研究》1957年第1期。

④ 《粤海关志》卷二十五，第10页。

接渡人口”①。但此时的保商还只限于华商自保。康熙五十九年（1720）16家势力最大的行商订立公行行规，垄断对外贸易。十三行进一步发展成一种共同组织——公行。

中国十三行的地位致使它既代官府处理外贸政务，代表中国政府管理着外商，另一方面又是外商对中国政府的代言人，成了中国地方政府与外商间的中介人，有时竟处于受夹板气的位置。这一点恰恰折射出中日两国政府对外贸管理手段的根本不同。最为典型的就是十三行为外商作保。因为外国商人在广州的居留行为和一切中外交涉，均须由行商监督和经办，外国商人在居留地的活动，也由行商负责照管和监督，若有违禁行为或不轨行为时，行商要负责任。例如那些在中国境内的外国人，把兵船开进虎门以内，行商、通事和买办这些并没有参与其事的人也要获罪，甚至下狱。外商犯罪要株连中国保商。

乾隆十年（1745），十三行在原有的行商制度基础上建立了保商制，最终形成了一个以官制商、以商制夷的贸易管理体制。在通商四口中洋船最为集中之地广州，清廷在原有的行商制度上建立了保商制——即用类似保甲的方法，行与行互保，同行倒闭歇业，公行有义务分摊还清其债务；同时行商又保夷商，夷商生事则由保商负连带责任。② 逐层担保的结果，把对外贸易的垄断商人联成一个层层相制、利害与共的整体，负责收缴税捐、保证外商和船员循规守法不得生事。十三行既代官府处理外贸政务，代表中国政府管理着外商，另一方面又是外商对中国政府的代言人，成了中国地方政府与外商间的中介人，有时竟处于受夹板气的位置。因为外国商人在广州的居留行为和一切中外交涉，均须由行商监督和经办，外国商人在居留地的活动，也由行商负责照管和监督，若有违禁行为或不轨行为时，行商要负责任。例如那些在中国境内的外国人，把兵船开进虎

① 《圣祖实录》卷二百七十七。

② 《清代外交史料》嘉庆朝一，第5页。

门以内，行商、通事和买办这些并没有参与其事的人也要获罪，甚至下狱。外商犯罪要株连中国保商。

乾隆二十五年（1760），潘振成等九家行商又呈请设立公行（亦名官行），专门办理西洋货税，成为中国地方政府与西洋商人间的中介人，负责经销洋商进口货物，替洋商购置货物，并代扣进出口税。《粤海关志》载云："洋商立公行，专办夷船货税，谓之外洋行；别设本港行，专管暹罗贡使，及贸易纳饷之事；又改海南行为福潮行，输报本省潮州及福建民人诸货税，是为外洋行与本港、福潮分办之始。"① 将对外贸易、朝贡贸易和国内商人诸事务分别开来，十三行专对洋商的性质更加突出了，尤其是公行被授权作为政府征税机关，权力遂更增强。

具体分析其亦官亦商的双重职责，有如下特征：

行商需有一定的资格认证。并不是什么人都可以充任保商，"凡粤东洋商，承保税饷，责成管关监督于各行商中，择其身家殷实，居心诚笃者，选派一二人，令其总办洋行事务，并将所选总商名姓报部备查"②。"身家殷实"还需有一定手续和其他条件，"嗣后如有身家殷实之人愿充洋货行者，或呈明地方官承充，或改换招牌，各具呈认明给帖"③。并须交纳数目可观的一笔费用。"公行是对外贸易的'榨乳器'，榨尽它所有榨取的一切，但是对于这项特权，他们要付出很大的代价。请准加入行会，就要付出 20 万两银子"④，而特权商人的代价是有回报的，因而也极有吸引力。

代官府处理外贸政务。行商受官府委托，"外洋行专办外洋各国夷人载货来粤发卖输课诸务"⑤，有权处理涉外贸易的政务。

---

① 《粤海关志》卷二十五，第 1—2 页。

② 《粤海关志》卷二十五，第 2 页。

③ 李士祯：《抚粤政略》卷 6，第 55 页。

④ 马士著，张汇文等：《中华帝国对外关系史》第一卷，生活·读书·新知三联书店 1957 年版，第 97—98 页。

⑤ 《粤海关志》卷二十五，第 10 页。

其中，外商来华贸易，并不直接向粤海关纳税，而是一律由行商代收代纳。“凡外洋夷船到粤海关，进口货物应纳税银，督令受货洋行商人，于夷船回帆时输纳，至外洋夷船出口货物，应纳税银，洋行保商为夷商代置货物时，随货扣清，先行定纳。”①就是说，“外商来华贸易应交纳的船钞货税由其经手”的“承保税饷”②，外洋贩来货物及出海贸易货物，分为行税报单，皆投洋货行，候出海时洋商自赴关部纳税。马士也肯定地说：“从我们所有关于官吏们在对外贸易上实施的积极控制的证据看来，纵使它不是一个官方机构，无疑它也是有官方支持的。”③

代官府办理对外交涉事宜。由于洋人不准与官府直接交往，洋人如果向当地官衙呈递禀贴必须由行商转呈，同时，官府的一切命令、文书也都由行商转达。管理外商和涉外的责任落到了行商身上，十三行成了外商与中国政府之间的中介，担负着商业和外交双重使命。

为外商行为作保。“保充者务求核实，而走私漏税诸弊亦责有攸归，以裕课饷而杜奸私。”④ 外国商人在广州的居留行为和一切中外交涉，均须由行商监督和经办，他们不但要担保外国人不漏税走私，且要担保外国人安分守己。这实在是件苦差。中国封建政府将对外商的管理转嫁于行商身上，而放松了对外商的实际限制。这是与对华侨的政策相对应的。既然华侨是天朝弃民，流落他国不思祖宗，我便不去照管。按照这个逻辑，外国商人到了中国，也犯不着中国政府去管涉，由商人之间互保即可，外商有过失宁肯惩罚保商。就是说，外商犯罪株连中国保商，那些在中国境内的外国人如果有不轨行为，如把兵船开进虎门以内等，行商、通事和买办这些没有参与其事的人也

---

① 《粤海关志》卷二十五，第2页。

② 《粤海关志》卷二十五，第2页。

③ 马士著，张汇文等译：《中华帝国对外关系史》第一卷，生活·读书·新知三联书店1957年版，第74页。

④ 《粤海关志》卷二十五，第24页。

要获罪，甚至下狱。洪任辉事件发生后，清政府虽然部分满足了外商的要求，但也加重了对外商的疑虑，并认为事件的根源是内地“奸民”教唆引诱，行商、通事不加管束稽查的结果，以后更要严管国人。

建立公行基金，行使保商作用。“他们单独负责对外贸易的管理，保证对政府法令的服从，并作为政府与外商间联络的唯一中间人。他们也负责管理‘公所’（公行）基金，这项基金是由对外贸易上直接征收百分之三的金额取得了的，用作清偿拖欠、罚款、亏折等任何方面的债务。”① 也有人认为，保商制度是一种涉外的商业制度，是将保甲制度的成规施诸公行。

马士指出，当时有一种进口方式已经慢慢出现了，它既不受注意也不被征税，这便是资本的进口。利率在中国一般都很高：月息五分是人人知道的事，临时放款的二三分月息是普通的，即使在往来账上有最可靠的保证，利率也不下于月息一分。受着这些利率的吸引，金钱自由地流入，特别是从印度方面流入，用来贷放给广州的商人。“1782 年，许多广州商人已对外商负了很重的债，数目高达3 808 075元，他们面临着无法偿债的困难。对于财务信用，中国人是极其注意的，为了挽回信用，总是多方设法；因此皇帝立刻颁了一道上谕，责令他们立即偿还债款，并禁止将来再有这类债务的拖欠。对外商的这种恩施的直接结果便是一个先是‘十二’后是‘十三行商人’或‘洋商’的团体的特许成立，这个团体通常仍是用公行这旧名称来称呼。”② 马士所讲的“公行基金”，带有利用外贸 3%税金偿还外资的性质。但马士书中所说的时间是 1782 年，时间上似可再考。外资贪图中国的高利从印度等地流入，中国广州商人大量

---

① 马士著，张汇文等译：《中华帝国对外关系史》第一卷，生活·读书·新知三联书店 1957 年版，第 78 页。

② 马士著，张汇文等译：《中华帝国对外关系史》第一卷，生活·读书·新知三联书店 1957 年版，第 77—78 页。

借贷却无法偿还，对此也由十三行负责解决。

外商对当时的十三行管理大体上还满意，如马士所说："公行制度，虽然是垄断性质，却是大体上运行起来很少有障碍的一种制度。外商们都享有实际的垄断……握有英国贸易垄断权的东印度公司，在这些年份中，却是单单靠了他们对华贸易中的利润来支付他们股票的利息。"① 外商"缴付进出口货税则由和他们交易的中国商人负责。他们乐意接受这种与他们时代经济学原理符合的免除关税转嫁的办法"，"中国商人负责缴付进出口税：这个办法是中国政府今后 150 年处理对外贸易的主要特点"。②

三

清代广州洋行（十三行）实行所谓"保商"制度，由官方指定的行商垄断对外贸易，但行商必须承担约束外商、保证关税上缴等责任，同时，行商之间负有连带责任，假如一行倒闭，全体行商都要共同分担其债务，包括对外商的债务。③ 荷兰汉学家包乐史指出，这种债权担保制度，直接成为 1829 年纽约设立"安全基金"的样板。

这一时期，纽约州、佛蒙特州、密歇根州实行的是不允许开设分支机构的单一银行体制，而印第安纳州、俄亥俄州和爱荷华州实行的是分支银行制。两种不同的银行体制下所建立的存款保险制度其设计特征存在很大的差异，比较起来，后者的

---

① 马士著，张汇文等译：《中华帝国对外关系史》第一卷，生活·读书·新知三联书店 1957 年版，第 96 页。

② 马士著，区宗华译：《东印度公司对华贸易编年史》第一卷，中山大学出版社 1991 年版，第 80 页。

③ "在支付能力方面而言：各商应连带担负对于外人债务及政府课税之职责；对于各国船只应纳之税额，固须负连带支付之责任，即船员水手之犯罪案件，亦须负责。"参见梁嘉彬《广东十三行考》，广东人民出版社 1999 年版，第 144 页。

设计相对较为合理。

第一，保费征收的基础更加合理。存款保险主要针对的是银行负债，因此，根据银行负债的规模（银行券）征收保费显然更加合理。

第二，对存款人的赔付更加及时。存款人是否能得到及时赔付直接关系到存款人对存款保险制度的信任度，是衡量制度有效性的重要标准。

第三，最小化保险基金的风险。银行董事会被赋予广泛的监管权力，能够及时发现、纠正投保银行所出现的风险，从而减少了保险基金的损失。进一步，后者之所以能被更加合理地设计与存款保险制度发起者和管理者是银行家有关，因为与政府相比，银行家对银行业本身更为了解。

历史也印证了这一点。政府管理下的存款保险制度因为无法控制投保银行的道德风险而解散，而行业自律下（银行家组成的董事会管理）的存款保险制度由于投保银行彼此间有效的监督而获得了极大的成功。

不过，设计完善的存款保险制度能发挥稳定金融体系的作用，如果设计不合理，反而会增加金融体系的风险，尤其是道德风险。现代存款保险制度之所以会激励银行的道德风险主要有以下原因：

其一，存款人市场约束的削弱激励了银行的道德风险。客观上讲，银行挤兑是对银行最好的约束。存款保险制度消除银行挤兑的同时，也削弱了银行的市场约束，其结果是银行的资本充足率降低了而风险水平提高了。

其二，监管者的监管宽容激励了银行的道德风险。无论是国会还是监管机构的官员，追求的只是在短暂任期之内不要有损失出现，同时，在宽容的监管环境中，那些资不抵债、暂时没有倒闭银行的冒险行为也是经济人理性的选择。

其三，不合理的存款保险定价为银行的冒险经营提供了补贴。存款保险机构为银行的存款提供担保，从功能上看类似于银行购买了一个以银行全部资产为标的物的看跌期权．而期权费是银行上缴的保费。在这一合约中，购买方银行和出让方存款保险机构的权利和义务是不对等的。定价不合理的存款保险制度为银行的冒险经营提供了补贴，而且银行的资产风险越大，获得的补贴越多。对不同风险状况的银行征收相同的保费，意味着用经营状况良好的银行缴纳的保费弥补经营不善银行的损失，不公平的交叉补贴损害了整个行业的效率，助长了银行的道德风险。

从中国历史上的“十三行”的存在与发展分析，中国官商不分的社会结构也衍生出许多弊端。主要有以下几点：

(1) 成为国家榨取商民旨膏的机器。国家将自己所应行使的对外国人的治理权交付给十三行，其条件就是经济上的等价交换。“行商的地位，是由付给北京方面一大笔金钱而获得的。有时达到二十万两……但领到准许，他们就可长期享受巨大经济利益。”① 十三行得到了统治阶级的保护，也必须拿出大量钱财报效他们，皇帝和各级官员无不把他们视为肥羊加以勒索。据《两广盐法志》和《两淮盐法志》的记载统计，自乾隆三十八年（1773）至道光十二年（1832）间，广东十三行历次向清政府报效军需、救灾等费用达 395 万两。这可能也是封建中国的一种传统，商人永远是可资利用的对象，当然是在他们有利用价值的时候。十三行的主要义务还有就是作为输导线，把取自对外贸易的正规或非正规收入分配于官吏之间。“公行的行商们自然是惨受敲诈，1771 年已经其中有很多家破产，此外还拖欠了应付给官款项；于是公行被解散。据说这是为了外商们的利益而作的。”② 马士的话有待考证，但可以告诉我们：当时外

---

① 威廉·亨德：《广州番鬼录》，转引自刘鉴唐、张力主编《中英关系系年要录》，第 328 页，四川省社会科学院出版社 1989 年版。

② 马士著，张汇文等译：《中华帝国对外关系史》第一卷，第 77 页，生活·读书·新知三联书店 1957 年版。

商是如何看待中国十三行的。

（2）助长了社会奢靡之风。洋商赚取的巨额利润并没有转投于工农业生产，绝大部分在非生产领域，甚至毫无意义地消耗掉了。中国自古抑商，也不乏大商人，但由商业资本转为产业资本的渠道不畅，由商业资本家而转为产业资本家者更属凤毛麟角。他们依靠封建特权的官商身份而起家，积累起来的财富，一个重要去向就是兼并土地。两千年来中国商人，“与时俯仰，获其赢利，经末致财，用本守之”① 的传统方式使地主经济锦上添花。国内封建商品经济的高度发达未能跳出“三位一体”的怪圈，外贸利润的注入愈发加剧了这种恶性循环的速度和力度。中国的外贸商人，在摇摆不定、朝令夕改的政策环境下，更是抱着赚一把是一把的短期行为心理，所得盈余除用于贿赂官员买路、捐官、置土地外，也多用于个人奢侈性消费。雍正皇帝曾指斥各省盐商“衣服屋宇，穷极华靡；饮食器具，备求工巧；俳优妓乐，恒舞酣歌；宴会嬉游，殆无虚日；金钱珠贝，视为泥沙”②。

（3）阻碍了对外贸易的正常发展。十三行的特殊政治地位和经济作用，一方面扩大了它的权限，将经济职能扩展到政治外交域，另一方面必然会减弱其在主业领域中应发挥的作用。随着封建社会对外贸易的发展，官商十三行的地位也逐渐发生了明显的变化。主要表现在：

一是关于贸易资金的周转，行商拖欠外国商人的款项，逐渐成为经常和普遍的现象。行商一旦债务缠身，就失去了自由支配盈利之权（盈利必须用于偿还债款），也失去了独立经营的关键部位。

二是关于商品价格的规定，进入十九世纪以后，出口价格控制权落入外商之手。

---

① 《史记·货殖列传》。

② 《清世宗实录》卷一〇。

三是关于贸易份额的分配。原来是行商在进出口方面买多少、卖多少自己有分拨之权，其后倒过来，仰给于东印度公司大班的分拨。不少行商是大班多分拨给一点份额，他就可以多维持一段时间，一旦停止分拨，他就立刻陷于窘境。为了保证他们的份额，行商反过来不惜在商品上屈从于外国商人。

这些变化，标志着贸易支配权的更迭。“随着时间的推移，这个独立的、负责监督外国商人的行商，却逐渐和外商沆瀣一气，甚至下降到外国商人代理人的附庸地位。”①

行商等制度的不完善，尤其是后来英国政府在印度实行了鸦片垄断，清海关的弊端更加暴露无遗。“天朝的立法者以违禁者所施行的严厉惩罚以及中国海关所颁布的严格禁令，结果都毫不起作用。中国人的道义抵制的直接后果就是，帝国当局、海关人员和所有的官吏都被英国人弄得道德堕落。”②

按中国的传统观念，夷商不过是藩属子民，应一体奉中华天子为共主，接受中国治权，将国内保甲制度向外延伸为保商制度，而且被视为理所当然，无所谓内外之别。所以，十三行极有特色地体现了中国“崇本抑末”的一贯态度。

尽管十三行愈来愈受制于外商，外商还是认为这种管理体制与他们要求的所谓自由贸易相差太远。外商的愤懑主要是“（1）加在贸易上的重税；（2）公行的垄断制度；（3）从中国商人们收取到期债款的不可靠性；（4）管理商馆生活规章的严格和不许全年留住广州的禁令；（5）其中最重要的，是除非通过外商们所仅能发生业务关系的公行行员，不许向任何官吏陈述的禁令”③。

---

① 汪敬虞：《19世纪西方资本主义对中国的经济侵略》，人民出版社1983年版，第33—42页。

② 马克思：《鸦片贸易史》，《马克思恩格斯选集》第一卷，人民出版社1995年版，第716页。

③ 马士著，张汇文等译：《中华帝国对外关系史》第一卷，生活·读书·新知三联书店1957年版，第98—99页。

中国的十三行从清初开海禁兴对外贸易起，发展到后期，弊窦丛生，其管理对外贸易的积极作用丧失殆尽，鸦片战争中英《南京条约》签订后遂被取消。

财政转变、金融革命与经济现代化

上海财经大学经济学院　燕红忠

对于经济现代化的早期研究主要集中在工业和技术层面，认为现代化即工业化。之后的研究大多认为现代化就是资本主义化或市场化，从马克思、熊彼特到后来的大多数学者都强调了资本制度和资本积累。希克斯（1969）、海尔布罗纳和米尔博格（2007）等人则认为，现代经济的形成是一个长期“市场渗透”的过程，而工业革命则是现代资本主义形成中的一个“伟大转折”。诺思（1981）强调了产权和制度变迁，认为工业革命不过是一个现代经济的加速发展进程。吴承明也明确提出现代化即市场化的观点，认为现代化在经济上主要表现为市场化，在思想文化上则表现为理性化。虽然以资本主义化或市场化为导向的研究视角，已经在很大程度上推进了对历史时期的生产能力、生产率、技术水平和生活水平等问题的深入，但也存在一些不足。首先，市场发育和渗透是一个漫长而复杂的变迁过程，一些国家和地区在很早的历史时期就曾出现过高度发达的市场，但其经济现代化到目前仍然远远没有实现。其次，缺乏比较直观、有效的衡量市场发展程度的基本指标。在近代，我们可以使用有关商品经济发展（商品交易量、商人和商业组织等）、资本积累等各项指标来反映市场化，而现代新兴市场经济体都在进行市场化改革和发展，于是人们有时不得不使用“好的市场经济”和“坏的市场经济”进行区别。最后，在许多研究领域取得进展的同时，对于传统的财政、税收及其制度的探讨却有所弱化，从经济史角度对政府行为、金融等长期经济发展问题的研究也有所不足。本文认为，经济现代化也表现为一个货币化的过程，可以通过政府财政行为的转变和金融发展来观测经济现代化的进程。

一、现代金融体系的构建与经济现代化

金融发展与经济增长之间的因果关系已经被许多理论和经验研究所证实，高收入水平支持金融系统的充分发展，而金融系统的充分发展又反过来为经济的进一步增长提供了前景。戈德史密斯（1969）开创性的研究利用35个国家和地区的长期数据探讨了金融结构和金融系统随经济发展而演变的轨迹，表明随着经济的扩张首先是银行业的大发展，继而是非银行金融中介和股票市场相对于银行业的更快增长。肯特和莱文（2001）搜集了近150个国家和地区20世纪八九十年代的数据建立了金融系统数据库进行研究，发现随着国家和地区变得更加富有，银行、其他金融中介和股票市场都变得更大、更活跃、更有效，金融中介的发展更快。在收入更高的国家和地区，与银行相比，股票市场更加活跃和有效，金融系统往往越趋向于市场导向。按照林毅夫的观点，经济发展过程中存在最优金融结构。反过来而言，金融结构的优化和提升反映了经济的发展阶段，即便存在着金融扭曲的问题。这些成果对于我们的历史研究非常有启发意义，它表明金融发展程度可以很大程度上区分经济发展的阶段，而各项衡量金融发展的指标也可以作为观测经济现代化的综合指标来加以使用。

衡量整体金融扩张和发展水平的指标有金融相关比率，流动负债与GDP的比率，金融总规模即商业银行资本加股票市场资本与GDP的比率等。金融相关比率即某一时点上现存金融资产总额（以市场价值计算并含有重复计算部分）与全部实物资产（即国民财富）的价值之比，在经济发展进程中，金融相关

比率均有提高的趋势。但除在战争时期或高通货膨胀时期，可能会使金融相关比率暂时提高之外，已经现代化国家的金融相关比率将会保持稳定，其数值大体上会保持在1—1.5之间。金融中介的流动负债（通常用广义货币M3或M2来衡量）与GDP的比值是一个金融深度指标，它代表了相对于经济活动的正规金融中介部门的规模以及动员储蓄资源的能力。金融总规模则是从数量上（而非结构）来大体反映金融资源是否能够满足实际经济的需求。此外还有各种衡量一定时期或时点上金融机构或金融市场发展的规模、活跃度和效率指标，诸如金融机构的发行比率、非金融机构的发行比率、银行资产与GDP的比率、股票市场交易值与GDP的比率、资本市场总值与GDP的比率等。而金融发行的收入弹性则是一个衡量金融机构或非金融机构与实体经济增长相对速度的指标。

商品经济、商业信用的发展是金融中介孕育的开端，但公共信用的建立才是金融革命的关键所在，以使金融市场从政府财政中独立出来，并避免遭受政治权力的直接干扰。金融革命使得现代金融体系逐渐成长起来，成为经济运行的基础。而政治权力则得到有效制约，调配各种资源的财政体系转变为经济运行中的一个职能部门——公共财政，主要服务于公共物品和准公共物品的生产与消费，而财政政策对经济的调节机制也是通过金融市场来进行实现。正如金融史专家金德尔伯格所强调，金融革命首先是指财政体制的大变革，它不仅包括征税权力和赋税种类方面的变化，而且也包括财政收支机构与债务管理方面的变革。政府财政状况的公开与透明，及债务市场的形成，不仅大大加强了近代民族国家的综合国力，推动了铁路、公路等基础设施的建设，而且通过金融市场将政府财政与私人金融连为一体。

本文接下来首先对政府财政转变和金融革命进行分析，探讨税收效应和公共信用在现代金融发展中的基础作用。进而实证研究近现代时期中国和世界其他国家的金融发展与经济现代化之间的内在关系。

二、税收权力、效应及其影响

相对于赋税总量或人均赋税负担而言，税收权力和赋税的边际效应对于投资、金融发展和经济现代化进程的影响更为重要。对税收权力和对于政府权力的限制是一致的。英国是世界上最早进行金融革命和工业革命的国家，其税收变革和国家信用的建立机制也非常典型。1215 年的《自由大宪章》确立了“王在法下”“王在议会中”的原则，开始了对王权和税收权力的限制。1258 年“牛津条例”和 1302 年的赋税改革废除了各项不合理税收，同时固定了税率和税额，规定城市和乡村分开征收。由于提高税率和开征新税均属违法，为了提高税额，英国政府只能采取鼓励工商业、贸易和农业的发展政策，从而使其税收结构逐渐由农业税、人头税向工商税和财产税转变。与此相适应的是，新兴工商业者逐渐成长，对社会政治的影响逐渐增强，而贵族阶级的政治权力则随着经济财富的丧失而逐渐减弱。随着这一进程，征税权力也由原来的包税制和派税制逐渐转至中央政府和议会，公开、透明并受民众监督的税收管理体系也逐渐形成。对税收权力的限制和税收体系的变革为英国金融由传统向现代的转变以及公共信用的建立奠定了坚实的基础。

在中国，没有制约的税收权力，赋税负担不均衡或者说不公平历来是税收制度的主要问题。它不仅对社会再生产造成了破坏，而且也抑制了金融市场的发展。在历朝的开国之初，鉴于前代灭亡的教训，每个王朝都会不同程度地推行“轻徭薄赋”的政策，以休养生息、恢复生产。一旦出现危机，当财政收入入不敷出之时，又会千方百计地加徭增税，而很少会考虑向民间进行借贷来弥补财政补足。在中国古代，国家赋税的总趋势是在不断加重，就王朝的正常时期而言，实际赋税率一直维持在 30%以上的高水平，到王朝中晚期，则常有逼近地租率（即

50%）的趋势。除动乱和改朝换代时期，中国传统社会的财政是高度中央集权的，地方没有任何独立的财政权。地方通常通过在正税之外的层层加征、浮收来维持行政的运转，并改善官员、胥吏的收入。中央政府为获取更多的收入，往往通过税收改革将这些加征性税收合法化，并收归中央，唐代的两税法、明代的“一条鞭”法、清代的“摊丁入地”都具有这种性质。然而，一旦这些附加性、临时性、地方性的课税合法化，新的追加性课税又会出现。在18、19世纪，各种非正规财政收入，至少不低于户部银库的法定收入。在甲午战争前十年间，报往户部的全国的税收每年为7000万—7900万两，而地方官的非正规收入大体上也相当于政府正规收入，再加上候补官、幕友、胥吏、衙役等人员的收入，总体大约达到了户部正规财政的两倍，这还不包括各级官吏之间的“规礼”“赠送”等收入。随着财政的货币化趋势，与货币兑换相关的火耗、平余等都是附加征收的正常名目，在18世纪，这两项在地丁税中的平均附加率均为12%左右。1933年，各省平均的田赋附加税率为27%，最高的省份浙江则高达76%。晚清民国时期，中央权威的下降、军阀割据，造成了中央和地方对税收的激烈争夺，使得各种名目的苛捐杂税极度泛滥。这些“竭泽而渔”的苛捐杂税的征收，极大地“病商扰民”，对社会经济造成了很大的破坏。另一方面，在中国历史上通常是愈富者纳税愈低，赋税负担极度不均衡。大土地所有者和豪绅阶层常常可以借助特权和“制度漏洞”来成功规避赋税，或者通过提高地租等手段向小生产者转嫁税负。正如1936年的《大公报》所评论，“输捐纳税，乃国民应尽之义务。中国人，则有以不纳捐税，为有面子者。富家豪族，以免富免捐为当然。愈有力者，愈享免税之特权；而贫困民众，负担益愈重，此为自古至今，至不公平之事。近者各省，多在整理田赋，追查积欠。但富家豪族，如仍享此特权……”由于大量的土地和财产并不在国家的赋税控制之内，赋税不均直接导致国家的财源短缺，而财源枯竭又会通过各种名目增税，这反过来又进一步增加了农民和小生产者的负担。

税收直接影响着人们的剩余和再生产，没有储蓄和生产性投资的需求，也就意味着没有发展金融的激励。正如诺思所说："已确立的所有权的类型，乃是每个民族国家发展的特殊道路的产物。政府和它的国民在扩大国家的税收权方面的相互作用特别重要。我们已经看到，每个新兴的民族国家都极欲得到更多的岁入。达到这一目的采用的方法对国家的经济是至关紧要的，因为在每种情况下都含有对所有权的改变。"在专制政体下，不公平的征税和对财产的强制没收，不仅抑制了征税部门的生产活动，而且也使得资本市场难于形成与发展。统治者总是倾向于从那些容易征税的部门获得收入，而民众则会尽力将资源投向既不容易衡量，也不容易征收的部门。结果使得一些部门的税率很高，而另一些部门则较低，加之税赋的转移机制，最终使得整个经济中的生产性活动受到抑制。对财产的没收或强制征用使得所有权难以保证，人们不得不将其财富尽快消费掉或者窖藏起来，并倾向于进行短线交易，或者购置土地、房产等相对安全的资产。从而直接抑制了金融的发展，使投资量大、使用期长、折旧率低的固定资本投资和较长时期的契约关系很难形成。霍夫曼和罗森塔尔进一步强调，对发展中经济而言，重要的并不是税收水平，而是税收在边际上的效应。税收对金融市场的影响至关重要，它损害金融市场的代价将由长期投资来偿还。更为重要的是，无限的税收权力使得政府没有建立债务市场的动力，并维持公共信用，从而阻滞了现代金融的发育和成长。

三、债务管理和公共信用

（一）近代英国的公共信贷与金融革命

近代初期，在欧洲民族国家形成过程中，政治扩张、外交特别是战争，都使政府开支猛增，虽然统治者对财政越来越重视，以努力增加财政收入，但经常性收入（王室领地收入、捐税和税收）仍然无法应付不断扩大的政府支出。王室急需钱，而又无法立即从经常性收入中得到，财政危机不断困扰着各国君主和王室。政府解决财政赤字的办法只能是大批拍卖王室土地，向商人、金融家借债以及拒付债务。然而，王室出卖土地或用一个租价极低的长期租约来换取的收入只能解决燃眉之急。弥补收入的另一项办法是通过出售“年金”或以税赋为抵押进行贷款。虽然年金、政府期票、债券的流通促进了信贷活动和金融市场的发展，但君主的强制性借贷、赖债或延期还款常常引发信用危机。一方面，君主或政府通过监禁或胁迫的方式向商人、银行家借款，流放商人或直接没收贷款人的财产。另一方面，为了摆脱其大笔债务，往往凭借政治权力摧毁其与银行家、商人甚至公众的债务契约，以避免偿还债务。结果使“主要的英国商人都害怕与国王进行更密切的交易。商人们也灰心地认识到，通过向国王贷款而公开的牟利既不受欢迎又不得人心；当一个商人的利用价值消失后，他就很容易遭到国王的起诉”。君主的声誉不好，其贷款途径受阻，即使勉强获得贷款，也会付出极高的代价。由于政府的大多数借款期限很短，而利息又很高，因此债务负担和违约的可能性进一步增加。

公共信用之所以不如商人信用可靠，主要在于这些借款不但无法得到有效监督，其用途可以随意改变，而且对君主或政府的财产很难强制执行，因为债权人很难在君主自己的法庭里起诉违约或赖债的君主。在私人之间的借贷中，如果债务人无法偿还债务时，债权人可以没收其财产，为了确保债务偿还的可能性，债权人还往往要求债务人有一定的财产或信用担保。在一个活跃的商业经济中，商人之间的长期交易，能够比较了解彼此的营业状况和信用程度，因而常常愿意提供利率较低、无须抵押的信贷款项。随着商业圈子的扩大，他们仍然可以通过双方都很熟知的第三方进行信贷担保，或者通过有信用商人的汇票来扩展信用。而商人借款给政府则要面临更大的违约风险，当借贷人无力对君主进行相关制裁，也就意味着信贷的消失。在斯图亚特王朝时代，由于信用不足，其债务很少有超过200万英镑的时候。

金融革命的关键在于公共信用的建立，良好的公共信用能够推动商业信用和金融的发展，反之，低度的公共信用则会将信贷和金融市场限制在一个低水平。1688年的光荣革命和1694年成立的英格兰银行在英国确立了良好的公共信用并引发了金融革命。光荣革命强化了对王权和政府权力的限制，如果君主违反议会法律将会面临废除王位的威胁。财政权力交由代表议会管理，每年的编制由议会审批，国王无权更改财政预算方案。议会也为举债建立法规，王室和政府借款必须经议会同意，其用途不可随意更改，如果君主想改变债务协议条款，必须经由议会重新表决。由于议会的部分代表代表了政府债权人的利益，所以像此前的单方面毁约行为很难再发生，也就是说对君主不履行债务的政治规约，意味着新的财政改革给予了债券持有人的代表在债务重组方面一个否决权，债券持有人比以前获得了更大保护，从而减少了使他们利益受损的可能。在国家决策中起中心角色的议会和一个相对独立的法庭，可以惩罚包括国会和王室在内的任何违反法律决议而对国民私人产权进行任意践踏的行为，形成对政府机关的约束力，增加政府的违约成本。这种机构使得国家掠夺国民财富越来越难，极大地增加了私人资本的安全性。“公债的利息准时偿付。不容违约，债款由议会保证还本，这一切确立了英国的信誉，因而借到的款项之大令欧洲惊诧不已。”

英格兰银行的建立进一步将公共信用和商业信用连为一体，政府与重要的信贷人之间形成了紧密的联盟，使可资利用的财政资源能够最有效地流动。英格兰银行作为财政共同体的首要中介机构和协调者的权威，支撑政府财政的各种制度的交织结果，为一个财政—军事的新国家提供了巨大的效率基础，这一国家能够筹措资金以保证庞大的军事活动。诚如马歇尔所说，我们需要把整个帝国的金融资源至少像军费那样很好地组织起来，为此而采取的一项最重要的步骤是创办英格兰银行。之后，国家借款不是直接面向普通民众而是以英格兰银行为中介，政府税收也日益通过英格兰银行进行流转，无须议会事先授权，银行有权使用这些税收偿还公债。英国国债发行由短期向长期发展，债务利息和负担不断下降，国库券在债务市场上自由流通，银行家、商人和公众自愿认购公债，政府摆脱了债务困扰，也找到了有效的融资市场。认购者不仅为其闲置资金找到了可安全生息的途径，也有助于政府集中社会闲置资金。通过英格兰银行的中介和信用保障，政府纸币的发行也得到极大扩展。“政府发行的纸币既可以连同足值的硬币包括在货币数量总额中，也可以看作是政府的负债——即将在某个时候以硬币偿付的承诺……整个十九世纪，政府发行的钞票上常印有这样的文字‘本钞票是政府流动债务的一部分’，说明其与国库券相类似，尤其是钞票带有利息时，而当时的钞票确实也常带有利息。”公债市场和英格兰银行的发展，促进了乡村银行、股份银行的发展，开启信贷、投资、公共开支相联系的新式金融体系的变革，为工业革命提供了基本的金融条件。

（二）近代中国的政府债务与公共信用

在中国传统社会，皇帝、政府与民众之间根本不存在债权债务关系，表面上来看这是由伦理道德所规定的，但同时也反映了他们之间极端不平等的权力结构。在中国历史上，宋代的钱引、明代的盐引和清代的“生息银两”都具有政府公债和公共信贷的性质，但政府的公共信用并没有发展起来。宋代的“交子”“会子”，元、明时期的“宝钞”，这些纸币的发行和流通完全是由政府财政来保证的，具有财政兑换券的性质。而铜钱投入市场，也完全是通过财政行为进行的。虽然从唐朝开始，历代都有发行纸币的尝试，但由于缺乏良好的公共信用，几乎每次尝试的结果都是灾难性的，纸币一旦发行，便会很快造成严重的通货膨胀，不仅给社会经济造成了严重影响，而且也迫使政府不得不废止纸币的使用。特别是元朝的灭亡，很大程度上就是因为其乱发、滥发纸币。

中国对外借款最早大概发生在鸦片战争之后的几年内，但有明确记载的款项则是从咸丰年间开始的，到甲午战争之后，中国政府的对外借款急剧增加。清政府对内正式借债也开始于甲午战争时期，首次举债为1894年举办的“息借商款”，后又有1898年发行的“昭信股票”和1911年举借的“爱国公债”。这三次举债虽然予以推行，但却远远没有收足预定的数额，而且具有很强的摊派性质和浓厚的捐输、报效色彩。如“爱国公债”实际发行的1160万元中，由清室内帑银购买的就有1016万元，其余也大多为王公贵族、文武官员所认购。从1853—1911年，清代可以确定的外债项目共有208笔，债务总额为13.06亿两。从1912—1926年，北洋政府共举借外债633笔，债务总额15.56亿元；从1927—1949年，国民政府共举借外债108项，债务总额44.97亿元。在内债方面，从1912—1926年共发行公债28种，发行额6.2亿元，同时还用短期国库证券、有奖公债88种，发行额1.03亿元；1927—1936年仅财政部发行的公债共计41种，发行数额共计23.21亿元；1937—1944年财政部又发行公债18种，公债面额法币150亿元，美金3.2亿元。到1927—1936年间，外债在总收入中仅占3.79%，公债则占到了27.3%。政府的债务规模不断扩大，并且对公债的依赖也在不断增强。

1927—1936年间除债款和银行垫款以外的实际收入在总收入中的份额占65%，内外债则占到了32%，即实际收入与内外债合计已经达到了总收入的97%以上，银行垫款、直接发行货币方面的收入尽管也存在，但却非常有限。随着抗战的爆发和财政支出的急剧增长，国民政府的财政收入逐渐由税收、发行公债、举借外债转向了银行垫款与直接的货币发行。这一方面是由于金融市场发育不完善和承债能力有限；另一方面则是由于政府对金融机构的控制和法币改革的完成，为其向银行垫款和发行钞票打开了方便之门。但其根本原因还在于没有制约的政治权力和政府对自身债务的非置信承诺。按照公债票面的发行额并将外币公债包含在内，1937—1945 年间的公债发行额在总收入中所占的比例也仅为 1.23%。如果将官营产业收入、出售官方资产和国外直接援助等其他收入也考虑在内，那么 1937—1945 年间的银行垫款在政府收入中所占的份额也在 75%以上。在 1942 年前的五年间，银行垫款中的很大部分还可以通过储蓄和普通存款来获取，而到 1942 年之后，这部分款项则主要是通过增发钞票来进行弥补。到解放战争时期，增发货币进一步成为国民政府弥补财政赤字的主要手段，它不仅创造了世界经济史上罕见的通货膨胀，而且也直接导致金融市场，乃至整个经济的全面崩溃。

由于公债和借款需要以税收担保，且必须以增加的税收来进行偿本付息。同时，为了筹得款项，许多债息明显偏高，且在实际操作中存在种种弊端。因此，长期以来学术界已经对政府债款给人民所造成的负担进行了严厉批评，许多人甚至对公债发行或外债举借本身持否定态度。即使最近的一些研究成果，也认为民国时期的内债规模偏大，且对私人资本市场造成了很大的“挤出效应”。根据姜良芹对 1927—1936 年间政府债务效应的考察，这一时期的内债依存度平均为 42.9%；内债的偿债率（即当年内债还本付息额与当年财政收入的比率）平均为 41.1%；居民的应债力（即内债余额与居民储蓄存款余额的比率）在 30%—50%之间，储蓄资源的 30%以上被政府内债所吸收；内债负担率（即内债余额与国内生产总值的比率）也明显偏高，包括内外债和赔款在内的债务总费占财政支出的比重，历年度均在 30%以上。认为这一时期内债的发行对国民经济的健康发展和国家的工业化都造成了消极影响。

笔者认为，从短期来看，政府债券的发行似乎是对私人资本造成了“挤出效应”。但从金融市场的发育来看，造成内债应债率、负担率等指标偏高的根本原因在于资金运作机制的不畅与市场信用的欠缺，从而制约了社会储蓄与金融市场的发展。在一个成熟的经济中，债券对经济的影响主要取决于其发行数量是否适度。而在一个近代化的经济中，债券的发行效果及其对经济的影响不仅取决于金融市场的发育状况，而且金融市场的发育也依赖于公债信用及其相关制度的建设。正如马寅初所观察到的，工商界资金缺乏，周转呆滞，“所感缺乏者，为信用筹码，非支付筹码”，而良好的信用则依赖于债信制度的建设，及政府债务市场的“示范”与刺激。例如，在英国光荣革命以前，政府的信贷数额长期被限制在岁入以内，而在光荣革命后的七八年间，债务已经上涨到岁入的 4 倍，1720 年即光荣革命的 30 年后，债务则达到该年岁入的 9 倍，1790 年进一步增至岁入的 15 倍。就近代中国而言，即使在证券市场发育最好的 1927—1936 年间，政府获得的内债与外债之和也仅为税项收入的 56%，不足实际收入的一半。从 19 世纪下半叶开始，当欧美资本主义国家利用公债在国外获得大量款项时，如普法战争后，法国为支付对德赔款发行的两宗梯也尔公债所取得的巨大成功等。中国的对外举债基本上都是直接借款，在海外发行的少量债券，大多也只是寄存在国外，几乎从未成交。

英国的债务从 1720 年以来一直处于不断上涨的趋势，在 1780 年突破 1 亿英镑，第一次世界大战后超过 70 亿英镑，第二次世界大战超出 100 亿英镑，1980 年后增加至 1000 亿英镑以上，2005 年的债务余额为 4730 亿英镑。英国债务在 GDP（国内生产总值）中的比重，最低时为 1910 年的 28%，最高时为 1950 年的 177%，相当于近两年的国内生产总值，历史上英国债务在 GDP 中始终占有一个较高的比例，其债务总量时常超过一年的国内生产总值。在近代中国，除已经偿还部分，1928 年 7 月 1 日国民政府所拖欠的国内外债务总量为 4.75 亿美元，合国币 10.11 亿元；1937 年 7 月 1 日为 1.34 亿美元，合国币 4.19

亿元。这一债务总量在当时GDP中的比例大约分别为3.8%和1.2%。在英美等主要发达资本主义国家，公债占GDP比率的主要峰值反映了为战时支出融资的需要，如在英法七年战争、美国独立战争、拿破仑战争、美国南北战争、第一次世界大战、第二次世界大战等历次战争及战后时期，公债占GDP的比率都会较高，而在和平时期或没有经济衰退的时期，公债占GDP的比率则会逐渐下降。因战争而新发行的大量公债，其大部分是由个人所购买。而在近代中国，政府债券的发行走出了一条相反的路径，在战争年代反而借不到更多的债务。同时，政府公债一开始就主要为国家银行或政府银行所持有，很少能够在社会上进行流通，而广大民众对于政府公债从来就不具有很大的热情。这都是政府债信不良和证券市场发育不完善的必然结果。

因此，公共信用乃是现代金融市场发展成长的基础，正如马克思所强调，“公共信用成了资本的信条。随着国债的产生，不可饶恕的罪恶，已不再是亵渎圣灵，而是破坏国债的信用了”。为了维护信用，“当人们禁止焚杀女巫的时候，却开始绞死伪造银行券者”。近代中国的公共信用和政府债务市场不仅直接决定了金融发展的水平和层次，也决定了经济的近代化进程。

四、金融发展与经济近代化

（一）主要资本主义国家：英、法、德、美、日等

英国是最早进入并完成近代化的国家，英国的工业革命始于18世纪后半期，经济增长率由此前的低于0.5%提高到18世纪末期的1.61%，在19世纪的70年间进一步上升为2.84%。法、德、美三国的工业革命始于19世纪初期，法国在19世纪三四十年代到六七十年代的30年间的增长率达到2.63%，接下来的30年即19世纪六七十年代到世纪末的增长率降为1.57%，后又恢复到2%以上；德国从19世纪50年代到第一次世界大战

前的增长率为 2.92%；美国在 1800—1840 年间的增长率为 5.23%，之后的 20 年进一步提高至 6.02%，从 60 年代到第一次世界大战前也保持在 4%以上。到第一次世界大战前这些国家的金融相关比率已经达到或接近于 1 的水平，并且在此之后基本上保持了稳定（如表 1 所示），说明其经济运行方式的转变和经济近代化进程已经基本完成。英国的工业革命大体上在 19 世纪七八十年代就已经完成，且金融发展更为充分，因此其在 1913 年的金融相关比率相对于法国、德国、美国三个国家也更高一些。日本的工业化开始于 19 世纪 70 年代，到 20 世纪六七十年代才得以完成，这一期间的平均增长率也达到了 4.83%。与此相适应，日本在 1913 年的金融相关比率只有 0.40，到 1963 年则提升至 1.70—1.75，这一数值已经略高于其他主要资本主义国家。在整个 19 世纪，全球的平均增长率大体上仅为 1%左右，许多还没有开始进行近代化的国家始终保持着传统的经济增长，而上述主要资本主义国家则经历了一个高速增长，相继完成了经济的现代化。

表 1　主要资本主义国家的金融相关比率

	1913 年		1963 年	
	计算值	观测值	计算值	观测值
法国	0.79		0.70	0.64
德国	0.88		0.70	0.76
英国	1.30	1.04	1.71	1.72
日本	0.40		1.75	1.70
美国	0.71	0.80	1.23	1.27
平均值	0.82	0.92	1.22	1.22

资料来源：雷蒙德·W. 戈德史密斯《金融结构与经济增长》，上海三联书店、上海人民出版社 1994 年版，第 330、333 页。

在英国，英格兰银行的建立，政府债信制度的建设和有效率债务市场的形成不仅诱发了18世纪上叶金融市场的大发展，而且也为工业革命奠定了金融基础。“广泛的证券和可谈判的工具出现在18世纪早期，并且被用于为大范围的活动融资”，“这样的发展集中了大量的个人储蓄，并且到世纪中叶在一个融合的、国家级的市场上提供金融服务。这些资金看来已经资助了大量的商业活动，在遍及这个世纪的经济扩张中发挥了必要的作用”。进入19世纪，随着乡村银行、股份制银行、储蓄银行等银行的数量激增，英国的现代银行体系逐步形成。1725年，伦敦的私人银行仅有24家左右，1776年发展到51家。1750年时，伦敦以外的乡村银行只有12家，到1784年迅速增长至119家，1793年为280家，1797年为230家，1824年为547家，1842年为311家。《1826年银行法》使伦敦以外的股份银行迅速增加，新的股份银行逐步创立，旧的合伙银行通过合并或自行改组为股份银行。19世纪30年代，英格兰银行业由英格兰银行和六十多家伦敦私人银行和七百多家私人地方银行组成。1841年，英格兰股份银行的数目已达到115家，其中91家是发行的股份银行。随着各类银行及分支机构的发展，到19世纪中期，英格兰的每个村庄至少拥有两家银行，从而使“没有一个先令的储蓄被浪费掉”。从19世纪下半期到第一次世界大战前，在银行业继续增长的同时，保险机构和股份公司也得到了很大发展，英国的现代金融体系更为完善。

在法国，18世纪初期约翰·劳的改革和对“南海泡沫”的不正确处理，使法国的银行业和金融市场大大倒退。直到19世纪30年代以后，法国才出现鼓励金融发展的政策。19世纪50年代以后，先是银行体系（如动产和不动产信贷银行），之后才是金融市场得到较为迅速的发展。但长期以来，法国的金融体系一直落后于英国。德国虽然继承了欧洲的金融遗产，但其银行和金融体系直到1871年统一以后才得到迅速发展，其中投资银行的发展最具特色。美国在独立之前为英国的殖民地，其金融基础非常薄弱。美国独立之后，借鉴英国的金融发展模式，迅速建立起了其银行体系和金融市场，并通过有效率的金融体系大量吸收国外资金，推进了其工业化的实现。

在一国现代金融成长的初期，其金融上层结构相对于经济基础将会经历更为迅速的扩张，金融机构和非金融机构发行需求的收入弹性值也是比较高的，而随着现代金融体系形成和经济运行方式的转换，这一弹性值将会逐步降低。主要资本主义国家的金融机构发行需求的收入弹性即金融机构资产平均增长率与国民产值平均增长率之比值，在第一世界大战前的一个世纪里大体上为2—3之间，而第一次世界大战以后则只略高于1，也就是说，这些国家的现代金融机构在“一战”以前就已经发展得相当完善。19世纪上叶，英国和美国的现代金融体系都得到了很大发展，但因两国的金融基础及发展阶段不同，这一时期美国比英国的发展更为迅速，其金融机构和非金融机构发行需求的收入弹性也更高一些。法国的金融发展有所反复，因其特殊的国情，相对于英国和美国，其金融的扩张速度也相对比较缓慢。德国和日本现代金融的发展直到19世纪70年代才正式启动，并在19世纪末20世纪初得到了更为迅速的扩张。因此，1881—1913年间日本和德国金融机构发行的收入弹性分别为2.1和1.7，而美国和英国则只有1.45和1.13。

在以股票、债券、私人借款和商业信用为内容的非金融机构的发行额也在19世纪得到迅速提高。在第一次世界大战前的1861—1913年间，英、法、德、美“四强”的非金融发行额已经达到了国民生产总值的9%，其中美国和德国为10%左右，法国和英国略低，分别为8%和6%。处于第二等次上的意大利、奥匈帝国、俄国和日本四个国家的平均值约为5%，其中日本的数值比较高，而俄国的数值则相对低一些。其他几个还没有进行现代化或正在准备进行现代化国家的平均值只有2.3%。这不仅反映了各国的工业革命和金融发展进程，而且与其增长率也是相适应的。从第一次世界大战到20世纪60年代初，英、法、德、美四国的非金融发行额与国民生产总值的比率平均仅提高了1—2个百分点，其中英国和法国因国外发行额被国内发行额所代替而得以提高，德国和美国的数值则大体保持了稳定。表明从非金融发行的角度来看，英、法、德、美等发达资本主义国家的现代金融体系在第一次世界大战前也已经形成。“二战”以后，随着经济现代化的进程，一些新兴民主国家的金融机构发行比率、非金融机构发行比率等指标才得以迅速提高。

（二）近代时期的中国

中国现代金融体系的发育始于19世纪后半期，但到20世纪二三十年代才开始得到一个较为短暂的快速发展时期。从金融机构发行来看，1887—1920年间金融机构的发行比率仅为0.073%，而到1921—1936年间则增加至1.659%。金融机构发行需求的收入弹性在1887—1920年间为0.21，是一个远小于1的数值，而到1921—1936年间，该弹性值则达到了5.45，相对于国民产值，金融资产得到了非常迅速的提高。这一时期金融机构发行的迅速增长很大程度上得益于新式银行业的发展，到抗日战争全面爆发时，除地县级银行之外，从国家银行到省市立银行，各种商业储蓄银行、农工银行和专业银行均发展起来，各地的银行同业组织、准备金库、各种银行法规也先后建立与完善，初步形成了较为完善的银行体系。但由于中国金融资产的起点过低，且维持增长的时间过短，20世纪二三十年代的中国，金融机构的金融工具发行量相对于整体经济规模而言仍然是非常低的。相对于金融机构的发展而言，非金融机构的发行特别是股票和债券市场的发育则更为滞后，1921—1936年间的非金融发行净额与国民产值的比率为2.25%，而公司股票和债券在这一比率中仅占3.17%，政府公债所占的比重也不过4.43%。早在19世纪70年代，中国就开始自行发行股票和公司债券，到20世纪30年代，发行股票和债券的公司至少也不下数百家，发行股本总额也达到了3亿元以上，但真正能在市场上交易、流通的不过百家左右。大多数股票、公司债的发行是在亲朋好友、同行同乡的范围内进行，“因友及友，辗转邀集”，发行之后也常常长期保持在原始股东和少数人手中。另一方面，因过度投机时常造成金融风潮和市场的剧烈波动，如1883年的金融风潮、1910年的橡皮风潮和1921年的“信交风潮”等。在投机交易的高涨之时，“千百人购之，以得股为幸”，甚至借资购股，趋之若鹜，但这些投资者并不关心公司的经营状况，甚至连公司的经营业务和厂址都不清楚，唯图股价暴涨，投机获利；而一些公司的注册，仅仅是借发行股票而谋取利益，并无意于公司的经营。风潮爆发，股市便跌入低谷，人们谈股色变，避之唯恐不及，即使公司经营状况良好，股价低廉的股票也长时期无人问津。这些都表明近代中国的证券市场极为脆弱和稚嫩，仍然处于发育的初期阶段。

虽然近代时期的现代金融体系并没有建立起来，但金融发育仍然在很大程度上推进了近代意义的经济增长和经济的近代化进程。从19世纪中后期开始，中国的现代化产业逐步发展，1887—1920年的33年间，现代产业产值在总产值中的比重由接近于0增加至6.4%。而接下来的1921—1936年间即近代金融业发展最为迅速的时期，则从6.4%迅速提高到13.6%，16年间增加了7.2个百分点，现代化的速度大大增加。在1887—1920年间，传统产业和现代产业都得到了一定增长，而到1921—1936年，传统产业却陷入了停滞，出现了0.02%负增长，现代产业的增长率则高达5.33%，现代产业相对于传统产业得到了更为迅速的增长。到1936年，现代生产在整个经济中占到了13.6%。因此，近代中国的经济增长和近代化进程与其整体的金融发育水平是相适应的。

五、现代化进程中的金融发展

（一）新兴市场国家

“二战”以后，各发展中国家都开始致力于本国经济的发展和经济现代化。最初主要是通过政府行为来动员储蓄进行投资和资本积累，推进工业化。到20世纪六七十年代，随着麦金农（Ronald Mckinnon）—肖（EdwardS. Shaw）所提出的金融抑制假说被广为接受，许多国家开始推行金融自由化和市场化改革，实行金融深化和金融发展战略。

亚洲“四小龙”即韩国、新加坡、中国台湾和香港的经济现代化是第二次世界大战以后新兴市场国家经济发展的主要代表。从1960—1990年的30年间，韩国、中国台湾和香港、新加坡的增长率分别达到了9.17%、8.82%、8.36%和8.78%。伴随着经济的高速增长，其现代金融体系也在迅速形成。在经济起飞之前，除香港具有一定的银行业基础之外，新加坡、中国台湾和韩国的金融发展都是非常落后的，金融结构单一、经济中以传统的金融机构为主，且数量有限；政府对金融的控制和干预严重，金融市场开放度很低，并且缺乏自由和公平竞争的市场机制。在经济现代化的过程中，相对于经济的高速增长，其金融业的发展更为显著，在20世纪60年代初，中国香港的储蓄率仅为5%左右，其他几个国家和地区不足3%，到七八十年代其储蓄率迅速上升至30%左右乃至更高的水平。到20世纪80年代末90年代初，“四小龙”都建立了门类齐全、资金雄厚的现代金融体系（包括商业银行、证券银行、邮政储蓄机构、金融公司、贴现公司、租赁公司、信托公司、保险公司、黄金交易所及其他金融中介机构）和自由、竞争、开放、有序的金融市场（包括债券市场、股票市场和国际结算市场等），先后成为国际金融中心。

20世纪90年代初期，亚洲“四小龙”（不包括台湾的数据）的银行体系和金融市场的发展指标已经明显高于世界平均水平，在股票市场方面甚至还要略高于主要资本主义国家的水平。在表2中，前四项指标反映了银行和非银行金融中介（如保险公司、各种基金等）的相对规模，五六两项反映了股票市场的规模和效率，最后一项为金融的总规模指标。也就是说，在“四小龙”经济现代化的过程中，其金融体系不仅快速成长起来，而且金融机构和非金融机构发行需求的收入弹性都要明显高于已经现代化的国家。如就国内股票的发行而言，在20世纪80年代，英、美、德、日四国的股票发行总量增加了2.5倍，而“四小龙”则增长了9.6倍。

表2　20世纪90年代各国金融发展水平

国家和地区	流动负债/GDP	银行资产/GDP	存款货币银行对私人部门的债权/GDP	其他金融中介对私人部门的债权/GDP	资本的市场总值/GDP	股票交易总值/GDP	总规模（存款货币银行+股票市场资本）/GDP
法国	0.64	1.02	0.89	—	0.33	0.17	1.35
德国	0.66	1.21	0.94	0.05	0.24	0.28	1.45
英国	0.96	1.16	1.14	—	1.13	0.55	2.29
美国	0.60	0.73	0.64	0.91	0.80	0.62	1.53
日本	1.91	1.31	1.17	0.85	0.79	0.28	2.10
以上5个国家平均	0.95	1.09	0.96	0.60	0.66	0.38	1.74
韩国	0.65	0.55	0.53	0.59	0.37	0.44	0.92
新加坡	1.12	0.95	0.83	0.17	1.37	0.70	2.32
中国香港	1.63	1.49	1.42	—	1.96	1.08	3.45

续表

国家和地区	流动负债/GDP	银行资产/GDP	存款货币银行对私人部门的债权/GDP	其他金融中介对私人部门的债权/GDP	资本的市场总值/GDP	股票交易总值/GDP	总规模（存款货币银行+股票市场资本）/GDP
以上3个国家和地区平均	1.13	1.00	0.92	0.38	1.23	0.74	2.23
世界63个国家和地区之均值	0.59	0.58	0.48	0.21	0.39	0.17	—

资料来源：D. Kunt, R. Levine. *Financial structure and economic growth: across-country comparison of banks, markets, and development*, Cambridge, MA: MITpress, 2001, pp.81—141.

到90年代中期，“四小龙”已经先后完成了现代金融体系的构建和经济现代化进程；另外一些新兴市场国家虽然经历了最初的快速经济成长，但之后却陷入了长期停滞；而更多的发展中国家虽然进行了经济发展和现代化尝试，但也始终徘徊在低收入和贫困的状态。除亚洲“四小龙”之外，印度尼西亚、马来西亚、菲律宾、泰国等太平洋地区，阿根廷、智利、乌拉圭等拉美国家都曾有过快速的金融发展和经济增长。据一项关于太平洋地区（包括中国香港、印度尼西亚、韩国、马来西亚、菲律宾、新加坡和泰国）内生经济的计量分析，从1970—1992年这些国家和地区的经济增长中至少有5%—8%的贡献直接来自股票市场。但1997年的金融危机，严重打击了泰国、菲律宾和马来西亚，使其金融体系长期无法得到恢复。同样，80年代的债务危机，也使阿根廷、智利等拉美国家的金融发展和经济增长陷入了长期停滞。亚洲开发银行将马来西亚、泰国、菲律宾三个国家和阿根廷、委内瑞拉等 12 个拉美国家划入了“中等收入陷阱”国家，表明这些国家的经济现代化并没有能够实现。从表面上来看，这些国家金融体系的发展主要受到了其金融基础脆弱、宏观经济不稳定和金融或债务危机的冲击等因素抑制，但其深层次原因仍然在于政府的公共信用和税负体系的扭曲。一旦出现外部冲击，政府大多会采取利率管制、通货膨胀乃至强化国有经济部门的发展来获取财政收入，缓解债务压力，而这些措施无疑是向金融或经济部门所征收不透明的税收；或者直接采用财政手段积累资金，分配信贷，从而直接抑制了有效率的金融体系的发展和经济现代化。

（二）改革开放以来的中国

在中国经济加速发展的过程中，同样伴随着现代金融体系的形成和金融市场的加速发展。在近代，中国的金融体系曾经进行过一定的积累，1936 年的金融相关比率达到了 0.11 的水平，但此后十余年间的战争破坏，计划经济时期对金融的抑制，到改革开放前夕中国的金融发展水平降低到了一个新的历史低点。改革开放之后，中国的金融体系和金融市场重新得到发展，不仅推进了经济现代化与市场化的深入，而且也是经济增长的主要基础之一。

根据表 2、表 3 中的数据，1985 年时，我国的金融深度为 0.58，大约相对于当时世界主要国家的平均水平。之后的二十多年间则经历了快速提高，2003 年达到 1.63，2009 年进一步上升至 1.78，金融总规模也始终保持在 2—3 之间。这些数据不仅超过了主要资本主义国家的平均值，而且也已经超过了亚洲四小龙的平均值，大体上与日本和香港相当。表 3 中第 2—4 项反映了金融机构特别是银行业的快速发展，5、6、7 三项指标则反映了金融市场的发展。从 1994 年到 2007 年，金融机构的存贷款额、股票市价总值与 GDP 的比值分别提高了 56％和 71％，同期股票流通市值、股票筹资额与 GDP 的比值则增长了 17.7

倍和4倍。

表3 中国的主要金融指标变化

年份	M2/GDP	银行业金融资产/GDP	非银行业金融资产/GDP	金融机构的存贷款额/GDP	股票市价总值/GDP	股票流通市值/GDP	股票筹资额/GDP	金融总规模(2)+(5)
1985	0.577	1.169	0.021	1.204	—	—	—	
1994	0.974	1.626	0.056	1.670	0.766	0.020	0.007	2.392
2003	1.629	2.035	0.067	2.702	0.313	0.097	0.010	2.348
2007	1.518	1.979	0.037	2.609	1.311	0.373	0.035	3.29
2009	1.780	2.313	0.046	2.929	0.716	0.444	0.018	3.029

资料来源：GDP数据（当年价格）来自2010年《中国统计年鉴》，各项金融数据根据相关年份的《中国金融年鉴》统计和计算。

按照《中国金融年鉴》提供的相关数据，1986年金融机构的总资产为13 784.84亿元，而到2009年增加至787 690.54亿元，提高了56倍之多。从1986年到2009年金融机构资产的名义年均增长率为19.23%，其中银行业金融资产的增长率为19.20%，非银行业金融资产的增长率更高达21.07%，而同期GDP的年均名义增长率则为16.44%。因此，无论是银行业还是非银行业的资产增长率都明显快于GDP的增长，当然这一时期金融机构发行需求的收入弹性仅为1.17，只略高于1。我国的银行业在改革开放前就具备一定的基础，近年来，国有商业银行相继完成股份制改造和上市。根据中国银行业监督管理委员会的统计，2009年各类金融机构的资产分布如图1所显示，国有商业银行的资产虽然在不断下降，但仍占到50.9%；之后依次为股份制商业银行、农村合作金融机构、政策性银行等，银行业金融机构正在得到不断优化。整体而言，银行业资产与GDP的比值高达2.31，这一指标已经远远高于表2中所列主要国家和地区的水平，说明中国银行业的整体规模已经很好地支撑了经济增长和现代经济的运行。而非银行金融机构（包括证券、保险、信托和基金）在整个金融资产中仅占1.97%，非银行业金融资产与GDP的比值也只有0.05，表明非银行金融业和金融市场的发展仍然非常薄弱。

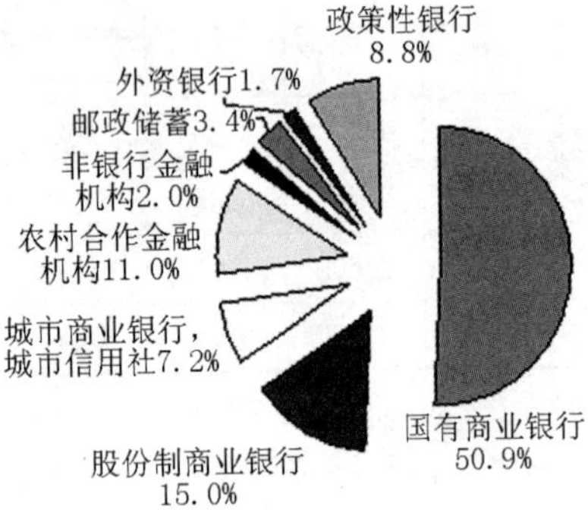

图1　2009年各类金融资产分布

经过近30年的发展，中国的金融结构和金融体系正在沿着适应市场经济需要的方向进行调整和优化，股份制商业银行、城市商业银行、政策性银行、证券、保险、信托和各种基金等相继产生并得到快速发展。从总体来看，我国的金融深度和总规模与实际经济的发展是相适应的，这些金融资源很好地满足了现阶段经济增长的需求。从发展阶段来看，在2003年以前，各项金融指标都得到了迅速提升，而2003年之后的发展则比较缓慢。从结构上来看，我国的金融扩张和深化仍然处于银行业所主导的时期，而在银行体系内部，国有商业银行、政策性银行等由国家直接控制的银行仍然处于绝对支配地位，股份制商业银行在整个金融体系中只占到15%。虽然国有银行体系通过谨慎地将金融资源配置到高效率部门和外贸部门而实现了经济的快速增长和整体金融的稳定。但也必须承认，到目前为止，与市场经济相适应的，完整、高效的现代金融体系仍然没有建立起来。这不仅表现为银行业的发展质量和内部的结构问题，而且更为突出的是银行业和非银行金融机构的结构失衡。证券、保险、信托、基金等非银行业金融和金融市场的发展仍然处于一个比较低的层次，医疗保险等社会保险等已经成为制约社会经济进一步发展的主要障碍，引起了人们的极大关注。农村金融的发展也非常薄弱，广大农村和基层经济组织的资金融通常常不得不借助于民间金融或私人高利贷来进行，农村金融也成了社会经济发展的主要瓶颈之一。如果要顺利完成经济的现代化，实现经济运行方式的转变，在未来的几十年间，在保持银行业改革和稳步发展的同时，必须加速非银行业金融机构、金融市场和农村金融的发展。特别是在当前全球性金融危机和对外需求不足的背景下，加速金融体系的发展不仅非常迫切，而且也为中国经济的全面现代化提供了挑战和机遇。

小　结

经济的现代化亦即货币化和现代金融体系的建立过程，财政行为的转变、税收体系的变化和公共信用的建立是现代金融发展和经济现代化的基础。在现代化的市场经济的运转过程中，政府介入经济事务的权利应该受到严格限定，虽然经济的发展需要公共部门提供指导和保护，政府担负着宏观经济调控的基本职能，但社会的主要生产性活动均应由私人经济部门来承担。金融体系乃是经济得以运转的动脉与通道，金融市场则在国民经济循环中起着十分关键的作用。各国的政府行为、金融条件及其发展路径将直接影响着其经济现代化的进程。

英国和法国在工业革命前就已经进行了长期的金融孕育，特别是英国的金融革命直接为工业革命奠定了基础。美国和西欧各国主要是借鉴英国模式而推进工业化，其现代金融的发展或者与工业化同步或者略早于工业化而启动，并随着工业化进程而构建起了现代金融体系。而就“二战”之后的新兴市场经济国家而言，其实际经济部门大多都优先于金融中介而启动和发展，从而也被称为金融发展的“需求导向”。但金融发展的整体水平仍然是其经济发展是否成功的主要标志，而公共信用和税负扭曲如同对早期金融革命的影响一样，仍然决定着各国的金融发展和经济成功，也应成为现代政府调控和干预经济的边界。亚洲“四小龙”仅用三四十年的时间就建立起了现代金融体系，从而快速实现了经济现代化，阿根廷、马来西亚、菲律宾等国家则长期陷入了停滞，智利、乌拉圭等国家经过长期停滞和反复，刚刚走出所谓的“中等收入陷阱”。因此，不同时期、不同国家的金融发展路径不仅存在差异，也充满了波折和起伏。近代以来各国的历史经验表明，经济现代化必然伴随着现代金融的加速发展。中国近代的金融发育在很大程度上推进了近代意义的经济成长，而改革开放以来的经济发展也直接得益于金融市场的发育和金融结构的优化。在当前经济转型和现代化不断深入的背景下，推进金融体系的改革和发展不仅非常迫切，也是经济现代化的必然选择。

农本局、中国农民银行与合作金库

南开大学经济学系　龚　关

鉴于商业银行农村放款的种种弊端，国民政府于1936年9月成立农本局，决定通过农本局辅导设立合作金库，以建立系统的农村合作金融制度。从1936年起到20世纪40年代，国民政府主要通过国家行局、地方政府等机构作为提倡机关辅设省县合作金库，其中1936年至1940年，农本局是辅设合作金库的主要机构，1939年，中国农民银行也参与其中，并逐渐取代农本局成为主要的辅设机构，1942年，银行专业化后中国农民银行更成为唯一的辅设机构了。探讨在合作金库设立过程中的农本局、中国农民银行与合作金库的关系，可以窥视国民政府有关农村的金融政策以及民国时期农村合作金融发展的某些特点。截至目前，学术界还没有成果对此问题进行探讨，笔者敢以一试。

一、银行的农村放款与农本局的设立

20世纪30年代前期，因都市资金壅塞、农村资金枯竭，在一片“资金归农”的呼声中各商业银行以其剩余资金试做农村放款，形成了一股商业银行向农村放款的热潮。1931年，上海商业储蓄银行开始农村放款之尝试，开商业银行资金流入农村之先河。为应付日益扩大的农村放款业务，1933年初，该行于总行设立农业合作贷款部，1934年因放款兼及农业仓库，改称农业贷款部，并于全国各地之分行处设立农业科或农业课，分别办理农业贷款。继上海银行之后，中国银行、金城银行、交通银行、大陆银行、农工银行等也先后成立农业放款部，或农业经济调查部，相继举办农村放款业务。1934 年，各银行为有计划办理农业贷款起见，由交通、金城、浙江兴业、上海及四省农民银行等五银行与棉业统制委员会陕西棉产改进所订立合同，办理陕西省棉业贷款。1935 年初，四行储蓄会、中南、大陆、国华、新华等五行先后参加，于是扩大组织，成立中华农业合作贷款银团，统筹办理各行放款，该银团资金由各银行按照一定比例认定，其放贷程序是“银团”按照农业经济区域划分贷区并设办事处，由“银团”贷给办事处后再经办事处转贷合作社。中华农业合作贷款银团是商业银行联合兼营农村放款业务的集体组织，其目的是纠正商业银行兼办农村放款时所产生的纷乱现象。

各银行的农村放款，最初采用的是与华洋义赈会搭放的形式，继而则直接向合作社发放贷款，此后这一形式成为包括商业银行在内的各类银行向农村放款的主要形式。为了扩大向农村放款，各银行积极参与帮助农民组建合作社，因加入向合作社便有可能获得银行的借款，这对农民有着巨大的吸引力，成为支撑农民愿意加入合作社的经济基础。这一时期，全国合作社发展迅速，1931 年全国仅有合作社 2796 社，社员56 433人，1934 年增为14 649社，社员557 521人，1935 年则达26 224社，1 004 402社员。① 合作社的快速发展，固然与国民政府的积极倡导、社会各界积极参与相关，商业银行也有着举足轻重的影响。

然而，这种由商业银行直接向合作社放款的方式，其弊端很快就显露出来，银行与合作社不仅没有从中有多少受益，反而产生了诸多问题。从银行方面看，银行放款的对象是很不健全的合作社，放款没有保障，而放款对象的分散、数额的零细

① 陈颖光、李锡勋：《合作金融》，正中书局（上海）1947 年版，第 12 页。

使放款成本很高。从合作社方面看，因银行极注重放款的安全，规定的放款程序刻板而又烦琐，放款的申请书及各种表册众多，这使得以前从未向银行借过款的、知识水平有限的农民感觉手续苛繁，银行为了保障放款的安全有时甚至擅用权力干扰合作社的正常运作；① 另外，商业银行为确保盈利，向农村放款时对区域和对象有所选择，放款群趋交通便利之县镇或农业经营条件比较优良之区，偏僻之区则少有银行问津；放款对象主要是农村殷实之户，最需款的贫苦农民反得不到贷款；银行之间竞争激烈，致使一些不良合作社为获得贷款不择手段，不能从甲银行获得贷款，便利用银行间竞争所产生的漏洞从乙银行获取，进而养成了投机取巧的习气。总之，商业银行资金流入农村，本为解决农村金融枯竭的问题，反使商业金融与合作金融之间有了摩擦。商业银行以盈利为目的，以商资救济农村时，其底线是谋求成本之可保，从商业银行的角度看这些行为无疑是合理的，但以保本求利的目的出发却会有背于合作的基本精神，对合作金融的发展产生了极大的消极影响，这表明商业金融嵌入合作金融是一把双刃剑，它在推动农村合作金融发展的同时，又极大地伤害了合作金融。社会各界对商业银行的不满以及对合作金融发展的忧虑自然可以理解。

如何既使商业银行的放款得到保障，并减低成本，又使农民省去烦琐的手续，同时避免商业银行放款的选择性，减少商业银行农村放款过程中的不利影响，是农村合作金融发展过程中亟待解决的问题。各先进国家成功的经验是建立系统完整的合作金融制度，即由各级合作社的联合组织担负金融功能，这些问题自然迎刃而解。然而，中国合作社的历史甚短，组织很不健全，合作社的联合社尽管在河北、江苏、浙江等省已有成立，但这种建立在基础脆弱的合作社之上的联合社更谈不上健

---

① 黄肇兴：《中国合作金库发展史之鸟瞰》（上），《新中华》复刊第1卷第10期，1943年10月。

全，自难发挥其功效，短期内很难得到银行的信任，因此，想以单纯的合作社联合组织担负金融上的功能，是不切实际的。于是各方转注意于由上而下的合作金融机构的建立，期望通过政府和金融机构的推动建立系统完整的合作金融机构。

1935 年 3 月，全国经济委员会、实业部、行政院农村复兴委员会发起召开全国合作事业讨论会，参加会议的有官员、银行家、合作专家。这次会议上，社会各界集中表达了对商业银行农村放款所产生问题的不满，认为国内合作事业之“倡导方式及实施办法皆属各自为政，庞杂纷歧，自非厘订划一之方案，实无以促进此种事业之发展”①。这次会议共收到提案 123 件，内容涉及合作事业制度与法规、合作业务、合作金融及合作教育等，其中有关合作金融的约有 25 件，提出的改进合作金融的办法主要有二：一是要求统制、监督金融机构的农村合作贷款，会上通过了政府对于商业银行合作贷款问题应行注意或改进的办法；二是要求建立独立的合作金融系统，这是由农村复兴委员会代表王志莘在“合作金融系统案”中提出，其基本点是同时采取由上而下、由下而上的方式建立合作金融系统，其中由政府投资建立中央合作银行、省合作银行，县以下由农民出资组织信用合作社，信用合作社更出资而成县银行。大会经过讨论，最终修正并通过“合作金融系统案”，并决定送有关各部会采用。②

这次会议后，国民政府在合作金融建设上采取了一些重大举措。一是成立农本局，以农本局推动合作金库的建立。设立专门的合作金融机构是各界由来已久的呼声。1935 年 1 月，鄂、豫、皖、赣四省农村合作委员会在江西联合举行第一次讨论会，

---

① 全国合作事业讨论会办事处：《全国合作事业讨论会汇编》，（台北）文海出版社有限公司 1987 年版，第 1 页。

② 参见秦孝仪《抗战前国家建设史料——合作运动（一）》，（台北）“中央”文物供应社 1980 年，第 412—419 页。

曾建议军事委员会委员长南昌行营通令四省筹设合作金库。1936年9月，国民政府实业部成立农本局，它由国民政府与各银行共同出资组成，其资金分为固定资金、合放资金、流通资金，其中固定资金为3000万元，由政府自1936年起分五年筹拨；合放资金3000万元，由各参加银行分五年缴清；流动资金数额，由该局与各银行协定。① 农本局成立后，政府赋予它的任务是调整农产品，流通农业资金，除办理农业仓库及农业生产贷款外，其中心工作就是推动合作金库的组设。农本局实际是国民政府在推动合作金融发展时，既依赖商业金融资本又企图尽量减少商业银行趋利性对合作金融不利影响的一种选择。二是颁布《合作金库规程》。1935年4月，委员长行营颁布《剿匪区内各省合作金库组织通则》，通令鄂、豫、皖、赣各省以此为依据筹设合作金库，这是关于合作金融机构的第一个法律性文件。为使合作金库的组设有法律依据，1936年12月，实业部颁布《合作金库规程》，比较详细地规定了合作金库的基本制度、结构和组织方式，其重要之点在：（一）规定合作金库的完整系统，分为中央、省及县（市）合作金库三级，这一点与《剿匪区内各省合作金库组织通则》偏重于中央或省一级不同；（二）偏重信用合作系统，拟以信用合作为基干以推进其他各种合作事业；（三）以农本局为沟通商资及促进各级合作金库之主要枢纽，借以纠正单纯倚重行政力量或商资的不足和缺陷；（四）各级金库筹措股本，规定由提倡机关认购提倡股本，由合作社认购普通股本。②《合作金库规程》成为后来组织合作金库的主要法律依据。颁行《合作金库规程》，以农本局推动合作金库的建设，这是国民政府对社会呼声的一种回应，企图以政府之力并联合商业银行去解决商业银行进入农村后所引起的农村合作金

① 姚公振：《中国农业金融史》，中国文化服务社1947年，第228—230页。

② 黄肇兴：《中国合作金库发展史之鸟瞰》（上），《新中华》复刊第1卷第10期，1943年10月。

融纷繁杂乱的状况。

二、农本局对合作金库的辅设

从理论上说，合作金融的核心组织合作金库，是由合作社联合组织的。《合作金库规程》第一条明确规定，“准用合作社法合作社联合社之规定组织”合作金库，这是原则上规定了合作金库自下而上的由合作社联合投资的组织方式。但是合作社组织很不健全，资金极端缺乏，根本无力认购股本组织合作金库。因此，《合作金库规程》又提出了在合作金融初创时期的另一组织方式，即以提倡机关酌认提倡股的方式自上而下地辅设合作金库，借以倡导合作金融制度。担任提倡机关的主要有各级政府、农本局、各银行及其他不以营利为目的之法团等。这几类机构乃法律准许的投资机构，至于辅导工作，即对合作金库提供合作金融业务和技术指导以及对组织合作社提供业务和社务指导的则不一定以此为限。但实际上投资机关往往亦即为辅导机关，因投资机关要保障其投资安全，自然不愿放弃对合作金库的辅导权，而要求得辅导工作的顺利进行，也有必要依赖投资权力。当然也有将辅设的两个方面即认购提倡股和辅导建立合作金库两者分开，如农本局辅设合作金库时，有些是农本局认提倡股，而由地方政府、合作行政机关及指导机关提供合作业务指导。由提倡机关辅设合作金库乃我国合作金库得以建立的实际推行方式。

《剿匪区内各省合作金库组织通则》颁布后，以此为依据，四川省和江西省合作金库先后于 1936 年 11 月、1937 年 4 月建立，投资认提倡股的分别是四川、江西两省政府。四川、江西两省推动合作金库，均采用自上而下途径，即先组织省库，再按地区（江西）或县（四川）设置分库。《合作金库规程》颁布后，农本局于 1937 年春开始辅设合作金库，一改过去以省库为重点，转而将重点放在县合作金库，期望在县合作金库达到相当数量时再联合筹组高级合作金库，即在提倡机关的推动下采用自下而上的方式以建立合作金库系统，此后参与辅设的机关也多将重点放在县市合作金库。另外，农本局还制定了合作金库的章程准则，后为全国所通用。农本局辅设合作金库的同时，江西、四川等省的合作行政机关及四川、江西、浙江等省的合作金库在辖区范围内也参与了辅设工作。1938 年以后，辅设提倡机关进一步增多，1939 年中国农民银行加入，1940 年中国银行、交通银行、中央信托局等行局也相继加入。总的来说，从 1936 年合作金库开始设立到 1946 年中央合作金库成立为止，参与辅设合作金库的机构众多，其中自 1937 年至 1940 年，农本局是最主要的辅设机构，1939 年中国农民银行加入辅设行列后，它的重要性逐步加强，尤其是 1941 年初农本局结束辅设的历史以及 1942 年 7 月所有农贷及与农贷相关的业务划归中国农民银行，中国农民银行成为继农本局后最主要的合作金库辅设机构。这两家最有影响的辅设机构自身的一些特点极大地影响了合作金库的建立，进而制约合作金融制度的建设。

农本局在各省辅设金库均联合当地有关机关共同参加，其办法因对象不同而各异：（1）与有关机关共同认购金库股本，例如该库与贵州省政府订约，对各库提倡股，由局方认九成、省方认一成；（2）与合作主管机关共同辅导，由该局负金库业务技术指导责任，由合作主管机关负各库业务区域以内合作社之指导责任；（3）请地方政府参加合作金库组织，使业务与行政，收互相联系之效，如各县县长常由该局聘为代表担任金库监事或理事之职。①

1937 年为农本局辅设合作金库的实验时期，因为“新制初行，无例可援，慎之于始，期有必效，乃先就各省适宜环境，试办一二县，以为试验”②。最初成立的是山东寿光、济宁二县，

① 农本局研究室：《中华民国二十七年农本局业务报告》，1939 年，第 12 页。
② 农本局研究室：《中华民国二十七年农本局业务报告》，1939 年，第 13 页。

河北定县（与中华平民教育促进会联合辅设）、安徽芜湖、宣城及南京市等县市库亦相继成立。七七事变后，上述各库多迫于战事而结束，该局转到内地各省继续筹设合作金库，先后成立的有江西九江、进贤，湖北襄阳，湖南攸县、岳阳、新化（与中国华洋义赈会湘分会联合辅设）、茶陵、安仁、沅陵及四川新都、合川等11县，连前共17库。

1938年起，农本局将辅设合作金库作为中心工作。在该局制定的辅设工作两年业务计划中，规定以川、康、桂、黔、滇、陕等省为发展业务的中心区域，以甘、豫、湘、鄂、赣、粤等省为外围区域，推广开始，多集中于中心区域，外围区域略加兼及。1938年，农本局对辅设合作金库制定了地域分布上的两个原则，一是沿交通路线，二是集体式配置。其基本理由是："盖合作金库业务之管理与指导，以及各金库间资金之调拨，应采合理方式，方便管理。沿交通路线，则可呼应灵捷。但后方各省满足此要求殊难，故辅以集体式之配置，俾可相互扶助，共收指臂之功。"这一年农本局增设59库，分布于川、黔、桂、湘、鄂五省，其中四川22库，分布于沿涪江流域、沿长江流域、沿川陕公路、沿川湘公路；贵州16库，分布于沿川黔、滇黔、湘黔、湘桂四公路；广西17库，分布于桂省东南和东北各公路及湘桂铁路沿线；湖南11库，其分布区域集中于湘西；湖北2库，在鄂西与川省交界处的17县内，作集体式之配置。①

1939年，农本局对于县合作金库之辅设更趋积极，对于已设各库的业务力求充实，如实行辅导员制度、沟通各库汇兑、试办实物贷款及试设分立处等，同时扩大设库区域，一改上年沿交通沿线和集体配置的原则，"一面深入后方偏僻闭塞区域，一面挺进临近战争区域，如桂之西北，川之东北西南，黔西南以及康滇内地，皆为穷乡僻壤之区，本年度均有新库成立，同时接近战区如鄂之宜都、宜昌、枝江、松滋，湘之岳阳，亦派

---

① 农本局研究室：《中华民国二十七年农本局业务报告》，1939年，第16页。

员分别筹设新库或恢复旧库”①。是年除增设四川8库、贵州13库、广西8库、湖南1库、湖北10库共40库外，另在陕西、西康二省开拓新库12库。截至年底，新设数达52库，连前合计增至128库，在筹设中者尚有40余库。

1940年，受四行联合办事总处所制定的《二十九年度中央信托局中国交通农民三银行及农本局农贷办法纲要》的影响，农本局未再筹设新库，仅对上年已筹备各库辅导使其迅速成立，对已成立各库使其质量更趋健全，② 本年增设新库计47库，其中四川13库、贵州10库、广西7库、湖南1库、湖北1库、陕西6库、云南6库、浙江3库，连前共175库。1941年1月，农本局奉令将所辅设的合作金库全部移交给中国农民银行、中国银行、交通银行、中央信托局等，结束了辅设合作金库的历史。

毫无疑问，农本局结束辅设合作金库之前，它是最主要的辅设机构。首先，从1937年到1939年，每年实存的合作金库有一半是农本局辅设的，1940年所占比例有所减少，但仍达42%，而实际辅设的数量远远超过其他各机关。其次，从农本局所辅设合作金库的资本来源看，农本局所认提倡股总额达1642万余元，占总股本88.6%，合作社所认股本微乎其微，而由省政府、省合作金库及其他机构所认者非常有限。

表1　各辅导机关辅设合作金库统计表

	1937年以前	1937	1938	1939	1940
省合作金库		4	67	81	111
省政府或省合作行政机关		3	5	11	21
农本局		17	76	128	168

① 农本局研究室：《中华民国二十八年农本局业务报告》，1940年，第41页。

② 农本局研究室：《中华民国二十九年农本局业务报告》，1941年，第11页。

续表

	1937年以前	1937	1938	1939	1940
中国农民银行				29	82
中国银行					14
其　他	2	3	3	1	1
合　计	2	27	151	250	397

说明：表中数字为每年实存的县合作金库数，包括非直隶行政院之市库在内，也包括省合作金库于县市所设分库或办事处。

资料来源：黄肇兴《中国合作金库发展史之鸟瞰》（下），《新中华》复刊第1卷第11期，1943年11月。

表2　农本局辅设的合作金库资本来源　　单位：元

	合作社认购	农本局认购	省金库认购	省政府认购	其他机关认购
四川	26740	3407200	816150		49310
贵州	28910	3485000		387090	
广西	18140	3184930			1000
湖南	10740	1247290			41070
湖北	12890	1164350		118760	
陕西	5810	894140			50
云南	1500	299300		59850	239400
西康	5400	728790			
浙江	1120	238890		59550	
共计	112050	14515420	816150	625250	351330

资料来源：农本局研究室，民国二十七、二十八、二十九年《农本局业务报告》。

农本局自一开始被赋予辅设合作金库的重任，按照其发展的逻辑，它最终应顺理成章地发展成为合作金融系统的中央机构，但实际上并没有按这一逻辑发展下去，而是被结束了辅设合作金库的使命，这究竟是为什么？

依据实业部颁布的《农本局组织规程》，农本局以“调整农业产品，流通农业资金，藉谋全国农村之发达”为宗旨。根据这一宗旨，成立初，农本局在调整农业产品方面以农业仓库为推动中心，在流通农业资金方面以辅设合作金库为中心。但就农本局所承担的两大任务，还在筹备时期，中央银行、中国银行、交通银行就对此提出质疑，认为“流通农业资金，为金融机关之工作；调整农业产品，则为政府对于农业之行政设施。二者宜分工而不宜兼营，宜合作而不宜分驰”①。更有认为“农本局如果能做到接济农业资金一点，它的成功已是很大……农产买卖与农产调剂是如何巨大的任务？试问农本局这有限的资金与能力，如何能兼顾它们？”② 这都触及了问题的关键，两大任务都非常巨大，以农本局如此有限之资力承担两个如此重大的任务，难度之大可想而知。而且随着战局的变化，国民政府还在增加农本局的任务，这主要是农产购销的任务。成立之初，农本局因以建设农仓为中心，在农产购销上做了些代办粮食购销。1938 年，农产调整委员会合并进农本局，改为农业调整处，它成为农本局业务增加的一个转折点，自此农本局农产购销的任务不断扩大。农业调整处在调整农产方面以自办购销为主要业务，因农本局及农业调整处的人力、资力均属有限，主要集中在调整对军需民食极其重要的棉产及粮食供需，但这已大大增加了农本局的任务。农业调整处为办理农业购销业务，将前农产调整委员会的棉业办事处，改为福生庄。1939 年起，物价渐渐高涨，经济部成立平价购销处，因农本局已有购销机构，将服务用品及粮食平价业务委托农本局代办。农本局参与平价购销业务后，又陷入了通货膨胀的旋涡，尤其是被迫承担粮食管制的任务，农本局根本无力承担，由此导致许多问题的出现

① 克襄：《论农本局》，《国际贸易导报》8 卷 6 期，1936 年 6 月。
② 郑林庄：《论农本局》，《独立评论》，第 206 号，1936 年。

以及农本局与相关机构与人士的摩擦。[1] 流通农产品任务的不断增加以及由此给农本局带来的诸多麻烦和纠纷，必然极大地限制农本局在辅设合作金库上的进展。

承担的任务如此重大，其机构和资力却有着先天的不足。首先，分支机构极不充分。农本局既被赋予如此重大使命，应该建立从中央到地方充实的机构体系，但农本局成立时，主要只是设置中央机构，基层机构非常有限。在基层机构设置上，农本局一开始采取逐步推进的策略，将国民政府实际控制区域划分五区，先择定一二区域，促进这些区域建立合作金融及农业仓库组织，并拟于重要地点设分局或专员办事处，[2] 但计划设立的各地分局并没有实现，只是在 1938 至 1939 年，随着业务规模的扩大，先后在鄂、湘、黔、川、陕、桂六省设立专员办事处，分别管理各省金库、仓库农贷购销等业务，[3] 于是，在农本局的中央机构与基层的合作金库、农业仓库之间只有数量有限的专员办事处。农本局的策略是“尽量与有关各方面通力合作，避免本局之多设机构以节省人力”[4]，关于贷款之收付，及一般银行可以办理之事物，完全委托当地银行代办；辅设合作金库时，大多与各地地方政府及合作主管机关、社会团体等联合进行。中间层次机构的缺失，以及农产购销业务的不断扩大，为此后农本局改组，结束辅设合作金库使命提供了基础。

其次，资金的困境。按规定，农本局由国民政府和各银行共同出资组成，其资金分为固定资金、合放资金、流通资金，其中固定资金为 3000 万元，由政府自 1936 年起分五年筹拨；合放资金 3000 万元，由各参加银行分五年缴清；流动资金数

---

① 农本局研究室：《经济部农本局概况》，1942 年，第 15—18、20—21 页；何廉：《何廉回忆录》，中国文史出版社 1988 年版，第 166—195 页。

② 农本局研究室：《经济部农本局概况》，1942 年，第 4 页。

③ 农本局研究室：《经济部农本局概况》，1942 年，第 9 页。

④ 农本局研究室：《经济部农本局概况》，1942 年，第 5 页。

额，由该局与各银行协定。[1] 但这6000万元的资金，除政府每年的600万元勉强能够拨付外，各银行之合放资金，除拨付第一期外，其后即未继续拨付，农本局本身之资力，仅赖政府每年拨付之固定资金，[2] 加上政府拨给原农产调整委员会（农业调整处）的3000万元的资金，农本局可用的资金仅6000多万元，资金不足已是了然。

农本局尽管在辅设合作金库上表现积极，但毕竟资力有限，而使合作金库推进的进展缓慢，难符国民政府扩大农贷的期望，这或许直接导致了1938年经济部对合作金库规程的修改，其中一个重要之点是将参加农贷各银行加入到辅设合作金库机关的行列，它的结果一方面是吸引了各国家行局的投资，推动了对合作金库的辅设；另一方面，又启日后各行局辅设合作金库各自为政之乱象。中国农民银行首先加入辅设机关行列，便引起了1939年与农本局在西康省的几个县同时设立合作金库而产生的摩擦。

1940年，四联总处为扩大农贷，制定农贷办法纲要，除规定农贷对象及种类外，还规定了各行局分担农贷款项之比例与各行局之贷款区域，其比例为中国银行25%、交通银行15%、农民银行35%、中央信托局15%、农本局10%，农本局所担任的，必要时可由其他行局垫付。四联总处对各行局贷款比例如此划分，农本局所占比例之低，实是对农本局资金匮乏现实的承认。划区贷款的结果，使农本局辅设合作金库的区域十去其九，而其所受指定贷款区域，又多属接近战区及未前去推动之地。尽管农本局对已成为其他行局贷区的已设各库可继续辅导，但非农本局贷区或非农本局参加合办区域，如果无他行委托，则基本不能前往筹设新库。过去推行合作金库最具历史之农本局，至此一蹶不振。1941年1月，农本局奉令移交所有辅设之

① 姚公振：《中国农业金融史》，第228—230页。

② 农本局研究室：《经济部农本局概况》，1942年，第18页。

合作金库，被赋予重任的农本局，竟悲剧性地结束了其所承担的使命。

国民政府意在集合政府与商业金融机构的资金成立农本局，并通过农本局以设立合作金库的形式而建立系统的合作金融制度，按照这一逻辑，农本局最终会成为合作金融系统的中央机构，但是农本局最终没能完成使命。表面看来，这是农本局的诸多缺陷所致，而背后显示的则是国民政府制度设计上的种种缺陷。

三、中国农民银行对合作金库的辅设

1937、1938年，在农本局的推动下，合作金库在各地的设立渐见增多，并“已予社会以深刻之印象”，但无奈“农本局一向最绌于资金”，① 致经济部修改《合作金库规程》，将原本排斥在外的银行加入到辅设合作金库的提倡机关之列，于是自1939年推动机关骤然增多，尤其是相对于农本局来说资金相对充裕的各银行纷纷加入，更推动了合作金库的大量设立，1940、1941年合作金库的发展达到鼎盛时期。

中国农民银行辅设合作金库开始于1939年，但早在1937年前，就以提供转抵押透支的形式开始了对合作金库的扶助，转抵押透支是各合作金库以合作社出具的借据作为抵押，向农行借款，之所以要采取这种方式，是因为考虑到各省县合作金库初成立，基础未稳，待将来合作金库组织趋向完备、基础稳固时，农行方能对金库订立透支契约。最早获得中国农民银行抵押透支的当是四川省合作金库，1936年11月四川省合作金库成立时，额定资本1000万元，但四川省政府资金短缺，其所认缴的股金，除所拨川北通江等十县救济贷款20万元、现金40

① 黄肇兴：《中国合作金库发展史鸟瞰》（下），《新中华》复刊第1卷第11期，1943年11月。

万元外，还有以四川建设公债预约券 250 万元向中国农民银行抵押透支的 100 万元，共计 160 万元。① 1938 年，四川省合作金库自有股本及提存公积金等仅 225 万余元，不足以应付放款需要，其所赖以周转的，是这年 8 月以后该库获得中国农民银行协定办理各县库转抵押透支的援助，据此该库得以各县库借款之凭证转向中农行抵借。② 1937 年，江西省合作金库成立时，额定资本 500 万元，但实收仅 110 万元，大部分资金仍赖银行借款，③ 其中主要是来自中国农民银行，1938 年 7 月，其与中国农民银行订立了转抵押协约，总额定为 300 万元，规定农行无论直接还是间接贷出之各种贷款，除即将成立金库之县外，均转归省金库承受，随后南昌县金库成立，亦与农行订立转抵押协约。④ 此外，江西省合作金库还从交通银行、江西裕民银行获得贷款。⑤ 1938 年，湖北省与中农行制定“促进湖北各县合作金库暂行办法”，拟定转抵押契约准则。贵州省政府以农村合作委员会资力短绌，并顾虑将来合作金库流动资金不敷周转，特与农行洽商借款 50 万元，充作提倡股本。⑥

1939 年，中国农民银行正式开始在大后方各省自行推设合作金库。农行本年内筹设的县合作金库甚多，最终成立者共有

---

① 四川省合作金库：《民国二十六年度四川合作金融年鉴》，第 289 页。

② 黄肇兴：《中国合作金库发展史鸟瞰》（下），《新中华》复刊第 1 卷第 11 期，1943 年 11 月。

③ 黄肇兴：《中国合作金库发展史鸟瞰》（下），《新中华》复刊第 1 卷第 11 期，1943 年 11 月。

④ 林嵘：《七年来中国农民银行之农贷》，《中农月刊》1 卷 1 期，1940 年 1 月。

⑤ 江西省合作金库研究室：《江西省合作金库概况》，1939 年，第 101—103 页；徐世润：《江西省之合作事业与农业金融》，《中农月刊》1 卷 2 期，1940 年 2 月。

⑥ 林嵘：《七年来中国农民银行之农贷》，《中农月刊》1 卷 1 期，1940 年 1 月；徐世润：《江西省之合作事业与农业金融》，《中农月刊》1 卷 2 期，1940 年 2 月。

29库，其中贵州13库、广西7库、湖南7库、湖北1库、陕西1库，农行除对辅设之合作金库认购提倡股外，还规定凡放款超过10万元股本的，可以合作社向该库借款之凭证转向该行抵押，这是中国农民银行辅设合作金库与农本局的一个不同之处，农本局因绌于资金，认购提倡股之外，难再向合作金库提供资金融通。另一不同之处，农本局将辅设的重点放在县合作金库，而中国农民银行既大规模辅设县合作金库，也投资辅设省合作金库。这年，农行认购浙江省合作金库提倡股本50万元，对四川省合作金库也认购提倡股，并参与省库所设的各地县库辅导。四川省合作金库本年7月扩充资本至实收1000万元，由省政府与中国农民银行以三七比例认足。四川省库本年内增设江油等6县库，并改组达、灌二县分库为县库，连此前所设共有46县库及重庆汇兑处一处，其中永川、绵阳等36县库系与中国农民银行共同参加认购提倡股。江西省合作金库的周转资金，除一部分专款外，仍大部分有赖于银行投资，到本年10月，中国农民银行透支额累积达500余元，江西裕民银行的透支额度增加到50万元，另外合委会还与该行订立农仓储押，亦以50万元为度，此项经合委会悉数拨交省库经管核放。交通银行亦均续有透支。①

1940年，四联总处颁行的五行局农贷办法纲要，对农本局影响甚大，中国农民银行在各行局分担成数上得到最高比例，对其推动辅设合作金库也最为有利。该行本年增设县库53库，其中贵州16库、广西12库、湖南16库、湖北1库、陕西7库、甘肃20库、云南2库、西康5库、福建2库，并筹备重庆市库，连前共82库。② 除此而外，中国农民银行继续给予各省库金融

① 黄肇兴：《中国合作金库发展史鸟瞰》（下），《新中华》复刊第1卷第11期，1943年11月。

② 黄肇兴：《中国合作金库发展史鸟瞰》（下），《新中华》复刊第1卷第11期，1943年11月。

上之协助，四川省合作金库自上年增加股金以来，本年业务益为扩大，截至年底该库辅设之67库中，由中农行参加认购提倡股者有51库。江西省合作金库本年内提倡股经中国农民银行参加认购250万元后，实力为之一振，合省政府、经济部及各合作社所认之股金等共达470余万元，再加以原有专款、存款及借入款等实际运用之资金，为数颇巨。福建省合作金库发动于1936年，终以基金无着未能成立，至1939年拟从闽侯、龙溪、莆田、晋江等四县筹设县库，又因战事影响而罢。本年5月，经合作主管当局与有关各方积极筹设，省库乃告成立，额定股金100万元，除合作社认购外，不足之数由省府认购提倡股20万元，余由中农行及省银行分担。① 至此，中国农民银行辅设之省库达到4库。

1941年，中国农民银行又辅设成立重庆市合作金库及县库63库（内有从农本局接收者），这年底，该行所辅设的合作金库共有省库4个、市库1个、县库213个。

1942年5月，四联总处理事会通过《中中交农四行业务划分和考核办法》，对四行业务重新进行划分，其中有关农村金融的业务都划归中国农民银行，相应的各国家行局所辅设的合作金库都归中国农民银行接收，同时，中国农民银行又从川、浙、赣各省库接收了若干县库辅导权，具体说，由农本局移转的82库，由中央信托局移转的32库，由四川省库移转的71库，由浙江省库移转的15库，由江西省库移转的1库，由中国银行移转的32库，由交通银行移转的29库，合计334库，加上4省库1市库，共计339库，到1943年全国共有合作金库452库，其中归中国农民银行的就占2/3以上。②

合作金库本应是合作社联合投资而成，但在合作金融初创

① 黄肇兴：《中国合作金库发展史鸟瞰》（下），《新中华》复刊第1卷第11期，1943年11月。

② 陈颖光、李锡勋：《合作金融》，正中书局1947年版，第21—22页。

时期，合作社投资只占微小份额，主要是由提倡机关提倡、辅设而成，于是，合作金库如何进行权力分配是非常关键的问题，因为它既要考虑到合作金融的长远发展问题，让合作社能真正参与其中，为将来合作金库发展成真正的合作金融组织奠定基础，又要顾及投资提倡机关的权益，要在这两者之间达成权力的均衡。从文本上看，《合作金库规程》应是本着这一目的，它规定各级合作金库由社员选派代表出席代表大会，其选派名额，按所缴股额比例分配，但合作社或合作社联合社至少须有代表一人；理、监事由代表大会就代表中选任，但由政府、农本局及各法团提倡组织时，至少须有理事、监事各一人为信用合作社或各种合作社联合社代表。① 这确定了合作金库权力分配按股权分配的原则，同时也提出了保障合作社能参与合作金库的经营管理的最低限度。然而，实际运行中，合作金库的控制权则完全操诸提倡机关之手，因来自提倡机关的理、监事系“就本行高级职员及主管农贷之分支行经副理、各股正副主任、办事处主任、主管员中指定之，必要时并得酌以各该县县长、各该库经理及地方热心合作人士”中选择，他们占了理、监事的大多数，“合作社之理、监事纵欲对议案提出意见，终以人数过少在通过每一议案时仍为人数占绝对多数者所左右”。② 不仅理、监事大多来自提倡机关，金库经理、出纳、会计等也均由提倡辅设机关聘请或委派，而后交理事会任用，其薪金亦大都由辅导机关决定，金库之理监事几等于虚设。提倡机关通过对合作金库的人事安排控制了合作金库，另一方面，派往金库的理、监事和职员又不能很好地履行职责。且不说提倡机关所派的理监事是否对合作金库具备足够的知识和信仰，一些客观存在的问题就限制了他们作用的发挥，以占合作金库理监事大部分的

---

① 《合作金库规程》，《中国合作》2卷10、11、12期，1942年6月。

② 顾尧章：《当前我国合作金库事务问题之检讨》，《经济汇报》6卷10期，1942年11月。

银行职员来说，他们各人有其本身职务，又往往有一人担任数库理监事，这使他们很难为合作金库谋划改进之策，况且一些行库相距甚远，以致他们甚少出席合作金库的理监事会，谈何能对合作金库负责。有以县长任理监事者，尽管近在咫尺，但因公务繁忙，县库开会时，县长常派秘书代表，其对合作金库只不过是空挂其名。

中国农民银行对合作金库的干预和控制明显强于农本局，这是基于中国农民银行资金更为雄厚、机构更为庞大。中国农民银行可以资金的投入左右合作金库的权力分配、业务经营乃至其存废，1939 年四川省合作金库增加股本，中国农民银行认股 700 万元后，省库对县库之辅导权即逐渐消失；河南省以银行农贷人员未取得省合库经理之位置，竟使筹设就绪的省合库停设，并对县合库停止供给资金；福建省因中国农民银行与省银行均认购提倡股，对于辅导权难于划分，竟使已经成立的省合库徒有虚名，未有存放款业务。① 四行专业化后，大部分合作金库移归中国农民银行，这更有利于中国农民银行加强对合作金库的控制。1942 年 5 月起至 1943 年，中国农民银行一次次对合作金库进行调整，固由于合作金库由不同的提倡辅导机关辅设，各具特点，互不联络，企望借调整而对之进行整合，而更因为合作金库陷入越来越严重的亏损状态。合作金库本来业务就不甚发达，1942 年因通货膨胀而更陷入困境。为抑制通货膨胀，四联总处采取了紧缩信用的政策，在农贷方面，由 1941 年及以前的扩大农贷政策而转为紧缩农贷，这使得本来业务规模就不大的合作金库，其业务更为缩小；同时，因通货膨胀致合作金库的各项开支大为增加，而其放款利率却没有相应地增加，这直接导致合作金库的入不敷出。中国农民银行对合作金库进行调整的原则是合并机构，紧缩开支，具体说：凡行（处）库在同一处的实行合并，并由行处代办合库业务；凡放款业务发

① 陈颖光、李锡勋：《合作金融》，正中书局 1947 年版，第 24—25 页。

达，其他收入有限难敷开支，以后亦无法开源者，切实紧缩，每库工作人员以二三人为限；凡当地合作事业尚未发达，业务难以展开，营业亏损严重的，则并入邻近业务较为发达的合库代办。根据这一原则，各合作金库被分为委办、代办、行处合并及维持原状等四种。① 凡委办、代办及行处合并之库，统称委托库，委托库停止办理存、汇及代理收付业务；不专设工作人员，其经理、会计及外勤人员由兼办行处另派人员兼任，原有工作人员由总管理处另行调派；其原有放款由兼办库随时代收，归还行方透支，所有该区域内应放新款，均由行方委托兼办库代放。② 由于亏损的合作金库不断增加，被调整为委托库的合作金库越来越多。1942 年 7 月，以合库业务由农行分支行或办事处代办的，已达 50 库，1943 年增为 74 库；委托邻县合库或农行行处兼办，1942 年 7 月有 45 库，1943 年达 46 库。1944 年初委托库达 292 库，独立库仅剩 40 余库。③ 因中国农民银行对合作金库的调整，使得合作金库变得更像中国农民银行的分支机构，而中国农民银行每年度的业务报告将其辅导控制下的合作金库作为其分支机构进行统计也正说明了这一点，④ 这也使得合作金库越来越远离形成完整系统的目标、远离合作的性质。

四、合作金库与合作金融体系

辅设合作金库的国家行局中，除农本局、中国农民银行这

---

① 徐国屏：《合作金库机构调整后实务之改进》，《中农月刊》4 卷 2 期，1943 年 2 月。

② 中国农民银行档案：《调整及改进本行辅导合作金库亏损办法》，《修订各省县合作金库机构调整实施细则》，一般合库调整事项，中国第二历史档案馆藏，全宗号 399（5）—2329。

③ 陈颖光、李锡勋：《合作金融》，正中书局 1947 年版，第 24 页。

④ 《一年来之中国农民银行》，《中农月刊》5—9 卷，每卷第 4 期，1944—1948 年。

两家最主要的辅设机构外，还有中国银行、交通银行、中央信托局。

中国银行辅设合作金库始于1940年，因该行认为合作金融系统之机构不利于银行，其对辅设县金库组织的兴趣极低。这年辅设成立的县库约14库，分布于川、黔、甘、滇、豫等省，此外，接办原由四川省合库辅设的永川、潼南等7库，原由浙江省合库辅设的江山、常山等10库，由农本局移交该行的四川巫山、巫溪2库，广西平南、蒙山2库，湖北巴东、秭归2库及陕西洋县1库，中国农民银行曾转让贵州榕江，甘肃酒泉、张掖等库。到1942年7月该行移交合库时，总计直接辅设与接办者32库。

1940年，五行局划分贷款区域后，交通银行的贷款区域遍及川、黔等19省，其所辅设与接办之合库，年有增加。到1941年1月底，有四川纳谿、犍为、宜宾等16县库，贵州咸宁、赤水等7县库，广西全县、兴安等8库，湖南临醴、沣县2县库，甘肃静宁、泾川2县库，到1942年8月移交时，四川省剩8库，贵州、广西各增1库，其他省依旧，合计29库。

中央信托局办理农贷开始于1940年，该局没有直接辅设合作金库，但因实行贷款分区，接收了其他机构辅设的合库。到移交时，该局接办的合库共计32库。

在提倡机关的辅导推动下，自1936年第一个省库的创立到1944年的8年间，合作金库的发展很快，1937年只有省库2个、县库22个，到1944年，省库增加到6个，县库更增加到452个，尤其是1939、1940年间增加可谓迅猛。在分布区域上，由冀、鲁、皖、苏等省进而遍及西南西北及东南各地，到1944年，已遍布全国14个省，其中主要集中在西南各省。[①] 在抗战的岁月中，合作金库的发展有此成绩实属不易。历年合作金库发展情形，以及空间分布状况，由表3、表4可知。需要说明的

---

① 姚公振：《中国农业金融史》，第277—278页。

是，下表关于合作金库的数字不是精确的，因为：（1）战区的变动；（2）合作金库多不遵守法规登记并编送报告；（3）提倡辅导机关时有将合作金库停办或由辅导行代办的；（4）各辅导行对合作金库的辅导工作没有正式报告送合作行政机关备考。表3中1944年的县库为452，也有的统计为474库，若加上停业的达493库。①

表3 合作金库历年发展情况表

	1936	1937	1938	1939	1940	1941	1942	1943	1944
县库		22	113	208	367	380	338	452	452
省库	1	3	2	3	6	6	6	6	6

说明：表中数字为历年实存数。

资料来源：姚公振《中国农业金融史》，第277—278页。

表4 合作金库数统计表（1943年）

省份	浙江	江西	湖北	湖南	四川	西康	河南	陕西	甘肃	福建	广西	贵州	云南	合计
县库	44	7	8	27	118	10	54	18	17	5	54	54	36	452
省库	1	1			1					1	1		1	6

说明：重庆市合作金库是隶属行政院市合作金库，与省合作金库属一个级别。若加上重庆市库，则省级合库有7个。

资料来源：姚公振《中国农业金融史》，第277—278页。

设立合作金库的目的是为了建立系统的合作金融体系，然而，由于国民政府赋予农本局的职责范围过于庞大以及农本局自身的缺陷，因此农本局对合作金库的提倡辅导力不从心，终致国民政府结束了其辅设合作金库的使命，同时又增加了辅设机构。辅设机构的增多，加快了合作金库的设立速度，但也注

① 丁宗智：《八年来之合作金融》，《金融知识》4卷1、2期，1945年。

定合作金库命运多舛。首先是辅设机构的再三变动。1941 年 1 月，农本局所辅设之合作金库奉命分别移交给中国农民银行、中国银行、交通银行及中央信托局四行局；1942 年 7 月，国民政府确定四行业务专业化时，又将各行局农贷、辅设合作金库等业务统一划归中国农民银行。由于移交接收，辅设工作多陷于停顿，资金供给时断时续，对农贷业务损失巨大，如 1941 年初的移交，虽明令限期办理完成，然拖延至年余内部往来账目尚未能结清，在此期间，大部分业务皆奉令停顿，农民告贷无门，本来这年是扩大农贷的年度，合作金库反突现金融紧缩的迹象。据统计，1940 年在移交接收中的合作金库有 13 库，1941 年突增至 259 库，占全国库数的 2/3 以上，至 1942 年则有二行一局之移交库数 93 库。因此，在这几年，县合作金库大多在波动之中，工作人员难以安定，业务计划难以实施，其间因移交接收双方人事关系，更常发生摩擦，贻误业务展开，阻滞金融，以致妨害合作事业。①

更为重要的是，辅设机构的增多，使合作金库是在不同系统、不同方式下产生出来的。有的是由国家行局所辅设，如川、康、湘、桂、黔、鄂等省的合作金库；有的是由合作行政机关先倡设省合作金库，然后再由省库去组设县合作金库的，如浙、赣、闽等省的合作金库；有的是由合作行政机关先倡设县合作金库，然后再和金融机关协同组设省合作金库，如陕、豫两省的合作金库；有的由省政府协同金融机关先组设省合作金库，然后再分设县合作金库的，如四川省的合作金库。辅设机关五花八门，就国家五行局来说，它们各自的性质不一，参与辅导的时期不同，辅导态度也有差异，辅导内容及方式自有分别，形成各库不同的作风，如股本数额参差、会计制度存在差异、人员薪级待遇不同、经营方式不一等。更有甚者，不同系统所辅设的合作金库各自为政，不通往来，甚至相互批判，互相对

① 陈颖光、李锡勋：《合作金融》，第 22 页。

立，使合作运动的信用为之低落，成为发展的障碍。再者抗战后后方金融事业发展迅速，偏僻内地，国家银行、地方银行及商业银行等，均随合库的普设而成立。于是，不仅合作金库之间不统一、不协调，而且合作金库与其他各种金融机构之间也有冲突，分工不明确，业务难于开展，形成竞争形势，对合库存汇及代理等业务发展造成诸多障碍。

设立合作金库是为了解决商资进入农村后所产生的农村合作金融的纷繁复杂的问题，但终究自身也陷入这种状态之中，这不能不引起人们的反思。一种普遍的共识是由众多提倡机关尤其是银行辅设合作金库并不利于合作金融制度的建立，应该设立统筹合作金融的专设机关即中央合作金库以推进建立系统的合作金融制度。这又进一步涉及现有的《合作金库规程》，它被指责存在着诸多不合理之处，如依据规程，合作金库为合作社联合社的一种，其发展程序，必先有合作社，然后才能有县合作金库；必先有县合作金库，然后才能有省合作金库；必先有省合作金库，然后才能有中央合作金库。据此，实施数年之后，不仅县市合作金库未能普遍，省市合作金库亦为数不多，更不用说中央合作金库的成立。①

1941 年 4 月，社会部召开全国合作会议，会议讨论的议题涉及合作行政机构、合作金融系统、合作人事制度、合作事业经费、合作组织、合作教育与训练的普遍推行等，收到提案 186 件，其中关于合作金融系统及合作金库制度的提案共 25 件，这之中尤以社会部提交的《创设中央及省（市）县（市）合作金库以建立合作金融系统案》最为详尽。大会以此案为基础，融合其他各案，合并成为一案，并予以修改补充，最终通过以此为标题的议案，决议修正《合作金库规程》，由中央合作主管机关会同有关机关组织中央合作金库筹备委员会克期成立中央合

① 寿勉成：《我国合作金库之沿革与将来》，《银行周报》31 卷 1 期，1947 年。

作金库。[1] 1941 年 12 月，国民党第五届中央执行委员会第九次全体会议中央委员陈果夫等 14 人，会同提议《切实改善合作金融发展合作事业以奠定抗战建国之社会经济基础案》，会议原则通过，其办法交由中央党务委员会审查，认为合作金库确有从速建立之必要，本案交国民政府责成社会部、财政部及四联总处对于统筹合作金融的专设机关即开始筹备工作。中央执行委员会将此案交国民政府责成社会部、财政部及四联总处共同筹备，并令将修正《合作金库规程》一案并案办理，中央合作金库遂正式踏入筹备阶段。随即社会、财政两部及四联总处会同拟具中央合作金库筹备委员会组织章程，并在四联总处下正式成立筹备委员会，该委员会成立后的首要工作为草拟合作金库条例，因为当时多认为合作金库系统应分为中央合作金库与县市合作金库二级，在筹设中央合作金库之先，应先订定整个合作金库制度之合作金库条例，然后再根据条例之规定，筹备中央合作金库。1943 年 9 月 18 日国民政府命令公布合作金库条例，其实施细则亦于次年 2 月 5 日以行政院令公布施行。[2] 由政府聘任的中央合作金库的理监事人选也于 1944 年 12 月确定，但此后两年间中央合作金库迟迟没有成立，主要是资金迟迟不能到位，直到 1946 年 8 月，蒋介石令拨专款 100 亿元，中央合作金库才进入具体筹组阶段，1946 年 11 月，中央合作金库终于正式建立。[3]

中央合作金库的成立，其目的是统筹合作金库的建立，以形成系统的合作金融制度，但是它没能做到这一点。首先分支机构的设置进展不大，按《合作金库条例》的规定，合作金库分中央和县市两级，中央合作金库可在各省市设立分支库或办

---

① 郑厚博：《全国合作会议之收获》，《合作月刊》战时版第 22、23 期，1941 年 5 月。

② 丁宗智：《八年来之合作金融》，《金融知识》4 卷 1、2 期，1945 年。

③ 寿勉成：《我国合作金库之沿革与将来》，《银行周报》31 卷 1 期，1947 年。

事处。为了配合战事的需要，中央合作金库把分支机构的设置首先放在“绥靖区”，其目的是所谓“早日复兴绥区经济，安定民生，配合总体战之实施”。到1947年底，已设分支库44单位，其中山东、河南、东北、河北、山西、湖南、湖北、广东、四川、北平、上海等分库11所，青岛、徐州、泰县、淮阴、锦州、辽阳、安东、蚌埠、宁波、开封、许昌、无锡、芜湖、张家口、南通、沙市、归绥等支库17所，办事处16所。到1948年6月，又成立了分支机构16处，其中福建、甘肃、江西3省分库，贵阳、汕头、梧州3支库，办事处10处。[①] 中央合作金库的分支库数量有限，县市合作金库的辅设则更步履艰难，为数很少，到1947年底，已核准登记的只有吴县、常熟两县合作金库，经核准筹备者有武进、江阴等18县合作金库，经核准派理监事者，有宜兴、青浦等21县合作金库。[②] 至于原有的400多省县合作金库基本不在中央合作金库的控制之下，一直到1949年也没完成改组，中国农民银行所控制的330余库，直到1949年仍被视为中国农民银行的准分支机构。从组织结构看，没能形成系统的合作金库体系。

其次，中央合作金库与中国农民银行之间的分工依然含混不清。尽管1943年6月14日国民党第231次中常会曾决议，对两者做了分工：中央合作金库以总理在地方自治开始实行法中所规定之农业合作、工业合作、交易合作、银行合作、保险合作等为主要业务；中国农民银行以总理所提示之七种农业改进工作如农业机器、肥料、种子、除害、制造、运送、防灾等金融为主要业务。但自国民政府执掌政权后，20余年的农业贷款，一直将合作社视为最理想的贷款对象，在这个广大的贷款领域，

---

① 中国第二历史档案馆编：《中华民国史档案资料汇编》第五辑第三遍，财政经济（三），江苏古籍出版社2000年版，第5—6页。

② 郭敏学：《中国农业金融制度之史的检讨》，《农村月刊》2卷6期，1948年6月。

中国农民银行有着长久的辅导及业务历史，能仅凭国民党中央一纸议决，让它轻予放弃？实际上中国农民银行在农贷领域所占比例甚高，已根深蒂固；再者，中国农民银行具有多重角色，它既是农贷银行，也是军事银行，还是蒋介石所控制的国家银行，这就决定了对其改组的困难。于是，中央合作金库与中国农民银行“在业务上乃形成不可避免之冲突，专业化以前贷款松烂与合作社组织不健全之流弊，行将再见于今日”①。

国民政府试图通过设立合作金库以建立系统的合作金融制度，这一目标最初不甚明确，或许受当时的《合作金库规程》的限制，合作金库的设立主要在县合作金库一级，其结果是合作金库的纷乱复杂。1942 年后目标逐渐明确，期望通过设立统筹的专设机构以达到目的，但最终还是落空。仔细推敲内在的深层次原因，实与农本局、中国农民银行这两家涉及合作金库的机构有关。农本局存在着先天的不足，它自无力承担被赋予的使命，而使合作金库陷入纷繁复杂状态；而中国农民银行在农贷领域的根深蒂固，使在中国农民银行与中央合作金库之间建立合理的分工以形成系统的合作金融制度成为一句空话。合作金库没有真正独立，它的作用只不过是一个中介，是国家行局将资金放给合作社的中介，于是形成了农村合作金融制度的一种独特结构，即银行——合作金库——合作社，它充其量只能说是民国时期占主导地位的农村合作金融制度银行——合作社的变种。国民政府在推行农村合作金融制度上始终摆脱不了纷繁复杂的困境，表面看是事关众多机构间的复杂关系难以厘清，在这个背后，实是反映国民政府在农村合作金融政策上的诸多问题，关于这一点，不是本文所能阐述清楚的，当另文分析。

---

① 郭敏学：《中国农业金融制度之史的检讨》，《农村月刊》2 卷 6 期，1948 年 6 月。

民国时期西北典当业的衰落及原因分析

宁夏大学马克思主义学院　高石钢

典当业在我国产生和发展的历史悠久，它同钱庄、票号、商店等机构、组织以及私人借贷一起成为旧式金融的重要组成部分。由于典当业发展源远流长并形成了相当规模，并在传统中国社会金融业中扮演着重要角色，特别是对乡村经济和下层百姓生活有着密切的联系和影响，俗有“典当者，穷人之后门也”之说法，因此民国以来，许多学者开始重视对典当业的研究，且著述颇丰。尽管学术界对典当业的研究已取得了较为丰硕的成果，但仍有一些问题值得深入探讨，如从整体研究的角度看，对典当业本身的研究较多，较深入，而把典当业放在当时社会历史发展的背景中去考察，进一步揭示典当业的社会经济功能，特别是揭示典当与农户生产与生活的关系、典当业在农村金融中的地位等问题就显得不足；从区域研究看，发展也不平衡。已有研究成果中更多的是关注华北、华东和华南地区；而对西北地区典当业的研究则关注较少，研究成果寥寥无几。事实上，典当业在清代中期在西北城乡各地普遍存在，其业务活动十分活跃并进入鼎盛时期。但进入民国以来，西北典当业由于受到多方面因素的影响举步维艰，并逐渐走向衰落。分析其发生变化的原因，既有典当业自身的原因，也有综合性的社会性因素的影响，对此，我们有必要对其进行具体的分析。

一、清代西北典当业的繁荣

西北地区的典当业具体始于何时，有待于进一步考证，但有一点可以肯定，即在清末民初，这里以银钱业和典当业为主的传统金融已经相当发达。从现有的西北各地典当业的记载中可以看出，陕西的典当业起源时间较早，始于北魏，唐宋时有很大发展，名为质库、解库和抵当所。到金代民间质典经营活动盛行，政府曾对典当业进行了干预和管理。清末民初，西北各地，除了钱庄、银号、票号等银钱机构外，典当业在旧式金融业中也占有比较重要的地位。

资料显示，陕西典当业在清代中期达到鼎盛时期。雍正五年，陕西共有典当580座。具体分布在各府、州、县（见表1）

表1 清代陕西典当铺分布表

州府名	各县实有数	共有
西安府	长安27座、咸宁82座、咸阳30座、兴平9座、临潼34座、高陵13座、蓝田2座、泾阳43座、盩厔2座、渭南31座、富94座、醴泉17座、鄠县11座、三原64座	459
凤翔府	凤翔3座、郿县1座、宝鸡2座	6
汉中府	南郑1座	1
兴安府	安康1座	1
同州府	大荔9座、朝邑11座、郃阳18座、澄城3座、韩城39座	80
华　州	华阴2座、蒲城14座	16
耀　州	耀县2座、白水3座	5
乾　州	乾县3座、武功1座	4
邠(彬)州	邠县1座	1

续表

州府名	各县实有数	共有
葭(佳)州	神木1座、府谷6座	7
合　计		580

资料来源：陕西省地方志编纂委员会《陕西省志·金融志》，陕西人民出版社1994年版，第272页。

即使到了清代后期，陕西的西、凤、汉、商、乾、延、绥、榆等府、州仍有当铺160座。内除韩城忠信当于宣统元年（1909）正月歇业，白水信昶典于光绪三十二年歇业外，实有当铺158座。从资本额来看，大都在数千两至两万两左右，最大的有10万两。当铺的类型大多是私人投资经营，但在西安、关中和陕南的一些当铺也有官府投资的，如光绪年间洋县的成顺当、协和当，西乡县和勉县也各有一家。此当铺一般是官府用公款给当铺作为资金的。具体到各县来看，延安地区各县在清末有典当46家，其中，肤施县有11家，安塞县4家，保安县4家，鄜县16家，宜川县3家。定边县，清乾隆年间，定边城、安边堡、红柳沟、张千户岔四地已有私人开的当铺，不仅典当，还放债存款。三源县在清雍正五年（1727），就有当铺64座，乾隆三十年（1765）增加至69座。武功县到嘉庆七年（1802），当铺数增为4家，清末，全县当铺“不足十家”。兴平县，在清雍正五年（1727）有当铺9座，至乾隆四十二年（1777）“仍有当铺15座”。

清代甘肃省典当业的兴盛较陕西省略晚。清初顺治时期，经过长达半个世纪的变乱，典当业在甘肃并不发达，直到康熙年间典当业在该地区开始复兴，从当时编修的方志中的许多关于典当业的记载来看，在康、雍、乾、嘉四朝甘肃的典当业有了很大的发展，当铺的数量增加很快。如肃州“当税，原额当铺六十座。自雍正八年起，至乾隆元年止，陆续新增一十九座，二共当铺七十九座，每座每岁额征收税银五两，共征收税银三百九十五两”。按清康熙三年（1664）规定的当铺每年征收税银五两计，金县（榆中）年征收“当税银一百五两”，应有当铺21座。秦安县征收“当税银一百六十五两”。以每一当铺5两计，应有当铺33座。清末民初，靖远县城先后建小押当十多处。民勤县，清末民初，有当铺七八家，其中“公益当”“永盛当”“应义当”“东盛当”最为兴盛，铺面阔绰，资金丰厚。同治回民起义对甘肃的典当业给予了沉重的打击，当铺大半歇业，直到光绪年间才又恢复起来。其中兰州地区的典当业在清末时期已相当发达，星罗棋布的当铺分布于大街小巷之中，不但数量惊人，而且种类齐全。甘南地区的典当业在清末民初曾出现，以临潭县为例，当地的当铺最早由姜雪峰开设，名为“姜家当”，资金数千元，清朝光绪年间又有王廷臣开设“万盛西”商号，其中分店“万盛当”是专营典当的。临洮县在同治变乱后于光绪十六年（1890）开设当铺“仁西当”，随后发展至数十家。

同陕西、甘肃一样，当铺也是宁夏传统金融的重要组成部分。宁夏典当业清初最盛，乾隆年间当铺有205家，为当时商家之6倍，岁课税银1050两。其中，宁夏县当铺44家，岁课税银220两；宁朔县当铺48家，岁课税银240两；中卫县当铺41家，岁课税银205两；灵州当铺50家，岁课税银250家。甚至到了辛亥革命前夕，宁夏“当铺设立，遍及大小城镇”。

青海的典当业始于何年，无案可考。据资料记载，西宁从雍正时期开始，就有民间的金融机构——当商，吸收民间钱款。“清乾隆后，货币渐缺，贫民将衣物、用具作抵押，向当铺计息支钱”，道光年间青海城乡当商共有30余家，并有行会组织，一家倒闭全行负责。经同治兵乱后，城关及威远堡地区尚剩八九家。乾隆十年，（西宁府）征收（当税）银580两……光绪二年，（西宁府）征当税银60两。湟源县在清嘉庆年间，当地民族贸易特盛。“当铺应运而生，设肆典物。开设小当的就有30

余家”。大通县在清同治年间，曾开设当铺一处，光绪初年，又在县城开设“钱泰当”和“天锡当”2处。由此推断，青海的典当业在乾隆前已经产生，道光、咸丰年间有一定发展，同治年间因西北回民反清斗争爆发，左宗棠率部进行镇压，典当也受到了影响和破坏，从此每况愈下。

二、民国时期西北典当业的衰落

进入民国时期，同全国大部分地区一样，西北地区的典当业不可避免地走向衰落。其主要表现为：正规当铺的种类趋于单一，当铺数量减少，尤其是大当减少，存在的大多是小押当，因此经营规模缩小，资本金数量明显减少；当物以生产生活用具居多，且价值普遍偏低；经营风险增加和出当困难使得当铺利润减少，死当的频频出现导致满货亏损的增加；金融市场混乱和经营成本增加使得当商为了维持经营纷纷将当价和利息升高，加上当期偏短，导致客户流失现象严重等。可以说，民国时期西北地区的典当业逐渐失去了生存空间而走向衰落。本文主要从当铺数量的变化来看西北典当业的衰败。

陕西省典当业在清末民初尚属兴盛，直到民国十五年（1926）西安“围城之役”，因受流通券影响，损失很大。据统计，1931—1941年间，陕西全省典质仅有9家，其中西安2家、大荔2家、户县1家、朝邑1家、榆林2家、富平庄里镇1家。西安作为陕西政治、经济、文化中心，其典当业在清末民初，还有当铺20座，民国十一至十四年（1922—1925）仅存五家。民国十六年（1927）以后，由于不少当主用不兑换流通券赎当，使典当业损失严重，再加上政府限制当息不得超过月息二分，加之社会时俗变化，衣饰过时，逾期死当拍卖亏本，这些典当铺相继歇业。从各县情况来看，光绪年间，乾州有当铺五家，光绪二十三年（1897），“强迫当铺预交20年当税，再加上屡经兵燹，所以到民国初期，当商相继停业”。横山县典当业创始于光绪年间，光绪至民国后期，全县典当业先后有四家。到民国二十七年（1938）“先后停业”。清代关山城内还设有两家当铺，进行物品抵押借贷活动。但到清末就关闭了。武功县在清末还有近十家当铺。民国初年除一些商号兼营典当业务外，县城知名当铺仅有三家。民国二十六年（1937）后，“本县再无此业”。三原县清乾隆三十年（1765）有当铺 69 座，但到民国十八年（1929）前后，“因连年奇旱和兵荒马乱，市面冷落、业务不振，当铺相继停业”。兴平县，在清乾隆四十二年（1777）仍有当铺 15 座。至民国初年城内有东、西、南、北四家当铺。东、南当铺 1930 年停业，西、北当铺 1931 年停业。

在甘肃省，据三十年代的调查，“甘肃全省，在民国十八年前，各县所设立典当甚多，嗣因频遭兵燹，益以灾祲，浩劫迭来，民生凋敝，而典当之倒闭者遂多，今仅存者，已无几矣”。各县当铺情况统计如下：

（1）酒泉县，全县设有私立当铺三家，资本五千四百元，每月利息六分，十个月出当。（2）临夏县，全县设有私立当铺三家，资本六千元，每月利息五分，十八个月出当。（3）（未知县——笔者注）全县设有私立当铺四家，资本五千九百元，每月利息六分或八分，十二个月出当。（4）敦煌县，全县设有私立当铺三家，资本一万一千七百元，每月利息六分或八分，十个月或十二个月出当。（5）武威县，全县设有私立当铺一家，资本一万元，每月利息三分，二十四个月出当。（6）天水县，全县设有私立当铺四家，资本三千一百元，每月利息二分，十二个月出当。（7）张掖县，全县设有私立当铺十家，资本一万四千六百八十元，每月利息五分，十个月出当。仅以上甘肃七县共有当铺二十八家，资本总额达五万六千七百八十元。

另据民国二十四年（1935）甘肃各市县政府上报的典当业的调查数据显示，民国二十三年（1934）甘肃各县典当为 37 家，资本总额仅为66 500元（见表 2）。

表2 甘肃省典当业调查表（1934年）

市县名	种类	家数	资本
兰州市	典	10	22000元
天水	小押	4	2600元
永登	当	4	8000元
武威	当	1	10000元
张掖	当	6	6000元
张掖	小押	5	1800元
酒泉	当	3	8600元
临夏	当	4	7500元
合计		37	66500元

资料来源：宓公干《典当论》，商务印书馆1936年版，第252页。

从表2可以看出：民国时期，甘肃省内的当铺数量比清代有了明显的减少，而且分布多集中在兰州、张掖、临夏等城市中。如兰州市，其当铺的数量直到解放前仍有15家。而其他一些处于乡村地区的县、镇，许多当铺在民国中、后期倒闭。如两当县在清末仅有的一家当铺“兴顺号”民国三十年倒闭。纵观近代甘肃省典当业变化不难发现，从清代到民国时期，典当业总的趋势是走向衰落，但是在民国十八年至民国二十五年，当铺数量仅从41家降至37家之间，而小押当则数量更多、存在更为广泛。这也说明，甘肃省的典当业在这一时期尚有一定生存发展空间。

宁夏典当业在清初最盛，前述乾隆年间还有大当铺205家。辛亥革命后，虽数量明显减少，但大当铺尚遍及大小城镇，总数仍有约四五十家。据统计，民国初年宁夏府城有当铺21家；属宁夏县的有13家；属宁朔县的有8家；属吴忠堡的有5家；金积县有4家；中卫、平罗等县亦有当铺数十家。宁夏除大当外，小押当更是遍布于大小集镇。

进入民国二十代后，“宁夏连遭兵灾、匪患，各地当铺均首当其冲，多被洗劫，有的一蹶不振”。“民国二十年（1931）后，宁夏所有之当铺均先后纷纷歇业关闭”。

青海道光年间城乡当商共有三十余家，经同治兵燹，城关及威远堡地区尚剩八九家。至民国十九年，“湟源仅大当三家，别无中小当名目”。西宁有源益当、德心当、统一当、世益当、恒泰当、益恒当等6家。民国二十七年（1938），青海当铺只有化隆、湟源、湟中各1户。当年湟中的当铺倒闭，其余2户维持至40年代。由此可见，青海的典当业在乾隆前就已产生，到道光、咸丰年间即有一定发展，同治年间，因西北回民起义，左宗棠率部镇压，典当业受到了破坏，从此，每况愈下。虽然以后又延续了半个世纪，但终因政治腐败，经济萧条，社会动荡，货币不断贬值及新式金融业的产生和发展等诸多影响，于中华人民共和国成立前夕关门歇业了。

三、衰落原因分析

与带有资本主义萌芽性质的信用机构如钱庄、票号等不同，典当业这一主要用于生活性融资的古老信用机构存在的基础乃是自给自足的小农经济。然而，伴随着外国资本主义的入侵，小农经济日益瓦解，加上内外多重原因的影响，以小农经济为温床的典当业随着原有经济结构的变化不可避免地产生动摇乃至衰落。笔者认为西北地区典当在民国时期日渐衰微受到内外两个方面因素的影响。

从外部因素上看：

一是兵匪扰乱是典当业衰落的直接原因。清朝中后期，西北地区较大的战乱主要发生在少数民族与汉族政权之间。其中影响较大的包括同治年间回民起义和白朗起义。另外，由于政局混乱，社会动荡，土匪流民也趁战乱之际进行抢劫，包括当铺在内的金融机构更是容易成为兵匪抢劫的首选目标。如民国三年（1914），白朗起义军攻入甘肃临潭县，清朝中期最先开设的“张家当”和光绪年间开设的“万盛当”被焚毁，清朝中期开设的另一家当铺“宋家当”也于民国十八年（1929）被焚，自此临潭县再无当铺。陕西千阳县也由于民国三年4月白朗军过境，秩序混乱，当铺被劫，经理也被击伤，当铺停业倒闭。至此，千阳县再无典当业。武功县民国二十二年（1933）在县城新开设的一家当铺，“获利甚多，不久被土匪枪杀，当铺倒闭”。此外，民国时期西北地方势力日益崛起，中央政府鞭长莫及，加上民族矛盾日益凸显，导致地方军阀与国民军之间的矛盾日益加深，战火复又蔓延至整个西北。在今甘肃、宁夏一带，除了1928年开始的马仲英与国民军进行的战斗外，先后有黄得贵、宋有才、韩有禄、张兆钾、孔繁锦等联合起来反对国民军。在陕西，民国十五年（1926），吴佩孚派匪首刘振华率领的镇嵩军围困西安，杨虎城和李虎臣守城，最后于右任与冯玉祥解困西安。连年战祸严重破坏了经济发展，大小商户苦不堪言，包括典当业在内的诸多行业再一次遭受了沉重打击，从此一蹶不振。此外，地方势力为了筹集战争所需的经费，使典当业同许多工商业、金融机构一样，不可避免地背上了沉重的赋税负担。以青海省为例，自清朝中叶开始征收的当税数额，随着当铺规模和数量的减少而下降。为了补充税收，民国二十三年开始加收“当贴捐”和“当贴年税”等项目，加重了当铺的负担，使得青海的当铺到了40年代纷纷倒闭。

二是自然灾害的深层打击。陕甘宁青地处黄土高原地区、自然条件恶劣。自然灾害对该地区农业生产和人民生活的影响程度非常之大。民国时期，伴随此时期的社会动荡，西北地区的灾荒更为频繁，其时间之连续、范围之广、后果之严重前所未有，几乎无时不灾，无处不灾。据相关资料统计，西北地区在1920—1949年的30年的时间里，除了1923年、1938年和1949年三年不是各种自然灾害同时并发外，其余的年份都是数灾并发。而且有些年份受灾面积相当广泛，如1928—1930年、

1932年、1945年的旱灾；1933年的水灾；1932年的蝗灾和风灾；1933年的雪灾、霜灾；1932—1933年的冰雹、地震等灾害，受灾的县数都在100个以上。一般来说，灾害所造成的破坏性后果的程度，会随着人类生产力的提高和生产组织的建立健全逐渐减弱，但每一次灾害的危害程度，却与特定的社会政治经济状况密切相连，如所谓“大兵之后，必有灾年”，表明了天灾与人祸的相关性。灾荒本身虽不能造成农业危机，但在农业危机阶段，灾荒则会表现得特别严重，并成为农业危机的促成因素和表现形态。

从短期上看，受天灾影响最直接的是农业生产，继而威胁到农民的生存，典当业作为传统的金融机构正可在短期内坐收渔利，因而从统计的数据中可以看出，此时百姓为求生存，只得纷纷典当生产生活用品，使得作为传统金融的典当业得到短期的支撑。然而，长期看来，这种竭泽而渔的方式对于典当业的长期发展是不利的。自然灾害使得原有的小农经济进一步遭受破坏并难以恢复，生产停滞，农民无力维持生计，长此下去根本无物可当，更别说赎回当物，从而造成典当业资金周转不畅。如陕西岐山县典当业起于清末，民国十八年至二十一年(1929—1932)连年饥馑，贫苦之家纷纷持物换钱以活命，使典当业兴隆。此时城镇里有同心成、集成祥、仁义、恒兴福等6家当铺。但年馑后期，物竭人稀，青化、蔡镇、高店等地当铺先后倒闭，城关各家勉强维持至民国三十四(1945)，因物价大跌，严重亏损亦大部停业。民国十八年至二十一年(1929—1932)陕西扶风县连续三年大旱，商业凋敝，当铺、钱铺停业。武功县民国初年县城的三家知名当铺“纪元号”“敬胜号”和“振丰号”在1929—1931年的大灾中先后歇业。

从内部原因上看，民国时期西北典当业的衰落表现在：

1.“满货亏损”现象造成的业务停滞。所谓“满货亏损”是指出典人在当期内未能赎当，导致当物成为“绝当”后，当铺未能将当物“出当”以回笼资金，从而导致当铺支付给出典人的当金、典当利息及保管费等其他相关费用未能及时收回而产生的亏损现象。从经营上看，近代西北典当业经营中的一大困境就是满货亏损现象。满货亏损现象的发生，笔者认为其根本原因是农民选择典当这种抵押放款业务的目的在于个人消费性融资而非产性融资，当农民无力面对自然灾害、兵匪劫掠、沉重的赋税等因素带来的困难时，才会通过典当获得资金以解燃眉之急，故而典当业本身并没有成为农村经济乃至社会经济发展的助力。这一点可以从典当业务的对象和当物的种类中看出。许多资料表明，西北各地典当业务的主要对象多是贫苦农民和破败之家，其中农民为了维持基本的开销，不得不将赖以生存的农具如锄头、犁等进行对典当，甚至不惜将铁锅、棉被、布衣等拿出作为当物，这说明农民的生活已经难以维持，更无力发展生产，因此也难再有资金赎回当物，大多数的当铺不可避免地面临满货亏损的境况。即便城市中的部分破落之家偶尔会当出贵重当物，其处理也存在一定风险，其中部分衣物虽然做工精美，但样式陈旧，不易脱手，金银首饰又为政府统治，故而贵重的当物也多难处理。近代西北典当业大多由私商投资经营，在政局动荡之时，私人资本一旦在经营上出现问题，若无政府支持或其他资金来源是很难抵御风险的。

2. 币制紊乱造成的亏损。近代西北，当铺支付的货币以制钱为主。然而从清末民初开始，西北地区的金融市场上流通的货币种类繁多，十分混乱。除了各个行局发行的各种纸币外，市面还流通着多种货币。以甘肃为例，清末民初，甘肃省市面上流通的货币主要包括银本位币、银辅币（又称“角子”）、铜辅币（又称“铜元”）、制钱（又称“麻钱儿”）、各类钱贴以及外国货币。上述各种货币又可进一步细分为好几种，如银本位币又分为以前遗留的“江西大宝”“汴梁腰子”、四川中锭、“山西小宝”“陕西公估”及元宝、杂色银，以及清光绪年间的龙圆（又称“双龙银元”）、北洋政府打造的“袁头币”和“孙币”，“袁头币”又分为“正牌”（即大洋）和“杂牌”。不同材质的货币同在市场上流通，对典当业的收入造成很大的影响，其最明显的表现为银贵钱贱。如甘肃临洮县，民国时期当铺逐步歇业的一个重要原因之一，就是当户用粗制滥造的沙元赎当。当铺多以钱作为交易货币，更容易在赎当时产生亏损。虽然1935年11月中央银行、中国银行、交通银行（后来有加入中国农民银行）发行法币，禁止银元在市面上流通，然而，法币的颁行并未从根本上改变货币问题对典当业产生的消极影响。政局变化造成恶性通货膨胀、法币贬值，而包括典当业在内的金融业依然以货币进行计算和收付，故而愈发难以经营，许多当铺业务陷于停顿。

3. 民间互助借贷、银行及合作社兴起对典当业务的冲击。由于当铺本身多为营利性机构，利息较高，需要当物抵押且有时间限制，故而许多告贷无门的贫苦农民在无法从当铺获得借贷时，就建立了一些互助性信贷组织，一定程度上抑制了典当业的发展。这种组织在西北地区有许多称呼，如“钱会”“请会”和“摇会”等，大多是民间自发组织的临时性信用借贷形式，有的地方收取低息，有的则不收利息。如甘肃临洮县就有针对婚丧事的“喜忧会”，用途专项且无利息。会约较为简单。陕西吴堡县在民国时期，有“请会”“划会”“钱帖子”以及高利贷等各种形式的民间信用往来。在宁夏，也有“措钱”“合会”（或“招会”“摇会”）以及城镇集市的小工业行中的“标会”等民间借贷组织。这些来自民间的互助借贷组织，从一定程度解决了农民的资金问题，缩小了典当业的市场。

此外，民国时期，国民政府开始重视农村事业，建立的一些新式金融机构开始进行农贷活动，也一定程度上抑制了典当业的发展。这一点在西北经济重镇西安表现得较为明显，1934年11月，中国银行在西安设立寄庄，即该行西安分行的前身；交通银行也于1934年11月在西安设立办事处；1935年5月中央银行在西安设立分行；中、中、交、农四行联合办事处也组织各行局在陕西实施联合贷放。从贷款金额上看，1934—1939年，中国银行在陕西发放的农贷数额高达248万元，交通银行高达126万余元；经济部农本局1938年在陕西发放贷款6824元，待到1939年激增为13万元。在甘肃省，全面抗战以后，国家银行参与农贷较战前明显增加，放贷及辅助管理机构逐渐得到加强。除中国农民银行外，中国银行1939年在甘肃设立支行，后在天水、武威、张掖、酒泉、岷县设立办事处。交通银行1940年在兰州设立支行。中国、交通银行也开始在甘肃兼营农贷业务。由于各银行参与农贷，1938年，甘肃省农村贷款已覆盖全省67个县。中国银行农村贷款区域已深入藏族聚居的县份，如卓尼、夏河等县。新式金融向农村注入大量资金，进行农贷活动，无异于瓜分了当地典当业的市场。

笔者认为，新式金融机构大力推广农贷政策，虽然从一定程度上抑制了典当业的发展，但并不是西北典当业衰落的主要原因。因为近代西北新式金融本身发展较为缓慢，如青海虽然在民国十六年设立了甘肃省银行西宁办事处，又在民国二十七年后陆续设立中央、中国、农民及银行和金融机构，后又于民国三十五年成立了地方银行——青海省银行、青海实业银行，大多受经济萧条、资金枯竭及通货膨胀等限制，并没有太大的发展；宁夏在全面抗战爆发后才有中、中、交、农四行，邮政储金汇业局分别设立了支行、分行或办事处，当地合作事业也是1940年才开始推行，而宁夏的典当业却早在民国二十年(1931)前后就已经明显衰落。再加上新式金融机构进行农贷时存在很大的局限性，不能从根本上解决农民借贷的问题，也就无法完全剥夺典当业的发展空间。

综上所述，典当业作为旧式金融的重要组成部分，利用其自身的诸多优势，在近代西北的金融市场发挥了一定的作用。但随着近代西北地区社会日益动荡，兵匪肆虐加上自然灾害的侵袭，典当业赖以生存的小农经济随之遭到破坏，典当业自身的经营也遭受着内外多重打击。受新式银行的兴起和民间自发形成的各种互助组织的冲击，典当业在近代西北的生存空间愈发狭窄，不可避免地走向衰落。

社会网络、连锁合约与风险规避
——近代东北乡村无息借贷合约选择机制的考察

上海财经大学经济学院　李　楠①

一、引　言

民间借贷作为非正规金融的重要组成部分，对于发展中国家农民获得短期资金平衡其消费与投资扮演着十分重要的角色（金烨、李宏彬，2009；Duongand Izumida，2002；等）。然而现有民间借贷行为的研究往往集中于乡村社会高利贷、社会（血亲）网络与借贷行为的关系、农户负债的经济社会影响以及新式农村金融发展等问题，而广泛存在于乡村社会中的无息贷款以及债务减让行为缺乏足够的讨论。因此，为弥补现有研究的不足，本文将采用 20 世纪 30 年代中国东北地区农村入户调查数据考察农户在民间借贷中无息贷款合约的选择机制问题。

无息贷款是相对于有息贷款而言的。两者的区别主要在于有息贷款需要借方在约定还款时期内不仅偿还本金而且需要支付一定的利息作为借用资金的报酬；而无息贷款则意味着借方在约定还款期内只需要偿还本金，无须支付资金使用的利息。无息贷款之所以值得重视，不仅仅是因为作为民间借贷关系中

①　李楠，上海财经大学经济学院经济史学系副教授。

有息借款（特别是高利贷）的对立面而存在，而是无息借款广泛存在于中国的历史与现实社会中。据20世纪30年代伪满洲国国务院实业部临时产业调查局（1937）《农村实态调查报告》中有关南满地区农村金融情况报告，超过50%的农村民间借贷合约为无息贷款合约。即使在当前，在“2008—2009‘北京大学—花旗银行’农村金融调查”中也显示近40%的民间借贷为无息贷款（董志勇，2011）。由此可见，民间无息贷款在乡村社会民间借贷行为中占有举足轻重的地位，不仅在传统中国社会扮演着重要的角色，即使在当前依然是民间借贷的重要组成部分。

尽管无息贷款现象在历史及现实民间借贷中十分普遍，但与此有关的系统化研究相对缺乏。较早关注农户在无息和有息贷款合约之间选择问题的是 Dreze，Lanjouw，and Sharma（1998）。他们认为，农户在有息和无息贷款之间的选择是乡村信用分割的结果。农户选择非正式金融中的无息贷款主要是从朋友或亲属那里获得资金用来消费的结果，而有息贷款则是从放贷者手中获得资金达到生产投资的目的。此外，他们也进一步强调农户选择无息贷款有农户之间利他、互惠保险的作用。但以上这种假说受到了 Loran Brandtand Arthur Hosios（2010）质疑。他们既不认同将无利息借贷解释为一种长期互惠保险或是家庭之间互助的一种手段，也不认同将正利息借款视为私人关系的恶化。他们认为两种贷款方式的主要区别在于如何履行利息的偿付义务。有息借贷要求人们支付贷款本金的同时支付利息，而无息贷款则只需支付本金，但是作为利率的替代，无息贷款会给予贷款人自行决定未来对借款人实行税收的权力。

尽管以上文献对无息借款合约存在的可能性给予了解释，但这些解释不能涵盖人们选择无息借款合约的全部理由，而且某些现实证据也对现有的解释提出挑战。比如，20世纪30年代中国东北乡村社会的案例中，无论农户借款的用途为何均有不同比例的有息和无息借款合约存在，这与 Dreze，Lanjouw，and Sharma（1998）认为无息贷款只存在于生活用途，而有息借款则存在于生产投资用途的假说有所差异。因此，本文试图从乡村社会网络关系（血亲、朋友）、连锁合约以及借贷活动本身风险规避等角度提出假说，进而对广泛存在于乡村社会的无息合约进行考察。

为进一步考察和揭示广泛存在于乡村社会中的无息贷款合约选择机制，特别是检验社会网络、连锁合约、风险规避三个假说对无息借款行为的解释力，本文将采用20世纪30年代伪满洲国国务院实业部临时产业调查局组织的“农村实态调查”作为主要数据来源。通过构建Probit模型分析发现：在中国传统乡村社会中，以血缘、亲友关系构建的乡村社会网络、要素市场中形成的连锁合约以及农户对借贷合约执行风险的控制程度是农户选择无息贷款的重要决定因素。而且通过风险控制变量同社会网络以及连锁合约相关变量进行交互分析后发现，在这些因素中借贷合约执行风险的控制与其他影响因素相比占有最重要的地位，特别是借款规模大小以及借款时间长短具有最重要的意义。由此可见，传统社会中的无息借款之所以产生不仅仅是乡村社会网络以及生产过程中连锁合约存在的必然结果，更重要的因素则是合约风险规避的客观选择。这就使理解乡村社会非正式金融活动不仅仅带有理性色彩，更有血缘、地缘的社会特色，但最终可以判断无息借款的存在依然是理性选择的结果。

本研究的主要贡献以及与以往研究的不同之处在于：首先，本文进一步深入讨论和分析了血亲网络、朋友关系等社会网络对民间非正式借贷行为的影响，特别是对无息借款行为的影响，揭示背后的经济学逻辑；其次，拓展了现有研究对乡村社会存在的无息贷款行为的解释，讨论了在过去被学者忽略的连锁合约对民间信贷特别是无息贷款合约的影响；最后，在现有研究的基础上，对以上竞争性假说进行了检验，最终发现无息贷款合约之所以确立的内在机制问题。

本文结构安排如下：在文章的第二部分，对本文所采用的数据来源以及样本所处的经济、社会、金融环境进行简要的介绍；在第三部分，本文的假说被提出，并针对这些假说设定实证模型和实证策略；实证结果及相关讨论在第四部分给出；最后为本文的结论。

二、历史背景：20 世纪 30 年代东北乡村的民间借贷

为了考察社会网络、连锁合约与风险规避对乡村社会农户无息贷款合约选择机制，已被众多学者（如 Brandtand Hosios，2010；Kungand Li，2011；李楠，2012 等）使用 20 世纪 30 年代由伪满洲国国务院实业部临时产业调查局所做的农村入户调查数据被用来作为主要的数据来源。该调查共分两次进行，其中：第一次调查始于 1935 年，主要选取北满地区 16 个县 19 个村；第二次调查于 1936 年开展，主要选取南满地区和极少部分北满地区进行调查，调查涉及 21 个县 22 个村。两次调查涵盖了中国东北大部分地区，涉及其境内的 37 个县 41 个村，共计约 1700 余户（样本地理分布见图 1）。调查内容主要包括：农家概况、家族关系和移民史、家庭人口结构、劳动力雇佣关系、土地关系、租佃关系、税赋负担、借贷关系等。特别是在该调查中提供了有关农户家庭社会关系、租佃和雇佣关系以及借贷关系等信息，这为本研究了解和考察中国传统乡村社会民间借贷活动提供了较好的素材。

通过该调查报告反映的样本信息，可以初步了解在 20 世纪 30 年代中国东北地区乡村社会的基本情况。虽然 20 世纪 30 年代的东北地区工业部门产值已占总产值的 20%，但农业依然占有重要地位，约占总产值的 36%（Ma，2008）。因此，样本中的农户收入来源依然主要以农业为主，其中从事农业生产的农户比重约为 90%，而非农户仅占整体的 10%左右。尽管东北地区直到 19 世纪 60 年代才开始开发，人口稀少、土地广袤，样本显示人均土地面积为 1.9 垧（1 垧＝15 亩），相比人多地少的

华北、华东地区土地较为富裕，但土地集中程度较高，调查的41个村平均土地基尼系数为0.768。较高土地的集中度与劳动力的稀缺导致了当地活跃的土地租佃和劳动力雇佣市场。在调查的样本中，有近三分之一的劳动力和土地分别在劳动力雇佣市场和土地租佃市场进行交易（见附表1）。东北地区乡村社会以农业为主要收入来源的经济结构，以及发达的土地、劳动力市场进而发展出一个具有当地特色的乡村民间信贷市场。

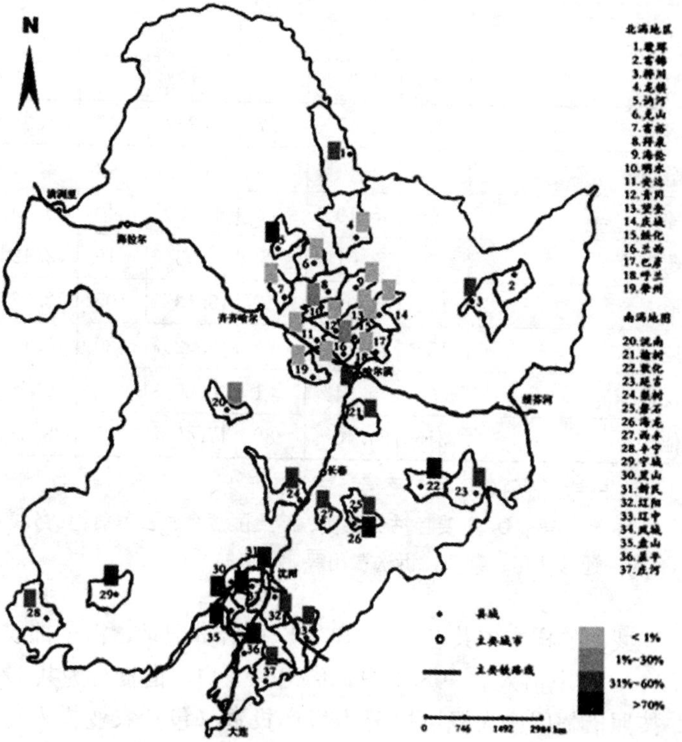

图1　伪满洲国国务院实业部临时产业调查局

“农村实态调查”样本分布示意图

资料来源：根据伪满洲国国务院实业部临时产业调查局《农村实态调查报告书》（1935、1936）绘制；无息贷款比重数据参见附表1。

表1　20世纪30年代中国东北地区农户民间借贷用途

借贷用途	全部贷款		无息贷款		有息贷款	
	笔数	百分比	笔数	百分比	笔数	百分比
生产投资	382	29.50%	168	33.01%	214	27.23%
农业生产投资	364	28.11%	158	31.04%	206	26.21%
非农业生产投资	18	1.39%	10	1.96%	8	1.02%
生活费用	431	33.28%	172	33.79%	259	32.95%
食品	45	3.47%	11	2.16%	34	4.33%
衣服	10	0.77%	6	1.18%	4	0.51%
住房	32	2.47%	17	3.34%	15	1.91%
结婚	57	4.40%	15	2.95%	42	5.34%
丧葬	66	5.10%	26	5.11%	40	5.09%
医药教育	39	3.01%	20	3.93%	19	2.42%
其他[a]	182	14.05%	77	15.13%	105	13.36%
偿还贷款	159	12.28%	79	15.52%	80	10.18%
赋税地租	7	0.54%	1	0.20%	6	0.76%
其他[b]	316	24.40%	89	17.49%	227	28.88%

说明：a. 主要包括购置灯油、蔬菜、豆酱、洋火、日用品、蜡烛、燃料、酒、鸦片等；b. 主要包括保卫费、给土匪赎金、公差负担、分家费用、迁移费用、杂费、诉讼费用等。

在我们的样本中共有1232户农户有借贷记录，占全部农户的72%，其中借入农户851户，借出381户，借贷行为共1295笔。按照借款用途大概可以分为生产投资（包括农业投入与非农业投入）、生活消费（食品、衣服、住房、结婚、丧葬、医药教育）以及地租赋税等（见表1）。其中生产投资与生活消费占有较大比例，分别占全部投资的29.5%和40.1%。而且从投资和消费的具体内容来看，农业投资大于非农业投资的比重，这恰恰体现了东北地区自身经济结构的特征；从生活消费来看，衣食住行、婚丧嫁娶则为消费信贷的主要方向。从这些借款的利率水平来看，20 世纪 30 年代的东北地区农村依然以有息借款为主，有息借款约占全部借款笔数的 60.7%，而无息借款也占有相当比重，为 39.3%。从借贷金额来看，在全部借贷资金 80 478.38元中，有息贷款比重为 56.3%，而无息贷款比重为 43.7%。由此可见，无息贷款占当时农户民间借贷中相当大的比重，而这正是本文进一步揭示之所以产生这些无息贷款的原因。

表 2 从借贷双方给出了东北地区有息和无息贷款在不同农户职业类别上的分布情况。从中可以发现，在整个东北地区借入方农户以农业为职业要比以非农业为职业更容易获得无息借款，而且从职业分布来看，自耕农与佃农获得无息贷款的比重分别为 46.6%和 40%，高于地主与雇农获得无息贷款的水平。如果从贷方来看，以农业为主的农户比以非农业为职业的农户更愿意提供无息贷款，但不同的是贷方的农户除经济身份较为偏下的雇农以外，有息与无息贷款提供无较大差异。但是如果从东北地区分布来看，无息与有息贷款的空间分布呈现较显著的分化特征。地处高纬度地区，且开发较为晚的北满地区无息贷款比重较低，而处于低纬度与关内经济联系紧密的南满地区，无息贷款比重较高。

表 2　有息、无息贷款合约选择职业分布情况

地区		职业	借方		贷方	
			无息贷款	有息贷款	无息贷款	有息贷款
满洲						
	农业		39.44%	69.51%	41.91%	58.09%
		地主	27.72%	72.28%	40.17%	59.83%
		自耕农	46.63%	53.37%	48.40%	51.60%
		佃农	40.29%	59.71%	40.57%	59.43%

续表

地区		职业	借方		贷方	
			无息贷款	有息贷款	无息贷款	有息贷款
		雇农	24.32%	75.68%	27.40%	72.60%
	非农业		36.36%	63.64%	31.72%	68.28%
北满地区						
	农业		10.18%	89.82%	12.61%	87.39%
		地主	0.92%	99.08%	14.53%	85.47%
		自耕农	6.80%	93.20%	13.41%	86.59%
		佃农	20.57%	79.43%	5.56%	94.44%
		雇农	10.91%	89.09%	8.33%	91.67%
	非农业		11.76%	88.24%	4.41%	95.59%
南满地区						
	农业		56.22%	43.78%	57.37%	42.63%
		地主	46.20%	53.80%	55.78%	44.22%
		自耕农	61.19%	38.81%	60.87%	39.13%
		佃农	53.59%	46.41%	58.57%	41.43%
		雇农	63.16%	36.84%	45.95%	54.05%
	非农业		47.37%	52.63%	50.77%	49.23%

资料来源：根据伪满洲国国务院实业部临时产业调查局《农村实态调查报告书》(1935、1936) 计算得出。

此外，为了进一步明确借贷双方的社会组织关系，表 3 对这 1295 个样本的借贷双方社会组织关系进行了总结。这里初步将社会组织关系划分为以亲属和朋友关系为主的社会关系以及以生产活动联系起来的合约关系，其中合约关系分为租佃合约同雇佣合约两种关系。从表 3 面板 A 可以看到，整个满洲地区在亲属和朋友关系之间，农户更容易获得无息贷款，而合约关系基础下两者无差异。但是分地区来看则会发现，北满地区亲属关系显得特别重要，但朋友关系则相对较弱，但是需要注意的是，连锁合约对北满农户选择无息贷款非常重要。这与南满地区完全不同，南满地区亲属关系和连锁合约对农户选则无息贷款没有显著影响，但是朋友关系却对农户选择无息贷款至关重要。

表3　借贷双方社会关系情况

关系种类		是否为有息贷款	
		有	没有
面板 A	满洲		
亲属关系		51.02%	53.44%
朋友关系		34.86%	38.90%
连锁合约		3.94%	3.93%
	土地租佃合约	2.80%	2.55%
	劳动雇佣合约	1.15%	1.38%
面板 B	北满地区		
亲属关系		48.46%	56.25%
朋友关系		32.54%	22.92%
连锁合约		2.61%	20.83%
	土地租佃合约	1.66%	18.75%
	劳动雇佣合约	0.95%	2.08%
面板 C	南满地区		
亲属关系		53.97%	53.15%
朋友关系		37.53%	40.56%
连锁合约		5.48%	2.17%
	土地租佃合约	4.11%	0.87%
	劳动雇佣合约	1.37%	1.30%

资料来源：根据伪满洲国国务院实业部临时产业调查局《农村实态调查报告书》（1935、1936）计算得出。

从以上样本数据初步整理分析可以看到，东北乡村社会民间借贷行为有以下几个事实：第一，20 世纪 30 年代东北地区农户无息贷款占有相当高的比例，这对农户平衡自身投资或者消费起到了十分重要的作用；第二，尽管无息贷款在东北地区成为普遍的现象，但是南北方差异较为突出，而且在不同地区影响因素也存在不同；第三，社会网络关系（包括血亲、朋友关系）以及农业生产过程中形成的合约关系与无息借款有较为密切的关系。因此，本文主要针对以上这些事实，通过 20 世纪 30 年代的历史农户调查数据对民间无息贷款的成因与机制进行系统化分析。

三、理论假说与实证模型

（一）理论假说

关于无息借贷行为的解释，现有研究多处于描述阶段，缺乏对此问题进行系统化深入的研究和讨论（Brandtand Hosios，2010）。在先前部分学者给出利他行为以及借贷用途对无息借贷行为的解释外，本文将从农户之间的社会网络关系、连锁合约以及风险规避三个角度提出假说，深入考察农户在有息与无息贷款之间的选择。

首先，Hoffand Stiglitz（1990）指出，农村信贷市场最显著的特征是金融机构与农户之间的信息不完全问题。从而为了消除这种信息不对称，发生在朋友与亲属之间的借贷行为较为普遍。而根据较早一些学者的研究，如 Dreze，Lanjouw，and Sharma（1998），Kinnan，Cynthiaand Robert Townsend（2012）等认为，农户在有息和无息贷款之间的选择是乡村信用分割的结果。亲友同其他农户相比，具有相对更加完备的信息，可以对其进行监督，因此在亲友之间可以更加容易地获得无息贷款，从而可以平衡短期的消费和投资。因此，这里的第一个假说是：

假说 1：作为社会关系重要内容的亲友关系对无息贷款的提供和选择具有重要的影响，有亲属或朋友关系的农户要比没有亲属和朋友关系的农户更容易获得无息贷款。

其次，从我们的样本可以看到，东北地区乡村社会的农户依然以农业作为主要的收入来源，而且在当地存在非常活跃的土地交易和劳动力雇用市场。如附表 1 所示，分别有超过 30％的土地和劳动力参与土地市场和劳动力市场的交易之中。如此活跃的土地租佃与劳动力市场势必导致连锁合约的出现。如农户之间除土地租佃关系外又附加雇佣关系或借贷关系等，而市场之间的相互联系必然会影响其他市场的价格，进而影响另一个市场的交换条件（Ellis，1993）。以东北地区实际情况来看，如果农户之间在签订借贷契约之前，借贷双方已经拥有一定的土地租佃或者劳动力雇佣关系，那么土地租佃或劳动力雇佣一方很容易提供给租入土地或提供劳动力的农户以无息贷款。这样做的动机是：一方面使已经签订的土地租佃或劳动力雇佣合约农户可以被借款人更好地监管、控制借贷风险；另一方面在生产和借贷过程中，双方可以形成激励相容、利益一致，从而使生产合约得到履行。因此，我们得到的假说是：

假说 2：连锁合约是导致无息贷款选择的重要原因，如果借方与贷方在借贷关系之前签订连锁合约，那么拥有连锁合约关系的农户更容易获得无息贷款。

最后，无论是否有亲属关系或者连锁合约，风险控制对于传统乡村社会民间借贷而言扮演了非常重要的角色。无息贷款也将会受到风险控制的影响，比如借款者是否能够在贷款者监控之下不会携款私逃，借款的数量多少是否影响利率水平，借款期限的长短是否影响借款的规模以及利率等。因此我们第三个影响无息贷款的假说是：

假说 3：风险规避是农户之间选择无息借款合约的重要因素，而且风险规避同其他影响无息借款的因素相比，如社会网络、连锁合约等，其占有更加重要的地位。

因此，本文的主要假说是乡村社会中存在的连锁合约关系、社会网络以及合约监督执行风险规避是乡村社会中无息贷款合约选择的重要机制。

（二）实证模型

由于本文考察社会网络、连锁合约以及借贷过程中风险规避对传统乡村社会民间借贷中无息贷款合约的选择问题，因此 Probit 模型被使用且模型设定为：

$$Pr(r_i \neq 0 \mid 1=1) = \beta_0 + \beta_1 kinship_1 + \beta_2 freina_i + \beta_3 linkage_i + \beta_4 mortgage_i + \beta_5 borrow_i + \beta_6 term_i + \beta_7 outside_i + \gamma X_i + \varepsilon_i \cdots\cdots \quad (1)$$

这里方程左边被解释变量为农户是否选择有息借款合约，如果是 r_i 等于 1，如果选择无息借款合约 r_i 等于 0。而在方程右边均为解释变量。其中为考察社会网络的影响，这里将社会网络分为亲属关系、朋友关系两类，分别为 $kinship_i$ 和 $friend_i$ 表示。这里亲属关系与朋友关系均为虚拟变量，即如果借贷双方为亲属或朋友关系为 1，如果否为 0。连锁合约关系用 $linkcage_i$ 表示，也设定为虚拟变量，即如果借贷双方是生产合约关系 $linkcage_i$ 为 1，否为 0。由于合约执行风险程度难以度量，因此这里采用借款时是否有抵押（$mortgage_i$）、借款金额（$borrow_i$）、借款期限（$term_i$）、是否为村外借款（$outside_i$）等进行衡量。这里除借款金额和借款期限为连续变量外，是否有抵押（有抵押为 1）与是否为村外借款（为村外借款为 1）均为虚拟变量。此外，为了保证回归结果的稳健性，模型中还控制了一些与无息借款合约相关的控制变量。这里控制变量主要涵盖三类：首先是与借款合约自身特征有关的变量，包括借款用途、是否有借款凭证、借款的形式等；其次是与农户家庭特征相关的控制变量，包括非农劳动力比重、农户家庭规模、农户拥有土地财产数量、户主年龄等。此外，由于农户所在乡村的地域特征也将会对合约选择产生一定的影响，因此最后模型对农户所处乡村特征也进行了控制，包括乡村规模、村庄年龄、距离县城、大城市的距离、县城距离铁路线的距离、土地基尼系数、地区虚拟变量等。最后，β_i、γ_i、ε_i 分别为待估计系数和随机扰动项。模型中主要被解释变量和解释变量的统计描述在表 4 中给出。

表 4　主要变量统计描述

变量名称	样本容量	均值	标准差	最小值	最大值
是否为有息借贷（是=1）	1295	0.61	0.49	0.00	1.00
是否为亲属关系（是=1）	1295	0.52	0.50	0.00	1.00
是否为朋友关系（是=1）	1295	0.36	0.48	0.00	1.00
是否为连锁合约关系（是=1）	1295	0.04	0.19	0.00	1.00
借款数量	1295	62.14	147.87	0.27	2300.00
借款期限	1295	5.02	8.19	0.00	96.00
是否有抵押（有=1）	1295	0.20	0.40	0.00	1.00
是否为村外借款（是=1）	1295	0.75	0.43	0.00	1.00
是否为借贷实物（是=1）	1295	0.15	0.36	0.00	1.00
是否订立凭证（是=1）	1295	0.13	0.34	0.00	1.00
农户家庭人口数量（单位：人）	1295	8.38	5.96	1	56.00
农户土地财产数量（单位：垧）	1295	19.66	29.37	0.00	226.90
农户非农劳动力比重（%）	1295	0.08	0.21	0.00	1.00
农户户主年龄（单位：岁）	1295	49.83	11.93	18.00	60.00
村庄规模（单位：户）	1295	46.94	16.51	9.00	91.00
村庄土地基尼系数（0—1）	1295	0.68	0.13	0.34	0.91
村庄年龄（单位：年）	1295	113.11	83.00	5.00	285.00
村庄所在县城距离铁路距离（单位：华里）	1295	1.47	1.20	0.1	5.3

续表

变量名称	样本容量	均值	标准差	最小值	最大值
村庄距离县城距离（单位：华里）	1295	28.68	19.73	8.00	90.00
村庄距离大城市距离（单位：华里）	1295	154.51	97.03	36.00	535.00

资料来源：根据伪满洲国国务院实业部临时产业调查局《农村实态调查报告书》(1935、1936) 计算得出。

四、实证结果及发现

（一）无息借款决定因素的初步分析

根据 20 世纪 30 年代伪满洲国实业部临时产业调查局提供的“农村实态调查”数据，表 5 给出了根据 probit 模型估计的结果。

在表 5 第 1 列，社会网络关系、连锁合约与风险规避对无息借贷合约影响的初步回归结果被给出。从中可以看出，衡量社会网络关系的血亲关系与朋友关系系数显著为负，分别为－0.829 和－0.802，计算得到的边际效应分别显示为－0.307 和－0.306。这意味着如果借贷双方为亲属或朋友关系，那么将有 30.7％和 30.6％的概率选择无息贷款。此外，从连锁合约对无息借款的影响来看。表 5 中连锁合约估计系数为－0.733，且显著水平小于 1％，而其边际影响为－0.285，这表明如果借贷双方在借贷行为发生之前有土地租佃或者劳动力雇佣合约，那么将有 28.5％的概率选择无息贷款。最后，第 1 列给出了风险规避对无息贷款的影响。这里仅有借款数量、借款期限、是否有抵押品三个指标统计显著，而是否为村外借款统计不显著。而三个对无息借款有显著影响的指标估计系数及边际影响（括号内）分别为 0.176（0.067）、0.028（0.011）、－0.806（－0.312）。从中可以看到，随着借款数量不断增加，借款数量每增加 1%，获得无息贷款的概率将会下降 6.7%，同样如果借款时间每增加 1 个月，获得无息借款的概率将下降 1.1%。但如果订立合约时有抵押物品，那么获得无息贷款的概率将上升 31.2%。从初步回归结果可以看到，本文提出的假说基本得到了印证。

尽管表 5 第 1 列给出的回归结果显示了社会网络、连锁合约与风险规避对无息借款合约确立的影响，但是并未考虑合约自身特征以及农户、村落特征对农户无息借款合约的选择影响。因此，在表 5 第 2 至 4 列分别对以上这些特征进行控制，以期望得到较为稳定的估计结果。

其中表 5 第 2 列加入了体现合约自身特征的控制变量，如借款的形式是实物还是货币、借款是否签订契约、借款的用途等。这里借款用途根据以往传统乡村社会借款研究的划分将借款用途为农业投资、偿还借款、购买食物、购买衣服、建筑房屋、结婚、丧葬、医药与教育以及偿还租税等。当模型中控制住这些借款用途以后，亲属关系、朋友关系、连锁契约以及体现风险控制的借款数量、借款期限、是否有抵押等的估计系数尽管有少许变化，但总体上依然同第 1 列估计结果无显著差异。但从控制变量的估计结果发现，如果借入物品为实物而非现金，将有 32.5%的概率获得无息贷款，而其他控制变量如是否有书面契对农户获得无息借款统计不显著。尽管 Dreze，Lanjouw，and Sharma（1998）判断借款用途的差异导致无息借款与有息借款市场的分割，但是本研究的估计结果却显示了完全不同的结果。在借款用途中，仅有借款购买食物、衣服和医药教育统计显著，但他们之间的影响完全不同。其中如果借款目的为购买食物，那么获得无息借款的概率减少 25.6%，而如果是因为购买衣服、看病或上学而产生的借款，更容易获得无息借款。而且作为看病和上学获得无息借款的概率分别为 30%和

22.5%。从中可以看见，作为食物消费用途的借款更容易获得有息借款，而衣服消费却容易获得无息借款。而作为人力资本投资的医疗和教育则容易获得无息借款。这一发现不能不对Dreze，Lanjouw，and Sharma（1998）的论断提出挑战。

此外，在表5第3列，农户自身特征被考虑在模型中。分别加入户主年龄、非农劳动力比重、家庭规模以及农户拥有土地财产数量等。新的回归结果显示，亲属关系、朋友关系、连锁合约以及衡量风险规避的借款数量、借款期限、是否有抵押等依然统计显著，而且这些因素的边际影响显著提高，这表明缺失的农户家庭信息的确对农户间无息借款的选择产生了影响。而且从新加入的控制变量中可以看到，非农劳动力占农户全部劳动力比重越高，农户越倾向选择无息借款。具体而言，非农劳动力每增加1%，农户选择无息借款的概率增加40%。这一发现恰恰反映了近代工业化促进非农劳动力增加，进而促进无息借款增加的现象。而这一发现则同“北京大学—花旗银行”农村金融调查中有关现代乡村社会无息借款比重高于近代乡村社会无息借款比重的发现相一致（董志勇，2011）。

最后，在表5最后一列，乡村以及地区差异对模型最终结果的影响被考虑。模型中分别加入了村庄规模、土地基尼系数、村庄年龄、村庄距离县城与大城市距离以及所在县城距离铁路线的距离等。其中村庄规模用来衡量借贷市场规模大小，土地基尼系数则用来考察收入分配等情况，村龄则体现了村庄发展历史，村庄距离县城、大城市以及铁路的距离则用来考察商业化对借贷行为的影响。表5第4列最终的估计结果表明，在社会网络关系中亲属关系依然统计显著，但边际影响从30%下降到13%，而朋友关系在控制乡村和地区差异后不再统计显著。此外，农户是否订立连锁合约对无息借款合约选择依然统计显著，虽然边际影响也出现下降（从36%下降到22%），但总体上边际影响高于亲属关系对无息借款的边际影响。而体现农户风险规避的几个变量在控制乡村及地区差异后均统计显著，特别是借款人是否为外村的估计系数为 0.206 且统计显著。这些变化均体现出村庄之间及地区差异作为控制变量在模型中缺失对估计结果所造成的影响。这里需要注意的是，在新增加的控制变量中，土地基尼系数、距离铁路线距离以及南北满地区的地区虚拟变量统计显著。这分别标明，一个村落地权越集中，农户越选择无息借款，而且地权对无息合约选择的边际效果为 80%。此外，距离铁路的距离也体现了商业化对合约选择的影响，估计结果表明，村庄距离铁路距离每增加 1%，选择无息合约的概率将会下降 6%。最后值得注意的是东北地区南北满之间的地区差异，Brandt 等（2010）仅采用南满地区的农户借贷契约进行分析，进而忽略了东北地区全境认识。从我们对整个东北地区的分析结果看，如果一个农户生活在东北北满地区，那么该农户选择无息借款的概率将下降 53%。造成这一结果的原因很可能是东北南部地区商业化水平比北方地区发达所引起的。

表 5　无息借款决定因素的回归分析

被解释变量	借款是否为有息借款（是=1）			
	(1)	(2)	(3)	(4)
解释变量				
是否为亲属关系（是=1）	−0.829*** (0.193)	−0.834*** (0.203)	−1.059*** (0.191)	−0.355* (0.185)
是否为朋友关系（是=1）	−0.802*** (0.192)	−0.756*** (0.201)	−0.934*** (0.190)	−0.267 (0.182)
是否为连锁合约关系（是=1）	−0.733*** (0.270)	−0.798*** (0.282)	−0.942*** (0.271)	−0.568*** (0.289)
借入数量（log）	0.176*** (0.034)	0.161*** (0.036)	0.184*** (0.039)	0.204*** (0.042)
贷款期限（log）	0.029*** (0.007)	0.030*** (0.007)	0.026*** (0.007)	0.028*** (0.006)

续表 1

被解释变量	借款是否为有息借款（是=1）			
	(1)	(2)	(3)	(4)
是否有抵押（是=1）	−0.806*** (0.118)	−0.836*** (0.136)	−0.916*** (0.140)	−0.628*** (0.149)
是否为村外贷款（是=1）	0.099 (0.085)	0.031 (0.087)	0.054 (0.088)	0.207** (0.101)
合约特征控制变量				
借入是否为实物（是=1）		−0.839*** (0.119)	−0.813*** (0.122)	−0.496*** (0.130)
是否有书面借款契约（是=1）		−0.144 (0.153)	−0.178 (0.155)	−0.255 (0.157)
是否为农业投资借款（是=1）		−0.006 (0.098)	−0.010 (0.010)	0.033 (0.109)
是否为偿还贷款（是=1）		−0.179 (0.128)	−0.186 (0.134)	−0.050 (0.145)
是否为购买食物借款（是=1）		0.825*** (0.468)	0.714*** (0.225)	−0.281 (0.244)
是否为购买衣服借款（是=1）		−0.776* (0.468)	−0.637 (0.415)	−0.561 (0.428)
是否为建筑房屋借款（是=1）		−0.278 (0.235)	−0.228 (0.248)	−0.311 (0.297)
是否为结婚借款（是=1）		0.292 (0.202)	0.267 (0.204)	0.425** (0.216)
是否为丧葬借款（是=1）		−0.086 (0.171)	−0.104 (0.228)	0.223 (0.200)
是否为医药教育借款（是=1）		−0.573** (0.245)	−0.510** (0.228)	−0.461** (0.225)
是否为偿还租税借款（是=1）		0.686 (0.557)	0.577 (0.542)	−0.098 (0.570)

续表 2

被解释变量	借款是否为有息借款（是=1）			
	(1)	(2)	(3)	(4)
农户家庭特征控制变量				
家庭规模（log）			0.084 (0.089)	−0.005 (0.101)
拥有土地财产数量（log）			−0.062 (0.039)	−0.006 (0.042)
非农劳动力比重（%）			−1.061*** (0.215)	−0.086 (0.215)
户主年龄（log）			0.210 (0.142)	0.335** (0.152)
村庄特征控制变量				
村庄规模（log）				−0.196 (0.164)
土地基尼系数（0—1）				−2.260*** (0.473)
村庄年龄（log）				0.001 (0.001)
距离铁路距离（log）				0.163*** (0.047)
距离县城距离（log）				−0.103 (0.092)
距离大城市距离（log）				−0.113 (0.102)
地区虚拟变量（北满=1）				1.755*** (0.151)
常数项	0.417* (0.223)	0.678*** (0.241)	0.062 (0.593)	0.059 (1.029)

续表 3

被解释变量	借款是否为有息借款（是=1）			
	(1)	(2)	(3)	(4)
观测值	1，295	1，295	1，295	1，295
Wald Chi-squared	80.15	160.13	190.56	380.95
(p-value)	(0.000)	(0.000)	(0.000)	(0.000)
Pseudo R-squared	0.076	0.124	0.148	0.288

说明：（1）模型估计方法为 probit 模型，回归系数的边际影响未给出；

（2）括号内为调整后的标准误。

*** $p<0.01$，** $p<0.05$，* $p<0.1$

（二）无息借款决定因素的再讨论：社会网络、连锁合约还是风险规避？

在本节第一部分我们已经考察了本文提出的三个假说，即社会网络、连锁合约与风险规避对无息借款行为的影响。虽然得到了初步的分析结果，但是这里更关心的是：在这些影响因素中，最重要的影响因素究竟是什么？他们之间是否存在联合影响？比如选择亲戚、朋友作为借款对象可能已经考虑到借贷风险规避的问题。因此，为了回答这些问题，在原有回归方程（1）的基础上，分别增加社会网络、连锁合约同风险规避的交互项，希望通过对以上决定因素联合影响的考察，揭示出其内在的逻辑关系。新的回归结果在表 6 中给出。

表 6 第 1 列考察了血亲网络与风险规避之间的联合影响。从估计系数可以看到，当在模型中加入血亲网络与衡量风险控制因素的交互项后，亲属关系的回归系数依然为负且统计显著，而交互项中仅血亲网络关系同借入资金数量以及血亲网络同是否有抵押统计显著。而且发现，如果存在血亲网络的农户借款，同时在订立借款时提供一定抵押，那么其将有更大的机会获得

无息贷款；而随着借款数量的增加，即使是亲属之间也可能拒绝提供无息贷款。因此，借款数量的增加，将会减小亲属之间提供无息借款的概率。

表 6　无息借款决定因素的回归分析

被解释变量	借款是否为有息借款（是=1）		
	(1)	(2)	(3)
解释变量			
是否为亲属关系（是=1）是否为外村贷款（是=1）	0.296 (0.193)		
是否为亲属关系（是=1）贷款期限（log）	0.013 (0.013)		
是否为亲属关系（是=1）借入数量（log）	0.301*** (0.077)		
是否为亲属关系（是=1）是否有抵押（是=1）	−0.810*** (0.267)		
是否为亲属关系（是=1）	−1.158*** (0.276)		
是否为朋友关系（是=1）是否为外村贷款（是=1）		−0.390** (0.195)	
是否为朋友关系（是=1）贷款期限（log）		−0.009 (0.013)	
是否为朋友关系（是=1）借入数量（log）		−0.265*** (0.080)	
是否为朋友关系（是=1）是否有抵押（是=1）		0.202 (0.249)	
是否为朋友关系（是=1）		1.225*** (0.284)	
是否为连锁合约（是=1）是否为外村贷款（是=1）			0.020 (0.504)

续表1

被解释变量	借款是否为有息借款（是=1）		
	(1)	(2)	(3)
是否为连锁合约（是=1）贷款期限（log）			−0.013 (0.015)
是否为连锁合约（是=1）借入数量（log）			0.029 (0.326)
是否为连锁合约（是=1）是否有抵押（是=1）			−0.554 (0.666)
是否为连锁合约（是=1）			−0.148 (0.943)
借入数量（log）	0.074 (0.055)	0.316*** (0.051)	0.202*** (0.039)
贷款期限（log）	0.025*** (0.008)	0.034*** (0.010)	0.032*** (0.006)
是否有抵押（是=1）	−0.371** (0.150)	−0.779*** (0.147)	−0.652*** (0.119)
是否为村外贷款（是=1）	0.116 (0.129)	0.431*** (0.128)	0.214** (0.098)
控制变量 包括农户合约特征、家庭特征、村庄特征等。	有 0.189 (0.997)	有 −0.357 (0.984)	有 −0.278 (0.965)
观测值 WaldChi-squared (p-value) PseudoR-squared	1，312 378.83 (0.000) 0.294	1，312 351.22 (0.000) 0.291	1，312 358.77 (0.000) 0.281

说明：(1) 模型估计方法为 probit 模型，回归系数的边际影响未给出；

(2) 体现合约特征的控制变量包括借款形式是否为实物（是=1）、是否有书面借款契约（是=1）、是否为农业投资借款（是=1）、是否为偿还贷款（是=1）以及借款的用途（包括食物、衣服、建筑房屋、结婚、丧葬、医药教育、偿还租税等）；（3）农户特征控制变量包括家庭规模、农户拥有土地财产数量、非农劳动力比重、户主年龄等；（4）村庄控制变量主要包括村庄规模、土地基尼系数、村庄年龄、村庄距离铁路距离、村庄距离大城市及县城距离以及所在地区等；（5）括号内为调整后的标准误。

*** $p<0.01$, ** $p<0.05$, * $p<0.1$

在接下来的第 2 列，作为社会网络另一重要内容的朋友关系同风险规避的联合影响被考察。新的回归结果表明，朋友关系的虚拟变量为正且统计显著，这表明如果考虑朋友之间借款的风险控制联合影响后，朋友关系并不能带来无息借款的可能。而在朋友关系同风险控制的交互项中，朋友关系同是否有为外村借款以及朋友关系同借款数量的联合影响显著为负，他们有效地降低了朋友之间获得正息借款的可能，甚至保证他们之间获得了无息借款。

最后，连锁合约同风险控制的联合影响在表 6 最后一列给出。回归结果发现，无论是否有连锁合约或连锁合约同风险控制的交互项显著，我们发现所有衡量风险规避的代理变量诸如借款数量的对数值、借款期限、是否为村外借款、是否有抵押等均统计显著。

通过以上实证结果可以看到，尽管社会网络、连锁合约均可以影响农户之间选择无息借款，但是风险规避同以上这些因素相比显得更为重要。特别是在考虑到社会网络、连锁合约同借贷风险规避的联合影响后，血亲关系与无息借款之间的关系虽然比较稳定，但是借贷风险降低了选择无息借款合约的可能。而朋友关系与连锁合约同血亲网络相比则表现得更为弱化。在考虑借贷风险后，两者要么更倾向于选择有息借款，要么则为对选择具体合约形式无显著影响。从这些结果可以看到，在中国传统社会民间非正式金融中，尽管血亲网络同其他社会网络和生产关系相比依然占有重要地位，但其依然受到理性行为的制约。

结　论

民间借贷作为正规金融制度的有益补充，对发展中国家乡村社会农户获得短期资金平滑其消费与投资扮演着十分重要的作用。然而现有关于民间借贷的研究对广泛存在于乡村社会中的无息贷款以及债务减让行为缺乏足够的认识。为此，本文利用 20 世纪 30 年代中国东北地区乡村社会借贷数据考察民间借贷中无息贷款合约的选择机制问题。

本文在已有文献的基础上，主要就乡村社会中存在的社会网络、连锁合约关系以及借贷风险规避三个方面对无息借款合约的选择行为进行考察。研究发现：在中国传统乡村社会中，以血缘、亲友关系构建的乡村社会网络、生产过程中形成的连锁合约以及农户对借贷合约执行风险的控制程度是农户之间选择无息贷款的重要决定因素。此外，通过对血亲关系、朋友关系、连锁合约与借贷风险控制的联合影响考察发现，尽管血亲网络与其他社会网络和生产关系相比在民间借贷无息借款合约选择中更为重要，但借贷合约执行风险的控制占有最重要的地位。因此，可以断言的是，尽管亲属关系、连锁合约对乡村社会无息贷款的存在起到重要的影响，但最终则是合约风险规避的客观选择。

参考文献

[1] Bank of Chosen. 1920. Economic History of Manchuria, Bank of Chosen, Seoul: 11-12. 16-17.

[2] Benjamin, D., Brandt, L. 1997. Land, Factor Markets, and Inequality in Rural China: Historical Evidence. Explorations in Economic History 34 (3): 460-494.

[3] Brandt, Loren, Arthur J, Hosios. Interest Free Loans Among Villagers, Economic Development and Cultural Change 58 (2) (2010): 345-372.
[4] Falco, Salvatore di, Erwin Bulte. 2012. A Dark Side of Social Capital? Kinship, Consumption and Savings. Journal of Development Studies.
[5] Ferrara, E. L. 2003. Kin Groups and Reciprocity: A Modelof Credit Transitions in Ghana. American Economic Review, 93 (5): 1730-1751.
[6] Hoff K, Stiglitz, J. E. 1990. Introduction: Imperfect Information and Rural Credit Market-Puzzles and Policy Perspectives. World Bank Economic Review, 4 (3): 235-250.
[7] Kinnan, Cynthia, Robert Townsend. 2012. Kinship and Financial Networks, Formal Financial Access, and Risk Reduction. American Economic Review: Papers & Proceedings, Vol. 102 (3): 289-293.
[8] Ma, Debin. 2008. Economic Growth in the Lower Yangzi Region of China in 1911—1937: A Quantitative and Historical Analysis. Journal of Economic History, Vol. No. 2: 355-392.
[9] Ellis, Frank. 1993. Peasant Economics: Farm Households and Agrarian Development. Cambridge University Press.
[10] 董志勇. 中国农村信贷情况初步统计. 见:“北京大学—花旗银行”农村金融调研的证据. 技术经济与管理研究，2011 (1): 3—6.
[11] 傅建成. 二三十年代农家负债问题分析. 中国经济史研究，1997 (2).
[12] 方行. 清代前期农村高利贷资本问题. 清代史研究，1994 (3).
[13] 胡枫，陈玉宇. 社会网络与农户借贷行为——来自中国家庭动态跟踪调查 (CFPS) 的证据. 金融研究，2012 (12): 178—192.
[14] 韩德章等. 旧中国农村的高利贷. 中国农史，1984 (4).
[15] 黄立人. 论抗战时期国统区的农贷. 近代史研究，1997 (6).
[16] 李金铮，邹晓昇. 二十年来中国近代乡村经济史的新探索. 历史研究，2003 (4): 169—182.
[17] 李金铮. 民国乡村借贷关系研究：以长江下游地区为中心. 北京：人民出版社，2002.
[18] 李金铮. 二三十年代华北乡村合作社的借贷活动及其效果. 史学月刊，2000 (2).
[19] 李楠. 血亲网络对近代东北移民经济福差异的影响，1845—1934. 中国人口科学，2012 (4): 78—87.

[20] 刘秋根. 明清高利贷资本. 北京：社会科学文献出版社，2000.
[21] 伪满洲国国务院实业部临时产业调查局. 农村实态调查报告. 1936.
[22] 彭凯翔，陈志武，袁为鹏. 近代中国农村借贷市场的机制. 经济研究，2008 (5)：147—159.
[23] 金烨，李宏彬. 非正规金融与农户借贷行为. 金融研究，2009 (4)：63—79.
[24] 王钰欣，周绍泉. 徽州千年契约文书. 石家庄：花山文艺出版社，1993.
[25] 温锐. 民间传统借贷与农村社会经济：以20世纪初期（1900—1930）赣闽边区为例. 近代史研究，2004 (3)：184—217.
[26] 徐畅. 农家负债与地权异动：以20世纪30年代前期长江中下游地区农村为中心. 近代史研究，2005 (2)：78—122.
[27] 杨汝岱，陈斌开，朱诗娥. 基于社会网络视角的农户民间借贷需求行为研究. 经济研究，2011 (11)：116—129.

附表1　20世纪30年代东北地区劳动力与土地市场发展情况

	东北地区	北满	南满
劳动力市场：〔雇佣（或被雇佣）劳动力占总劳动力比重〕			
雇佣劳动力比重	29.00%	34.84%	20.41%
被雇佣劳动力比重	43.60%	43.05%	41.10%
土地市场：〔租出（或入）土地占全部土地面积的比重〕			
租入土地比重	36.80%	41.67%	31.30%
租出土地比重	35.80%	26.63%	45.10%

资料来源：Kung and Li (2012) 附表1.2。

附表 2　伪满洲国国务院实业部临时产业调查局“农村实态调查”样本有息与无息贷款分布

地区	县	无息贷款数量	比重	有息贷款数量	比重	贷款数量总计
面板A：北满地区	瑷珲	10	52.6%	9	47.4%	19
	海伦	0	0.0%	38	100.0%	38
	望奎	0	0.0%	17	100.0%	17
	绥化	0	0.0%	28	100.0%	28
	庆城	0	0.0%	47	100.0%	47
	呼兰	0	0.0%	85	100.0%	85
	巴彦	18	34.0%	35	66.0%	53
	青冈	0	0.0%	38	100.0%	38
	兰西	0	0.0%	37	100.0%	37
	安达	0	0.0%	24	100.0%	24
	肇州	0	0.0%	28	100.0%	28
	富裕	0	0.0%	31	100.0%	31
	讷河	23	60.5%	15	39.5%	38
	明水	14	25.9%	40	74.1%	54
	克山	0	0.0%	27	100.0%	27
	龙镇	0	0.0%	1	100.0%	1
	桦川	20	38.5%	32	61.5%	52
	总计	85	13.8%	532	86.2%	617
面板B：南满地区	洮南	16	27.1%	43	72.9%	59
	敦化	39	84.8%	7	15.2%	46
	磐石	15	55.6%	12	44.4%	27
	榆树	23	48.9%	24	51.1%	47
	延吉	14	36.8%	24	63.2%	38
	延吉	6	33.3%	12	66.7%	18
	庄河	35	53.0%	31	47.0%	66

续表

地区	县	无息贷款数量	比重	有息贷款数量	比重	贷款数量总计
	凤城	30	43.5%	39	56.5%	69
	辽阳	25	56.8%	19	43.2%	44
	辽中	34	75.6%	11	24.4%	45
	盖平	43	69.4%	19	30.6%	62
	新民	29	72.5%	11	27.5%	40
	梨树	26	59.1%	18	40.9%	44
	西丰	11	40.7%	16	59.3%	27
	海龙	51	63.8%	29	36.3%	80
	黑山	57	69.5%	25	30.5%	82
	盘山	11	91.7%	1	8.3%	12
	丰宁	17	50.0%	17	50.0%	34
	宁城	19	86.4%	3	13.6%	22
	总计	501	58.1%	361	41.9%	862

资料来源：根据伪满洲国国务院实业部临时产业调查局《农村实态调查报告书》(1935、1936) 计算得出。

强制性变迁主导下的兰州近代金融业：1906—1945年*

西北师范大学历史文化学院　李晓英①

根据诺斯的制度变迁理论，新制度的产生必须存在强烈的制度需求因素。1840年鸦片战争后，中国从沿海到内地先后被纳入了资本主义市场经济体系之中，在这样的大背景下，地处内陆的广大西北地区也受到了冲击，随着农牧产品日益商品化，兰州这一西北重要城市中心市场地位的功能也日渐突出，在市场规模不断扩大的刺激下，原本的货币、钱庄、典当等致使市场交易成本增加的制度安排显然已不能适应市场发展的需要，在市场要求节省交易成本的制度需求下，在政府主导下，兰州传统金融制度开始发生变迁。在西北近代金融史的研究中，有学者已从不同角度涉及了近代兰州的金融发展问题。② 兰州作为

* 本文系国家社科基金项目“近代甘宁青回族商人研究”（08CZS015）；西北师范大学2012年科研骨干项目“商人与近代甘肃乡村社会”；中国社会科学院创新工程项目“中国传统经济再评价——以制度转型为中心”的阶段性成果。

① 李晓英（1970—），女，河北承德人，满族，历史学博士，理论经济学博士后，西北师范大学历史文化学院副教授，主要从事中国近现代史及区域经济史研究。

② 杨旭东：《西北地区封建金融的衰败和近代金融雏形的产生》，《宁夏党校学报》2009年第2期。杨旭东、王娟：《西北近代银行的产生和金融业的初步发展》，《宁夏师范学院学报》2009年第2期。王颖：《西北农村金融现代化转型初论》，《史林》2007年第2期。王坚：《西北近代金融业的产生和发展》，《开发研究》2006年第6期。向达之：《论近代末期西北地区的金融财政危机》，《甘肃社会科学》1994年第5期。

代西北金融的中心，省内外大宗货物之交易，“甘省（指甘宁青，引者注）各地汇兑率之高低，金融之活跃疲滞，物价之贵贱，恐慌安全，皆视兰州为转移”①。然而到目前为止，还没有学者对近代兰州的金融业进行总体性研究。因此，本文拟在时人调查及前人研究的基础上，对兰州近代金融业的发展做一些粗浅的探讨，以求教于学界。

一、1906—1931 年：近代银行业的初创阶段

鸦片战争之后，伴随着商品经济的发展，中国近代金融组织——银行，开始在东部沿海省份产生并逐渐发展起来。但作为西北地区重要商业中心的兰州，直到光绪初年，与周边地区的商业往来却仍旧“大多是各货帮以物易物”，商业往来清算也是以“标期”为准，现银结账。如在西宁的商家必须以每月 21 日为“标期”收足现银，再由几户大商号汇总，于 23 日用“标骡”驮往兰州结账②，既不安全，又不利于商业发展。显然，传统的金融业已经严重阻碍了兰州乃至周边地区社会经济的发展。

19 世纪末 20 世纪初期，随着西方资本主义国家不断入侵，地处内陆的广大西北地区也被迫纳入了世界经济体系循环系统之中。在皮毛、水烟等地方土产产品开始大量输出和东部沿海物资大量输入的刺激下，兰州地区工商业获得了前所未有的发展，而此时的清政府却在内忧外患中国库空虚，因此号召各省设立官银钱号，推行钞票，以补国库。光绪三十二年（1906），兰州道台彭英甲以“银根短绌，银价日增”为由③，在兰州设立了甘肃官银钱局。甘肃官银钱局是兰州最早的近代金融组织，是由政府直接投资开设，时资本为兰平银 30 万两，由甘肃藩库

① 廖兆骏：《兰州的金融业》，1934 年《钱业月报》第 16 卷第 5 期，第 65 页。
② 翟松天：《青海经济史》（近代卷），青海人民出版社 1998 年版，第 281 页。
③ 《甘肃全省财政说明书》，第 49—51 页。

和统销局库各承担二分之一，并在上海订印了1两、2两银票各10万张，合银30万两，由于这种银票携带方便，又能十足兑现，因此信誉大增，其价高于现银，银票的发行额也随之增至50万两。[①] 辛亥革命后，甘肃官银钱局并没有因清王朝的垮台而退出兰州金融市场，它仍然照常营业，至民国二年始改组为甘肃官银钱号。

民国二年（1913），袁世凯为巩固自己的政权，派亲信张广建来甘主持甘肃政务，"省署为维持兰州及西宁官银钱局，令甘肃总商会会同警察厅评订兰州物价"[②]，委财政厅长雷多寿为监理官，赵治堂为经理，王兴州、王锦文为副经理，将甘肃官银钱局改组为官银钱号，发行纸币，并代理省金库，"彼时甘肃全省军政统一，所有全省税收，完全解缴省库，军政费由省库经手支付，全省现金集中省城，当时官银钱号将旧龙票收回，改发银票，计分一两、二两、三两、五两、十两四种，十足兑现，信用最佳，其发行数在四百万两左右"[③]。1914—1915年，甘肃官银号银川、西宁等地分号也相继成立。甘肃官银钱号成立之初由财政厅长主其事，"该号之资本，虽由省库拨付，而业务之经营，并不受省府干涉，金融与财政完全分立；官银号之经理人，得以尽量发展业务，故营业尚佳"[④]。

民国九年（1920）北洋军阀直皖派系间的混战导致的甘肃争督风波，使甘肃财政当局大量向官银号透支，"总额达三百万

---

① 张令琦：《解放前四十年甘肃金融货币简述》，中国人民政治协商会议甘肃省委员会文史资料研究委员会编：《甘肃文史资料选辑》第8辑，甘肃人民出版社1980年版，第130页。

② 甘肃省地方史志编纂委员会编纂：《甘肃省志》第53卷《外经贸志》，甘肃文化出版社2005年版，第72页。

③ 潘益民：《兰州之工商业与金融》，商务印书馆1936年版，第160—161页。

④ 郭荣生：《近代中国史料丛刊续辑》卷190《中国省银行史略》，台湾：文海出版社1975版，第116页。

两之巨”[①]。甘肃官银钱号因支付的军政开支过大，且“所有公私借款”，又均不能按期偿还，导致“现金准备空虚，以致官银钱号所发出之银票，不能兑现，而票价乃大为低落，虽财政厅派人澈查，然已无可挽回”[②]。民国十二年（1923），张能怡（张维）任财政厅长，委任戴午山在“财政公开，会计独立”的旗号下，着手筹备了甘肃银行，甘肃官银钱号自此正式退出了兰州的金融舞台。

民国十三年（1924），由张能怡任监理官，白雨三、牛载坤为协理的甘肃银行开始正式营业，发行 7 钱 2 分银元票，分 1 元、5 元、10 元三种，发行额达 70 万两。[③]“时甘肃官银号旧纸币信用日坏，而流通市面者，近 90 万两。每票面一两，实际仅兑现三四钱。经会议决定，每两银票以四钱兑现，一月兑完，毁之于市。”[④] 正当甘肃银行营业兴盛之际，1925 年冯玉祥的国民军入主甘肃，冯系刘郁芬担任甘肃督办（后改为主席），对甘肃银行大加改易，将其改组为甘肃农工银行，由于“行内人事，受政局影响，屡经变更，营业遂一蹶不振”[⑤]。

除甘肃农工银行外，在国民军统治甘肃期间，还于 1925 年 12 月在兰州成立了以姬奠川为行长的西北银行兰州分行。虽然该行属分行，资本无定额，但由于该行首次把银行机构由兰州扩展到周边地区，不断在秦州（天水）、平凉、肃州（酒泉）、甘州（张掖）、凉州（武威）、西宁、河州（临夏）、宁夏诸地设

---

① 张令琦：《解放前四十年甘肃金融货币简述》，中国人民政治协商会议甘肃省委员会文史资料研究委员会编：《甘肃文史资料选辑》第 8 辑，甘肃人民出版社 1980 年版，第 134 页。

② 潘益民：《兰州之工商业与金融》，商务印书馆 1936 年版，第 161 页。

③ 郭荣生：《五年来之甘肃省之银行》，1944 年《财政评论》第 12 卷第 6 期，第 74 页。

④ 甘肃省地方史志编纂委员会编纂：《甘肃省志》第 53 卷《外经贸志》，甘肃文化出版社 2005 年版，第 72 页。

⑤ 郭荣生：《近代中国史料丛刊续辑》卷 190《中国省银行史略》，台湾：文海出版社 1975 版，第 117 页。

立办事处，所以“十六、七两年，营业颇佳”。但至民国十九年（1930），国民军离甘东下，从西北、农工两行透支200余万元，未曾偿还。该行受此影响，于3月停止兑现。①

民国二十年（1931），马鸿宾出任甘肃省主席后，将西北银行兰州分行改组为富陇银行，实行董事制，选举董事及董事长。该行成立后，即将原西北银行纸币加盖富陇银行戳记而发行。发行总额为360余万元，仍不兑现。民国二十一年（1932）春，“陕军入甘，乃将该行停止营业”②。随着陕军孙蔚如入甘，陕西省银行为适应军政需要，在兰州设立了分行，委任罗雨亭为经理，并在天水、平凉设立办事处。发行1元、5元、10元带有“兰州”字样的银元票，发行385 000，但该行仅维持了数月，就因陕军杨子恒部与甘肃地方军阀马青苑在天水火并，抢夺银行，造成现金枯竭，挤兑纷至而宣告破产。③

在富陇银行停止业务之时，甘肃农工银行亦因冯玉祥系在中原大战的失败而歇业，但由于该行发行之纸币，流通市面者甚多，“省政府为维持市面商业流通起见，决定成立甘肃平市官钱局”，发行定期流通券。④

综上所述，1906—1931年，兰州地区最初所创办的近代金融组织最初无疑是近代商品经济的不断发展而发展起来的，它们的创办对于改变近代中国区域金融机构分布不合理状况也起了一定的积极作用。但是由于兰州的近代金融机构完全被中央、地方政府或各种军事力量所创办和操纵，因此在其发展过程中并没有考虑兰州地区的经济发展情况，无论是钱币的发行兑换，

① 杨重琦、魏明孔：《兰州经济史》，兰州大学出版社1991年版，第150页。潘益民：《兰州之工商业与金融》，商务印书馆1936年版，第162页。

② 潘益民：《兰州之工商业与金融》，商务印书馆1936年版，第163页。

③ 甘肃省地方史志编纂委员会编纂：《甘肃省志》第40卷《金融志》，甘肃文化出版社1996年版，第40页。

④ 甘肃省地方史志编纂委员会编纂：《甘肃省志》第40卷《金融志》，甘肃文化出版社1996年版，第40页。

还是银行的借贷，都没能纠正兰州乃至整个西北地区金融市场存在的弊端和不合理状况。虽然官僚、军阀们表面上也以“开发西北”“调剂地方金融”为目的，但实际上多是为应付地方财政不足，便利各级军阀军事费用调拨垫支等而聚敛和调拨资金，从而导致的后果是上述金融机构不断在政府、军阀势力的左右下而发生更迭，而且由于各级金融机构所发行钞票并没有随各派军阀力量退出甘肃政治舞台而完全兑换和销毁，许多仍流通于各地，这不但在大程度上造成了兰州金融市场的紊乱不堪，也给当地人民带来了巨大的经济损失。

二、1932—1939年5月：地方与中央博弈下的兰州银行业

1928年南京国民政府成立后，在中央政府力量的渗透下，甘肃地区的政局逐渐出现了较稳定的局面，兰州地区的近代银行业也有了稳步发展的空间。

民国二十一年（1932）二月，甘肃省政府为整理跌价的铜元票及调剂本省金融，决定在兰州重设甘肃平市官钱局，发行定期流通券，但因基金无着，铜元票不能兑现，价格跌至40余串兑换银币1元。是年六月，谭克敏继任财政厅长后，改委马钟秀为经理，“一面筹集基金，一面另印新钞票，缓至二十二年四月间，始拟定办法，以农工银行之旧钱票四十吊，换新钱票（即铜元票）四吊。新钱票四吊，另加贴水铜圆六枚，可换现洋一元，旧钱票收回后，悉行销毁。新钱票遂流通市面”，信用甚佳，时为甘肃一良好之金融机关。① 至民国二十七年（1938）一月，为适应抗战需要，官钱局由财政厅长梁敬錞筹划加以改组、整顿，成立董事监察人会，增加资本为100万元，充实发行准

① 秦孝仪：《革命文献》第90辑《抗战前国家建设史料：西北建设（三）》，（台北）“中央”文物出版社1982年版，第315页。

备，厘订各项业务章则，设总局于兰州以统一管理，在全省设立分局及办事处 22 个单位。

甘肃平市官钱局的主要业务：（1）发行兑换券。1933 年 4 月，官钱局发行的铜元票有 10 枚、20 枚、40 枚、50 枚、100 枚五种。“除销毁数目，至民国二十七年十二月间，流通市面者尚有424 853元。”① 民国二十七年（1938）9 月 13 日起，遵照财政部颁布发行兑换券第十条之规定，20％现金留存本局，40％为现金准备，40％为保证准备，缴存中央银行。另外，该局于民国二十五年至二十六年间，还报准财政部印刷红色辅币券 500 万元。于民国二十八年以前发行了3 597 420元，尚余1 402 580 元，于民国二十八年六月一日改组为甘肃省银行以后继续发行；②（2）存款。甘肃平市官钱局经过改组后，大量吸收存款，种类有定期存款、往来存款、特别往来存款、暂时存款、存款票据、同业存款等 6 种。民国二十七年十二月，存款金额达 5 591 272元之多。（3）放款。主要有定期放款、抵押放款、贴现、往来透支、农村贷款、储粮押款等 6 种。（4）汇兑。该局代理省金库，各省解交财政厅的税款或财政厅支付给各县的经费、旅外官商的赡家款和异地学生的学费均通过此方式结算。（5）代理国库。该局代理省金库，到民国二十四年时，已设立代理国库支库 52 处，县库 69 处，代收各税局经征的税款。此外，该局于民国二十七年还代甘肃省政府发行建设公债 200 万元，规定 5 年内还本付息。由于甘肃平市官钱局业务范围较广，因此很快得以在调剂地方金融、扶助农工矿商等各业的发展中发挥出了应有的作用，民国二十七年（1938），“该局资本增加为一百万元，充实内部组织，扩张营业范围，极力发展地方生

---

① 南秉方：《甘肃平市官钱局之发展》，《新西北月刊》1939 年第 1 卷第 5 期。

② 张令琦：《解放前四十年甘肃金融货币简述》，中国人民政治协商会议甘肃省委员会文史资料研究委员会编：《甘肃文史资料选辑》第 8 辑，甘肃人民出版社 1980 年版，第 139 页。

产事业，其分局及办事处计有二十二单位”①。

在地方银行发展的同时，南京国民政府权利在得以稳固中也日渐向西北地区渗透，进而极力染指甘肃的金融流通业，以加强对西北地区的控制。1931 年“九·一八”事变后，在开发西北的呼声下，西北金融业建设更日益受到国民政府重视，“金融事业者，谓中央组织金融机关，调节资金，以辅助开发西北事业。因西北金融枯竭，币制紊乱，实无资力以谋经济之建设，必须移入东南之富力，以为经营西北之母财”②。1933 年中央银行兰州分行成立。1935 年 2 月，中国农民银行兰州分行成立。1936 年 7 月，中央信托局兰州分局成立。

就南京国民政府来说，不言而喻的是其控制了地方银行就等于控制了该地区的经济命脉，因此中央银行兰州分行成立前，“已函请财政部分别谘令甘肃各机关将公款悉存本行矣”，并欲将“存款分离银本位币及兰洋两户，以示区别”。③ 这一谘令毫无疑问暴露了中央金融势力试图控制兰州这一西北经济枢纽地区金融业的企图。中央银行兰州分行设立之初以代理国库经收税款为主要业务，但甘肃省的各项税收实际上仍是由甘肃平市官钱局收缴而未上缴中央银行兰州分行，因此，兰州分行代理国库实徒有虚名。换言之，央行兰州分行在与甘肃平市官钱局的博弈过程中，并没有发挥出应有的作用。从中也可以看出，由于甘肃地方政府不配合，中央政府控制甘肃金融的这一计划并没能从根本上得到有效实施。

1934 年 10 月 18 日，甘肃省政府决定以平市官钱局为基础，加以扩充后在兰州设立甘肃省农民银行，以发展农业生产。该

---

① 黎遇：《甘肃金融业之过去与现在》，《西北资源》1941 年第 2 卷第 2 期，第 34 页。

② 时伯齐：《开发西北与设计问题》，《开发西北》1934 年第 1 卷第 5 期，第 4 页。

③ 《关于拟筹备兰州支行计划分别核示函》（1933 年 8 月），甘肃省档案馆藏，案卷号 56—1—9。

计划已由甘肃省政府报请财政部批准，但终因中国农民银行兰州分行在兰州成立，即停止筹备，“其已印未发行之纸币，亦全部销毁”①。显然，中国农业银行甘肃省分行的设立，使甘肃省农民银行胎死腹中。由平市官钱局为基础成立省农业银行计划的流产，可以进一步看出中央与地方势力的较量。

兰州地区长久以来人民生活困苦，贷款不仅利率高，而且经常无处可贷，“在金融季节，甚有高至三分以上者”，即便如此，“仍无处可借者，足见社会经济枯竭，农民生活艰难之一斑，典当业者现所存者，惟中当一项，月息五分，取赎期限一年”②。甘肃平市官钱局成立后，随着地方政府的支持而聚集的资金开始广泛运用于工商业贷款，如定期放款，期限为 3 个月至 1 年。至民国二十七年（1938）十二月，放款额高达54 327.8元。其中 80%为工商业贷款，20%为私人、机关、团体贷款。③商业贷款在支持了工商业发展的同时，也在很大程度上助长了当地人的商业投机活动。

在农贷上，由甘肃平市官钱局基础上成立的省农业银行流产，兰州及其甘肃地区的农贷完全为中国农民银行兰州分行所承担。1935 年农行兰州分行在距离兰州较近的皋兰、榆中二县地发放了第一批农业贷款。④ 1936 年甘肃发生旱灾，广大农村受灾严重，当年，农行兰州支行农贷扩大到临洮、陇西、定西、平凉、天水等十县，发放贷款 25.1 万多元。到 1937 年，又有扩充，“农行拨出专款救济，前后凡三次，均由合委会负责，组织互助社贷款。第一期定额五十万元，第二期定额一百万元，

① 张令琦：《解放前四十年甘肃金融货币简述》，中国人民政治协商会议甘肃省委员会文史资料委员会《甘肃文史资料选辑》第八辑，1980 年，140 页。

② 佚名：《兰州之金融与货币》，《新亚西亚》1934 年第 7 卷第 6 期，第 70 页。

③ 南秉方：《甘肃平市官钱局之发展》，《新西北月刊》1939 年第 1 卷第 5 期。

④ 成治田：《甘肃农贷之回顾与前瞻》，《中农月刊》1945 年第 6 卷第 10 期，第 30 页。

第三期为三百五十万元，总计五百万元”①。这次农贷，分三期发放，获得贷款的地区也逐渐从兰州周边地区扩大到甘肃全省。

在汇兑业务上，甘肃平市官钱局设立后由于没有开展汇兑业务②，因此兰州汇往“本省繁盛之区，如平凉、天水、凉州等处，汇水每一千元自二十元至六十元不等。甘州、肃州一千元自四十元至一百三十元不等”③。至于省外汇兑，“以天津一埠，汇兑最为盛。盖甘省货物，大率为黄河下运，直走包头、绥远，转京绥铁路以至天津，其次为上海、天津等处，汇水每千元自十余元至数百元不等”④。汇水如此之高，势必给当地生产带来极大的不便，正如时人调查所言：“汇水一项，其高昂每出人意想之外，在此情势之下，发展商业，开发农村，皆属梦想。”⑤中央银行兰州分行成立后，上述情况得到极大改善，“以往兰州汇往津、沪之款，每千元汇水达二三百元，该行（指中央银行兰州分行）成立后，每千元汇水只收汇水十余元”。同时该行对降低市场利率也起了一定作用，在该行成立前，“一般利率为月息千分之三四十，成立后月息降至千分之十五六”⑥。

无论是甘肃地方政府控制下的官钱局，还是中央政府操纵下中央银行兰州分行、中国农民银行兰州分行，他们对当地乃至整个西北地区的经济发展无疑都起了一定的积极作用，但是在地方与中央势力的博弈中，兰州金融业显然是无法沿着正常健康的轨道发展。仅就兰州市面上流通的货币而言，尽管1933

---

① 林嵘：《七年来中国农民银行之农贷》，《中农月刊》1940年第1卷第1期，第97页。

② 1938年，甘肃平市官钱局改组后开始汇兑业务。

③ 佚名：《兰州之金融与货币》，《新亚西亚》1934年第7卷第6期，第70页。

④ 佚名：《兰州之金融与货币》，《新亚西亚》1934年第7卷第6期，第71页。

⑤ 李亦人：《甘肃兰州金融概况》，《钱业月报》1934年第14卷第6号，第3页。

⑥ 甘肃省地方史志编纂委员会编纂：《甘肃省志》第40卷《金融志》，甘肃文化出版社1996年版，第46页。

年3月南京国民政府宣布实施废两改元的币制改革，开始废除银两改用银元，但是兰州这一西北经济重镇货币混乱情况依然存在。就硬币来说，就有两种。一种为银本位币，即“袁头币、孙币及本省造币厂所铸之袁头币（即俗所所指大洋者是），市场流通者为正牌，流行无阻。次为各省所铸者，称为杂牌”①。杂牌银币在市面流通时，“每一元，须贴水一角”。此外为铜辅币，“兰州市所最流通者为当十铜圆，至当二十铜圆，间有流通者，但为数不多”②。在兰州市流行的纸币有三种。第一种本位币券，“甘肃最通行者为中央银行所发行之各种纸币，因该行在兰州设有分行，可以随时兑现”，而其他各银行“如中国银行、交通银行、中南银行所发行之纸币，市面极少，偶有发现，每一元须贴水二分或三分不等”③。第二种为辅币券，“中央银行发行的一角、二角、五角之十近辅币券”，在兰州市面上也有使用。④ 第三种是铜圆辅助券，“即本省官立平市钱银局所发行者，分十枚券、二十枚券、五十枚券、百枚券四种，统称之为铜圆票”⑤。1935年11月4日，南京国民政府决定实行法币（纸币）政策，9日，兰州颁发通告，停止银币流通法币随之流入兰州各地，但是直到1939年，兰州市面上依然是国家银行发行的纸币与官钱局所发行的铜元票及辅币券参与流通。⑥ 币制混乱，给当地社会经济造成的不利影响是显而易见的。

---

① 李亦人：《甘肃兰州金融概况》，《钱业月报》1934年第14卷第6号，第2—3页。

② 李亦人：《甘肃兰州金融概况》，《钱业月报》1934年第14卷第6号，第2—3页。

③ 李亦人：《甘肃兰州金融概况》，《钱业月报》1934年第14卷第6号，第3页。

④ 李亦人：《甘肃兰州金融概况》，《钱业月报》1934年第14卷第6号，第3页。

⑤ 李亦人：《甘肃兰州金融概况》，《钱业月报》1934年第14卷第6号，第3页。

⑥ 姜宏业：《中国地方银行史》，湖南出版社1991年版，第137页。

三、1939—1945 年：近代金融业的大发展

1937 年随着抗战全面爆发后，广大的西北地区成了战时大后方，“抗战军兴，政府西迁，沿海各省沦为战区，西北遂成为抗战建国复兴民族的根据地。于是开发西北的宝藏，发展西北的产业，以增强抗战的力量，厚植建国基础，乃成为全国一致的要求”。“而开发西北最主要最根本的一环，还在于西北金融网的建立”①。于是，总挽西北商业总枢纽的兰州地区，金融组织系统开始日益完善，较为完备的金融网络体系日渐形成。

1938 年 6 月，国民政府召开了全国第一次地方金融会议，财政部正式提出要敷设内地金融网，同年 8 月拟定了《筹设西南西北及邻近战区金融网二年计划》。1939 年 3 月财政部召开第二次地方金融会议后，财部通令中国、中央、交通、农民四行积极推广分支行处；同年 9 月，又颁布《战时健全中央金融机构办法》，原来的四行联合办事处即遵照此法令改组为四行联合办事总处，并设理事会，由政府特派之主席综揽战时金融政策的制定与实施。

对大后方金融网络的建设，国民政府的思路是以国家银行为主，以省银行配合来进行。为此，1939 年 6 月，甘肃省银行正式成立，规定资本额 1000 万元，以后，财政部又加入官股 300 万元。② 民国二十九年（1940）一月，中央、中国、交通、农民四行联合办事处在兰州成立。

太平洋战争爆发以前，四联总处敷设金融网的重心在西南。1942 年，日军占领缅甸，进攻滇西，西南国际运输线中断，“西

① 李京生：《论西北金融网的建立》，《经济建设季刊》1944 年第 2 卷第 4 期，第 156 页。

② 郭荣生：《五年来之甘肃省之银行》，《财政评论》1944 年第 12 卷第 6 期，第 76 页。

北对外交通，益形重要”，国民政府开始把更多的注意力集中在了西北。1942年9月四联总处第240次理事会议通过《扩展西北金融网筹设原则》，以加强西北金融网的建设。该原则决定以兰州为建设西北的起点，迅速建成陕、甘、宁、青、新疆五省金融网的新要求。① 在此大背景下，一些地方银行、商业银行也开始在兰州广铺分支机构。

表1　1937—1945年成立的兰州近代金融组织

名称	成立日期	资本	主要业务
中、中、交、农四行联合办事处兰州分处	1940年	无资本经费由四行两局分摊	指导监督四行两局一切业务
中国银行	1939年7月		国内外汇兑
交通银行	1940年1月		工矿业放贷
邮政储金汇业局	1942年1月		储蓄及汇兑
甘肃省银行	1939年6月	800万元	扶植地方生产事业调剂地方金融兼办信托及代理国库
绥远省银行	1942年7月		专办汇兑并代理绥远省府及十二战区军政款项调拨事宜
兰州市银行	1944年1月	资本2000万元	代理市库并办理普通银行一切业务
中国通商银行	1943年1月	营运基金25万元	经营商业银行一切业务
四明银行	1943年8月	营运基金20万元	经营商业银行一切业务

① 郭荣生：《战时西南西北金融网建设》，《财政学报》1943年第1卷第1期，第48页。

续表

名称	成立日期	资本	主要业务
兰州商业银行	1943年1月	资本5000万元	经营商业银行一切业务
山西裕华银行	1942年	营运基金100万元	经营商业银行一切业务
永利银行	1943年9月	营运基金25万元	经营商业银行一切业务
亚西实业银行	1943年7月	营运基金10万元	经营商业银行一切业务
长江实业银行	1942年4月	营运基金25万元	经营商业银行一切业务
上海信托公司	1942年11月	营运基金25万元	经营商业银行一切业务
大同银行	1943年11月	营运基金25万元	经营商业银行一切业务
华侨兴业银行	1944年3月	营运基金30万元	经营商业银行一切业务
甘肃省合作金库	1943年12月	资本2000万元	经营合作及存放汇业务
实丰保险公司	1941年	资本500万元*	以火险为主要业务
太平洋保险公司	1943年4月	资本100万元*	经营各种保险业务
中国保险公司			经营各种保险业务
中国农业保险公司	1945年1月		经营农产物保险
合众保险公司	1943年6月	资本500万元*	经营水火险业务

注：带*系总公司资本。

资料来源：中央银行兰州分行《兰州市金融业概况》，《中央银行月报》1947年第2卷4期，第73—74页。

可见，抗战时期除国有金融组织在兰州设立外，一些地方性金融组织也纷纷在兰州设立分支行处，而所有的分支行又不断地向周边地区扩散，从而在兰州地区形成了以国有银行为核心、以地方银行和商业银行为辅而向周边扩展的战时金融组织网络。如1940年交通银行在兰州设立支行后，便于当年在天水、武威，次年在酒泉、平凉等地设立了办事处。1942年1月，邮政储金汇业局兰州分局成立后，1943年8月平凉，1944年5月天水、武威办事处先后成立。[①] 保险业务、信托业务也在落后的兰州地区得以从无到有地发展起来。

在金融网络陆续构建下，兰州地区从中央到地方的各级各类银行的业务活动范围较以前也有了明显的变化。以甘肃省银行为例，在其成立之初，国民政府即以协助经济建设为原则，对其业务活动提出了几项要求：配合经济建设；辅助农村金融；辅助小商业资金，经营平民贷款；辅助手工业；代理三级（国库、省库、县库）库务之收支，便利财政之用；举办信托业务，经营联合产销，购办平价物资及代客运输；代国库、省库发行并销纳各种公债；扩大存款、放款和汇兑业务，活跃市场。[②] 其他银行也大体如此，这显然比全面抗战前业务范围扩大了许多，也说明银行在当地经济建设中的作用不断增强。

在1939—1941年最初的几年间，银行业在兰州的发展无疑对活跃地方经济，促进西北内地经济发展起了重要作用。1939年中国银行于兰州设行后，即开始办理农贷业务。设专员一人，奉经理之命主持辖内各区内外勤一切农贷事宜，内勤设办事员若干人，处理内部工作；外勤于各集中之农贷县份设工作区，派主任辅导员一人，主持该区农贷事宜。下设各县农贷通讯处，

① 甘肃省地方史志编纂委员会编纂：《甘肃省志》第40卷《金融志》，甘肃文化出版社1996年版，第48、50页。

② 张令琦：《解放前四十年甘肃金融货币简述》，中国人民政治协商会议甘肃省委员会文史资料研究委员会编：《甘肃文史资料选辑》第8辑，甘肃人民出版社1980年版，第147页。

驻辅导员若干人，办理调查、贷款、辅导工作，因而到1941年6月底就取得了明显的经济社会效益，正如《中国银行甘肃省历年来农贷业务概况》所言："1. 减少了高利贷按甘肃省高利贷普遍在月息四分以上，甚至有对本利者（借国币壹圆，月底还国币贰圆），本行放款已达七百多万元，倘按月息四分计算，计息二十八万余元，而本行现以月息八厘计，约为五万余元，无形中减少农民无谓负担年约国币二百七十余万元。2. 增加了农产。3. 提高了农民对政府的信仰如购买储券、服从兵役、缴纳正当税捐等。"① 1940年中国银行又与甘肃省共同在兰州成立甘肃水利林牧公司，资金1000万元，其中，中国银行出资700万元，省政府筹资300万元。"该公司成立后5年内，以甘肃省黄河流域为工作重点，相继完成洮惠、湟惠、溥济、油丰等11条水渠建设，灌田50万亩，收益数千万元。"② 1941年中、中、交、农四行联合办事处兰州分处与甘肃省政府合办甘肃矿业股份有限公司，资本1000万元，有四行联合办事处与省政府共同分担。

但是，由于抗战时期兰州金融组织网络是战时特殊大背景下发展起来的，而根据国民政府财政部规定，银行贷款主要用于支持工矿生产建设、交通公用事业和日用小商品生产等方面，但由于生产建设投资周转慢，效益低，远不如商业投资获利大。如果说兰州各级金融组织在1942年前的发放贷款中，对扶持生产、活跃市场还起到一定的积极作用的话，那么这之后，各银行机构却在竞相贷放商业、支持商业投机中愈来愈多地发挥作用。到1945年仅甘肃省银行的商业贷款就占贷款总额的55.70%，而交通公用事业贷款和教育文化及公益事业贷款仅分

---

① 转引自李贵义、施斌《陇原记忆：百年中行在甘肃创多项第一》，《西部商报》2012年2月20日A—07版

② 黄河水利委员会编：《民国黄河大事记》，黄河水利出版社2004年版，第156页。

别为 3.57%和 3.08%。[①] 对此有时人评论说：西北金融业（主要集中于兰州）投资于农业者最少，投资于工业者次之，投资于商业者最多，“除诸商业银行以外，既国营商业银行业也多多少少投放相当数额之资金到商业上去，这也不外是为了利，结果把资金全用来做买卖，刺激物价，对大众生活有损无益”[②]。

与此同时，国民政府为应对日见浩繁的军费及日常开支不断扩大法币的发行量，通货膨胀加剧。“自去年（1939）九月一日起，始则各项外来货品先行暴涨，亦步各项物品之后飞涨不已，多数日用必需品价格在二十天内涨百分之五六十，最低亦涨百分之二十，且有一部分货物如砖茶等涨至百分之百以上，殊属骇人听闻。有一日之间三易其价者，继则本省出产之食粮、燃料、清油及一般日用品价格。”[③] 对此，兰州各级各类银行不仅没有采取任何措施减轻通货膨胀的压力而抑制物价，反而不断地把物价上涨转嫁到当地人民身上，“自物价高涨后，兰州的银行实行实物贷放，美其名曰合作贷款的新路线”。民国三十三（1944），甘肃省府主席正伦指使甘肃省银行、甘肃省合作金库合办实物贷款，在皋兰等 23 县，“从民国 33 年——34 年（1944—1945）共贷出 70,190,042 元，月息 1 分 7 厘，另加仓租 1 分，两年中连同本息共掠夺粮食 2,040,000 余公斤”[④]。在银行机构的推波助澜下，兰州市的物价不断高涨，远远超过了全国的平均水平，仅就影响国计民生最重要的粮食价格而论，从

① 王恭：《解放前夕的兰州金融》，《兰州文史资料选辑》（第 10 辑），中国人民政治协商会议兰州委员会文史资料委员会 1989 年版（内部资料），第 223—246 页。

② 刘永乾：《西北区银行动态之偏向》，《西北论坛》1947 年第 1 卷第 1 期，第 27 页。

③ 《甘肃办理平值情形卷》，中国第二历史档馆藏经济部档案，全宗号 4，案卷号 29346。魏丽英：《抗战时期甘肃物价档案史料试析》，《档案》1991 年第 6 期。

④ 姜宏业：《中国地方银行史》，湖南出版社 1991 年版，第 388 页。

1939 年始到 1945 年 7 月，兰州市场的粮价就上涨了 1757 倍之多。① 如此高昂的粮价，已使当地百姓无米下锅。

总之，1939 年以后兰州金融组织网络无疑是为了适应抗战时期内地资金向大西北转移的需要而铺设的，在大量资金不断融通的刺激下，兰州地区乃至整个西北地区的农工商业都获得了一定程度的发展。诚如时人所评论的："在抗战期间，随着战事的向西推移，中国的金融业已向西部地区发展，不再偏聚江、浙沿海、沿江地区了，即使偏僻边远地区也开始建立起现代银行业。这对中国西部地区的开发和各种行业的建设都能得到现代化金融业的资助和调剂，是非常有利的。"② 但是由于所有的金融机构主要着眼于战时需要，而不是关注兰州乃至西北地区社会经济的发展，因此随着抗战结束，国民政府失去了对西北地区的关注，兰州地区的金融业发展开始弊端丛生。

结　语

兰州近代金融事业的开发是以近代银行的产生为主要标志。从 20 世纪初期到抗战胜利的 1945 年，兰州地区的近代金融组织几乎全部是政府和握有兵权的军政要员创办的，虽然这些金融组织的主要作用是为地方官僚和统治集团服务，有时也是他们掠夺地方财富的工具。但是，与此同时，这些金融机构的创办客观上对于兰州乃至整个西北地区的经济发展起了一定的积极促进作用，虽然这种作用是有限而且短暂的。

从清末兰州近代金融业的起步，到北洋政府时期兰州金融业发展的乱象丛生，直到抗战时期兰州金融业飞速发展，实际

---

① 甘肃地方史志编纂委员会：《甘肃省志·粮食志》，甘肃文化出版社 1995 年版，第 83 页。

② 董长芝、马东玉主编：《民国财政史》，辽宁大学出版社 1997 年版，第 379 页。

上都不是一种常态下的发展，而是在特定环境下政府大力推动的结果，是典型的强制性制度变迁。制度变迁的强制性，无疑是有悖于社会经济的自身发展规律，其基点是统治者的偏好和政府在追求自身利益最大化过程的有限理性。这种强制性变迁，虽然在一定程度上带来了兰州乃至整个西北地区的经济发展，但是这种发展毕竟是有限的，并且它所持续的时间也不可能长久。这也诚如杜恂诚先生所说：不以诱致性变迁为基础的强制性变迁，是所谓“逆向交替”。相对“有限政府”而言，主导此类强制性变迁的是所谓“无限政府”，即他们认为自己是全能的和万能的，他们不是为了纠正市场的缺陷，而是从执政者的利益出发，为了解决政府自己的问题，而设计出一套蓝图，强制地加以推行。①

① 杜恂诚：《近代中外金融制度变迁比较》，《中国经济史研究》2002 年第 3 期。

民国时期天津银号资本与资力的再估计

华中师范大学中国近代研究中心博士生　左海军

银号（钱庄）是中国明朝以后逐步发展起来的内生金融机构。从银钱兑换发展到近代以后具有多重金融功能的复杂机构大致经历了四百年的时间。近代开埠之后，钱庄被外国人称为“nativebank”或“old-stylebank”，在外国商品的输入和中国土产的输出双向贸易中都起到了很重要的资金融通作用。一战以后伴随国民经济的发展，华资银行以及银号都有较大发展，逐渐形成华资银行、外资银行、钱业三足鼎立的局面。民国时期国民经济发展长期处于“无序”状态，在军事动荡、政府更迭、经济环境不稳定的大趋势下，传统钱业在短短的二三十年时间内几经打击，同时面对银行竞争，国家统制经济政策的实行，中国传统钱业也难免呈现颓势。民国时期对传统钱业的负面评价已现端倪，“（天津）银号规模狭小，资金亦薄，营业则墨守旧规，金融上之势力远在银行以下”①。自民国起就有学者不断呼吁改良钱业，直至目前学界对于银号资本狭小的问题仍诸多诟病。但是资本“狭小”的银号何以长期存在，并且几经更生，直到中华人民共和国成立以后才最终结束历史使命，这是研究近代传统钱业难以回避的问题。单个银号与银行相较，资本确

① 北宁铁路经济调查队编：《北宁铁路沿线经济调查报告（二）》，北宁铁路管理局，民国二十六年（1937）铅印本，第980—983页。

实差距悬殊，但是银号有数量优势，并且通过特殊的运作机制，有效整合了“市面”资源，一定程度上弥补了资本“狭小”的缺陷。银号与银行之间，资力的差距要小于资本之间的差距。

一、天津银号资本规模的发展及估计

银号的资本是银号在设立之初，由股东独资或由股东合股，约定出资若干，作为银号开始经营的最初资本。虽然在中国，传统钱业不倾向以资本之多寡而论信用之优劣，但是资本丰厚一定程度上也代表着势力雄厚，特别是注重“折交”（即存放业务）的银号比较注重资本雄厚与否。近代以后，天津银号伴随着经济发展，其实力也处于发展之中，资本及资力的增长无疑是其最主要的方面。但是这两方面的内容出于各种原因①，都难以精确统计。欲求天津银号近代以来资本及资力之发展演变，只有估计之一途。天津银号现存资料有限，更没有系统统计，本文仅参合各种档案及报刊史料，选取 1908 年、1916 年、1929 年、1934 年、1935 年资料比较集中的几个年份进行分阶段考察，以观其大势。有不当之处，敬请方家指正。

（一）1935 年之前四个年份天津银号的资本概况

1900 年后钱庄的业务发生转折，受庚子事变的影响，原有的独资开设的钱铺纷纷倒闭。《辛丑条约》签订以后，市面恢复平静，华洋贸易进一步发展，天津的商业资本和地主资本起而投资于钱庄，由独资转为合伙制，扩大组织增加资本，资本定

---

① 在天津银号资本统计之困难有以下数端：银号旋开旋停，银号家数不定；银号规模有大有小，计算标准难以划一；对于资本一项，传统商人向不愿外露，呈报同业公会及商会之数，多有隐晦；银号资本有股本、护本以及股东存款之别，故当时记载多有参差。在资力方面，主要是计算标准不统一。有学者将资本之大小近似视作资力之大小；有学者将资本及吸收存款之合算作银号资力；有学者在资本及吸收存款之外，要补充进“借入”“汇出”“本票”等项。

额多以银元或银两为本位，名称一般不用钱铺或钱号，改称“银号”，部分银号资本仍以制钱为本位，单位以“吊”计算。此后，银号逐渐走上天津钱业的主要地位。

表1 光绪三十三、三十四年（1907、1908）天津钱庄银号资本统计表

银号名称	洽源	义成	裕恒	庆隆	桐达	德庆恒	启盛	永顺成	其他23家
原档案中各银号资本数额	10万元	1万元	1万元	1万元	10万吊	3万吊	1万吊	6万吊	56.1万两
统一换算成银元为单位的资本数额	10万元	1万元	1万元	1万元	3.8367万元	1.151万元	0.38367万元	2.302万元	77.92万元

资料来源：《光绪三十三、四两年直隶省商银钱号资本营业统计表》，（1909年10月5日）天津市档案馆编《天津商会档案·钱业卷（二六）》，天津古籍出版社2010年版，第22674—22710页；天津地方志编修委员会编著《天津通志·金融志》，天津社会科学院出版社1995年版，第91页。

说明：以上两则材料实际上应是一则材料，是宣统元年（1909）直隶调查局对天津光绪三十三、三十四两年银号资本及经营情况的调查。天津商会档案中现在保存的调查表28份，但是没有《天津通志·金融志》中所载义成、裕恒、庆隆三号的情况，故依据后者补齐，而28份调查表中有一份通顺成银号的调查表，资本成护本6万吊，在《天津通志·金融志》中则没有提到，也补入表中。另外，《金融志》中所称银号有38家，并且资本以银两计算的31家资本总额为60.3万两，实际档案中现仅见28家，并且以银两计算资本的23家银号资本总额为56.1万两，两相比较差额为：银号9家，资本4.2万元，平均每家仅4600余元，似过于狭小，与实际情况存在差距。故在以银两计算的银号资本一项以档案中现存的23家调查表数据为准。另外，银两与银元按照7钱2分比值换算，制钱与银两按照

光绪三十四年银一两合制钱 3620 文换算。①

由上表可知，光绪三十三、三十四年间（1907、1908）天津 31 家银号资本总额为 98.59 万元，平均每家 3.18 万元。据天津档案记载民国五年（1916）所存的 28 家银号资本统计及核对，28 家银号总资本为 122.6 万，② 平均每家 4.3786 万元。1929 年《工商半月刊》发表《天津钱业之调查》③，内载银号 81 家，总资本额 478.9 万元④，平均每家股本 5.9123 万元。1934 年底，天津 65 家较大银号的资本总额为 419 万元，平均每家资本计 6.45 万元。⑤ 不难发现天津银号资本规模的发展速度缓慢。

（二）1935 年天津银号的资本估计

就笔者所见，1935 年是近代天津银号情况记载最为详尽的一年。主体资料集中在《天津文史资料选辑（第二十辑）》《全国金融年鉴（1935）》和《平津金融业概览》。三则史料相互参照，可以得到 1935 年天津 117 家银号较为全面的情况，详见下表：

---

① 道光年间因鸦片输入白银外流，一两银可换制钱 1600 文，在道光二十五年可换制钱 2000 文以上。光绪二十一年天津市面银一两合制钱 2200 文，而光绪三十四年已合制钱达 3620 文。见天津市地方志编修委员会编著《天津通志·金融志》，天津社会科学院出版社 1995 年版，第 42 页。

② 天津市档案馆、天津社科院历史研究所、天津市工商联：《天津商会档案汇编》（1912—1928），天津人民出版社 1989 年版，第 1496—1497 页。此 28 家银号是根据天津商会二类 664 号卷所有天津商会呈报民国五年度天津银号调查表原始资料统计，其中 13 家银号的资本总额有分歧，所用数据系根据该卷 1916 年度调查表数字核准。

③ 《天津钱业之调查》，《工商半月刊》，1929 年第 1 卷第 9—12 期，第 16—21 页。

④ 81 家银钱号中有 6 家资本以银两为单位，按照银两与银元比值 7 钱 2 分统一核算成银两后再一并计算。其中含有股本与护本二项者，以股本与护本之和计算。

⑤ 天津市地方志编修委员会编：《天津通志·金融志》，天津社会科学院出版社 1995 年版，第 91 页。

表 2　1935 年天津银号情况统计表

号名	创立年份	资本	股东姓名、出身①
义恒	1853	5 万	范文轩、郭柏年（酒商）
益兴珍	1876	6 万	益兴珍首饰店靳、王、刘三姓，务本堂宋，三星堂宋，文正堂范
天兴恒	1880	8 万	高鼎臣、沈雅庭（钱业）
大德通	1884	10 万	大德通票号改组，乔姓（茶商）
大德恒	1887	9 万	大德通票号改组，乔姓（茶商）
敦昌	1900	10 万（年鉴为 15 万）（平津 1933 年为 5 万元）	冯海安（粮商）、瑞庆堂冯熙彭
敦庆长银号#	1902	3 万	乔亦香
全聚厚	1909	6 万	鹿传霖（军政资本）
恒源永	1909	3 万	李林森、张子仁（钱业）
义成裕	1909	2 万	王廷栋（钱业）
祥瑞兴	1911	2 万	杨子章、汪鉴吾、陈爱堂（广和参局）
义胜	1912（年鉴 1933 年）	8 万（平津 60 万元）	陆锦（陆军总长）、赵仲权、存厚堂李、萃贤堂彭
永信银号#	1912	2 万	胡润生
聚盛源#	1913	2 万	徐柏荣

① 股东的身份主要是依靠《天津文史资料选辑》（第二十辑）和《平津金融业概览》两部分资料，其中《平津金融业概览》内股东多用堂名，如果姓名与堂名同时存在的，以姓名优先，避免重复。如果各组资料之间数据不完全相同以及完全不相同，都采取全部保留的处理方式，因为银号投资包含隐藏的股东，以及当时统计之时只片面统计主要股东的可能，故尽量保留材料里能见到的股东及其身份。

续表 1

号名	创立年份	资本	股东姓名、出身
中兴银号#	1913	2 万	振兴堂范、乐善堂王、继庆堂张、积厚堂李、守业堂张
元泰	1914（年鉴 1931 年 3 月）	8 万	赵晋臣（纱布业）、毛雅泉（钱业）
正丰裕	1914	4 万	冯博卿（金店）、孙俊亭（钱业）
全记银号#	1915	10 万	养源堂鹿（军政资本）
鸿记	1916	20 万	张养清（地主）
信源溢	1916	4 万	陈雅庭（钱业）
同益兴	1916		康韵珊
聚丰永银号#	1917	6 万	积庆堂、宁彩轩
永增合通记银号	1918	5 万	李尽臣（军衣庄）、刘相臣/北平永增合通记银号
聚德	1920	6 万	仝钧衡、仝忠权
中实	1920	2 万	张锡九（钱业）/权宜堂张、中毅堂张
信记	1921	10 万	边清结（纺厂）、崔书琨（药房）
生生	1921	2.4 万	李蔚章、冯赞庭、赵润辉（毛毯业）
庆聚	1922	10 万	羡远尘（地主）
肇华银号#	1923	10 万	
宝生	1923	4 万	魏子丹（军政界）
宏利银号#	1923	5 万	宏晋银号、永昌
天瑞	1925	14 万	贾步云、周耀庭、李纪庵（伊犁杂货）、敬德堂周、瑞华堂顾
兴华	1925	8 万	李时毓、郭懋功（地主）

续表2

号名	创立年份	资本	股东姓名、出身
聚义	1926	2万	孙筱圃、谢子丕、顾毓芝（地主）
同德	1926	2万	魏联芳（军政界）、姚泽生
聚元	1927		戈璧臣、李富泰（钱业）
恒源益	1927		田宝华、曹鸣九
和丰裕	1927		陈善教
同裕厚银号#	1928	10万	郑伯言、孙东元、娄鲁青、黄翔庭
聚泰祥	1928（年鉴民国元年）	7万	北京同元祥银号刘盈之（年鉴曾励刚、徐伯恭、冯润田、同元祥银号）
恒利	1928	4万	唐韵琴（地主）、陈鸣韶（钱业）
慎兴	1928	2万	梁秘文、侯警民（钱业）
乾源	1928	10万	俞君飞（银行）、卢开瑗（工业）
宏康	1928	6万（年鉴为10万）	陈菊芳（洋广杂货）
致昌	1928	10万	王敷五（军阀王占元之子）
恒泰	1928	4万	顾仲三、孙安亭（钱业）
厚生	1929	3万	刘英德、刘浩如（五金业）
恒兴	1929	5万	常铸九、刘墨林（银行）
永恒银号#	1929	8万	静思堂刘、瑞源堂王、庆余堂孙
隆远	1929	6万	庞炳勋（军政）
颐和	1929	10万①	王敷五、积荫堂侯、守信堂倪
中和	1929	10万	刘绍云、张泽湘、松鹤堂张、德厚堂胡、道华堂徐、王郅卿、石松岩（银行）三益堂安

① 颐和银号除了有资本十万元外，还有护本十万元，尚未计算在内。

续表 3

号名	创立年份	资本	股东姓名、出身
广瑞	1929	2 万	李子卿（烟土商）
同增益	1929	1.5 万	贾翰臣（地主）
裕源	1929	5 万	杨增新（军政）、澄怀堂王、养性堂刘、自求堂刘、忠恕堂吴
万德	1929	8 万	蔡次泉（地主）
同生祥	1929	3 万	李塾乐、孙熙亭（地主）
谦牲	1929	5 万	李鸣钟（军政界）
广业银号	1929	4 万	崔鹤亭、刘樨屏
久大	1930	2 万	陆凤周
汇源永	1930	3 万	蒋克生、李振家、丁旭斋
立昌永	1930	10 万	蔡志武（地主）
德祥	1930	3 万	杜永昌、张杰三
馀大亨	1930	15 万	王晓岩（钱业）、郑兰生、郑瑞庭、聚兴堂张、福厚堂张、怀德堂阎、积厚堂姚
同兴	1930	4 万	郑达如、杨治庭、姬奠川（军政）
泰丰恒银号#	1931	10 万	漱兰堂李、三裕堂高
庆成	1931	20 万	张俊臣、宋鼎廷（钱业）
立丰	1931	2 万	蔡慕韩（地主）
中裕	1931	6 万	周玉峰（洋广杂货）溥廉堂杨、吉立堂陈、松茂堂顾
正昌	1931	4 万	刘汝明、吴注东（军政）
兴源	1931	2 万	李公弼
永盛银号#	1931	5 万	印仁堂李、泰汉堂陈
亨记	1931		张馥英

续表 4

号名	创立年份	资本	股东姓名、出身
泰和	1931（年鉴为 1934 年）	8 万	马衍（地主）
万华	1931	4 万	魏效涵、尹敬山（钱业）、福厚堂李、公裕堂孟、永德堂田
顺兴	1931	5 万	于彤萱
元吉	1931	0.5 万	高全喜（地主）
汇记	1931		秦问诗、秦明五、蒋永寿
聚华昌	1931		仝洁身（放乡款）
本立源	1932	8 万	蒋彬生、杨质明（钱业）
仁发公	1932	10 万	王治安、许芝圃、崔向卿（地主）
敦泰永	1932	10 万	马鸿逵（军政界）
锦记兴	1932	8 万	肖占昆、卢子桢（干鲜果）
甡记	1932	2 万	张缄三、陈文年（地主）
增达	1932	0.2 万	周伯瑜（钱业）
宝丰	1933	4 万	徐聚粮、蔡克己
宏义	1933	5 万	李维章、李步峰（线毯业）
太和记	1933		仝寿臣、仝信权（放贷乡款）
晋生	1933	8 万	李揖庭、李文藻（盐商）、公余堂苗
和丰	1933（年鉴为 1929 年 1 月）	15 万	张泽湘、石松岩（银行）、刘泽泉、尚采臣（钱业）
义恒昌	1933	5 万	黄荣昌（钱业）
振兴长	1933	5 万	王志远（钱业）
义聚	1933	10 万	刘仲五、秦芝圃（银行帮）
振义银号#	1934	10 万	槐荫堂王、怀德堂王

续表 5

号名	创立年份	资本	股东姓名、出身
永同生	1934	10 万	义德堂訾
祥生	1933	10 万	孙梦麟、李子宾（纱布）、德善堂王
庆益	1934	10 万	孙梦麟、李子宾、朱馀斋、马桂三（钱业）
瑞源永	1934	5 万	金虎臣、金克明（纱布）
冀鲁	1934	20 万	石友三、孙桐萱（军政）
谦丰	1934	10 万	卞润吾（纱布）、张俊岩（钱业）（洽源银号）、安荩臣（地主）
福康仁	1934	10 万	卞润吾（纱布）、张云峰、郭心铭（钱业）、康厚堂郭
德丰隆	1934	4 万	王毅之、张明义
谦义	1934	10 万	贾绍五、王子峰、肖惠安（杂货）
信德	1934	5 万	仝信权、仝钧衡（干鲜、高利贷）
东兴	1935	1 万	鲁惠泉（贷放乡款）
耀远	1935	10 万	潘少庭（纱布）
德仁	1935	10 万	孙月樵、赵仲三（德和永杂货）
启明	1935	5 万	李仲侯、王协臣（军政）
老恒利	1935	5 万	周锡祁、崔文波（金店）
同裕	1935	2 万	贾日新、刘毓材
宏源（洽源 1935 年改此名）	1935	10 万	张云峰、郭心铭（钱业）/峰泽堂金、三益堂安、福原堂张、光明堂张、荫馀堂郭、康馀堂郭
华丰	1935	10 万	王树华、刘［耳少马］瞻（银行）
春和	1935		赵鹏飞、战宝衡
蚨亨	1935	6 万	杨馥菴

续表 6

号名	创立年份	资本	股东姓名、出身
祥丰	1935		邵云苏、田智泉
大昌	1935	6 万	李振三、孙益三（米业）
益昌银号总号*	1935	4 万	股东不详
总计		700.6 万	

资料来源：杨固之、谈在唐、张章翔《天津钱业史略》，《天津文史资料选辑》（第二十辑），第 127—132 页；联合征信所平津分所调查组编辑《平津金融业概览》，张妍、孙燕京主编《民国史料丛刊·经济·金融》（460），大象出版社 2009 年版，第 385—496 页；《全国银行年鉴（1935）》（63），民国丛书续编编辑委员会编《民国丛书续编》，上海书店出版社 2012 年版，第 554—557 页。

说明：（1）整表的主体数据来自《天津文史资料选辑》（第二十辑），带 * 号的银号数据来自《平津金融业概览》，带 # 的银号数据来自《全国银行年鉴（1935）》（63）；（2）由三组数据共同补充完成 1935 年天津存在银号情况，无论何年开业，均以 1935 年正常营业为标准，在 1935 年之前停业的银号则没有统计在内，1935 年间也有部分银号停业，但是为了标准统一，便于估计，故一并计算在内。（3）表内共存银号 117 家，其中资金可考 107 家，资金总额 700.6 万元，平均每家 6.5477 万元；（4）资金数额的单位原数据都是“元”，在 1935 年之前理应都是以银元为单位，1935 年 11 月南京国民政府实行“法币改革之后”，应该改为法币计算，1935 年实行法币改革之后法币 1 元币制等于银元一元，而且法币改革是在 1935 年 11 月，故 1935 年创立的银号资本额与银元等值计算。（5）表内资本额有不一致的地方，以最小额为准，因为在经营中途可能有增资的情况，造成记载不一致。

由表2可知，就现存的117家银号的统计，资本可考者107号，资本总额为700.6万元。平均每号6.5477万元。对于1935年天津银号的资本总额，王子健在《天津之银号》中曾经做过估计。据王子健统计，“天津银号总数为一百四十二[①]，其中调查得确切资本额者，计七十二家，此七十二家之资本总额为5 093 888元，每家平均资本为70 748元，若依此数推算，则一百四十二家资本总额当为10 046 216元”[②]。在此基础之上，王子健考虑到调查所得，七十二家银号是津市资力较大之银号，可能导致依此所得平均数较高，所以据此平均数所估计的一百四十二家银号总资本额当高于实际情况，也就是天津银号的总资金规模实际上应小于10 046 216元。但是王子健并没有进一步对此数据进行修正。据表2所得，平均每号资本6.5477万元，小于王子健估计的平均每家7.0748万元。如果银号家数按王子健统计的142号计算，总额为929.7734万元。[③] 可见王子健在六七十年前的估计是大致符合历史事实的。1935年吴石城调查到天津股本数额可考的65家银号的股护本总数4 185 007元，[④] 平均每家股本6.438 5万元，与本文表2所估计的平均股本额6.547 7万元仅相差0.11万元，也从侧面证明了表2的推算是大致符合实际情况的。

（三）1908—1935年天津银号资本总额及平均资本的发展趋势

综合上述五个年份的天津银号资本额估计及各年份银号平均资本情况如下：

---

① 此142家之数是王子健统计，截止于1935年，并将兑换业钱店排除在外，即正式之银号，含入同业公会和未入同业公会两部分。

② 王子健、赵履谦：《天津之银号》，1936年初版，出版社不详，第15页。

③ 这个估算值可能也稍微偏大，因为部分银号是外埠在津所设分号，由于资料没有具体记载分号资本，只能以所载总号资本额进行估算。

④ 吴石城：《天津之银号》，《银行周报》1935年19卷16期，第26页。

表3　天津银号资本情况估计汇总表

年份＼项目	1908年	1916年	1929年	1934年	1935年
统计银号家数	31家	28家	81家	65家	107家
统计总资本额	98.59万元	122.6万元	478.9万元	419万元	700.6万元
平均资本额	3.18万元	4.3786万元	5.9123万元	6.45万元	6.5477万元
考证银号家数			155家①		127家②
估计资本总额			916.4065万元		831.5579万元

由银号资本额的平均值来看，天津银号资本额增长缓慢。天津银号的资本规模和增长速度与上海相较存在明显的差距。上海钱庄的资本规模及变化趋势早有学者统计，详见下表：

① 据1929年发表的《天津钱业之调查》载："现时在会各号约计百数十家……宫北一带计四五十家，针市街一带约计五六十家……租界内之各号约计五六十家。"（见《天津钱业之调查》，《工商半月刊》，1929年第1卷第9—12期，第2页）取平均值为155家。此外不在会的"门市各号约有一百余家"，核计估算在二百五六十家前后。据《天津通志·金融志》记载，到1930年天津银号已发展到231家。实际上除了特殊的时局下，自清末以后天津在会银号均在一百家以上，民国成立以后是银号的大发展时期，所以1930年前后可能是战前天津银号家数的峰值，两次币制改革之后，银号不同程度受到影响，时有歇业，家数上略有下降，综合考察，1929年155家在会银号的家数尚符合实际情况。

② 目前能见到的1935年天津银号家数统计，以王子健的统计最高，为142家；《天津文史资料选辑（第二十辑）》取122家之数，本文表2的统计也是不完全统计，只是记载了截止到1935年尚存在的117家。综合以上统计，可以推测，1935年前后在天津规模较大的银号在一百二三十家之数，如取上述三种数额之平均数则为127家。

表 4　1927—1937 年上海钱庄家数、资本、平均资本变化表（单位：万元）

年份	1927	1928	1929	1930	1931	1932	1933	1934	1935	1936	1937
家数	85	80	78	77	76	72	68	65	55	48	46
资本总额	1900.7	1798.9	1852.7	1937.8	2024.6	2138.5	2179.8	2070.2	1938.2	1800	1912
平均资本	22.4	22.4	23.8	25.2	26.6	29.7	32.1	31.8	35.2	37.5	41.5

资料来源：郑亦芳《上海钱庄（一八四三——九三七）——中国传统金融业的蜕变》，台北："中央"研究院三民主义研究所丛刊，1981 年 10 月，第 150 页。

上海是中国近代以来商业贸易的中心，天津的商业贸易规模向来不如上海庞大，仅就海关税收观之，"1929 年中国关税总收入为一亿五千二百七十六万两，上海即占六千九百四十四万二千两，天津仅有一千六百三十五万一千两，且尚包括秦皇岛在内"①。贸易发达导致上海资金流通活跃，在 20 世纪的二三十年代，上海成为毫无疑问的中国金融中心，特别是在南京国民政府建立之后，伴随政治中心的南迁，上海在金融体系中占有绝对的支配地位。上海钱庄和天津银号同为中国传统的内生金融机构，无论是个别钱庄的资本规模，还是上海钱庄的资本总额，相对都要高于天津。据上海市商会 1933 年调查，上海市南市钱庄 4 家，资本总额为 54.8 万元，北市钱庄 58 家，资本总额为 1838.5 万元，合计 62 家钱庄，总资本额为 1893.3 万元②，平均每家 30.54 万元。郑亦芳统计了 1927—1937 年 11 年间每一年上海钱庄的资本总额③，平均为 1959.4 万元。其中 1935 年 55

① 《天津与上海》，《大陆银行月刊》，第二卷第二号，第 62 页。

② 中央储备银行调查处编印：《上海钱庄概况》，第十二页，选自《民国时期上海史料文献丛编》（第一册），全国图书馆文献缩微复制中心，2009 年 10 月，第 31—35 页。

③ 郑亦芳：《上海钱庄（一八四三——九三七）——中国传统金融业的蜕变》，台北："中央研究院"三民主义研究所丛刊，1981 年 10 月，第 150 页。

家钱庄资本总额为1938.2万元，平均每家35.2万元，大约为天津银号1935年平均每家资本额6.5477万元的5.4倍。

上海钱庄不仅资本规模较天津银号为大，而且增资的频率要高于1937年前天津银号的增资频率。天津的银号在全面抗战爆发以前，主动增加经营资本的情况较少。就联合征信所平津分所调查组编辑的《平津金融业概览》记载的天津111家银号①，在全面抗战爆发以前有增资情况的只有6家。即敦昌银号在1900年设立时资本1万两，在1933年增资为5万元；宏康银号在1928年设立时资本4万元，1935年资本增为6万元；恒源永银号在1937年之前曾经由1万元增资为3万元；本利源银号1932年开办资本为8万元，1936年增为10万元；全聚厚银号在宣统元年（1909）创立资本在调查时已不可考，其在1930年增资本为6万元；兴华银号1925年开办资本为8.32万元，1932年增加资本为12万元。其他的105家银号据记载在全面抗战爆发前没有增资情况。而上海钱庄的追加资本活动要远比天津活跃。上海联合征信所编辑的《上海金融业概览》内载钱庄简史77家，其中1937年之前创立者有62家，资本可考者47家，有增资情况记录的29家，共有增资记录49次。②

津沪两市钱业资本增长速度也存在较大差距。“（上海）民国十七年底计汇划庄八十家，资本总额（连附本在内）为一千二百七十六万二千两，每家平均资本额达十五万九千两有奇，以较民国四年竟增五倍之多。”③ 而由表3的统计可以看出，天

---

① 该《平津金融业概览》的记载是不完全记载，并没有收录天津全部的银号，只是统计了当时仍正常营业的银号，在统计之前业已停业的银号则没有统计。而且对于个别银号的增资情况记载也不是很全，很精确。故依据此则材料只能考察天津银号增资问题的大体情况。

② 上海联合征信所编辑：《上海金融业概览》，第A267—A350页，张妍、孙燕京主编：《民国史料丛刊》（463），大象出版社2009年版，第299—382页。这个数字亦偏保守，当时进行调查时，部分钱庄增资时间和数额已不可考，文中仅此“经数次增资”代过。

③ 《上海汇划庄资力之调查》，《银行周报》1929年第13卷第26期，第11页。

津银号的平均资本1929年为5.9123万元，而1908年仅为3.18万元，二十一年间增长尚不足两倍，可见天津银号资本的增长远缓慢于上海。1921年汉口钱庄平均每号资本洋例银2.2万两，1925年为洋例银3万两。[①] 从宏观上看，天津银号的平均资本规模要略大于汉口，位居全国的第二位。

二、天津银号资力的估算标准及1935年天津银号资力的初步估计

“资力”与“资本”是完全不同的两个概念。资本是企业在创立之初有个人出资或多人合伙，也有采取股份制进行筹集的资金，除了用作最初的资金启动外，也一定程度上标示企业的信用。而资力反映的是企业在实际经营活动中实际运用资金的能力及灵活程度。在资本主义工商业的经营中，很少有企业只靠自有资本进行经营活动的，所以一般来说工商企业的资本额与实际资力（资本运用数量）不对等的情况很普遍。例如，1936年左右八十九家较大工厂的资产总值平均合他们资本额的2.7倍；1954年调查全国雇用工人和职员在十人以上的私营工业企业的资产总值平均合他们资本额的2.26倍。[②] 金融业的资本额和实际能够使用的资本数量[③]的差距可能要远大于一般工商企业，主要是因为在资本、公积金与借入资金之外，金融业吸收存款，并发出“本票”及发行兑换券。这是一般企业所不具备的。

---

① 杨荫溥：《杨著中国金融论》，《民国丛书》第三编33册，根据黎明书局1930年版影印，第314页。

② 吴承明：《中国民族资本的特点》，载黄逸平编：《中国近代经济史论文选》（上册），上海人民出版社1985年版，第29页，见注释①。

③ 实际使用的资本数量是指，不论是企业自有的还是借入的，不论是资本家投入的还是企业积累的，不论是实物形态或是货币、债权形态，都应计算在内，特别要注意的是，企业之间常有借贷和投资，有商业信用和货币信用，所以在计算资本总额时还要减除重合的部分，所以实际使用资本很难计算精确。

（一）银号资力估计的标准

银号的资力指的是银号能够调动用于市面融通的资金总额的能力。由于对于银号统计的标准不一，银号随开随停，以及资本与存款统计中的人为隐匿，直接导致要统计出天津银号的总资力几乎是不可能的。如果要了解这一情况，只有进行估算一种办法。

民国时期学界对银行及钱庄、银号的资力已有估计之尝试。但是其估计标准始终没有统一，莫衷一是。早期的一些估算，有学者仅以资本的多寡等同于钱庄的资力厚薄，这种方式最难以取信。杨荫溥在《上海金融组织概要》中就谈到了钱庄资本与资力的估算的关系。经他统计，上海“一百十二家钱庄之资本及附本总额，共为一千四百五十八万五千两，但钱庄之股东责任均为无限，故其资力之大小并不在资本及附本之多寡，实全视东家及经理之信用与手腕以为断，数万之资本金，能吸收数十万两之存项，并能做数十万或百万两之账面者，实非稀罕”①。也有学者以资本及存款两项相加之和，视为资力。这种估算在公积薄弱、票据及转账尚未盛行时期，资料短少的情况下，尚可以近似视作资力的宏观观察。吴石城对天津银号资力的估算只限于资本和吸收的存款之和。② 最为常见的钱庄资力估算指标为资本（包括护本）、存款、公积三项。此外公积金也是银行、银号增加资力的重要组成部分。沧水将资本、存款、公积金三项之和作为统计资力的构成部分。③ 据沧水在1919年发表之估计，全国金融业（含银行、钱庄、票号、银炉等）的总

① 杨荫溥：《上海金融组织概要》，第9页，张妍、孙燕京主编：《民国史料丛刊》（465），大象出版社2009年版，第35页。

② 吴石城：《天津之银号》，《银行周报》1935年19卷16期，第25—26页。

③ 沧水：《我国各银行之资力分析及其利益之比较》，《银行周报》1919年第3卷第29号，第19页。

资力在七亿万元上下。①

在资本、存款、公积三项之外，尚有“借入”“发行兑换券”“汇出”“同业往来”“本票”等指标。这些指标被用于作为统计金融机构资力的指标出现较晚，一方面是由于金融业的发展，逐渐拓展了这些增加资力的方式，另一方面学界对金融机构资力问题的研究也愈趋精确，对资力的估计要求愈高。

（二）天津银号资力的估计

如前文所述，银号的资力不但没有办法精确计算，即使是近似估算，尚无统一的标准。加之，银号历来对政府及社会关于资本、利润、发行数额等问题的调查统计采取保守的态度，不愿公开实际情况。故银号资力的估计困难重重。就目前保存的资料来看，仍是30年代中期的资料较为丰富。故本文拟针对1934年、1935年前后天津银号的资力尝试进行估计。

1. 资本

天津市在1935年到底存在的银号有多少家，没有确切记载，各种资料因为统计的标准不一，家数多有参差。《天津文史资料选辑》统计有122家，王子健按142家计算，本文表2的统计也是不完全统计，只是记载了截止到1935年尚存在的117家。综合以上统计，可以推测，1935年前后，在天津规模较大的银号在一百二三十家之数，如取上述三种数额之平均数则为127家。这些银号指专门从事存放款、汇兑、贴现、买卖生金银等商业银行业务的银号，即西街、东街及租界三个区域内之正式银号，而不包括门市经营零星兑换，兼营纸烟的小银号。② 每家银号的平均资本额6.5477万元，按127家计，总资本额为831.5579万元。

---

① 沧水：《我国各银行之资力分析及其利益之比较》，《银行周报》1919年第3卷第29号，第20页。

② 本文的统计估算均不将兼营零钱兑换，兼卖纸烟的小银号计算在内。

2. 存款额

对于银号的存款不但缺少确切的统计额，即使是估计值，不同学者的估计之间差别也很大，首先来看几则已有的估计：

其一，1934 年吴石城对天津银号吸收存款的比例进行了调查。他首先调查了 19 家银号的资本与护本总额为1 351 428元，存款额5 364 000元，计算出存款额平均是股本护本总额的 3.97 倍。① 吴石城的估计取样仅 19 家，且其中以作“现事”的银号居多，不注重存放款业务，所以这个比值略显保守。

其二，1934 年天津银号家数 269 家，总资本额 622 万元，存款总额 2471 万元，资本与存款比 1∶4，总资力 3093 万元。② 269 家中约有一半以上小银号以经营银元、铜元之间的门市兑换为主，赚取差额，存放款不是其主业，这样平均通扯，也造成了存款额与资本额的比值偏低。

其三，王子健通过对天津 30 家主要银号的调查，得到其资本总额为 247 万元，存款总额为 1838.7017 万元，30 家银号放款为 1864.4519 万元，资本与存款额及放款额之比都在 13%强。即大概每一元资本可吸收 7.444 元之存款。③

其四，1934 年发表之调查天津银号的存款额“总计全市银号存款约为五千万元”④。而 1934 年天津银号的资本总额也大致不会超过一千万元，即约 1 元资本可以吸纳 5 元上下的存款。

其五，1935 年天津启明新记银号呈报资产负债表、损益计算书，其中包含了详细的该银号吸收存款的情况。⑤ 启明新记银

① 吴石城：《天津之银号》，《银行周报》1935 年 19 卷 16 期，第 26 页。

② 天津市地方志编修委员会编著：《天津通志·金融志》，天津社会科学院出版社 1995 年版，第 289 页。

③ 王子健、赵履谦：《天津之银号》，1936 年初版，第 17 页。

④ 《天津市金融调查》，《中央银行月报》，1934 年第 3 卷第 9 期，第 1944 页。

⑤ 在《资产负债表》中除表 5 中所列四项常规存款外，还有分号存款一项 4 万余元，之所以没有列入该银号存款之内，是因为分号的资本 8 万是从总号资本 20 万元内提取的，此 4 万余元的分号存款并不是真正意义上的新增存款。

号资本200 000元，1935 年呈报资产负债中存款额为524 933.99，即一元的资本吸收了 2.6 元有余。详细情况参见下表：

表 5 1935 年启明新记银号吸收存款情况表 （单位：元）

项目	定期存款	活期存款	特别活期存款	暂记存款	合计
金额	288890.32	185879.39	38000	12164.28	524933.99

资料来源：1935 年天津启明新记银号《资产负债表》，《启明新记银号股份有限公司董事长张元果等为遵奉部批检送营业报告并公司章程及执照照片呈请鉴核备案事给天津市社会局的成文》，(1936 年 6 月 3 日)，天津市档案馆馆藏档案，档案号：401206800-J0025-2-000884-001。

综合以上五种数据统计，平均计算在 1935 年前后天津银号一元资本大致可以吸纳 4.6 元的存款。如果剔除启明新记银号的个案，仅前四项平均每一元资本大致可以吸纳 5 元存款。普通银号的资本与吸收存款比例大致如此。民国四年（1915）永昌银号资本 9 万元，吸收存款 45 万元。① 故而综合考察，推定 1935 年前后天津全市银号吸收的存款是资本总额的 5 倍，是大致符合历史事实的。如果全市银号总资本额按 831.5579 万元计算，那么存款总数为 4158 万元上下。据 1934 年发表的天津金融调查记载："各银号存款最多者约有二百万元，普通则均为四五十万元至一百万元，总计全市银号存款约为五千万元。"② 与本文的估计尚大致相符。五倍于资本额的存款规模，也是符合银号等中国钱业的商业习惯的。对于银号等中国传统钱业来说，过多的存款并不一定带来同等比例的利润，相反较高的利息支出会使过剩的存款成为负担，如遇急需款项之时，银号多倾向

① 天津市档案馆、天津社科院历史研究所、天津市工商联：《天津商会档案汇编》(1912—1928)，天津人民出版社 1989 年版，第 1496—1497 页。

② 《天津市金融调查》，《中央银行月报》1934 年第 3 卷第 9 期，第 1943 页。

于向市面拆借。另一方面银号限制存款规模，特别是限制零星散户存款，也是出于市面经营安全的考虑，避免在市面紧张的时候出现挤兑。因为银号的经营倾向将资金尽量贷出，寻求利益最大化，一遇头寸紧迫，依靠市面拆借周转，所以银号会比银行更频繁地遭遇搁浅、清理等资金紧张的情况，但是面临搁浅及清理，并不足以给银号致命打击，银号通过商会、同业公会以及市面拆借、同业川换等方式可以度过危机，但是如果存户挤兑，就会给银号带来较严重的困难，甚至直接导致破产。所以为了避免这种情况的发生，银号以及钱庄多不愿吸收过多的社会存款，特别是零星散户的存款，这也是长期以来银号、钱庄不办理储蓄业务的重要原因。

3. 公积金

早期的钱庄并不注重公积一项，但是在部分银号的章程之内，也可以找到一些关于公积的规定。志成银号的章程规定公积为纯益的一分三；[①] 中和银号章程规定公积为纯益的十成之二；[②] 启明新记银号股份有限公司公积也是纯益的一成；[③] 晋丰银号章程内载三年结大账，将纯益的二成五作为公积；益兴珍光绪末年洽源银号呈报申请设立有限公司，呈报的公积也是二成五，但是未获批准。公积金约占银号纯收益的十分之一，在天津来说是长期以来的一个约定俗成的惯例，前述将公积定为二成及二成以上的银号或规模巨大，或实行有限公司制度，均属特例。天津宏源银号 1938—1946 年九年间的营业概算平均每

---

① 《志成银号关于银号改为独资扩充资本请注册给照缮具简章及迁址问题至天津总商会的函（附章程）》（1922 年 2 月 14 日），天津市档案馆馆藏档案，档案号：J0128－3－005453－005。

② 《天津中和银号经理王士珍等为开设银号备案事致天津总商会呈（附章程）》（1929 年 4 月 11 日），天津市档案馆馆藏档案，档案号：J0128－3－006286－005。

③ 《启明新记银号股份有限公司董事长张元果等为遵奉部批检送营业报告并公司章程及执照照片呈请鉴核备案事给天津市社会局的成文》，（1936 年 6 月 3 日），天津市档案馆馆藏档案，档案号：J0025－2－000884－001。

年盈余4943万元，公积金平均每年494,[①] 亦为百分之十。但是由于银号获利缺乏系统统计，公积金难以精确计算，但是银号的经营利润率受市场调节，和投入资本数额之间具有相对稳定的比例。故根据表6全国钱庄资本与公积金的统计，平均公积约占资本的11.24%。1935年天津总资本额为831.5579万元，则公积为93.496万元。

表6　全国1912—1920年间中国钱业的家数、资本和资力统计[②]

年份	家数	资本额（千元）	公积金（千元）	存款额（千元）	庄票发行（千元）	资力合计（千元）
1912—1914	4725	63044	5594	30498	24578	123714
1915—1917	4098	59040	9375	34976	34802	128193
1918—1920	4140	70973	6372	49319	33546	160210

资料来源：根据《第九次农商统计表》（1924年6月）第408—413页的数字整理计算。

注：资力为资本、公积、存款、纸币发行之和。

4. 银号资力的扩张

关于"资力"问题的计算标准如前文所述，主要以资本、存款、公积三项为主体，但是这三个指标之和是否能够准确描述银号的资力呢？答案是否定的。对于资力的估计，银行与银号具有较为明显的不同。参见下表：

---

① 天津市地方志编修委员会编著：《天津通志·金融志》，天津社会科学院出版社1995年版，第291页。

② 该表转引自李飞、赵海宽、许树信、洪葭管《中国金融通史》（第三卷），中国金融出版社2002年版，第233页。

表7 1946年天津银号资金来源构成比例表①（%）

	存款	资本及运用金	借入	汇出	联行往来	本票	统计
银行	71	1.6	1	13.3	8.5	4.6	100
银号	66	4	5	21	2	2	100

在资本、存款、公积三项以外，银行侧重利用票据来扩张资力，银号则侧重借入即同业拆款。上表1946年的统计，虽然和1935年的情况有所不同，但是这两点特征还是延续了下来。实际上早期金融机构资金来源构成中“借入”“发行兑换券”“汇出”②“同业往来”“本票”等指标可能所占比重不大。但是时间上越靠后，这些指标的影响越明显。民国时期学界就认识到“银行之吸收资金，其方法甚多，在经济社会未发达，信用幼稚时代，如票据承受、存款转账等制度均不完备，银行舍存款业务外，殆无他种吸收资金之方法”③。换而言之，如果“票据承受、存款转账等制度”完善，在吸收存款之外，票据承受、存款转账则可以增加银行的资金吸收，而恰恰在银行的票据清算制度不完善的时期，市面的票据清算是通过传统金融机构来完成的，在上海有“汇划”，在宁波有“过账”，在天津有拨码川换。上述因素都可能扩张银号的资力。

（1）股东追加资金增加资力。银号不同于银行，它是基于中国传统商业习惯的内生性金融组织，银号的资本、护本都不是一成不变的，钱庄、银号的资力不仅限于资本、存款、公积

① 联合征信所平津分所调查组编辑：《平津金融业概览》，张妍、孙燕京主编：《民国史料丛刊·经济·金融》（460），大象出版社2009年版，第254页。

② 其中“汇出”一项是指，汇出等于卖出汇票，有资金收入，如果按一笔计算，这项资金收入是暂时的，但是长期滚动汇出，就形成了一个相对稳定的资金来源。换句话说，这部分资金来自客户的汇款，单笔也是暂时的，但是长期以来就形成了稳定资金来源。

③ 沧水：《我国各银行之资力分析及其利益之比较》，《银行周报》1919年第3卷第29号，第19页。

金、庄票等项，银号股东与资本的密切灵活关系，实际上使银号具有隐含的资力，“资本虽仅一二万金，设遇市面紧急之时，股东垫款，恒数十万金”①。股东垫付机制在营业急需之时直接扩大银号的资金实力，使银号有能力扩大营业。“钱业股东既负营业上无限责任，故对于资本之定额，不必斤斤其多寡，其营业额常超过资本额数十倍数十倍不足为奇，苟钱庄有强有力之股东，足以取信社会，虽资本定额极微，亦无妨碍，最近钱庄股本定额仅十万，其营业额有多至数百万者。”② 1928年利和银号年总账中记载，利和银号旧管、新收两项总共存洋三百四十一万二千零八十三元四角六分。其中利和银号成本洋四万元，实际数额为三百三十七万二千余元，③ 也就是利和银号1928年的营业额。可见，资本仅有四万元的利和银号可以将一年的营业额做到三百余万，是资本额的84倍有余，银号资金运用之灵活可见一斑。但是股东追缴资金不是一个常量，故本文在计算银号资力时不计算在内。

（2）银行、银号通过票据增加的资力。天津市面流通的信用工具除了支票以外，还有拨条和拨码，其性质等同于支票，唯一之不同是拨条、拨码只用于转账而不能直接取现。这些特殊票据实际上承担了银号及部分银行之间的资金清算功能。钱庄、银号通过拨码、拨条④等信用工具，在实际上得以调动更多的款项。票据以及转账的最直接的功能是避免直接运用现金而进行资金清算。实际上就是形成了在资本、存款、公积等三项的基础上增加了等同于票据及转账数额等额的资金。钱庄签发

① 马寅初：《银行之势力何以不如钱庄》，《东方杂志》，第23卷第4号，第20—21页。

② 盛道一：《上海钱业概论》，《银行周报》，1920年第4卷，第42期，第35页。

③ 《利和银号年总账》（1928年），天津市档案馆馆藏档案，档案号：J0025—1—000717。

④ 在天津使用拨码，在上海主要使用“划条”进行汇划，在宁波等地区利用“过账”，在完成大宗款项调拨的同时，并不需要实际上动用资本以及存款。

的“庄票”相当于银行的“本票”，银号发行的“钱帖”与“银帖”相当于银行发行兑换券，这些都更加扩大了钱庄、银号的资力。“全市每日票据流通额的在一千万元以上，其中由中外银行开出之支票及拨码数约在八百万元，银号开出之拨码约在二百万元。”① 这就相当于利用这些票据为天津金融市场带来一千万的流动资力，银行与银号之分配为8∶2。

在支票之外还有兑换券和本票。1935年法币政策施行以后，国家控制纸币发行，银行、银号失去了通过发行兑换券扩大资力的途径，而本票一项，银行、银号发出的数额都不大，天津银号之存条（本票）数量更少，远不似上海钱庄庄票盛行。故忽略不计。

（3）拆款对银行、银号资力的影响。还有要特别提到的是钱庄、银号的“借入”一项，钱庄与银号在资金利用上，很大程度上依赖临时性质的借贷即“拆款”。钱庄、银号历来有利用票号、银行拆款的传统，“钱庄之一本，如沪市汇划字号之多，无过5万，少则2万余，招揽户头百十，所放之账，辄盈数十万”。所以能如此，皆赖“有外国银行、西帮票号以为之援，挹彼注兹，殊觉便捷，盖生意之数十倍于资本无伤也”②。清中后期以后票号兴盛，主要向票号拆款，近代以后曾一度向外商银行拆借，华资银行兴起以后，钱庄银号又多与之往来，拆借款项，缓急相济。1934年前后“津市各银号大多皆吃用银行资金，每家三十至五十万元不等，盖非此不敷应用也”③。如果按照当时有银号一百二三十家计算，平均估算银号吃用银行资金大致在5000万元上下。这部分资力实际上通过拆借从银行的资力中转移成为银号的资力。

实际上如果仅按照资本、存款、公积三项近似地估算银行、

① 《天津市金融调查》，《中央银行月报》1934年第3卷第9期，第1946页。
② 《综论沪市情形》，《申报》1884年1月25日。
③ 《天津市金融调查》，《中央银行月报》1934年第3卷第9期，第1939页。

银号的资力，都不同程度地缩小了资金来源范围。综合来看，银行方面主要通过依靠其雄厚的资本发行兑换券以及使用支票等票据方式扩大资力，而银号主要的扩大资力的办法是拆借。相对于其他因素来说，这两点具有普遍意义，在扩大的资力中也占有主要的份额，以上两点是考察银行、银号资力情况需要补充的重点。

三、1935年天津银行、银号的资本、资力情况综合统计

表8　1935年天津银行、银号的资本、资力情况综合统计表

<table>
<tr><th></th><th>资本</th><th>存款</th><th>公积</th><th>发钞</th><th>票据</th><th>拆款</th><th>资力合计</th></tr>
<tr><td>银号</td><td>831.5579万元</td><td>4158万元</td><td>100万元</td><td>—</td><td>200万元</td><td>5000万</td><td>约10290万</td></tr>
<tr><td rowspan="2">银行</td><td>2940.1296万元</td><td>—</td><td>—</td><td>—</td><td rowspan="2">800万</td><td rowspan="2">−5000万</td><td rowspan="2">约28300万</td></tr>
<tr><td colspan="4">32500万元</td></tr>
</table>

资料来源：吴石城《天津之华商银行》，《银行周报》，1935年19卷19期，第14—17页；《天津市金融调查》，《中央银行月报》，1934年第3卷第9期，第1939、1946页。其中银行资本2940.1296万元是根据吴石城提供的津市银行占有比例自行核算的；其他数据由本文自行估算。1935年天津华资银行的资本与资力之所以直接采用吴石城的估计，是因为吴石城的估计得到了印证，"据1934年《全国银行年鉴》统计：实收资本2548.8万元，占全国银行实收资本总额的12.8%。在天津设有总、支机构的49家本国银行的资金实力达银元32000万元"①。与吴氏的估计相去不远。

通过上表统计，可以得到1935年天津华资银行的资力是银号的2.75倍，而华资银行的资本总额是银号资本总额的3.54

① 人民银行天津市分行办公室：《天津形成北方金融中心的历史概况》，《金融史志》1997年第4期，第46页。

倍。不难看出银号资力同华资银行之间的差距远小于资本的差距。这是因为银号作为中国内生的金融机构，虽然单个银号资本数额不大，但是由于银号数额众多，彼此之间通过“川换”“靠家”等关系，形成了一个资金周转的网络，特别是通过市面拆款，迟期支付等运作机制，加强了资金的利用效率，直接使得成了银号用较少的资本取得较大的资力。这一个特点不单单局限在天津，也不单单局限于1935年前后。“1925年中国钱庄的实收资本、公积金和存款这三项资力合计为8亿元，约为本国银行的55%。”① 可见在20世纪20年代，全国银号的资力与全国华资银行的资力相去亦不算远。

结　语

民国时期的银号资本与资力问题，不是一个新问题。自民国就有学者开始讨论如何扩大钱业资本，或呼吁钱业采取股份制，从而筹集更多的资金，为现代工商企业发展提供充足的支持。到最近学界发表的文章，对银号的资本“狭小”的诸多诟病，仍是从这个观点出发，认为钱业是传统的落后的金融模式，由于本身资力不够雄厚，无法长期以低利贷款方式大量投资新式工业，以促进国家的工业化，而且钱庄过分注重人际关系，未形成制度化的经营方式，以致放款范围受到局限，未能全面资助中小工商业。对于传统钱业的研究一直都没有下沉到钱庄、银号本身，对于钱庄、银号在市场中的自行定位缺乏关怀，单纯认识到了钱庄资本在数额上比银行的资本薄弱，对于钱庄是否有增资能力，钱业经营者是否愿意增资，以及钱庄业的经营是否有必要增资等问题的回答不是很清楚。从对与钱庄资本薄弱到钱庄对近代新式工业投资能力不足的批评，再引申到传统

---

① 李飞、赵海宽、许树信、洪葭管：《中国金融通史》（第三卷），中国金融出版社2002年版，第233页。

钱业“因循守旧”“觉悟不够”的观点更是不可取的。

传统钱业的资本规模是受市场调节形成的，钱业资金特殊的运行机制允许钱业最大限度地压低资本，而不影响获得高额利润。商人通过对所开设银号的定位及心理预期，主观上有意控制钱业的资本规模。事实证明，钱业很少因增资能力不足而产生困扰。钱商兼营他业，或者一个股东在不同钱庄入股，或者一个股东经营多家钱庄的现象屡见不鲜。钱庄的资金规模是自由市场机制调节的，和钱庄的资本运作方式互相协调，是一个有机整体。钱庄特殊的资金利用方式导致钱业不需要大量资本即可正常运营。钱庄不发行纸币故无须准备金应对兑现问题；钱庄吸收社会零星游资有限，一般主要吸收整笔大额存款，存取有计划，可控性强；特殊的资金清算功能实际上是信用创造了货币，代替资本执行了流通市面功能；同业拆借弥补了钱庄自身资本的不足，钱庄的资本活动能力远大于自有资本。

实际上无论是历史渊源还是组织模式，中国传统钱业和银行都存在本质的不同，二者的并存，实际上也是基于中国当时的经济发展水平、产业结构以及贸易方式而产生的具有互补意义的两条资金组织途径，形成与中国的二元经济结构相适应的“二元金融结构”。

从“不骗人”到“口吹大洋”

——阎锡山货币金融政策的变化侧论

河北大学历史学院暨宋史研究中心　彭小舟

虽然阎锡山被广泛称作“三晋枭雄”，也曾被誉为民国“不倒翁”，是当时山西重要的政治军事人物，但实际上他还精通商业规则，熟悉金融奥秘，他的货币金融政策曾有一个绝大的转变。当前学界对阎锡山政治军事方面研究比较充分，对其金融政策的转折及其原因着力还较少。本文拟从商业道德的转变角度，对此问题进行初步探讨。敬请方家批评指正。

一、阎锡山对晋商及其金融风波的感触

阎锡山不但是留过洋的新式官员地方实力派首领，对山西的省情也是了解至深，尤其切身经历过清末民初晋商的盛衰、荣辱、沉浮。这种残酷的洗礼，潜移默化之下，对他的成长、成熟有着不可低估的影响。

（一）家族四代经商的文化熏陶

统治山西38年之久的阎锡山，是一个地地道道的山西人，也曾是一个地地道道的商界中人，只不过，未曾大富大贵就过早地、无奈地与晚清晋商身份告别。

想当年，阎锡山家也曾是三代经商。阎家迁居河边后从阎思悦算起，排下来到阎锡山这一代，算是第九代，前五代家运

不佳。第六代阎锡山的曾祖父阎兴泰，决定辍学经商，以纾家困；经邻居王维藩介绍到山阴县广武镇进永恒粮店当小伙计，由于嘴勤腿勤，长于文字，精于“一掌经”心算，使永恒粮店在同行跃居首位，深受掌柜父子赏识，但因劳累过度于 38 岁告归田里。次子青云承继父业，略事商务，但家业发展不大。青云长子——阎锡山的父亲——书堂 15 岁投身商海，精于计算，乐于交际，敢于冒险，人称“笑面虎”。据阎锡山表侄张瑞生回忆，阎父认为仅靠收租放债，没有多大出息，总想找机会投资商业，以便获大利，1882 年控股了定襄“吉庆长”钱庄，后又把它迁到五台县城，主要经营高利贷，出钱帖子，也兼营杂货。1897 年元宵节过后，15 岁的阎锡山被带到店里学做生意。他用心站柜台，照料铺面，不久“算盘就打得精熟，也很会应付人，颇得一般人的好评”①。经商小有经验后，阎父就把他放出去，让他外出讨债，参与“虎市”活动。

青葱岁月里的商海磨炼，他初步养成了如何端详脸庞、如何观察行情等技巧，例如周玳曾回忆，他是“算盘打得最精……照例是八面玲珑”②，意外地在以后阎锡山的执政岁月里产生了意想不到了的作用。

（二）清末晋商金融风波的受害者

晚清“中国缺乏一套严密完整的财政金融制度。其现存的一套体制有着严重的缺陷，潜伏着内在的危机”③，更由于列强经济势力在华的兴风作浪，加上中国东北、外蒙古以及沙俄等与晋商关系密切的地区、国家的权利更迭，曾经高居十大商帮之首的晋商频频遭遇严重危机，给山西的经济、政治与文化带

---

① 文思主编：《我所知道的阎锡山》，中国文史出版社 2003 年版，第 3 页。

② 中共中央党组校本书编写组：《阎锡山评传》，中共中央党校出版社 1991 年版，第 145 页。

③ ［美］何天爵著，鞠方安译：《真正的中国佬》，光明日报出版社 1998 年版，第 251 页。

来了诸多巨变。阎锡山家的遭遇就是一个小小的例子。

1900年，八国联军侵占北京，进攻娘子关，山西震动，此前把北京作为业务中心之一的晋商经营备受摧残，就算是偏僻的五台县城“吉庆长”的钱庄也不例外，一方面由于出钱帖子多，另一方面京庄款项的汇兑受阻，加上人心不稳定下挤兑的雪上加霜而最终倒闭，东家阎锡山父子债务缠身，罗掘俱尽后躲债无门，只好远走太原，但已凑不足最基本的路费，无奈厚脸再去求人。

先是被陈家营堂舅借钱未果，倒挨一顿数落，又跑到宏道镇当店员的叔父阎书典那里借钱，被讽刺一顿，最后还是一个小小店员、普通族叔阎书康十分痛快地拿出仅有的几个钱来，尽力设法安慰和救济他们，所以阎锡山父子感恩戴德，始终不忘。最后，在路费不充裕的情况下两父子背了行李连夜出发，走到10华里外的南作村口天才蒙蒙亮，幸蒙该村村民、赶一辆铁轱辘车的薄吉福仅要半价车费就顺路捎到太原，父子俩都非常感激薄吉福。阎父将把阎锡山留在曾有交往的忻州“成钰东”药铺帮忙，自己先行去太原谋生，有着落后才把他也叫到太原；接着让阎锡山拜同乡世交魏仰微为干爹，也正是有了魏的介绍，才有可能到“裕盛店”当了小伙计，生活才算是安定下来。由于生活艰苦，不久阎锡山得了伤寒病，无人照顾，多亏岳叔徐一清把他接到家中，请医诊治，日夜照顾，保养月余，才得以痊愈。

除感受人情冷暖外，钱帖子、外力作用等影响晋商良序发展的因素，也给阎锡山留下了永久的伤害。

（三）亲朋好友的相似人生

不但阎锡山在晋商的盛衰沉浮中走向成熟，他的亲朋好友也经历了大体相似的人生。

父系亲戚中，叔父阎书康未有大成，姑母阎改变所生二子隆贵、隆全均营商为生。生母亲戚中，曲家世代经商，家庭相当富裕；二表哥曲清斋是最受阎锡山敬重的同辈亲戚，为人正直，办事通情达理，轻学问而不问政治，二子宪治曾任西北实业公司协理。后母亲戚中，除小舅子徐士珏从事商业外，姨表兄弟梁世爵在16岁便和阎锡山一同到“吉庆长”当小伙计，钱铺破产后正是在他和佃户智万金的帮助下，阎氏父子把商店里残存的货物、家具秘密运回河边村，才得以尽量挽回损失。梁世爵后曾在太原绥靖公署任总务，其长子化之从山西大学毕业后任阎锡山秘书，思想活跃，取代了赵戴文生前在阎锡山心目中的地位。

政坛上，赵戴文虽历任山西省政府主席、监察院长，但一直是阎锡山最主要、最得力的助手，也是晋商子弟。1866年，其父赵良槐因父母早亡，不得不弃农学商，“由铺伙而掌柜”①，后咬牙送子读书。身为阎锡山叔岳丈的徐一清，被外间传得沸沸扬扬，家里虽有人经商，但确实是一位老革命，在23岁时中秀才，1904年公费留学，与同窗赵戴文同时参加同盟会，参与山西辛亥革命时，任财政司长、大汉银行经理，后以山西陆军粮服总局局长身份出任山西省银行总经理，对发展民国山西商业情有独钟。后来他兴建电灯公司，募集商股建立了榆次晋华纺织公司、太原晋生织染厂、阳泉荫营煤矿公司、祁县益晋织染公司等现代厂矿，被誉为“实业干才”。

19世纪与20世纪之交，富家少爷出身、年将弱冠的阎锡山迈出了走向成熟人生的重要一步。

二、“不骗人”：民初晋钞的十足兑现

辛亥革命后的山西，不仅远离南方革命阵营而特显孤立，更处在北洋政府的眼皮底子下，不好做事。对内部而言，百废

---

① 参见雒春普《三晋有才——阎锡山和他的幕僚们》第三章，团结出版社2013年版。

待兴，尤其要发展资本主义经济；对外部而言，要不断应对来自袁世凯的不承认以及北洋政府武力统一之高压。因此，山西阎锡山当局极为重视营建相对和谐的政商关系。

（一）阎锡山有求于晋商

一方面，阎锡山当上山西军政府都督，面临各种困难，无兵无响，备尝艰辛。辛亥革命爆发的当天下午六点，阎锡山八十六标“康排长先在活牛街抢了官钱局。后康排长又同马开崧乘士兵乱拿藩库银钱之机，带头抢了藩库”，“事后王左把这些银子交给阎锡山、张瑜”①，好不容易才没让起义队伍散了。但新生的政权到处要钱，阎锡山采纳景梅九的提议，决定向太原周围的富户筹借银两，具体负责的军政府财政部副部长兼大汉银行行长徐一清派陆军小学堂英文教师王炳寅、测绘学堂学监李大魁，率领学生军星夜出发，首先前往祁县，从巨富渠本翘、乔雨亭两家一次借得银元40万元，充作大汉银行资金，及时支持了军政开支。娘子关失守后，省城太原门户洞开，山西民军向北、南分别撤退，其中阎锡山北上，转战绥包地区，北上回师之际又劝募了一些款项。尝过苦头的阎锡山，当时心里只怕也是百感交集。

另一方面，在南北和谈中，北方的袁世凯在大占上风之际不承认山西为起义省份，阎锡山采取了双管齐下的方针。他一边派南桂馨到南方联系孙中山，一边找门路搭上袁世凯的线。当时，阎锡山的近邻、定襄人董崇仁，家中几代人都在北京包揽皇宫工程，与李莲英等大太监及王爷多有交情，与直隶总督袁世凯也有过“拜把子”等交情。阎马上派人带厚礼到定襄把董崇仁请到忻州，恳请他到袁世凯面前为山西多说点好话；再加上自己支持袁世凯建都北京等示好举措，终于在1912年3月

① 中国人民银行山西省分行、山西财经学院金融史编写组编：《阎锡山和山西省银行》，中国社会科学出版社1980年版，第11—12页。

让袁世凯被委任为山西都督。事后，阎锡山任命董崇仁接替李鸣凤的旅长职务，河东问题解决，完成山西北路、南路的统一。

（二）公私合营省银行

毋庸讳言，在历史悠久的中国，币制一直极不统一，“事实上，即使在同一座城市或者同一个地区，也未必通用统一的银重和成色标准”；就算晋商“专门经营汇兑业务的银号遍布全国各地。这些银号可以负责把汇款送到国内的各个角落”①，还是会给民国商人在简化业务、政府在建立全国统一的大市场等方面带来明显的困扰。山西当局及晋商感受自然更加深刻。力主统一币制的山西省银行因此而崛起。

山西省银行初成立时，“为一公司合办银行”。首先，发起人中有太原总商会（代行省商会职权）的两位正副会长，银行筹备处处长为大德恒总经理阎维藩；其次，7人董事中，有前陆军部主事、祁县乔家大院的乔尚谦，前祁县大德恒学徒、大清银行太原分行经理、晋胜银行行长贾继英，留日学生、河东军政分府兴办钱局总经理严慎修，留日学生、大汉银行行长徐一清，以及前清晋泰官钱局领事鲁奎儒。最后，在股东中，不仅有忻县王务本堂、乔千令堂等老牌晋商，也有商务总会103股、太原总商会98股、太原县商会80股与大同商会300股、代县商会200股、崞县商会200股、平遥商会160股、忻县商会130股等，还有晋胜总银行192股；省行“在许多方面沿用了山西票号的习惯”②，并在大家的支持下，很快得以建立、开展业务。

山西省银行的运营主体到1923年有所改变，之后改为公营。

---

① ［美］何天爵著，鞠方安译：《真正的中国佬》，光明日报出版社1998年版，第241、249页。

② 中国人民银行山西省分行、山西财经学院金融史编写组编：《阎锡山和山西省银行》，中国社会科学出版社1980年版，第29、25—29、32页。

（三）善后公债的完美处理

山西省银行的股本中，官方股份居少数地位，其中散户股东占14 198股，远超省议会的1030股。创行伊始，省行之所以采用为公私合办方式，“原因是辛亥革命时，阎锡山派人向祁县渠本翘劝募白银十三万两及革命军所经过的地方供应的物资（数目不详）均改为善后公债，后又把这些银两物资折成银元，换成省银行股票”；到1923年阎锡山命令省银行把“所有私股及地方的公债票，全数以现金照票面额收买”①。想想自“丁戊奇荒”以来，全国人民捐输只有荣誉表彰，哪有奢望物质回报的？而阎锡山当年虽有强买强卖的嫌疑，但认这比账，一直在设法偿还。他规定，白银按七钱二分折银元一元，使山西商民对军队的供应变为公债，从无利公债，变成有息股票，今又获得十足现金。

阎锡山这几手玩得十分漂亮，“这确系当时各省所没有过的好事，从而‘阎锡山不骗人’的话，传遍各地，而省行信用更昭著了”②，各持有者当然很满意，从而产生了积极反响，当年银行宗旨“以经营普通银行事业，调剂全省金融”得以贯彻，这一时期山西商业及现代工业发展较快，金融业也相应地发展起来。

三、“口吹大洋”：三十年代晋钞的泛滥

本来挺讲究执政道德、晋商风度，将善后公债十足兑现而赢得“不骗人”美誉的阎锡山，第二次上台后，在金融政策上

---

① 中国人民银行山西省分行、山西财经学院金融史编写组编：《阎锡山和山西省银行》，中国社会科学出版社1980年版，第35、29—30页。

② 中国人民银行山西省分行、山西财经学院金融史编写组编：《阎锡山和山西省银行》，中国社会科学出版社1980年版，第30页。

完全来了个 180 度的大转弯。

（一）广立银号、增发纸币

1931 年 8 月 5 日，阎锡山从大连返回山西，1932 年 2 月 29 日就任为太原绥靖公署主任，曾经势不两立的蒋、阎重新合流。此时，晋钞贬值厉害，省财政有 3000 多万的赤字，进出口逆差到 1933 年还有 1100 万元①；还有客军十多万滞留山西，国民政府又实行裁厘加税，再加上国际金融危机对中国进出口的波及，山西的政治、经济形势极不乐观。

面临这样的烂摊子，阎锡山决定首先从整顿金融入手。他先是改组省银行为“官营民监”，据考察被任为“严定规章，概不借垫军政各款故迩来营业颇有起色，基础亦渐臻牢固”②，基本稳定了山西的金融与财政市场。

因为省银行在中原大战期间滥发货币，信用消减，准备金严重不足，阎锡山为提高货币信用，分散纸币发行的风险，取得山西百姓的信任，向百姓宣传垦业银行有绥西屯垦收益作担保，铁路银行有铁路作担保，盐业银行有盐产作担保，取得百姓信任，又成立垦业、铁路、盐业三家银行，增加货币发行，形成了由省到县再到村的新金融网。后来，他认为“物产证券就是证明物产价值的票券”③，废除正常的现金准备办法。本来，广立银号，“怕发行的少，只求发行的机关多”④，实行所谓的“实物准备”，实质“凭空出券，以券聚物”，就真成了“口吹大洋”，仅一年多后库里价值就净超 1000 万元。

---

① ［日］内田知行：《三十年代阎锡山政权经济发展状况》，相从智主编：《中外学者论张学良杨虎城和阎锡山》，人民出版社 1995 年版，第 327 页。

② 中国人民银行山西省分行、山西财经学院金融史编写组编：《阎锡山和山西省银行》，中国社会科学出版社 1980 年版，第 75 页。

③ 阎锡山：《阎锡山早年回忆录》，传记文学出版社 1968 年版，第 109 页。

④ 陈真编：《中国近代工业史资料》第三辑，生活·读书·新知三联书店 1961 年版，第 1200 页。

（二）公营事业的膨胀与掠夺

为应对山西的窘境，阎锡山除了裁减军队、整顿金融外，还亲自指导编撰出《山西省政十年建设计划案》。这种有计划地进行省级经济社会建设，在全国是绝无仅有的。他要求“前三年以政治为中心，后七年以经济为中心”，其中经济建设是重心，发展公营事业是重中之重，当时山西执行向重工业倾斜的工业发展政策，主要成果体现在农矿产品出口的扩大和同蒲铁路的修建方面。而公营事业的集大成者则是西北实业公司。该公司又包括采煤、采矿、炼焦、冶金、电力、机械、化工、建材、毛纺、皮革、面粉、火柴、造纸、印刷门类在内的 33 个厂矿，共有资本 0.22 亿元，工人18 597人。准公营单位还有阎锡山自有的天津的亨记银号，太原的德生厚银号与斌记五金行，忻县的聚丰泰钱庄，大同的元丰粮店，河边村庆春茂等 14 家商号，由其表兄曲清斋等人负总责①，大发其财。

与此同时，山西的民营工商业备受摧残，日益衰落。例如，榆次城关商号从 400 余户到 1937 年仅剩 150 余户；和顺城在 1935 年仅有 123 家，较中原大战前少 1/3；太原市在 1934 年倒闭歇业的商店则有 440 余户。② 阎锡山的“口吹大洋”，无异于是对山西百姓无本生意式的盘剥和掠夺，其理论与做法遭到各界人士的批评和质疑。在山西官僚资本初步形成的过程中，政商关系初步恶化。

（三）阎锡山金融政策积极的一面

毋庸讳言，阎锡山“口吹大洋”式的金融政策在客观方面也有一定的积极作用。

---

① 《我所知道的阎锡山》，第 219 页。

② 中国人民银行山西省分行、山西财经学院金融史编写组编：《阎锡山和山西省银行》，中国社会科学出版社 1980 年版，第 131 页。

我们知道，研究金融政策和研究贸易政策一样，“必须从30年代初山西省面临巨大的贸易（包括国内贸易）赤字这一事实出发”①，毕竟阎锡山裁军也好，建设也好，都急需钱，但钱从哪里来呢？他发挥了主观能动性，不但顺应时势、顺应民意撤换了省银行原领导班子后进行重组，而且重视智慧，通过省政设计委员会抽调了200余名官员和专家，分头起草计划案，可以说“山西省的《计划》作为一个多角度的综合构想仍然是出色的”②，有一定的指导性和可行性，从而取得了一定的经济建设成果：第一，促进了出口，1931年出口额为3068万元、1935年农矿品为4000万元、1936年猛增到5000万元；第二，通过刊发《人民须知》提倡“要将铺号组织，根据那公司条例上无限公司的办法实行改组，呈报注册，免得财东和铺掌的权利义务不相平均”③，不少晋商商号进行了现代转型，营业也不无发展。

可以说，阎锡山推广“口吹大洋”，在更多地伤害山西民营工商的同时，最终使山西逐步有了一个规模可观、门类齐全的基础工业体系，为山西近代工业起了奠基的作用。

结　论

中原大战前后，阎锡山所面临的省内外环境有了极大的变化，他的金融政策也有了很大变化。战前的阎锡山内焦外困，对损害晋商的行为感同身受，故较讲究商业道德和执政能力，

---

① 满铁天津事务所调查科：《山西省产业和贸易概况》（1935年），第28—30页。［日］内田知行：《三十年代阎锡山政权经济发展状况》，《中外学者论张学良杨虎城和阎锡山》，第327页。

② ［日］内田知行：《三十年代阎锡山政权经济发展状况》，《中外学者论张学良杨虎城和阎锡山》，第330页。

③ 参见阎锡山《人民须知》第三章，山西六政考核处、政治实察所校印，1919年再版。

因此对于善后公债是十足兑现的“不骗人”；但战后的阎锡山因外部环境有所好转，加之缺钱且亟待建设，饥不择食下不太讲商业道德而“口吹大洋”。但我们对“口吹大洋”要进行辩证分析。一方面，“口吹大洋”具有反科学与反人民、反道德和反共的一面，对山西民营经济确有损害；但另一方面，它指向明确，集全省之力来发展公营事业，在一定程度上消减了中原大战所造成的负面效应，促成了山西金融的发展与稳定，恢复和推动山西工业经济的发展，为山西人民提供了相对充裕的物质生活条件。值得注意的是，阎锡山当局实际上坚持优先发展重工业尤其是兵工业的导向，增强了山西地方抵御外侮的能力，以至对坚持长期抗战都有着一定的作用。

宋元时期“行”的转变

河北省社会科学院　倪　彬　杨倩描

中国古代“行”的问题较为复杂，涉及的时间段极长、领域很广。中外学者对于行会的理论探讨和实证研究开展时间很早，积累也非常丰厚①，本已极少置喙余地，但细绎以往研究，尚有些许不完善之处。首先，高水平的研究多详于时间段的“头尾”，忽略中间②，因此，对中国唐宋之“行”到近代之“行”的发展脉络描述似乎有断档，无论是模糊地一带而过，还是将唐宋时期的团行的性质与清代以后产生的会馆、公所的性

① 对以往行会研究的梳理参见朱英《中国行会史研究的回顾与展望》，《历史研究》2003年第2期；朱英《中国行会史研究的几个问题》，《江西社会科学》2005年第10期。

② ［日］加藤繁：《论唐宋时代的商业组织“行”并及清代的会馆》，收入氏著《中国经济史考证》第一卷，商务印书馆1959年版；傅筑夫：《中国工商业者的“行”及其特点》，收入氏著《中国经济史论丛》，生活·读书·新知三联书店1980年版。二者是对“行”贯通研究的代表，但论述明显详于“行”的出现和清代以后的情况，宋则较略，元明更是一笔带过。魏天安：《宋代行会制度史》，东方出版社1997年版。魏先生几乎囊括宋代行会史料，论述可信。直接论述元明“行”的专著则极少。清代以后“行”之论著则极多，详见朱英先生综述。

质截然区分①，都未说清“行”在宋元的演变历程。再者，很长时间内，对“行”的研究视角多以西欧行会历史为标准，近年从国家与社会关系视角入手的研究渐多，更能透析“行”之发展脉络。② 笔者不揣固陋，试从此角度对宋元时期“行”的转变加以探讨。

一、唐宋之“行”与“行头”

作为工商用语的“行”含义丰富，在社会分工意义上指行业，且随着商品经济的发展以及社会分工的增多，作为行业的“行”也越来越细密繁多，历朝此层面的“行”意义未变。作为各行各业组织的“行”，则是社会团体，其作用和意义在各时代有不同，本文主要探讨后者。作为组织的“行”与官府的关系，或者说官府对“行”的控制程度才是本文的研究对象，至于“行”是否属于西欧意义的行会并非本文所能论及。

在唐代的材料中，“行头”“行人”等词已经逐渐出现。《唐会要》卷八八中提到“建中元年七月敕令：自今已后，忽米价贵时，宜量出官米十万石，麦十万石，每日量付市行人，下价粜货”③。这里的“行人”应属于类似“米行”的组织，但具体如何运作尚不知。《旧唐书》卷四八《食货志上》记载：

> （贞元九年三月二十六日敕）自今以后，有因交关用

---

① 如，吴慧：《会馆、公所、行会：清代商人组织演变述要》，《中国经济史研究》1999年第3期。

② 如，王日根：《从“行”到商会——宋以后商人社会管理中的官民互动》，《厦门大学学报》（哲社版）2005年第2期。邱澎生：《市场、法律、人情——明清苏州商人团体提供“交易服务”的制度变迁》。周执前：《国家与社会：清代行会法的产生与效力——以苏州为中心的考察》，《苏州大学学报》（哲社版）2009年第2期。

③ ［宋］王溥：《唐会要》卷八八《仓及常平仓》，上海古籍出版社2006年版，第1914页。

欠陌钱者，宜但令本行头及居停主人牙人等检察送官。如有容隐，兼许卖物领钱人纠告，其行头主人牙人，重加科罪。①

可见，法令所规定的市场秩序是通过“行头”来间接维持的，“行头”负有纠察之责，如失察则重加治罪。似乎“行头”是“行”的首领，但贾公彦在《周礼》的疏文中提到“肆长，谓一肆立一长，使之检挍一肆之事，若今行头者也”，“肆长谓行头，每肆则一人，亦是市中给繇役者”。② 这里贾公彦以唐代制度比附周礼，侧面反映了唐代“行头”的地位只是受制于官府的“给繇役者”。

到宋代，“行头”的地位也一直不高，《续资治通鉴长编》卷二五一记载：“体问所寻奏称，糠米等行乞不纳钱，依旧祇应。而详定所奏，以为昨米行有当旬头曹赟者，以须索糯米五百石不能供，至雉经以死。”③ 米行行头分旬担任，而且负有极重的负担，乃至被迫自杀。可见这样的“行头”难以称为“行”的首领。

真德秀也提到南宋的“行老”，“本镇酒课，日才一二百千，商旅如云，何患难办，乃于官课之外，又多造白酒、小酒，勒令行老挑担抑依，立定额数，不容少亏”④。材料反映，一方面“行老”是直接受官府控制的，另外，“行老”承担着“立定额数，不容少亏”责任，具有役的性质。

《居家必用事类全集》引《为政九要》载，“司县到任，体察奸细、盗贼，阴私谋害，不明公事，密问三姑六婆，茶房、

① 《旧唐书》卷四八《食货志上》，中华书局1975年版，第2102页。

② 阮元校刻：《周礼注疏》卷一五《地官司徒第二·肆长》，中华书局1980年影印本，第738页中。

③ 《续资治通鉴长编》卷二五一，熙宁七年三月辛酉，第6131页。

④ ［宋］真德秀：《西山文集》卷七《申御史台并户部照会罢黄池镇行铺状》，景印文渊阁四库全书，第1174册，台湾商务印书馆1986年版，第119页下。

酒肆、妓馆、食店、柜房、马牙、解库、银铺、旅店，各立行老，察知物色名目，多必得情，密切告报，无不知也”①。“立行老”一词表明了“行老”是由官府出于自身目的而设置的，并非原行业自然产生的行业首领。材料中的诸行老之意义在于为地方官提供社情民情。

在一个行业中真正有影响力的是那些财力雄厚的富商大贾，一般的工商业者也得听命于其，“譬如千金之家，日出其财，以罔市利，而贩夫小民终莫能与之竞者，非智不若，其财少也。是故贩夫小民，虽有桀黠之才，过人之智，而其势不得不折而入于千金之家”②。这种“千金之家”的影响力来自经济领域，而非国家权力的强制。“兼并之家”也是对这些富商的称呼，“兼并之家，如茶一行，自来有十余户，若客人将茶到京，即先馈献设燕，乞为定价，此十余户所买茶更不敢取利，但得为定高价，即于下户倍取利以偿其费”③。这些“兼并之家”并非受政府控制的“行头”，王安石的市易法针对的就是这个人群。

“行”的最初产生本身就是在市制转变、工商业部分摆脱官府直接控制背景下的新产物，正如魏天安先生指出的：“古典市制的瓦解和近代市制的建立，使宋代城市中出现了在经营方式上基本不受官府限制的工商业阶层，这是行会形成的必不可少的条件”。④“行”的组织形式较为模糊，“行头”是“行”面对官府的负责人，但“行头”的地位不高，并不是行内真正的控制者，其只是为官府承役。“行”的形式也反映了这个时期官府对工商业是一种很松散的控制，这与唐后期、北宋工商业的发展趋势是相符的。

---

① 《居家必用事类全集》辛集《为政九要·为政第八》，《北京图书馆古籍珍本丛刊》第61册，书目文献出版社1988年版，第339页下—340页上。

② ［宋］苏轼：《东坡全集》卷四八《策断三首·策断中》，景印文渊阁四库全书，第1107册，台湾商务印书馆1986年版，第673页下。

③ 《续资治通鉴长编》卷二三六，熙宁五年七月丙辰，第5738页。

④ 魏天安：《宋代行会制度史》，东方出版社1997年版，第13页。

二、科索压力下“行”之性质的转变

“行”是唐宋间工商业形式转变后官府间接干涉市场与控制工商业者的手段，其目的在于科配物、役。南宋耐得翁曾明确指出“行”对官府的意义：

> 市肆谓之行者，因官府科索而得此名，不以其物小大，但合充用者，皆置为行，虽医亦有职。医尅择之差，占则与市肆当行同也。①

可见对官府来说，应付科索是“行”最主要的意义。科索的内容非常广，只要是官府需要，就会抑配。如“坊郭十等户自来已是承应官中配买之物，及饥馑、盗贼、河防、城垒缓急科率，郡县赖之”②，可见“行”负担了包括官府日常运作及突发事件所需的物资。官府日常所需很多要从市场购买“七年十一月，诏内东门：顺仪院、崇政资圣院、太和宫及房卧使臣取买物，许于杂买务下行收买。除官库所有物外，各令行人等第给限供纳”③。临时需索也很多，如“诸州县镇遇有抛买，依前令行户供应”④，又如“臣近过邠、乾、泾、渭等州，所至人户，经臣有状，称为不任科率，乞行减放，内潘原县郭下丝绢行人十余家，每家配借钱七十贯文，哀诉求免。国用削弱，以至于此缘转运司计无所出，臣是以不敢邀爱民之誉，直行放免”⑤。

官府买物的弊端很多，加重了行人负担，“又内中降出见钱，合杂买务收买。供应物色，自今便仰据数送下，依例下行

① ［宋］耐得翁：《都城纪胜·诸行》，中国商业出版社1982年版，第4页。
② 《续资治通鉴长编》卷二二四，熙宁四年六月庚申，第5448页。
③ 《宋会要辑稿》食货六四之四二。
④ 《宋会要辑稿》食货六四之六六。
⑤ 《续资治通鉴长编》卷一三一，庆历元年二月丙戌，第3099页。

收买供应，更不得将见钱转换不勘匹段兑卖。又内中所买羊肉，自今并令使臣上历，出给印押帖子，差辇官下行取买”①。北宋免行钱施行之前“初，京师供百物有行，官司所须，皆并责办，下逮贫民浮费，类有陪折，故命官讲求。虽与外州军等，而官司上下须索，无虑十倍以上，凡诸行陪纳猥多，而赍牒输送之费在外，下逮裨贩、贫民，亦多以故失职”②。

南宋情况也是这样，“自隆兴元年诏，军兴以来，一应收买军需、盖造营寨之类，并系科拨钱粮、和买措置，尚虑官吏夤缘掊敛，不即还直，许令人户越诉，监司按治以闻。淳熙元年罢市令司，诏官司收买物色并依民间市价，不得科抑减克，如违以违制论。临安府及属县交易侩保钱豁减十之五，七年，诏诸路州县亦如之。至是臣僚言，今官司以官价买物，行铺以时值计之，什不得二三。重以迁延岁月而不偿，胥卒并缘为奸，积日既久，类成白著，至有迁居以避其扰，改业以逃其害者。甚而日用所需琐琐之物，贩夫贩妇所资锥刀以营升斗者，亦皆以官价强取之，终日营营，而钱本俱成乾没。商旅不行，衣食路绝，乞申严禁，从之”③。

但是官府借助各个“行头”并不能对工商业施行严密的控制，这样官府的物资需索与通过“行”对市场的松散控制就成为一对矛盾。唐代这个问题还不十分凸显，唐代的市场规模相对还较狭小，“行”在工商业管理上的意义并不那么重要，而且唐代对手工业者人身的控制也较强。种种这些都使得唐代官府并不十分依赖“行”，因而这种通过“行头”松散控制的“行”可以满足需求。但是宋代城市内坊市界限彻底打破，无论京城还是地方，市场规模都急剧扩大，商品种类增多，商人的资本实力增强，加之官府对手工业者的人身控制减轻，雇佣关系逐

① 《宋会要辑稿》食货五五之一五。

② 《宋会要辑稿》食货三八之二。

③ 《续文献通考》卷二五《市籴考》。

渐取代强制劳役，这些因素都使得官府的物资需索越来越依赖市场。庞大的官府规模需要稳定的物资保障，这就要求对工商业和市场进行更加严密的控制。“行”在这样的矛盾中渐渐发生转变。

宋代官府单单控制“行头”间接插手工商业并管理市场的方式已不足以满足科索需求，北宋王安石的“市易法”“免行钱”的改革，是一种改变的尝试。

> （熙宁五年三月丙午），诏曰：“天下商旅物货至京，多为兼并之家所困，往往折阅失业。至于行铺、稗贩，亦为取利，致多穷窘。宜出内藏库钱帛，选官于京师置市易务，其条约委三司本司详定以闻。”①

市易法主要针对的是“兼并之家”，其目的很重要的一面是保证国家需索稳定地从市场获得，以解决“其财既偏聚而不洩，则国家之用亦尝患其窘迫矣”的问题，达到“出入不失其平，因得取余息以给公上，则市物不至于腾踊，而开阖敛散之权不移于富民，商旅以通，黎民以遂，国用以足矣”。②

市易法施行后，市易务直接控制了市场，因而原有依赖于行的科配也可取消，《宋会要辑稿》食货三七之一四记载，“其诸司科配州县、官私烦扰，民被其害，悉罢之，并于市易计置”。“其三司诸司库务年计物若比在外科买，省官私烦费，即亦一就收买”。③

免行钱有其多方面意义，这里需要提到的是其“尽括行户”④的作用“议者多谓朝廷既知行役之弊，当即罢省，不可更

---

① 《续资治通鉴长编》卷二三一，熙宁五年三月丙午，第5622页。
② 《续资治通鉴长编》卷二三一，熙宁五年三月丙午，第5622页。
③ 《宋会要辑稿》食货三七之一四。
④ 《续资治通鉴长编》卷二五一，熙宁七年三月辛酉，第6130页。

令出钱。而详定所奏：‘朝廷所以许民间输直免行者，盖人情无不欲安居乐业而厌于追扰，若一切罢去，则无人祗应’”①。市易法使国家取代了原来控制市场的富商之地位，而免行钱法则使国家全面掌握了一般行户，多管齐下形成对市场的全面控制。

王安石的努力最终失败，有用人、吏治等因素，但从根本上讲，这种试图恢复国家直接控制市场的努力与时代发展趋势不符，南宋叶适所论部分道出其中真谛："开阖、敛散、轻重之权不一出于上，而富人大贾分而有之，不知其几千百年也。而遽夺之，可乎？夺之可也，欲为国利，可乎？"② 因而这种与民争利的方式终究不会长久。

将市场重新纳入国家权力之下固然不可取，但增强国家对工商业的控制，以保证官府需索的努力仍在进行。真德秀曾提到：

> 黄池一镇，商贾所聚，市井贸易，稍稍繁盛。州县官凡有需索，皆取办于一镇之内。诸般百物，皆有行名，人户之挂名籍，终其身以至子孙，无由得脱。③

为了保障"国用"，官府对"行"的直接控制力增强，"行人"身份的强制性增加。南宋岳珂也指出"今世郡县官府，营缮创缔，募匠庀役，凡木工率计在市之朴斫规矩者，虽居楔之技无能逃。平时皆籍其姓名，鳞差以俟命，谓之当行。间有幸而脱，则其侪竟与讼，挽之不置，盖不出不止也，谓之‘纠

① 《续资治通鉴长编》卷二五一，熙宁七年三月辛酉，第6130页。

② ［元］马端临：《文献通考》卷二〇《市籴考一》，中华书局1986年影印本，第193页。

③ ［宋］真德秀：《西山文集》卷七《申御史台并户部照会罢黄池镇行铺状》，景印文渊阁四库全书，第1174册，第119页上。

差’”①。

这种方式也成为地方官的施政准则而被记入官箴书中，“公家不能免人情，得其平，虽劳不怨，境内工匠必预籍姓名名籍，既定有役按籍而雇，周而复始，无有不均，若名籍不定，而泛然付之于吏，则彼得以并缘为奸，本用一人，辄追十人，艺之精者反以赂免，而不能者，枉被攀连不得脱，非惟苦乐不均，且建造未成而民间已骚然矣”②。

“行”作为工商业组织，虽然是应付科索而生，但只是官府与市场间的一个中介组织，官府借助对“行”的松散控制来间接控制工商业者，半独立的性质是其特点。但是，自王安石变法开始，无论是免行钱法下的“尽括行户”，还是强制性的将“行户”身份固定下来，都有着将工商业者、工匠的身份固定化、簿籍化的趋势，这就使得“行”渐渐丧失其原本的性质。而且，在这种日渐严密的社会控制之下，“行”的存在也逐渐失去其意义。

三、元代“行”的消隐

作为社会分工意义的“行”在元代也不少。元曲中也反映了行业种类的繁多，“我想一百二十行，门门都好着衣吃饭”③。

“行户”“行铺”等指称城市工商业者之词在元代也频有出现，《元典章》中记载“切见外路府州司县遇圣节、正旦，拜贺行礼，每每不同。大概勾集诸色社直、行户妆扮，预先月余整点。逮及拜贺行礼，必就寺观中，将寺观祝寿万岁牌，迎引至

① ［宋］岳珂：《愧郯录》卷一三《京师木工》，商务印书馆1939年版，第112页。

② 陈襄：《州县提纲》卷二《籍定工匠》，商务印书馆1939年版，第21—22页。

③ ［元］关汉卿撰，吴国钦校注：《关汉卿全集》杂剧《杜蕊娘智赏金线池》，广东高等教育出版社1988年版，第173页。

于公厅置位，或将万岁牌出其坊郭郊野之际，以就迎接，又必拣选便于百姓观看处所安置。然后官吏率领僧道抬舁坛面、铙钹、鼓板、幢幡、宝盖以旋队，差遣诸色行户妆扮社直，娼妓、宫监之类沿街摆拽。名为起敬，实为混杂亵渎”。对这种行为的处置办法是“合用乐人，止就本处在城者，无得于他处勾集，及桩配诸行户、百姓人等妆扮社直。所据筵会一切所须之物，官吏自备，并不得取敛于民”①。材料里“诸色行户”应是城内从事各行各业之人，泛指商户、商铺。这则材料规定，在“圣节、正旦”等节庆活动，有官府抑配行户之事，法令予以禁止，整个过程中看不出有“行”的组织在其中发挥作用。

还有一些例子，如“各路行铺之家行用度尺升斗等秤俱不如法”②，这是有行铺量具不合标准。如“各处站赤合用祗应官钱，多不依时拨降，又或数少不给，遂令站户轮当库子，陪备应办。今又预定周岁额数先□其半，规画祗待有司往往抑配行铺收市诸物克期取息，利己害民”③。这是对行户的“抑配”。两则材料中都没有“行”的出现。

带有作为工商业组织意味的“行”的材料极为稀少。《两浙金石志》中载延祐元年长兴州修建东岳行宫碑，碑阴刻有施主姓名，其中记载了多种“行”，如“五熟行”“香烛行”“银行”等④，这似乎是以某一行为单位施舍某一神司的祭祀，带有组织性质的意味。此外，《吏学指南》也录有县官到任后的注意事项，尤其需要在各行业“各立行老，察知物色名目，多必得情，

---

① 陈高华等点校：《元典章》卷二八《礼部卷一》，第二册，中华书局 2011 年版，第 1004—1005 页。

② 陈高华等点校：《元典章》卷五七《刑部 19》第三册，第 1940 页。

③ 《永乐大典》卷一九四二〇《站·站赤五》第 7222 页，中华书局 1986 年影印本。

④ ［清］阮元编：《两浙金石志》卷一五《重修建东岳行宫施主题名》，清道光四年李橒刻本。

密切告报，无不知也”①。这种“行老”并不是工商业组织内的代表者或领导者，介绍人、中间人的意味更浓，类似于“牙人”，正如元代“雇脚夫契式”中提到“某州某县某里脚夫姓□：右□等，今投得□乡□里，行老姓□保委，当何得□处某官行李几担送至某处交卸，当三面议断工雇火食钞若干贯文，当先借讫，上期钞几贯，余钞逐时在路批借，候到日结算请领。且某等自交过担仗之后，在路须用小心照管，上下不敢失落，至于中途亦不敢妄生邀阻、需索酒食等事。如有闪走，且行老甘自填还上件物色，仍别雇脚夫承替送至彼处交管。今恐无凭，立此为用，谨契。年、月、日，脚夫姓□号契，行老姓某号”②。可见，“行老”为熟悉该“行”领域的专业人才，在社会控制上有其意义。“行户”“行铺”与官府之间看不到有中间环节，未见到以“行”为单位进行经济活动的材料。

因而，作为工商业组织的“行”，有逐渐消隐的趋势，其原因在于唐宋之“行”的存在意义已经逐渐消失。“市肆谓之行者，因官府科索而得此名”，但南宋材料显示，“科索”方式已经开始逐渐转变，元代更是如此。元代对社会的掌控程度要高，具体到工商业中，一方面是官营手工业空前庞大，“国家初定中夏，制作有程。凡鸠天下之工，聚之京师，分类置局，以考其程度，而给之食，复其户，使得以专于其艺”③。官营工商业足以满足贵族、官府、军队的需求。再者，元代户籍制度复杂严格，人身控制重新加强，诸色户计承担不同的赋役，而且一旦入籍则世代相袭。“诸色户计，已有定籍，仰各安生理，毋得妄投别管名色，影蔽差役，冒请钱粮。违者许邻佑诸人首告，并

① ［元］徐元瑞撰，杨讷点校：《吏学指南》，浙江古籍出版社1988年版，第151页。

② 黄时鉴辑点：《元代法律资料辑存·公私必用·雇脚夫契式》，浙江古籍出版社1988年版，第248页。

③ ［元］苏天爵编：《元文类》卷四二《经世大典序录·诸匠》，商务印书馆1936年版，第618页。

行治罪。"① 户籍的意义是多方面的，官府所需物资，除了赋税之外，通过和雇和买来筹措，其方式也是官府通过诸色户计加以摊派。

明朝有"编审行户"的制度，"先是，上供之物，任土作贡，曰岁办。不给，则官出钱以市，曰采办。其后本折兼收，采办愈繁。于是召商置买，物价多亏，商贾匿迹。二十七年，户部言：'京师召商纳货取直，富商规避，应役者皆贫弱下户，请核实编审。'给事中罗崇奎言：'诸商所以重困者，物价贱则减，而贵则不敢增。且收纳不时，一遭风雨，遂不可用，多致赔累。既收之后，所司更代不常，不即给直，或竟沈阁，幸给直矣，官司折阅于上，番役齮龁于下，名虽平估，所得不能半。诸弊若除，商自乐赴，奚用编审。'帝虽纳其言，而仍编审如户部议"②。材料中对于是否编审行户的争论实际上就是在争论国家对工商业者究竟应是强力控制还是通过市场手段来控制。编审行户的制度与户籍制度的性质是相同的，而与唐宋松散之"行"则不同。

在空前规模的官营手工业背景下，"行"在供备物、役上的意义已经大为降低。而且在元朝更加严密的户籍制度下，官府直接控制工商业者，不需要作为中间组织的"行"。因而，尽管"行"作为松散的组织应该还部分存在，但也只是在个别领域有所作用，唐宋时代为应对市制改变而产生的"行"已经消失。

结　语

国家对人身的控制在唐宋时代有松动的一面，工商业者也部分摆脱了官府的控制，作为社会组织的"行"也在这个时期兴起、发展。但是以"行"来间接控制工商业的模式，在满足

---

① 陈高华等点校：《元典章》卷二《圣政一·重民籍》第一册，第63页。

② 《明史》卷八二《食货志六·上供采造》，中华书局1974年版，第1991页。

专制国家的物资需索上效率不高，因而作为工商业组织的“行”的存在意义渐渐消失，国家倾向于通过更加繁复和固定的户籍制度来进行社会控制。清代的“会馆”“公所”是明代中后期以后城市经济和商品经济新发展下的新产物，形式和内容均与唐宋之“行”不同。

两宋耕牛价格比较研究

河北大学宋史研究中心暨历史学院　唐　晔

牛乃农耕之本，正如宋代农学家陈旉所言："农者，天下之大本，衣食财用之所从出，非牛无以成其事耶！较其轻重先后缓急，宜莫大于此也。"① 对于农耕社会来说，耕牛是其维持再生产最重要也是最基本的生产资料。保证小农家庭的耕牛供给，就是对社会经济基础的保证。价格是市场的核心，它既是生产成本的指示器，也是市场供求关系晴雨表，因此耕牛的价格对于小农家庭及社会生产影响极大。欧洲有学者曾提出：中国耕牛价格高于欧洲，是中世纪晚期开始的中欧农业大分流的两大原因之一。②

目前国内史学界对于耕牛已有一些研究成果，但其关注点多集中在耕牛的饲养与使用上，对于耕牛价格问题却还鲜有涉及。就笔者所见，目前关于古代中国耕牛价格研究，只有程民生先生在其大作《宋代牲畜价格考》③ 一文中有所涉及，但其内

---

① ［宋］陈旉：《农书》卷中《牛说》，文渊阁四库全书本。

② Peter Foldvari：《缩小差距：探索中世纪之前的早期经济》，"不利的气候条件使得中亚和中国的资本品，特别是耕牛，价格较高，阻碍了资本对土地和劳动力的替代以及土地单位产出的提高，而在欧洲，役畜特别是马的增加则带来了更高的人均产出"以及"在亚洲和欧洲大陆先后引入短期地租合约的情况下，中国相对于欧洲较低的工资/地租比不利于对资本品投入的激励，这两大原因推动了中世纪晚期开始的中欧农业大分流"。第十六届世界经济史大会论文，转引自赵学军《十六届世界经济史大会侧记》，《中国社会经济史研究》2012 年第 3 期。

③ 程民生：《宋代牲畜价格考》，《中国农史》2008 年第 1 期。

容比较简单，并未做深入分析。有鉴于此，笔者不揣浅陋，欲以宋代为中心，对耕牛价格做一考证。

一、方法与框架

本文主要目的在于对宋代耕牛价格水平及其变动轨迹进行考证，并在此基础上，通过对比两宋耕牛价格，说明两宋时期耕牛的社会供给状况，进而说明两宋时期的总体经济形势变化。为更直观地说明问题，本文将在考证宋代耕牛名义价格（以货币表示的价格）的同时，以当时主粮为单位，折算其实际价格。

在方法上，本文将尝试定量研究方法。对古代经济问题进行定量研究最大的困难在于难以取得系统、精确的数据，本文同样面临这样的困难，所取得数据不但少而且模糊，根本不足以形成一个反映两宋全国各地牛价变动之数据链。本文所采取的解决办法是筛选出有代表性的点，然后结合当时社会经济状况推测普遍情况。

本文耕牛价格选取点主要是北宋后期的开封周边及两浙与南宋前期两淮及中期的两浙。如此选择，主要基于以下考虑：一是文献中仅有的几处耕牛常价记载恰巧分布于这些地区；二是这些地区都是宋代经济发达地区或曾经的发达区域，且有耕牛价格确切记载的时段恰属于承平时期，理论上都处于两宋耕牛常价曲线的最高点，代表性强，且相互之间有可比性。

最后要说明的是，本文形式上采用了定量研究法，但是由于受史料限制，其精度较差，无法与现代经济学的定量研究相比，它的学术价值更多的在于其可以为定性研究增加一个新论据。

二、宋代耕牛市场概况

宋代耕牛市场可以用规模巨大、市场化程度高来概括。宋代禁榷制度几乎到了登峰造极的地步，盐、铁、铜、锡、茶、醋、酒曲、香、药、矾等，几乎禁了一切有利可图之商品，但耕牛却是例外。宋廷对于耕牛贸易基本持放任与鼓励态度，很少采取直接干预措施①，换言之，宋代耕牛市场基本符合现代经济学对于市场的要求，耕牛价格主要由市场因素决定。宋代耕牛长途贸易发达，南方耕牛被大量北贩②，基本形成了一个覆盖全国范围的市场网络，因此各地耕牛价格有一定相关性。当然，由于生产力水平限制，与现代市场比较起来，宋代耕牛市场一体化程度还很低，这主要表现在不同地区、不同时点耕牛价格差异较大，波动剧烈，某些特殊时期牛价“腾涌十倍”③ 是常有之事，但按照马克思的价值规律——价格决定于价值，受供求关系驱动，围绕价值上下波动，即尽管宋代耕牛价格曲线波动很大，但是从长期趋势看，应有一条稳定的价值曲线，这条价值曲线与常价应当一致。宋代耕牛市场的上述特点支撑了本文方法上的可行性。本文基本思路即是通过找到这条曲线上的某些特殊点，利用不同地区耕牛市场的相关性来还原推测该曲线的大致特征。

三、宋代耕牛名义价格

首先来看北宋耕牛名义价格。有关北宋耕牛价格的记载，就笔者所见共 6 条：

---

① 在特定时期与特定地区，宋廷也采取过直接干预措施，如宋夏战争时期禁止宋夏间耕牛贸易；宋金对峙期间，严禁耕牛输入金境内。此外，在某些丰收或灾荒年景，要求牛商减价，如《宋会要》食货一七之二三载：“景祐元年十二月一日……今来才得丰稔，人户收买耕牛之际，诏买卖牛畜钱于十分中量减二分。”这些都是临时性非常态措施，而且要求牛商降价等诏令的实际执行效果也很令人生疑。

② 北宋初年即有河北农户前往两浙买牛记录，南宋初期，最南端的广西亦有大量耕牛北贩至两淮。

③ 江少虞：《宋朝事实类苑》卷二二《官政治绩·刘涣》，上海古籍出版社 1981 年版。

1. 仁宗天圣元年（1023），宋政府卖给淮南通、泰、楚州盐场亭户牛，“诸处盐场亭户寔无牛具者，许令买置。召三人已上作保，赴都盐仓监官处印验，收入簿账，给予为主，依例克纳盐货……先准建隆中敕，每头减放一半价钱，更于每头上减钱一千外，余钱每一千只纳平盐二石……”①

2. 淳化五年（994），政府借贷给京西路缺牛农户三千钱，令赴江浙买牛。②

3. 大中祥符三年（1010），朝廷在开封县西郭省庄与各坊、监、苑囿中收购祭祀用特种毛色牛犊，省庄户3贯/头，坊监2贯/头；景祐五年（1038）三司建议：“祠祭用犊，预先并母拳养于牛羊司，候祭讫，犊支钱五千，母给本主。今后母给钱，免妨耕种。”③

4. 大观四年（1110），臣僚言“伏见无知之民，日以屠牛取利者，所在有之。比年朝廷虽增严法度，然亦未能止绝。盖一牛之价不过五七千，一牛之肉不下三二百斤，每斤直（值）需百钱，故人多贪利而不顾重刑”④。

5. 许景衡（1072—1128）有诗曰：一牛动是万钱值，墨指一作何纷纶。安得田家真有此，坐令四海无饥民。⑤

6. 宣和五年（1123），宋廷在乐清县将“拘收贼人遗下耕牛五千六百余头给与人户，每头一十贯文”，以所得价钱抚恤阵亡兵士。⑥

此六条记载中史料价值最高者当属第四条，“一牛之价不过五七千”，根据上下文意，无疑是开封及周边地区当时耕牛之常

---

① 徐松辑：《宋会要辑稿》食货二三之三一，台北：新文丰出版公司，以下简称《宋会要》。

② 《宋会要》食货一之一六；六三之一六二。

③ 《宋会要》礼二六之九。

④ 《宋会要》刑法二之五二。

⑤ 许景衡：《横塘集》卷六《墨牛图》，文渊阁四库全书本。

⑥ 《宋会要》兵一八之二三。

价；第五条中诗句“一牛动是万钱值”，所言亦是当时耕牛之常价，但没有明确时间地点记载。考察作者生平与活动轨迹，也应是北宋末期开封府周边，但诗句所言数字多非确指，且一般多有夸张，笔者以为理解为 10 贯以下较为合适；第 6 条所说“每头一十贯文”为战乱后政府与民户交易，情况有些特殊，可能会稍高于常价，但所定价钱也应当参考市价，不会相差太多，且可与许景衡诗句相互印证。

材料 2、3 价值稍差：材料 3 中所交易的牛犊是祭祀所用，毛色等方面有特殊要求，非同一般耕牛；材料 2 中政府借贷与农户 3 贯购牛款并不能确定是否为牛价之全款。不过，尽管有不确定性，这两则材料亦有一定参考价值。

综上所述，基本可以认定在北宋末期开封周边及两浙地区耕牛之常价在 5—10 贯之间徘徊。考虑到北宋物价水平不断上涨趋势，末期应是北宋物价的高峰，同时开封周边及两浙都是经济发达地区，且开封又是耕牛输入地区，因此本文认为，上述价格就是北宋耕牛常价之最高点。

顺便提一下，程民生先生曾据此 6 材料得出结论：“北宋时期的牛价，经历了从大约 2 贯余到 10 贯的清晰轨迹。”[①] 程先生对于北宋耕牛价格基本走势为不断上升的观点，笔者基本认同，因为北宋随着货币发行量不断增加，尤其是在熙、丰之后，物价水平确有一个明显上升趋势，耕牛的名义价格不断上升也在情理之中。

笔者与程先生不同意见主要有二：（一）提法过粗。这 6 条材料反映的是不同时间、不同地区、不同市场条件下的牛价。北宋前后 160 余年，幅员万里，在市场的一体化程度低（即不同地区、不同时段，价格差异很大）的条件下，仅仅靠六个点来描绘当时全国市场价格曲线，恐怕失之于过粗。例如，南方

---

① 程民生：《宋代牲畜价格考》，《中国农史》2008 年第 1 期。

一直是北方耕牛的供应地[①]，在当时的条件下，长途贩运成本之高昂可想而知，由此算来，两湖、广东、福建等输出地牛价肯定会比北方的京东、京西、河北等输入地低不少。因此，如果笼统地谈北宋牛价，恐怕不太合适。（二）对于材料的解读，笔者认为也可商榷：程先生可能将材料 1 中“更于每头上减钱一千外”解读为对上句“钱一千外”的同意重复，因此得出结论：“按建隆年间的规定，每头一半的价钱是 1 贯，则是宋太祖时大约 2 贯钱可以买到一头牛。”笔者以为并非如此，此材料应解读为“每头牛减价一半基础上，再减一千文，之后剩余价钱，按照每千文一石盐折纳”，因此不能推算出当时牛价为 2 贯了；材料 2 如上文所言，政府贷款给每农户的 3 贯，不一定是耕牛全价，有可能只是部分补助，也有可能不止牛价还包括路费，因此也不能得出当时牛价一定是 3 贯的结论。[②] 总之，北宋初期牛价在二三贯之间是存疑的。

再看南宋。南宋初年牛价暴涨。宋金边界的两淮以及临近地区牛价最高达到过 100 贯左右。绍兴初，薛季宣称：湖南饥荒，“田莱不辟，米价翔踊。而两广帅司闭籴，且禁耕牛出境，一牛值钱百千”[③]；周紫芝在绍兴六年（1136）一封书信中谈道：“初，伯远约以春耕，而仆无牛，市一牛需百千”[④]；宋廷在两淮

---

① 著名宋史专家漆侠先生曾指出：“宋代北方不产牛，或者说产牛很少，因而耕牛是来自南方的一项重要商品。从北宋初年，北方就仰仗南方耕牛。”（见漆侠《中国经济通史》，经济日报出版社 1999 年版，第 123—124 页）“北方不产牛”“北方就仰仗南方耕牛”之说或有争议，但就史料记载来看，南方耕牛大量北贩却是不争之事实。

② 程民生：《宋代牲畜价格考》，《中国农史》2008 年第 1 期。

③ 薛季宣：《浪语集》卷三三《先大夫行状》。

④ 周紫芝：《太仓稊米集》卷四九《答田卷示徐伯述》。

屯田，以优惠价格调拨耕牛给予农户，要价也在百贯（省）。[①]此时之高价，显是战乱摧残之故。自北宋末年起，京西、两淮、湖北等地一直战乱不断，社会动荡不堪，耕牛损失巨大。高宗在绍兴元年（1131）下诏："民间耕牛累年以来，屡遭兵火，宰杀殆尽。"[②] 此外严重的牛疫也使局势恶化。绍兴九年（1139），湖南发生大疫，叶梦得在书信中称此次大疫：

以淮西、江东西、湖南地、京西路牛疫，恐民无以耕，委令逐路各取常平诸色钱物，遣官出产处收买，租赁与民。今岁耕牛疫死处诚广，不但牛而已，虽虎、豹、獐、鹿、猿、猱、野兽等弃死山林、原野，所在皆有然……其所损路，自湖、湘至唐、邓，无有不被害者，所余惟两浙、福建、二广。[③]

庄绰的《鸡肋编》中对此次疾疫也有记载：

绍兴九年，岁在己未，湖北牛马皆疫，牛死者十八九，而鄂州界獐、鹿、野猪、虎、狼皆死，至于蛇虺亦僵于路傍。此传记所未尝载者。若以恶兽毒螫之物自毙为可喜，而牛马亦被其灾，是未可解也。[④]

如此大范围的严重瘟疫自然会极大地推高耕牛价格。

之后，政局渐趋安稳，牛价有所下降，但依然高出北宋不

① 绍兴六年，都督行府言："乞令提领江淮等路营田司，于见寄养牛内，就近支拨三百头付寿春府，一百头付濠州定远县……借给归业人户耕种，免纳租课。候收成日，与作五年还纳，每牛一头，止令纳钱一百贯省。"见《宋会要辑稿》食货二之一九。

② 《宋会要辑稿》食货六三之一九七。

③ 叶梦得：《建康集》，《又与秦相公书》文渊阁四库全书本。

④ 庄绰：《鸡肋编》卷下，中华书局1983年版，第113页。

少。孝宗乾道四年（1168）十一月，官员徐子寅上奏称两淮牛价要80贯：

> 两淮议营田、屯田……淮上治田之具，盖每招一家，必首给钱百二十缗，以其二买牛，一为室庐耒耜之资。是知淮上不唯人稀，牛亦艰得，计道途之费，固应倍于内地，又缘经历商税，费亦寖重。①

不过由引文可知，此高价主要是因为当地耕牛由内地贩来，运输及关税极大地抬高了价格，换言之，内地耕牛价格要低得多。不过即便如此，内地牛价也高出北宋末年不少——我们假设内地牛价只有两淮的四分之一，也有20贯之多，而北宋末年耕牛只有不到10贯。

同是孝宗年间，湖北鄂州一农民贷官钱30贯买牛犊。② 牛犊二三十贯，成牛价格一定还要高很多；绍熙年间（1190—1194），陆游致仕，归越州（今浙江绍兴）欲买黄牛，卖家索钱20余贯。③ 浙江是宋代农业发达区，也是南宋耕牛著名产区，牛价理应稍低，但亦达20余贯，同样大大高于北宋末价格；陆游又有“万钱近县买黄犊，袯襫行当东作时”④ 之语。牛犊10贯，成牛价格翻番，恰是20贯。

此外，洪迈笔记小说《夷坚志》中有数处牛犊价记载，《夷坚丙志》卷七《大渎尤生》：绍兴三年（1133）长洲（今苏州境内）一牛犊20贯，卖家仍嫌价低；《夷坚丁志》卷五《师逸来生债》：福建建阳一牛犊价10贯；《夷坚三志》辛集卷七《张三公做牛》：一水牛犊售价25贯；《夷坚补志》卷七《直塘风雹》：

---

① 楼钥：《攻媿集》卷九一《直秘阁广东提刑徐公行状》，《丛书集成》本。

② 陆游：《陆游集·渭南文集》卷三一《朝议大夫张公墓志铭》。

③ 陆游：《陆游集·渭南文集》卷二八《跋刘凝之陈令举骑牛图》，第2251页。

④ 陆游：《陆游集·剑南诗稿》卷五九《农舍》，第1427页。

乾道初，鄂州（湖北）农民300贯买母子二牛。《夷坚志》虽属志怪小说，事多荒诞，但其中一些生活场景描写还是具有一定现实性的，亦可作为参考，从侧面印证南宋牛价确实高于北宋。

四、宋代耕牛实际价格

以上是用货币表示的耕牛名义价格。宋代货币发行异常混乱，名义价格可能会受币值波动影响而反映不出真实价值，这里我们还可以用主粮米、麦来折算耕牛实际价格。

先来看牛价较为确定的北宋末期。北宋末期粮价，笔者找到的合用的记载有两个[①]：一是政和元年（1111）京西北路温县小麦每斗120文，汝阴每斗112文。[②] 这一数据在时间上与“一牛之价不过五七千”的大观四年（1110）只差一年，地点也基本相同（京西北路的温县、汝阴属于京西北路，属广义上的开封周边），因此最为合用。引文中两县麦价稍有差别，为方便计算我们取均值116文/斗，也即1.16贯/石。依此价格计算，5—7贯钱能买麦4.31—6.03石，按宋代一石92.5宋斤[③]，一宋斤640克[④]计算，约合今255.15—356.98公斤；如按“一牛

① 彭信威先生曾以10年为单位对宋代粮价做过估测（《中国货币史》第487页）。彭在注释中说明此价格所用方法为“取约230个数据”，“一年以内用算数平均法，一年以上的如十年期、半世纪、一世纪等都用几何平均法”。笔者认为如此测算出的结论偏差过大，甚至笼统提出宋代米价概念都是不准确的，因为不同地区米价相差甚大，因而笔者并未采用彭先生的数据。

② 《宋会要》食货七之二二载，京西路臣僚言：“本路诸州以盐杂钱折变物料，数年以来，物价滋长……大观二年小麦孟州温县实直（值）为钱一百二十，而折科止五十二，颍州汝阴县为钱一百一十二，折科止三十七……”

③ 沈括：《梦溪笔谈》卷三《辩证一·古今衡制》。

④ 据郭正忠先生考据，宋标准官秤每斤通常合今640克左右，但“不能一概而论”。（郭正忠：《三至十四世纪中国的权衡度量》，中国社会科学出版社1993年版，第221页）而吴慧先生观点更明确，他认为宋代官秤经历了一个从宋初每斤680克，北宋中叶640克，南宋初625克，南宋末600克的变动轨迹（《宋元的度量衡》，《中国社会经济史研究》1994年第1期）。本文取吴慧先生观点。

动是万钱值”计算，则约合 510.3 公斤。

另一记载则是宣和四年（1122）榷货务上言：“古有斗米斤盐之说，熙丰以前，每石米价不过六百，是时盐价每斤六七十；今来价每硕二贯五至三贯……”① 此数据在地点上符合要求，记载的也是市场常价，只是时间上距大观四年稍远。米价每石 2.5—3 贯②，如牛价 10 贯计，折米 3.64—4 石。即约合今 215.5—236.8 公斤，约是一个成年人一年的口粮；若以大观四年的“五七千”，那么牛价为 1.8—2.5 石，合 106.5—148 公斤。

此外，北宋中前期牛价虽不能确定，但亦可折算，作为参考。北宋早期，粮价低平，淳化五年两浙粮价未见记载，前后记载最近是大中祥符六年（1013），杭、润两州斗米六十文，不过此时因淮南歉收至两浙米价上涨后的高价，正常年景米价应稍低，如果以五十文每斗计，宋廷所带农户 3 贯买牛钱在两浙可买米 6 石，折合现代 355.2 公斤。

再看南宋。绍兴初年情况特殊，社会动荡，天灾人祸不断，粮价暴涨暴跌，高时能达到二三十贯/石，低时不过三五贯/石③，无法确定常价，略去不谈。孝宗乾道年间，社会秩序平稳，江浙、两淮、湖南、湖北等地米价一般在 2 贯/石上下徘徊。乾道二年（1166）监行在省仓下借兼户部和籴场郑人杰言：年来丰熟，米价低平。荆门、襄阳、郢州之米每硕不过一千，所出亦多。荆门、沙市、鄂州管下舟车辐辏，米价亦不过两千。④ 这是湖北丰收年景，米价在 1—2 贯/石。乾道三年

① 《宋会要》食货二五之一七。

② 这个价格比上文所引温县、汝阴麦价高出不少。笔者认为原因可能有两个：一是北方以麦为主产，米则多由南方输入，米价价格自然较高；二是此价为榷货务上奏，应是京城价格，京城价格要高于周边州县。

③ 《建炎以来系年要录》卷四一：“时鼎（州）之诸县，大半为贼所据，赋入极少，米贵斗值二千。”《中兴小纪》卷一三载：“常、润、苏、秀诸州大稔，斗米二百文。”

④ 《宋会要》食货四〇之四四。

(1167)，臣僚言：“临安诸县及浙西州军，旧来冬春民间缺食，多谒富家借贷。每借一斗，至秋成交还，加数升或至一倍。自今年岁歉艰食，富有之家放米人立约，每米一斗为钱五百。细民但救目前，不惜倍称之息。及至秋成，一斗不过百二三十。”① 此处说的是浙西、临安一带常态，秋收后米价低廉，一般在120—130文/斗，即1.2—1.3贯/石；而歉收之年冬春缺粮时节，借贷价格500文/斗，去倍称之息，市价不过250文/斗，即2.5贯/石；此外这一时期，政府收税、收籴，米一般折钱2—3贯/石。乾道六年（1170）二月八日，浙西、江东、淮东路沙田芦场主管官梁俊彦等上书，称“沙田芦场……合纳租税……如愿折钱，以米一斗折钱三百”②；同年四月十五日，户部侍郎、江浙荆湖淮广福建等路都大发运使史正志言：“户部去岁降本钱三百九十五万余贯，每斗三百文省为率，约籴米一百三十万石”③，都是3贯/石粮。政府和籴稻米，按惯例稍高市价，由此推之，市价应在2贯多/石。总之，这一时期粮价水平在2贯/石上下。淮上成牛价80贯，约合米40石左右。南宋初每斤和今625克，末期合600克④，中期不详，我们取610克/斤当不算离谱，40石合今2257公斤；鄂州靠近内里，牛犊30贯，合米10石，今564.25公斤。绍熙年间粮价情况变化也不大，绍熙五年，检正都司言：“照得元立纳米补官赏格，系以丰年米价为准，每石只计钱两贯，委为太轻。耿延年所请却系大荒米价，甚贵之年每石计钱四贯，委是太重”⑤，据此我们取中数也是3贯/石。陆游提到的浙西牛价20余贯可买米7石，合今414.4公斤。

---

① 《宋会要》食货五八之五。

② 《宋会要》食货一之四五。

③ 《宋会要》食货四〇之四九。

④ 吴慧：《宋元的度量衡》。

⑤ 《宋会要》职官六二之三五。

结 语

价格是市场供求状况的指示器，它可以直接反映出消费者取得商品的难易程度。由上述对比可以看出，无论是名义价格还是实际价格，北宋牛价都大大低于南宋，这就意味着北宋耕牛的供给状况要大大优于南宋。在北宋，一头成牛实际价格控制在100—250公斤大米之间。这是一个非常低的价格，就一般而言，一头牛体重在500公斤以上，也就是说，一头耕牛甚至还换不来等重的大米。宋人一段议论，亦可佐证上述判断（大观四年）臣僚言："……一牛之价不过五七千，一牛之肉不下三二百斤，每斤直（值）需百钱……"① 一头活牛价格不过5—7贯，而宰杀后仅牛肉就可卖钱20—30贯。这一方面说明，北宋牛价已大大低于其价值，另一方面也说明了北宋耕牛市场供应之充足，政府耕牛保护政策之成功。到了南宋，情况则急转直下。即使在情况最好的孝宗时期，若购买一头耕牛，也至少要付出400多公斤大米（高的甚至要达到2000余公斤），大大地增加了农户购置耕牛的难度。耕牛是古代农业最重要、最基本的生产资料，从这个角度来看，北宋农业生产的基础条件无疑大大优于南宋。

① 《宋会要》刑法二之五二。

明清以来的高平商人研究

——针对高平市寺庄村庙宇碑刻的考察（之五）

河北大学宋史研究中心特聘教授　孟　伟

一、问题的提出

古代东方民族的社会是由数以万计的自然村庄构成，自然村庄是人类进入文明社会以来最有标志性的细胞之一。然而，古村落的发展各有其发展的不同路径，至迟在宋元开始，以民间信仰为主要形式的寺庙对于自然村庄的轨迹影响巨大，无论是政治、经济还是文化方面，都必须予以高度的注意和重视。明清时期的高平县寺庄村的寺庙给这一个处于太行山区的村落的影响，更多的是带有明显区域性的“商业中心”和“市场中心”借助庙宇的发展而形成。进而，高平商人群体成为明清以来晋商群体中占据重要历史阶段的一个不可忽视的组成部分也凸显出来。以至于关注明清时期的晋商的辉煌，不能不深入到培育商人的最基础层面——晋商故里的古村落文化中，而予以全方位考察的最佳切入点之一，便是对现存的庙宇碑刻的整理和研究。

本文论题提出，系建立在对高平市寺庄古村落历史文化实地考察基础之上的具体分析[1]，带有围绕村庄的综合特征，本文属于系列性的文论之一。就方法论而言，称之为围绕晋商历史文化所展开的田野调查，也是恰当的。而就所给出的内容，言之为有关晋商历史文化的新发现和新视角，也不过分。然而，对于问题的展开和延伸，则可以区分三个层面：

第一，以整个社会历史为大背景，长时段地宏观观察政治和经济、文化的三位一体在“民间社会”的具体实际，更多地关注晋商文化作为“东方民族”历史现象的历时性和共时性的有机结合，尝试性追求书写社会史的新模式。

第二，文本的重心为明清以来泽潞地区的商业经济及由此而带来的古村落变迁，而将村庄布局、寺庙新建，乃至祭祀和娱乐、商贸庙会活动为主的村庄“生活方式”演变等方面作为聚焦层面，寄希望给出明清以来区域性商人活动的中时段画面。

第三，重点围绕寺庄村的现存历史文化遗存，多方面、多角度、多侧面、多视野地分析和解剖古村落、庙宇和碑刻等历史遗存的文化含量，将所讨论的问题，落实到具体的、可计量的、可考的细微之处。抑或，为历史文化的现代性提供依据——为当地民众和政府“打造历史文化名村”奠定基础。

简要地说，有关笔者所展开的一系列文论，截至目前为止，可借鉴的方法和内容，都很有限，然而，具有专门学科的相关参考和参照，也不鲜见，这里没有过多的必要一一列举，也即，有关学术史的追溯，将融汇在具体的展开中，予以注明。

笔者曾经五次[2]，就高平市寺庄村进行历史文化遗存的田野调查，结合对高平市 548 个村庄的考察（包括一些隶属的自然

---

① 笔者接受高平市委托，组织、带领全国六所高校的硕士和博士，以及相关专业的学者等三十多人，于 2013 年 5 月开始，全面展开了针对高平市历史文化遗存的普查，重点为古村落、庙宇、碑刻、庙会、习俗等，其中，对寺庄村的考察日期为 5 月 21 日。之后，笔者又有四次专门赶赴寺庄村考察。

② 有三次实际是必须经过该村庄通往别的村庄，进而，对该村的情况也就进一步熟悉。

村在内)，综合比较之后发现：寺庄村是一个具有晋商历史文化典型性的古村落，明清时期，位于太行山中的该村庄商贸的发展轨迹带有泽潞地区商人的鲜明特征——晚明清初时期晋商的阶段性特性。因此，有必要予以重点关注。

目前，有关寺庄村的文献资料，几乎是空白①，欣喜的是寺庄村现存庙宇中保留了十几通明清时期的碑刻、匾额、题记等等，本文依此得以充分展开。

二、高平市寺庄村历史文化遗存概况

(一) 寺庄村概况

寺庄村位于高平市西北方向，距离市中心 8 公里。丹河水纵贯南北，旧村庄位于河东畔，中华人民共和国成立后修建的太焦铁路穿越村境，旧村庄紧靠铁路西侧，呼啸而过的火车汽笛声，伴随着村民的日日夜夜，毫无疑问是近代以来的新气象。作为泽潞地区的一个自然村庄，现在看上去也很一般，实际上却系明清以来，特别是近代以来，社会变迁较为典型的古村落

---

① 或许，有人认为，目前高平市存有四种旧地方志（新地方志，本文不采纳），但有关寺庄村的内容，几乎为零；或许，有人以为《高平金石志》《高平碑刻大全》等可供参考，实际上，仅仅录有三通碑刻，也是错误极其严重，更为糟糕的是，没有碑阴，属于不完整的碑刻。《高平县地名志》中的内容，也需要在引用的时候注意，附会的情形，比比皆是，难以为据。

之一。现为高平市最大的乡镇——寺庄镇所在地。①

（二）寺庄村历史文化及其遗存

寺庄村始建于何时，目前难以稽考。依据《高平市地名志》的说法：故长平城南的高平寺庄村，原名“义庄”，系因长平之战末期，冯亭率残部突围，出长平城南门，经寺庄村东北的白骨岭往西南，企图与驻今永录乡三军村的赵括会合，在今白骨岭南、永录尸骨坑处遭秦军重兵截杀，冯亭惨败，义不降秦，投古井自杀。后人为纪念冯亭，称此村为“义庄”。后演变为寺庄。可以肯定，这一说法，并没有依据，多半是现代人的附会。② 甚至我们怀疑，战国时期，现如今的村址上有无“村落”，都是问题。

但是，当代人的讹传中却在无意中给出了“寺庄村”所处的地理位置——长平之战的中心地带。与古高平之“古泫氏县”的治所——王报，咫尺之遥，寺庄旧村与王报相距 1 公里左右

---

① 当地政府对寺庄镇有描述性介绍，姑且节选转录：2001 年，由原寺庄镇、釜山乡、赵庄乡三个乡镇撤并而成。全镇东西宽 9.6 公里，南北长 18.5 公里，东依永禄乡，西邻野川镇、沁水县，南壤北城办事处，北与长子县相连，总面积 136.5 平方公里，辖村委会 48 个，有自然村 93 个。全镇总农户11 882户，总人口49 785 人，其中非农人口 6675 人，总耕地46 587亩，人口密度为 5655 人/平方公里。全镇东、西、北三面环山，中部部分为河谷地带，地形平缓。海拔高度在 850—1216 米之间。主要山岭有发鸠山、琉璃山、丹朱岭等。是战国时期的“长平之战”的主战场。全市最大河流——丹河源自本镇西北部，顺流而下，四季长流。地形地貌特征大致可分为山区、丘陵、平川区三种类型。气候特征：春季多偏南风，秋季多偏北风，冬季盛兴西北风，年平均气温 10.1℃，年平均降雨量 500—600 毫米，全年无霜期为 180 天。历史上，高平八大景观，有三处出自寺庄：一是长平村东北的“石室朝霞”；二是伞盖村北鸠山寺的“鸠山暮雨”；三是丹河上游的“丹水秋波”。民间歌谣：“伯方庙，市望塔，秋子戏台，西阳阁，圣皇岭的好挑角。”时过境迁，现留存的有省级文物保护单位：仙翁庙；县级文物保护单位：市望塔、桅高楼、春秋阁、张仙翁庙、长平古碑、菩萨画像、古泫氏阁等。新近发现的王报“古戏台”（金代），以年代最古冠之全国，等等。可参见最近十多年来编纂的《高平市志》《高平市地名志》《高平金石志》等。

② 参见《高平县地名志》，1988 年，第 86 页。

（现在，寺庄新村与王报村已经相连）。寺庄村往北 2 公里，即是古“长平邑”，或者“长平驿”——现在的长平村。①

对寺庄村历史的介绍，理应以村委会的说法为依据，村委会给出的说明是：“寺庄，古时称‘义庄’。穿街而过的衙门古道，是北上燕赵、南达中原的必经之路。优越的地理位置，便捷的交通枢纽，从古至今为官宦洽谈、商贸交易的聚居地。明清时期，随着交通贸易的发达，一些商家定居在这里设立了会馆，为前来经商的四方宾客提供了栖居落脚之地，也为寺庄村开发搞活，繁荣昌盛注入了活力。寺庄村百姓豁达、宽容、仗义、诚信的品质，深得相邻和外来人员的佩服和赞扬，‘义庄’村便因此而得名。土改后，‘义庄村’改为‘寺庄村’至今。”②——这一块立在村委会大院的巨幅展板，姑且不说其语言文字的问题，仅就其“村庄的来龙去脉”，连村委会都一无所知，实在是难以理解的！

就寺庄村的历史来说，目前能够较为可靠的历史文化和实物遗存，首推官道（街道）、庙宇及碑刻。所谓的“官道”，也就是旧时从太原南下中原河南的主要大道，该大道实际上也是寺庄村的“旧街”，或者说，历史上，官道与寺庄村的旧街是“同一”的，也即，官道穿村而过。不过，由于种种原因，该村的旧街，现在看上去并不那么古色古香，丝毫没有热闹繁华的

① 古泫氏县的建置从汉高祖十二年（前 195）至北魏永安元年（528），历时 723 年未有变化，北魏永安二年（529），才把原来的泫氏县分为泫氏和高平两县，两县之上还设长平郡统之。《魏书》卷一〇六：“长平郡，永安中置，治泫氏城。领县二：高平、泫氏。（泫氏县）治有羊头山。”由此可知，“羊头山”实为当时泫氏县的主要地理坐标。据此推论，大约今之高平，即北魏永安后期的泫氏县，其故城在今长平村南的王报，距离羊头山并不太远。到北齐天保七年（556），裁撤泫氏县，并入高平。统称为高平县。《隋书》卷三十：“高平……齐末……并泫氏入焉。”泫氏县历七百五十多年之沧桑后，成为了历史的遗存，之后的新轨迹也自然包括在了高平县。

② 该巨幅的宣传展板，近似有二层楼高，目前就立在路西村委会大院里，新工农兵戏台的南面，共有三块展板。

历史沧桑之感，甚至令人疑惑：旧街的宽度也就是五六米的样子，最多也就能错开相向而行的两辆马车。该村现存庙宇五座，分别为三皇庙、关帝庙、清凉寺、桅杆楼、寺庄会馆，至于村庄结构布局和民居，由于时代变迁，早已失去了历史韵味。

理所当然，现存于庙宇中的碑刻，几乎成为寺庄村历史的唯一文字记载。因为，目前可见的四种清代《高平县志》中，并没有相关明确的记载。然而，即便是现在仅存的庙宇碑刻，也没有得到应有的关注，更为严重的是面临着失缺的危险，遗失和损毁随时都可能发生——目前所存的庙宇均坍塌不堪，碑刻散落在废墟中。①

实地考察可知，寺庄村现有庙宇五处，均有碑刻存在，（据说，旧时另有五处庙宇、阁楼，现已不存，但有匾额遗存，故不做专门介绍）依据碑刻内容，分别概述如下：

1. 三皇庙

三皇庙，位于寺庄村中部村东，坐北朝南，中轴线布局，现存有大殿、厢房、戏楼等，习惯上，当地人称之为“大庙”，“不但春祈秋报在焉，而社仓谷石亦在焉”。也曾经一度作为“书院”，因此，也有人称之为“文庙”②。民国之后，作为当地的“高级学校”而享有盛誉——周边几个村庄的学生都在此读书，直到现在依然是该村的小学后院。现存三通碑刻，依据碑

① 强调指出：目前寺庄村的碑刻，基本处于非保护状态，与庙宇的荒废一道，随时都会失落。

② 在高平的村庄中，目前我们发现有39处被称之为“文庙”的庙宇，情况不尽相同，有与北宋时期程颢作为晋城令时广设乡村书院相关的遗迹，也有金元明清时期专门作为“乡村学堂”和“乡村书院”的庙宇，甚至不排除晚晴民国时期作为近代学校使用过的庙宇，凡此种种，村民们习惯上都称之为“文庙”。众所周知，按照明代的规制，有明以来的“文庙”仅仅建立在县一级以上的治所，而高平市则大量地出现在村庄中，委实是令人惊诧的！寺庄村所谓的“文庙”，我们认为更像后两种情况之一，与北宋时期的程颢所开设的72所“书院”似乎并没有太大的关系，至少，目前的证据不足。另有人说，程颢开设书院有59所（距离寺庄村不足2华里的伯方村的元代碑刻中说），这一问题，笔者另有专文考察，这里不赘。

刻以及大殿、戏楼之花梁题字可知，寺庄村三皇庙创修于明万历十九年，清乾隆、嘉庆、光绪朝等历有修葺。

2. 关帝庙（村南）

关帝庙位于寺庄村南，坐东朝西，占地三分，大殿三楹，就地势而修建，属于规制并不很大的庙宇。基本可以肯定，最初创建具有“家庙”特点，乾隆朝之后伴随着人口流动和迁徙，以及寺庄村的结构变化而成为“村社庙宇”。现存六通碑刻，记载了该庙的历史沧桑和变迁情况。创建年代当在明嘉万时期，清代康熙、嘉庆、咸丰、光绪等朝及民国时期均有修缮，包括增建戏楼和楼堂等等。新中国成立后，曾经作为村委会的“粮食库房”，目前倒塌荒废。据村干部讲，正在筹划重修。这话不是“应付之语”，在村委会公开的年度工作安排中，最后一项就是“重修清凉寺和南关帝庙”①。

3. 清凉寺

清凉寺的创建年代目前无考，但最早不会超过明代晚期，甚至说，依照现有线索和比照高平市其他村落的情况，可以断定：就在清代的康乾时期创建，或者，其兴盛当在乾隆年之后。其地理位置较为突出，坐落在寺庄村东的高岗上——当地人称之为“清凉山”，清凉寺也因此而得名。当地的俗称也叫作“疙瘩坡”，因此，该庙的神灵，也被称为“疙瘩爷”。该寺在民国时期，由于战乱主体尽废，现庙宇是在遗址上重修的，留有碑刻三通。据年长老人回忆，该寺庙祭祀主神为“关圣帝君”，尚有“城隍神、疙瘩神、奶奶”等②，因此，按照惯例也应当称之

---

① 该工作安排一览，也作为专门的宣传牌，立在村委会院内。

② 城隍庙，或者“城隍神”出现在寺庄村，也是奇怪的问题，众所周知的是，城隍也只能在县一级以上的治所才能新建和祭祀。因此，我们不难理解的问题就是：寺庄村原来有类似城墙的“村墙”，站在圪垯坡上的疙瘩庙，可以清楚地看到整个寺庄村。再有，寺庄村的人们上疙瘩庙，必然地要从“村墙”的东门进出，所以，清凉寺的“城隍神”，恐怕也是仿照“有城墙的县城”所塑造的——希望城隍神保佑一村人的平安罢了。

为“关帝庙”。坐北朝南，中轴线布局，四进院落，山门巍峨，殿宇壮观，山门前有光绪八年建的戏台，每年三月十八有庙会，方圆几十里的人都虔诚而至，甚至陕西、河南、河北的客商和信士也慕名而来。

4. 会馆

寺庄村的会馆，当地人也称之为“北关帝庙”。坐落在寺庄旧村的东北隅，谋划于道光二十三年（1843），落成于咸丰四年（1854），坐东朝西，三进院落，中轴线布局，倒座山门戏台、厢房、配殿、献殿、正殿、偏院（后院），其主体格局与清凉寺相差无几。其突出特点是：该会馆的创建和经营管理，均由当地商号联合完成——既包括本村镇的字号，也有外地来寺庄村开设铺面的商家。目前留有八通碑刻，翔实地记载了创始经过和捐资情况。目前，会馆的整体结构和布局依然，大殿、偏院尚在，唯山门及戏楼已经不存，现为寺庄镇粮站（据说，公私合营时期就成了粮站）。

5. 桅杆楼

寺庄村的桅杆楼，并非严格意义上的庙宇，更应当是观瞻性的、地标式的、景观式的建筑，其名称缘于“比喻”——犹如航船之桅杆而得名。一方面，具有“阁楼”的属性和功能，也与其他村庄的“阁门”相似——在阁楼上塑有神像，供奉“菩萨”；另一方面，有鉴于村庄结构与布局的情况，明显地带有“风水”及其象征意义。因此，将之归类于“庙宇文化”，也大致不差。虽然，目前村民不知其创始年代，但依照其建筑造型和施工材料等，可以断定不会在乾隆朝之前，抑或就在乾隆后期及嘉庆年间。

另外，寺庄村原来建有、现在不存的庙宇楼阁，尚有南堂、北堂、南阁、北阁等，兹将庙宇情况汇列一表，以便明晰。

表1　高平市寺庄村古村落庙宇情况一览表

序号	庙宇（学名）	供奉神灵	新建年代	庙宇在村中的位置和布局	备注
1	南关帝庙	关圣帝君	明中后期	村南偏东，坐东朝西，一进院落，康熙、嘉庆、咸丰、光绪及民国历有修葺	有戏台，现存，光绪八年兴建
2	三皇庙	三皇、孔子，以及牛马王、蚕姑、龙王等	明晚期	村东，坐北朝南，二进院落，乾隆、嘉庆、光绪朝及2010年历有修葺，俗称文庙，或者“大庙”	有戏台，现存，乾隆四十七年兴建
3	清凉寺	关圣帝君、城隍、药王、蚕姑等	清乾隆年间	位于村东山岗上，坐北朝南，一进院落，庙中另有独立“疙瘩庙”，因此俗称“疙瘩庙”或“庙套庙”	有戏台，现已不存
4	北关帝庙	关圣帝君、财神、火神、药王等	道光后期	位于村北偏东，坐东朝西，三进院落，也称之为“会馆”	有戏台，现已不存
5	桅杆楼	菩萨	嘉道时期	位于村中，三层楼高，属于标志、景观建筑	
6	南阁	神灵不详①	嘉道时期	位于村南，坐北朝南有“义庄镇”匾额	整体建筑不存
7	北阁	祖师	嘉道时期	位于村北，坐南朝北	整体建筑不存
8	南堂	奶奶	嘉道时期	位于村南，南阁门外，坐东朝西，一进院落，俗称“南奶奶庙”	整体建筑不存

① 一般而言，村庄南阁的神灵，多为白衣大士、南海观音等，寺庄村周边的村庄可作为参照。在调查中，清晰地发现“神像”和“庙宇”的局域性“相似”和“雷同”——相邻村落的“老爷”都差不多。

续表

序号	庙宇（学名）	供奉神灵	新建年代	庙宇在村中的位置和布局	备注
9	北堂	奶奶	嘉道时期	位于村北，北阁门外，坐东朝西，一进院落，俗称“北奶奶庙”	整体建筑不存
10	狐仙庙	狐仙	嘉道时期	位于村北狐仙沟，一楹小庙	整体建筑不存

说明：（1）本表依据实地考察编制。（2）后四项，以及庙宇中的神像等，大多不存，依据碑刻以及老人所见回忆。（3）所谓俗称是指“当地人”的习惯称谓。（4）其中，文庙、会馆、城隍、狐仙、疙瘩爷、桅杆楼，等等，均属于该村的特色庙宇。

（三）庙宇遗存与古村落格局的关系

实际上，过去的古村落都有特别的布局，即便是依地势而筑居的村落，也有其独特的“讲究”——因为，中国的民间社会非常注重“风水”，村庄中的庙宇布局突出地反映了“风水”与信仰的对应关系。这一点，大体上从先秦时期就露出端倪，到了宋、元、明、清时期，基本完备，达到了顶峰。究其原委，可以笼统地言之为：因为中国传统社会有极其强大的“民间信仰”的缘故。我们在高平548个村庄考察的时候，庙宇与村落格局之间的关系问题非常突出。堪称泽潞地区一道最为特别的“历史文化风景线”。寺庄村自然也不例外，尽管古庙宇数量不多，村庄也不很大，然而，其特殊性——庙宇与村庄格局的关系，或者庙宇在村庄中的分布位置，或者村庄的变迁依据庙宇的布局而变化，等等情形，也是别有一番风味，颇值得加以总结。

依据现存碑刻资料，大体地说：寺庄村在明代，最多也不过几十户人家，布局也是依地势而建——在丹河水的东岸。村南关帝庙是该村最早的庙宇，并且建在进出村庄的最南头，坐东朝西的布局，表明了关帝庙前就是原来的官道所在。或许，庙前原来的“大槐树”，就是村庄最早的标志之一。在康熙二十四年的碑上，充分反映出当时的毕家就是望族，以至于撰写碑文的人就将南关帝庙作为“明代毕家的家庙”来对待。直到现在，毕姓的人还称南关帝庙是“毕家祠堂”①。甚至，有一种可能，所谓的“义庄”，就与最早的“关帝庙”有关——关圣帝君的“义气”，成为该村村名的来源所在。在该村通往东面的另一个村庄——永禄村的南头，也发现有一座大体上时间相差不远的关帝庙，与之相似。②

大体上说，也就在南关帝庙兴建之后不久，村里的人们或许就因为“家庙”——不便进行村庄、大社的祭祀活动的缘故，在南关帝庙北面 500 米的地方，兴建了一座“三皇庙”，在村庄的东面，位于村庄的上位。该村的布局是“背靠清凉山”，所以“东面为上”，村里人称之为大庙，有关村庄里的主要祭祀活动等，都到了三皇庙内。三皇庙的兴建时间，依据碑刻和大殿的花梁题字可知，是明代的万历十九年。当时，这两座庙，基本规定了该村的“南北方位”，或者说，当时的村庄南北距离也不过五百米。时间当在明代中后期。

也就在晚明清初的时期，寺庄村围绕当时的村庄开始修筑“村墙”——用土垒积而成，高约 3 米，厚也有 3 米（据老人们说，村墙上能走马车），方圆四周，留有两个“阁门”，一南一北，习惯上称之为“南阁”和“北阁”。当时，两阁上也供奉着老爷，现在阁门早已在民国时期损毁，包括类似“城墙”的

---

① 这一说法，与该村六大姓的渊源有关，也与康熙年间的碑记“含混”不清有关，当然，也相对与杨家、孙家分别建有“祠堂”有关。实际上，进入清代之后，南关帝庙并不是完全意义上的“家庙”。

② 该村的关帝庙，坐北朝南，建在明代，庙的山门山墙上有一万历年间的重修碑，碑的形制和说法，不差上下，其规制与寺庄村的格局几乎一样，而两个村庄中间是一座山梁，一条大路将两个村庄连接起来。我们估计，山梁两头的关帝庙有差不多的创建情形。据永禄乡（村）的老人讲：“过去，村南关帝庙的位置就是为行人磕头的，不是我们村的主庙。”

“村墙”也一道荒废，现在仅仅依稀可辨一些遗迹——现在的太焦铁路旁，还有村东的“村墙”。在泽州地区，或者说，在高平市的村庄，多半都是在这一时期修建“阁门”和“村墙”的，目前所发现，建有“阁门”的村庄，占全部村庄总数的70%，大概地说，与当时该地区的战乱有密切的关系——现存碑刻都如此说，当然，也有为了“观瞻”的景观意义。

大约也就在乾隆时期，在南阁和北阁的外围，分别修筑了两个“佛堂”，习惯上称之为“南堂”和“北堂”，供奉奶奶，多半用以求子保平安。

就在乾隆后期，抑或嘉庆时期，不知是什么缘故，村东500米左右的山岗——也叫作清凉山，村里人称之为“圪垯坡”上修筑了规制并不很大的“寺庙”，既被称为“清凉寺”，也被称为“圪垯庙”。据说，该庙的主神是“关圣帝君”，还有诸如城隍、牛马王、蚕姑等神明，不过，最享有盛名的还是“圪垯爷”——一个专门医治“身上起圪垯、疥疮等疾病的老爷”。与此同时，还兴起了“三月十八”的庙会，不久，该庙会就兴旺起来，开始引领寺庄村的商业方向。

到了道光年间，寺庄村的商贸活动开始“起步”，逐渐地形成市场，地域化发展的同时，商人们开始独立，自发地参照山西商人在异地修筑会馆的做法，选址在北阁之外，东北方位的空地。选址和动工的时间，均请了堪舆家，也即习惯上的“风水先生”，商人们用了十年的时间，修建了叫作“会馆”的建筑，而这一建筑的规制，丝毫不比“大庙”差，商人们的做法表明了外来经商的商人在村庄中的比重在增大，到了需要独立地表达愿望和追求的时候了，至少说，商人的祭祀活动和娱乐唱戏，以及议事等，有了属于自己的“固定场所”。

寺庄村的市场形成之后，人口增加很快，而管理也日臻完善，在两个阁门里面，分别增加了南北两道“栅栏”，由专门的人开启和关闭，同时，负责“打更”和“巡视”。大概是由于南北500米的街面两旁都是“商铺”的缘故，防偷防盗的意味更为浓厚。

道光后期，寺庄村的商贸就开始享有盛誉，成为当时高平县最为突出的一个商贸集镇。几乎与此同时，一个原本几十户人家的自然村，开始升级为“义庄镇”，为此，村民们专门镌刻了两块牌匾，悬挂在“南阁和北阁”的阁门上，既是历史的记载，更是村庄人们的一种“荣耀”，该匾额现在还被保留着，镌刻的时间为道光二十一年。

总之，乾隆之后，一直到民国年间，寺庄村的村庄格局基本上是由几座庙宇决定其“边界”的。而关圣帝君在该村的地位，实际上是占据主导地位的。抑或说，寺庄村有三座属性不同的关帝庙，其一是南关帝庙，带有家庙特征；其二是北关帝庙，尽管称之为“会馆”，但另一种称谓，就是地地道道的关帝庙，属于商人群体的庙宇；其三是村庄共有的关帝庙——清凉寺，尽管还有众多的神灵，但其主神是关圣帝君，也应当称之为关帝庙，属于全村民众的祭祀场所，或者说，更为开放的场所——举凡愿意来祭祀的人，都享有祭祀权利。

三、现存碑刻中有关高平商号的记载情况

目前所知，寺庄村现存庙宇，其创修年代基本在晚明前清时期，留存的相关碑刻共计十四通，其中，涉及晋商商号的碑刻分别为：(1) 南关帝庙之嘉庆元年重修碑、咸丰四年重修碑、光绪八年创修舞楼碑、民国二十六年创修堂楼碑；(2) 寺庄会馆咸丰四年创修碑；(3) 清凉寺嘉庆八年补修庙宇并创树照壁碑记、道光二十二年清凉山栽松碑记。

1. 南关帝庙嘉庆元年的碑刻上，开始出现几十家属于本地的商号，地方性商业中心初露端倪；

2. 咸丰四年的重修碑上，突出地反映了与寺庄村有密切关系的商号在河北省之威县、肃宁、蠡县、博野、蔚县、怀安，以及大同府、阳高、代县等地的经营情况；

3. 寺庄商人会馆创建碑记则较为清晰地给出了寺庄村呈现

出来的商业盛况——当地的商号参照晋商在外经商的“会馆模式”，开始了在本籍所在地进行自治和自理；

4. 清凉寺光绪八年的碑刻则间接地记载和反映了商号参与当地村庄建设的实际活动。除了北关帝庙完全由商人自我建设管理外，甚至连南关帝庙的舞楼修建也几乎是100%地凭借商人捐资而完成。商人和商业成为该村的主要表现和标志了。与此同时，还进一步说明了寺庄村与行商冀西北、冀中地区的商号有密切关系。

5. 至于晚清时期的光绪和民国时期的情况，碑刻则给出了泽潞地区乃至高平地区时代性变迁的新情况，或者更为直接地说：寺庄村已经开始升级为“镇”，甚至形成了专业化的“粮食买卖集市”，更具有了地方性商贸活动的特征。

表面上看，所有以上情况，并没有特别之处，实际上，就在如此简单的一些文字记载背后，隐藏着晋商乃至泽潞商人兴衰的普遍性轨迹，更能够较为充分地反映出明清以来泽潞地区的一个自然村落，伴随着泽潞商人及其商业活动的兴衰，而逐渐演变为具有地方特色的商业中心的历史真实。

针对以上，很有必要展开进一步的深入分析。

四、进一步分析

（一）寺庄村商业的发轫阶段——蚕茧会

寺庄村的现存碑刻中出现商业活动和商号捐资的情况与高平市的其他村庄一样，大体都在康熙和乾隆年间①，而乾隆朝是

① 高平地区现存5000多通碑刻中，记载有晋商商号不少于50 000多家，其中在道光年以前出现的不少于20 000家，占全部商号总数的40%左右。然而，对这些商号稍加区分，生产型字号，诸如机户、铁炉、窑炉等则呈现区域性分布，时间也不限于康熙年间，但是，除此之外的其他营销型、服务性商号，则多半在乾隆年之后的碑刻中。可以肯定，与时代性的商人地位和商业兴盛有密切关系。

一个非常明显的普遍性的“时间节点”，至于个中原委，尚待深化。目前所知，寺庄村最早出现商业情形的碑刻是南关帝庙康熙二十四年的《重修圣贤庙碑记》：“蚕茧会　施银一两二钱五分，轿会　施银七钱五分、施谷□□□。”这清楚地表明：寺庄村也是晚明前清时期“潞绸”的生产基地之一。[①] 蚕茧会意味着“潞绸生产”的链条性分工，至少在“种桑和养蚕”方面，寺庄村具备了相互联合、市场调节和自我管理的“组织机构”，并且独立地从事社会性活动——为兴建和修葺庙宇予以布施。

（二）借商发展阶段——恳商揭使

寺庄村南关帝庙《嘉庆元年·重修关帝尊神庙碑》记载：“乾隆四十七年有税书牛廷玉劝捐祭祀钱壹百拾伍千文，恳商揭使，所得利息，以备每年祀神之费。”几乎与此同时，在嘉庆八年的《嘉庆八年·补修庙宇并创树照壁碑记》：“自乾隆四十七年，吏员杨儒备酌邀请绅士、耆老孙旭、李培斌、郭世裕、孙珲、李龙光、杨起敬、郭世昌、杨福贵、常俊盛、杨自顺等公议。合镇捐钱赈济贫民，于夏月十六日散给。迨后岁丰，乞食者鲜，将所余之钱，递交商生息。至嘉庆四年，共积钱一百八十千有零。因补葺清凉山西南角屋，庙前新修石棱。乃将此钱尽行使用。今届嘉庆八年，于十月十六日扣算，除散给外，又积钱七十七千七百五十文整。因大庙牛王殿、戏楼一切瓦坡损坏，重经整理。又庙外创树照壁一座，共费钱四十千零七百五十整。下余三十七千，仍交商生息。”两块碑刻，表面上看似乎记载相同的事项，实则不然，但其中不乏“共性”的内容，更有反映寺庄村商业活动的情况。

两块碑刻的核心内容都是“恳商揭使”，所谓的“恳商揭

---

① 高平市的“潞绸”生产呈现区域性分布，羊头山以南、高平城以北的区域，现存大量的碑刻记载，反映该区域曾经是蚕桑种植和养殖的区域。距离该村西南1公里的伯方村，仙翁庙旁就有始建于万历年间的“机神庙”。

使”，也就是“交商生息”，类似于当时康熙和乾隆朝为了缓解旗人生活困难而采取的“发商生息”的举措。很显然，寺庄村筹措公用资金的做法也带有“上行下效”的意味。言之为“时代特征”，也是恰当的。虽然时间都在乾隆四十七年，而筹措资金的目的和组织方式却不同，前者是“当地的税书牛廷玉为备每年祀神之费而劝捐”，后者则是“吏员杨儒为了赈济贫民而发起的募捐”。

需要强调指出的是当时寺庄村有商号“揭使”银两，这充分说明：一方面，作为一个民间社会的自然村庄，筹集公用资金，并且使用和管理有限资金的方式方法与当时社会时尚密切相关，也与当时晋商故里的商业、金融基础密切相关；另一方面，也反映了晋商资本的来源和构成已经将金融借贷作为其手段和方式。

问题可能仅仅在于“揭使资金”的“利息”高低，这一点，该碑的记述实际上已经给出大概，从嘉庆八年的碑刻中可知，当时的揭使年利率（商号的借贷利息）为一分上下，较之典当的二分至三分的利息要低得多。

（三）商人参与村庄建设阶段——商号捐资修庙

在南关帝庙的《嘉庆元年·重修关帝尊神庙碑》中，至少有十几家商号出现在修葺庙宇的活动中。主要有以下两种情形：其一是布施捐资，其二是商号参与到村庄建设的主要过程中，担负相关职责。现将相关字号摘录如下：

第一类的字号分别为：
积成典　银陆两
宝兴号　银肆两
顺和号　银肆两
吉顺典　银肆两
永泰号　银肆两

升恒店　银叁两
裕成号　银叁两
齐生堂　银贰两
天顺号　银壹两伍钱
聚中和　银壹两伍钱
新合号　银壹两

第二类的字号有：
恒春号　银拾贰两，当时承担的职责是“罚报”

以上由商号布施银两合计四十六两，而此次重修所募集银两总数为二百一十五两，另有二十二千文，可大致折合二十二两（按每千文一两折算）。由此可见，商人捐款占到总数的16%左右。稍显遗憾的是，目前我们尚不清楚这十二家商号都分别从事什么行当。或者说，这一阶段的商号主要的类别。

（四）商人独立、自立阶段——商人会馆的兴建

商人的独立和自立是指作为社会群体和阶层的地位相对于传统的“士农工商”有所变化。具体地说，在城市中商人开始作为领导潮流的主要力量，在农村商人们开始与士绅享有基本同等的权威和权力。所有这些的标志之一，就是商人们独立地拥有属于自己的祭祀、集会、议事的场所——会馆。寺庄村的商人会馆，谋始于道光二十三年（1843），历时十年，咸丰四年始竣工。当地人称之为“关帝庙”，也称之为“商人会馆”。但其功能类似明清时期晋商在全国各地修建的600多座会馆①，尽管在晋商的故里本土，但商人会馆的特征却格外分明，由商号联合发起并合力完成。

① 目前所知，明清时期晋商遍布大江南北，在全国建有600多座“山西会馆”，包括“山陕会馆”。

《咸丰四年·会馆月捐碑记》记载了翔实的情况，引文如下①：

尝思帝德，浑穆泯声臭于无彦，殿宇辉煌，思灵奕于如在，此其精诚之理，同有钦承弗替者，兹绵血食于万古，乃武乃文，隆俎豆于千秋，不僭不忒。命尔玉工垂名，宛同夫竹帛。凡我善士杨徽，早勒诸贞珉，裕芳于继往，励善举于将来。垂诸久远，以志不朽。

万裕典　捐钱陆百叁拾伍千文
天育长·庆公　捐钱肆百陆拾肆千文
恒成号　捐钱肆百壹拾伍千文
泰兴号　捐钱肆百零贰千文
四怡号　捐钱叁百伍拾壹千文
三聚典　捐钱叁百零陆千文
新义号　捐钱贰百陆拾捌千文
长兴荣　捐钱贰百伍拾壹千文
泰成号　捐钱贰百叁拾壹千文
德兴典　捐钱贰百壹拾壹千文
三泰德　捐钱壹百玖拾捌千文
顺和号　捐钱壹百捌拾壹千文
聚兴号　捐钱壹百陆拾叁千文
玉和公　捐钱壹百伍拾伍千文
三合西　捐钱壹百伍拾千文
协和盛　捐钱壹百叁拾伍千文
天盛公　捐钱壹百贰拾捌千文

① 此碑立于清咸丰四年（1854）四月，现存山西省高平市寺庄村会馆（北关帝庙），壁碑，镶嵌在后院过厅墙壁，镌刻于八块石碑上，每块碑长130厘米，宽50厘米，前四块记载创修会馆之事，后四块为捐资名碑。寺庄会馆现为寺庄镇粮站所在地，位于旧村北头。

隆昌号　捐钱壹百壹拾捌千文
恒盛成　捐钱壹百壹拾柒千文
六必庆　捐钱壹百壹拾伍千文
三和号　捐钱壹百壹拾贰千文
兴盛德　捐钱玖拾柒千文
万和堂　捐钱玖拾壹千文
天增祥　捐钱玖拾壹千文
魁兴号　捐钱玖拾千文
亨立晋　捐钱玖拾千文
宝兴号　捐钱捌拾柒千文
元合号　捐钱捌拾伍千文
义兴永　捐钱柒拾捌千文
晋恒永　捐钱柒拾捌千文
聚德堂　捐钱陆拾捌千文
资兴号　捐钱陆拾陆千文
乐义号　捐钱伍拾伍千文
荣泰号　捐钱伍拾肆千文
恒盛公　捐钱肆拾陆千文
元义号　捐钱肆拾陆千文
人和裕　捐钱贰拾捌千文
蓄盛号　捐钱贰拾捌千文
亨和号　捐钱贰拾柒千文
同义号　捐钱贰拾肆千文
永兴顺　捐钱贰拾壹千文
万松合　捐钱壹拾贰千文
三盛典　捐钱玖千文
元德恒　捐钱捌千文
庆和永　捐钱伍千文
和生泰　捐钱壹百肆拾壹千文
隆聚号　捐钱陆拾肆千文

泰顺永　捐钱叁拾贰千文

——共捐钱六千六百二十七千文

——共收利钱二千二百九十三千文

——收转斗余钱一千零三十千文

——火神会余钱四百五十千文

——以上四宗共收钱一万零四百千文

——买地基九亩八分三厘使钱八百六十千文

——买木料使钱二千六百千文

——买砖瓦脊兽使钱一千一百六十五千文

——买麻绳笆席石灰头发使钱三百二十五千文

——屡年杂货使钱六百八十五千文

——买石料使钱一千零八十五千文

——买铁器使钱三百四十五千文

——木工使钱六百七十五千文

——石工使钱八百一十千文

——瓦工使钱四百六十千文

——泥水工使钱五百六十五千文

——土工使钱二百一十千文

——开光谢土杂费使钱六百一十五千文

——以上十三宗共使钱一万零四百千文

总理督工

三聚典　长生号　四怡号　新义号　万裕典　积成号　泰兴号　协和盛

执事维首

王和公　泰成号　天育公　三泰德　三合典　三和号

隆昌号　天盛公　恒盛成　兴盛德　义兴永　魁兴号

万和堂　亨立晋　荣德堂

木工　李绿水

石工　李运发

泥水工　贾荣贵　常兆魁

玉工　李运发

仝勒石

大清咸丰四年岁次于逢摄提格皋月上沅之吉

当时，总共有四十八家商号，用十年的时间聚集了一万零四百千文，按照当时的比价（一千二百文左右为一两）折合白银大约八千多两。基本可以肯定，这些商号就是在当时的寺庄村经营的字号商家。

他们集资的方式，借鉴的是晋商在河南、山东等地的一般化方式——坐贾抽厘①，也即每月按照经营额抽取 0.1%—0.2%的“会馆经费”——碑刻中的“月捐”。依据碑刻内容，基本可以排除“向行商抽厘”的做法，道理很简单，在碑刻上没有出现较小数额的其他商家的捐款情况，而是清一色的“月捐”。

另外，他们还将暂时不使用的资金“发商生息”收取利钱，与此同时，也反映出了寺庄村市场的较大宗的业务是“粮食”，因此，尚有“转斗余钱”一项。抑或说，当时的寺庄粮食买卖中，存在着“度量衡”不统一的情形。但，这一不统一的“差额”，作为了“公用资金”，不为某一商家所独有。

有必要强调指出，作为“山西会馆”（或者，山陕会馆），

① 这一模式是晋商在外地兴建会馆的基本模式，可参见聊城、周口、洛阳、社旗等碑刻。

修建在山西商人的故里，目前却也仅仅发现有六七座，该会馆是其中之一。① 换句话说，该会馆的历史文化意义，一方面是该会馆及寺庄镇的商业模式，另一方面也足以体现寺庄镇阶段性的商业活跃情景和历史实际。

建筑格局就势依地，刻意选址、特别择日，并且较为明显地参照了各通都大邑的“山西会馆”的式样，或者说，与各地山陕会馆的建筑结构一脉相承。“正殿九楹，上列关帝，次列火帝、大王、财神，虽各有专司，而利于民生，关乎风化，载在祀典，则一也。其余南北配房，腰亭一带，舞楼数间，美轮美奂，崇垣墉，焕然一新，居然村落之伟观者欤。”

倘若仅就“关帝庙”而言，也与全国各地的情况大同小异，没有特别突出之处。但从修建有较大的戏楼来说，已经颇具规模。

这里顺便将商人们所积聚的“每月厘金”的去向做一简单的分析，一方面可以清晰地看到该“关帝庙”的规制，另一方面，也能够稍加清楚，当时庙宇建筑的一般性费用和结构。给出如下开销表格，以便直观：

表 2　寺庄村商人会馆兴建开支结构比例一览表

序号	开支事项	金额(千文)	比例	备注
1	买地基九亩八分三厘	860	8%	每亩地价 86 千文左右
2	买木料	2600	25%	
3	买砖瓦脊兽	1165	11%	
4	买麻绳笆席石灰头发	325	3%	

① 在山西境内，除了省城太原有县级的会馆之外，在各地的城镇、乡村，目前仅有六七座称之为“商人会馆”的建筑被发现，分别为陵川的附城、礼义，高平的寺庄、河西、石末，等等，这一情况，以往的学者不曾注意，的的确确，它们不同于我们习惯上所说的“晋商会馆”。相关情况，可参见笔者专论《山西境内的商人会馆考》。

续表

序号	开支事项	金额（千文）	比例	备注
5	屡年杂货	685	7%	大体是十年，年平均 70 千文
6	买石料	1085	11%	
7	买铁器	345	3%	
8	木工使钱	675	7%	
9	石工使钱	810	8%	
10	瓦工使钱	460	4%	
11	泥水工使钱	560	5%	
12	木工使钱	210	2%	
13	开光谢土等费用	615	6%	
合计		10400	100%	

说明：(1) 本表依据高平市寺庄村的商人会馆（北关帝庙）咸丰四年碑刻整理编制。(2) 本表的比例，仅供参考，不同的庙宇情况，不尽相同。

按照实际情形推断，该会馆修建之后，100 多年里未曾进行较大的修葺，因此，也表明了寺庄镇商业的变动和实际——商人的组织毕竟是动态的。加之光绪后期以及民国时期该镇的集市——三月十八庙会和粮食集市集中在南关帝庙的情况判断（南关帝庙碑刻有载），包括高平在内的泽州地区商业活动曾经因为自然灾害出现过一段萧条时期。抑或，往来寺庄镇的商人有凋零的阶段；抑或，寺庄镇的商业格局发生过变化。因此，也会影响会馆的发展和保护。

就现有资料，尚不清楚该会馆的“管理运营模式和情况”，这方面对于会馆来说很重要，有待进一步考证和研究。

总之，作为修建在晋商故里的商人会馆，或者说，作为晋商故里——泽州高平的乡镇的“会馆”，抑或，就高平在明清时期的商业、经济历史来说，其特殊性及其意义重大。特别是，就寺庄镇寺庄村的三所庙宇来说，有一个非常清晰的结构：南关帝庙最初带有明显的家族特点；北关帝庙系商人为主体的“会馆＋庙宇”；而清凉山的关帝庙，则具有小区域、大众化的佛教特征——清凉寺庙会，并不纯粹是宗教的信仰，相反，商业的发展，相应区域的商品供需成为主要的推动力。

（五）商业占据主体的阶段——寺庄村市场的形成

大体上说，就在道光后期，抑或，咸丰年之后，清凉山的清凉寺开始热闹起来，其“有求必应”的传说蔓延开来，方圆几十里、几百里的善男信女接踵而至，目前尚不清楚到底是什么“事件”促使其“香火兴盛”的，然而以“三月十八”为标志[①]，为期三天的庙会却蔚为壮观，成了寺庄村的新景象，俨然就是高平北部的“区域性市场”。兴盛的庙会大约持续了半个多世纪，一直到抗战期间。[②]

有关清凉寺的盛景，在寺庄村南关帝庙的碑刻中有描述：“□□□□□（关帝庙为义庄镇）中三百户民众所信仰，五十众商人所崇祀者也，而妥神灵，□□（威名）早已远播遐迩。近来，本镇大小商业均蒙庇佑，大见发展，交通文化亦大……粟粮之枲条皆以其地为集市，每逢集期，人拥马挤遍塞庙口，凡

① 其实，在高平市的村庄里，还有类似的庙宇，诸如，神农镇团池东村的“疙瘩庙”，也是三月十八的庙会，庙会三天，也被当地人称之为“庙套庙”，也是“疙瘩爷”，稍有不同的是：团东村的是木庙，而寺庄村的是铁庙，团东村的疙瘩爷就是“药王”，而寺庄村的疙瘩爷，则不曾如此直接地称之为“药王”。相关情况，参见团东村考察报告。

② 据有关资料记载：“在日寇盘踞高平期间，要粮索物，习以为常，仅在1943年和1944年，寺庄镇就给日军负担谷子41 500斤，小麦36 000斤，猪羊肉2150斤，油320斤，食盐360斤，柴草151 000斤，钢铁29 100斤，摊派人役17 602人次，畜役1500头次，还有其他衣服、鞋子、羊毛、牛驴皮、烟酒等不计其数。”参见《高平地名志》，1988年，第87页。

有祈祷无不入庙献祝焉，而神威之盟彰已非一日，无如安□□，庙会之期，常感办公缺室。”①

另有清凉寺碑记载：“清凉山清凉寺乃高平名寺，一进四院，建筑雄伟，雕梁画栋，泥塑壁画，惟妙惟肖，戏台楼阁，依山构筑，布局合理。一二院是关公城隍，三四院分别为书房、杂院，还有很出名的‘圪塔爷’，有庙套庙的‘铁庙’，结构奇特，沿途古木参天，寺院红墙绿瓦映于其中。极目远眺，丹河如镜，村似流舟，桅楼如杆。每年农历三月十八有规模盛大的传统庙会。四川、河南、湖南、陕西和本省各地商客、信客远道而来。当年盛景不复久矣。”②

现存的《光绪八年·创修舞楼暨耳楼碑记》中，共有208家商号，非常有趣的是这一次修建舞楼（戏台），几乎是清一色的商号布施捐款，河北地区的商号共有98家，占到50%；本镇的约占40%，其余为江西、河南、山东的商号布施。抑或说，光绪年间，除三月十八庙会外的通常情况下，寺庄村的商号总数，大大小小，大体在百家左右。

在《高平县地名志》中也有相关记述：“早在明清时期，寺庄镇就已经成为高平县北部地区粮食、蔬菜、水果、煤铁、桑皮纸、丝绸等商品的集散地，每逢农历一、四、七日（后改为双日）为集，当地群众及沁水、长治、屯留等县的群众，肩挑车拉货物到这里赶集，更有塞外商人赶着骆驼，驼着食盐、皮毛、药材等前来贸易。据统计，清末民国初年间，镇上的商号、店铺有300余家。”③

地方学者给出的描述，未必尽信，有待史料的证实。比如，

---

① 寺庄村南关帝庙《民国二十六年·□堂楼碑记》，现存寺庄村南关帝庙院内，碑残。该碑刻立的时间为民国二十六年，实际上记载的事项却是从宣统元年开始的。

② 寺庄村清凉寺《维护古松碑记》，新立壁碑，现存寺庄村清凉寺山门外的古松照壁，也即古松树旁。

③ 《高平县地名志》，1988年，第87页。

300多家商号出现在寺庄村的可能性不大。因为，我们已经知道，直到民国年间，该村的基本户数（常住户）也不过300家①，改革开放时期的常住户也不过400多家，直到现在，常住人口也仅仅2800人。但即便如此，其寺庄村作为一个区域性的贸易市场在晚清民国初形成，较之其他的村庄要典型得多，则是基本事实。最为直接的证据是民国碑记中说："三百户民众所信仰，五十众商人所崇祀者也，而妥神灵。"

（六）寺庄村市场的延伸与关联

一方面，寺庄村的市场既为本村镇的供需而兴盛，还与周边的区域发生往来和流动关系。《高平县志》《高平县地名志》等地方性文献中记载了相关情况："据老辈说，寺庄村的本地住户只有'孙、李、杨、郭、张'几大姓。后来迁居此地的人很多，遍及山南海北，四面八方，逃荒到这里来落户者有之，经商到这里落户者有之，亲戚带亲戚到这里落户者也有之。清末，镇上就有很多商号。除'三铺'（即蒸馍铺、饭铺、店铺）为本镇人经营外，其余京货铺、杂货铺、盐店、当铺、铁货铺、竹货铺等均为外地人经营。"

2005年岁末，郭保义（70岁左右）、孙永庆（76岁）、杨国华（83岁）、李青瑞（70岁左右）等老人回忆：民国年间，寺庄镇的生意字号有沟村郭家开的发盛久杂货铺、外地王姓人家开的义盛荣杂货铺、永禄东庄人开的庆丰义布行、高粱张家开的当铺、高粱李家开的染坊、晋城王台铺任家开的义兴烟房、河南任姓开的庆和尝药店、店上申顺成开的顺成饭店、王何陈家开的"祥"字号杂货店等，本村郭家开的复盛基杂货铺和银楼、本村杨家开的骆驼（又叫骡马店）和蒸馍饭铺等。东家不清楚的有德昌布店、复德和烟房、协和号杂货店、庆安永杂货铺，还有铁货铺、钱铺、竹货铺。此外，还有王何陈家开的几

① 参见《民国二十六年·□堂楼碑记》。

处生意。①

笔者在高平的村庄考察时，在寺庄村北高良、贾村、柏枝庄、杨家庄等，都曾接触到年纪较长的老人，他们告诉笔者说："小时候，几乎一个月要有五六次到寺庄村购买油盐酱醋等日用品，方圆几十里的日用，都必须到寺庄村的集上去办理。"②

在寺庄村的调查中，更多的人对于该村的"官道"两旁的老商铺津津乐道，所谓的官道，也就是明清时期贯穿南北的主街道，也应当是唯一的一条街道。实际上，直到现在，依然不足五米的街道两旁尚有零星的老房子，抑或稍加装饰的门面背后，抑或穿过门洞的里面，的的确确有许多古色古香的旧宅子，石雕、木雕和砖雕别有一番风味。不难想象的是，清末民初的村庄庙貌多半是"前店后院"格局。

村里的老人们依然记得，每逢"三月十八的庙会"，临近周边的长治、长子、屯留、沁水、翼城、陵川、浮山等县的商人蜂拥而至，尚有河南、陕西、河北、山东、北口（内蒙古）等地的客商也如期而来。他们还特别强调："在过去，每逢会期，村北和村南搭有许多'棚子'，其中，开赌场的非常多。"这些情况，目前被记载在《高平县志》中。总之，清末民初的寺庄村不仅仅是小地域的商品集散中心，实际上具备了"成为方圆百里享有盛名的商品集贸市场。"

另一方面，还可以从修葺南关帝庙的碑刻中看到另一番情景：道光后期至咸丰年间，曾经有一百多家在河北等地行商的商号布施和捐款。现将碑刻转录如下。

额题：重修关帝庙碑记

---

① 《商业重镇高平县寺庄镇》，选自山西省政协编《晋商史料全览·晋城卷》，山西人民出版社2006年版，第375页。

② 依据高平村落历史文化调查录音整理，随后将有相关整理资料，可留意参考。

六一居士云：盛衰之理，虽曰天命，岂非人事哉。今观义庄镇关圣帝君庙之工程益信其不爽也。镇之东南旧有关帝庙，历年久远，风雨侵蚀，人皆观望罔□轻举。此无他，□□（非常）之功必待非常之人也。癸丑岁，维首杨理等首倡义举，自勉捐输，而四方好善之士咸乐助之。然犹虑其不继也，又请圣贤会一局。首事者之虑始而图终，亦已劳矣，于是鸠工庇□□逾年而功告厥成焉。今日者，庙宇辉煌，轮奂一新，衰者以盛，废而以兴。

兹将捐资名开列于下：

□攀柱自外省上来

下保土寺[①]·逢源店　捐钱二千文

馆陶·万庆恒　捐钱一千文

大庄·公益当　捐钱一千文

张官寨·益盛店　捐钱一千文

大同府·元聚号　捐钱一千文

高阳·万盛宫　万隆景　义盛昌　万有公　恒茂德　以上各捐钱一千文

贺钊·盛聚恒　广盛衡　聚盛衡　以上各捐钱一千文

张登·广聚店　信昌号　义兴合　以上各捐钱一千文

西山营·复亨敬　复诚德　福德瑞　顺义昌　源义恒　福升长　信成德　福德恒　以上各捐钱五百文

张官寨·聚兴号　恒兴和　万聚号　福厚德　源德昌　源盛恒　以上各捐钱五百文

威县·协成公　捐钱五百文

潞邑·牛布云　捐钱五百文

代王城·元义兴　捐钱五百文

柴沟堡·德顺玉　德盛昌　以上各捐钱五百文

---

① 原碑此地名在商号后，移至此。以下凡加“·”均仿此例。

蔚州·德木裕　德隆裕　隆丰永以上各捐钱五百文

蔚州·郭铭学　捐钱十千文

杨清华张德辰自外省上来

官亭·森裕恒　捐钱三千文

洪善堡·元成店　捐钱二千文

洪善堡·昌顺德　小陈·同茂缎店　各捐钱一千文

华桥·万隆号　义兴昌　兴成永各捐钱一千文

肃宁·□义成　捐钱一千文

宋廉知郭增自外省上来

肃宁·杨小迷　恒泰当　恒隆号　德丰泰　诚格当　永义当　重盛号　以上各捐钱二千文

曲邑·胜恭发　捐钱二千文

楚旺·阜泰号　捐钱二千文

楚旺·义□□　□兴号　利永和　顺成号　□□号　义和号　九盛号　三益裕　以上各捐钱一千文

磁州·恒庄号　捐钱一千文

顺昌衣行　毕清和自外省□□（上来）

李岗·公议会馆　（捐）钱二千文

大庄·永隆号　聚合成　捐钱一千文

百尺·同义店　同义公　天兴号　库房　镒兴号　三益号　积金号　恒盛号　□□成□□缎店　嘉泰号　以上各捐钱一千文

小陈·万和号　捐钱一千文

博野·庆升号　捐钱一千文

洪善堡·锦盛当　捐钱一千文

大庄·发盛号　捐钱五百文

蠡县·同顺号　同泰隆　捐钱五百文

小陈·万聚兴　体仁堂　捐钱五百文

洪善堡·恒通店　天兴楼　涌泉号　庆丰号　祥庆瑞　恒普魁　捐钱五百文

大庄·永庆号　捐钱五百文

税书□□庄、罚报百家坡·田士德　砖三千个

税书赵百魁、罚报王朝林　各捐钱一千五百文

李　淮　捐钱一千文

三聚典　捐钱三千文

隆昌号　复成盐店　协和盛　天育公　以上各捐钱二千文

三聚成　义发荣　王和公　以上各捐钱一千五百文

泰顺永升恒店　兴泰号　聚德堂三泰德　新义号　恒盛成　积成号　天盛公　美景园　以上各捐钱一千文

义恒馆　捐钱七百文

新义馆　诚盛馆　和益斋　顺义馆　泰兴染坊　合盛醋坊　德润隆　以上各捐钱五百文

协昌楼　捐钱四百文

毕　□　毕凤群　以上各捐钱三千文

毕清鸣　毕海水　毕招□　以上各捐钱二千文

毕福源　毕安乐　许德盛　以上各捐钱一千五百文

毕天禄　毕继松　张林孩　常松孩　杨　理　苏　洁　李好过　以上各捐钱一千文

毕红孩　捐钱一千二百文

苏　英　捐钱八百文

郭　墉　毕　琢　毕辛酉　毕　湛　以上各捐钱七百文

——外省及本镇公捐布施钱一百八十七千文

——石头、砖瓦、土工、彩画、颂经、勒石一应共花费钱三百一十九千文

——除布施外净缺钱一百三十二千文，此钱圣贤会补讫

廪膳生员王守贞撰文

乡饮耆宾毕几书丹

经理维首：

杨　理　毕　琢　张安泰　毕　何　郭七康

毕凤群　常　□　毕清魁　孙□□　毕清鸣　仝勒石

大清咸丰四年岁次卯寅秋吉旦

石工　牛三孩　郭福林

瓦匠　王丑孩

木匠　李好过

油匠　张林山

针对现存碑刻，稍加分析整理可知：

1. 当时，本村，或者本镇，布施捐资中明确表明为商号的有：

三聚典、隆昌号、复成盐店、协和盛、天育公、三聚成、义发荣、王和公、泰顺永、升恒店、兴泰号、聚德堂、三泰德、新义号、恒盛成、积成号、天盛公、美景园、义恒馆、新义馆、诚盛馆、和益斋、顺义馆、泰兴染坊、合盛醋坊、德润隆、协昌楼。

共计二十八家，大体也能够看出来，油盐酱醋之类的“三铺”为多。与本村老人对民国时期的回忆迥然不同。或者，直接地说，在寺庄村咸丰年间的字号，能持续到民国年间的很少；能够维持半个多世纪，一直使用一个“字号”，并且不更换东家

的商号，目前还未曾发现。①

2. 外省商号的捐资情况

最迟在咸丰年初，寺庄村的南关帝庙重修时，布捐的名碑上，更多的是来自外省和外县的商家，至于这些商号到底是不是寺庄镇本地的商人外出经营，还是与寺庄镇的人们有什么关系，目前很难搞清楚，但是，我们也应当予以必要的、更多的关注——他们经商的历史地理的区域情况，至少说，这些给寺庄村捐资的商号，基本属于明清时期“行商天下”的高平商人，或者泽潞商人、山西商人。特别应当注意的是，他们的行商区域——每个县的商人，甚至每个村庄（镇）的商人，在明清时期都有“特别的区域”——或者在某一府州城市，或者在某一县城及其乡镇，而这些恰恰就是遍布全中国的600多处山西会馆（山陕会馆）的特色之处。稍加整理，便会清楚，倘若标注在地图上，则“行商商路与行商区域”的关系则更会一览无遗。②

寺庄村（镇）的商人，突出的特征是：行商在黄河以北地区的河北省，抑或宣大一带的口外东部地区（冀西北）。这与高平市其他村庄的情况并不相同。③

---

① 不仅如此，在高平市的调查中，目前尚未发现一家商号为“百年老字号”。或许，这也能算作高平市明清时期商人在比较视野下的一个特征——经营行业也因此而凸显出来。换一句话说，高平市明清时期大家族型的商业字号，很难与晋中、平阳进行比较。或许，尚与目前的资料不足有关。有关这一情况，可参见笔者对晋中、平阳商人的考察。

② 针对如此情况，最科学的做法是“计量统计”——大量的碑刻字号，或者同一时期，或者同一祖籍，或者同一经商区域，或者同一经营项目等等，笔者几年来围绕“晋商的地理分布”做了大量的考证整理，理所当然，本文的情况，也是其中的“一点”。参见笔者相关文论。

③ 对高平548个村庄进行了全面考察之后，有关明清时期的高平商人的活动区域——行商区域，主要有四个方向，其一，最多是出太行山南，活跃在河南、山东、安徽、江苏等江南地区；其二是经黎城东出太行山，活跃在河北、山东一带；其三是西北方向，多半在山西省境内；其四是西越太岳山，过黄河到陕西。后两种情况不很多。

河北县级城镇（包括府州）有保定、清苑、肃宁、曲周、磁州、博野、蠡县、高阳、馆陶、威县、张家口、万全、蔚州、怀安；山西县级城镇（包括府州）有大同、代州、潞州。而在乡镇开设店铺的情况，也隶属于以上府州县。

张登、洪善堡、李岗，旧隶属于保定清苑县；

张官寨、贺钊，隶属于威县；

柴沟堡，隶属于张家口怀安县；

下保士寺、西山营，隶属于张家口万全县；

官亭，隶属邢台市巨鹿县；

大庄镇、大百尺、小陈，隶属于保定蠡县；

华桥，隶属于保定高阳县；

楚旺，隶属于河南安阳内黄县。

倘若仅仅凭借一通碑刻就对寺庄村与省外的“行商活动”做出相关判断，很显然，资料并不充分。然而，非常重要的是：尚有《光绪八年·修建舞楼碑记》[①] 中，也给出了继咸丰四年之后，大约三十年的情况。不吝烦琐，将有关河北地区的商号情况摘录如下。

郭基捐来布施

获邑·玉成隆　湧成和　兴隆店　聚兴号　聚和成　正兴号　玉丰号　各捐钱一千文

正定·同班恒　乾顺号　恒顺义　杨玉成　积盛号　各捐钱一千文

张天成捐来布施

---

① 该碑刻立于清光绪八年（1882），现存于高平市寺庄村南关帝庙院内，关帝庙现已荒废多年，碑刻是从废墟中挖出，园首方座，碑高 180 厘米，宽 40 厘米，厚 20 厘米，底座高 40 厘米，宽 25 厘米，长 60 厘米。共记 200 多家布施捐款商家字号。

正定·天和店　捐钱一千文

河邑·三同店　泰顺文　各捐钱一千文

杨德裕捐来布施

龙王庙·重德钱店　双合号　魁和成　复成裕　各捐钱一千文

辛集·崇本号　捐钱一千文

藁城·通源号　捐钱一千文

深泽·通兴缎店　捐钱一千文

藁城·乾益亨　裕顺恒　天合福　恒茂号　庞尔钧　各捐钱一千文

肃宁·公议会　捐银四两

河间·元祥成　捐银四两

深泽·全盛兴　捐银四两

东昌·诚玉明　捐银四两

李岗·公和西店　悦来店　各捐银一两

晋州·忠义会　永顺恭　泰顺号　孙占元　英泰东　各捐钱二千文

尹村·公议会　义和店　各捐钱二千文

蠡县·家升号　捐钱八百文

深泽·义德永　恒庆魁　合兴公　逢元酒店　各捐钱八百文

深泽·康恒盛　广兴烟店　杨振清　张五姐　各捐钱二千五百文

深泽·春和店　捐钱二千文

牛村·义泰德　广聚亨　赵满金　裕泰顺　隆泰店　万顺铺　和生泰　正兴本　同兴烟店　同义药店　益元酒店　各捐钱二千文

赵焕辰捐来布施

牛村·西泰和　玉美号　程凤鸣　付五女　乾元号各捐钱二千文

长城·广益同　捐钱二千文

保定府·三义银号　捐银十两

保定府·福泰局　兴隆条店　万顺店　恒义号　元盛合　愈长号　兴泰昌　东新盛　吉隆典　元盛烟店　西美合　马宗兴　魁盛德　各捐钱五百文

华桥·顺泰成　捐钱五百文

大名府·恒福泰　德泰隆　广生合　集义生　各捐钱三千文

龙王庙·庆兴局　谦吉店　和成店　锦和裕　新盛号　大和号　广聚和　德瑞隆　鼎昌菜店　东义合　西恭兴　各捐钱三千文

该碑共刻记208家布施捐款商号，河北地区的商号为93家，所占比例为50%左右，也即，在光绪八年的捐款布施名录中近乎一半的布施是与河北冀中地区相关的。

在民国年间，石碑是民国二十六年刻立，属于补碑，实际的筹划是在宣统元年开始，该碑上也有至少几十家与河北地区相关的商号，因为该碑系残碑，无法做出统计，仅仅能够零星地给出如下文字：

（上残）

藁城县·五瑞堂　庆盛号　德安当　各捐钱二千文

无极县·永晋昌　捐钱二千文

无极县·广兴隆　捐钱二千文

深泽县·裕友店　□□□　李福展　以上各捐钱二千文

辛集县·□盛永　□聚成　□丰泰　□兴德　□瑞成　以上各捐钱二千文

……

为了简明，兹将以上情况列表如下：

表 3　寺庄村南关帝庙碑刻中出现的外地商号一览表

地区府县乡镇（村）	商号名录	庙宇修建捐款时间	备注
肃宁	□义成杨小迷　恒泰当　恒隆号　德丰泰　诚格当　永义当　重盛号	咸丰四年	
威县	协成公	咸丰四年	
威县·张官寨	益盛店　聚兴号　恒兴和　万聚号　福厚德　源德昌　源盛恒	咸丰四年	
威县·贺钊	盛聚恒　广盛衡　聚盛衡	咸丰四年	
馆陶	万庆恒	咸丰四年	
磁州	恒庄号	咸丰四年	
博野	庆升号	咸丰四年	
蠡县	同顺号　同泰隆	咸丰四年	
蠡县·大百尺	同义店　同义公　天兴号　库房　镒兴号　三益号　积金号　恒盛号　□□成□□缎店　嘉泰号	咸丰四年	
蠡县·李岗	公议会馆	咸丰四年	疑有山西会馆，待落实
蠡县·小陈乡	万聚兴　体仁堂　永庆号　万和号顺昌衣行　同茂缎店	咸丰四年	
清苑·大庄镇	公益当　永隆号　聚合成　发盛号	咸丰四年	

续表

地区府县乡镇（村）	商号名录	庙宇修建捐款时间	备注
清苑·洪善堡	元成店　昌顺德　锦盛当　恒通店　天兴楼　涌泉号　庆丰号　祥庆瑞　恒普魁	咸丰四年	
清苑·张登	广聚店　信昌号　义兴合	咸丰四年	
高阳·华桥	万隆号　义兴昌　兴成永	咸丰四年	
高阳	万盛宫　万隆景　义盛昌　万有公　恒茂德	咸丰四年	
巨鹿·官亭	森裕恒	咸丰四年	
邯郸·曲周	胜恭发	咸丰四年	
蔚州	德本裕　德隆裕　隆丰永　郭铭学	咸丰四年	
怀安·柴沟堡	德顺玉　德盛昌	咸丰四年	
张家口·万全·下保土寺	逢源店	咸丰四年	
张家口·万全·西山营	复亨敬　复诚德　福德瑞　顺义昌　源义恒　福升长　信成德　福德恒	咸丰四年	
大同（府）	元聚号	咸丰四年	
代州	元义兴	咸丰四年	
内黄·楚旺	阜泰号　义□□　□兴号　利永和　顺成号　□□号　义和号　九盛号　三益裕		现属河南
合计	96家		

说明：(1) 本表依据寺庄村现存碑刻整理；(2) 本表仅仅是指远离高平地区的商号，类似长治、晋城等地的商号不列，以及商号的捐款情况一概省略；(3) 内黄、馆陶曾经隶属河北；(4) 表中的“·”是指领属乡镇、村庄；(5) 合计数指目前所知的碑刻情况的综合统计，仅供参考。

表 4　寺庄村南关帝庙碑刻中出现的外地商号一览表

地区府县乡镇（村）	商号名录	庙宇修建捐款时间	备注
获邑	玉成隆　湧成和　兴隆店　聚兴号　聚和成　正兴号　玉丰号	光绪八年	
正定	同班恒　乾顺号　恒顺义　杨玉成　积盛号　天和店	光绪八年	
辛集	崇本号	光绪八年	
藁城	通源号　乾益亨　裕顺恒　天合福　恒茂号　庞尔钧	光绪八年	
肃宁	公议会馆	光绪八年	疑有山西会馆
深泽	全盛兴　春和店　通兴缎店　义德永　恒庆魁　合兴公　逢元酒店　康恒盛　广兴烟店　杨振清　张五姐	光绪八年	
河间	元祥成　三同店　泰顺文	光绪八年	
晋州	忠义会　永顺恭　泰顺号　孙占元　英泰东	光绪八年	疑有山西会馆，待落实
蠡县	家升号	光绪八年	
蠡县·李岗	公和西店　悦来店	光绪八年	
保定府	福泰局　万顺店　恒义号　元盛合　愈长号　兴泰昌　东新盛　吉隆典　元盛烟店　西美合　马宗兴　魁盛德　三义银号　兴隆条店	光绪八年	
大名府	恒福泰　德泰隆　广生合　集义生	光绪八年	

续表

地区府县乡镇（村）	商号名录	庙宇修建捐款时间	备注
大名府·龙王庙镇	庆兴局　谦吉店　和成店　锦和裕　新盛号　大和号　广聚和　德瑞隆　鼎昌菜店　东义合　西恭兴　复成裕　重德钱店　双合号　魁和成	光绪八年	
保定府·牛村	西泰和　玉美号　程凤鸣　付五女　乾元号　义泰德　广聚亨　赵满金　裕泰顺　隆泰店　万顺铺　和生泰　正兴本　同兴烟店　同义药店　益元酒店	光绪八年	
高阳·华桥	顺泰成	光绪八年	
东昌	诚玉明	光绪八年	
长城	广益同	光绪八年	
隆尧·尹村	公议会　义和店	光绪八年	疑有山西会馆
合计	97 家		

说明：（1）本表依据寺庄村现存碑刻整理；（2）本表仅仅是指远离高平地区的商号，类似长治、晋城等地的商号不列，以及商号的捐款情况一概省略；（3）其中，长城，不知归属州县。东昌，疑是河北邯郸的一个古村落；（4）表中的“·”是指领属乡镇、村庄；（5）合计数指目前所知的碑刻情况的综合统计，仅供参考；（6）其中，“疑有山西会馆”，有待实地考察，予以落实。

由此，我们有足够的理由做出推论：有清一带的河北中部地区活跃着为数不少的与高平寺庄村有关联的商家。但是，非常遗憾的是，我们尚且不清楚这些商家的具体情况，抑或，与寺庄村到底有怎样的关系。或者是移民关系，或者就是纯粹的行商关系。乃至从事什么行当等相关问题，尚待进一步比对、考证、深化。或许，相应地区留有他们的相关记载，但愿如此。

3. 针对以上，非常有必要补充

在整个河北地区，目前可考的明清时期的山西会馆不少于80多处①，直接地与寺庄村本文考察内容相关的有：

获鹿县的东会馆和西会馆；

保定府的山西会馆；

蠡县大百尺的山西会馆；

辛集的山西会馆；

肃宁的山西会馆；

深泽的山西会馆；

晋州的山西会馆；

磁州的山西会馆；

大城的山西会馆；

大名县山西会馆；

任丘县的山西会馆，等等，不一而足。

由这些地方留存的碑刻以及相关资料，可以与现存山西的碑刻资料相互印证，不失为当前深化晋商研究的方法之一。或者直接地说：搞清楚明清时期的商业史，不可或缺的方式方法之一就是将遍布全国的山西会馆与晋商祖籍所在地的文献资料进行关联，如庙宇碑刻与会馆碑刻的比对。相关问题，这里不再展开赘述。

---

① 笔者十几年来，为了考证山西会馆，几乎跑遍了全国县市，全国有600多处，目前河北省曾经出现过的山西会馆有80多处，这些会馆的特征是：（1）几乎都叫作“山西会馆”，或者“关帝庙”，在河北基本不存在称之为“山陕会馆”的情况；（2）一多半在原来的乡镇，兴建时间多在清朝康乾年间；（3）分布不均衡，冀南、冀中、冀东较多；（4）目前现存的会馆则很少，多半毁于民国年间；（5）河北的山西会馆的修建群体多半与太行山西麓的阳泉、潞州、泽州的商人有关，兴建活动几乎与晋中商人无涉；（6）该区域山西会馆的规制都不是很大，呈现出一般“庙宇”的情况（关帝庙）。相关情况，可参见笔者有关山西会馆的文论和专著。

4. 关于清代寺庄村的“税书”

另有一个问题是在寺庄村考察的时候，从碑刻中发现的。在清代的一二百年里，也即寺庄村的商业发展轨迹中，曾经设有“税书”和“罚报”，应当是两个从事商业管理的“职务”设置。归入商业的延伸问题中稍加讨论，大体上不谬。碑刻中的记载有：

（1）嘉庆元年·重修关帝尊神庙碑（壁碑）

乾隆四十七年有税书牛廷玉劝捐祭祀钱壹百拾伍千文，恳商揭使所得利息，以备每年祀神之费。

（2）在捐款布施名录中：

税书牛廷玉、罚报杨　荣　银拾贰两
税书李　库、罚银李天荣　银拾两
税书李安仁、罚报赵改成　银壹千文
税书李安仁、罚报恒春号　银拾贰两
税书李安仁、罚报赵改成　钱壹千文

（3）咸丰四年·重修关帝庙碑记·碑阴

税书□□庄、罚报百家坡·田士德砖三千个
税书赵百魁、罚报王朝林各捐钱一千五百文

（4）光绪八年·创修舞楼暨耳楼碑·碑阴

税书何希明捐来布施
本镇·宝德元　德祥永　晋源店　三义店　各捐钱五百文
荫城·培成钱店　通兴钱店　各捐钱一千文

从嘉庆元年的碑刻开始，一直到民国时期，寺庄村一直设有“税书”，由碑刻的内容可知，所谓的“税书”其实是在商业活动中承担“商税”收缴记录的一个职位，有点像近现代的“会计”，或者“统计”的做法，当然不全尽然。最开始通常是固定人选，愈到后期，轮流担任成了通常做法，或者说，每一班小社担任值班的时候，必须安排的一个“记账员”，抑或在从事“村庄公益活动的时候，参与到组织领导的行列中”。

所谓的“罚报”，几乎与“税书”并行存在，主要是“监督和维持市场秩序”，对整个市场进行巡视，对弄虚作假、缺斤短两、欺行霸市等不遵守市场“约定”的小商小贩、商业从业人员，乃至对商号予以处罚。很类似于现如今的“工商管理监管”或者“城管人员”，带有明显的执法特征。

应当说，税书和罚报，并非是“政府工作人员”，它仅对村中的大社负责，履行大社赋予的权限。因为目前尚没有更多的资料证实，寺庄村的商业活动已经纳入“县府的地方性财政序列”。与此同时，在其他相关的村庄，却也不曾发现有类似情况——一个村庄拥有属于自己村庄的“税务和工商管理人员”。因此，大体上能够说是“寺庄村的商业发展轨迹的一个特色”。

不无遗憾的是，有关“税书和罚报”的详细资料，实在太少，还不能支撑我们进行更进一步的探讨，相关情况，存疑于此。

（七）寺庄村的“社”和“会”的问题

寺庄村在有清一代的发展中尚有一个需要指出的问题，那就是：有关村庄中的民间性组织。从相关碑刻中，大致可以发现如下“社会组织”：

1. 康熙二十四年·重修圣贤庙碑

三圣会　施银三钱五分半

蚕茧会　施银一两二钱五分

轿　会　施银七钱五分、施谷□□□

2. 嘉庆元年·重修关帝尊神庙碑

额题：重修关帝尊神庙碑

五班社首：郭光玉　毕卿堂　阎有成　李润然　毕卿强　共银拾两

3. 咸丰四年·重修关帝庙碑记

癸丑岁，维首杨理等首倡义举，自勉捐输，而四方好善之士咸乐助之。然犹虑其不继也，又请圣贤会一局。首事者之虑始而图终，亦已劳矣，于是鸠工庇□□逾年而功告厥成焉。今日者，庙宇辉煌，轮奂一新，衰者以盛，废而以兴。

——外省及本镇公捐布施钱一百八十七千文

——石头、砖瓦、土工、彩画、颂经、勒石一应共花费钱三百一十九千文

——除布施外净缺钱一百三十二千文，此钱圣贤会补讫

4. 光绪八年·创修舞楼暨耳楼碑

社首崔福盛等议，欲创建舞楼，但恐经费浩大，独力难支，乃预请圣贤会一局十数年间，得余赀叁佰余千文，又邀请本镇善士恭书缘薄数枚，募化远方，共捐钱贰佰余千文，始庀材鸠工，度□□筑登登，但事□掲，绸缪罔懈，阅历半载，方致轮奂之观。兹当功成告竣，凡输财君子，效力善人，理宜勒石书名，以流芳不朽云尔。

——入布施钱贰佰陆拾千文
——入圣贤会余钱贰佰伍拾千文
——入卖穀余利钱伍拾柒千文
——入历年房租钱柒拾肆千文
——统共入钱陆佰肆拾一千文
本镇·会馆　积玉恒　各捐银一两
本镇·西白衣会　捐钱二千文
箭头·大社　捐钱二千文①

5. 民国二十六年·□堂楼碑记

每逢集期，人滩马挤遍塞庙□，凡有祈祷无不入庙献祝焉，而神威之盟彰已非一日，无如安□□，庙会之期，常感办公缺室，加之殿宇、禅房世远年湮，风雨飘摇以塌坏，墙坠倾颓，既不足以壮观瞻，又何以妥神庥也。故于宣统元年集议□□募化，恳请圣贤会三局，集腋成裘。

6. 光绪二年·补修三皇庙碑记

——入合社钱捌佰肆拾仟文整
——入三圣会钱壹百贰拾仟文整

不难发现，有关寺庄村的“社会组织”有三圣会、蚕茧会、轿会、圣贤会、五班会、商人会馆、西白衣会，类似的其他地区捐资的组织有忠义会、会议会、大社等。所有这些，基本是民间性的，时间上，至迟从康熙朝就已经存在，抑或更要早得多，属于宋元明时期的遗存。正是这些“社、会、行”的民间

① 箭头村，在寺庄村的南面大约2公里的地方。据说，唐宋时期，因为在该村到处都能发现“长平之战”的“箭头”等遗存而得名。隶属于现在的寺庄镇。

组织，作为村庄治理和公益活动的主体，承担着农村自我的良性运行。或许，寺庄村的民间性组织还有更多，但限于目前的资料，我们只能笼统地说：明清时期的农村组织，其自我管理的情形，已经很有条理了，绝非是“无组织的一盘散沙”[①]。有关寺庄村“社与会”的情况，尚待进一步丰富，这里不赘。

为了简明，兹将有关的“社与会”的情况，列表如下：

表5　寺庄村“社与会”情况一览表

序号	会社名称	相关年代	出现庙宇和碑刻	备注
1	三圣会	晚明前清	南关帝庙，康熙二十四年 清凉寺，道光二十年碑	
2	蚕茧会	晚明前清	南关帝庙，康熙二十四年	
3	轿会	晚明前清	南关帝庙，康熙二十四年	
4	圣贤会	乾嘉时期	南关帝庙，嘉庆元年 南关帝庙，咸丰四年碑	
5	五班社	乾嘉时期	南关帝庙，嘉庆元年碑	
6	大社	乾嘉时期	大庙、清凉寺，碑同上	
7	商务会	道光、咸丰	北关帝庙（会馆），咸丰四年碑	
8	西白衣会	光绪	南关帝庙，光绪八年碑	
	……			

说明：本表仅依据高平市寺庄村现存碑刻编制。具体的创建年代，以及其性质、活动等，有待进一步考察。

① 实际上，我们在高平的调查中，已经发现大量的农村“民间性组织”，成千上万——举凡农村的公益性事项，多半都有“社会”的出现和组织。几乎每一块碑刻上都能清晰地看到，寺庄村的情况仅仅是有限的“个案”。相关情况可参见《高平市碑刻资料大全》等。

（八）寺庄村的戏台与庙会

通常，有一些学者泛泛而谈，诸如“有村必有庙”“有庙必有戏台”，诸如，“戏台的修建就是为了祭祀神灵的”，等等。其实，类似这样的文论，多半是“闭门造车”的转引之作，当对古村落有了翔实的田野调查之后，想必是不会无病呻吟的。事实上，泽潞地区古村落中的庙宇和戏台，以及庙会之间的关系，类型化要丰富、复杂得多，言之为“五花八门”，并不为过。寺庄村的庙宇、戏台和庙会的情形，就不是简单的“一言以蔽之”的问题。在高平，抑或泽潞地区，这一方面可以专门考察的事项很多很多，寺庄村仅仅是一个“个案”。

目前，寺庄村现存有四座庙宇，抑或，过去也仅仅不过四座，所谓的“南堂和北堂”，充其量也只是单纯的“小三楹”殿宇，小小一进院落，殿内供奉“奶奶”而已，并不能称之为冠冕堂皇，因此，寺庄村的庙宇规制稍微像样的也就四座——三皇庙、清凉寺、南关帝庙、北关帝庙（会馆）。

需要注意的是，这四座庙都建有戏台，现存两座，分别为南关帝庙和三皇庙戏台，其他两座戏台现已不存。从碑刻可知，四座庙的戏台的创修时间，与其他村庄，乃至戏曲在泽潞地区的兴盛时间相较，则相对要滞后得多：

——三皇庙的戏台修建于乾隆四十七年；
——清凉寺的戏台修建于嘉道年间；
——北关帝庙（会馆）的戏台修建于道光后期；
——南关帝庙的戏台修建于光绪八年。

因此，仅仅从庙宇创修的时间来看，基本可以看出，寺庄村的商业兴盛和大发展阶段，就在乾隆后期以后。与上党梆子、豫剧、蒲剧等“梆子腔”戏剧剧种的鼎盛和流布、传播等，至少在时间上是“吻合”的。问题在于，商人群体的辉煌和梆子剧的勃兴，两者之间到底谁“决定谁”？孰先孰后？抑或，两者就是“互动关系”，相互促进的。

而四座庙宇的戏台增修（会馆戏台是同庙宇一次完成的，即便如此，也用了十四年的时间），其资金的来源，除三皇庙情况不详之外，其他三座戏台，主要凭借的是商号捐款布施，有本镇的商号，也有本县的一些商号，还有行商河北的商号。

非常有趣的还有，四座戏台的实际“唱戏”的功能和效用，也不尽相同，各具特色。

据老人们回忆①：大庙（三皇庙）一般不唱戏，恐怕修建戏台之后，也仅仅在最初或者“春祈秋报”的时候，偶尔唱一唱；清凉寺的戏台则基本属于“个人唱戏”——有些信士求病痊愈、求平安出行、求生子、求长寿等，大体实现，也即“应验”之后的“还愿”，而所请的戏班子，也不过类似“八音会”② 的小班而已。大不了也只是履行诺言、走过场而已，因为，即便唱戏，除了三月十八的庙会期间，平时到清凉山上去专门看戏的人也不是很多；相反，北关帝庙，也即会馆的戏台情况，较之以上要“排场”得多，更为主要的是，“每年的九月二十”是大集之日，为期三天，集市就在村北进行，会馆的布置也相当壮观，要唱三天，而且戏班子也是当地较为有名的，没有名角的戏班子是不能来唱戏的；南关帝庙的戏台，在民国时期曾经唱过戏，听说是在“五月十三”关圣帝君的生日那一天，也没有听说过有名角来唱戏。

总之，庙宇、戏台与庙会的关系，就寺庄村来说，三者的关系是一个值得关注和延伸的问题，因为，这一问题实际上隐

---

① 笔者在寺庄村调查的时候，就庙会和唱戏等问题，最少与三十位老人详谈，得到的情况，少得可怜，甚至说，90%的老人都不清楚寺庄村的历史情况，类似的情形在其他的村庄也是非常普遍的。

② 八音会，是泽潞地区的一种“地方性戏曲”表演组织的“俗称”，从事该活动的人，基本是明代“乐户”，地位非常低下，主要为农村红白喜事等专门服务。这一方面的相关研究，目前有不少——本次调查组成员，就有一位硕士专门就此展开。

含着对寺庄村历史轨迹和文化定位的问题：寺庄村作为一个自然村，何以在清代后期，升级为一个“镇”，又何以成为一个方圆百里的“商贸中心”。相关问题不能不持续关注，有待进一步深化。

简单结论

拖沓的考证，未免有啰嗦之嫌，但作为对高平市古村落、庙宇和碑刻的调查，作为一个尝试性“个案”，其详细的做法，也是非常必要的。如此一来，不难看到明清时期，乃至民国时期，泽潞地区的社会生活变革的共性和个性，也即普遍性和特殊性。有必要稍加总结，给出简单结论如下：

第一，寺庄村作为太行山区泽州地区一个平平常常的自然村落，在明代就有从事种桑养蚕的历史，因此，展开“潞绸”系列链条的生产加工，也在情理之中。然而，成立专门的“蚕茧社”作为“互助和合作”的组织，生产加工型的商业活动起步较早，或许，这一点恰好就是其未来能够海纳百川、接纳商人来此贸易，成为区域性和阶段性的“商贸中心”的渊源所在，抑或历史文化的传承也使得后来的寺庄商人，包括寺庄村的村民，受益匪浅。

第二，寺庄村商业的真正兴盛时间，当在乾隆后期，嘉道年间已经成为气候，开始显露出地理位置起主要作用的端倪，商人会馆的创建，则是其“商人独立”和“区域性市场形成”的标志。

第三，在商业兴盛的进程中，一系列的乡村社会活动，如庙宇的修葺、祭祀的展开、集市秩序的维护、市场条件的改善、村庄的升级和建设，等等，都借商业的力量而步入兴盛时期。所有这些，都与其“民间社会的自我组织完善”有密切的关系。

第四，在乾嘉时期，寺庄村的商人开始走出去，突出的行商区域主要集中在冀中平原。他们有组织地联合，建设商人会馆，因此而获得了成功。与此同时，他们报效故里，为故里的乡村建设布施捐资。应当说，清代中后期晋商能够独步天下——晋中商业异军突起而完成了东方民族由传统商业到传统金融的革命和飞跃，实际上就是从明清时期的泽潞商人开启的。寺庄村属于最为典型的代表。当然，本文也存在需进一步深化的问题：尚有必要确切地搞清楚道光之后曾经为寺庄村庙宇布施的商号和商人，到底与寺庄村具有怎样的“密切关系”，等等。

总之，辉煌几百年的晋商群体中，晚明前清时期泽潞商人的率先作用，以及他们的经营模式——兴建商人会馆作为商贸中心的做法，在晋商历史的发展过程中功不可没。而他们给社会变革所带来的效用，其实是多方面的，与此同时，他们自身也是生活在实实在在的现实中，需要祭祀——庙宇，需要娱乐——戏台，需要所有人都需要的基本保障——养家糊口、安全、荣誉和功名，乃至故里和亲情，等等。因此说，明清时期的晋商，并不是完全唯利是图、低人一等、不食人间烟火的，他们是民族政治、经济和文化整体中的一个层面，一个社会实在的“缩影”。

一个必须顺便提出并延伸的问题是：倘若在明清时期，没有类似像寺庄村的商人，几十万、上百万前赴后继地遍布大江南北，展开经济商贸活动，那么，所谓的明清社会的“经济和生活”，到底是怎样的呢？会是怎样的一幅图景呢？可以肯定地说，缺了晋商的明清历史，绝对不是完整的明清社会史，明清时期的晋商，肯定不是单纯的“地方性商帮”，实际上，明清时期的晋商具有“东方民族”的代表性和典型性。举凡学界同仁，很有必要重新思考明清经济整体历史，重新认识和定位晋商及其商业模式。

清前期政府在北京房产市场中的作用

北京市社会科学院　邓亦兵

一、政府与制度、市场

清朝军队从东北入关后，占领北京城，并在京建立国家政权。对初建政权的清政府来说，其军队、官员等政权统治系统的基础都必须留在城内，最先面对的就是住房问题。八旗是清朝国家的军队，其任用的官员是国家赖以统治的骨干力量，安排军队和官员的住房就是头等大事。而且只有解决八旗在定都地的居住问题，才能进一步建立起对全国的保障防护体系，只有为各级官员解决了居住的后顾之忧，他们才能全身心地治国安邦，清朝国家才能真正在都城站住脚。由此产生了圈占京城原有住房，分给军队与官员的分配住房制度，也可以说，政府为了自身利益的最大化，为特殊群体，即政权赖以巩固的基础人群，赏赐、分配住房，似无可非议。问题在于这种占有普通居民住房的分配制度，一方面是建立在损害原住居民的利益之上；另一方面只面对特殊群体，不对全城居民。更重要的是，政府为了减少法律纠纷，求得社会安定，人为地迁移原住内城居民到外城居住，形成内外城不同的住房制度。这个住房双轨制是人为造成的，给京城的商品经济发展带来很大阻碍，影响深远。

尽管政府人为制造住房双轨制有其短期效益，但从长远看，违反市场规律，故不能如主观意愿长久延续下去，经过二百多年的发展，至咸丰二年（1852）政府不得已颁发放开旗民互相交易房产的禁令，这表明内城住房国有制度崩溃，政府只能放弃双轨制。正如吴敬琏所言："双轨制运行到一定程度和经济发展到新的阶段就得改变，要实现并轨，否则市场就难以在价格机制的条件下发挥配置资源的主体作用。"政府控制房屋资源，随着实际变化，不断修改政策，从开始的全部占有，到部分占有；从禁止买卖，允许典，到不得不承认既成事实。一步一步地承认，一步一步地退让，最后放弃内城住房国有制度，其过程贯串整个清代前期，时间漫长。嘉庆时，都察院左都御史西成称，"国初之时，八旗人丁尚少，又均有官占官赏房屋，旗人俱有栖止，故生计甚觉充裕"。此后百数十年以来，"生齿日繁"，"物价日昂"。旗人"多方借贷，以快目前之欲，及至累欠渐多"。有将房产"转行售卖，以完债负"。因此，民间富户"希图谋利，巧为购买，将零星房屋，接联大段，修饰完整，自己居住"。另将"细小木植，盖造房间，重价租与旗人"。"于是旗产渐皆属民，旗人身无栖止，转不得不以重价租住"。他说，"幼时曾闻每房一间，租赁不过制钱二百余文。近来竞多至三四百文，若五六口之家，至少亦需租房两三间，方可容身"。文中描述的就是内城官房变成民房的情况。从中可见，一项制度的存废，不仅需要得到实践的验证，还要不断修改完善，并不是永远不变的。

清代前期政府在内外城推行两种不同的住房制度，分配与市场化始终存在矛盾。在内城住房制度的变化中，可以清楚地看到，市场很自然地挤了进来，住房市场化的趋向十分明显。市场经济的魅力极大地诱惑着内城旗人，为了追求利益，有旗人拆除房屋，出卖建筑材料；或私自典卖房屋，这些交易也使分配住房制度不断分化，住房所有权逐渐由国有性质变为私有性质。

房产市场进入北京城，在不同时期是不一样的。首先，顺治时政府分配给旗人的官房是国有制，旗人只有居住权，没有所有权。但从以后的情况看，若官兵不犯罪，其房宅子孙可以永久居住，实际上，房屋所有权已经发生了隐性改变。同时，政府采取货币替代实物房配给的办法，更使部分官员从市场上购买建材，装修房屋，或自盖房。是时现职诸官员“不力殚公事，惟修饰第宅”，“兴作不止”。如果不是考虑长期居住，谁又花费资金，去修饰没有所有权的房屋呢？政府还规定“多盖房屋者，皆治以罪”，可见有自盖房的趋势，所以市场介入确是事实。

其次，康熙时政府允许内城旗人之间进行房屋买卖，无疑是市场直接介入其中了。雍正时政府采取出售官房（即官兵扣俸饷认购）和出租官房，实际是引入了市场机制。政府将原分配房制，改成把新建官房，令官兵扣俸饷认买，或租住，所得资金和租金，作为继续“盖房之费”。由此可以看到，由官兵认购的房屋产权性质已经发生了改变，从国有制变成私有制了。市场在这种分配住房制度中所占地位又进一步扩大。据统计，雍正九年至乾隆七年，陆续扣俸卖出官房，“七檩至三檩房共一万一千三百七间半，作价银十四万四千七百二十九两四钱。业经满限交足”。从“乾隆七年至十四年，陆续卖出，七檩至三檩房共二千九百二十三间半，共作价银四万三千四百二十五两九钱，内户部已坐扣俸饷银一万六千六百八十两一钱九分四厘，交过内库银七千三百七十一两。户部尚未坐扣俸饷银八千六百八十八两六钱六厘，尚未交过内库不敷银一万六百八十六两一钱”。

再次，已经分配给官兵的住房，若官兵犯罪就会全部收归国有。这种罚没入官的房屋，又经官兵认购，或无偿分配给一些官员。而这些认购的官员，还有可能犯罪，房屋还会被罚没，就会再出售。认购的官房性质经多次改变，已经多次进入市场了。而且罚没房屋，经政府重新定价出售，在官定价格时，又参考市场价格，虽然这一过程是政府行为控制的，不完全是市场行为，但说明在客观上政府开始利用市场经济的方法管理官房了。

最后，为保值、增值，政府将官房租库所掌握的资金，投放到金融市场中。嘉庆二十四年（1819），官房租库“现存大制钱七万九百六十三串五百四十一文”。官员奏请拿出“七万串，发长芦盐政，亦交距京较近之殷实商人，按一分行息，遇闰加增，每年可得生息大制钱八千四百串”。道光六年（1826），官房租库“动用大制钱五万串，拣派司员开设官当铺二座，妥协经理营运”。被批准。“查官房租库”放出生息银两，“收过利钱一万九千余串。经臣等于道光三年派员将此项本利陆续开设恒源、庆源当铺二座。自开设之日起，截至道光十二年，该两当净得过利钱一万八千八百余串，归入成本，已足七万串”。按年修理内务府取租官房。内务府称，“设有官当十二座内，恒源、庆源、恒丰、公汇、永祥、恩德六当所领成本获利共计大制钱十八万四千五百四十九串零”。“其恒泽、恒通、恒聚、庆成、诚泰、和升六当所领成本获利共计大制钱二十七万四千五百串。该六当自乾隆年间陆续开设以来，按所获当息已交过广储司银库，大制钱三十六万二千六百四十余串在案”。后“六当亦因当货无多，铺中不能营运，均经借出生息”。这种运作方式是政府直接利用金融市场，尽管主控权在政府，但不可否认市场在其中的作用。

另一种金融市场的运作，是政府也将所掌握的商用房出租，以收取租金。乾隆二十一年（1756），政府维修正阳门外至永定门石道时，临街的商用房“由步军统领衙门收过租银二千四百七两七钱五分”。二十六年（1761），政府修理西华门至西直门街道时，也已经收过临街的商用房“三千七百三十五间，每月共租银二千六十两”。道光六年（1826），官房租库“存大制钱五万三千一百七千串零”。通过金融市场营运所得利润，对新建房、维修房起到重要作用，可见在客观上政府早就利用市场经济的办法解决住房问题了。由此可以得出这样的结论：内城住房是以政府掌控为主，市场调节为辅；外城住房依靠市场调节，政府也建少部分住房，令无房官兵扣俸饷购买，或租赁，清代前期北京住房是由政府和市场共同起作用的。

二、政府与房屋规划

北京城市从元代制订总体建制规划以后，街道宽窄的整体规格就固定下来。“元大都规划中的街道之所以能够整齐如棋盘，是因为它对大街、小街、胡同的宽度都做了规定：大街宽24步（约合37.2米），小街宽12步（约合18.6米），胡同宽6步（约合9.3米）。胡同是平行排列在两条南北走向的街道之间的若干条较窄的通道，四合院住宅的大门就开在胡同中。”“两条胡同的间距为50步（约合77米），是四合院基地的进深。大宅可以前门位于路北朝南开，后门开在后边一条胡同的路南朝北开。小宅则可以背靠背地容下两宅。”明代仍然维持这种规制，“房屋侵占街道的，要悉行拆除，是不许房屋凸出来”。清承明制，规定沿街两边的住宅，或商铺，不仅不能凸，也不能凹进去，“一定要拉成一根线”，“胡同的两边是由住宅房屋的后墙联接而成的，偶尔没有房屋时，也一定有墙垣存在”。清代前期政府力图保持胡同与大街，以及临街房屋的这种既成状况。

政府在大路两旁临街房屋进行整修时，对凸出占道房屋拆卸重盖，对凹进部分添盖房屋。具体做法为：有经济能力的，可以自修房屋者，不发给经费，令听其照式修整。其他房屋由政府购买，然后拆卸重盖。同时，允许铺户搭棚经营，付给搭棚工本费，仍旧收取租金。经费来源，除了出租房屋的租金外，还使用拆旧房的建筑材料。这些做法都是从实际出发，既注重了住户的利益，又节约了费用。从保持街道、胡同宽窄的角度，不论是对沿街房屋，或者是对灾后倒塌房屋，政府都有管理和维修，不仅维持了旧京城的胡同、街道布局，而且较明代更加严格地对主要街道进行了整治，使北京历史名城得以保护，无疑是清代前期各届政府努力的结果。更值得指出的是，政府对主要街道两旁的违章建筑，先购买，后拆除重建，并且将拆下的旧建筑材料用于重新建房。客观上这种做法既是政府对居民住宅私有制的保护，又是一种节约行为，值得借鉴。

政府规定官房建筑、维修条例，并支出经费，应对各类房屋修理，地方官基本严格进行维护。特别是在自然灾害发生时，一方面严罚救火不利的官兵，对主要负责官员追究责任；另一方面，政府发给受地震、水灾的百姓补贴，维修房屋。尽管这一切主要照顾的是官房、旗房住户，对民宅关注较少，但这种管理无可厚非。应该指出的是，政府的房屋管理政策，维护实践，都是对官房进行的，大部分民房则由各业主自己维修，这种区别对待对于广大居民来说不尽合理，是由当时不合理的制度决定的。

在长达二百多年的时间里，京城延续了前代遗留下的两圈城墙，以皇城为中心，在外有内城拱卫。内城有着富丽豪华的王府宅第和内府官员的庭园，外城有富裕的楼房、商铺，也有一般居民居住的三合院、四合院。整个建筑形式、规模、色彩及房屋间数，都是按照皇帝、皇亲国戚、贵族、高级官员和普通市民的等级来区分的，从而形成京城住宅等级森严的制度，这本是专制国家的特性，但在清代前期更加突显了，也成为北京城市住房建筑的特色之一。

三、政府与交易、房价

清代前期政府首创住房双轨制度，用行政方法解决了当时国家面临的问题，显现许多缺陷。在内城，国有房屋本不允许买卖，可事实是旗人之间多用典房形式，实际上就是房产买卖。政府禁不了，只能放开，即使改典为卖，也没有完全落实。为了保持住房国有制，政府始终严禁旗人与民人进行房产交易，这也只是在顺康时期得到实施，其后就难以推行，到嘉道时已经是禁而不止，使内城住房制度渐渐向外城商品房制度靠拢。

而且这种分配制度造成贫富差距，尽管政府也新建房分给无房户，但是不能解决根本问题。住房双轨制造成内外城房价扭曲，阻碍了京城房屋交易市场的正常发展。也可以说在内城实施的各项交易政策都与市场交易相矛盾，所以实际上也没有得到很好的落实。虽然政府在实践中不断修改政策，但是在制度不变的情况下，政策、禁令都无法贯彻执行。政府依靠有关经济方面的行政命令，在市场经济条件下很难行得通。

在纳税方面，尽管政府规定的房产交易税比较规范，且税率长期维持在3%不变，总的看税是不重的。但由于内城房产制度造成交易不规范，顺治时禁止旗人买卖房产，也无纳税需求。康熙时，旗人之间典卖房屋都不纳税。雍正时，典房不纳税，买房需纳税，旗人买入官房产，也不纳税。乾隆时虽然买房纳税，但典房仍不纳税。到嘉庆时，才规定典房在十年以上的补税。这使得旗人根本没有纳税意识和纳税习惯。从卖住房契记载看，在内城，乾隆时期卖契45件，5件不明，7件未税，纳税占73.3%。嘉庆时卖契39件，1件不明，15件未税，纳税占59%。道光时卖契41件，未税28件，纳税占31.7%。相反在外城市场交易中，乾隆时卖契97件，有9例未税，纳税占92.8%。嘉庆时卖契56件，15例未税，纳税占73.2%。道光时卖契40件，2例不明，9例未税，纳税占72.5%。由此可知，外城纳税比较规范，严格执行，严惩逃税，迫使居民养成纳税习惯，所以外城居民比内城旗人纳税情况好很多。不过，当民人在内城购买旗人房产时，为了避免政府追究，也是以逃税应对。内城漏税行为也影响了外城，道光时外城偷漏税现象比以前严重了。总之，政府的税收管理能力，居民的纳税意识，都需要经过长期市场经济运行，才能得到不断加强。

在房产交易中出现各种问题，如阴阳合同、造假房契抵押借款等，其中说合人（经纪人）多是犯罪的主要参与者，而在内城，政府根本没有设立官房牙行（中介机构），更没有正式登记的官房牙（经纪人）。这种不规范的说合人、中保人的存在，说明政府管理滞后，跟不上房产市场的变化形势，在今天看来，对房产市场管理具有一定的借鉴意义。

在房价方面，内城住房制度决定其房产市场，有市场交换，也有行政分配，还有政府政策的控制，反映出不完全的市场经济。在内城房产市场中，尽管房价受到市场价格的影响，但更受到政府调控行政行为的控制。政府比照市场价格，进行房价、租价调整，即不断改变官房定价，或高于市场价格，或低于市场价格，正是政府在其中的控制、调节，扭曲了市场价格。顺治、康熙、雍正时期，政府禁止内城房屋买卖，旗人多拆房，出卖建筑材料，致使建筑材料价格上涨；建房成本从乾隆后期至嘉庆初期达到较高的水平，嘉庆中期之后则是下降趋势，与同时房价上升成相反关系。可见，一方面有房产交易市场和租赁市场，另一方面又存在优惠价售房（扣俸购房）和低租金出租住房，政府行为使市场机制难以发挥作用，形成房产市场交换与非市场交换并存的二元结构，这可能是清代前期北京城市房产市场价格运行的特征之一。

另从内外城房价比较中可以看出，乾隆时，内城住房价格低于外城，但租价却比外城高；内城建房成本高于外城，而建筑材料价格却低于外城；政府控制下的内城房地基价格远低于外城市场价格。嘉庆时，内城商用房价格高于外城，而房租则低于外城。按照现代房产市场经济学理论，房地基价格、建房成本与房价、房租，建房成本与建筑材料价格的关系，都应该为正相关。但这里的统计数据，却形成相反趋势，其中有非经济因素的影响；有政府禁止外来人口在内城居住，禁止民人在内城租住房屋的原因；也有政府控制内城商业发展，商用房数量少，需求增加，价格贵，同时限制外来人经营，租用商用房的人少，租价低的原因。至道光时，内城房产市场始终未完全开放。因此，在外城房产市场中，住房价格是上涨趋势。商用房价在康熙时比较高。乾隆时，商用房需求比较大，价格也上升了。嘉庆时，商业发展仍然保持乾隆时的繁荣状态，但商用房的购买需求减少，房价下降。可见，外城房产市场价格由供求关系决定，尽管有些时段没有价格实例，但是“受供求关系变化的影响”价格“上下波动”，也是必然的。这是清代前期房产市场价格运行的第二个特征。

结束语

政府控制北京城市人口，使房屋资源与经济发展，相结合相适应。清代前期政府对北京人口数量进行了有效控制，韩光辉早已进行了详细研究，这里不赘述。据他研究指出，清代前期与后期北京城市人口数量（不含流动人口），没有很大变化。乾隆四十六年（1781），内城人口541 100，外城人口235 142，内外城人口776 242。光绪八年（1882），内城人口479 400，外城人口296 711，内外城人口776 111。政府采取离散、迁移等措施，保证了北京内外城市人口基本在776 000左右。若加上外来人口，清代前期北京当有近百万人。另据民国警察局统计，1936 年内外城区人口 107.4 万。1933 年内外城区房屋共有 119 万余间，其中楼房 7 万间，瓦平房 70 万间，灰平房 42 万间。据此估算，清代前期北京内外城至少有房屋 77 万余间，与前期人口数量基本适应。虽然这种人口控制与市场经济并不相符，但我们也无法要求古人建立完全的市场经济。

对于清代前期专制政权的政府和拥有百万人口的京城房产市场来说，完全由市场配置住房资源，实行商品住房制度不完全适合，因为市场资源配置只能起到基础作用，政府需要在其中起到一定作用，如控制城市人口数量，为无房户建新房、建出租房，解决各级官兵，或不同经济收入的人们，或外来人口的居住问题。虽然清代前期北京城市住房、商用房建设与经济发展、人口状况基本相适应，但仍然面临亟待更新和建设更多住宅的形势，所以，也给之后京城住房建设遗留了难题。

清代滇粤（港）贸易线路的变迁

云南大学人文学院　王雪莹[①]

清朝时期是国内国际贸易发生重大变化的历史时期。云南作为内陆的沿边省份，同时又与沿海的两粤、香港毗邻。滇粤（港）之间的贸易，在清代省际贸易与对外贸易急剧变化的大背景下，发生了一系列明显的变化。从总体上看，清代滇粤（港）贸易大致可以分为三个时期：其一，1644 年至 1876 年间的滇粤贸易。这一时期清朝先后实行海禁和广州一口通商，滇粤之间的贸易主要属于双方之间的省际贸易，或云南经两粤与其他省之间的省际贸易，很少涉及海外贸易。其二，1876 年至 1887 年间的北海转口贸易。这一时期，按照 1876 年中英《烟台条约》，北海港开放，使滇粤贸易开始被置于外国势力影响的范围之内。由于英国殖民者所制定的税收政策，云南与两粤之间的贸易主要取道北海港，成为经两粤转口的国际贸易。其三，1887 年至清朝结束的滇港贸易。自 1887 年签订《中法续议商务专条》后，在外国势力的干涉下，滇粤贸易进一步舍两粤陆路，取道越南海防，以香港为中转，完成贸易。而香港经过 40 多年的发展，在 19 世纪 70 年代末期和 80 年代初期已经成为中国沿岸贸易的中心。甚至滇粤贸易也经香港转运。下文将从广州、北海及蒙自这三个海关的具体情况入手，试理清清朝滇粤、滇港贸易线路的变化情况，并尝试总结其特点。

---

① 王雪莹，云南大学人文学院 2010 级历史系基地班。

一、1644—1876 年间的滇粤贸易线路

清前期，从顺治十二年（1655）至康熙十四年（1675），清王朝先后五次颁布禁海令，要求江苏、浙江、福建、广东、山东五省的商民船只寸板不许下海。直至康熙二十二年（1683）清朝统一台湾，平定“三藩之乱”，才于次年取消禁海令，并宣布设置四海关，广州成为对外贸易的港口之一。而粤、闽、浙、江四海关设置之时，粤海关的职能范围很广，大凡近海、远洋的中外商船均在其管辖之内。康熙二十四年（1685）广州设关、开埠后，清朝实行“以官制商，以商制夷”的对外贸易管理制度，外国人必须通过“十三行”才能够实现对华贸易。在清乾隆二十二年（1757）广州一口通商政策的影响下，西洋各国贸易限于广州一处，而广州因此成为对外贸易最大的货物流散地。鸦片战争爆发后，按 1842 年《南京条约》五口通商的规定，广州不再是清朝唯一的出海港口。然而对于云南而言，直到更南方的港口开放，广州依然充当着最为便利的贸易出海口身份。

在这一时期，云南的货物是否通过广州对外出口，尚无直接可用的材料。但从当时清朝垄断海外贸易，把对外贸易视为“天子南库”的情况来看，云南经广州参与对外贸易的程度不高。从广州输出的商品中，以生丝、丝织品、茶叶、南京土布为大宗，而从欧美各国输入的商品中则以银元、毛织品、棉花为主。不仅广州出口商品中很难见到云南商品，从广州进口的商品也很少销往云南。因此这一时期仍然以国内的货物流转为滇粤贸易的主流。在乾隆十九年至道光年间，滇粤两地曾经有过近乎物物交换的“铜盐互易”活动。广东海盐通过广西进入云南东南部，以供给广南府附近地方食用。相应地滇铜则通过广西到达广州，甚至在同治年间充分利用了广州作为出海口的优势，将运到广州的滇铜装船下海北上，送至福建、天津等地，完成省际的物品流通。

完成云南和广东的贸易，需要以广西为中转地。而这一时期，穿越广西，连接云南与广东的珠江，便是云南与外界货物流通以及实现本地货物北上必不可少的一条水路航行通道。有文献记载在乾隆三十三年（1768）四月，为从南宁、浔州等府属调米至滇，而“自各水次，至思恩府属之百色地方，用船装载；自百色起旱，至滇省广南府属剥隘地方，雇夫挑运”，因时值秋日，而不宜水路，分次起运的话，大概需要 10 到 12 个月才能到达永昌。而这条路同样也是滇铜北上的线路之一。在乾隆三十一年（1766）三月，在关于广西省委办滇铜奏折中说道：“广西每年额办滇铜。连补色共四十六万余觔数多。分八起运发。计云南剥隘地方起运。自百色至梧州府系下水。自梧州至桂林府省城系上水。共计程限七个月二十一日。”说明这一时段内，滇铜北上是从剥隘，顺水经百色至梧州府，再逆流从梧州抵桂林府即可。虽说这条路线是北上的路线，但若要从梧州沿西江下行到广州，也是便利的航线。因而，从上面不难得出这条沟通云南和广州的路线：云南境内到达剥隘，再由剥隘到达百色厅是属于陆路，之后均为水路，从百色厅沿右江至南宁，再顺郁江可到达梧州，最后溯西江可抵广州。而滇粤的“铜盐互易”的运输之路便是这条。

二、1876—1887 年间的滇粤贸易线路

1876—1887 年间的云南对外贸易进一步发展，洋货铺天盖地进入云南的同时，云南货物也开始向世界市场进军，传统的滇粤贸易开始受到国际形势的影响。首当其冲的便是在西方列强强迫开放的北海港口给滇粤贸易所带来的影响。虽然北海港现已属于广西，然而明清时期，北海地区（包括钦州和廉州）一直隶属广东。因而将云南货物以北海港为出海口的贸易行为属滇粤贸易也是合理的。更进一步，《烟台条约》的签订必然成为对滇粤贸易造成最大影响的事件。在 1875 年马嘉里事件发生

之后，英国驻华公使威妥玛便借机要求清朝开放温州、宜昌和北海地区，甚至于调遣英国海军舰队进入渤海，武力威逼清朝。中英双方谈判持续一年后，最终在1876年8月18日，李鸿章和威妥玛签订了《烟台条约》，而条约中规定中国议准在湖北宜昌、安徽芜湖、浙江温州、广东北海四处添开通商口岸，作为领事馆驻扎处所。此后，北海正式成为对外贸易的通商口岸。1877年英国总税务司赫德派英国人李华达到达北海开设海关，从此北海正式开埠通商。

北海正式开埠通商后，滇、黔、桂三地货物大多由此转运出口。从货物的运送角度来看，相对于前一阶段一直作为主要港口的广州港而言，北海港有着更近的距离，可以进一步降低商人们经商的成本。对于北海港而言，越南海防港或许可以成为一个有力的竞争对手。《北海港史》中就曾以云南出发到广州的运费角度对北海港和越南海防港进行过比较，认为这一时期云贵的货物不取道越南海防而取道北海，是因为“自海防至龙州，较自北海至横州（今横县）两者运费不相上下。横州到南宁府，龙州到南宁府，皆系水路，其运费也相差无几。然而，北海和越南海防的关税却相差悬殊”。由于中国关税自主权的丧失，北海港进口税实行值百抽五的政策。而此时越南还没有完全成为法国殖民地，其关税也就相对于北海更高。在货物进入南宁后，便可以沿传统线路，顺右江进入云南，经剥隘驿直接运往云南府。

从剥隘到云南府的驿道，是明代以来滇桂间的传统交通路线。根据陆韧研究，康熙七年（1668）从云南府到剥隘驿的驿站有：呈贡县七甸驿、宜良县宜良驿、路南州路南驿、弥勒州州城驿、竹园村驿、二台坡驿、邱北县小江口驿、腻革龙驿、百色古驿、树皮驿、广南府弥勒湾驿、上安驿、者报驿、者兔驿、木贴驿、董那孟驿、高枧槽驿、蜈蚣菁驿、响水驿、普听驿、泗亭驿、平岭驿、者桑驿、剥隘驿。由此便可得出一条相对完整的滇粤贸易线路，从北海港运至南宁，然后顺右江进入云南，自剥隘驿顺滇桂驿道便可到达云南府。

这一时期的滇粤贸易线路的选择，或许可以看成是英法在华势力较量的结果。在法国势力没能够进一步进入越南，控制红河的情况下，英国却早先一步控制了北海港。虽然英法势力破坏了清王朝主权的完整性，夺取了海关的关税自主权，然而却客观上降低了关税额，以低税率影响着商人们对低成本贸易线路的选择。在这样畸形的条件下外国势力开始影响滇粤间的贸易。

三、1887 年以后的滇港贸易与滇粤贸易

随着清王朝门户的进一步开放，滇粤贸易也出现了新的变化，而这时的变化则来自云南蒙自的开放。在蒙自海关设立、征税后，《新纂云南通志·商业考二》中对原来曾经相对便利的昆明—北海路线有这样的评价："因经过广西及进入云南之税捐极重，陆运之路途又长，亦不足为理想路线"，反而更加偏向于选择此前并不认可的海防路线，即从海防（港）经河内、老街、蛮耗，最终到达蒙自的线路，这条只需 23 天路程的水运路线相对于需要花费 54 天才能到达的北海路线，自然更具优势。

蒙自开关并非清王朝的自开商埠。法国势力欲进入云南时，曾对云南的河道进行过勘探，了解到红河是越南通往云南最主要的通航要道。1874 年法越曾签订条约，以承认越南为自主国为条件，获得了越南外交大权和在红河航行的权力。更进一步，1882 年中法在上海签订的关于越南问题的草约中称中国在保胜（老街）立关开埠，准许外国商人溯红河前往中越边境，在云南自由贸易。其后在 1885 年《中法议和新约》、1886 年《越南边界通商章程》中不断修改法国在红河航运权的规定，最后光绪十三年五月六日（1887 年 6 月 26 日）签订的《续议商务专条》要求云南开蒙自关，因蛮耗为保胜至蒙自水道必由之处，而要求中国开蛮耗通商。最后于 1889 年蒙自开埠，县城东门外设正

关，西门外设查卡，蛮耗设分关，并开始征税。自此海防路线对于商人们来说大大缩短了商业贸易的时间，并且减少了行程费用，大幅度降低了关税，自然成了最佳的滇粤贸易路线。

蒙自开关后，大量云南货物开始流向国外，外国货物也通过蒙自直接输入云南。而其中则以个旧大锡为贸易出口之大宗。“蒙自开关后，个旧大锡运销香港即不再走广南、剥隘、百色至北海陆路商道，而概由红河水路运往越南，即由蒙自通过陆路运到蛮耗，再由蛮耗经红河水路运至越南老街，再由老街运至河内，经由河内运往海防，再由越南海运至香港。”香港在1860—1898年间转口贸易迅速发展，它具有优良的港口和辅助设施，并且有多方面的国际联系。这些中国其他港口所不能及的条件，不仅提升了香港在中国对外贸易中的地位，同时也成为中国的沿岸贸易中心。在这样的条件下，清代以来云南与两粤之间的贸易，变成了经越南海防转口的滇港贸易。

值得注意的是，滇港可以通过越南完成贸易，是否意味着滇粤之间的省际贸易也可以效仿呢？对于这种货物从一通商口岸出口后，原封不动又在另一通商口岸进口的情况，1861年总理衙门听从代理总税务司赫德的意见，与英法曾议定洋商运土货出口时征收出口正税，复进口时征收复进口半税。在复进口税的规定下，若云南货物从蒙自出口，自越南海防港走海运后，由北海港或广州港，甚至于从天津进口的话，亦可以相对较低的成本完成贸易。或许这一时期的滇粤贸易也有着相类似的情况，即云南的货物并非直接从广西运到广东，而是出口到越南后，再经澳门、香港、广州进口，以完成滇粤贸易。滇粤之间的省际贸易，也可能采取了先从蒙自出口，经越南海防和英国占领下的香港转口，再内销到两粤的方式。

结　语

从以上分析可以看出，滇粤贸易有着这样的几个特点：

其一，滇粤贸易的发展情况与清王朝在不同时期所实施的对外贸易政策相关。在清朝相当长时期的海禁政策、一口通商政策制约下，滇粤之间的贸易主要是清朝沿边与沿海之间的省际贸易。而随着开埠通商范围的扩大，滇粤间的省际贸易仍在延续，云南通过广州转口的对外贸易有所发展，云南与广州之间形成了较为微弱的港口与腹地关系。

其二，在滇粤贸易走向世界的过程中，出现了滇粤贸易自身独特的发展态势。首先是在英法两国在华势力的影响下，滇粤贸易被放在了国际舞台上。而后随着云南本地海关的建立，滇粤之间的省际贸易，也采取了先出口再转运内地的方式。云南销往广东或其他省的商品，为降低贸易成本，最终选择先从蒙自关出口，经法属越南，运往香港、澳门，后复进口到广东或其他省。

其三，英法强迫清廷开埠通商，对滇粤贸易线路变化产生了重要的影响。不可否认，英法当时的主要目的是为了窃取清王朝的政治、经济权利，然而客观上却影响了清朝内部的贸易线路走向。从附表《1877—1928 年北海、蒙自关开关后进出口总数表》的数据中可以看出，自从蒙自关开始征税以来，进出口总额不断上升。1899 年，蒙自关的进出口总量达到了5 256 938海关两，超过了北海港的4 102 364海关两，并且从此以后蒙自关的数据一直高于北海。也就是说，1899 年后，在法国势力影响下开放的蒙自关，开始取代北海港，成为云南对外贸易的重要通道之一。而这正是在清王朝被迫开放口岸后，伴随着关税自主权的丧失，形成先北海、后蒙自，蒙自反超北海成为主要贸易线路的重要原因。

其四，清代在云南与广州、北海、香港之间，形成了港口与腹地的互动关系。其中在广州一口通商时期，滇粤之间的互动较为微弱。云南无法选择广州以外的其他港口，又并非广州的主要腹地。北海、蒙自先后开埠通商后，广州不再直接辐射云南，云南一度成为北海港的腹地，最终又改经蒙自、海防，主要与香港进行贸易。云南与广州、北海、香港之间的港口腹地关系遵循着港口与腹地互相选择的规律，服从于贸易成本最小化、效益最大化的原则。

晚清是一个东西方碰撞激烈的时期，清王朝不得不适应这样的发展情况并改变自己的对外贸易政策。而这样一种被迫开放、被迫改变对外政策的屈辱历程，却客观上引起了地方上经济的变化。地处沿边的云南，地处沿海的两粤及香港，以及滇、粤、港之间的贸易关系进一步加强，贸易线路也同样因此而发生了重要变化。

附表：1877—1928 年北海、蒙自关开关后进出口总数表（单位：海关两）

年份	北海	蒙自关
1877	10307	
1878		
1879	295869	
1880	1424374	
1881	1320640	
1882	1043781	
1883	1004716	
1884	1249601	
1885	2010588	
1886	2211678	
1887	3448351	
1888	3512749	
1889	3701812	149929
1890	3863789	927282
1891	3323220	1327710
1892	3710059	1623606

续表 1

年份	北海	蒙自关
1893	4261047	2259494
1894	4096524	2185200
1895	3801517	2842319
1896	4660873	2476675
1897	4158560	3451765
1898	4148961	3672650
1899	4102364	5256938
1900	3836823	5402330
1901	4197584	6815273
1902	3287537	7375529
1903	3417610	6435578
1904	2993431	10747299
1905	2825013	9592945
1906	2454746	10824864
1907	2511721	9536444
1908	2955713	10095114
1909	2972256	10943248
1910	2587254	11464929
1911	2427436	11398300
1912	2521317	19569881
1913	2768456	19710530
1914	2194129	16183296
1915	3044794	15202074
1916	2989785	14983807
1917	2722507	18787017

续表 2

年份	北海	蒙自关
1918	2829059	20434508
1919	3767507	18413445
1920	4052551	21872984
1921	4812150	18072455
1922	5936918	21472861
1923	5777011	22701881
1924	4648601	24821658
1925	4144203	30476699
1926	375094	29306099
1927	3142284	25747070
1928	3484543	27416823

数据来源：民国二十年（1931）国立中央研究院社会科学研究所，第四号专刊，六十五年来中国国际贸易统计。

参考文献

[1] 叶显恩. 广东航运史（古代史部分）. 北京：人民交通出版社，1989.
[2] 《广西航运史》编审委员会. 广西航运史. 北京：人民交通出版社，1991.
[3] 顾裕瑞. 北海港史. 北京：人民交通出版社，1988.
[4] 陆韧. 云南对外交通史. 昆明：云南民族出版社，1997.
[5] 王赓武. 香港史新编. 香港：三联书店有限公司，1997.

清代中期江西商人长途贩运的商品种类及地域

——《江西商人经营信范》的经营史解读之三

河北大学宋史研究中心　刘秋根

一个偶然的机会，笔者在南昌古物市场购得一种手抄本的信范，竹纸一册，长约 19 厘米，宽约 18.5 厘米。从正面即从左往右有信 50 封，从右往左有信 18 封。① 每页约 12 行，每行约 14 字至 16 字，共 103 页，如果录入电子稿约21 280字，行书体。这 68 封信应是江西布商位于江苏溧阳的一处经营点的伙计或掌柜写给同一东家店铺或另一经营点的信。② 内容主要是报告本号及同帮商人商号情况，包括同行商品、银钱价格、沿途及本商号所在地的天气、同行商人商品的运销情况及面对各外在形势，本号经营策略的调整，是当时江西商人、商号、商铺使用的信件，同时为教育子弟及初进号的伙计而纂集的商业信件的范本。③ 50 封信与 18 封信之间还有两封以写给岳父的口气写的信范，这两封信显得格式化，似乎是抄自当时民间某种尺牍范本。我将此抄本定名为《江西商人经营信范》。④

《信范》作者为何处人，现尚无法确定，其中不少信提到作

① 下文分别称“前五十封信”“后十八封信”。

② 如下所述，此商人在吴城及老家所在县城，设立了店铺，在安徽、江南各地仅设立了一些发售货物的经营点，未设立独立的字号及店铺。

③ 这两封信在以下的论述中将还涉及。

④ 以下简称《信范》。应指出的是，也有不少重复的信件。

者作为一个经营点负责人是从吴城出发，或是回到吴城。如前第 27 封信说："家兄坐船，装上吴城，看可能或利否？如到可能售脱，即会带银下乌江买皮花回店。"这是讲买好的"花包"运回吴城看是否好出脱。另外，前第 43 封信有言："兹者弟自店初十登舟开行，于十九日抵吴城。"云云。此言自溧阳登舟，十日左右至吴城。由此两信看，似乎此信范的所有者就是吴城商人。但究竟是不是吴城人呢？似乎又不能确证，因为在前第 1 封信中提到了"现云吴山别号来信报，吾上四府自□亦难交（?）起，未降霖雨"。说明此家商人在吴城是设立了字号的。但吴城作为商品集散地，这家商人在此设立字号也可能只是将在江西收购来的夏布等商品在这里集中并往外发售，或者将在江南、安徽购来的棉花等其他商品运至这里销售，还无法证明吴城就是其家乡。

由方志远等人的研究可见，与其他的地区商人集团一样，江西商人的经营也以"客商"的面貌，跨越地区性或区域性的市场，在全国市场上进行着贩贱卖贵，或者在全国各地市场上进行着放债、开当等经营。前者，学术界一般界定为"长途贩运贸易"。① 笔者拟从经营史角度对江西商人的这种长途贩运贸易做若干侧面的考察，以期弥补江西商人研究方面经营细节考察的不足。本文仅对江西商人所贩商品——夏布、纸张、棉花、粮油等的种类及产地，江西商人的商品贩卖地点、路线等做一个初步的考察。

一、江西商人所贩运的商品种类、产地——夏布

从《信范》所呈现的整体情况而言，江西商人所贩卖的商品主要有以下几类：

---

① 如许涤新、吴承明主编《中国资本主义的萌芽》，人民出版社 1985 年版。

一是各种布匹，主要是将江西的夏布销往江南各地，因是同一东家设在吴桥的字号与其他多家设在外地的经营点之间，或各个经营点本身之间的经营信件来往，我们由此可以发现，这个东家，在江西吴城，安徽安庆、芜湖、湾沚，江苏的溧阳、宜兴、桥镇、无锡、常州，浙江南浔均设立了贩运布匹为主的经营点，而以反映溧阳情况的信范最多。关于夏布的产地，据《信范》提到的主要有“吾帮”，如前第 10 封信言：“吾帮共到布一千六百有多，虽发四五百，作销不过二百之光。”此外，常提到的还有新昌、瑞州、南昌等地的夏布，如前第 13 封言：“即正夏届，日穿棉衣，夜盖絮被，自问夏布从何而销？加之前后并瑞州、新昌涌到布贰千一二百卷。”前第 45 封信言：“刻溧之情实所奈者，吾帮并瑞州、新昌共到布三千之谱，又南昌到布二百卷。”又有抚州金溪之布，如后第 12 封信又言：“今岁又被抚布金溪加倍涌到。”①

明清的江西以生产夏布而著称，是其重要外销商品之一，清代后期小说《情变》载：在镇江，“到了三月里面，湖南、江西的夏布客又到了。彩章算是店里一个总管事，如何走得开？等到招呼过了夏布交易，已是四月下旬了，又要张罗向各处收讨节账”。文中彩章乃是“仁大布店”的掌柜。② 可见湖南、江西夏布在江苏是很有名的商品。其产地据方志远先生概括，可分为三处：一是以宜春、万载为中心的赣东北地区，二是以石城、宁都为中心的赣南地区，三是以宜黄、临川为中心的赣东地区。③ 以上信中所言大体皆属于赣东北及赣东地区。当然，这里是讲瑞州、新昌、南昌、抚州金溪、吴城的商人将布贩向江南为主的地区，还不能完全肯定，商品的产地也同样是这些地

① 关于夏布的销售细节，以下各节还会多次论及。这里不再细论。

② 吴趼人《情变》第八回《何彩鸾含冤依老衲，秦白凤逐利作行商》，天津古籍出版社 1987 年版，第 109—110 页。

③ 方志远：《明清湘鄂赣地区的人口流动与城乡商品经济》，人民出版社 2001 年版，第 266 页。

区，但这样的可能性还是存在的，方志远先生在上引书第 310—311 页所列“清代江西省高产杂粮及经济作物种植分布表”中所列苎麻种植区域已包括上文所说的南昌、新昌、瑞州，但抚州金溪、吴城未包括在内，在夏布产地一栏中，有广信府的金溪县、南昌府的两个县、瑞州府的两个县、抚州府崇仁等三县，未列新昌。吴城靠近南昌，当亦属于产区，而金溪、崇仁则自宋代便是著名的麻布产区，南宋文献中有一个著名的故事，据《夷坚志》载：“抚州民陈泰，以贩布起家。每岁辄出捐本钱，贷崇仁、乐安、全溪诸债户，达于吉之属邑，各有驵侩主其事。至六月，自往敛索，率暮秋乃归，如是久矣。淳熙五年，独迟迟而来，尽十月不反，妻颇以为念，夜梦其被发流血而告之曰：我此行不幸，到乐安曾家，为所戕杀……（后官府逮住乐安曾小陆）才鞫问，即承伏云：初用渠钱五百千，为作屋停货。今积布至数千匹，因其独来，妄起不义之心。”① 据现存《永乐大典》所引《夷坚志》，上文中“全溪”当为“金溪”，“债户”当为“绩户”。故总的说来这是麻布包买商的故事，他拿出本钱，通过牙人——“驵侩”对广大地域的生产者放贷本钱，等秋天便收回产品，用于贩卖。其地区在宋代属于抚州、吉州诸县，相当于清代抚州府、吉安府各县。显然，抚州金溪、崇仁、乐安及“吉之属邑”这一相连的一大片地区均是麻的种植及麻布生产区域。而至清代以后，则似乎有些局部化了。②

还有一些地名，应是江西商人夏布贩运的来源地，如前第 48 封信言：在溧阳一带“兼之大硚③、芦州、徐渡、新昌数所

---

① ［宋］洪迈撰，何卓点校：《夷坚志癸》卷五《陈泰冤梦》，中华书局 1981 年版，第 1254 页。

② 清代麻布生产繁盛与人口移动有关，种植者也多为闽粤移民，其品种也多从福建等地传入。让人有一个疑问的是：在棉麻转换之际，经历了怎样的过程。为什么宋明间相当发达的江西麻种植及麻纺织，至清代需要移民才兴起呢？

③ 大硚，当即今万载县大桥村，夏布生产中心之一。见下引《江西史稿》的考证。

带下，欲为盐布一千有〇，亏本贱放，其碍三也”。这是讲，因来货过多，及典衣公道，故只得“亏本贱放”，导致布业受伤。而所说贩来夏布的场所，包括大硎、芦州、徐渡、新昌等地，新昌应指清代瑞州府新昌县（今宜春市宜丰县），是清代重要夏布产地之一。其他三处：1. 大硎，在万载县，今为双桥镇。据研究，清代中后期以来，发展成为苎麻、夏布生产贸易中心。胡水风教授指出，江西“苎麻、夏布贸易最盛时，全省麻行、夏布行有一百多家，万载县有夏布庄二十二家，其中大桥有布行七家，潭埠、金树各有三四家，每年经营夏布万余卷”①。2. 芦州，在上高县，上高县原有芦洲，属江口人民公社，后因与赣县江口重，而改名，今为芦洲乡。3. 徐渡，也在上高县，是历史悠久的市镇之一，因地傍锦河，地扼湘赣，明中后期以来便成为商业繁盛之商镇。上高县也是清代以来江西苎麻、夏布生产贸易地区。②

在传世文献中，明清夏布最为常见的是以颜色命名，如蓝夏布裙、白夏布大褂、月白夏布衫子等，在我所见晋商布商规程中，夏布也与棉布一样，最为常见的是以出产地命名，如晋商曾经进货或进入晋商视野的夏布，主要有以下几种：许湾夏布、石城夏布、宁都夏布、宜黄夏布、河口夏布、缎尖夏布③、蓝田葛布、叽长白夏布。《信范》在记述物价时，常说到夏布种类，多被称之为某某尖，从这一角度统计，《信范》中的夏布大致有 21 种，其中比较常见、在信中一再提到的是绸尖、天尖、

---

① 胡水风：《清代江西苎麻业概略》，《农业考古》1990 年第 1 期，第 221 页。

② 以上所述参见：1. 民国《万载县志》《合编》。民国《万载县志》卷十之二《人物·列传二》。2. 咸丰《袁州府志》卷三《都鄙》、卷一五《营建》。3. 上高县史志编纂委员会编，《上高县志》，南海出版公司 1990 年版，第 179—180 页、第 216 页、第 259 页等。4. http://www.wanzai.gov.cn/wzgk/xzqh/201107/t20110705_212577.htm，万载县人民政府网站。5. http://www.shanggao.gov.cn/publish/portal0/tab119/info1099.htm，上高县人民政府网站。

③ 此处所谓“缎尖”夏布，当是与以上信范中所说的“绸尖”夏布一类的夏布。

丰尖、贡尖、锦尖、开尖等七种。还有14种则比较少见一点，情况如下：惠记京尖（前31）、裕记贡尖（前32、前34）、裕泰贡尖（前36）、各记小伙布（前47）、荣记赛尖（前49）、连记开尖（前49）、成记、修记贡尖（前49）、殖记〇[①]尖（前49）、茂记锦尖（前49）、顶尖（后8）、加阔（后8、16）、瑞昌天尖（后8）、机布（后10）、门布（后10）。[②]

这些夏布有些似乎是以地点命名，如瑞昌天尖"；有些则加上了字号名，即以字号命名，如惠记京尖、裕记贡尖、裕泰贡尖、荣记赛尖、连记开尖、成记、修记贡尖、殖记〇尖、茂记锦尖。[③] 还有“加阔”“机布”似乎是以技术性的环节来命名。最后还有不加字号、产地，也不以技术性环节来命名者，直接称之为绸尖、天尖、丰尖、贡尖、锦尖、开尖等，或者如“各记小伙布”“门布”，最后这两种则不知道是从什么角度来命名了。

但是，关于夏布为何会有这么多的种类及名称，尤其是为何有这么多的夏布以“某某尖”来称呼。目前笔者尚无力细加解释，但根据以上提到笔者所读到的一些晋商办布规程之类，由此及彼，对这一问题也有了一些初步的理解。[④]

首先，关于以“尖”来命名夏布，如“贡尖”“天尖”“锦尖”“绸尖”“丰尖”“开尖”“赛尖”等，笔者尚未见夏布的解释材料，但在棉布买卖规程中也有类似称呼，对理解夏布类似名称应能有所帮助，如有晋商梭布规程记载嘉庆八年苏州各梭布字号的布价言：

“德高诚记，黑锦七六，漂白四八五，毛石青六二〇，上青

---

① “〇”之符号乃原文有此。

② 后面括号中的数字乃信的封数。应该指出的是：这些不同种类的夏布的价格是不一样的。其商品价格问题还值得专门研究。

③ 之所以以字号命名，则应是贩商根据质量、价格所选定的进货货源的字号的名字。

④ 虽然所见仅为棉布进货规程，但在制度上与夏布贩卖当有相当的相似性。

六三。

源隆森记，红黑锦六八五，红锦六七，毛宝四四五，毛石青五三五，上青五四。

……

正隆诚记，锦尖红扪青六八，锦尖黑扪青六五，毛石青五一五，毛宝三九五。

益高元记，锦尖漂白四八，毛石青六两。”①

以上列出了各类梭布的价格，贵贱之间相差是不小的，但是否以“锦尖”命名，并不影响价格高低，如德高诚记的“漂白”为四八五，即四两八钱五分，而益高元记的“锦尖漂白”反而为四八，即四两八钱。

稍稍晚一点的一册反映湖北各商镇白布情况的规程，在说到钟祥县旧口镇发往山西平遥的白布种类时，提到“提尖白布”“顶庄白布”“锦白布”“晚庄白布”“彩边白生布”“拔尖白布”“拔尖晚庄白布”等，名之某某“尖”的白布，也未有多少特异之处，如“晚庄白布”与“拔尖晚庄白布”之间就只有轻微的一点区别，如“一宗晚庄白布，裁尺二丈五六，宽一尺〇六七，好布有三百来条钱子，大谱均钱三百上下，每卷记成卷陆拾匹，重五十三斤九，每匹一斤一两”。“一宗拔尖晚庄白布，裁尺长二二丈五六，宽一尺〇五六，好布有三百一十二条钱子，大谱均钱三百贰三，踩世美葱白水银二分五”。② 这里，“晚庄白布”与“拔尖晚庄白布”只“钱子”“大谱均钱”两项略有些区别。总而言之，是否带“尖”并不表示此布是否在质量、价钱方面

① 刘建民先生藏《嘉庆己未绸缎梭布行规程》，手抄本。从此规程前一位名曰朝仪的行主人所撰的序看此应反映嘉庆八年左右苏州的绸缎棉布的批发价，不包括进一步的包装及运输价。另外，所记价钱，全依原来的苏州码改写，由所引文中最后一家字号看，数字的“两”，应在第一个数字下。此资料目前是照片，见DSC08146。

② 刘建民先生藏《咸丰年间□兴盛记办布规程》，据文所说到的年代及封二所见到的字号印“□兴盛记”命名，手抄本，此资料是照片，见DSC08157。

有太大的区别。①

《信范》说到夏布行情时，还常有“顶正号”“正号”“副号”之说，如前第9封信言：“吾帮之布价顶正号△，中号△，副号△。前后共到布壹千有多，发出不外百余为率。”前第20封信言：“做盘极贱，顶正号（一八五、一九），中号（一七五、一八）。副号（一六、一六五），仍是陆续始出。”后第12封信言：“正号开尖做盘规银（十八八钱），贡尖（十五八），次号二宗（一四三钱）、（一三八钱）。此均七月兑付之期，如即兑者，正号少文七八钱一卷，中次之布少银五六两钱不一，期现听买主两便。”

有时夏布降价销售时，也是分“正号”“副号”，如前第33封言：“近来一月有零，各行布一卷未动……除出尚存之下，正中号放跌贰元半，副号减贰元。吾帮顶正号均放贰元、贰元半、三元，副号减贰元、贰元半不一。”前第47号信言：“但溧布情实所奈者……顶正号放跌（一七、一七〇），次（一四五、十五），副号（十三、十三〇），（九七）扣洋。”

由此可见，所谓的“正号”“副号”，说的都是关于夏布价格的不同等级。但我们要提出的一个问题是：所谓“正号”“副号”究竟是指字号呢，还是指别的什么？这在信范中还看得不清楚，从以上所引晋商办布规程的一些记载来看，所谓“正号”“副号”不是字号，而是布的种类或等级，如有办布规程说到胎

① “贡尖”“天尖”之名，在茶叶中似乎常见，如安徽六安府霍山所产名茶，据《续茶经》言：“通志：庐州府属六安霍山并产名茶，其最着惟白茅贡尖，即茶芽也，每茶出知州具本恭进。”见［清］陆廷灿《续茶经》卷下之四，清文渊阁四库全书本。湖南安化茶砖茶之外，有天尖、贡尖、京尖之类，当时外贸税则说道：“本衙门视贵大臣所言极为公允，径拟就此定议千两一种，每百斤征银五钱，百两内之贡尖每百斤征银八钱，百两之天尖每百斤征银一两，百两之京尖每百斤征银一两二钱五分。”见［清］颜世清《约章成案汇览》乙篇卷十二下《成案》附录《给俄国照会》。前者霍山贡尖乃实有进贡之意，但说到安化茶中的天尖、贡尖、京尖时，虽亦有进贡之意，主要意思是指用细嫩叶加工而成的极品好茶而已。

布时说："一宗副号胎布，才尺长一丈九，宽九寸，有三佰七八拾条线子，大谱均钱比正号布少均钱三四十文，其余染水成甬与正号全……一宗三副号胎布，才尺长一丈八，宽九寸，有三百五六拾条线子，大谱均钱比副号布少均钱五六十文。""一宗永丰德胎布，才尺一丈五，宽八寸四五，有三百来条线子，大谱均钱……一宗永丰德副号胎布，才尺一丈四五，宽八寸二三，有二百八九拾条线子，大谱钱。"① 由此可见，所谓"正号""副号""三副号"所指胎布的种类，不同胎布之间有"才尺长""线子""大谱均钱"三个方面的差别，副号比正号在短一些、少一些。

二、江西商人所贩运的商品种类、产地——纸张、棉花、粮油

《信范》记述江西商人所贩运商品最多的是夏布，此外，还有纸张、棉花、粮油等商品，其中纸张、粮油与夏布一样是由江西贩出去的商品，而棉花则是从江南、安徽进货带回来销售的商品。

首先是纸张。《信范》中多次谈到纸的销售，如前第 1 封信言："今瑞帮纸号办 * * 十余船，合抵吴。瓜银△，何下斗船叫尽，吾帮亦有欲办此业者。草字达知。"② 可见不光是写信者所在的商帮——"吾帮"，其他帮如"瑞帮"的商人也作纸的贩运，故而引起了写作者的注意。前第 8 封信言："但溧地近日（七五）表芯售一月之期，实洋（三三〇），共存货四百余，亦不销。以前△兄在溧，贰以售纸二百石，宝银（二五三），（九七）扣用，净升头，工边（四元二三），不行。"③ 此处讲的是溧

① 刘建民先生藏《道光年间□兴盛记办布规程》，照片 DSC08168。

② 此信中带 * 者属于残字或者尚不能释读之字。

③ 引文中所有数字均由苏州码转换而来。原文没有括号。

阳本地纸的销售情况及价格。前第44封信言："今付苏州信船徐万丰装来郭祥记表芯纸十石，到即查收，言定每石船钱壹百廿文，望照数给找。"这里说的是同一东家的店铺给另一店铺代购表芯纸，并装船送过去的事。前第47封信言："刻溧洋斢宝银（七一〇），洋易钱（一千四九），表芯头印（二七八）元，并无受手。所起溧地之纸，亦未出脱。如其有市，弟即会照市出脱。"这里报告了溧阳的洋价及纸价，及本店所屯纸销售策略。前第49封信说："但弟手之布，早已概已完结，所云汪信诚表芯，弟委之至行，又托相契说，亦不肯受。蚕纸大多无处出卖……此业受亏不轻。弟现在托人看可能出脱否？不知常州、无锡出脱得否？望兄回示。昨日△兄售出三百石，价洋（二元三七），（九七）扣洋，其洋八月底期，其纸中等之货。"这里讲将委托牙行，但似乎不太愿接受，其中蚕纸无处出卖，请求同一东家另一店铺的掌柜在无锡或常州能不能卖出去。又说到了纸的价格。后第7封信言："所带表芯，今日为盘△，弟未肯结，愚欲后看可做得△，即售。愚想此业，现在存货不多。若后无货，至货可稳当，纵欲出脱，亦属易便。而且纸业长远交易，是思缓售不急可也。及带上工边，难以就主。若问帮中售价（四）元内外，贱臭之至。兼之不受此业，划算不能敷本，故留暂搁，再行定夺。"此信前半部分讲布的销售，后半部分讲纸的难销，无可奈何之中，最后谈起了纸的销售策略问题，即目前纸价过低，想再等一段时间出脱。

由以上诸段可见，江西布商在贩运布的同时，纸也是很重要的一种商品。在信范中种类虽不如夏布，但至少也有六七种之多，如"表芯""工边""蚕纸"等。有一种比表芯头印稍次一点的纸，如前第40封信言："表芯头印（三三四），次（三元一三一）。"还有以地方命名的表芯纸，如前第44封言："高村表芯（二三），万表（二）。"

所谓万表，应是指万载县生产的表芯纸，高村是万载的一个纸业中心，所生产的表芯即是“高村表芯”①。据许怀林先生的研究，“清末时（万载）全县生产表芯纸10余万担，最著名的是高村的辛茂堂纸行，称船市表芯，以武汉为基地，转销河南、河北等地；大桥的瑞丰纸行，称桥市表芯，以南昌为基地，转销江苏、上海等地，乃至香港、东南亚国家”。“次”，应该也是一种与表芯头印一类的纸，但价格要低一点。

在晋商进货的市场上，纸大部分是江西的，也有福建、江南、安徽等地的，下面是一个晋商杂货规程中纸的列表：②

表1　纸商进货种类及产地情况表

纸的名字	出产地点	纸的名字	出产地点
杭连	江西玉县	白连	江西福州府黄乡渡
花尖	江西天宝新昌邓林	光古	江西广信玉山县
杭连	江西玉县	白连	江西福州府黄乡渡
花尖	江西天宝新昌邓林	光古	江西广信府玉山县
京文	江西广信府玉山县	黄表	江西石塘
川连	江西广信府铭山县	切边	江西赣州瑞金县固城镇
罗墩	江西天宝凤信	斗方	江西宜黄县
架表	江西赣州府	白表	江西石塘
晒纸	江西乡州府新昌县天宝镇丰信县亦出	毛八	江西
毛六	江西	扛黄	江西

① 《江西史稿》，江西高校出版社1993年版，第586页。

② 只列江西所产，见山西省人民银行刘建民先生藏《道光元年杂货规矩》廿《诸样杂货出处》，照片6163，手抄本。很有意思的是，如《信范》所示，表芯纸应是江西生产、贩卖最多的纸之一，但在此规程中，却未说是江西出的，而是说“出湖南衡州府耒阳，汉庄顶高，白果上，东山次，龙山更次”。

续表

纸的名字	出产地点	纸的名字	出产地点
丹红	江西州州府，赣州府亦出……有次丹顶丹中丹小丹	金木本	赣州府
京红	赣州府		

上表所列，共有23种纸。据民国初年所征税目记载："有二百种以上"，民国四年至七年的材料统计，江西二十县纸的种类有把纸、金纸、粗纸、京放纸、草纸、毛边纸、连史纸、宣纸、画心纸、白关纸、皮纸、油纸、表芯纸、官堆、火纸、烧纸、花火纸、福纸、西纸、都纸、白纸、大表纸、花笺纸、广慧白纸、花坯纸、大帘纸等二十种。具体说来，贵溪县之纸有京表、草纸、夹板纸、厚壳纸，河口镇除连史纸、关山纸、草纸、黄表纸、京放纸外，还有书川纸。① 铜彭县的纸至民国年间还有十二种，有以竹丝为原料的毛边纸、报纸、漂贡纸、放匡纸、黄表纸、表芯纸、火纸、花胚纸、方切纸等，有以稻草为原料的条方纸、斗方纸等，有以谷树皮为原料的皮纸等。②

当然这些远远不是江西纸的全部，不过反映了清代中期至民国年间江西地区一些常见纸品的大概演变而已。遗憾的是，除表芯纸外，《信范》中所说工边、蚕纸、表芯头印等不在以上清代中期至民国以来文献的介绍之中。

如上所述，清代乃至民国时期江西是全国有名的造纸中心

① 分别见1.《江西纸产之危机》，载《经济旬刊》，第1—7页；2.《贵溪县文坊京表纸业概况》，载江西《经济旬刊》（1936年）第七卷第10、11期合刊，第75页；3.《工商知识》（1947年）第四卷二期。本注所引参阅江西省社科院历史研究所《江西近代贸易史资料》，江西人民出版社1988年版，第239—240页、第243—244页。

② 傅媛媛：《清末至民国赣西北地区手工业的发展与地域社会》，江西师范大学专门史专业2009年硕士学位论文，第26页，指导教师谢宏维。

之一，尤其是广信府的铅山县，更是生产的中心。由以上所论可见，这些纸是通过瑞州帮、万帮等地江西商人运往江南地区销售的。其销售与夏布是一起进行的。因为纸的销售毕竟不是这本信范所提到的商人的主业，故而除了比较多地报告了纸的行情外，涉及相对较少。我们对它的贩运也就只能论述一个大概了。

其次是粮油。《信范》常记载各种粮食，主要是各种米价，如熟米、南米、新米、陈米等，还有油价，包括茶油、桐油、菜油、麻油等。同时也很关心各地禾苗丰歉与否，后第 14 封信说到芜湖水灾情况及粮油价格言："仍系江势渐涨，人心煌煌，不问生涯，米涨百十文一石……熟米价钱（二千三四）……茶油涨（四〇五分）。"后第 18 封信谈无锡的银钱价及米价言："近日……熟米钱（四千?），南米价洋（二元五），通子花价洋（六七八一七），无受手。"前第 27 封信亦谈到芜湖水灾之后纸、油涨价的情况，"街上通流，高低圩坝尽已破尽。刻芜湖茶油涨元（四两八八分），麻油涨（五钱六），菜油（四钱二），桐油（三钱六）"。

仅有两封信具体说到米的买卖问题，前第 49 封信言："又云兄得买△号，得南熟米八百石。弟愚想今岁此业，亦不能生息。各处年岁俱系顺熟，又云吾帮亦有四号，现在装来米一万有〇。弟愚想不若照市出脱，望大哥高财调理可也。"此乃关于纸与米的销售，与另店伙计——"哥"商量行情，可见米的贩运数额并不少。四个店号一次装运便达一万多石。后第 12 信言："愚自三月廿六日清泰抵芜，共带夏布百八十卷之数，又茶油等件。"可见这位伙计从江西抵芜湖时，不但带有夏布，而且带了茶油。从江西带来茶油，应是运来安徽芜湖销售的。

再次是棉花。以下先顺序引几段材料，对棉花贩卖的具体情形做些论述。如前第 1 封信云："现观各处花苗据称十足，再望收天定局。前△号共买花包△百元，[①] 合抵县（十三）之谱。昨又粮帮几号在和州买花包几百元，价合抵县（十三五三）。”这里是先报告了花的价格，包括进货价格，也估计了运到县里来之后销售的价格。前第 22 封信言：“弟手之项，现和州花苗受伤，不若上中路采买。不日△兄亦会上中路，弟想托伊带银贰百两，交△兄手办，头船回归。”这里谈到了因水灾，和州棉花要歉收，主张上中路采买，[②] 而且会托人代买，乘船回来。前第 25 封信言：“伊悉弟修音至哥处，谈及大仓花苗年岁，伊欲想至大仓办花。望祈即速回示，至紧。”这里讲到另一处购买棉花的地方——大仓。[③] 前第 27 封信：“弟手之项，概已收清，在锡山买就子花百五十包，店（?）秤每百斤价洋五元六角半。弟家兄已买就四百包，于本月廿四日受载。家兄坐船，装上吴城，看可能或利否。如到可能售脱，即会带银下乌江买皮花回店。”这里是讲，伙计向店里报告，已经收清了手中的账，在无锡买了一百五十包棉花。另外，其兄弟也买了花包，坐船装到吴城。如能及时脱手，则带银下乌江去棉花回店。前第 42 封信言：“至六月初，生意发动，弟将布概行售脱……所□布之项，收存现洋壹千贰三百，余者概要到八月中兑付……或换银或装钱或后办花回归……不日△兄亦会装棉布回归。”这里是伙计向店里报告，布已售脱，收存了大部分现洋，还有一部分要等到八月方能兑付，计划在八月底将洋换银或装钱，或直接办成花后回家。后第 3 封信言：“付△手带上银两，弟往和州……老花存货不多，仍价若干，北边可卖。前吾帮几家柒佰几十元，合县价△……只云吴山十六日来信，云皮花好货仍售△……棉花存货不多，大仓后之花，均未到县，价叫好货△，有行无市……后

① 文中之△号乃原文中如此。

② 与上路稍有矛盾，上信所言和州便是中路所在，这里却言和州不行，不如去中路，像是两个地方。不知何因。

③ 大仓具体方位尚未查到。

八月往和办花，带收无误。”此处主要是讲伙计带银往和州买棉花，而且据吴城来信，说家乡棉花没怎么到货，故而至八月，会至和州办花。

以下后第5封信又是一封长篇的专门谈棉花销售的信，大体说了以下几个方面的意见：第一，说“吾县”及棉花产地——中路棉花减销、价格的情况。信言：“兹接初七日来音……所嘱办花，公儎△记未付，一因银价跌（百四三），兼之花价高昂，合上包（十〇七八）。到家均在（十二）边普，故待守候。又阅△号前月念四专呈足音，云吾县年荒敬（惊）恐，棉花减销。意见或带银两回归外，阁别业之策。现列陈花，因途水涩阻延，上邑、大仓、乌江县，欠销以极。”“致今岁棉花一业，吾邑如此情景，难以作摸，只好更大市……但今岁中路花色较比上年更佳，以前数日，因雨连绵，货出顶点，近两天又覆佳矣。”因银价疲软，棉花价格上涨，故而只待守候。吾县及各棉花市场棉花减销，但中路花色较上年更好。第二，说各帮棉花运输问题。信言：“二共到货约在千数百余元，然中路长安铺、涨滩等处，公儎各派镶包六七元，于是月初四日开行，二帮公儎各派包卅元，未曾足载……吾店与△号仝儎，并各记吾共镶百数十元。此今吾帮共在贰千一百余元，合上包价钱（十〇六七）不等。”信中有些专门性的词汇还不能完全理解，但大体上说的是关于棉花怎么运输的价格、二帮公同运载等。第三，“弟于十二日至长安铺，△△前月廿二日到长安铺，廿四日开庄，共伊手为我采花百余元。弟明日至，涨滩开跌（十三）之市，足以观市行正”。这里说的是长安铺的棉花市场开市（“开庄”）日期，及委托先到者为自己代买。

后第6封信也是一篇关于棉花销售的专信。信言：“兹者弟于七月十四日锡地动身，往中路办花。△伙七月底八月初动身至芜。弟八月初五日到长安铺，今得店来音，只会带银回归。△老寄银贰百两，委弟办花，即观市办回。△△只会齐数办完，带银坐头船归长安铺……弟于初八日开秤，买就花包十余元，合上包（十〇六七）。吾帮以前开秤（十〇二三），无奈今岁人顺多，共有六七十人。至令花价速日赶涨（十〇六七）。弟想开发头之后，有跌无涨。”此信是讲无锡伙计往中路办花，于八月初到长安铺，因得店之信，只得带银回归。但有“△老”委托这位伙计采办棉花，今年棉花收成尚可。于是至长安铺买花十余包。往年开秤，价格较低，今年因“吾帮”来的人太多，使花价涨了上去。

棉花的贩销似乎都是作为江西商人夏布贩运后的回头货。在江南如溧阳、无锡、南浔等处皆设号卖布，得了利之后，有时是将“洋”换成钱或银带回，多数时候是将这些得利采办棉花回江西各地来销售，故而多在所谓的“中路”，即芜湖、和州等地存钱、换钱，故而信中不但关注棉花价，更关心银钱价。①

关于棉花的产地，信中提到最多的是和州，以及乌江、长安铺、张滩、大仓、上邑，这些地方似乎都是棉花集散市场，尤其是和州，所谓的“花庄”，应该是资本大、信誉好的店铺，故而为江西商人所信赖，常预存款于此，以为购棉之需。这些地方都是信中所常说的“中路”，即芜湖、和州为中心的地域。这里既是棉花销售中心，也应是棉花产地，如和州乌江镇，自明末清初以来便既是棉花运销中心，也是著名的生产中心，著名的是所谓的“乌江卫花”。镇上收购棉花的行店及为商人服务的各类店铺林立，相当繁荣。②

有两个地方——上海、无锡，值得细说，关于上海，后第10封信谈到江西家中的收成及物价，说：“家中菜麦十分收程，雨水调勺（匀）……上海皮花每包（七元〇五）。”这时讲棉花在江西吴城的销售价，主要有上海及大仓的“皮花”。③上海作为棉产区，从那里购棉花回来，自不奇怪。

---

① 关于存钱、换钱将在以下专论。

② 关于清代乌江商业的叙述，搜自网上。

③ 皮花应指已脱去籽的棉花。

而无锡，在清代是著名的不产棉花但棉布产量却很大的地区。“常郡五属，惟吾邑不种草棉，而棉布之利，独盛于吾邑，为他邑所莫及……坐贾收之，捆载而贸于淮扬、高宝等处。一岁所交易不下数十百万……坐贾之开花布行者，不数年可即致富。”① 在信中却多次提到了在无锡买花，或提到无锡的花价，如前第 26 封信言：“在锡山买就子花百五十包，店（?）秤每百斤价洋五元六角半。弟家兄已买就四百包，于本月廿四日受载。家兄坐船，装上吴城。”这是具体买花及销售的记载。后第 8 封信言及无锡的洋、钱价及花价：“近日洋易钱（一千五〇四），洋斞宝银（七钱五〇），通子花价洋（四元四）。”后第 9、11、17、18 等四封信均谈到了所谓的无锡“通子花”的价格。这说明无锡应该是有一个大的棉花交易市场。其价格已为江西商人购买棉花时所关注。无锡的客商坐贾，一是开设花庄，运来棉花，销售给本地手工业者及农民家庭用于棉纺织生产；二是开设布庄，将棉布运来，向远处销售。当然也可能是兼营。

综上可见，《信范》作者所在的“吾帮”商人主要是在安徽的和州（称之为中路和州）等地购买棉花，其花主要是买回江西老家，有时有专门运花的船，常将贩布的钱存在中路和州的花庄，以便于购花。而作为棉花交易中心的还有乌江、长安铺、张滩、大仓等。常采取合作经营方式，即委托别店伙计购花，也接受人家委托代人购花。棉花收购的钱银通常是销售夏布所得之利，通过芜湖、和州等地的商铺或者金融性店铺进行存储或兑换。②

最后应该指出的是，江西商人为了长途贩运，也极关心钱、银、洋的兑换和买卖，但他们主要是为了商品经营之需，还看不出他们进行了专门的银钱贩运、买卖。此点将另文专门论述。

---

① ［清］黄印辑：《锡金识小录》卷一《力作之利》。台湾：成文出版社影印乾隆十七年抄本，1983 年，第 52—53 页。刘按：正因为如此，徽商称无锡为“布码头”。

② 关于江西商人金融行为及其与长途贩运的关系，将另文专门论述。

三、江西商人的商品贩卖地点

从以上所述商品种类中，我们已经对商品贩运路线及经商所在地域有了一个大致的理解。

首先，从贩卖地点看，《信范》中说到的江西商人多从吴城出发，到达安庆、芜湖、湾沚等地，再到达溧阳、和桥、常州、无锡、南浔等地，回程时常去的地方则有和州、乌江镇、长安铺、张滩等。因为相关文献材料的缺乏，具体商路还不能细化，以下沿长江水路，依其与吴城的道里远近对一些主要地点及江西商人在这些地方做的事做一个点状考察。然后对文献资料比较丰富的江南地区商路尽量做一些细化考述。

长安铺、张滩：此两处是江西商人购买回程货物——棉花的地方，也是为购花而存钱款的地方。《信范》中多次提到长安铺、张滩。后第5封信言："△△为兄带上银两，于今未曾为换。因前银价疲势，今东流张滩等处提涨（一百九四〇），仍看喜色。所嘱办花，公儎△记未付，一因银价跌（百四三），兼之花价高昂，合上包（十〇七八）。到家均在（十二）边普，故待守候……弟于十二日至长安铺，△△前月廿二日到长安铺，廿四日开庄，共伊手为我采花百余元。弟明日至，张滩开跌（十三）之市，足以观市行正。"这里是说接受别人委托，代为购花，将花载于某记，未付价银，因银价疲跌，棉花价涨，运到江西老家之后，可能不划算，故而未遵嘱购花，仍在守候。前月某兄至长安铺，已为"弟"采办棉花百余元，"弟"于本月至张滩，以观其行市。

清代池州府东流县有长安铺，属驿站。另有张溪镇，原为张家滩，"张滩"当即是其简称或惯称。两处接壤，均为繁华商镇。[①] 江西商人购花、存款当即是此两处。

---

① 张溪镇即现在东至县张流镇，长安铺即现代东流镇长安村。

安庆：《信范》提到芜湖极多，而提到安庆极少，仅有三处：一是装布往安庆销售，如前第31封信言："前愚至店所言，买二帮布下来，看能安庆好些，可能售脱否？如其售脱，可能不必下来，美矣。"这是在溧阳说话的口气，主张将布装往安庆出脱。二是至安庆"集账"①，如后第5封信言："弟等欲买足，等转安庆集帐。致今岁棉花一业，吾邑如此情景，难以作摸，只好更大市。"这是买棉花的信。三是在前第30封信的末尾写道："己年又四月廿一，奉安庆老新。"可见江西商人也在安庆贩卖夏布。

芜湖：江西商人在芜湖不但贩卖夏布，也出售粮油。对芜湖的物价、银钱价、气候、收成等相当关心。举一例为证，如前第5封信言："男于廿二日抵芜……男云其此市只得将布起芜，于卅日概行售出。"又言："刻芜宝银（百九九），洋斢宝银（七钱三），洋易钱（一千四五）。"这里是讲，这位江西商人到芜湖之后，闻常州、无锡一带受旱，便将夏布起出，来芜湖销售。后又报告了芜湖的银洋钱的价格情况。关于芜湖记载极多，此不一一赘述。

湾沚：是《信范》很少见的地名之一。如后第12封信言及芜湖的布情是："奈货存废多，日索渐短，大帮前后共约到布贰千贰百卷，除销，存布七百卷之数……远卖屯压无拟（疑）。今岁又被抚布金溪加倍涌到，先年只湾沚一带作销，今因价售公道，规银（十二）几钱，芜湖亦作销矣。"可见因跌价，销路打开，以前只在湾沚一带好卖的布，在芜湖也好销了。前第22封信言："得接△△本月廿四日来音，云伊手之布尚存未卖，正号△卷……概作与湾沚允大、茂盛二行代卖，有剩包退。"此信亦是以在芜湖的口气写的，是将在芜湖不好销的布，转与湾沚的牙行——允大、茂盛，由他们代卖。在前第44封信中还提到了

① "集账"作为一种金融信用行为，是否是一种集体清算账目的行为呢？其含义将在另文中专门讨论。

湾沚的米价。前第46封信言："所起湾地表芯亦未少脱。别货未叙，容后再报。"说明江西商人也在湾沚销售纸张。

可见芜湖县县治所在地的湾沚是一个比较繁华的商业市镇。江西商人在此销售夏布、纸张。

和州：和州是安徽境内江西商人购买回头货——棉花，存储、买卖银、洋、钱的重要据点。《信范》中提到和州之处也是俯拾即是，如前第14封信言："弟所言付银回归，据云吾县银价不高，摸算受亏不少，弟只得将扣来银，今遇△兄过芜，托伊带过，转托△△存和州云，其此处银价存花庄钱（二百四五），弟摸算较比此处受亏不少。"这是在溧阳写的信，讲将在溧阳所得之银，托人带来，存在和州。而后第14封信也是如此，信言："今接△△初四日来信，以悉。但△手前付△兄带上宝银六定（锭），其银日前付便友带往和州，寄付朱益和家，存去花庄钱文，尚未回信。"而存银和州的目的，通常应是购花。如后第3封信言："付△手带上银两，弟往和州，在乌江存△两，价钱□；存和州△两，价钱△。"这里讲到了将银存和州及乌江。① 以下说到了和州棉花与庄稼收成预期及江西家乡的棉花行市。就是说，江西商人存银和州主要是为了购买回货棉花方便。

乌江：乌江是清代安徽重要的棉花生产销售中心，属和州，《信范》中屡屡提到，且常与和州一起。如以上所引的后第3封信便提到了和州与乌江，商人将银存在和州与乌江。实际上，其他地方也是如此，如前第1封信言："弟手所带之纹于△日至乌江何合盛、张锦星二号，存去△佰两正，价钱△。"与在和州一样，存银应是为了购买棉花，如前第27封信言："弟手之项，概已收清……弟家兄已买就四百包，于本月廿四日受载。家兄坐船，装上吴城，看可能或利否。如到可能售脱，即会带银下乌江买皮花回店。"此处说的是：看在无锡买好的棉花是否能销

① 乌江在以下再说。

出，如果好销，便会带银下乌江买皮花回吴城来。① 而后第5封信则说："吾县年荒敬（惊）恐，棉花减销。意见或带银两回归外，阁别业之策。现列陈花，因途水涩阻延，上邑、大仓、乌江（十三），欠销以极。二共到货约在千数百余元。"因本县棉花欠销，不但乌江，而且"上邑、大仓"的棉花也是如此，便只得带银子回老家了。

溧阳：江苏溧阳是《信范》中提到最多的地方，尤其是在前第50封信中，大多数提到了溧阳，这位伙计或者掌柜从江西坐船出发，不是到达芜湖，就是到达溧阳，也就是说，此《信范》中的大部分信是以这位在溧阳负责经营的伙计或掌柜的口气写就的，尤其是信末标明了"奉哥""奉店"等词的信。如前第10封信言："启者弟自店登舟以来，于廿四日抵溧。一路叨天清吉，所带之布均起程。"这是讲由吴城登舟，直接带布至溧阳，报告了布的销售情况。前第7封信言："兹者无（芜）别。弟于廿四日抵溧阳，一路叨天清吉，于廿八日得接△兄来音，云常州前△号所到之布，仍亦未销动。"这应是由芜湖至溧阳，并报告了常州布情。还常报告降价情况，如前第18封信言："刻溧布情，并瑞州、新昌共存布五百数十卷之普，于前初二日起，大乱之极，纷纷减下，较开盘跌五厘、五厘半、六厘不等。"与此同时，还时常报告溧阳的银洋钱的比价及夏布以外各种商品如纸、米、油等的行情。如前第11封信言："据云无锡、常州一体皆然。刻溧兿宝银（七五三），洋易足大钱（一千五），（七五）表芯（三元四五），工边（四元），内外不行，熟米（一四五）。"此种口气的记载信中极多，其余不赘。

和桥：信范提到和桥只有一处，前第48封信谈到江南各地夏布滞销时说："及其常州、无锡、和桥亦属不佳。同病相连，但过坝者皆称不讨好也。皆数所存布三千之外，不知成何结

① 由此段记载还可注意的有两点，一是江西商人不但在安徽各地买棉花，而且还在江南无锡购买棉花；二是严格地根据销售情况决定是否进货。

局。”由此段之意，信范中的江西商人在和桥进行夏布贩卖。和桥当即宜兴的和桥镇，从明末清初开始即是商业繁华之地，据自明末清初以来就是商业繁盛的集镇。据清乾隆三十七年(1772)《重建和桥碑记》：和桥为“由县入府，水陆要道。凡溧阳、宜兴、荆溪三邑，漕艘出入所必经。其他士商错处，缠闸稠密，货贝充物，栉比云屯，屹为巨镇”①。

无锡、常州：此两地是与溧阳密切相关的夏布销售地，《信范》中最常提到的是两地夏布的销售及降价的情况，如前第45封信言：“男于廿二日抵芜，一路叨天清泰，闻常、锡受干旱，速望霖雨。余生布一业，吟（宁）静之至。”这里似乎是听说常州、无锡受旱，生布不好销的情况。前第30封信言：“切勿装下，至紧至紧。据云常州、无锡生意，与溧一体皆然。”这是在溧阳请求，以前让“哥”装布前来溧阳的计划，不要再实施了，因为常州、无锡的生意与溧阳一样。

上邑、大仓：上邑、大仓是江西商人常去购买棉花的地方，《信范》常提到两处棉花行情。前第25封信言：“伊悉弟修音至哥处，谈及大仓花苗年岁，伊欲想至大仓办花。”这是讲有人听说了信中所说大仓棉花庄稼收成情况，想去大仓购花。后第5封信言：“吾县年荒敬（惊）恐，棉花减销。意见或带银两回归外，阁别业之策。现列陈花，因途水涩阻延，上邑、大仓、乌江（十三)，欠销以极。二共到货约在千数百余元。”“致今岁棉花一业，吾邑如此情景，难以作摸……但道州、大仓、乌江年岁，谅尊伙之（知）晰。”这里是说，有人告知，家乡荒歉，棉花减销，上邑、大仓等处棉花欠销，生意所赚银两全部带回家。不再购买上邑、大仓等地的棉花。上海在清代为县，有时便称

---

① 转引自唐伯详、陈和庆、鲍洪详搜集整理《“夜和桥”和“小无锡”》，载《江苏商业史志通讯》1988年第2—3期，第42页。据此文言，此两碑当时还存在，分别立于和桥镇团结街原三官堂墙内及和桥中学伙房旁边。

其雅称为“上邑”。大仓，应即是太仓。①

四、江西商人在江南地区的商品贩卖路线

至于江西商人的经商路线究竟具体是什么的问题，因《信范》所提供的信息不够，尚难细说，但有幸的是，徽商在江南地区经商的具体路线，有不少记载了详细路程的商人书存在，又有陈学文、张海英等学者关于商人书及江南地区商品流通的专著为后盾，故而我们对江西商人在江南地区经商的某些线路可以做一个大致的猜想。

首先，从芜湖往溧阳，是否走为当时中小商人最为青睐的从芜湖折而东向，由高淳、胥溪至溧阳一线呢？如果如此，则其路线依《士商类要》所言，就是芜湖县 40 里至黄池，30 里至西斗门，30 里至高淳县，过固城湖，至湖口，15 里至上坝，10 里至下坝，沿胥溪运河 10 里至定埠，27 里至河口，过三塔荡，18 里至堑口，沿南中河 18 里至南渡桥（今南渡镇），36 里至溧阳县。②《信范》中多次谈到由芜湖装布“过坝”，当即此条路线上的“上坝”“下坝”。前第 16 封信言：“据云△△装布过坝，切勿装来。刻溧共存布壹千三四百子……如大人之布，亦恳到芜放价售脱便美。”③ 这里由信中口气可知写信的主人已在溧阳，要求不要将布“过坝”装来溧阳，而应在芜湖卖出，因为装来

① 另外，后第 5 封信还提到“道州”之地名，不过还没有足够的资料来完全确定它的具体出处。

② 参见［明］程春宇《士商类要》卷之一。按：张海英教授《明清江南商品流通与市场体系》一书（以下简称《体系》，华东师范大学出版社 2002 年版）对江南地区与外界各省主要商路做了较细致的梳理，这里据其考证整理而成。参见《体系》，第 45、46 页。

③ “子”据原文释读，据文义看，应是“卷”，即布若干卷，而不是若干子。以下所引皆是如此。

溧阳并不是好事。可见“过坝”是这条商路上一个比较关键的步骤。①

那么，到了溧阳之后再往别的地方去呢？如往无锡、常州一线，又该如何走呢？如上所述，《信范》中常言锡、常两地布价、气候情况等，但未言如何由溧阳去往这两个地方。如果江西商人不走通常的官道，即从芜湖沿长江顺流而下，经镇江南下，转入运河，抵达苏州，而是走上述高淳、胥溪运河至溧阳、宜兴一线的话，那么，去无锡、常州当经过溧阳，而由溧阳至无锡应是沿南溪运河东行 45 里至徐舍，东行 45 里，过湖荡至宜兴，20 里至计亭（今屺亭），13 里至峨桥（疑为今和桥镇），沿武宜运河行百里至运村，40 里至阳山，再 40 里至无锡县。②而无锡至常州府，则似乎比较简单了，当是由无锡沿大运河北上，10 里至高桥，出夏港，15 里至洛社（今落社），20 里至横林，35 里至常州府。③ 而这两段路线的确定，也有一定的根据，《信范》在前第 48 封信中说到溧阳夏布跌价情况之后，还说：“及其常州、无锡、和桥亦属不佳。同病相连，但过坝者皆称不讨好也。皆数所存布三千之外，不知成何结局。”这就是说，常州、无锡、和桥等地布情也与溧阳一样不好，凡“过坝”之布行市均不佳，还有一些表芯纸，亦带来溧阳，但未卖出。

江西商人还在南浔贩卖夏布，往太仓、上海去购棉花作为带回江西老家销售的回程货。那么去这两个地方的路线如何呢？

先从去南浔镇的路线说起，如果由无锡经苏州出发，则路线比较简单，由无锡南行 70 里至浒墅关，30 里至苏州，④ 再由

① 据上引张海英教授著作考证，自明初恢复宋元时代废弃的胥溪运河，并为防洪而将广通镇闸改为坝，又于此坝东新修一坝以来，虽盘剥商货非常麻烦，但因此段运河能避长江风浪之险，故而为商人所喜爱。

② ［明］程春宇：《士商类要》卷之一。据张海英《体系》第 45 页之论述。

③ ［明］黄汴：《一统路程图记》卷七《江南水路》。据上引张海英《体系》第 63—64 页。

④ ［明］程春宇：《士商类要》卷之一。据张海英《体系》第 45 页。

苏州阊门新开河搭湖州夜航船，沿京杭运河南下，50 里至吴江县，40 里至平望，12 里至梅堰，24 里至震泽，12 里便至南浔。[①]

其次，再说去太仓、上海的路线，江西商人如果由苏州去上海，则张海英教授指出主要的商路主要有三条：第一条、第二条均是能涵盖江南地区主要棉纺织中心城镇，但绕道比较多的路线。从上文所述看，江西商人至太仓、上海主要是购买棉花，而不是去进行棉布的购买或夏布销售，故而我想他们会选择一条最为方便、距离较近的路线。而这样的路线，张海英教授指出：就是由苏州经双塔（或称商榻）过淀山湖，经青浦，走七宝，是当时苏州至上海的最佳快捷方式。[②]

以上只是参考张海英教授的研究，对江西商人在江南地区可能走的商路做了一个大致的考述，当在相当大的程度上与江西商人在江南地区的经商线路相合。当然，因相关文献资料及研究的匮乏，对于江西商人在安徽境内的经商路线只做了一个点状的考察，甚至对其出江西的具体路线也不十分清晰，有待于今后继续关注。

结　语

本文对《信范》的解读，还是初步的，对其事实之间的内部联系有些还不是很清楚，如物价与当时银钱价之间的关系，对于江西商人在安徽省各城镇的商路了解得也不是很具体，有些地名的考证也只是初步的，这些问题还有待新材料的发现。此外，还可结合江西地区商品生产、流通，安徽地区、江南地区商品经济、市镇经济的大背景对江西商人的经营、所在地区的物价、经商线路做更微观的研究。

---

① ［明］程春宇：《士商类要》卷之一。据张海英《体系》第 47 页。

② 据上引张海英《体系》第 35 页。

自明代中期以来便闻名于全国各地的江右商人，虽少豪商大贾，但因其与江西商品生产及市场经济的深厚联系，故对当时经济发展是发挥了相当大的作用的。但相对于徽商、晋商，近年来的研究却有些沉寂，这很可能与相关资料的匮乏有关。本文的探讨，在补充新材料的基础上，对此前江右商人的研究，当有所推进，使我们对江西商人形成了一些新的认识。

第一，关于江西商人活动地域、经营种类。此前研究亦强调了他们在安徽地区、江南地区的活跃，但还不够具体。实际上由本文以上所述可见，安徽安庆、太平、池州各府、和州及以下各镇，如乌江、湾沚、张滩等镇，江苏溧阳、无锡、常州及和桥镇，浙江湖州府南浔镇，及太仓、上海都有江西商人经商。

第二，从经营种类而言，既从江西本地将夏布、纸张、茶油、粮食等货贩卖至安徽及江南地区，还从上海、太仓、和州等地贩回棉花等货。

1736—1911 年间山西粮价变动研究
——基于时间序列的分析

中国社会科学院经济研究所博士后　马国英

数据，最直观的是要得到价格变化趋势的认识、长期波动及周期、短期变动、季节性和价格异常涨落等情况、导致粮食价格变化的因素，以及粮价变化背后所体现的社会经济问题等。在清代粮价研究中，有学者认为粮价长期变动趋势与经济发展的历史趋势有密切的联系，价格存在着各种形式的周期运动，而季节性变动更是作为一种与农业收获期存在直接联系的短周期受到关注，价格的异常变动则成为农业社会是否能够有效应对外部、内部冲击的重要指标。

对于粮食价格长期变动背后的影响因素，有学者认为粮食价格的载体——货币供应量的变化是影响粮价变动趋势的主要因素，并将其与欧洲的“价格革命”相关联，从而将中国粮价变化作为世界货币变革的一个环节来进行考查（全汉昇，1953），对于“价格革命”对中国粮食价格的影响，货币价值说与货币数量说成为主要的观点。

非货币主义者认为，人口是引起价格长期变动的深层次的原因（Goldstone，1991），人口的增长带来对食物的需求，同时也使得土地垦辟面积增加，但是并未带来农业劳动生产率相应的提高（黄宗智，1986；Elvin，1973），进而引起供求之间的矛盾，促使粮食价格上升。但是相对于清代人口的爆炸式增长而言（曹树基，2001），清代几百年来粮食价格的增长幅度并不大，且较为平稳。

显然，货币和人口这两个因素对于粮食价格变化都具有一定的影响，但是究竟哪一种是较为重要的因素呢？国内外的研究者日渐在研究中将上述两种因素进行融合。在清代粮食价格研究中，学者们也并不突出强调某一方面而忽视另一方面，有学者认为价格的上涨几乎总是与货币供应量的增加相伴随，人口也是一样（陈春声，1990；史志宏，1993），同时人口增长会使货币的流通速度加快，引起粮食价格的上涨。但同时有人在研究中加入经济体整体的景气波动（如“康熙萧条”“道光萧条”）及对经济体产生冲击的外部因素的变化（如气候冷暖期），从社会经济、环境等更为广阔的视角来理解粮食价格的变动，以及由此而带来的影响（岸本美绪，2010；Wang，1992；Marks，Chen，1995）。

粮食价格的季节性变化是确定存在且较容易识别的，引起季节变动的首要因素受四季更迭的影响，由粮食种植与收获年内变化引起的粮食供给量上的变化，但同时还可能受其他因素如政府仓储的影响（Wong and Perdue，1992；陈春声，1992）。有研究者认为粮价波动有一个明显的季节周期，从短时期来看，粮价的季节性周期固然重要，但是它对粮价总体水平和趋势影响甚微（Li，2007）。研究者们发现了清代粮食价格存在四到五年的周期（陈仁义，1999；Li，2007；陈春声，1992；Marks，1991），显现出了现代商业周期的特点（Li，2007），更代表了气候对于农业的影响（陈仁义，1999）。但比认识粮价波动趋势更为重要的是弄清在历史发展的不同时期多种因素是如何影响粮价波动的，以及粮价波动是如何促进经济发展和影响历史变迁的。

战争与灾荒等作为影响粮食价格不规则变动的因素，从短期来看，负面影响是显著的，但是从长期来看，其所带来的影响可能会被其他的因素冲淡。不规则因素对于市场粮食价格冲击程度的降低在一定程度上反映出市场发展的水平，即市场流通的扩大使得某地市场的刚性减弱，提高了地域社会对灾害、战争等冲击的反应能力。但是换个角度来讲，市场化的扩大可能为地域市场带来新的风险，即某些传统上的地区经济结构发生了变化，分化出粮食生产区和依赖于其他地方粮食供给的区域，在这种情况下，市场受到的冲击及地方社会的应对可能会有一些新的特征，这些问题可能要放到更为广阔的视野中进行思考。

清代留下了大量的粮价单，是各地督抚每月向中央朝廷递交的所辖各州府月度粮价数据，现藏于北京第一历史档案馆和台北故宫博物院，随着这些粮食价格数据的整理出版，关于清代粮食价格的相关研究成果日渐增多。其中，研究的区域主要集中于江南、直隶等经济、政治上地位比较重要的地区，且政治区划的意义要强于其经济空间上的布局。这类地区或者代表着较为先进的发展步伐，或者代表着政府的高度介入，并不能体现清代尤其是近代以来粮食市场发展的全部特征，也不能代表社会发展的全貌。一方面不利于对当时经济整体发展情况的了解，另一方面也使得对地域间经济发展特殊样貌的认识成为盲点。山西与华北其他地区有类似的种植结构，粮食消费也有一定的相似之处，但是长期以来交通运输不畅达，农业生产力水平不高，经济较为落后，从山西几百年来经济社会发展的脉络来看，正是山西本地农业生产较为落后的现实条件成为山西商人远走他乡进行远距离长途贩运的推动力，从而构筑起山西较为雄厚的商业资本。山西粮食价格具备怎样的特征，在一定程度上为我们提供了不同于江南由水运联系起来的商业网络（Keller and Shiue.，2007），以及直隶省由政府政策支持形成的“假性市场整合”（Li，2007）等独特的发展样貌。

本文使用 X－12 季节调整法和 H－P 滤波法过对 1736—1911 年间山西小米、小麦这两种主要粮食品种的价格进行分解，识别出粮食价格变化的趋势变动、季节变动、循环变动和不规则变动特征，在此基础上，对影响山西粮食价格变化的长、短期因素分别进行研究。通过对这两种作物价格分别进行研究，探究粮食市场的发展以及粮食商品化等诸多方面。

一、山西粮食价格的趋势、周期及季节性特征

传统的时间序列分析把时间序列的波动归结为四大因素：趋势变动（T）、季节变动（S）、循环变动（C）和不规则变动（I），其中，循环变动指周期为数年的变动，通常指经济周期，不规则变动指随机变动（易丹辉，2008）。本部分从四个阶段，使用X－12算法和H－P滤波将小米、小麦价格进行分解，得到这两种作物的趋势变动（T）、季节变动（S）、循环变动（C）和不规则变动（I），在此基础上对相关的影响因素进行分析。

（一）方法介绍

GensusX－12算法的核心是X－11方法，其核心是滑动平均方法，其优点是可以根据各种季节调整的目的选择计算方法。趋势变动（T）、季节变动（S）、循环变动（C）和不规则变动（I）四种变动与原序列的关系可被概括为两种模型，乘法模型适用于T、S、C相关的情况，加法模型则适用于T、S、C相互独立的情形。基本步骤（王沁，2008）：

假定观测序列$\{Y_1\}$适合于乘法模型，$Y_1=T_tS_tI_t$　$(t=1, 2, L, N)$

对原始序列的趋势T_t进行估计，得$T_t=f_{T_t}(Y_t)$　$(t=1, 2, L, N)$

采用中心移动平均法，过程中剔除了时间序列的季节成分和不规则成分，产生的移动平均序列是长期趋势的估计值。

剔除T_t得到季节变动和不规则波动相对数，$(S_tI_t)=Y_t/T_t$　$(t=1, 2, L, N)$

利用(S_tI_t)对事件序列进行调整得到季节成分，$S_t=f_{S_t}(S_tI_t)$　$(t=1, 2, L, N)$

最后得到不规则变动的估计：$T_t=(S_iI_t)/S_t$ （$t=1$，2，L，N）

具体构成因素的分解包括：

(1) 初步估计，由于采用月度数据，所以趋势估计计算序列的中心移动步长的公式为：

$T_t^{(1)}=(0.5\times y_{t+6}+y_{t+5}+L+y+L \quad y_{t-5}+0.5\times y_{t-6})/12$

趋势因素过滤，所得的新序列只有季节因素和不规则因素

$SI_t^{(1)}=Y_t/T_t^{(t)}$ 估计季节因素，对进行移动平均，

$$S_t=\frac{1}{9}SI_{t-24}^{(1)}+\frac{2}{9}SI_{t-12}^{(1)}+\frac{3}{9}SI_t^{(1)}+\frac{2}{9}SI_{t+12}^{(1)}+\frac{1}{9}SI_{t+24}^{(1)}$$

S_t 处以 2×12 的滑动平均值，获得初步的无偏季节因子 $S_t^{(1)}$

得到不规则因子估计序列，$I_t^{(1)}=SI_t^{(1)}/S_t^{(1)}$，根据 $I_t^{(1)}$ 计算移动标准偏差，并根据标准偏差函数进行异常值的调整。原则是根据自身值和同期离该值最近的4个值调识别异常值，根据移动标准差的取值范围，小于标准差的1.5倍时不规则点被完全替代，介于标准差的1.5倍和2.5倍时不规则点被部分替代。

计算初步季节调整后的序列 $A_t^{(1)}=y_t/S_t^{(1)}$

(2) 一部估计与过滤

用长度为2H+1的Henderson过滤计算趋势，

$T_t^{(2)}=\sum_{j=-H}^{H}h_j^{(2H+1)}A_{t+j}^{(1)}$

其中H值由 I/C 确定，h_j 为各平滑数据的权数，当 $I/C<1$ 时，$H=4$；$1=I/C<3.5$ 时 $H=6$，$I/C=3.5$ 时 $H=12$

计算最终的SI比率，$SI_t^{(2)}=Y_t/T_t^{(2)}$

替换 $SI_t^{(2)}$ 的异常值，利用 3×5 季节移动平均计算出最终的季节因素，得出季节无偏因素 $S_t^{(2)}$。

计算出季节调整后的序列 $A_t^{(2)}=A_t^{(1)}/S_t^{(2)}$

计算不规则因素 $I_t^{(2)}=A_t^{(2)}/T_t^{(2)}$

根据序列中的变量确定异常值的权重并调整异常值。

(3) 最终的调整与过滤

计算最终趋势 $T_t^{(3)}=\sum_{j=-H}^{H}h_j^{(2H+1)}A_{t+j}^{(1)}$

得出最终的不规则因素 $I_t^{(3)}$

最后原序列分解为 $y_t=T_t^{(3)}S_t^{(2)}I_t^{(3)}$

H－P 滤波法是非线性回归技术，其采用对称的数据移动平均方法原理设计出一个滤波器，从而得到一个平滑序列。具体方法为：

$\{Y_t\}$ 是包含趋势成分和周期成分的价格时间序列，$\{Y_t^T\}$ 是趋势成分，$\{Y_t^C\}$ 是周期成分，$Y_t=Y_t^T+Y_t^C$，

H－P 滤波可以将 Y_t^T 分解出来，最小化函数为

$$\min\sum_{1}^{T}[(Y_t-Y_t^T)^2+\lambda(c(L)Y_t^T)^2],$$

其中 $c(L)$ 是延迟算子多项式，

$$c(L)=(L^{-1}-1)-(1-L),$$

最小化函数为 $\min\sum_{1}^{T}\{(Y_t-Y_t^T)^2+\lambda\sum_{t=2}^{T-1}[(Y_{t+1}^T-Y_t^T)-(Y_t^T-Y_{t-1}^T)]^2\}$

（二）数据情况及相应的处理方法

不少学者在研究中对清代粮食价格进行了收集整理，其中最为著名的是中国社会科学院经济研究所珍藏的粮价抄档资料，以及台湾学者王业键先生编制的资料库。20 世纪 30 年代由汤象龙等一批学者从故宫档案中挖掘整理出的专题史料，对道光朝至宣统朝的粮价进行了系统整理，编制成粮价统计资料。这种以统计表方式编制的粮价表，经过整理者的重新排列、校雠、勘误和统计，有关的价格信息更为准确且方便易用。社科院曾抽取了粮价表中光绪三十四年元月到四月各省的全部数字与故宫博物院现存的宫中粮价单原档进行校验，校验结果，其准确率达到极高的水平（王砚峰，2007）。中国社会科学院经济研究

所将这部分数据公开出版，作者在研究的过程中也搜集了1820—1911年间山西原始的粮价单，与《清代道光至宣统间粮价表》的数据进行了对照，数据基本准确，故在本研究中，1820—1911年间的数据采用《清代道光至宣统间粮价表》中的数据。

王业键编辑的资料库主要是依据台北故宫博物院所藏的清宫档案，也部分利用了大陆所藏的粮价清单和当时尚未公开出版的《清代道光至宣统间粮价表》，但不是很全面。有人认为，王业键的清代粮价资料库与粮价表约有5%的数据不吻合（罗畅，2012）。作者收集到了乾隆、嘉庆两朝山西原始的粮价单，并将其与《清代粮价资料库》中的数据进行了对比。王业键数据库中，山西各州府（当时未设立行政建制的除外）在1736年即有较为连续的价格数据，但是从第一历史档案馆中所藏的粮价单来看，山西在乾隆三年（1738）才开始对荞麦、高粱、豌豆这几个品种的价格进行奏报，即乾隆元年至乾隆三年之间上述三种作物的价格是不存在的。

综合而言，本文原始数据为阴历月的价格数据，如采用“中央研究院”编制的两千年中西历转换程序，再对粮价表的数据乘以100，即可得到王业键资料库中的数据。但是由于数据库中数据转化时在一定程度上破坏了原始数据的特征，使得数据转化过程中可能存在的问题变得不容易识别。再者，“中央研究院”编制的两千年中西历转换程序是按照天数对粮价进行平均，虽然两千年中西历转换程序的开发有利于对古代问题的分析，但实际上在粮价的处理中使数据的处理复杂化。陈春声将含闰月的数据与当月数据进行简单算术平均，这就消除了闰月（陈春生，1989）。但是这一方法也存在一定的问题，以七、八年为周期，存在着阴历和阳历不相吻合的情况，实际上也存在较大的偏差。在本文中，数据是使用“中研院”开发的两千年中西历转化工具，对照阴历与阳历月份进行处理的。有的情况下，某年阴历四月大体上相当于阳历的五月，那么该年五月的粮食价格数据即为粮价单中四月的价格；某年阳历五月介于阴历三、四月之间，则将粮价单中三、四月粮食价格数据进行平均，以此类推。

清代，山西小麦、小米、高粱是最重要的农作物，稻米也有少量的种植，但没有显著收益。各种豆类是食物、饲料，以及土壤氮肥的重要来源。随着人口压力的增加，玉米和马铃薯等在日常饮食中的地位日益重要，蔬菜起补充作用。清代后期经济作物与粮食争地的情况严重。而在清代粮价奏报中，山西粮食奏报出现得较早，起初只局限于粟米价格，之后发展成为包括小麦、粟米、高粱、豌豆、荞麦五种粮食价格奏报体系。当时各个品种的粮食价格包括最低价和最高价，以及与上月相比的增减情况，本文对各州府的最高价与最低价进行了平均，再计算出全省的平均价格。山西农作物以小麦、粟米为主，本文对这两种作物的价格进行了考察。其中，小麦主要用于出售或者交换较为廉价的粮食，主要集中在南部地区，粟米产量不高，在全省均有种植，也是人们饮食的重要组成部分。这两种作物价格的变化趋势存在怎样的区别与联系也是本文要研究的问题。

（三）结果分析

对1736—1911年间小米和小麦的价格数据分四个阶段进行研究，即1736—1779年、1780—1823年、1824—1867年、1868—1911年，时间跨度基本上包括了粮食价格数据较为准确的乾隆朝，粮食价格奏报制度开始松懈的嘉庆朝，内忧外患加剧、经济萧条的道光朝，以及发生较为严重的自然灾害及之后经济艰难恢复的光绪朝。整体上1736—1911年间小米、小麦两种作物的趋势变动（T）、季节变动（S）、循环变动（C）和不规则变动（I）相似，但也存在细微的差异。

全省小米和小麦价格变动趋势整体上较为相似，1736年到1911年两种粮食的价格并没有大幅度的上升（图1），除了光绪三年至五年、光绪二十五至二十九年粮价上升到历史最高水平外，其他年份粮食价格基本保持在 2 两/石左右。在 176 年间，山西省粮食价格共经历过十六次涨落。乾隆朝 60 年间（1736—1795）价格经历过五次涨落，1760 年左右价格上涨幅度较大，剩余的四次价格变化均不大。其中，1736—1754 年间小麦基本较为平稳，之后开始上升，到 1749 年开始下降，1756 年之后又开始上升且上升幅度较大，而在此期间小米价格变动不大。1779 年小米价格与小麦价格有一次突然的上涨，之后迅速平落，再之后粮食价格较为稳定，一直持续到 1796 年。

嘉庆朝（1796—1820）两种粮食的价格基本上处于上升的态势，其中 1807 年有较小幅度的回落，持续时间较短，1812 年价格上涨到高点后开始下降，但是从 1803 年开始小米价格与小麦价格均高于 2 两/石。道光元年（1821）价格依旧处于下降的趋势，1828 年降到最低后开始上升，一直持续到 1835 年，直到咸丰三年（1853）之前，整体上处于下降的趋势，其间有过一次较小幅度的上涨。1853 年山西省小米与小麦价格下跌到了历史最低水平，此后到咸丰八年（1858）之前价格一直在上升，咸丰朝最后三年小米与小麦价格略微有所下降。

同治朝（1862—1874）粮食价格有一次较为完整的涨落过程，1868 年价格处于这一时期最高水平。总体上看，光绪年间山西省粮食价格经历了两次大的震荡，一次幅度较小的震荡。波动幅度较大的两次中，一次是光绪三年至五年，粮价急剧上升，在四年达到最高点，一石粟米、小麦价格超过 6 两银子。另外一次是光绪二十五至二十九年，粮价又经过了一次大幅涨落的过程，价格变动幅度虽然没有前面一次大，但是持续的时间较长，直到光绪朝结束，很多地区粮食价格还是没有回落到之前的水平。而与光绪二十五年这次的相似，光绪十八年

(1892) 全省范围内收成欠佳,[①] 但是粮价在经历了十八、十九(1892、1893) 两年的上涨后在二十年即已回落，振幅较小。

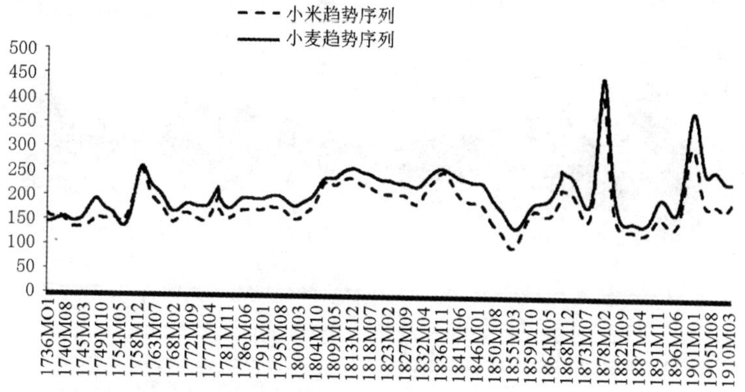

图 1 小米、小麦价格的趋势序列

通过对 1736—1911 年间小米价格和小麦价格分成四个阶段进行研究发现，两种粮食的价格均呈现出一定的周期性特征，在前后四段时期内价格的变动周期均为 4 年左右，这与清代粮食价格已有的研究成果一致。

粮价的季节变动又叫作季节差价，指同一种粮食在同一市场上不同季节的价格差价，其变化方式主要受粮食作物耕作制度和粮食运输路线畅达性的影响，而其变动幅度则反映了粮食余缺情况、仓储状况以及粮食市场在保持粮食均衡供应的有效性。

从图 2 与图 3 来看，山西省小米价格与小麦价格体现出一定的季节性特征，但是存在较大的差异。就两种作物季节性的共性特征而言，乾隆朝两种作物价格的季节性特征最为明显，但是在乾隆后期至道光朝减弱，之后又有所增强。总体而言，

---

① 中国第一历史档案馆编：《光绪朝朱批奏折》第 31 辑，内政 · 赈济，中华书局 1995 年版，第 427—428、435—437、454—457 页。

小米的季节性特征较小麦稍强，而在丁戊奇荒发生之时，小麦价格的季节性特征较为突出。

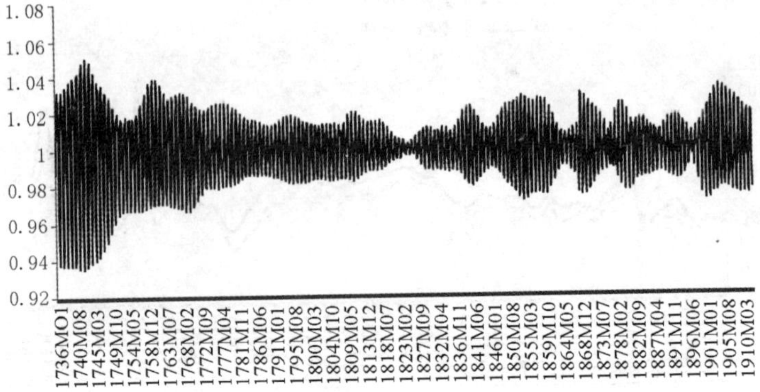

图 2　1736—1911 年间小米价格的季节性变动情况

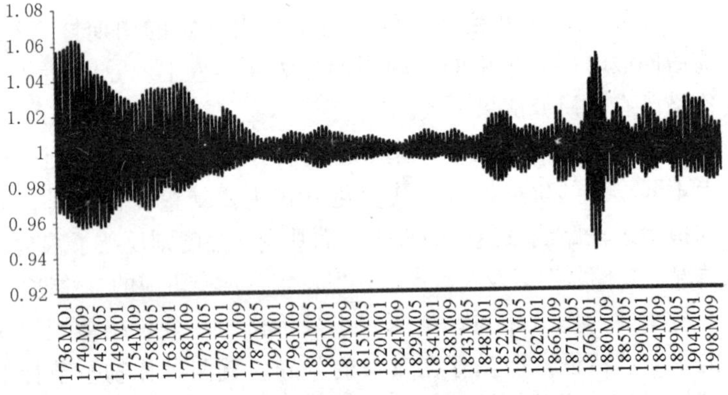

图 3　1736—1911 年间小麦价格的季节性变动情况

为了进一步探究小米、小麦价格的季节性特征，基于移动平均的方法分别计算上述四个阶段小米、小麦价格的季节因子。从图 4、图 5 来看，1737—1779 年间小米价格与小麦价格的季节性变化更为显著，其中，小米价格在八月上升到最高，八月之前一直处于上升的状态，其中七月至八月季节因子上升减缓，八月之后开始下降，十一月小米价格季节性因子最小，十二月有所上升，但是数值小于一月的水平，即从十一月到次年八月之小米价格季节性因子一直在上升。小麦价格季节因子五六月最高，六至八月间下降较为明显，八至十月价格虽然也在下降，但是下降的幅度很小。十一月价格开始上升，一直持续到次年五六月间。

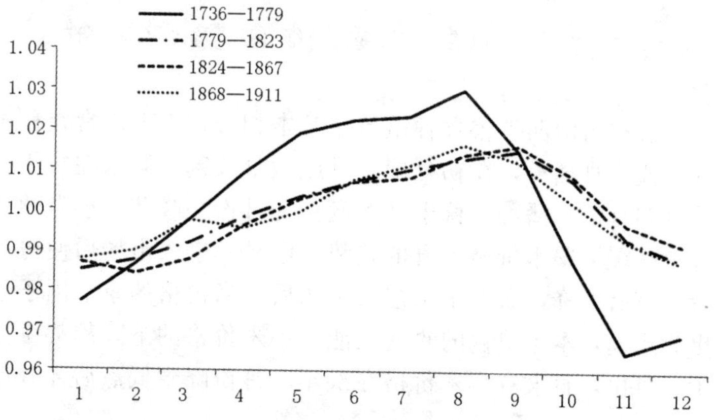

图 4　不同阶段小米价格季节性变化特征（基于移动平均的分析）

李明珠在对华北地区另外一个重要的省份直隶省粮价进行研究时发现，直隶省粟米的价格在每年的六月份和七月份达到顶峰之后开始下降，在一月份降到低点。在冬天的前几个月价格回升之前，粟米的价格有一个简单的十一月至一月小循环。小麦价格在每年收获之前的四月或五月达到顶峰（也就是每年青黄不接的时候），小麦进入市场后的八月或九月落到最低点。秋季，粮价开始上升，进入十二月价格平稳，第二年的一月下跌，在冬季的二月和三月再一次上涨。

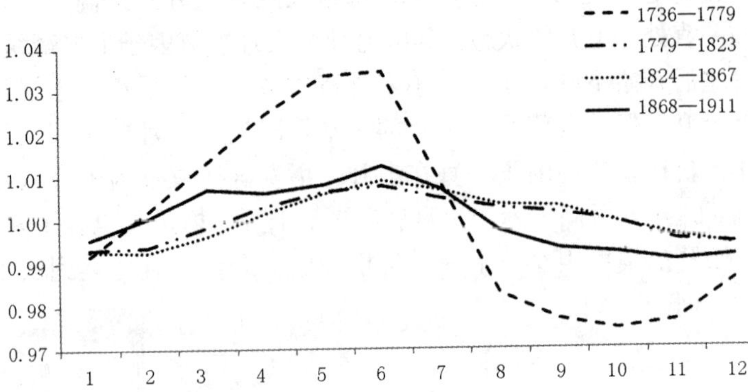

图 5 不同阶段小麦价格季节性变化特征（基于移动平均的分析）

直隶省与山西省粮食种植节令基本相似，小麦通常在秋季即九月或十月播种，在初夏即五月或六月收割。粟米在每年的春季（四月份）播种，秋季（大概在九月份）收获。小麦的四月收获减缓了粟米价格上升的趋势，但是其进入市场后使得小米价格有所下降，而在小米进入市场后小米价格的季节因子下降更为迅速，本年粮食的收获只能使小米价格的下降趋势维持至十一月份，直隶省小米价格在次年一月份降到低点后才开始上升。

小麦的收获使得小麦价格在六月至八月间下降迅速，但是小米的收获并未使得小麦价格季节因子有所下降。一般而言，小米是山西省主要的粮食作物，小米与其他秋粮基本同时收获，市场上的粮食是一年中最充裕的时候（不考虑政府开仓放粮等情况），小麦价格应该进一步下降，小麦价格季节因子八月至十月下降幅度减小的原因或许是因为小麦在山西省种植量不多，同时消费量也并不多，很多时候并不是用于农民自己消费而是在市场上换取较为廉价的品种食用。与小米类似，本年粮食的收获只能使小麦价格的下降趋势维持至十一月份。

不规则变动是各种偶然（或突发性的）因素，如政治动荡、大的自然灾害以及无法预料或确切解释的随机性因素影响的结果。不规则变动与时间无关，与那些经常起作用的严格意义上的随机变动也是不同的。

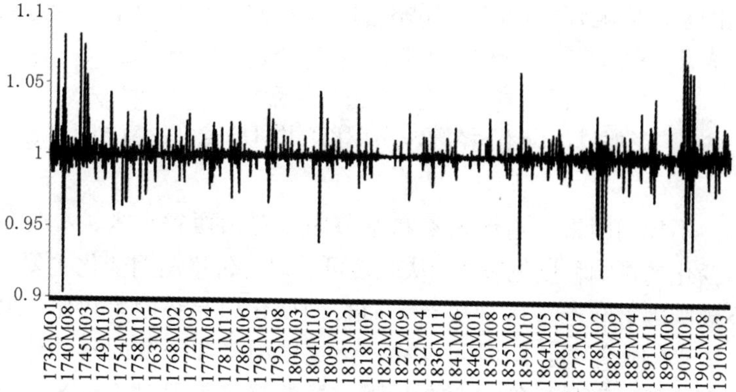

图 6　1736—1911 年间小米价格的不规则变动情况

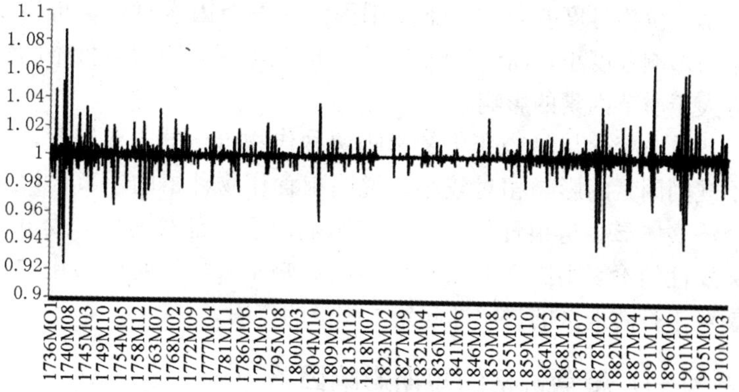

图 7　1736—1911 年间小麦价格的不规则变动情况

1736—1911 年间小米价格的不规则变动序列围绕 1 上下波动，范围介于 0.92—1.1 之间，表明不规则部分基本稳定，但是乾隆朝前期和光绪朝不规则变动的影响较大。分别从四个时间段的情况来看，第一个阶段中小米价格整体上异常因素的影响下降；第二个阶段不规则因素的影响要低于第一个阶段，1805 年变动较大；第三个阶段是不规则因素影响最小的时期，1867 年不规则因素的影响较大；第四个阶段 1876—1879 年不规则因素的影响较大，但是 1898—1903 年间不规则因素对其影响最大。

二、影响粮食价格变动的长期因素与短期因素

不规则因素、趋势因素和季节因素对山西省小米、小麦价格变化的影响程度见表 1。从此表可看出，价格短期变化主要由不规则因素和季节因素决定，而长期变化由趋势因素决定，其总体影响规律是：随时间推移，不规则因素和季节因素的作用逐渐降低，而趋势作用逐渐加强，虽然趋势因素对于小米价格的影响呈现增加的趋势，但是趋势因素的影响在 1780—1823 年最小。价格月度变化中，不规则因素比季节因素对粮食价格变化的影响程度小，而到间隔 12 个月时，不规则因素对价格的影响大于季节因素的影响。

季节变化与趋势变化是影响两种作物价格的主要因素，而不规则因素的影响相对较小，说明粮食作物种植的季节性以及经济整体形势是粮食价格的主要影响因素。自然灾害、战争等突发性的不规则因素对粮食价格的影响不大，说明市场化的发展对于打破地区的封闭性起到了积极的作用。

（一）粮食价格的短期影响因素

总体而言，价格短期变化主要由不规则因素和季节因素决定，短期内粮价的季节性因素较为重要，但是长期而言对价格的影响有限。从四个时段来看，季节因素对小麦的影响逐渐减小，1780—1823 年季节因素对小米价格的影响最大，1736—1779 年次之，1868—1911 年季节性对小米价格的影响最小。

表 1　因素对价格变化的相对贡献度

小米价格												
	1736—1779 年			1780—1823 年			1824—1867 年			1868—1911 年		
间隔月数	不规则因素	趋势因素	季节因素	不规则因素	趋势因素	季节因素	不规则因素	趋势因素	季节因素	不规则因素	趋势因素	季节因素
1	9.28	50.99	39.72	16.41	40.11	43.38	7.69	55.69	36.62	12.86	69.97	17.17
2	3.92	57.99	38.08	6.09	48.51	45.41	3.02	62.88	34.10	4.52	81.54	13.94
3	1.92	61.65	36.44	2.90	52.56	44.54	1.38	67.49	31.13	1.96	86.23	11.81
4	0.99	64.93	34.08	1.66	55.42	42.92	0.67	70.67	28.66	1.14	89.14	9.73
5	0.67	68.21	31.12	1.24	58.68	40.08	0.44	74.37	25.19	0.75	91.68	7.57
6	0.57	72.79	26.64	0.94	63.50	35.56	0.37	78.68	20.95	0.50	93.75	5.75
7	0.49	78.20	21.31	0.75	70.67	28.58	0.33	83.88	15.78	0.37	95.49	4.15
8	0.41	84.33	15.26	0.74	78.98	20.27	0.25	89.18	10.58	0.27	96.93	2.80
9	0.32	90.31	9.38	0.75	86.87	12.38	0.18	93.73	6.09	0.26	98.09	1.65
10	0.29	95.13	4.58	0.64	93.41	5.95	0.18	97.02	2.81	0.19	99.05	0.75
11	0.32	98.36	1.31	0.60	97.74	1.66	0.16	99.07	0.77	0.17	99.59	0.25
12	0.35	99.62	0.03	0.68	99.27	0.05	0.19	99.74	0.07	0.18	99.80	0.20

续表

	小麦价格											
	1736—1779 年			1780—1823 年			1824—1867 年			1868—1911 年		
间隔月数	不规则因素	趋势因素	季节因素	不规则因素	趋势因素	季节因素	不规则因素	趋势因素	季节因素	不规则因素	趋势因素	季节因素
1	8.41	46.40	45.19	20.16	46.73	33.11	10.45	55.01	34.54	11.14	67.48	21.37
2	2.97	51.18	45.85	7.70	59.36	32.94	3.63	64.75	31.62	3.86	78.90	17.24
3	1.27	55.56	43.17	3.54	65.78	30.67	1.77	69.64	28.59	1.49	84.57	13.94
4	0.80	59.11	40.09	2.20	70.34	27.46	0.99	73.91	25.10	0.97	87.79	11.24
5	0.59	63.93	35.48	1.43	75.31	23.26	0.69	77.95	21.36	0.60	90.36	9.04
6	0.46	69.41	30.14	1.10	80.17	18.73	0.49	82.54	16.97	0.45	92.87	6.68
7	0.35	75.33	24.32	0.93	84.60	14.47	0.40	86.86	12.74	0.34	94.71	4.96
8	0.32	81.76	17.92	0.74	89.02	10.24	0.31	91.09	8.60	0.26	96.48	3.26
9	0.25	88.65	11.09	0.72	93.08	6.20	0.28	94.63	5.09	0.21	97.86	1.93
10	0.26	94.34	5.40	0.55	96.46	2.99	0.23	97.41	2.36	0.16	98.86	0.99
11	0.25	98.37	1.38	0.48	98.62	0.90	0.21	99.08	0.71	0.13	99.53	0.34
12	0.28	99.69	0.03	0.56	99.39	0.05	0.22	99.71	0.07	0.16	99.78	0.06

影响粮食价格季节性变动的一个重要因素是粮食收成，从图 8 来看，清代粮食收成越来越差，乾隆朝除二十三年（1758）小麦收成不足六分的县份超过一半外，每年基本上很少有收成分数不足六分的情况。1804 年起情况发生了很大的改变，但是与之后的时段相比而言，1804—1856 年间的情况要稍微好一些，除了 1835 年收成不足六分的县份超过了一半外，其他年份基本上歉收县份的比例不超过 50%。1857 年起，每年基本上收成分数不足六分的县份都超过一半。从收成分数不足七分县份的比例来看，1835 年起这个数值基本上超过了 50%，1853 年之后超过了 90%。清代山西秋粮占粮食生产的大宗，包括粟米、杂粮等，同时也是人们饮食的重要部分，秋粮的收成基本上决定了一年的收成情况，从秋粮收成分数来看，秋季作物产量也呈现下降的趋势，总体上山西粮食生产水平逐渐下降。

粮食仓储的作用在于丰年购进粮食储存，以免谷贱伤农，歉年卖出所储粮食以稳定粮价。山西省粮食仓储中主要贮藏的为秋粮中的谷子，乾隆前中期 1736—1779 年间粮仓中贮存的谷子对于平抑市场价格起到了一定的作用，弱化了粟米价格的季节性波动。但是从表 2 来看，乾隆朝后期山西粮食仓储开始减少，同时对粮仓的管理开始松懈，粟米价格呈现出较强的季节性特征。在清朝后期粮食歉收，使得粮食的收获并不能有效抑制粮价的上涨，再加上粮食仓储日渐消耗、衰败，不仅在青黄不接之际缺少粮食供应，收获之后所得粮食依旧满足不了民生所需，粮食季节性差异缩小。粮食仓储直接对粟米价格产生影响，而小麦作为一种较为奢侈的粮食，不仅种植较少，且人们对其的消费也较少，乾隆初期的粮食仓储对于小麦价格的季节性变化起到的作用有限，随着收成分数的下降，季节因素对于小麦价格的影响减小。

表 2　乾隆朝山西常平仓粮储量的变化

单位：石

	常平仓			社仓			总计
	旧管	变动	实存	旧管	变动	实存	
乾隆元年	26508.51	4682.074［+］ 4782.2［−］	26408.39				
乾隆二年	26408.39	3330.13［+］ 4025.17［−］	25713.34				
乾隆五年	1707227	442445.7［+］ 302890.11［+］	1846782.89				
乾隆七年	1429274.14	136969.79［−］	1292304.34	331337.41	81920.37［−］	249417.03	1541721.37
乾隆八年①							1898516.25
乾隆九年							1826421②
乾隆十年							1974859

① 大同、朔平二府所属大有常丰二仓米豆共170 400石，系预备兵粮之项，未经计入总数。

② 常平并劝捐社仓米谷豆麦2 293 508石，内除平粜未买民借未还米谷豆麦466 798石，浑源州亏空 289 石，实贮仓米谷豆麦1 826 421石。

续表 1

	常平仓			社仓			总计
	旧管	变动	实存	旧管	变动	实存	
乾隆十一年			1447454			201270	1648724
乾隆十三年	1995558		1938971	380085		203118	2142089
乾隆十四年	2023627		1754779	354726		238738	1993517
乾隆十五年	1892747		1852031	406188		259079	2111110
乾隆二十四年	1288558	864 [+] 368158 [—]	921263	462901	174212 [—]	288689	1209952
乾隆二十五年	1777627	86.4 [+] 243957 [—]	833756	374565	164461 [—]	210104	1043860
乾隆二十六年	1087730	190434	897296	358552	71292	287259	1184555
乾隆二十七年	1107741	1356 [+] 71057 [—]	1038040	450507	137754	312753	1350793
乾隆三十一年	2038420	310 [+] 269216 [—]	1769515	531975	155552	376423	2145938
乾隆三十五年	2205590	432222	1773368	614197	196439	417758	2191126

续表 2

	常平仓			社仓			总计
	旧管	变动	实存	旧管	变动	实存	
乾隆三十七年	2247124	450553	1796570	642555	202092	440462	2237032
乾隆三十八年	2256804	406018	850785	609241	187123	402117	1252902
乾隆三十九年	2253708	327611	1926097	652338	115476	536861	2462958
乾隆四十年	2300358	4325 [+] 397409 [-]	1907192	679020	157144	521875	2429067
乾隆四十一年	2320516	376080	1944435	689261	352428	336832	2281267
乾隆四十五年	2288413	453872	1834541	469692	138639	331053	2165594
乾隆四十九年	2220447	734541	1485906	506996	231348	275648	1761554
乾隆五十年	1975680	567772	1407908	305581	107712	197869	1605777
乾隆五十一年	1711512	266743	1444769	311731	38048	273632	1718451
乾隆五十八年			1521397			251937	

资料来源：由相关的朱批奏折整理所得。

注：其中［+］表示新收仓谷，［-］表示支出的仓谷。

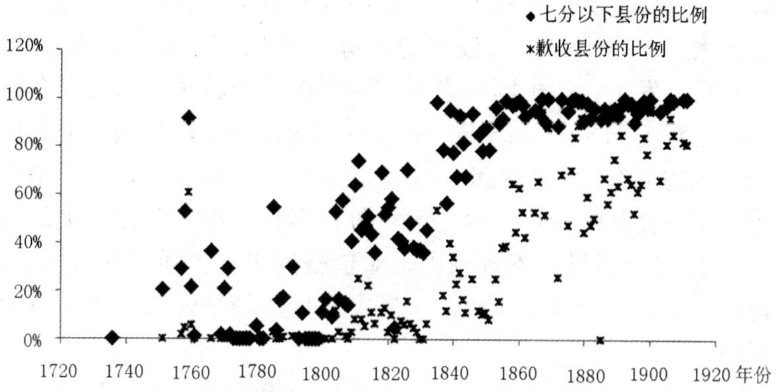

图 8　1736—1911 年间小麦收成分数的变化情况

资料来源：由相关的朱批奏折整理所得。

四个时段内，不规则因素在 1780—1823 年对小米、小麦价格的影响最大，1868—1911 年其次，1824—1867 年间不规则因素对小米的影响是最低的，1736—1779 年不规则因素对小麦价格的影响最小。影响粮食价格不规则变动的因素主要有灾害、战争等。山西省极易受到旱灾的侵袭，1759 年大旱、1875—1879 年间的“丁戊奇荒”影响较大，涉及范围较广；1900—1901 年旱灾影响也较大。这三次灾害是山西历史上影响最大的几次，不规则因素对粮食价格的影响较大。

据估计，乾隆年间平均每年受旱灾州县为 2.2 个，嘉庆年间 4.08 个，道光年间 1.47 个，咸丰年间 1.09 个，同治年间 5.85 个，光绪年间 7.59 个，宣统年间 0.33 个。除旱灾之外，雨涝也带来一定的负面影响，乾隆年间平均每年受水灾州县为 2.25 个，嘉庆年间 0.92 个，道光年间 1.84 个，咸丰年间 2.27 个，同治年间 5.69 个，光绪年间 2.32 个，宣统年间 1 个（李军等，2008）。另外，雹、虫、风、霜雪、地震也会带来一定的影响，但是各个朝代整体受影响的州县相对较少。从数据来看，乾隆朝后期直到道光初期，不规则因素对粟米、小麦价格的影响较大，也是水旱灾害较少的年份，而光绪朝水旱灾害频发，且有战乱发生，不规则因素对其的影响反而较小，可能存在的问题是对于1780—1823年间灾害的情况统计不够精确，但是后期收成的下降说明前期水旱灾害较后期少。对此，有可能是清朝后期粮食歉收价格上涨之时，价格奏报不准，存在虚报的情况。以12个月计，不规则因素对价格的影响要强于季节因素，说明一年以上的时间段内，水旱灾害生产带来较为突出的负面影响。

清代后期政局不稳，爆发了几次规模较大的农民运动。太平天国运动（1851年1月—1864年7月），历时14年，主要影响区域为长江流域。1853年—1868年爆发了捻军起义，影响范围主要为淮河流域。同治元年（1862）西北爆发了回民起义，1900年爆发了义和团运动，1911年辛亥革命，清朝灭亡。值得注意的是，这几次战争中山西省均不是战争的中心地区，或者是被战火波及的地区，几次起义只是短时间内“过境”后退出（乔志强，1980）。但是，这并不能表明山西省受战争的影响不深，因为山西省在清代是一个重要的商贸省份，清代后期山西商人的经营范围遍布全国各地，省内经济的发展也受其影响颇深，由于政局不稳，山西商人的商业经营受到了较大的影响，流入本地的资本大为减少，对山西经济整体局势带来了一定的负面影响。其中，山西票号是金融资本最重要的经营者，其主要经营区域多为受战火波及的地区，再加上清政府财政的亏空，倒账风波不断（罗饴，宣统元年；史若民、牛白琳，2002），山西票商日渐衰落。由于其经营范围涉及粮食流通领域，而且通过类似期货交易的方式介入农产品生产环节（史若民、牛白琳，2002），再加上山西票号以及与其存在千丝万缕联系的钱庄基本上左右了本省的金融命脉，所以战争给山西带来一系列的负面影响。

也就是说，战争使得山西省的金融受到了极大的冲击，从而渗透到粮食生产、流通等诸多环节。对于山西这样一个农业生产落后、商业异常发达、长期依赖于远距离长途贸易的省份而言，其产生的一系列负面影响更为深远，不仅体现了山西地域社会独特的发展面貌，而且其中折射出的问题更值得思索。

（二）粮食价格变化的长期影响因素

趋势因素对于小麦价格影响的贡献增加，趋势因素对于小米价格的影响1780—1823年间最小。1824—1867、1868—1911年间趋势因素对于小米价格的影响增加，同时呈现上升的趋势。

但是影响粮食价格变化的长期因素是什么？有人认为是人口的压力，也有人认为是货币的因素。对于山西的情况，地区的差距体现出人口压力对粮食价格的负面影响，毫无疑问，晋中和晋西南深刻体会到了人口增长引起粮食价格上升的情况，而北部人口稀少的地区粮食价格要比其他地方低。1736—1911年间中国人口有了较大幅度的增长，尤其是中后期人口的爆炸性增长，山西也经历了类似的趋势，直至光绪年间旱灾过后人口损失过半（曹树基，2001)，但是整体上用银计量的山西省粮食价格增幅不大，某些年份受白银供给不足的影响，甚至表现出下降的趋势。

为什么山西以银计量的粮食价格在将近两百年的时间里并未有大的增长，这也许要从货币制度上来考察，虽然粮价是以白银为单位奏报的，但是绝大多数的日常交易使用铜钱。中国实行包括铜和银两种金属的平行本位制的货币制度。银锭是官方交易的基础，尤其是在交税和大规模支出的时候，而铜钱通常用于零售交易，民间粮食的交易大多用制钱完成。即银更多成为一种计量单位，而钱是实际的支付单位，银钱的兑换比率常常发生变化，这种变化一定程度上减轻了单一用银计量的粮食价格的波动，即通过银钱比价来调整用银计量的粮食的价格。钱既作为货币，在某种意义上又成为商品的媒介，史料中也不乏钱贵时出粜的相关记载，实际上是通过铸钱及贬值来调节市场上粮食价格的变动，维持以银计量的粮食价格相对的稳定。图 9 列出了 1750—1820 年间全省粟米、小麦年平均价格与每年铸造制钱的情况。由此可以发现，制钱的铸造与两种粮食价格的变化存在一定的负相关关系，即政府铸造制钱在一定程度上使得用银表示的粟米、小麦价格有所下降。

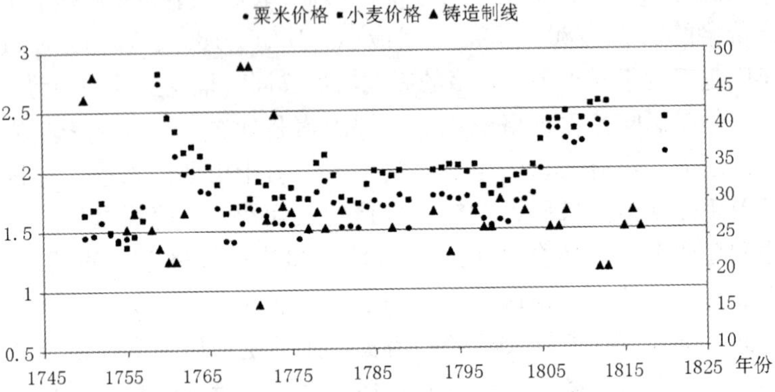

图 9　全省粟米、小麦年平均价格与每年铸造制钱情况

道光朝以后，山西省市场上银钱不敷使用，经济萧条，商业困顿，这种情况一直延续到光绪朝。在这种情况下，市面上银子与制钱不足，以银计量的粮食价格稍微地上涨即意味着与市面上银钱充足的情况相比，老百姓面临着粮价上涨更大的压力。把制钱的情况考虑在内，实际上当时市面上价格的变化对民生更为不利。粮价是一柄双刃剑，其对种植粮食的“农”与市面上买粮的“民”产生的影响不同，但是清朝后期粮食价格的上涨并未给农民带来多少益处，种粮成本上升，“今岁农事不佳，收获未丰，而人工甚紧，每日工人少则一百多二百，较前常倍，盖佣工者稀少故也（刘大鹏，1990）”。种粮比较收益下降，农民选择种植经济作物如罂粟、烟草等，或者外出经商，本地市场粮食供给严重不足，收成歉薄的年份所存粮食不够日

常生活所需，而市场上粮食价格又由于供给不足而升高。

结 论

由于粮食价格的变化对国民生活影响较大，所以粮食价格变动遵循怎样的规律，受什么因素的支配一直广受关注。探究1736—1911年间山西粮价变动特征可以发现，总体而言，在百余年间以银计量价格上升的幅度较小，这一点与欧洲价格史研究中所发现的情况存在较大的差异。

整体而言清代山西省以银计量的粮食价格呈现出较为稳定的态势，但是考虑到清朝后期市面上货币尤其是银缺乏的情况，虽然粮食以银来计没有大幅的上涨，但是货币的购买力上升，货币升值（主要是银），通货紧缩，在这个意义上而言，清朝后期粮食价格上涨的幅度实际上要比数据中显示的大。清代实行铜、钱并行的货币制度，并力图使二者能够维持在1两银兑换1000文制钱的基础上，但是二者的比价常常发生变动，大体上乾隆前中期市面上制钱较少，1两银兑换的制钱少于1000文，嘉庆朝基本能够维持在1∶1000的水平，道光朝以后银价增，1两银兑换的制钱增加。那么将以银计量的粮食价格折算成以钱计量的价格，1736年到1911年间山西省粮食价格是上升的，由于民间日常交易用钱，那么这种变动对于百姓而言是不利的。再加上后期在银减少的同时，市面上制钱也有所减少，钱的购买力有所上升，但实际上购买一定量的粮食需要支付更多的制钱，这种变动对于民生则产生了更为不利的影响。

使用X－12季节调整法和H－P滤波法对小米、小麦这两种主要粮食品种的价格进行分解，发现小米和小麦价格变动趋势整体上较为相似，除了一些大灾年份，1736年到1911年两种粮食的价格并没有大幅度的上升，基本保持在2两/石左右。在176年间，山西省粮食价格经历过十六次涨落，乾隆朝除1760年左右价格上涨幅度较大外，剩余的四次价格变化均不大。嘉庆朝（1796—1820）两种粮食的价格整体上处于上升的态势，但是有时也有一定的回落。1812 年价格上涨到高点后开始下降，一直延续到道光朝，1828 年降到最低。咸丰三年（1853）山西省小米与小麦价格下跌到了历史最低水平（1736—1911 年间）。同治朝（1862—1874）粮食价格有一次较为完整的涨落过程，1868 年价格处于这一时期最高水平。光绪年间山西省粮食价格经历了两次大的震荡，一次幅度较小的震荡。波动幅度较大的两次中，一次是光绪三年至五年，粮价急剧上升，在四年达到最高点，一石粟米、小麦价格超过 6 两银子；另外一次是光绪二十五至二十九年，粮价又经过了一次大幅涨落的过程，价格变动幅度虽然没有前面一次大，但是持续的时间较长，直到光绪朝结束，很多地区粮食价格还是没有回落到之前的水平。而与光绪二十五年这次的相似，光绪十八年（1892）全省范围内收成欠佳，但是粮价在经历了十八、十九（1892、1893）两年的上涨后在二十年即已回落，振幅较小。

两种粮食的价格均呈现出一定的周期性特征，在前后四段时期内价格的变动周期均为 4 年左右。两种粮食的价格体现出较强的季节性特征，但是与华北另外一个省份直隶省粮食价格的季节性变化存在着一定的差异，即山西省在粮食收获后的月份内能够维持价格较低的时间较短，在一定程度上说明山西粮食市场具有较大的刚性。1737—1779 年间小米价格与小麦价格的季节性变化最为显著，除了可能由于粮食奏报制度本身存在的问题外，可能乾隆朝粮食仓储发挥了较大的作用。

1736—1911 年间小米价格的不规则变动序列围绕 1 上下波动，范围介于 0.92—1.1 之间，表明不规则部分基本稳定，但是乾隆朝前期和光绪朝不规则变动较大。山西省粮食价格短期变化主要由不规则因素和季节因素决定，而长期变化由趋势因素决定，其总体影响规律是：随时间推移，不规则因素和季节因素的作用逐渐降低，而趋势作用逐渐加强。

参考文献

[1] Goldstone, Jack A. Monetary Versus Velocity Interpretations of the "Price Revolution": a Comment. Journal of Economic History. 1991, 51 (1): 176-180.

[2] Li L M. Fighting Famine in North China: State, Market, and Environmental Decline, 1690s—1990s. Calif.: Stanford University Press, 2007.

[3] Mark Elvin. The Pattern of the Chinese Past. Stanford, Calif: Stanford University Press, 1973: 312-313.

[4] Robert B, Marks, Chen Chunsheng. Price Inflation and its Social, Economic, and Climatic Context in Guangdong Province, 1707—1800. T'oung Pao, 1995, 81(1-3): 109-152.

[5] Robert B. Marks. Rice Prices, Food Supply, and Market Structure in Eighteenth-Century South China. Late Imperial China. 1991, 12(2): 64-116.

[6] Will, Pierre-Etienne, R. Bin Wong. Nourish the People: the State Civilian Granary System in China, 1650—1850. Ann Arbor: Center for Chinese Studies, University of Michigan, 1991.

[7] Wolfgang, Keller, Carol H. Shiue. The Origin of Spatial Interaction. Journal of Econometrics. 2007(1): 304-332.

[8] Wong, R. Bin, Peter C. Perdue. Grain Markets and Food Supplies in Eighteenth-Century Hunan. in Thomas G. Rawski, Lillian M. Li. Chinese History in Economic Perspective. Berkeley: University of California Press, 1992: 126-144.

[9] Yeh-chien Wang. Secular Trends of Rice Prices in the Yangzi Delta, 1638—1935, Chinese History in Economic Perspective, ed. Thomas G. Rawski and Lillian M. LiBerkeley: University of California Press, 1992: 35-68.

[10] 岸本美绪. 清代中国的物价与经济波动. 刘迪瑞译. 北京：社会科学文献出版社，2010. 376.

[11] 曹树基. 中国人口史·清时期. 上海：复旦大学出版社，2001.

[12] 陈春声. 18 世纪广东米价上升趋势及其原因. 中山大学学报，1990

(4)：61—70.
[13] 陈春声. 论清代中叶广东米粮的季节差价. 中山大学学报，1989 (1)：67—80.
[14] 陈春声. 市场机制与社会变迁——18 世纪广东米价分析. 中山大学出版社，1992.
[15] 陈仁义，胡翠华. 十八世纪苏州米价的时间序列分析. 经济论文，1999 (3)：311—334.
[16] 葛全胜等. 中国历朝气候变化. 北京：科学出版社，2011. 597—598.
[17] 黄宗智. 华北的小农经济与社会变迁. 北京：中华书局，1986. 176.
[18] 李军，李志芳，石涛. 自然灾害与区域粮食价格——以清代山西省为例. 中国农村观察，2008 (2).：42.
[19] 董寿平，李豫. 清季洪洞董氏日记六种. 第 4 册. 北京：北京图书馆出版社，1997. 389—768.
[20] 刘大鹏. 退想斋日记. 乔志强标注. 太原：山西人民出版社，1990. 94、136.
[21] 罗畅. 两套清代粮价数据资料的比较与使用. 近代史研究，2012 (5)：142—156.
[22] 罗饴编. 东盛和债案报告. 营口大清分银行宣统元年铅印本.
[23] 满志敏. 中国历史时期气候变化研究. 济南：山东教育出版社，2009. 282.
[24] 乔志强编. 义和团在山西地区史料. 太原：山西人民出版社，1980.
[25] 全汉昇. 美洲白银与十八世纪中国的物价革命. 见："国立中央研究院"历史语言研究所集刊·庆祝胡迪先生六十五岁论文集（下册）. 1953. 475—508.
[26] 山西省水利厅水旱灾害编委会编. 山西水旱灾害. 郑州：黄河水利出版社，1996. 320.
[27] 史若民，牛白琳. 平祁太经济社会史料与研究. 太原：山西古籍出版社，2002.
[28] 史志宏，王业键.《1638—1935 年间江南米价变动趋势》述要. 中国经济史研究，1993 (3)：149—160、89.
[29] 王沁. 时间序列分析及其应用. 成都：西南交通大学出版社，2008. 122.
[30] 王砚峰. 清代道光至宣统间粮价资料概述——以中国社科院经济所图

书馆馆藏为中心. 中国经济史研究，2007（2）：102—108.
[31] 易丹辉. 数据分析与 EViews 应用. 北京：中国人民大学出版社，2008.

清代的盐务专城——运城

山西财经大学　乔　南

运城是我国历史上唯一的一座盐务专城，“运治非盐池不立，池非运治莫统也”①，其建城和发展与河东盐池的开发、生产管理、池盐的运销紧密相关。清代“专事畦种”的池盐捞采方法和“畦归商种”池盐运销制度的实施极大提高了河东池盐的产量。据姜道章先生统计，自道光二十年至光绪十六年(1840—1890)，河东盐池平均年产量为109 002吨。② 而道光时期，河东盐池的官盐销额共达到1.8亿斤。③ 清代，河东池盐的运销区域虽不及前代，但也“供三省（晋陕豫）所需”④。池盐的大规模的生产与运销使得运城在清代逐步成为晋南经济中心之一，同时带动了一些相关城镇的发展，凸显了其所在区域作为盐业经济区的特征。

学界对清代运城的关注始于对晋商及山西区域经济史的研究，在阐述明代的开中制与山西商人崛起的关系时，提到了河东盐的生产及运销（寺田隆信，1986)⑤；继而从禁墙之兴衰、

① 《河东盐法备览》卷二。

② 姜道章：《论清代的盐业贸易》，《盐业史研究》1989年第2期。

③ 王庆云：《石渠余纪》卷五，转引自魏明孔主编，李绍强、徐建青《中国手工业经济通史》(明清卷)，福建人民出版社2004年版，第545页。

④ [清] 言如泗修，熊名相等纂：乾隆《解州安邑县运城志》卷二，乾隆二十九年（1764）刻本。

⑤ [日] 寺田隆信：《山西商人研究》，山西人民出版社1986年版。

潞盐生产方式的演进、河东盐池的资本主义萌芽、盐池与河东文化、河东盐务机构及官制的变革、河东盐的运销等诸多方面全方位考量了河东盐池。① 并从社会史的角度对运学、盐丁、河东盐池的封建把头制度、清末运城的社会慈善救济事业②、运城盐政盐税与地方社会的关系（王小燕，2010）③ 等内容进行了研究。还从城市发展史的角度对运城进行了考察（柴继光，1986；李华，2009）④，同时对河东池盐运销的组织管理进行了讨论（李三谋等，2004）⑤，继而从行业史的视角对 20 世纪运城盐业的变迁进行了研究（杨彩丹，2006）⑥，并对明清时期运城的商业进行了考察（王社教，2007⑦；乔南，2008⑧），同时对池神庙与运城兴建的关系（杨强，2008）⑨、运城在近代的缓慢发展（曾谦，2009）⑩ 等问题进行了讨论。总体而言，虽然学界对运城及河东盐池的研究成果较为丰富，但所用资料多为传统的地

---

① 柴继光：《运城盐池与河东文化》，《盐业史研究》1990 年第 4 期。柴继光：《运城盐池资本主义萌芽初探》，《运城师专学报》1988 年第 4 期。柴继光：《潞盐生产方式的演进》，《运城师专学报》1985 年第 10 期。柴继光：《禁墙之兴衰》，《运城师专学报》1985 年第 7 期。

② 柴继光：《盐务专学——运学》，《运城师专学报》1986 第 10 期。柴继光：《盐丁始末》，《运城师专学报》1987 年第 4 期。柴继光：《运城盐池的封建把头制度》，《运城师专学报》1988 年第 9 期。柴继光：《清末运城的社会慈善救济事业》，《运城师专学报》1989 年第 10 期。

③ 王小燕：《清朝运城盐政盐税与地方社会》，山西大学 2010 年硕士学位论文。

④ 柴继光：《运城——我国唯一一座盐务专城》，《运城师专学报》1986 年第 7 期。李华：《古代盐业与城镇》，《盐业史研究》2009 年第 1 期。

⑤ 李三谋、李著鹏：《河东盐运销的组织管理——清代河东盐的贸易问题研究之二》，《盐业史研究》2004 年第 1 期。

⑥ 杨彩丹：《20 世纪运城盐业变迁研究》，西北大学 2006 年硕士学位论文。

⑦ 王社教：《明清时期山西地区城镇的发展》，《西北大学学报》2007 年第 4 期。

⑧ 乔南：《清代山西经济集聚论》，经济管理出版社 2008 年版。

⑨ 杨强：《论池神庙与运城的兴建与发展》，《盐业史研究》2008 年第 1 期。

⑩ 曾谦：《近代山西城镇地理研究》，宁夏人民出版社 2009 年版。

方志、盐法志等，而没有注意到现存于池神庙的一批碑铭资料。运城因盐而建，其选址、建城与发展均与池神庙有着紧密联系。现存于池神庙的这批碑铭资料，不仅有历代敕修、重建该庙的记载，还涉及运城集义社、同善局等民间组织及慈善机构的成立及运作的内容。因此，池神庙的碑铭可以为清代运城的研究提供很有价值的资料。

笔者曾于2005年夏前赴运城进行实地考察，在池神庙收集到一批碑铭资料，并于2011年得到一本已经出版的《河东盐池碑汇》，笔者将所收集到的碑铭与出版的碑刻资料进行比对后，综合使用之。本文在已有研究成果的基础上，以现存于运城池神庙的一批碑铭为主，结合其他文献，尝试对运城在清代的发展轨迹进行整体的梳理，以期对其作为中国历史上唯一一座盐务专城有一个整体的认识及观照。

一、河东盐业资源的开发

河东盐池，也称解池，东起安邑县之南柏家庄村以西，西至解县城东门外社东村以东，东西全长30余公里，南北宽约5公里，总面积约为130平方公里，池面海拔320米。① 所产之盐被称为解盐或路盐，因运城自古为解盐的运销集散地，古称路村，故得名。

河东盐池开发历史较早，《水经注》载："池水东西七十里，南北十七里，紫色澄渟，混而不流，水出石盐，自然即成。"潞盐产量，宋以前无稽可考。宋代对食盐实行专卖后，河东盐的生产得到进一步发展。据统计，至道二年（996），河东盐产量37.3545万席（每席重116.5斤），合4351.7992万斤。天圣年间（1023—1031），产盐7632.1450万斤。庆历年间（1041—

① 席瑞卿：《运城盐池·晒商·陕岸运商及其他》，载《山西文史资料全编》第六卷，《山西文史资料》编辑部，1998年。

1048)，产量 37.5000 万大席（每大席重 220 斤），合 8250 万斤。[1] 河东盐实行以引贩盐，允许商人贩卖，亦始于北宋雍熙三年（986），“令河东北商人，如要折博茶盐，令所在纳银，赵京请领盐引，而引之名始显”[2]。可见，盐商在宋代已经出现。元初，始立司于路村。

明洪武初，全国设都转运司六个，解盐属河东都转运盐使司，治所在路村[3]，分东西二场，各有分司。明初继续采取元代征集民工服役的政策，生产方式采取“集工捞采”与“垦畦浇晒”并重。弘治二年（1489），增设中场分司。盐由官丁捞采，后因盐丁不堪困苦，大量逃亡，官府就鼓励商人自备工本到盐池晒盐，官七商三分成，商人有利可图，纷至沓来，使路盐生产有很大发展。天顺中，解盐司隶山西布政司，编户 8422 户，盐丁17 548名，悉为解州安邑等 12 州县的民户。[4] 此外明代允许商人自备工本参与池盐生产，不仅扩大了生产规模，而且盐场人数规模空前。

清初对池盐的捞采采取征集盐丁制度，由晋南各县征集。顺治六年（1649），实行畦归商种，即将所有的盐池、盐畦、盐地交给商人生产，商人按领畦地纳课，并拥行盐引。畦地以锭划分，盐商每月依限交纳课银 50 两。每六锭为一号，十二锭为双号，每号注册一个商名。盐商捞采池盐之后，向官府交纳盐课，领取引票，即可运盐外销。[5] 康熙十九年（1680），河东盐

---

① 阴朝英：《潞盐产量之起伏》，《山西文史资料全编》第六卷，《山西文史资料》编辑部，1998 年。

② ［清］觉罗石麟修，储大文纂：雍正《山西通志》卷四五，清雍正十二年（1734）刻本。

③ ［清］顾炎武：《天下郡国利病书》卷四十八，清光绪二十七年（1901）刻本。

④ ［清］顾炎武：《天下郡国利病书》卷四十八，清光绪二十七年（1901）刻本。

⑤ 杨纯渊编著：《山西历史经济地理述要》，山西人民出版社 1993 年版，第373 页。

池有坐商513名，每商一处，领地八分三厘①；坐商每领一号畦地，纳课6锭，每锭银50两，一号畦地即纳银300两。康熙二十七年（1688），盐池的产销商人分开。运商须在北京备案方可经营。业盐者大多是平阳本地人，也有其他府州商人。这种经营方式在一定程度上解放了生产力，增加了池盐产量。雍正时，“河东坐商数百户，多系无力之家，畦地租自他人，措资浇晒”②，即大部分是资历薄弱的小商人，承租畦地，辛苦经营。乾隆时，垦治畦地的费用，每畦费至200—300余两，领二号畦，仅治畦费用即要500—700余两。河东池盐的产量，以官盐销额来计，道光时，正余引加土盐引共75万余道，每引行盐240斤，共额销盐1.8亿余斤。③ 在池盐运销方面，明初是实行以物易盐的开中制；明中叶以来，改变为纳银凭引运销后，大大活跃了商人货币资本；到了清代，池盐生产由官办改为商办后，随着生产和运销业务的扩大，盐商进一步在清前期又分化运商和坐商，进一步推动了池盐业产销的发展。清乾隆年间（1736—1795）池盐运销秦晋豫三省，且“在山西则太原、汾州、宁武、辽、沁、平定、忻、代、保德等四十二州县领河东之引，而不食河东之盐。陕西惟邠州之长武，及凤翔之一州七县领河东盐引而食花马池盐，余则皆仰给于河东也”④。

二、池神庙的兴建与重修

池神庙位于运城南郊卧云岗，是专祀河东盐池池神的一座庙宇，亦为我国历史上唯一的一座池神庙，其兴建与重修不仅

① 雍正《山西通志·盐法》卷四五，清雍正十二年（1734）刻本。

② 《增修河东盐法备览》卷六。

③ ［清］王庆云：《石渠馀纪·卷五》，北京古籍出版社1985年版。

④ ［清］言如泗修，熊名相等纂：乾隆《解州安邑运城志·疆域》卷一，乾隆二十九年（1764）刻本。

见证了河东盐业资源的开发，也见证了运城作为盐务专城的发展变迁。

池神庙始建于唐大历十二年（777），庙内立于元至元二十七年（1290）的《解盐司重修盐池神庙碑》有“大历十二年（777）……置神祠”① 的记载。贞元十三年（797），礼部尚书崔纵知河中院因“神之旧宫，僻在幽阻”②，遂将池神庙迁至今址。此后，宋金对池神皆有加封及祭祀，但池神庙毁于“金季兵火”，元至元二十七年（1290）重新“建立二王神庙，俾春秋祭祀焉”，此次修庙“建正殿于中央，翼以列庑，缭以崇墉，像设仪卫，焕然一新”③，由此可见池神庙的庙貌在元之前较为简单。入明之后，池神庙的建筑规模开始逐渐扩大。明洪武年间，曾重新建庙，并于正门之上起“崇楼三间，匾曰‘海光’”。天顺三年（1459），“又增构翼廊四十余间，以回护殿庭，及增构殿前香亭一间，以便于祭献”④。嘉靖十四年（1535）对池神庙进行大修，建成“中为穹殿三间，奉神如前。溜前小亭易为厦屋五间，城而石阑为十有七丈。……前檐廊合为间四十有八，为乐台一，为二门三、中门一，角门二，为间五，扁仍旧曰‘洪济’。外左右为神厨、为土地庙，各五间。大门为岑楼，间五，扁仍旧曰‘海光’。外为盐风亭一，侯熏风也。外折道为坊门三，后壖为官厅二，有厢池。南为南禁楼一”⑤。可见，此次重修，使池神庙正面增至三间大殿，中奉两池神，左供关帝，右

---

① 元至正二十七年《解盐司重修盐池神庙碑》，碑身高 198 厘米，座高 50 厘米。今在池神庙。

② 唐贞元十三年《灵庆公神堂碑阴记》碑，收录于南风化工集团股份有限公司编《河东盐池碑汇》，山西古籍出版社 2000 年版，第 10—11 页。

③ 元至元二十七年《解盐司新修盐池神庙碑》，碑身高 198 厘米，座高 50 厘米。今在池神庙。

④ 明天顺七年《重修盐池神庙记》碑，碑身高 172 厘米，座高 48 厘米。今在池神庙。

⑤ 明嘉靖十四年《河东运司重修盐池神庙记》碑，碑身高 316 厘米，座高 80 厘米。立于池神庙三大殿月台下之东侧。

祀风神，殿前月台施以石栏十七丈，前檐廊增至四十八间，并新建了乐台、神厨、土地庙、盐风亭、官厅、南禁门，以及中门、角门、坊门等建筑，从而使池神庙的规模更为扩大，成为一座大庙。万历十九年（1591）因“池神之殿，爽垲宏丽，雄峙于中。而中条、风洞二殿，列于其次，规制卑隘，大不类称”，于是对上述二殿及神厨、土地庙进行了扩建，并对正殿加以修饰，使“左右二殿……阔其地形，穷其栋宇，辟其廊庑，而又益以香亭，绕以石栏，缭以垣墉，隆以二角门。至于神厨、土地庙亦更置之”①。并于四十七年（1619）再次对池神庙进行修葺，使各项建筑“次第俱新”②。崇祯九年（1636）亦曾对池神庙重修。③

清代，政府对河东盐池的生产及运销更为重视，对池神庙也进行了多次整修。顺治八年（1651）除对池神庙进行修缮外，并于“庙后创僧舍一所，佛殿庑房十七间”④，派驻住持，日夜打理。雍正五年（1727）“复加修葺”⑤。乾隆四十八年（1783），将“池神殿，左条山神殿，右风洞神殿，南霓裳，又南海光楼、歌薰楼，东关帝庙、日神庙、雨神庙、甘泉神庙”等建筑整修一新。⑥ 道光十四年（1834）至十七年（1837），对池神庙进行了大规模修葺，使“庙前海光楼、歌薰楼、地宝天成坊，庙左

① 明万历二十年《奉敕重修盐池神庙碑记》，碑高二百八十三厘米。今在池神庙。

② 明万历四十七年《重修池神庙碑》，碑身高 291 厘米，座高 39 厘米。今在池神庙。

③ 明崇祯九年《重修池神庙碑记》，收录于南风化工集团股份有限公司编《河东盐池碑汇》，山西古籍出版社 2000 年版，第 152—154 页。

④ 清顺治九年《重修池神庙碑记》，碑身高 232 厘米，座高 32 厘米。今在池神庙。

⑤ 清乾隆四十八年《重修池神庙诸殿宇碑记》，碑身高 205 厘米。今在池神庙。

⑥ 清乾隆四十八年《重修池神庙诸殿宇碑记》，碑身高 205 厘米。今在池神庙。

右关帝庙、条山风洞祠、太阳庙、雨神庙、甘泉庙、土地祠，均次第俱举，金碧一新”①，又于“庙右添设道院一所，延黄冠主持其中”②，便于朔望扫除。光绪十五年（1889）至十七年（1891），对庙内建筑“次第举修”③。

可惜的是，明代以前的建筑现多已不存，今池神庙只存三大殿、戏台、关帝庙及土地祠等建筑，还有三十余通碑铭。其中，三大殿为当代翻修，戏台为清代遗存。所幸，在海光楼遗址上，现存石柱二根，号称“撑天拄”，上有楹联“常平乃关壮缪故里，辖其民也理应忠心报国；解池本包孝肃旧制，治此盐者首当铁面无私”④。由此可知，池神庙历来都是官建、官管、官府主持祭祀的庙宇。

历朝政府对盐池的重视，对盐税、盐利的控制，使得自唐建庙以来，除对池神庙不断修缮以外，盐池之神也受到历代统治者的不断加封。庙内元至元二十七年（1290）《解盐司重修盐池神庙碑》载，“大历十二年（777）……请置神祠，锡以嘉名……号曰‘宝应灵庆池’，封神曰‘灵庆公’”。宋徽宗崇宁四年（1105），“凡境内祠庙皆赐之封号，两池之神，东曰资宝公，西曰惠康公”。而两池中间“旧有龙祠，崇宁间封为普济公”。⑤ 并封“盐风之神曰‘荐宝侯’”。大观二年对两池之神“加以王爵”。⑥ 元成宗大德三年（1299），东池加号为“永泽资

---

① 清道光十七年《重修盐池神庙碑》，碑身高 82 厘米。今在池神庙。

② 清道光十七年《重修盐池神庙碑记》，碑身高 228 厘米，座高 40 厘米。今在池神庙。

③ 清光绪十七年《重修盐池神庙碑记》，碑身高 220 厘米，座高 35.5 厘米。今在池神庙。

④ 因北宋包拯曾任盐政五年，故称其“旧制”。

⑤ 元至元二十七年《解盐司重修盐池神庙碑》，碑身高 198 厘米，座高 50 厘米。今在池神庙。

⑥ 元至元元年《大元敕赐重修盐池神庙碑记》，碑身高 325 厘米，座高 84 厘米。今立于池神庙三大殿前月台下西侧。

宝王”，西池加号为“广济惠康王”①，并“命行中书省岁五月朔遣官致祭”②。而且曾于至顺四年（1336）“遣使者……钦奉御香……率运使臣等，以牲斋致祠”③；至正七年（1347）“遣翰林学士暗都剌，奉香祷于祠下……牲牢醴币，惟严惟敬，涓洁致祭”④，两次奉御香进行过祭祀，由此可见元政府对河东盐池的重视。明初朱元璋“主宰百神，正定其（池神）号曰‘盐池之神’，列诸祀典”，并规定“每岁于三月初，有司具牲牢而运司官主其祭”。⑤池神庙于万历十九年（1591），被“钦赐灵祐祠”⑥。清雍正五年（1727），池神又被钦定“昭惠裕阜盐池之神”⑦。

池神庙宇自唐大历十二年（777）正式建立后，便被列入祀典，永远奉祀。并于大历十四年（779）夏五月九日，对新建的池神庙举行“秩齐四渎（长江、济水、黄河、淮水），礼视三公（太尉、司徒、司空）”的国家祀典。⑧元大德间“命行中书省岁五月朔遣官致祭”⑨。明代“每岁于三月初，有司具牲牢，而

---

① 元大德三年《敕封永泽资宝王之碑》，碑身高185厘米，座高45厘米；《敕封广济惠康王之碑》，碑身高180厘米，座高53厘米。此两通碑铭今均在池神庙。

② 元至元元年《大元敕赐重修盐池神庙碑记》，碑身高325厘米，座高84厘米。今立于池神庙三大殿前月台下西侧。

③ 元元统二年《敕赐御香瑞盐碑志》，碑身残存高61厘米，收录于南风化工集团股份有限公司编《河东盐池碑汇》，山西古籍出版社2000年版，第56—57页。

④ 元至正七年《盐池神御香记》，碑身高182厘米。今在池神庙。

⑤ 明天顺七年《重修盐池神庙记》，碑身高172厘米，座高48厘米。今在池神庙。

⑥ 明万历二十年《奉敕重修盐池神庙碑记》，碑高283厘米。今在池神庙。

⑦ 清乾隆四十八年《重修池神庙诸殿宇碑记》，碑身高205厘米。今在池神庙。

⑧ [清] 言如泗修，熊名相等纂：乾隆《解州安邑县运城志》卷一二《艺文·宝应灵庆池神庙记》，乾隆二十九年（1764）刻本。

⑨ 元至元元年《大元敕赐重修盐池神庙碑记》，碑身高325厘米，座高84厘米。今立于池神庙三大殿前月台下西侧。

运司官主其祭"①。清雍正年间"敕命春秋致祭"②。对池神庙的祭祀，除常祭外，有时也可以特祭，如明万历三十五年（1607）十月二十九日，"池上生盐……众皆呀（讶）之"，遂于"正月二十一日……设祭五坛，秉恭虔告如例，赛神三日"。③ 再如清雍正五年（1727），"盐花不种自生，多至七百余万……奉钦定昭惠裕阜盐池之神，改设木主特祭"④。常祭与特祭均要举行庙会三天，亦要唱戏三天。清中后期，祭祀逐渐由官府主持商众参加扩展到由普通商民组织进行，道光十七年（1837）《集义会碑》记载："我坐商等……以集义会之设也。……每遇春秋，竭诚祭祀，所以祈神福，报明赐也"⑤，即河东坐商成立集义会，捐资共同于每岁春秋祭祀池神。

三、运城城池的建成与发展

运城，位于解州安邑县境内，一名路村，近郇瑕故地，历代以来皆属安邑，因运司驻扎故名运城，又名凤凰城。元初姚行简建议修池掌榷，始立司于路村。延祐间更名圣惠镇。至正二十九年（1369）始建城，徙陕西都转盐运使司以居之，隶晋宁路。明代隶平阳府解州安邑县。清雍正二年（1724），解州改为直隶州，运城属直隶解州安邑县。⑥

---

① 明天顺七年《重修盐池神庙记》，碑身高172厘米，座高48厘米。今在池神庙。

② 清乾隆四十八年《重修池神庙诸殿宇碑记》，碑身高205厘米。今在池神庙。

③ 明万历三十五年《侍御康公特祭盐池诸神碑记》，碑身高233厘米，座高44厘米。今在池神庙三大殿月台下东侧。

④ 清乾隆四十八年《重修池神庙诸殿宇碑记》，碑身高205厘米。今在池神庙。

⑤ 清道光十八年《集义会碑》，碑身高158厘米。今在池神庙。

⑥ ［清］言如泗修，熊名相等纂：乾隆《解州安邑县运城志》卷一《沿革》，乾隆二十九年（1764）刻本。

运城于元代选址建城于路村，源于其优越的地理位置。首先，“邑当孔道，为陕甘、新疆、回疆、四川、云贵、前后藏来往通衢”①，十分有助于池盐的运销。其二，“河东盐池百二十里，专属盐务官，管辖冀豫，雍梁四千里，民食仰给于此”，且为“国赋所储，群商所处，诸路所通，百物所聚”，因此盐池的经济地位十分崇高。其时河东都转运盐使司设在解州，而解州处于大盐池的西边，偏居一隅，且“城小，不足以容”②，因此对盐池的生产与管理可谓鞭长莫及，这就需要在大盐池的中部建立一座城池来就近管理。其三，河东盐池位于解州和安邑之间，而池神庙在大盐池中部北面的卧云岗上，选址于池神庙所在的路村建立盐务专城，既有利于对盐池的生产管理，又便于对池神庙祭祀。其四，更为重要的是池神庙下有“淡泉”，且“水特甘凉”，每年池盐生产的季节，均为“炎暑”，“常役万人取盐，苟勺饮不继，则渴死者过半，酌泉饮之，则免于病”，于是元初，在“泉北二里治盐司事”。③ 因此，“淡泉”的存在是运城建城于路村的很重要的一个因素。基于以上原因，“（运）城之特建，其势然也”。④

元初，“汾州人姚行简绘图献于上，上可之。乃芟莽夷榛，立解盐司于池之北浒，曰路村”⑤。延祐三年（1316），“（解）池为雨败，艰于出课。上（元英宗）恤民隐，减免引钞者十之六

① ［清］言如泗修，熊名相等纂：乾隆《解州安邑县运城志》卷一《田赋·杂课》，乾隆二十九年（1764）刻本。

② ［清］言如泗修，熊名相等纂：乾隆《解州安邑县运城志》卷一四《艺文·重修运城记》，乾隆二十九年（1764）刻本。

③ 元至元二十七年《解盐司重修盐池神庙碑》，碑身高198厘米，座高50厘米。今在池神庙。

④ ［清］言如泗修，熊名相等纂：乾隆《解州安邑县运城志》卷一四《艺文·重修运城记》，乾隆二十九年（1764）刻本。

⑤ 《圣惠镇新城碑》，收录于南风化工集团股份有限公司编《河东盐池碑汇》，山西古籍出版社2000年版，第61页。

七。民怀帝德，更村名镇，以纪圣惠，究之即潞（路）村耳”①。也即延祐间，村民为报皇帝减免盐课之恩泽，更路村名为圣惠镇，彼时“（圣惠镇）载葺庙貌，曰池神、曰学宫、曰三皇行用库，谯楼、钟楼、馆传场廒，隶属之所，靡不备具。万商辐辏为货泉之渊薮。室庐联骈，楼阁辉映。惜呼！散漫纵横”②，圣惠镇虽未建城垣，但城内商贾辐辏、市廛繁华、室庐联骈、楼阁辉映，其繁华程度远在村镇之上。元至正丙申（1356）夏，那海德俊被擢总河陕盐使，同年八月开工筑城，其时“丁夫星布，畚插云集”，除“兵二千五百人”参与城池建设外，“庶民乐于输财、赴役者不计其数”③。工程历时五个月，于当年十二月告竣，此为运城兴建之始。由此可见，运城为先设运司而后筑城。

运城初建时，名为凤凰城，“（城垣周长）一千七百丈，其为门者有五，正南二门”，便于盐车出入，“向西北三门”，以通士庶商贾，“每为门一，则筑土为台，崇二丈奇，广不及崇二尺，袤增崇之三丈”，并以砖砌之，“中峙栟木以为涂道，重扉严钥，石枢铁镈，上构屋四楻，户牖洞达”，以备非常之需。“门之内外左右，各为军庐八楻，又护察所三楻……增左右夹室二楻”，为巡警稽察所在之处。“（城垣）四隅，构烽火屋各四楻”，为觇伺防御之所。此外，“永丰故渠改流（城）墙外，迤逦西南，就为城之池，其（正北门）台广袤倍于佗门，屋延四楻，旋角碧瓦朱栏，山节藻棁丹护黝垩之饰……中有观音佛像以镇之”。“门少东，又为水窦一，铁棂石港，以通行潦。西门之窦以如之”。④ 由此可见，运城初建时虽较为简陋，但护城河、

① ［清］《河东盐政汇纂》卷二《运治》。

② ［清］《重修河东运司志》卷八《文苑》。

③ ［清］言如泗修，熊名相等纂：乾隆《解州安邑县运城志》卷一二《艺文·那海德俊筑圣惠镇新城记》，乾隆二十九年（1764）刻本。

④ 《圣惠镇新城碑》，收录于南风化工集团股份有限公司编《河东盐池碑汇》，山西古籍出版社 2000 年版，第 63 页。

军庐、稽察所、烽火屋等稽查防御之所俱全，亦具备贮水池等基本城市公共设施。

运城建成之后，明清两朝有过多次重修，均由当政御史或运使主持。明天顺二年（1458），运使马显重修。正德六年（1511），御史胡止为御寇将城墙增高数尺，并将城门改为四门，东曰放晓、西曰留晖、南曰聚宝、北曰迎渠，但城墙仍为土墙，没有砖包。嘉靖三年（1524），御史卢焕将东面城墙砌之以砖①；嘉靖四年（1525），御史初杲“谓运城西面受患尤急……（遂）以石甃基，续以瓴甋”，并将月城充拓，“改甃可转车马”。② 嘉靖十二年（1533），御史余光“甃其北，十五年，御史沈铎、十六年御史何瓒、十八年御史陶谟相继甃其南，兼修四门重楼，于城角各增望楼，周围增台铺各一十九”③。嘉靖二十年（1541），御史舒迁重作外城，“其高十有五尺，其厚得高之强半，其外为驰道、为隍，深广各与高等”④。由于万历间城墙瓦甓侵剥，天启二年（1622），御史刘大受暨运使孙可重修，“垛增尺许，足捍矢石，拦墙易砖，末杜剥落，新敌楼，葺铺舍，疏水道，积飞石，城外浚壕筑墙”，并以“护池滩地若干顷”作为资本，“募乡兵若干名，搜旧械若干，益以新造若干”⑤，用以守城。崇祯七年（1634）御史杨绳武、九年（1636）御史姜思

① ［清］言如泗修，熊名相等纂：乾隆《解州安邑县运城志》卷一二《艺文·修河东运城记》，乾隆二十九年（1764）刻本。

② ［清］言如泗修，熊名相等纂：乾隆《解州安邑县运城志》卷一二《艺文·甃运城西面及广郭门记》，乾隆二十九年（1764）刻本。

③ ［清］言如泗修，熊名相等纂：乾隆《解州安邑县运城志》卷三《城池》，乾隆二十九年（1764）刻本。

④ ［清］言如泗修，熊名相等纂：乾隆《解州安邑县运城志》卷一二《艺文·建运司外城记》，乾隆二十九年（1764）刻本。

⑤ ［清］言如泗修，熊名相等纂：乾隆《解州安邑县运城志》卷一二《艺文·重修运城记》，乾隆二十九年（1764）刻本。

睿、十三年（1640）御史杨鹗连因寇警，先后加修增立敌台守望。[①] 清顺治六年（1649），姜瓖猖獗，重楼台铺悉毁，十年（1653）御史陈喆暨绅衿商庶捐葺。康熙十三年（1674）御史何元英又修并增武备。[②] 二十四年，御史李时谦与运使张鹏翮又修，“墉堞皆甃砖甓，楼橹皆垩丹漆，崇狭者，广倾者，植颓者”[③]。

清代，运城“周围九里十三步，计一千七百丈，高二丈。四门，东曰放晓，西曰留晖，南曰聚宝，北曰迎渠”[④]。城内设有巡盐察院、运司署、运同署，分驻运城州判署，中场、东场、西场三大使署，都司署。此外，还有经历司署、知事署、库大使署、把总署、运学教授署等官僚机构，建有养济院，司艺所，公桑园等。[⑤] 城内设九坊，分别是：厚德、和睦、宝泉、货殖、荣恩、贤良、甘泉、永丰、里仁。共四街，四街是城内规定的集市之处。[⑥] 彼时，运城内街坊棋布，衙署星罗，仓库坛庙无不备具。[⑦] 在城市体制上，运城“其地属安邑县辖”，但除“一切编户保甲悉于安（邑）就理”外，其盐政并不在县政治理范围内，而体制自备，“坛壝学校、官师武备、坊市保甲及报祭宾兴

---

① ［清］言如泗修，熊名相等纂：乾隆《解州安邑县运城志》卷三《城池》，乾隆二十九年（1764）刻本。

② ［清］言如泗修，熊名相等纂：乾隆《解州安邑县运城志》卷三《城池》，乾隆二十九年（1764）刻本。

③ ［清］言如泗修，熊名相等纂：乾隆《解州安邑县运城志》卷一四《艺文·重修运城记》，乾隆二十九年（1764）刻本。

④ ［清］言如泗修，熊名相等纂：乾隆《解州安邑运城志》卷三《城池》，乾隆二十九年（1764）刻本。

⑤ ［清］言如泗修，熊名相等纂：乾隆《解州安邑运城志》卷三《公署》，乾隆二十九年（1764）刻本。

⑥ 杨纯渊：《山西历史经济地理述要》，山西人民出版社 1993 年版，第 383 页。

⑦ ［清］石麟、朱一凤等：《河东盐法志》卷八《运城》，雍正五年（1727）刻本。

诸典礼，俨与邑等”①。此外，城内还设有牛痘局、育婴堂、粥厂、义仓、同善义园等公益设施；又建有运阜仓、运储仓，以储备粮食。由此可见，清代运城的规模已相当可观。

四、运城的商业

运城建城后，由于地处交通要道，秦晋豫三省的商贾长期云集于此从事池盐运销。池盐的兴盛又带来其他行业的活跃，使运城逐步成为晋南的经济中心。明嘉靖年间，每至祭祀，在池神庙海光楼下，“士女集而祈游兮，鱼龙角觚之跄跄”②，由此可以看到当时祭祀时民间社火百戏表演的热闹情形。清前期，运城已是“商民辐辏，烟火万家”③，“人集五万”④ 的商业城市了。康熙中叶，运城内“贾旅辐辏，价贩云集，辀蹄鞶互，杂糅于阛阓间”⑤。乾隆年间，运城“五方杂处，富商大贾，游客山人骈肩接踵”⑥，且“顾商贾聚集处，百货骈集，珍瑰罗列，几于无物不有。是合五方物产即为运城物产”⑦。

随着商业的发展，运城内商品交易活动繁盛，市集数量众多，且开市频繁。清康熙三十二年（1693），“令四关各十日轮

---

① ［清］言如泗修，熊名相等纂：乾隆《解州安邑运城志·序》，乾隆二十九年（1764）刻本。

② 明嘉靖十四年《海光楼赋》碑，收录于南风化工集团股份有限公司编《河东盐池碑汇》，山西古籍出版社2000年版，第93—95页。

③ ［清］蒋兆奎：《河东盐法志》卷八《运城》，乾隆五十五年（1790）刻本。

④ ［清］言如泗：乾隆《安邑县志·序》，乾隆二十九年（1764）刻本。

⑤ ［清］言如泗修，熊名相等纂：乾隆《解州安邑运城志》卷十四《艺文·重修运城记》，乾隆二十九年（1764）刻本。

⑥ ［清］言如泗修，熊名相等纂：乾隆《解州安邑运城志》卷二《风俗》，乾隆二十九年（1764）刻本。

⑦ ［清］言如泗修，熊名相等纂：乾隆《解州安邑运城志》卷二《物产》，乾隆二十九年（1764）刻本。

转”①，即运城的集场由明代延续的东西北三关轮集，改变为四关轮集。为了整顿城内商业秩序，御史杨绳武特订立八条约法，乾隆《解州安邑运城志》卷三《城池·城内集市》中有详细记载：一、粮食到市，每石止许牙用一升；二、斗户不许调鬼，欺哄乡愚；三、客贩任赴行家，不许斗户远接；四、斗遵官较，禁置副斗及铲削口底，并用鸡子木刮；五、粜米先仅穷民；六、斗户止许正身，不许朋伙窝粜；七、生员、衙役、宦仆不许揽充斗户，市棍不许插身把持；八、集场务于东西北三关，十日一轮，摆列通衢，不许隐藏场院之内，后渐废止在北关立集。

上述八条约法中有七条涉及粮食的粜粜、对斗户的管理等内容，例如粮食到市后，只许每石抽牙佣一升；杜绝斗户“欺哄乡愚”；要求斗户使用官府校准之称量工具，且严禁“置副斗及铲削口底”；并要求“粜米先仅穷民”；禁止斗户进行“朋伙窝粜”；并明确规定“生员、衙役、宦仆不许揽充斗户，市棍不许插身把持”，肆意扰乱粮食市场等。之所以订立这些约法，是由于运城为盐务专城，盐业为其主导和支柱产业，城内及周边的民人大都从事与池盐捞采、运输相关的行业，从事粮食种植及生产者少，故该城及周边地区为纯粮食消费区域，因此城内不乏从事粮食运销的商人，而这些商人从事着相对垄断的行业，为了牟取暴利而扰乱粮食市场，进而影响当地盐工及相关人员的生活，最终影响到池盐的生产，故而御史杨绳武特订立有关粮食粜粜的约法。

随着商业的发展，运城的人口数量也不断增加，结构也发生变化。元末明初，运城的人口主要是官吏兵丁。明中叶“商贾之懋迁，羁人之旅食与夫工执业、民赴役者，纷纷然皆都于路村”。到清代前期，运城已是“商民辐辏，烟火万家”，不仅人口构成较前朝复杂，而且人口数量已经达到50 000之多。官署

① ［清］言如泗修，熊名相等纂：乾隆《解州安邑运城志》卷三《城池·城内集市》，乾隆二十九年（1764）刻本。

衙门的文武官员，以及隶属书吏、人役等为数众多，是构成运城人口的特殊部分。而“或以科第奋迹，或以赀郎起家”的安邑缙绅，半数以上在运城居住①，是运城人口的另一组成部分。“每岁浇洒之时，工作人夫盈千累万”②，以涝采池盐为生的盐丁也是运城人口的重要组成部分。此外，运城内还有“富商大贾”和“游客山人”等。

运城的人口结构，按其经济状况大体可分为三等：上等人户，包括纲总（运商总目）、大坐商、大粮商、缙绅等。中等人户，诸如小坐商、斗户（一般粮商）、揽户、牙人等；小坐商是资金较少之油盐生产作坊主，他们“畦地租自他人，措资浇晒”；而揽户、牙人则是他们之中随商业发展应运而生的接参阶层。下等人户，由于运城是“浇晒人夫聚集……之所”，所以制盐人夫很多，他们是下等人户中的主要成员。这些人大多来自附近州县，但也有不少“外来工作的人夫”。他们生活都很贫困，所以运城“穷民乞丐甚多”。上述三种人都是围绕池盐业进行生产或商业活动，有着大致类似的经济利益，并在逐步形成城市人口共同体。

清代，随着以盐业之中心的产业的发展，使得运城“五方杂处，富商大贾游客山人骈肩接踵……至安邑缙绅运城居半，是亦晋省一都会也”③，从而使得其所隶属的安邑县“渐形零落，仅成为县政中心，商肆居民不是增益，游观者或消为荒堡”④。运城的兴起，使得作为州城的解州也有衰落的趋势，而这种势

---

① ［清］言如泗修，熊名相等纂：乾隆《解州安邑运城志》卷二《风俗》，乾隆二十九年（1764）刻本。

② ［清］言如泗修，熊名相等纂：乾隆《解州安邑运城志》卷二《风俗》，乾隆二十九年（1764）刻本。

③ ［清］言如泗修，熊名相等纂：乾隆《解州安邑县运城志》卷二《风俗》，乾隆二十九年（1764）刻本。

④ 赵祖抃、周毓瑄修，景定成纂：民国《安邑县志》卷二《城邑考》，民国二十三年（1934）修，稿本。

头早在明代就初见端倪，明人袁翱说："（商人）纷纷然皆都于潞村（运城），而居解之民浸以凋落。"① 此外，日益发展的工商业也引起当地及周边地区居民意识形态上的变化。儒学道德在元末明初的运城占着绝对统治地位，但明中叶以来，特别是清以降，"（运城）商民相习成风，贫富相耀成俗。乘坚策肥争奢斗靡"②，可见民风渐奢，而这从另外一方面反映出运城商业发展的繁荣。

运城商业的繁荣及商人地位的提升，还可以从对池神庙的修葺上反映出来。历代对池神庙的修葺，均以官修为主，商民虽参与其中，但也并非主流。而从明代开始，商人开始逐渐成为重修池神庙的主要力量。明天顺三年（1459），在运使倡议重修池神庙时，"僚属"及"商人"就"各捐己资"，将池神庙"殿宇倾圮者修葺之，廊庑摧仆者扶植之。又增构翼廊四十余间，以回护殿庭，及增构殿前香亭一间，以便于祭献"，使得庙宇"规模宏敞、藻绘一新"。③ 清代以来，池神庙的多次重修大多有商人参与，如乾隆四十八年（1783）重修池神庙时，众商人不仅参与捐资，而且"一切会计，择商之谙练者司之"，而"吏役不得与"，对池神庙的池神殿，条山神殿，风洞神殿，南霓裳，南海光楼、歌薰楼，东关帝庙、日神庙、雨神庙、甘泉神庙等所有主要建筑进行了修缮，共"用银四千五百三十三两有奇"④，皆为当地商人所捐。道光十四年（1834）至十七年（1837）对池神庙进行的再次大修，亦由商人"踊跃捐资"而促

---

① ［清］言如泗：乾隆《安邑县志·艺文》卷十二，袁翱《复盐池西禁门记》，乾隆二十九年（1764）刻本。

② ［清］言如泗修、熊名相等纂：乾隆《解州安邑县运城志·风俗》卷二，清乾隆二十九年（1764）刻本。

③ 明天顺七年《重修盐池神庙记》碑，碑身高 172 厘米，座高 48 厘米。今在池神庙。

④ 清乾隆四十八年《重修池神庙诸殿宇碑记》，碑身高 205 厘米。今在池神庙。

成。从道光十七年（1837）《重修盐池神庙碑》中“不靡少府钱，不假官吏手”的记载，以及将当时督工的运商十五人、坐商二十人的姓名镌刻于碑铭①的事实，可以知道，此次重修全由商人集资，商人谋划，商人经理而成。该次重修肇始于道光十二年（1832），由盐政阿木耳“倡议重修，先捐俸金千两寄存道库，谕官谕商”，继而“河东商人……乐输恐后者，闻命之下，讵不踊跃赴功于是”。运商和坐商经过商议，决定将重修所需花费“四六摊捐”，即运商承担其四，而坐商承担其六，在三年的时间里将“池神中殿，左右条山风洞神殿，享殿，乐楼、午门，东厨、土地二祠，海光、歌薰二楼、关帝庙、甘泉祠、太阳、司雨二庙以及所有廊房角门以及牌坊、碑亭等建筑均围墙砌石，改旧为新，在坚固的基础上，进行了一些扩充，“又于庙右添设道院一所”② 等。碑中所载“河东商人”即为河东盐商。

随着商人实力的增强，有盐商行会成立，并独立进行池神庙祭祀。河东坐商曾于清道光十八年（1838）集资成立“集义会”，从“集义会碑”所载：“我坐商等仰承优恤，诸荷栽培……以期同舟共济哉，是以集义会之设也。带众齐心，每遇春秋，竭诚祭祀，所以祈神福，报明赐也”③ 可知，“集义会”应为当地坐商的行会组织，且每年春秋两次祭祀池神。碑铭中镌刻彼时参与集资成立“集义会”坐商 16 人的姓名、籍贯及捐资额，但据该碑所载“碣小难以悉镌”可知，由于碑碣面积所限，并没有将所有参与集资兴办“集义会”的坐商全部镌于碑铭之上，因此，参与集义会的坐商规模应不止 16 人。

---

① 清道光十七年《重修盐池神庙碑》，碑身高 82 厘米，今在池神庙。

② 清道光十七年《重修盐池神庙碑》，碑身高 82 厘米，今在池神庙；清道光十七年《重修盐池神庙碑记》，碑身高 228 厘米，今在池神庙。

③ 清道光十七年《重修盐池神庙碑记》，碑身高 228 厘米，今在池神庙。

表1　道光十八年（1838）集义会捐资统计表

姓　名	籍贯	捐银
王有于	解州	七十两
杨殿邦	解州	十两
刘登霄	解州	八两
惠双盛	安邑	三十两
王长太	安邑	十二两
朋成春号	安邑	十二两
乔文斗	本城	二十四两
弓百亨	本城	十二两
张鹏	本城	十二两
姚长盛	临晋	二十四两
杜双盛	临晋	十二两
杨同新	太谷	五十两
王道生	虞乡	四十两
张三兴	猗氏	三十六两
赵万镒	渑池	三十六两
陈永顺	夏县	二十两
合计		四百零八两

注：据清道光十八年（1838）《集义会碑》统计，该碑今在池神庙。

由上表可知，“集义会”主要由解州、安邑、运城、临晋县、太谷县、虞乡县、猗氏县、夏县及河南渑池县等地的坐商组成。其中解州、安邑和运城最多，各有坐商3人，共9人参与，捐银190两；其次为临晋县，有坐商2人，捐银36两；其余为太谷县坐商1人，捐银50两；虞乡县坐商1人，捐银40两；猗氏县坐商1人，捐银36两；河南渑池县坐商1人，捐银36两；夏县坐商1人，捐银20两。此9地16位坐商共捐银

408两。

河东盐池在解州境内，位于在解州及安邑中间，运城又为盐务专城，因此，该三地参与的坐商人数与捐银最多。临晋县位于路盐运陕的通道之上，太谷县在清代是山西乃至全国的金融中心，境内民人外出经商者众多，不乏巨商大贾，因此太谷籍商人经营河东池盐业不足为奇。从地理位置看，虞乡、猗氏、夏县三县均距河东盐池较近，虞乡与猗氏二县隶属于蒲州府，夏县隶属于解州，此三县地近盐池，食盐利者必定不少。河南渑池县位于路盐运销豫省的道路之上，因此有资金较为雄厚的坐商存在也是情理之中。

遗憾的是，现存于池神庙的这些碑铭资料虽能反映河东盐商曾在重修池神庙的活动中参与捐资，并曾任经理人或监工、纠首等，但无确切捐资记录，亦无商人姓名、籍贯等资料，因此我们想借助这些碑刻对运城当地的商业构成、商业规模及其在区域市场中的地位等情况而得出一些具体翔实的认识还有相当难度。

五、随路盐运销而兴起的城镇

清代，为防止池盐被私自贩卖，对行盐路线和行盐日期实行管控，“将三省州县各序路程，核其道里，定以时日，刊刻程单，给付脚户、船户。牛车日行约三十里，驴骡日行约五十里，船行亦每日约五十里。枉道逗留所过地方不许容隐。盐到地方，所在有司验明运票，若有盗卖衍期，按法究治”①。池盐运销路线大致可以分为三条：一由运城到平陆县茅津渡过黄河运销至河南省；二由运城到临晋县夹马口过黄河运销至陕西省；三是

① 《河东盐法备览》卷六《运商门·运程》。

运销山西省内各个州县①，具体行盐路线如下：

（一）从运城东南行，经茅津渡过黄河，运销河南省。其路线是："自运城二十里至圣惠镇，十里至东郭，二十里至张店，三十里至八政，二十里至茅津渡，过河五里至会兴镇，十五里至磁钟，三十五里至张茅，二十里至砍石骚，二十里至观音堂，二十里至英豪镇，二十五里至渑池县，四十里至义昌骤，二十里至铁门镇，三十里至新安县，三十里至磁间，二十里至谷水村，二十里至洛阳县。"② 全程三百九十里。

（二）从运城西行，水陆兼程，运销陕西省。其路线是："自运城四十里至赤社，二十五里至客头，四十里至东张，十里至夹马口，五里至黄河口，上船一百里至三河口，二百九十里至草滩，起旱六十里至长安县。"③ 全程六百里。

（三）从运城北上，运销山西境内各州县，其运往绛县的路线为："自运城三十里至陶村，三十里至水头，二十里至小郭店，二十里至闻喜县，三十里至东镇，三十里至横水，三十里至绛县。"④ 全程一百九十里。

随着池盐的运销，行盐路线沿线的一些城镇逐渐兴起，成为繁荣的商业城镇。

绛州，位于省境南部，清代为直隶州。春秋时期为运销路盐，开通境内今横水经郑柴、南樊由仪门入曲沃县境的盐道。北魏太和年间，开通由"成周晋绛道"之郑柴起，经董封、范壁入浍交川至北绛郡（今翼城县南）之驿道；另一条驿道由曲沃县的东周经平乐入境，经尧都、史村至浍交川。明代，二道均成为铺递道。清初通行铁、木轮大车，由横水起经中杨、城

① 参看席瑞卿《运城盐池·晒商·陕岸运商及其他》，载《山西文史资料全编》第六卷，《山西文史资料》编辑部，1998年。

② 《河东盐法备览》卷六《运商门·运程》。

③ 《河东盐法备览》卷六《运商门·运程》。

④ 《河东盐法备览》卷六《运商门·运程》。

关、郑柴、董封、范壁至南樊改向西行，入曲沃县境。此道于南樊处又辟一道，经大交入翼城县境。此外，绛州濒临汾水，为清代汾水沿岸的重要码头。绛州航运路线即由绛州禹门口，归黄河，顺流而下，至风陵渡，又向西进入渭河逆流而上，经渭南、西安，可达咸阳。“每岁初冬，陕船自渭河入黄转汾以至绛，春初西返”①，“至 8 月以后停运”，全年通航时间有 6 个月。“航船全系木制，长 4 丈，高 5 尺，吃水 2 尺多，载重 10 万多斤。每只船有水手 20 余人。船内设有卧舱、伙房”②。由绛至风陵渡，为顺水，行速；转渭为逆水，行缓；返航反是。③ 彼时，绛州不仅舟楫畅行，而且州城内车马、骆驼络绎不绝，街道两旁车马店、过载店、各类店铺鳞次栉比，有“小苏州”之称。清代，绛州城城周 9 里 13 步④，城内店铺鳞次栉比比，市廛繁华，与山西北部的代州城，有“南绛北代”之称。李燧著《晋游日记》这样描写：“绛州城临河，舟楫可达于黄，市厘辐辏，商贾云集。州人以华靡相尚，士女竞弋绮罗，山右以小苏州呼之”⑤，“登浮图，俯视阛阓，烟火万家”⑥。绛州城内商户店铺大多集中在城关、南樊、横水、大交等 4 镇。行业齐全，有京货、花行、典当铺、木器行、铁货、六陈行、饭铺等 23 行。其时，南樊镇已成为绛县、曲沃、翼城三县商品集散地，镇内店铺林立，市井繁荣，客商云集。最盛时，仅南樊镇西堡就有 72

---

① 徐昭俭修，杨兆泰纂：民国《新绛县志·卷首》序，民国十八年（1929）铅印本。

② 任永昌等：《新绛县的航运业与铁货业》，载山西省政协文史资料研究委员会、山西省文史研究所合编：《山西文史资料》1984 年第 4 期。

③ 黄鉴辉：《明清山西商人研究》，山西经济出版社 2002 年版，第 263 页。

④ ［清］张成德修，李友洙、张我观纂：乾隆《直隶绛州志·城池》卷一，乾隆三十年（1765）刻本。

⑤ ［清］李燧：《晋游日记》卷一，乾隆五十八年八月二十日，山西经济出版社 2003 年版。

⑥ ［清］李燧：《晋游日记》卷一，乾隆五十八年九月九日，山西经济出版社 2003 年版。

家绸缎店。[①]

永济，是蒲州府治之所在，位于晋省最南端，东临解州，西濒黄河，“为秦晋要扼，西控潼关，俯临黄河”的重镇[②]，是路盐入陕的必经之路。清代的永济，城周8里349步，有四座城门，东曰迎熙、南曰首阳、西曰蒲津、北曰振威。[③] 清顺治八年（1651），因城内居民寥落，县令曾“招商贾聚货”于“鼓楼下集”而使之成为“一郡辐辏”。[④] 清代中叶以来，永济城内市集频繁，商业繁华，“大市旧在东关……南北牛站巷，东西皆肆店交易者，朝往暮归日率为常”[⑤]。

临晋县位于路盐运陕的通道之上，“东由白堂村至猗氏县治，又东南至运城镇，共九十里；西取道吴王渡或夹马口至黄河岸，逾河入陕三十里”[⑥]，路盐运陕最要之隘口——吴王渡、夹马口即在其县境内，“吴王渡在县城西三十里滨瀵湖，为由晋渡河运炭载盐口岸；夹马口在吴王渡，南邻永济界，为陕西运盐之过载处”[⑦]。此外，位于县城东樊桥镇的樊桥驿，为通陕西大道；位于县城东南二十里的贯底桥，为官路通衢；位于县城南三十里的城子埒桥能通运城盐车。[⑧] 由于临晋县优越的地理位置，清代临晋县“经商陕省者常万余人，凡子弟成年除家无余

---

① 绛县志编纂委员会：《绛县志·商业·经营体制·私营商业》卷十三，陕西人民出版社1997年版。

② ［清］李燧：《晋游日记》，卷一，乾隆五十八年七月二十二日，山西经济出版社2003年版。

③ ［清］李荣和、刘钟麟修，张元懋纂：光绪《永济县志》卷二《城池》，清光绪十二年（1886）刻本。

④ ［清］李荣和、刘钟麟修，张元懋纂：光绪《永济县志》卷一《市集》，清光绪十二年（1886）刻本。

⑤ ［清］李荣和、刘钟麟修，张元懋纂：光绪《永济县志》卷一《市集》，清光绪十二年（1886）刻本。

⑥ 民国《临晋县志》卷一《疆域考·道径》。

⑦ 民国《临晋县志》卷一《疆域考·要隘》。

⑧ 民国《临晋县志》卷一《疆域考·要隘》。

丁及质地鲁钝者外，余悉遣赴陕省习商”，陕西省的金融业大半归“临人掌握”，从事其他贸易行业的亦多，以至于临人“每岁吸收之金钱不下数万金”。① 彼时，临晋县市集频繁，集期密集，“临有十集，曰西关、七级、樊桥、城西、城子埒、夹马口、卓里、角杯、周吴、宋家庄，今举四集，以既其余。集期有逢六逢七，从一至十，各集各分其期”②。

垣曲县位于晋省南部，清代属绛州，为绛州最南端的一个县。其地理位置优越，“南至黄河济民渡五里，渡在县南东滩村，其南岸系渑池阳壶渡”，为晋豫之通津；“西至横岭关九十里”③，横岭关隶属绛县，明成化间曾设驻巡检一员，隶垣曲。清乾隆十七年（1752），其地重山复岭，扼垣、绛、闻喜三县之隘，为来往商旅的必经之路。宋代，垣曲县已是路盐运豫的必经之路，出土于东滩村，现存于垣曲县博物馆的“垣曲县店下样”载：“……雇发含口、垣曲两处盐货……卸车装船”④，可见，彼时路盐运到东滩村的济民渡“卸车装船”，渡河销往河南渑池等地。清代，路盐到垣曲县的线路是：“垣曲县：计程三百一十里，限五日到……自运城三十里至陶村，三十里至水头，二十里至小郭店，二十里至闻喜县，三十里至东镇，三十里至横水镇，转脚七十里至桃园，八十里至垣曲县。”⑤ 只是此时，路盐多经由茅津渡过黄河入豫。

茅津镇位于解州东南部平陆县东二十里，东西广二里余，南北袤一里，阔五里。⑥ 其渡口——茅津渡“与河南陕川之会兴

---

① 民国《临晋县志》卷四《生业略》。

② 乾隆《临晋县志》上篇《市肆篇》。

③ ［清］光绪《垣曲县志》卷之一《疆域》。

④ 《垣曲县店下样》，收录于南风南风化工集团股份有限公司编《河东盐池碑汇》，山西古籍出版社2000年版，第24—25页。

⑤ 《河东盐法备览》卷六《运商门·运程》。

⑥ ［清］刘鸿达修，沈承恩纂：光绪《平陆县续志》卷之上《营建·里镇》，清光绪六年（1880）刻本。

头地方两岸相对，为晋豫通津”①，“地当水陆之冲，值八省通衢。自虞版以下，依山凿径，绵延百余里，扼关陕咽喉，由晋入豫者道所必经”。因为“三晋卤商辇运盐斤，尤当孔道”，而使得此地“皇华冠盖之络绎仕宦，商旅之辐辏，纷至沓来，不胜纪计”。② 清代，为管理“豫引过渡”，曾在此设巡检一员，“巡辑私贩”，并于嘉庆四年（1799）“裁巡检改设县丞”③。由于地理位置的重要及路盐的运销，茅津镇“市廛鳞次，商贾云集……称一邑巨镇”④，且镇内市集与庙会频繁，如所属张店街每日俱有常集；而每年的三月初五日、四月初五日、五月二十五日、六月二十四日、七月三十日、十二月十五日均为茅津会举办之期。⑤

运城西关村，亦称运城西门外，清至民国时期，曾有多家过载盐店开设于此，从事路盐出场后的存放及往陕西的发运业务，西关村由此而一度成为繁荣的盐运小镇。⑥

六、对盐业的管理

河东盐池由于盛产池盐，在汉、唐、宋各个时期均设有官吏管辖。汉代，置河东均输长；唐置安邑、解县两池榷运使，

---

① 中国第一历史档案馆编：《雍正朝汉文朱批奏折汇编》第 19 册，江苏古籍出版社 1986 年版，第 402 页。

② ［清］刘鸿达修，沈承恩纂：光绪《平陆县续志》卷之下《艺文》，光绪六年（1880）刻本。

③ ［清］刘鸿达修，沈承恩纂：光绪《平陆县续志》卷之上《营建·津渡》，清光绪六年（1880）刻本。

④ ［清］刘鸿达修，沈承恩纂：光绪《平陆县续志》卷之下《艺文》，光绪六年（1880）刻本。

⑤ ［清］刘鸿达修，沈承恩纂：光绪《平陆县续志》卷之上《营建·集会》，光绪六年（1880）刻本。

⑥ 席瑞卿：《运城盐池·晒商·陕岸运商及其他》，载《山西文史资料全编》第六卷，《山西文史资料》编辑部，1998 年。

“安邑、解县两池，旧置榷运使，仍各别置院官”①；大历年间，也曾设治于路村。宋置河东转运使、提举制置解盐司。元设河东陕西等处都转盐运使司。“运治未建时，历代虽有榷沽之政，而或入少府，或归大农，或隶度支，即行榷之吏大约分摄于军州郡邑之卒幕，未置专廨”②，也即在较长一段时间内，盐务官员一般由地方官吏兼任，所以在元代之前，管理河东盐池的盐务机构多设在州城解州。直至运城建城后，徙陕西都转盐运使司以居之，才有了专管河东盐务的专城。③

为防止河东盐池资源被私自捞采及运售，历朝都有对河东盐池的保护措施。唐即修“壕篱”以护盐池，宋在唐“壕篱”的基础之上，“自安邑抵解州百四十余里，围绕环合”，筑“拦马墙”，“宽广归池而有加，池称东西二场，分二门以通来往”，“但短垣及肩”，不足以防御私采滥运。明成化间，对禁垣进行了比较详细的规划和建造，“塞东西二门，另于池北开中门以总出入，又于拦马墙外筑禁墙二千五百余堵，高丈有三尺，阔八尺，垣之外有马道以便往来，有隍堑以蓄野水，垣内外置铺”。成化十二年（1476），又将禁垣“加高共二丈一尺”。成化二十一年（1485），复开禁垣“东西二门，合中门共称禁门者三，中与运城相对名曰佑宝，东去安邑五里名曰育宝，西去解州十里名曰成宝”，从而方便池盐的生产与运销。正德十三年（1518），重修禁垣。嘉靖十五年（1536），“雨淫水涨”，使禁垣“墙倾五百八十余丈……重筑”。万历四十年（1612），“州县集议，将禁垣渠堰丈量分工，立石表界”。清顺治五年（1648），发动四千名盐丁“专任修垣”。雍正三年（1725），“豁免盐丁修筑之役”，自此，禁墙渠堰等与河东盐池有关的工程，均由政府动用“动

① 《旧唐书》卷五二《食货志》。

② ［清］《河东盐法备览》卷二《城垣》。

③ 该问题前辈学者进行了深入细致的研究，笔者在此处不赘述。

帑募夫修理"①。禁垣的修建不仅有助于防止池盐被私采滥运，亦有助于防止洪水入池，更有利于对盐工的管理。

宋代以来，路盐运销沿途城镇均有"店口"开设，所谓店口，即"商人出给房资，卸盐运发"② 的过载盐店，但因为"商伙串通店家窃卖盐斤，或店家自行盗卖"，遂"将店家革除，令商人自行立店卸发，以杜积弊"，并规定"如有更易，禀明批查，取得存案"。由此可知，为盐运提供服务的"店口"有两种：一为专业过载店，由商人出资租其房屋，卸盐运发。但此类"店口"往往自行或者串通运盐商人托付运盐事物的商伙盗卖盐斤，因此被革除。一为盐商自行开设，但由于路途遥远，运盐商人财力所限或不断更易，因此专业过载盐店依然是存在，并且"复行暗包滋事"。直至清乾隆三十年（1765），运使吴云从"仍令各商照例自行立店，或一店数家，出具同店保结，一家行私，同店连坐，仍将立定店名，编号列名造册送查"③，以杜绝"偷取斤两"和"勾当人并不两平秤盘"及"增减斤两"的情况发生，维护商业秩序及盐商的利益。

历代，除政府对河东盐池实施管理外，盐商对池盐的生产运销进行自发管理。北宋天圣八年（1030），"十月，诏罢三京、二十八州军榷法，听商人入钱若金银京师榷货务，受盐两池"④，即路盐实行罢榷法商运商销，垣曲县也在此列。彼时，路盐运至垣曲县济民渡，卸车装船运销河南，盐商担心沿途"主事人作弊，不依石样卸车装船，别有增减斤两"，"又虑勾当人并不两平秤盘，乱有阻节"⑤，于是将"垣曲县店下样"置于这个重

---

① ［清］言如泗修，熊名相等纂：乾隆《解州安邑县运城志》卷二《盐池·禁垣》，乾隆二十九年（1764）刻本。

② 《河东盐法备览》卷六《运商门·附店口》。

③ 《河东盐法备览》卷六《运商门·附店口》。

④ 《宋史·食货志》。

⑤ 《垣曲县店下样》，收录于南风化工集团股份有限公司编《河东盐池碑汇》，山西古籍出版社 2000 年版，第 24—25 页。

要的中转渡口。“垣曲县店下样”置于宋哲宗元祐七年（1092），其顶部刻有“盐样”二字，且在铭文中郑重写明“不得借与别客使用，切虑斤两不同，恐惹争讼”，表明其为专用于盐运的石权。该石权为盐商“与众共同商议”“起立私约石样”，其目的在于防止“辇户多端偷取斤两”和“勾当人并不两平秤盘”“增减斤两”①，减少运盐损失，参与商量置立私约的“众”，除盐商外，还有辇户、勾当人等，盐商为其核心。由此可知，“垣曲县店下样”非官方所置，是一种私权。“垣曲县店下样”的设立也表明了盐商为了维护商业秩序，保护各自利益而对路盐的生产运销进行自发管理。

明崇祯九年（1636），河东一带大饥，且受到西来流寇的侵扰，使得“百姓日见嗷……间有馑于道者”，当地执政者采取“以工代赈”的方式，重修池神庙，“儒学、表忠祠、演武场并举……因之有材者得售，有艺者得酬，强者负重、弱者挈轻”，从而使得“日倚此中生活者无虑数百人”②，从而解决了数百人的吃饭问题，此可谓运城管理职能的一个表现。

七、运城的公共事业

运城建城后，晋陕豫三省商贾长期云集于此经营池盐的捞采和运销，盐业的兴盛带来其他行业的活跃，使运城逐步成为晋南经济中心。随着经济的繁荣和发展，运城的公共事业随之兴起。清代运城内建有养济院、育婴堂、粥厂、同善局、牛痘局、义仓、养病所、公桑园、习艺所、运储仓、运阜仓等机构，公共事业配置较为完备。

---

① 《垣曲县店下样》，收录于南风化工集团股份有限公司编《河东盐池碑汇》，山西古籍出版社2000年版，第24—25页。

② 明崇祯九年《重修池神庙碑记》，收录于南风化工集团股份有限公司编《河东盐池碑汇》，山西古籍出版社2000年版，第152—154页。

养济院始设于嘉庆年间，为养济鳏寡孤独之所，规定“岁育孤贫全粮者三十名，半粮者一百名”，后又“暂添半粮孤贫十二名”。[①] 育婴堂设于运城城内路家巷，始建于道光二十四年（1844），是收养弃婴的处所。[②] 粥厂设于同治三年（1864），“因运城人烟稠密，穷民乞丐甚多，时届隆冬，凡鳏寡孤独，老弱残废，无计营生者，饥寒交迫，往往致填沟壑”，故“劝谕各官、绅商捐资购米设厂散粥”，并明定章程，遴员经理，将余金置备棉衣、棺木，“以救冻馁，而收暴露”[③]。同善局始设于同治三年（1864），是埋葬暴毙街头贫民的机构，为运城绅商踊跃捐资而建，其管理“遵照粥厂章程办理”[④]，另建在城西南于光绪十八年（1892）建有同善义园，“为流寓官幕停柩厝葬之所”[⑤]。牛痘局兴办较早，后“因荒停办”，于光绪五年（1879）重开，是防治牛痘（天花）流行的机构，按年春分至夏至，立秋至立冬，两期开办。[⑥] 义仓于光绪八年（1882）是捐建，为储备粮食，以备凶荒灾年救济困苦的仓储。[⑦] 养病所于光绪十八年（1892）由盐商为医治盐池工人疫病而捐办。[⑧] 公桑园设于光绪三十二年（1906），是安置游民就业，发展桑蚕的处所。习艺所设于运城谢家巷，“光绪三十二年（1906）成立……收轻罪人犯，使之学织毯袋等物，一经限满释回，不致于游惰”[⑨]。运储仓为官仓，运阜仓为商仓，分别担充济贫和对坐商资助调节的任务，“运储为官仓，运阜为商仓，官仓储粟备荒，并收滩地籽

---

① 《增修河东盆法备览》卷一《运治门·恤政》。

② 《续增河东盐法备览》卷上。

③ 《增修河东盆法备览》卷一《运治门·恤政》。

④ 《设同善局碑》，收录于南风化工集团股份有限公司编《河东盐池碑汇》，山西古籍出版社2000年版，第200—201页。

⑤ 《续增河东盐法备览》卷上。

⑥ 《续增河东盐法备览》卷上。

⑦ 《续增河东盐法备览》卷上。

⑧ 《续增河东盐法备览》卷上。

⑨ 《续增河东盐法备览》卷上。

粒租麦，散给孤贫。商仓春借秋还，专资坐商浇晒”[①]。

此外，随之而兴的还有文教事业，运学的创办，河东、宏运等书院的先后建立，均凸显了运城的文化特色。

运学，位于运治东南，为元大德三年（1299）由运使奥屯茂创建。曾于明洪武初废，而将运籍生员分附解、安二学。正统己未运使韩伟重建，彼时，运学规模较为宏大，计有大成殿五楹，东西庑各二十楹，前为戟门，门外东西名宦乡贤二祠；后为明伦堂五楹，东西斋各六楹，后为敬一亭三楹，东为尊经阁，为射圃，其规模为“他郡庙学之冠”。后于正德初，御史周廷徵置乐舞、礼器于其中。万历间，御史房寰又建鼓楼于学宫之右。其后，又有多次增修。清代，亦有重修。运学为中学，额设教授、训导各一员，廪生二十名，增生二十名，附生无定额。岁科二试，入学十二名。运学籍贯向系十二州县商民并盐丁互考。雍正六年清理商丁籍贯，嗣后运学童生惟报部商人子弟并从前有锭商人的派子孙准考，盐丁籍不得冒入。[②] 河东书院，在运城北五里，于明正德间由御史张士隆所建，占地三十余亩，有学田四十余亩。万历八年张居正奏毁天下书院，御史李廷观改为三圣庙，得免。十三年御史赵楷更名为崇圣馆。十六年御史吴达可更名育才馆。天启三年增建书屋。清代，于康熙十年及二十年两次重修。[③] 宏运书院在运学东，天启三年御史李日宣建，聘请邑绅主讲。[④]

运城建城于元，经过明清两朝的扩建与发展，在清代成为晋南政治、经济、文化中心之一。从历代对池神庙的敕建、加封，元明清三朝对运城城池的修筑、加固及修葺，对盐池的管

---

① 《续增河东盐法备览》卷上。

② ［清］言如泗修，熊名相等纂：乾隆《解州安邑县运城志》卷四《学校》，乾隆二十九年（1764）刻本。

③ 《河东盆法备览》卷十《学校门》。

④ ［清］言如泗修，熊名相等纂：乾隆《解州安邑县运城志》卷四《学校》，乾隆二十九年（1764）刻本。

理，清代运城公共事业的发展，多座书院的设立等方面可以看出，运城实际上是一座官建、官管、官营的盐业专城，其行政色彩较为浓重。

清代运城的腹地范围并不太大，包括解州全境及其周边的绛州、垣曲、临晋、猗氏、永济等州县的部分集镇。其城内商业的发展也是围绕盐业而繁荣，大都为盐业发展提供服务。其商人主要构成部分是运商及坐商在内的盐商，这些商人大都为山西本地人，也有少数陕、豫商人，其实际的商货往来范围涉及秦晋豫三省，商业职能并不十分突出。

近代云南商业发展与民俗变迁
——以大理鹤庆为中心的考察

云南大学人文学院历史系　罗　群[①]

云南商业史是云南经济史中的一个重要研究领域，从20世纪80年代起，学术界开始重视近代云南商业史的研究，在此之后的二十多年里，陆续有不少关于该领域的论文和著作问世，不断推动着该领域的研究向前发展。这一时期涉及近代云南商业发展的专著主要有：董孟雄、郭亚非《云南地区对外贸易史》[②]，吴兴南《云南对外贸易》[③]，刘云明《清代云南市场研究》，[④] 葛永才《清末巨商王白炽——同庆丰纪事》[⑤] 等。而论文主要有：董孟雄、陈庆德《近代云南马帮初探》[⑥]，董孟雄、郭亚非《近代云南的交通运输与商品经济》[⑦]，陈庆德《商业资本的历史认识》[⑧]，吕昭义《滇茶销藏考》[⑨]，刘云明《试析清代

① 罗群，云南大学人文学院历史系教授，系主任，历史学博士。

② 董孟雄、郭亚非：《云南地区对外贸易史》，云南人民出版社1988年版。

③ 吴兴南：《云南对外贸易》，云南民族出版社1997年版。

④ 刘云明：《清代云南市场研究》，云南大学出版社1996年版。

⑤ 葛永才：《清末巨商王白炽——同庆丰纪事》，云南民族出版社1998年版。

⑥ 董孟雄、陈庆德：《近代云南马帮初探》，《经济问题探索》1988年第6期。

⑦ 董孟雄、郭亚非：《近代云南的交通运输与商品经济》，《云南社会科学》1990年第1期。

⑧ 陈庆德：《商业资本的历史认识》，《思想战线》1989年第1期。

⑨ 吕昭义：《滇茶销藏考》，《思想战线》1993年第2期。

云南商人群体的整合》[①]，况浩林《试论近代我国西南少数民族地区的商业资本》[②]、《近代滇西白族商人严子珍创办的永昌详商号》[③]，林文勋《明清时期内地商人在云南的经济活动》[④]，韩军《大理白族“喜洲商帮”》[⑤]，刘云明《试析清代云南商人群体的整合》[⑥] 等。然而，这一时期学术界对近代云南商业史的研究偏重于对外贸易、滇西商业、资本市场等几方面的问题，虽然一些著作中也梳理过整个近代云南商业和商帮发展的脉络，但远不够具体深入。

21 世纪以来，近代云南商业史的研究进入快速发展阶段，系统全面阐述近代云南商业、商帮和商人发展历程的专著产生，例如，秦树才著《云岭金沙话货殖——云南民族贸易》[⑦]，罗群著《近代云南商人与商人资本》[⑧]。同时，近代云南商业史的研究开始与社会学、民族学、民俗学的理论相结合，较有代表性的当属周智生《商人与近代中国西南边疆社会——以滇西北为中心》。[⑨] 此外，相关论文大量涌现，如郭大烈《茶马古道与滇西北民族工商业的发展》[⑩]，杨煜达《滇西民族商业资本的转化

① 刘云明：《试析清代云南商人群体的整合》，《思想战线》1996 年第 2 期。

② 况浩林：《试论近代我国西南少数民族地区的商业资本》，《经济研究》1984 年第 1 期。

③ 况浩林：《近代滇西白族商人严子珍创办的永昌详商号》，《民族研究》1989 年第 6 期。

④ 林文勋：《明清时期内地商人在云南的经济活动》，《云南社会科学》1991 年第 1 期。

⑤ 韩军：《大理白族“喜洲商帮”》，《云南民族学院学报》1992 年第 3 期。

⑥ 刘云明：《试析清代云南商人群体的整合》，《思想战线》1996 年第 2 期。

⑦ 秦树才：《云岭金沙话货殖——云南民族贸易》，云南教育出版社 2000 年版。

⑧ 罗群：《近代云南商人与商人资本》，云南大学出版社 2004 年版。

⑨ 周智生：《商人与近代中国西南边疆社会——以滇西北为中心》，中国社会科学出版社 2006 年版。

⑩ 郭大烈：《茶马古道与滇西北民族工商业的发展》，2001 年中外史学年会提交论文。

与近代云南社会》[①]，姚继德《云南回族马帮的组织与分布》[②]，周智生《云南商人与近代中印商贸交流》[③]，罗群《从会馆、行帮到商会——论近代云南商人组织的发展与嬗变》[④]，吕珈慧《大理喜洲商帮的形成与发展特点》[⑤]，赵启燕《鹤庆商帮研究》[⑥]，赵启燕《近代滇西白族商帮的商贸经营与管理——以鹤庆商帮为例》[⑦]，太丽琼《近代腾冲商帮的经营管理思想》[⑧]，等等，很大程度上促进了近代云南商业史研究的快速发展。

最近以来，学术界在研究近代云南商业史时越来越注意研究视野的拓展，如以"近代云南商业发展与社会变迁"，"近代云南商业发展与民族交流"，"近代云南商业发展与对外交流"等为主题的论文或研究时有见到，有利于云南商业史研究的深入和细化。而商业活动和商人群体作为民俗变迁中的重要推动力量，一直缺乏专门研究，故笔者将本文主题定位为"近代云南商业发展与民俗变迁"，旨在探究近代云南商业发展对云南民风民俗所造成的深刻影响。鹤庆作为近代滇西北商道上的一个重镇，既是迤西三大商帮之一的鹤庆帮发源地，有"商邑"之称；又是一个多民族聚居县份，山地与坝区交错，虽以农业为主，但近代工商业亦有较大发展，境内商品经济活跃，市场繁

---

① 杨煜达：《滇西民族商业资本的转化与近代云南社会》，《云南社会科学》2001 年第 4 期。

② 姚继德：《云南回族马帮的组织与分布》，《回族研究》2002 年第 2 期。

③ 周智生：《云南商人与近代中印商贸交流》，《学术探索》2002 年第 1 期。

④ 罗群：《从会馆、行帮到商会——论近代云南商人组织的发展与嬗变》，《思想战线》2006 年第 6 期。

⑤ 吕珈慧：《大理喜洲商帮的形成与发展特点》，《边疆经济与文化》2008 年第 6 期。

⑥ 赵启燕：《鹤庆商帮研究》，云南大学 2005 年硕士学位论文。

⑦ 赵启燕：《近代滇西白族商帮的商贸经营与管理——以鹤庆商帮为例》，《思想战线》2007 年第 6 期。

⑧ 太丽琼：《近代腾冲商帮的经营管理思想》，《保山学院学报》2010 年第 1 期。

荣，辐射四邻，具有较强的典型性。以此为个案，能够管中窥豹、见微知著，反映近代云南商业发展与变迁的概况与相关特点。

一、鹤庆经济发展与市场贸易

鹤庆自古以来为云南之战略要地，云南“北以鹤庆为关，丽江为蔽”①，以拒川藏。由此，中原王朝和云南地方势力都很重视对鹤庆的控制和经营。

元代，鹤庆已初步实行民屯和军屯，但规模较小，成效远不如明清时期。明洪武十五年（1382），明军攻占鹤庆路，改鹤庆府，以高隆为土知府。正统八年（1444），废土知府，改派林遒节为流官知府，② 鹤庆成为云南较早现实“改土归流”的地方之一。从洪武二十一年（1388）起，明朝政府开始在鹤庆推行军屯制度，设立鹤庆御，“每军受田 50 亩，为一分，给耕牛、农具，教植树，复租赋”，平均每亩 2.2 斗。在实行军屯的同时，明政府又从江南迁移大批汉民到鹤庆，发展民屯，开垦出大片农田，一些水利工程也开始修建，农业生产较快发展。③

清康熙二十二年（1683），清政府废除鹤庆土千户，改设流官，鹤庆的“改土归流”彻底完成。两年后，清政府又废除了明代遗留下来的庄田制，凡过去耕种庄田的汉、白、彝等族的农奴交纳一定的地价之后，就获得土地私有权，变成自耕农。康熙三十一年（1692），废除屯田制，将屯田并入民田，使大量军田变成了私田。清政府的这些措施对发展鹤庆的农业生产起到巨大作用，康熙年间鹤庆的耕地有98 940亩，到光绪年间就猛

---

① 李根源：《〈鹤庆县志〉序》，载民国《鹤庆县志》，鹤庆县图书馆馆藏。

② 鹤庆县民族宗教事务局编：《鹤庆县民族志》2011 年 5 月，第 9 页。

③ 云南省鹤庆县志编纂委员会编：《鹤庆县志》，云南人民出版社 1991 年版，第 139 页。

增至158 390亩，养活人口44 644人，鹤庆农业发展速度由此可见。①

明朝成化年间（1465—1487），鹤庆的冶矿业较为兴旺，规模最大的是北衙银厂。明政府于鹤庆设立南、北衙二司，专管炼银，又设太监府管理旷课。当时银厂内有“矿夫”上万民，年产银十几万两。除“官矿”外，还有炼银、炼铁和采金的“民矿”。② 这种大规模冶矿业的发展促进了鹤庆商品经济的发展。一方面，数以万计的“矿夫”脱离农业生产，衣食完全依靠他人供应，鹤庆民间就流传有“千只羊，万石米，不够银厂一顿饭”的俗语，③ 与矿区周边农民交易农副产品成为必然；另一方面，“随着冶矿业的兴起，抽铜铁丝、制铁针、制刀、锄、斧等生产生活用具的手工业也有了发展”④，这些手工产品多数是“为卖而造”，包含了商品经济的性质。

明朝至清初，鹤庆境内及周边的集市贸易有了初步的发展。鹤庆境内兴起最早、规模最大的贸易集会是松桂会，其正式形成于明朝初年，会期定于每年农历七月二十二日左右，时间五到七天，以交易骡马为主，兼带交易其他各种商品，每届骡马成交数不少于万匹。⑤ 康熙年间，鹤庆境内有记载的集市有“大街、大墩街、甸尾街、破庙街、金墩街、松桂街、石碑街、田子庄街、鱼塘街，河底街、姜官营街”⑥ 等十二个。此外，明清时期鹤庆的传统集市贸易还有西邑的二月八会、辛屯天子庙会

① 云南省鹤庆县志编纂委员会编：《鹤庆县志》，云南人民出版社 1991 年版，第 139 页。

② 云南省鹤庆县志编纂委员会编：《鹤庆县志》，云南人民出版社 1991 年版，第 139 页。

③ 鹤庆县民族宗教事务局编：《鹤庆县民族志》，2011 年，第 9 页。

④ 云南省鹤庆县志编纂委员会编：《鹤庆县志》，云南人民出版社 1991 年版，第 139 页。

⑤ 章天柱：《滇西北最大的骡马交易市场——松桂》，载《鹤庆文史资料》第八辑，第 65 页。

⑥ 康熙《鹤庆府志》卷七《街市》，鹤庆县图书馆馆藏。

等，以交易锄头、扁担等农具和鸡、猪、狗等牲畜为主。① 这些集市的初兴，推动了鹤庆商品经济的萌芽和发展，为近代鹤庆商业的兴起奠定了一定的基础。

在鹤庆境内的集市贸易初步兴起之时，滇西北其他一些地区也出现了很多较为兴旺的商贸集会，其中规模较大、辐射范围较广的有大理三月街、邓川鱼龙会、丽江骡马会等。这些大型商贸集会的兴起，有利于滇西北各地之间的商贸交流，从而加大了区域内商品经济发展的动力，为近代鹤庆、喜洲等地商业的崛起打下基础。

清光绪十五年（1889），云南蒙自开关；光绪二十二年（1896），思茅开关；光绪二十八年（1902），腾冲开关；光绪三十一年（1905），昆明开关。上述云南主要对外口岸陆续开关通商和1910年滇越铁路通车之后，大批洋货涌入云南市场，而云南各种土特产和农、矿原材料也大量输出国外，云南逐渐被卷入资本主义世界市场中。鹤庆所处之滇西北市场，亦发生很大变化。大理洱海地区“商所售，售洋货；人所市，市洋货，数千年之变迁未有甚于今日者”②。丽江市场上“所陈列之商品，概系欧洲或日本工场出口，自鸣钟、小刀针之属，百物具备。欲寻一中国之制造物，杳不能得”③。而鹤庆市场上也是“洋货充斥，不惟奇技淫巧，娱人心志耳目者，皆为我消耗品，即寻常日用饮食之物，近以多由外洋侵灌入”④。鹤庆的松桂会在此时更扩展为国际性的商贸集会，“松桂地为北方冲市……英人物色犬马，不惜重价，于是滇之大贾，皆改他项买卖而专贩马匹。

---

① 周智生：《商人与近代中国西南边疆社会》，中国社会科学出版社2006年版，第39页。

② 周宗麟等纂：（民国）《大理县志稿》卷六《社交部》，民国五年铅印本，大理市图书馆馆藏资料。

③ ［英］詹姆斯·瓦特：《西康之神秘水道》，杨庆鹏译，蒙藏委员会民国二十二年印行。

④ 《云南省通志馆征集云南各县人物资料·鹤庆县志稿》，鹤庆县档案馆馆藏。

贩者利市数倍，人人皆争趋之，故此会年来侵成巨埠也”[1]。

在各种有利因素的推动下，鹤庆市场日显繁荣，远盛以往。康熙年间已出现的十余个集市，到光绪年间规模日益扩大。以县城为中心的各个集市，各类外来商品丰富，本县产品交易也很频繁。输入的大宗商品主要是洋纱，其次是京广或外国的日用百货，还有藏区的红花、虫草、麝香、鹿茸、硼砂、牦牛尾、酥油、木耳、竹叶菜、黄笋、藏毯、氆氇、卜垫、毡绒、牛羊皮毛、藏香；剑川的井盐、木器、铜银首饰；永胜的辣子、草烟、生姜、花生、瓷器；洱源和邓川的青椒、茄子、弓鱼、乳扇；湖南文具、广东成药、四川的生丝；滇南茶叶、凤仪石磺、赵州斗篷、大理草帽、祥云土锅、南涧土碱等。而由鹤庆输出的主要商品是土布、白棉纸、金属器具、猪鬃、手工卷烟、火腿、猪肝鲊、白酒、当归、食糖等。

为了服务大量过往客商，近代鹤庆县城、城郊、松桂、黄坪等地，都有很多食馆、食摊、客栈、鸡毛小店、马店等，商人和马帮食宿都比较方便；同时，鹤庆境内还有负责背运小批货物的“背街婆”、运输大宗货物的雇佣马帮、抬送商客的滑竿队、商会组织的保商队等，目的都是服务商旅。

二、鹤庆商帮的兴盛与发展

清朝道光、咸丰年间，鹤庆商人李恒春、周绪、杨甲寿、赵根润等已经在川藏、中甸、丽江、大理、腾越等地从事商贸经营，由他们组建的“德昌隆”“恒昌和”“同心德”等商号，成为近代鹤庆商帮的第一批商号。[2] 此后，鹤庆商人组建了“兴盛和”“福春恒”“庆昌和”等大商号，鹤庆商帮迅速发展。

---

① [清] 杨琼：《滇中琐记》，民国元年石印本。

② 熊元正：《清末至民国期间鹤庆的集市与贸易概述》，载《大理州文史资料》第六辑，第77页。

（一）“兴盛和”商号

光绪元年（1875），鹤庆人舒金和与同族舒卓然、舒程远合资组建了“兴盛和”商号，总号设在鹤庆，在建昌、叙府、富宁、嘉定、成都、会理等地开设分号。商号除销售川产绸缎，陕西广布及川产日用品外，也销售盐、烟、茶、纸等。光绪三年（1877），鹤丽镇总兵朱洪章开挖南新河，一时因公款未到，曾向鹤庆商人借贷，“兴盛和”支持水利，认贷最多，得到了朱洪章的信任。公款拨到后，朱洪章存入“兴盛和”，整存零取，“兴盛和”从此与地方官府有了交往，鹤庆州的钱粮税赋，均委托“兴盛和”代收，成为鹤庆州的金库，印发了一百、五百、一千文的制钱票在鹤庆使用，保证兑现。后将总号迁至下关，并在昆明、保山、腾越等地增设立分号。① 光绪二十年（1894），《中缅续议边界商务条款》签订后，“兴盛和”将大量在四川收购的蚕丝用马帮经腾越运至缅甸旧都曼德勒，开创了蚕丝入缅的一条商路，并在曼德勒开设分号，成为我国在缅甸的第一家坐商。此外，“兴盛和”的分号还逐步扩展到贵阳、上海、香港以及缅甸的仰光、八莫等地。②

光绪末年，“兴盛和”舒金和、舒卓然、舒程远三大股东协议分立，“兴盛和”仍由舒金和控制；舒卓然另立“怡和兴”，舒程远另立“鸿盛昌”；大股东祁星垓、杨蕴山、舒浩然亦分出股金，合组“云丰祥”；舒子卿接管“兴盛花店”，改名“朕兴昌”。此后，“兴盛和”再次分出“恒通裕”“日兴德”两家商号。③ 此外，舒氏家族的子侄后辈还陆续开设了“福顺昌”“永和号”“协兴隆”“裕丰恒”“裕兴宫”“鼎兴泰”等十来家中小商号，另有数十家依附于舒氏的商号。到清末民初，以“兴盛

---

① 舒自志：《博南古道上的鹤庆商帮》，载《鹤庆文史资料》第二辑，第 3 页。

② 李丙六：《鹤庆商帮》，载《鹤庆文史资料》第六辑，第 47 页。

③ 舒自志：《博南古道上的鹤庆商帮》，载《鹤庆文史资料》第二辑，第 4 页。

和”为龙头的舒系商帮正式形成。

（二）“福春恒”商号

光绪二年（1876），鹤庆籍军官蒋宗汉与腾越商人明树功、董益三合资在腾冲开设“福春恒”商号，经营滇缅贸易，又在保山开设福春店，在下关开设福庆花纱店。至光绪末年，“福春恒”的花纱布匹遍销滇西各地，并推及滇中、滇东合四川西昌、会理一带，总号也迁到下关。舒系商帮的祁星垓、杨蕴山、舒浩然等也入股合伙，“福春恒”的人力财力增加，业务不断扩大。1911年10月，“福春恒”与“福庆仁”合并，沿用“福春恒”名号，公推周守正为总掌柜，凭借出色的经营管理能力，将商号业务进一步做大。民国初年起，“福春恒”相继在缅甸瓦城，云南昆明、蒙化、鹤庆、镇南、昭通、等地设分号，在漾濞、弥渡等地设立购销机构，又在重庆、泸州、成都、武汉、香港等地设有分号，业务扩展至全国。其业务主要有：在国内广销缅甸花纱布匹，在缅甸销售国内土特产；经营缅甸华工汇款和其他侨汇业务，仅此项每年可收汇卢比五六十万元；吸收和打理滇军赵又新部的军款；经营条银和托铸银币；经营“滇新轮”号轮船的长江航运，在四川、山东两省开设19家解丝厂，生产“狮球牌”细丝，极具国际市场竞争力；在山东周村开设“桃牌”面粉厂等。①

到20世纪20年代末，“福春恒”已发展为鹤庆商帮乃至整个云南商界实力最强的大商号之一，月营业额达5万多银元，总资产达300余万银元，设分号40余处，② 成为一个以进出口贸易为主，兼营工业、金融、运输的大型联合企业。

---

① 施次鲁：《福春恒的兴起发展及其没落》，载《鹤庆文史资料》第八辑，第9—18页。

② 赵启燕：《鹤庆商帮研究》，云南大学2005年硕士学位论文，第25页。

（三）“庆昌和”商号

“庆昌和”的创始人丁槐在镇压反清起义和抗击法国侵略的过程中因战功显赫升至广西提督，他于光绪二年（1876）开设“庆昌和”商号，主要经营鹤庆地方土特产品和药材、山货、丝绸、土布、棉花等。在下关、昆明、汉口、上海、北京、孝感等地设有分号。① “庆昌和”商号还从四川引进了先进的纺织技术教授鹤庆民众，使鹤庆的织布业大兴，促进了鹤庆经济的发展。

从19世纪70年代中期至20世纪20年代初，鹤庆商帮迅速发展。以“兴盛和”“福春恒”两大商号为主力，并通过协议分离、资本外流、人员外流、子号做大等方式逐步孵化分离出“鸿盛昌”“怡和兴”“云丰祥”“朕兴昌”“恒通裕”“日兴德”“福顺昌”“永和号”“协兴隆”“裕丰恒”“裕兴宫”“鼎兴泰”“恒盛公”“福庆仁”“庆正裕”“庆顺丰”“复协和”等数十家商号，加之较为独立的“同兴德”“庆昌和”“怡怡茶庄”等部分商号，形成了一个地域相同、利益相连、实力雄厚的鹤庆商帮。这个时期，鹤庆商帮的实力强于腾冲商帮和喜洲商帮，成为迤西地区的第一大商帮。至全面抗战时期，由于大批企业、工厂、机关、学校相继内迁云南，且大部分抗战物资转由西南边境运入，云南的战略地位大大提高，对外贸易也更加兴盛。此时，不仅鹤庆商帮中一些倒闭的商号重新恢复，还新增了四五十家商号，“恒盛公”“庆正裕”“复协和”等商号得以迅速发展，成为鹤庆商帮中的新代表。

（四）“恒盛公”商号

“恒盛公”商号的创始人是张泽万，1907年与“兴盛和”商号合作，在汉口开设了“恒盛公”，以经营麝香为主，兼销三

---

① 章虹宇：《茶马古道与鹤庆商帮》，《云南民族大学学报》2005年第3期。

七、熊胆、猴结、肉桂、天生黄、普洱茶、藏红花等，同时采购纱帕、楚布、白铜器、缎子等回滇销售。昆明、下关、鹤庆等地均设有“恒盛公”的办事处和转运站。1909 年，“恒盛公”与西藏大商号“热真昌”合作经营康定、拉萨的茶叶运销生意，1913 年在拉萨设号，经营名贵药材、皮毛、茶叶、汇兑等业务。1923 年，张泽万派第六子张相诚到印度设立分号，经营丝绸、珍珠、香料、茶叶等业务。1927—1928 年间，“恒盛公”又在勐海设立分号，并开设了勐海茶厂，负责茶叶收购和加工。1930 年，“恒盛公”在上海设立分号，经营菜馆、澡堂等，并开设寿器店和寿器作坊。同年，又在昆明创建“恒盛公”总汇，负责茶叶收汇业务；开办云南科发药房和制药厂，生产“醒狮”牌仁丹；开办良记布铺，经营各地绸缎布匹。此外，1931 年，“恒盛公”在下关和香港设立分号，负责处理国际贸易运销业务。抗战期间，“恒盛公”抓住机遇，组织马帮控制滇藏印贸易路线，从云南运出茶叶和一些土特产，在西藏和印度销售，然后从印度运回药材、羊毛、染料、香料、棉纱、布匹、绸缎、呢绒、工业原料等，高价销往丽江、下关、昆明等地，起初一次运几十驮，后来增加到二三百驮，由此获得高利，在抗战时期积累资金达 320 万卢比左右，成为鹤庆商帮中新的大型商号。①

(五)“庆正裕”商号

1931 年底，周守正、朱靖卿、赵如九等退出“福春恒”，组建了“庆正裕”商号，同时原属赵如九的“复协和”也与“庆正裕”联号。“庆正裕”商号的一大业务是在缅甸、印度销售生丝。商号先从南充、合川、南京、汉口等地采购大量生丝，然

---

① 上述“恒盛公”商号发展历程，是笔者据以下三份资料整理：张相时《恒盛公商号史略》，载《鹤庆文史资料》第二辑，第 16—35 页；潘寿山《鹤庆商帮兴衰演变概略》，载《鹤庆文史资料》第五辑，第 125—130 页；章虹宇《茶马古道上的首家坐商——恒盛公商号》，载《鹤庆通讯》2004 年 11 月 29 日。

后在四川设解丝厂加工，之后运销缅甸和印度。起初“庆正裕”每年运销缅甸的生丝数量为六七万市斤，随着解丝技术的成熟，1935年后运销量近十万斤，占到缅甸销丝总额的一半以上。“庆正裕”的另一大业务是从缅甸和上海等地采购棉纱，然后运销云南各地。特别是在1937—1941年，“庆正裕”“复协和”等商号组织运输车辆，通过滇缅路从缅甸大量进口棉纱和百货，运销下关、昆明等地，获利颇丰。同时“庆正裕”还囤积了一部分棉纱，到1942年滇缅路不通，棉纱价格暴涨之后，投向市场以获取暴利。

全面抗战时期，“庆正裕”还开办了猪鬃厂，有三百余工人，每年洗制熟鬃七八百担，装箱后运往上海、香港转销国外，其“骆驼”牌猪鬃在国际市场上很受欢迎。此外，“庆正裕”还从四川采购皮革，然后转运香港，获取转手利润。到1940年，“庆正裕”就累积资本1400多万半开元，成为鹤庆商帮中资本最雄厚的大商号。①

三、近代鹤庆商业发展与民俗变迁

商业活动的一大特性是流通性，在商业活动中总是伴随着各种信息的交流和传播，在商业活动中成长起来的商人阶层，则是掌握大量社会财富，视野辽阔、颇具社会影响力的群体，所以只要在商业兴盛的时代和区域内，商业活动和商人群体总是能够影响民众的心理和行为、影响社会文化和风气，最终造成民风民俗的变迁。云南地处边陲，山脉纵横，近代以前交通闭塞、经济落后，信息的交流和文明的传播比内地各省要缓慢得多，因此，近代云南商业活动和商人群体为云南输送来的各种信息和文明就显得十分重要，它们对云南的民风民俗所造成的影响也就格外明显。

---

① 解乐三：《庆正裕商号回忆录》，载《鹤庆文史资料》第八辑，第26—43页。

（一）近代鹤庆商业发展与社会风尚变迁

社会风尚是指整体或局部社会在一定阶段内所呈现出的风俗习惯、文化传统、行为模式、道德观念以及时尚标准等要素的总和，与民俗有很大交集，“风”与“俗”相伴而存在，一种社会风尚长久盛行，便容易定型为民俗，民俗又是许多社会风尚流行之根源所在，所以，考察民俗变迁有必要先探究社会风尚的变迁。

1. 近代鹤庆商业发展与民间从业观念的转变

清朝咸同年间以前，鹤庆是一个典型的农业县，虽有行商坐贾和手工业者存在，但未成气候，绝大多数人还是以务农为主，民国《鹤庆县志》记载：“盖清初沿明风气，专务农业……商务尚在闭塞。”① 当时鹤庆所呈现出的是一种“民风纯朴，俗尚俭约……士有旧德，农有先畴，百族各安其业”② 的传统农本社会风貌。

然而，从清朝同光年间开始，随着鹤庆商业的发展和鹤庆商帮的崛起，鹤庆市场日益繁荣，商品经济活跃，各种商品外销内运频繁，这就为经商者创造了越来越多的商机，为手工业者提供了广阔的商品销售市场，也给马帮运输者提供了很多的活计；与此同时，一批批经商致富的大小商人在鹤庆建豪宅、置田地，倡导奢华时尚，享受富裕生活，让人们觉得“经商容易致富，所以一般人有了重商倾向”③。就这样，在经济因素的诱导和商人阶层的引领下，鹤庆人原本“安土重迁、以农为本”的从业观念发生了巨大转变，鹤庆人开始“重利不重名，子弟

---

① 民国《鹤庆县志》卷二《建置志》，鹤庆县图书馆馆藏。

② ［清］光绪《鹤庆州志》卷五《风俗》，鹤庆县图书馆馆藏。

③ 舒自志：《博南古道上的鹤庆舒姓商号》，载《云南文史资料》第四十二辑，第63页。

俊秀者多入贸易之途”。① 至民国年间，鹤庆“城镇的男青年学有一定的文化程度以后，纷纷到下关、昆明，在鹤庆人开的商号里‘学事’，充当学徒、店员、伙计、先生等。在农村大部分男子都从事铁匠、小炉匠以及各种手工劳动，或者养马、赶马、加入马帮远走各地”②。据民国二年（1913）统计，鹤庆全县从事手工业者达 333 户，到民国三十六年（1947），县内有行坐商和手工业兼营商业者 650 多户。③

总之，在近代鹤庆商业发展和商人的影响下，鹤庆民众的从业观念由原来的“专务农业”转变为依然重视农业，同时盛行经商、手工和跑马等行业。正如民国《云南掌故》所载：“鹤庆人多有远志，恒喜向外飞扬，入仕途、投军界、经商业、习工艺，大则大成，小则小就，无往而不利。云外出谋生发展者尤不知有若干人，几十室而居五六焉。夫外出干事者多饱载而归者自不少。此一班人，既涉重洋而登五岳，眼界宽而思想奇。”④ 这种由商业和商人牵动的“社会风尚所趋，是对旧封建传统观念的一种冲击和挑战”⑤。

2. 近代鹤庆商业发展对社会消费观念的影响

如前所述，清朝咸、同年间以前，鹤庆“民风纯朴，俗尚俭约”。然而近代商业的发展，使得鹤庆市场日益繁荣，各种商品琳琅满目，尤其是蒙自开关和滇越铁路修通之后，洋货涌入云南各地，鹤庆市场上也出现了大批洋货，民国《鹤庆县志》记载：“不惟奇技淫巧娱心志，悦耳目者，皆为我消耗品，即寻

---

① 舒自志：《博南古道上的鹤庆商帮》，载《大理州文史资料》第二辑，第 96 页。

② 熊元正：《鹤庆商帮与集市贸易》，载《云南文史资料选辑》第四十九辑，第 87 页。

③ 云南省鹤庆县志编纂委员会编：《鹤庆县志》，第 139—140 页。

④ 罗养儒：《云南掌故》，第 89 页，云南省图书馆馆藏。

⑤ 舒自志：《博南古道上的鹤庆商帮》，载《大理州文史资料》第二辑，第 96 页。

常日用之物，近亦多由外洋侵灌入。”① 丰富的商品必然诱发民众的消费欲望，对鹤庆社会传统的消费观念造成一定冲击。

在土货、洋货充斥近代鹤庆市场，刺激民众消费欲望的同时，鹤庆商人们引领的奢华时尚之气，也冲击了传统的消费观念。当时的鹤庆商人们已经公开展示自己对金钱的渴望，如“恒盛公”商号的张泽万就在自家楼上悬挂了一条名为“钱赋”的横幅，上面写着：“钱钱钱，我与你性命相连，有了你许多方便，无了你许多艰难。”② 大小商人们手里有了钱，最先想到的还是建造房屋，商人们以白族经典建筑式样为基础，大规模、多样式地翻修建盖住宅和商铺，引领近代鹤庆建盖房屋之风。除了大建房屋外，部分鹤庆商人还在饮食方面较为铺张，极尽奢华的“三叠水”宴席在近代鹤庆富商大贾和官员中十分流行。此外，鹤庆商人也比较喜欢使用各种洋物，例如“恒盛公”的张泽万数次出国，由国外带回装饰着铜铸人像的自鸣钟、大穿衣镜、留声机、煤油灯、井水泵、香皂、糖果、饼干、咖啡、罐头以及厨房用具等。③ 就这样，鹤庆商人们自觉或不自觉引领了奢华时尚的消费之风，诱导其他社会阶层去仿效，体现出近代民众对新兴生活方式的渴求，从而冲击了传统的消费观念。

3. 近代鹤庆商人与文教之风的兴盛

从明朝初年开始，中央政府陆续在鹤庆实行了驻军屯田、移民实边、“改土归流”等政策，中原官民的源源而来促进了以儒学为主体的汉文化在鹤庆的传播，鹤庆社会崇尚文教之风由此兴起，明清两朝科甲延绵不辍，书画名人辈出，成为“文献名邦”。近代鹤庆商人处在这样一个崇尚文教的社会中，为了赢得社会的认可和赞誉，大力支持文教事业的发展，促使鹤庆社会本就兴盛的文教之风在近代更加兴盛。

---

① 民国《鹤庆县志》卷九《人物志·货殖》，鹤庆县图书馆馆藏。

② 张相时：《恒盛公商号史略》，载《鹤庆文史资料》第二辑，第16页。

③ 张相时：《恒盛公商号史略》，载《鹤庆文史资料》第二辑，第16页。

第一，近代鹤庆商人对自身及家人的文化教育十分重视，从而在社会上起到了重视文教的模范表率作用。近代鹤庆商人中重视自身文化修养的很多，例如“庆昌和”商号的丁槐在诗词、书法、绘画方面都有一定造诣，尤其他的梅花画枝干劲挺，别开生面，颇有名气。① 又如南裕商行的李梦白毕业于大理师范学校，在昆明商校当过讲师，是一个典型的儒商，在诗词、古文、书法方面皆有造诣。② 商人们在重视自身文化修养的同时，也很重视子女的教育。如“兴盛和”商号的舒金和，在其督导下，侄儿舒良弼考中举人，为鹤庆玉屏书院主讲，官至内阁中书，民国时期任省两院议员；长子舒良辅考中禀生，民国时期为下关商会首任会长，创建“恒通裕”商号；次子舒良佐亦学有所成，长驻缅甸经商，并在鹤庆办过私立小学。③ “恒盛公”商号的张泽万主张近代新式教育理念，让女儿和儿媳读书，并将她们带到昆明、上海乃至国外接受教育；他还让妻子袁氏担任家乡女子学校的校长。④

第二，近代鹤庆商人热衷于捐资助学，为地方文教事业的发展提供了资金保障。晚清时期，鹤庆商人捐资修建了不少书院。清光绪十五年（1889），舒金和、蒋宗汉等倡议在鹤庆修建书院。李毓煊捐二千金，舒金和捐一千五百金，蒋宗汉捐五百金，建成了鹤庆有史以来规模最大、设备最完善的一个书院——玉屏书院。接着，舒金和又捐二千金，在州署前购买公铺三十三楹，以其租金作为书院的日常费用。⑤ 光绪二十一年

① 谢嘉槐：《鹤庆县历代书画名人简介》，载《鹤庆文史资料》第九辑，第 67 页。

② 赵应宝：《鹤庆商帮的后起之秀——南裕商行》，载《鹤庆文史资料》第八辑，第 56 页。

③ 梁波：《云南名商舒金和》，载《云南文史资料》第八辑，第 49 页。

④ 李正旭：《张泽万先生行述》，载《鹤庆文史资料》第二辑，第 42 页。

⑤ 民国《鹤庆县志》卷三《学校志·学宫》，鹤庆县图书馆馆藏。

(1895)，舒金和、蒋宗汉又各捐千余金修理了书院前的文庙。① 蒋宗汉还捐资修建了牛街建庆云书院、辛屯建玉锋书院和梧桐书院等。②

近代新式教育兴起后，鹤庆商人们又踊跃捐资兴办新式学校。清宣统三年（1911），商人舒良佐等在孝廉村开办了鹤庆中区私立小学；同年，商人赵灼捐资开办了鹤庆南区私立小学。民国二年（1913），商人蒋孝仁等在大理创办私立民国小学一所，招收鹤庆籍旅居大理学生。③ 民国十五年（1926），鹤庆县筹办县立中学，“兴盛和”“怡和兴”“福春恒”“云丰祥”“丁幼衡”等商号及商人首先捐献了开办费用，之后不足的资金再由“兴盛和”商号负责，鹤庆县立中学由此顺利开办。④ 民国后期，南裕商行的李梦白给鹤庆县立中学捐赠了一批图书和设备，还在鹤庆金墩乡捐资创办了一所私立的两级小学，并在东山河置水力碾磨房，以收入作为学校长期的经费来源。⑤ 民国十九年（1930），“复协和”商人朱靖卿在鹤庆独资创办了养正小学，并不时向学生免费发放洗漱用具。⑥ 民国三十六年（1947），“恒盛公”商人张相如、张相时捐资开办了鹤庆县立宝峰幼稚园一所；⑦ “恒盛公”商号还给鹤庆旅省学会捐款国币三万元作为常年活动经费。⑧

除了创办书院和新式学校外，近代鹤庆商人们还通过其他

---

① 谢嘉槐：《鹤庆文庙与鹤庆一中》，载《鹤庆文史资料》第八辑，第 98 页。

② 杨毓骧：《清末爱国将领蒋宗汉生平考》，载《鹤庆文史资料》第六辑，第 62 页。

③ 云南省鹤庆县志编纂委员会编：《鹤庆县志》，第 581 页。

④ 《续修鹤城舒氏族谱》，鹤庆县档案馆馆藏资料。

⑤ 赵应宝：《鹤庆商帮的后起之秀——南裕商行》，载《鹤庆文史资料》第八辑，第 56 页。

⑥ 鹤庆县民族宗教事务局编：《鹤庆县民族志》，2011 年 5 月第一版，第 107 页。

⑦ 云南省鹤庆县志编纂委员会编：《鹤庆县志》，第 579 页。

⑧ 云南省档案馆馆藏“恒盛公”商号史料，卷宗号 132－3－101。

方式资助家乡文教事业的发展。例如，“庆昌和”的丁槐与其兄丁彦一起捐资编修光绪《鹤庆州志》，并印制成木刻本流传于世；[①] 舒金和为“续修《鹤庆县志》、刊张公百忍书，前后花费约五千金”；[②]“恒盛公”商人张泽万在创业阶段资金紧张时，恰逢《万有文库》刊行，他认为此书对家乡文教有用，就毅然捐赠了一部。[③]

第三，近代鹤庆的部分商人涉足了图书经销业，为文化的普及做出贡献。清末，鹤庆县城就出现了一家名为“际昌堂”的书店，经营木刻本《四书》《五经》《三字经》《百家姓》《增广贤文》等图书；民国时期，这家书店又卖过《共和国文》《修身》等教科书。民国十九年（1930）后，县内新开了恒丰、惜荫庐、万恒大、永信昌等私营书店，鲁迅的《呐喊》《彷徨》，巴金的《家》《春》《秋》，茅盾的《子夜》，蒋光慈的《少年漂泊者》等优秀书籍在这些书店里都有销售。

4. 近代鹤庆商人与吸食鸦片

近代云南不仅广泛种植鸦片，大规模贩运鸦片，而且民众中还盛行着吸食鸦片的恶劣风气。云南“当时社会风尚，小康人家不设吸烟的床铺和器具，就好像不光彩似的……上至达官显宦，下至普通人，莫不以吸烟为嗜好”[④]。而在烟毒泛滥最为严重的滇西北地区，民众甚至流传着“烟是和气草，待客少不了”的提法。由于鹤庆商帮中从事鸦片贸易的商号极多，有的贩运规模还很大，加之鹤庆境内种有鸦片田 8000 多亩，必然导致近代鹤庆盛行吸食鸦片之风。

据相关资料记载，近代鹤庆“全县烟馆林立，烟客常卧其中吸食，上瘾肌瘦，精神萎靡，白天酣睡，晚上吸食。富者以

---

① 谢嘉槐：《鹤庆县历代书画名人简介》，载《鹤庆文史资料》第九辑，第 67 页。

② 舒良弼：《梦觉纪略》，第 34 页，云南省图书馆馆藏。

③ 张相时：《恒盛公商号史略》，载《鹤庆文史资料》第二辑，第 16 页。

④ 李道生：《云南社会大观》，上海书店出版社 2000 年版，第 111 页。

吸食为荣，并显富贵。一般百姓上瘾后，为了筹划毒资，有的倾家荡产，有的鬻子卖妻”①。鹤庆商人中吸食鸦片者很多：“大小商号的掌柜先生们倒在鸦片床上，拨弄几下算盘，做上两趟生意……”② 驻藏北京商人韩修君也回忆说：“抗战后期，从云南来了很多商人，这些人都是伙友，一般都会抽大烟”③，而抗战时期驻藏滇商中鹤庆商人非常多。据记载，民国二十九年（1940），鹤庆县境内吸食鸦片者近万人④，占同年统计人口105 897人的10%左右。⑤

5. 近代鹤庆商业发展与养兰风俗的兴盛

鹤庆是中国“兰花之乡”，养兰历史可追溯至唐代长庆年间，到清初鹤庆的兰花已有不少品种，仅康熙《鹤庆府志》中就记录了甄兰、山兰、红莲瓣、白莲瓣、绿莲瓣等名六个兰花名品，并出现了李衍芳等养兰名人。⑥ 到了近代，随着鹤庆商业的繁荣，养兰旧俗一时大盛，风头远超以往。据有关资料记载：“清末民初之交，由于鹤庆织布业及商业的兴盛，在活跃于茶马古道上的鹤庆商帮、马帮的运作下，各种名兰荟萃鹤庆，城乡各地，养兰蔚然成风。兰花名品大雪素由商帮传入鹤庆，受到鹤庆兰花爱好者的高度重视，鹤庆大雪素逐渐名声遐迩。民国时，鹤庆养兰的人很多，每年正月十五过元宵节，仅就云鹤镇而言，居民们于街边路口搭花山欢庆节日，大多数采用正在开

---

① 中共鹤庆县委党史研究室编：《中国共产党鹤庆地方史》第一卷，云南民族出版社2009年版，第116页。

② 田麟勋：《革命征途第一步》，载《鹤庆文史资料》第五辑，第16页。

③ 韩修君：《北京商人在拉萨经商略记》，载《西藏文史资料》第三辑，第53页。

④ 云南省鹤庆县志编纂委员会编：《鹤庆县志》，第15页。

⑤ 赵锐明：《民国时期云南人口调查统计及大理地区各县人口概况》，载《大理州文史资料》第八辑，第148页。

⑥ ［清］佟镇纂：康熙《鹤庆府志》卷十二《物产》，大理州文化局1983年翻印，鹤庆县图书馆馆藏。

放的兰花搭成，争奇斗艳，供城乡人民观赏。”① 由于养兰风气盛行，兰文化也成为鹤庆最具地方特色的组成部分，不仅古建筑的梁坊、格扇、照壁、门墩上都绘有兰图，而且各种桌子花空、木椅背上、石井栏上更是常雕有兰图。

（二）近代鹤庆商人与家族组织民俗变迁

家族组织民俗是社会组织民俗的重要组成部分，“在中国传统社会中，家族（宗族）是最重要的民间社会组织，在长期的文化积累中，形成了丰富多彩的组织民俗”②。在鹤庆传统的家族组织民俗中，白族家庭一般是由一对夫妇及父母、子女为一户，兄弟完婚后就要分家自立，父母则由长子和次子分别赡养，实行的是两代或三代的小家庭制。③ 县城的汉族虽有不少一个家族三四家人居住于一个四合院内的情况，但每家收支独立，除逢年过节外，基本也是各家自食，不属于典型的大家庭制。

近代鹤庆商业兴起之后，商人们开始拉拢聚集同宗同族成员，有意识强化宗族血缘关系，因为“宗族血缘圈是家庭的扩大，具有极强的凝聚力，借助宗族势力经商，能大大增强商人的竞争力”④。同时，为了防止分家造成的分产分号，商人们又组织家庭成员过起了大家庭制的生活。如此一来，传统的家族组织民俗就发生一定的变化：强调宗族血缘关系，在外部竞争中建立起利益一体、一荣俱荣、一损俱损的宗族利益共同体；同时组织规模庞大的同居同食大家庭。

如前所述，鹤庆舒系商帮的龙头商号“兴盛和”就是商人们有意识强化宗族血缘关系的产物，其三大创始人舒金和、舒

---

① 谢嘉槐、梁波：《鹤庆养兰历史源流简述》，载《鹤阳史话》，第260页，鹤庆县图书馆馆藏资料。

② 高丙中：《中国民俗概论》，北京大学出版社2009年版，第141页。

③ 鹤庆县民族宗教事务局编：《鹤庆县民族志》，2011年5月第一版，第33页。

④ 唐力行：《商人与中国近世社会》，浙江人民出版社1993年版，第15页。

程远、舒卓然并非父子兄弟，而只是同宗关系，舒程远是舒金和的族兄，舒卓然是舒金和的族侄，他们组建同宗商帮是为了增强竞争力。“兴盛和”组建之后仍然延续着笼络提携同宗族共同经商的方式，逐步建立起一个由舒氏家族的兄弟、子侄、姻亲、故友组成的庞大的舒系商帮，是一个非常典型的以宗族血缘关系为纽带的商业集团。此外，“恒盛公”商号在经营过程中也是重点照顾和团结张氏家族成员，强调宗族血缘关系，例如商号规定张姓无定额工资，按需支用生活费，而外姓职工一般领定额低工资；凡是把外姓投资人认作东家者，张氏就设法使他们不安而自去。① 除了舒氏和张氏之外，多数近代鹤庆商人在经商过程中都愿意提携和团结同族成员，以宗族势力量来支持自己经商。又如鹤庆官商丁彦、丁槐兄弟在鹤庆县城内建有六个四合院和宗祠在一门之内的大院落，整个丁氏大家族的成员同居同食于大院之内，共同祭祀先祖。现今保存在鹤庆档案馆的商业家族族谱《鹤城舒氏族谱》和《鹤庆鲍氏族谱》中，都把宗族的范围扩得很大，体现了近代鹤庆商人们有意识地强化宗族血缘关系，突破了鹤庆传统上以小家庭为主的家族组织民俗。

（三）近代鹤庆商业发展与饮食民俗变迁

俗话说：“民以食为天”，考察一地民俗，当首选饮食习俗。晚晴民国时期，随着鹤庆商业的勃兴，市场的繁荣，鹤庆人民的物质生活日渐丰富起来。尤其是在饮食方面，各种外来的农副产品和山货药材逐渐成为鹤庆人制作饮食的原料，外来的饮食制作工艺也被鹤庆人所吸收，饮食习俗逐渐发生变化。酥油茶是藏区人民发明的一种饮品，由酥油（从牦牛奶中提炼出来的一种黄油）和煮沸的浓茶调配而成，佐以食盐、熟花生等配料即可饮用，可补充体力，缓解高原反应。晚清以后，鹤庆商

① 张相时：《恒盛公商号史略》，载《鹤庆文史资料》第二辑，第17页。

帮中的很多商号开始涉足滇藏贸易，鹤庆马帮商队进入藏区，为了抵御饥饿、寒冷和高原反应，马帮的赶马人很快习惯了喝酥油茶，并将酥油茶的制作方法传回鹤庆。由此，饮酥油茶逐渐成为鹤庆民众的重要饮食习俗，吃早点或响午饭时常常喝酥油茶，几乎每家都有打酥油茶的全套食具。① 此外，由于鹤庆地处滇西北商道上，而且鹤庆商人都习惯于途经家乡时卸货休整，就地售货，所以近代鹤庆市场十分繁荣，其中尤以藏区的商品最为多见，如红花、麝香、硼砂、鹿茸、虫草等药材，酥油、木耳、竹叶菜、黄笋、牦牛尾等山货。其中虫草是鹤庆人做汤和泡酒的辅料，酥油则是鹤庆人做酥油茶的必备原料，而木耳、黄笋和竹叶菜，则成为鹤庆人在婚丧嫁娶时待客的传统宴席——“八大碗”中的三道必备菜肴。② 由此可见，藏区商品对鹤庆饮食习俗影响之深。

近代鹤庆市场的兴旺，还吸引了邻近地区的商贩前来贸易。永胜人运来辣子、草烟、生姜、花生，剑川人背来井盐，部分永胜和剑川商人还在鹤庆开店销售上述特产。牛街、洱源、邓川的商贩则带来早熟的蔬菜和弓鱼、乳扇。其中如辣子、生姜和食盐是鹤庆人腌制火腿、腊肉、猪肝鲊和酱菜所必需的；花生是鹤庆多道菜肴的配料；乳扇更是鹤庆民众喜爱的食物。由于鹤庆商帮与四川各地的商务往来较为频繁，而且四川人也常到鹤庆经商、做工，所以鹤庆的饮食习俗也深受四川的影响。鹤庆人“酿酒、腌咸菜、制作糕点等都受四川影响，明显带有四川特色”③。

和丽江、喜洲等地商人一样，鹤庆商人在经商致富之后，掀起了奢侈之风，这种风气在饮食方面亦有所体现。例如清末

---

① 熊元正：《鹤庆商帮与集市贸易》，载《云南文史资料选辑》第四十九辑，第 87 页。

② 熊元正：《清末至民国期间鹤庆的集市与贸易概述》，载《大理州文史资料》第六辑，第 74 页。

③ 舒家骅：《鹤庆商业》，载《云南文史资料选辑》第四十九辑，第 76 页。

民初之际，在鹤庆的富商大贾中就流行操办三叠水宴席。所谓三叠水，又称三滴水，原是鹤庆高氏土官礼宴宾客的传统宴席。一席分山珍海味人肴三项，共 21 道菜。每桌所用餐具多达 72 样，多是景德镇上好瓷器。一般富豪人家请 3 到 5 席也要花去上千两银子。

（四）近代鹤庆商业发展与服饰民俗变迁

一地居民的服饰特点，能够最直观地体现当地的风俗文化和民族风情。清末，鹤庆商人频繁进入藏区贸易，而藏族的马帮也时常来到鹤庆贸易，独具特色的藏族服饰对鹤庆人的衣着习俗产生了一定影响。藏族毡帽、藏毯等在鹤庆较为流行，藏刀、藏族项链等配饰也为鹤庆人所喜爱、藏族妇女制作横条花围裙的“帮点”，传到鹤庆后被当作背孩子的背带，称为“古宗背带”。①

明清时期，鹤庆民众所用衣料少部分为本地所产的“井口布”和“大麻布”，大部分主要进口湖北广布和四川泸州布，②由于运力十分有限，大部分民众的衣着用料很成问题。至光绪年间，“福春恒”的蒋宗汉从缅甸大量购入花纱布在滇西销售，③由此“福春恒”的花纱布成为鹤庆民众的新衣料之一。紧接着，鹤庆“庆昌和”商号的丁槐又购进纱锭，从四川请来师傅教授鹤庆民众织布技术，使鹤庆织布业一时大兴，鹤庆人民的衣料由进口变为自给，紧缺变为充足。④ 同时，鹤庆织布业的兴盛还带动了印染业的兴起，民国年间，鹤庆县城的“段启鹏在眼光庙开设染房，还有李姓段姓共五六家。甸南的长康铺及沙沟南

---

① 熊元正：《鹤庆商帮与集市贸易》，载《云南文史资料选辑》第四十九辑，第 87 页。

② 潘寿山：《鹤庆织布业兴衰概略》，载《鹤庆文史资料》第一辑，第 173 页。

③ 罗群：《近代云南商人与商人资本》，云南大学出版社 2004 年版，第 95 页。

④ 熊元正：《鹤庆土布小史》，载《大理州文史资料》第二辑，第 120 页。

也有几家农户开设染房。城镇还有扎花染色工艺户”①。这些印染行的出现较大地丰富了鹤庆民众衣着的颜色和样式。

长途贸易的发达使得近代鹤庆马帮特别兴盛，以至于鹤庆几乎村村都有赶马人，久而久之，赶马人所穿的“赶马装”在坝区白族群众中流行开来。这种“赶马装”的大体样式为：头戴大理草帽，上身穿对土布襟衣，纽扣多排在胸前，外面再套一件领褂，裤子为黑色齐膝的宽口“二郎裤”，脚穿草鞋。当时的白族男青年无论是否为赶马人，都流行穿这“赶马装”。②

辛亥革命之后，全国范围内掀起了一场社会风俗改良运动，而趋于西化的服饰改良是其中的重要组成部分。鹤庆虽然偏居西南边陲，但此时鹤庆商帮的各大商号已将业务拓展至上海、武汉、成都、重庆、昆明等大城市，在这些城市中盛行的服饰改良之风很快随商业活动传到了鹤庆。由此，民国初年鹤庆的白族和汉族群众中，已有中山装、西服和皮鞋的流行。③

（五）近代鹤庆商业发展与建筑民俗变迁

一个地方的建筑特色能较直观地体现当地的风俗文化和民族风情。此外，由于建筑物的实体性，其蕴含的民俗文化最可能长久地保存下来。近代鹤庆商业发展对当地建筑民俗的影响主要表现在以下几个方面：

第一，近代鹤庆商人经商致富后，在家乡掀起了兴建住宅之风，使鹤庆出现了一批高标准高质量且各具特色的民居建筑。

由于受到古代社会农本思想的影响，很多近代鹤庆商人在经商致富以后，还是拿出部分资金在家乡购置田产，兴建住宅。“同心德”商号的李恒春经商致富后，在鹤庆金翅鹤村修建了一座“四合五天井”的大院，院内“东西主房各五大间，东北漏

---

① 潘寿山：《鹤庆织布业兴衰概略》，载《鹤庆文史资料》第一辑，第173页。

② 鹤庆县民族宗教事务局编：《鹤庆县民族志》，2011年，第40页。

③ 鹤庆县民族宗教事务局编：《鹤庆县民族志》，2011年，第40页。

角厢房次间设大门，里角设重门”。李恒春之孙李鸿康、李鸿年兄弟也在金翅鹤村修建有大宅，皆为“六合同春”的布局，即“两个四合院组成，两院中间一方前后两边带厦，设大小六个天井”。二品红顶商人张奎斗在鹤庆化龙村建有一座四合院，东北角不设漏角天井，在东、北两门交叉处，东厦下设大门，东西各五大间，南北各三间，别称“五凤楼”。[①] 以“兴盛和”商号为首的舒系商帮崛起之后，舒氏家族在鹤庆县城内大建住宅，舒金和建盖了一进三层的大院一所，舒卓然修建了一进二层的大院一所，舒程远则先后建盖了两院四合楼房。[②] 整个舒氏家族相继在鹤庆城区十街内建造铺面、宅院近百处，其中临街铺面四十余间，宅院五十余所，制作装修多仿江南样式。[③]“庆昌和”商号的丁槐发迹之后，修建了“六个四合院和宗祠在一门之内”的大院落，恢宏而独具特色。此外，蒋宗汉、张泽万、周守正、杨穆之、陈德祥、解乐三、蒋荣等大批鹤庆商人都在家乡建有豪宅。鹤庆县城内的富贵巷成为商人住宅区，有“四家商人的四合院相连相望”，形成独特的建筑民俗景观。比起当时多数居民所住的一方挂两耳的楼房、平房甚至茅草房来说，这些新建住宅的样式美观，布局合理，沿袭了白族经典建筑模式，少量吸收了江南和西洋的一些建筑特色，对近代鹤庆的建筑文化和建筑民俗产生了较大影响。

第二，近代鹤庆商业的兴旺，使鹤庆县城及交通沿线上出现了很多商铺、旅店、马店，这些商用建筑别具特点，成为近代鹤庆建筑民俗中的一大特色。例如松桂老街上至今还保留有一批近代的商铺店面，“均为一楼一顶的白族民居铺面，后面为三方一照壁的小院。建筑物均为歇山式土木结构民居式样，建

---

① 鹤庆县民族宗教事务局编：《鹤庆县民族志》，2011 年，第 39 页。

② 《续编鹤城舒氏族谱》，第 201 页，鹤庆县档案馆馆藏。

③ 赵启燕：《鹤庆商帮研究》，云南大学 2005 年硕士学位论文，第 74 页。

筑体上的檐、脊、角、带和木雕门窗装饰古色古香”①；黄坪老街上也有一批整齐堂皇的商铺店面。为了满足马帮住宿的需求，上述乡镇也建有不少马店。这些马店的房屋构建有一定特点，赶马人住的房间多为敞间，中心设火塘，四方设床铺，另有马房、库房等设施。②

第三，商人引领的兴建住宅之风推动了近代鹤庆建筑行业的发展，促进了建筑工艺的改良和进步，从而丰富了鹤庆的建筑民俗文化。如鹤庆农村泥木石匠队伍增多，城西的秀邑成了石匠专业村，整年活计应接不暇。滇西北木雕水平最高的剑川县，除了向鹤庆输入木器外，雕花木匠、漆匠到鹤庆来的也不少，有的就在鹤庆租下铺面开家具店，使本来已有很高水平的鹤庆木雕工艺得以进一步发展。③

（六）近代鹤庆商业发展与民间文艺、宗教信仰变迁

1. 近代鹤庆商人与民间音乐的发展

鹤庆的民间音乐形式多样，内容丰富，反映了鹤庆人民热爱生活、积极向上的精神面貌。在众多鹤庆民间音乐类型中，洞经音乐和扬琴的发展受到了商人的较大支持，商人们出于信仰、喜爱等各种目的，凭借自身财力促进其传播和发展。

洞经音乐源于古代中原道教的丝竹乐，所用乐器分文、武两类，乐队庞大，乐曲风格朴实、典雅。明初洞经音乐由四川传入云南各地，从此云南成为洞经音乐最盛行的地区之一。鹤庆的洞经音则是由官商丁槐从四川引进的。④ 到了民国时期，鹤庆商人阶层凭借大量的捐赠，支持了洞经音乐的发展，并据此

---

① 章虹宇：《文化血脉》，中国文联出版社 2008 年版，第 162 页。

② 章虹宇：《鹤庆马帮及习俗》，《鹤庆文史资料》第三辑，第 46 页。

③ 熊元正：《鹤庆商帮与集市贸易》，《云南文史资料选辑》第四十九辑，第 87 页。

④ 章虹宇：《茶马古道与鹤庆商帮》，《云南民族大学学报》2005 年第 22 卷第 3 期。

打破了洞经音乐会的一些严格刻板的规定。此外，洞经音乐会出于经费的考虑，逐步吸收了商人、手工业者、农民和自由职业者入会，而且谈演的目的不再只为祭祀神仙，逢年过节或吉庆之日，甚至业余消遣之时都有谈演，更加开放化与大众化。①

扬琴又称琴书，俗称花唱，清道光年间由四川传入云南各地，有唱本200余部。② 清代，扬琴在鹤庆比较流行，一些喜爱扬琴说唱的商人们对鹤庆扬琴的发展和流传起到了推动作用。例如，“福春恒”的红顶商人蒋宗汉十分喜爱扬琴，经常组织扬琴曲艺者们一起说唱，积极推动鹤庆扬琴的发展。同时，他还在腾越和贵州推广扬琴，组织扬琴说书社，吸收地方音乐以丰富扬琴说唱，使这些地方的扬琴说唱兴盛起来。③

2. 近代鹤庆商业发展对民歌小调的影响

民歌小调也属于民间音乐的范畴，但比起洞经、扬琴等较正式的民间音乐，其歌词内容更为通俗易懂、朴实真挚，在人民群众中广泛流传。随着鹤庆马帮运输贸易的发展，马帮文化也深深融入鹤庆的民歌小调中，如鹤庆民歌《大赶马调》《小赶马调》等，另有许多民歌小调则在歌词中包含了马帮、赶马人、骡马等字句：“头骡选上枣骝马，二骡选上菊花青。识途还留老玉眼，十岁出头还健行……”④ 又如，鹤庆男女青年对曲子也包含了马帮文化：“牛脚不合马脚印，不知阿妹咋个想？骡子只合马脚印，阿哥只合妹的心。骑骡跨马你只愿？白日谈琴又吹箫。哥骑骡子妹骑马，刀山火海也要去……”⑤

近代鹤庆商业的繁荣还促进了鹤庆的民歌小调向外传播。由于鹤庆商帮中有不少商号经营茶叶生意或国际贸易，所以鹤

---

① 余崇先：《鹤庆洞经音乐初考》，载《鹤庆文史资料》第七辑，第11页。

② 鹤庆县民族宗教事务局编：《鹤庆县民族志》，2011年，第103页。

③ 杨毓骧：《清末爱国将领蒋宗汉生平考》，载《鹤庆文史资料》第六辑，第62页。

④ 梁波：《鹤庆白族民歌与马帮文化》，《大理日报》2009年10月28日版。

⑤ 梁波：《鹤庆白族民歌与马帮文化》，《大理日报》2009年10月28日版。

庆商人和马帮时常前往思茅、西双版纳、德宏、保山等地，鹤庆的民歌小调也随之传到了这些地方。例如，在西双版纳的勐海和德宏的陇川边境，一些傣族群众能用他们的语言唱鹤庆白族民歌《赶马调》《送郎调》，歌词和旋律都没有变化。①

此外，鹤庆松桂在每年农历二月初八有一个“棒棒”会，会上各族民众用唱歌的方式来讨价还价，进行商品交易，这是民歌与商业活动相交融的典型例子。

3. 近代鹤庆商业发展对神话传说和宗教信仰的影响

近代鹤庆与藏区之间的贸易往来十分频繁，以商业和商人为媒介，鹤庆与藏区之间不仅在饮食、服饰、手工艺等方面都相互影响，而且在神话传说和宗教信仰方面也不例外。

清朝光绪年间在鹤庆民间广为流传的《牟伽陀开辟鹤庆》《夏宗格萨尔》《老藏王“本主”》等神话传说，在鹤庆与藏区的频繁贸易往来中被散播流传，牟伽陀、格萨尔王等人物也成了藏民和鹤庆各族人民共同信奉的神灵。② 鹤庆白族人民更将格萨尔王奉为老藏王“本主”，黄坪华藏洞内塑有格萨尔王的“睡佛”像，另有晚清石刻46块，其中38块为藏文。此外，“鹤庆草海镇董氏制作的花纸‘卓叉’，成为藏族的宗教仪器‘风马旗’；藏区多数庙宇的建筑装饰物，多用鹤庆人制作的铜工艺品。鹤庆一些佛教寺院的装饰物和图案，也采用了藏传佛教的造型”。③

此外，在探讨商业对宗教的影响时，商人的塑神行为也位居其中。近代商人们因商而富，塑神“保佑他们财源滚滚、财

① 章虹宇：《茶马古道与鹤庆商帮》，《云南民族大学学报》2005年第22卷第3期。

② 章虹宇：《茶马古道与鹤庆商帮》，《云南民族大学学报》2005年第22卷第3期。

③ 章虹宇：《茶马古道与鹤庆商帮》，《云南民族大学学报》2005年第22卷第3期。

运亨通，并在经商中一路平安”[1]。近代云南商人的塑神行为以喜洲商人最盛，竟将商人严子珍的四太太塑造成“水府娘娘”，将严子珍和董澄农说成“财神转世”；丽江纳西商人也将传统的“三多神”塑造成保佑商人的神仙。鹤庆商人的塑神行为虽不如喜洲等地那样风行，但相关史料中还是有记载，其主要方式为捐资修建财神殿、关帝庙、寺观、祠堂等。例如，“兴盛和”商号的舒金和于光绪年间在鹤庆黄龙潭捐资修建了一座龙王庙，以祭祀龙王。[2] 光绪年间，舒金和与蒋宗汉共同捐资修建文昌祠，舒金和还添资购买了文昌祠的神牌、香炉、贡瓶等，又修建了数间铺面，以铺租作为文昌祠的香火费用。[3] 此外，张氏“恒盛公”商号也曾捐国币十一万元以修建关帝庙和岳王庙等。[4]

近代商人们本是鹤庆社会中思想最为进步活跃、最积极传播文明和倡导革新的群体之一，却热衷于捐修庙宇祠堂，究其原因，可能是因为近代鹤庆乃至整个云南的商人群体处在一个“近代化文明传播与封建迷信思想并行，资本主义工商业蓬勃发展与封建社会文化组织结构共存并生”[5] 的社会之中，商人们一时无法摆脱这个特殊社会所赋予的特殊属性。

综上所述，近代鹤庆商业贸易的繁荣，深刻影响了鹤庆民众的生产生活文化，导致了鹤庆民风民俗的改易变迁。在商业发展与民俗的变迁中，既有由于异地商品输入及工艺技术传入导致的民俗变迁，也有异地宗教文化流入造成的民俗变迁。此外，市场需求的改变、商人地位的发展、商业文化的兴盛也是

---

① 周智生：《商人与近代中国西南边疆社会》，中国社会科学出版社 2006 年版，第 198 页。

② 详见民国《鹤庆县志》卷一《地理·山川》，鹤庆县图书馆馆藏。

③ 张了、张锡禄编：《鹤庆碑刻辑录》，大理白族自治州南诏史研究会 2001 年印，第 129—130 页。

④ 详见云南省档案馆馆藏“恒盛公”商号史料，卷宗号 132—3—231。

⑤ 周智生：《商人与近代中国西南边疆社会》，中国社会科学出版社 2006 年版，第 205 页。

导致民俗变迁的重要因素。近代鹤庆商业发展促使鹤庆民俗日益丰富多样，民风也逐步开化和文明，促进了鹤庆民众生产生活水平的提高和思想观念的转变。而商业推动民俗变迁的过程更是一个民族交流的过程。例如，近代鹤庆商人们深入山区，在彝族同胞中推广当归和木香等经济作物，既影响了彝族同胞的种植习俗，又促进了鹤庆境内汉、白、彝等各族群众的交流，使各民族间的民族文化交流在商贸活动的推动下更趋活跃。

身份与背景：上海钱庄股东群体结构分析

上海海洋大学社会科学部　邹晓昇

上海钱庄的股东、资本和营业情况“向不示人”，钱庄的这一习惯使其在人们眼中蒙上了一种神秘的色彩。民国时期的钱业内部人士和许多学者对钱业这一习惯都有论述。1931 年钱业领袖秦润卿谈钱庄法之需要时指出，“假使钱庄附庸于银行法内，除资金停滞，投资者疑惧及改组公司之困难外，尚有其他困难，即股东财产，大都为现款，今日存于甲，明日存于乙，或营其他营业，本无一定，若披露与外为商界所忌”①；李权时和赵渭人曾论述道，“吾国金融机关之内容，其最不为民众所明瞭者，莫钱庄若。其故大概是在乎钱业中人不愿其内容披露于众”②；施伯珩、郭孝先也指出，钱业损益情况以及钱庄内部的情形，从不对外公布。③ 可见，社会上一般民众对于钱庄内部情况可谓一无所知。

这种情况一直延续到二十世纪二三十年代，随着政府对于工商企业管理的加强，要求工商业企业注册备案，钱业内部编

① 中国人民银行上海市分行编：《上海钱庄史料》，上海人民出版社 1960 年版，第 215 页。

② 李权时、赵渭人：《上海之钱庄》，上海东南书店 1929 年印行，自序第 1 页。

③ 施伯珩：《钱庄学》，上海商业珠算学社 1931 年版，第 3 编第 25 页；郭孝先：《上海的钱庄》，《上海通志馆期刊》1 卷 3 期，1933 年。

印同业录的出版，以及银行界和学术界的金融调查，钱庄的股东才逐步公之于众。民国年间商界和学术界对于上海钱庄的调查屡见不鲜，比较有影响的主要有复旦大学李权时教授指导的学生赵渭人在撰写毕业论文时所做的调查，以及郭孝先、施伯珩和潘子豪等人的学术调查。而对钱庄股东情况记载最为丰富详尽的调查报告要数中国银行总管理处业务调查课编印的《上海钱业调查录》。① 1960 年出版的《上海钱庄史料》详细整理了 9 大钱庄资本家家族集团和其他投资人的资料。这些调查和资料的整理成为今天的学术界研究上海钱庄的宝贵史料。

即便如此，当时也只有政府的工商管理机关大致了解股东的参股情况，详细情形只有钱业内部、商界和金融界人士所熟知，而对于大多数社会人士而言，依然不知其股东的背景、资力、信用，尤其对于其资本的运行情况更是无从知晓。目前学术界对于上海钱庄股东的专题研究成果极少②，由于早期资料缺乏，本文拟对晚清和民国时期上海钱庄资本投资的股东群体结构做一初步探讨，以揭示这一神秘的“背后的商家”的基本面貌。

钱庄资本来源、股东身份及行业分布

钱庄股东，在上海钱业内部俗称“东家”。钱庄的设立，往往是由钱业中有经理资格和意欲担任经理的伙友，向资本家辗转纠合而成。资本家常常以居间者及本人情面关系，承允投资入股，各自认若干股份，十股凑足，集股手续即算完成；亦有由股东自动发起集资开业的钱庄者，但占少数。集股伙友（经

① 中国银行总管理处业务调查课编制：《上海钱业调查录》（1934 年油印本），上海社会科学院中国企业史研究中心藏（藏号 08－119）。

② 台湾学者郑亦芳在其专著中曾主要运用《上海钱庄史料》对钱庄股东出身背景进行考察，见郑亦芳著《上海钱庄（1843—1937）——中国传统金融业的蜕变》，三民主义研究所丛刊（7），（台北）“中央”研究院 1981 年。

理）一般是对于钱业经营有丰富经验和相当信用之人。而衡量一家钱庄的信用，则主要依赖该钱庄股东之财产是否殷实，及其商界和社会声誉。

上海钱庄资本来源比较复杂，股东往往身兼多职或从事多种经营，股东的职业和身份亦庞杂多样，且由于近代上海社会和经济整体环境的变迁，不同时期投资上海钱庄股东的主要群体也不断发生变化。

（一）早期商人、沙船主和士绅股东

开埠之前的早期上海钱庄资本主要来自商业、沙船贸易资本和士绅的投资。根据钱业内部耆旧传闻，上海钱庄起源于经营煤炭店的绍兴商人，即由煤炭商人将其多余资金用来兑换银洋，并放款于邻近商店，“以权子母”①，此为商业资本投资钱庄之肇始。金源钱庄练习生冯柳堂认为，上海钱庄业与沙船业和豆米业有密切关系。② 上海民间俗称和早期书报也惯用“钱米店”和“钱布店”字样③，表明早期的上海钱庄很多是由经营米业、豆业和布业生意的商人兼营或投资。

上海钱庄与沙船贸易有着密切的关系，从清代前期到民国时期，上海钱庄股东中有若干经营沙船业的家族集团，如镇海小港李家、慈溪董家、太仓严家三大家族，皆以沙船业起家。镇海小港李也亭 1822 年 15 岁时到上海，先在南码头当学徒，曾担任过沙船船员的工作，后自己成为船员，以私人附带货物所积累的利润开设沙船行，积资渐多，独资开设久大沙船号，还建造了久大码头，成为上海沙船业中的巨擘。李也亭经营沙船最初得到赵朴斋的很多帮助，赵朴斋组织钱庄时，李也亭即

---

① 悍斋：《论钱业过去及将来》，《钱业月报》第 1 卷第 4 期，1921 年。

② 冯柳堂：《钱庄业由来之推测》，“金源钱庄第一届练习生毕业刊”，《上海钱庄史料》，第 9 页。

③ 中国人民银行上海市分行办公室：《上海钱庄的产生、发展与改造》，《学术月刊》1959 年第 6 期。

参与投资。慈溪三七市董棣林在1800年前后经常往来东北、上海，采办参药，积累了一些资财。后其子董耿轩、董友梅又在沪开设大生沙船号，董友梅的孙子仰甫于1878年在上海开设泰吉钱庄。清末，董友梅的后裔董子咸在上海设会大钱庄，董慎甫在上海设晋大钱庄。① 董家除投资沙船业和钱庄业外，并未从事其他商业活动。太仓严家的严正邦早年先经营麻油业生意，后开始经营沙船业。严正邦之子严凤歧、孙严殿卿（应钧）继承祖业继续经营沙船业，并投资开设钱庄。严家曾在上海南市开设"严同春号"沙船号。至民国年间，由严殿卿之子严味莲继承祖业，在上海独资开设致祥钱庄。② 除三大沙船家族集团外，民国时期还有先辈经营沙船业的上海周晋甫、南通彭桂年、无锡尤连增等人投资钱庄。

表1　沙船业主投资钱庄一览表

投资年代	沙船业主（家族）	籍贯	沙船记号	投资钱庄
1830—1950	镇海李家	浙江镇海	久大沙船号	慎馀、崇馀、立馀、同馀、会馀、崙馀、渭源、敦馀、恒巽
1878	慈溪董家	浙江慈溪	大生沙船号	泰吉、会大、晋大
1912	太仓严家	江苏太仓	严通春号	致祥（独资）
1914	周晋甫	上海浦东	不详	元盛
1918	彭桂年	江苏南通	彭祥记沙船号	益康
1925	尤连增	江苏无锡	益昌泰沙船号	益康、信康

资料来源：《上海钱庄史料》，第734—737、742—743、768页；《上海钱业调查录》。

① 《上海钱庄史料》，第742—743页。

② 《上海县志》卷一五《人物》，上海书店影印；中国银行总管理处业务调查课编制：《上海钱业调查录》，1934年，上海社会科学院中国企业史研究中心藏。

以上沙船号中，镇海小港李家势力最大，先后开设的钱庄最多，达 9 家之多，在上海钱业界也占有一席之地；其次为慈溪董家，开设了 3 家钱庄。镇海李家和慈溪董家都是在晚清时期就已开始开设钱庄，其他如太仓严家、周晋甫、彭桂年和尤连增在民国之后才投资上海钱庄。总计，近代沙船主投资钱庄共有 10 人左右。

早期士绅投资钱庄也颇常见。1841 年关于遗失庄票奖惩的石碑记载："生等在治钱庄生意或买卖豆、麦、花、布，皆凭银票往来"，这项议规就是由监生徐渭仁、黄必振、戚椿、叶永临等士绅向上海知县请求勒石立碑的。太平天国时期的上海道吴健彰，以及士绅胡光墉、徐润、严信厚等，均曾投资钱庄。一批江浙士绅为寻求避难，纷纷携款前往上海租界避难，"租界钱店，当时均系避地官绅所开设。咸丰初年，吴健彰署理沪道，厥后以失守城池案被参，参折中有影借同乡名义在洋场中开设钱店之一款"①。另外，徽商胡光墉在上海开设了阜康雪记钱庄。士绅投资钱庄最为著名，在后来的钱庄业中影响最大的为经纬（经芳洲）、经元善（经莲珊）父子。1840 年代前后，经纬在上海开设仁元钱庄，后来成为上海钱业界巨擘，上海钱业总公所的首董，并在上海创办慈善事业。经元善继承父业经营钱庄，亦为上海钱业界领袖人物，后来停歇钱庄，全力于赈务。② 民国时期，经芳洲和经莲珊均被上海钱业界推举为"先董"。

（二）传统商人和新式企业家股东

晚清时期投资上海钱庄的传统商人大都是商界赫赫有名的大商家，他们资产丰富、经营稳健，享有广泛的社会声誉，因而其投资设立的钱庄信用非常高，多家钱庄经营历史悠久。

传统商人最为典型的代表是镇海方家。镇海方家于 19 世纪

---

① 姚公鹤：《上海闲话》，上海古籍出版社 1989 年版，第 116 页。
② 虞和平编：《经元善集》，华中师范大学出版社 1988 年版，前言第 2 页。

60—70 年代在上海投资设立的多家钱庄历时久远，直到 1950 年社会主义改造结束，历时最长的达 120 年之久，堪称整个近代上海钱庄发展史的缩影。镇海柏墅方氏家族在上海投资多种事业。方介堂在清嘉庆年间开始经营商业，在镇海憩桥开粮食行及杂货店，稍有积蓄，辗转来上海经营食糖，开设义和糖行。其族侄方润斋、方梦香二人在沪设萃和糖行和振承裕丝号。1830 年前后，介堂之子方仁熙（1808—1858），在上海南市设立履和钱庄，兼营土布和杂货，称南履和钱庄，后改组为安康，存放款约六七万两。鸦片战争后，方家又在北市设立北履和钱庄，后改组为寿康庄，专营钱庄业务，而不再兼营他业。介堂另一族侄方性斋（人称“方七”）还在上海创办同裕、元康、义余、尔康等钱庄，并买了许多地产，如北市兴仁里，南市敦仁里等。方家在上海事业的基础主要是方性斋建立起来的，因在家乡居住的是新屋，故称新方。后来又陆续添设许多钱庄，分布在上海的有同裕等 17 家钱庄。方氏在沪钱庄，延聘当时有名的钱业金融家如陈笙郊、屠云峰、谢纶辉等人经营，既灵活，又稳健，业务蒸蒸日上。方介堂的族弟方建康在上海设立泰和糖行，因在乡间居住老屋，故称老方。其子仰乔，继承父业，大事扩展，在上海先后设立元大亨等 8 家钱庄。①

表 2　镇海方家开设的上海钱庄一览表

新方		老方	
年代	庄名	年代	庄名
1870—1950	同裕、尔康、安康	1870—1911	元大亨
1876—?	延康、五康	1904—1911	晋和

① 陈立仪：《上海的“宁波帮”》，鲍杰主编：《论近代宁波帮》，宁波出版社 1996 年版，第 99—100 页；中国人民银行上海市分行编：《上海钱庄史料》，上海人民出版社 1960 年版，第 730—731 页。

续表

新方		老方	
年代	庄名	年代	庄名
1866—1910	允康、寿康	1904—1911	元盛
1879—1950	安裕	1906—1912	敦和
1904—1910	钧康	1907—1910	元祥
1894—1942	承裕	1905—1910	会馀
1906—1910	和康	1909—1912	益和
？—1920	汇康	1910—1911	森和
1908—1950	赓裕		
1908—1910	庶康		
1910—1911	元康		
1910—1911	乾康		
1923—1927	复康		
	共17家		共8家

镇海方家在上海由商业而营钱庄，同时仍经营许多商业：如糖业、沙船、银楼、绸缎、棉布、药材、南货、渔业、书业、地产业等。它们以上海为重心，旁及杭州、宁波、绍兴、汉口、南京、沙市、宜昌、湖州、镇海各地，可是清朝末叶上海商业巨擘。①

近代许多经营洋货、洋布、丝纱的商人也将资本投资到钱庄。洞庭山万家为经营洋货出身。上海开埠后，万梅峰先在洋货行当伙计，同治年间，在河南路济阳里设立恒兴洋货号，先后开设多钱庄，计有宏大、久源、森康、志庆、庆成、庆祥、

① 《上海钱庄史料》，第432页。

庆大等8家。① 湖州许家是大丰洋货号股东，系华商经营进口洋布匹头的第一家。宁波商人徐承勲在第一次世界大战时经营洋布，是裕康洋布号股东，所投资的钱庄有志诚、益昌、德康、渭源、慎源5家。南浔人徐眉泉一向经营七里土丝和土丝出口，在上海设有徐眉记丝号，投资长盛、德兴、慎益钱庄。宁波商人俞福谦为福泰纱号股东，其投资的钱庄有益昌和敦馀钱庄。②

到民国时期，上海许多经营现代工业企业的资本家也纷纷投资钱庄。新式企业家投资钱庄比较典型的是荣氏家族。荣宗敬在上海开设了申新纱厂、福新面粉厂，投资开设的钱庄有同新、生昶两家钱庄。③ 宁波人薛文泰是益泰花长、振华纱厂、大有余榨油厂股东兼经理，投资的钱庄有瑞泰、均泰、敦馀、泰昌4家。前述地主股东中的孙衡甫同时参与经营泰州面粉厂、穿山轮船公司、童涵春国药号、元泰五金号、宁波永耀电灯公司，有的独资，有的是大股东。④ 前述买办投资钱庄股东中的镇海叶家、湖州许家、徐庆云等人，都同时经营工商企业。镇海叶家以经营五金起家，设有老顺记和南顺记五金号，还在汉口开过丝厂和火柴厂；徐庆云是大丰纱厂的创办人。

地产商投资钱庄的亦不在少数，除比较典型的地产商程霖荪外，大多地产商都是由经营其他行业的商人兼营。程霖荪家族投资的钱庄有衡馀、衡吉、泰昌、鼎元、成丰、吉昌6家。⑤ 兼营地产的钱庄股东还有镇海方家、镇海李家、苏州程家、宁波秦家、洞庭山万家、孙衡甫、严味莲、徐承勲、张杏邨、吴耀庭等人。

---

① 《上海钱庄史料》，第750—751页。
② 《上海钱庄史料》，第765—7767页。
③ 《上海钱庄史料》，第768页。
④ 《上海钱庄史料》，第767、769页。
⑤ 《上海钱庄史料》，第767页。

表3 传统大商人和新式企业家投资钱庄一览表

年代	名称	籍贯	投资钱庄	经营企业
1830—1950	镇海方家	浙江镇海	同裕、元康、义余、安康、尔康、元大亨等25家	糖业及其他
1892—1921	洞庭山万家	江苏苏州	宏大、久源、森康、志庆、庆成、庆祥、庆大	
1918—1933	徐承勲	浙江宁波	志诚、益昌、德康、渭源、慎源	裕泰洋布号
1918—1929	严康懋	浙江宁波	恒隆、永聚、恒大、恒赉	
1918—1926	徐霭堂	浙江宁波	益昌、寅泰	新凤祥银楼
1918—1922	徐眉泉	浙江南浔	长盛、德兴、慎益	徐眉记丝号
1920—1924	薛文泰	浙江宁波	瑞泰、均泰、敦馀、泰昌	益泰花厂、振华纱厂、大有馀榨油厂
1923—1926	程霖荪	安徽歙县	衡馀、衡吉、泰昌、鼎元、成丰、吉昌	中国根泰合资有限公司
1918—1923	俞福谦	浙江宁波	益昌、敦馀	福泰纱号
1931—1934	孙直斋	江苏常熟	惠丰、荣康、惠昌	惠中旅馆
1930—1932	荣宗敬	江苏无锡	同新、生昶	身心纱厂、福新面粉厂
1926	刘鸿生	浙江定海	成丰	华商上海水泥公司
1918—1924	戴耕莘	浙江镇海	泰昌、益昌	利昌五金号

资料来源：根据《上海钱庄史料》《上海总商会组织史资料汇编》整理。

以上统计只是一部分投资上海钱庄的主要商人，尚有很多未能罗列其中，只能挂一漏万。据不完全统计，近代投资上海钱庄的商人包括国内商人、鸦片商、颜料商、洋货商等共计308人之多，这无疑表明，无论是晚清还是民国时期，商人占钱庄股东的绝大部分，因而商人和企业家始终是钱庄投资群的主体。

（三）地主、买办股东

从上海开埠至19世纪末，地主和买办成为投资上海钱庄的一支重要力量。如前所述，太平天国时期许多江浙地主、商人和士绅携款和家属赴上海租界避难，一些地主也开始投资钱庄，其中地主投资的钱庄，势力和影响最大、历史最长的为苏州程家家族集团。苏州程家纯粹出身地主，最早由程卧云在上海开设钱庄，卧云逝世后由其子敦甫、子文、子和、子仁、子美，孙觐岳、篚六先后继承。19世纪中后期至20世纪初，苏州程家先后投资的钱庄不下10余家，具有延续性的主要有福源、安滋、福康和顺康四大系统。① 苏州程家家族集团在上海钱业界有着重要的地位，特别在20世纪，钱庄经理朱五楼和秦润卿长期担任上海钱业公会主席。纯粹为地主出身的还有绍兴人王百治，1922年与陈秋山合资开设五丰钱庄。② 另外，还有地主出身后改营他业，以及商人兼地主身份的，如浙江上虞的徐檪卿身为颜料巨商，在绍兴则为大地主，有田数千亩；③ 王驾六则是苏州的盐商、当商和地主，孙衡甫为宁波的商人兼地主。

表4 地主投资钱庄一览表

年份	地主	籍贯	投资钱庄	兼营
1876—1950	苏州程家	江苏苏州	福源、安滋、福康、顺康	地产
1922	王百治	浙江绍兴	五丰	纯粹地主

① 《上海钱庄史料》，第768页。

② 《上海钱庄史料》，第768页。

③ 《上海钱庄史料》，第765、769页。

续表

年份	地主	籍贯	投资钱庄	兼营
1918、1922	徐檪卿	浙江上虞	益康、滋丰	颜料商
1903、1906、1921、1923	王驾六	江苏苏州	鼎康、森康、志庆、大德、庆大	盐商、当商
1918、1916、1929、1932、1933	孙衡甫	浙江宁波	益昌、成丰、恒赉、恒隆、信裕	商人

资料来源：《上海钱庄史料》《上海钱业调查录》。

根据不完全统计，晚清到民国时期，投资钱庄的地主共有15人，开设投资的钱庄达20多家，纯粹为地主身份的有苏州程家和王百治，其他3人皆兼营其他商业。

鸦片战争后，买办资本开始崛起，在通商口岸买办具有较大的力量，在上海、天津出现的著名“广东帮”“江浙帮”财阀系买办资本的代表。19世纪中叶开始即已有买办开始投资钱庄，如杨坊、丁建章、唐廷枢、徐润、许春荣、严兰卿等。从19世纪80年代到20世纪上半叶，外商银行和洋行买办投资钱庄非常普遍，这一群体为上海钱庄清末民初的发展注入大量资本和新的活力。买办投资钱庄最早，势力最大的是洞庭山席氏家族。席正甫1874年始任汇丰银行买办，1887年投资协昇钱庄，1904年其子席立功继任汇丰银行买办，投资久源、正大、裕祥等钱庄，1916年席聚星任住友银行买办，投资慎益钱庄。① 镇海叶澄衷的四子叶子衡当过台湾银行买办，叶家投资的钱庄有升大、衍庆、大庆。湖州许春荣曾同时充任德华银行和花旗银行买办，从同治年间至1884年，许春荣先后开设阜丰、鼎丰、通馀、通源等7家钱庄，其子许杏泉1911年继任德华银行买办，与席立

① 中国人民政治协商会议上海市委员会文史资料工作委员会编：《旧上海的外商与买办》，上海人民出版社1987年版，第73—77、89—90页。

功合伙投资久源、正大、裕祥等钱庄。镇海叶家与湖州许家是姻亲，关系甚为密切，因而两家合伙开设过余大、瑞大、志大、承大四家钱庄。1911 年辛亥革命爆发后，叶家及叶家与许家合开的钱庄均先后倒闭。① 民国时期，买办投资开设钱庄的更多。麦加利银行买办王宪臣于 1924、1931 年分别与人合资开设鼎元、荣康钱庄。正金银行买办吴耀庭 1918、1923 年合资开设振泰、福泰钱庄。大英银行买办徐庆云 1918—1931 年与人合资开设恒隆、敦馀、寅泰、恒赉、恒巽，1916、1933 年其子徐懋棠又参与投资聚康、同庆庄。上虞人陈春澜曾在台维洋行和惇信洋行做过买办，在 1903 年前后先后投资开设永丰、兆丰、寿丰钱庄，民国之后，又投资宝丰、五丰、厚丰、和丰五家钱庄。洋行买办严如龄专营出口皮毛生意，1918—1924 年先后投资益康、益昌、志丰、志裕、滋丰、泰昌钱庄。百利洋行买办吴成和与人合资开设的钱庄有益康、巽康、裕大、同春、同安、同新。与美丰银行有关的美东银公司、普益地产公司买办张杏邨于 1923 年之后先后投资涵康、同春、同安、同新钱庄。其他投资钱庄的买办还有沈子华、汪清源、徐懋棠、龚星五、杨信之、何耿星、胡耀庭、顾馨一、顾棣三、王一亭等人。②

表 5　买办投资钱庄一览表

年份	买办姓名	籍贯	投资钱庄	服务洋行	兼营行业
1887—1922	席正甫、席立功、席聚星	江苏洞庭山	协昇、久源、正大、裕祥、慎益	汇丰银行、住友银行	

① 《旧上海的外商与买办》，第 73—77、89 页；《上海钱庄史料》，第 89—90、743—745 页。

② 《上海钱庄史料》，第 752—756 页；《旧上海的外商与买办》，第 89—90 页。

续表 1

年份	买办姓名	籍贯	投资钱庄	服务洋行	兼营行业
1875—1910	严兰卿	江苏洞庭山	镇昌、德森、裕祥、久源、德庆、庆昌	敦裕洋行	
1894—1950	胡耀庭	广东新会	怡大	广昌洋行、美大洋行	
1903—1911	叶澄衷家	浙江镇海	余大、瑞大、志大、承大	台湾银行	五金、丝厂、火柴厂
1903—1911	许春荣	浙江湖州	阜丰、鼎丰、通馀、通源、久源、正大、裕祥、余大、瑞大、志大、承大	德华银行	洋货、洋布、匹头
1903—1925	陈春澜	浙江上虞	永丰、兆丰、寿丰、宝丰、五丰、厚丰、和丰	台维洋行、惇信洋行	春记栈、代报关
1908—1912	顾馨一	江苏上海	通泰	三井上海制造丝绢会社	
1908—1912	王一亭	浙江湖州	通泰	日华汽船会社	南市商会会长
1913—1919	沈子华	江苏洞庭山	志庆	沙逊洋行	
1918、1923	吴耀庭	江苏宜兴	振泰、福泰	正金银行	标金，地产商
1918—1931	徐庆云、徐懋棠	浙江慈溪	恒隆、敦馀、寅泰、恒赉、恒巽、聚康、同庆	大英银行	著名棉纱、标金投机商

续表 2

年份	买办姓名	籍贯	投资钱庄	服务洋行	兼营行业
1918—1930	吴成和	浙江上虞	益康、巽康、裕大、同春、同安、同新	百利洋行	
1918—1924	严如龄	浙江镇海	益康、益昌、志丰、志裕、滋丰、泰昌	谦信洋行	
1919—1933	何耿星	浙江奉化	仁亨	三井物产会社	
1921—1926	杨信之	浙江湖州	庆祥、怡昌	意商延昌恒、义丰洋行、荷商安达银行	
1922—1932	顾棣三	江苏吴县	慎益	礼和洋行、朝鲜银行	
1923、1931	王宪臣	江苏洞庭山	鼎元、荣康	麦加利银行	
1923—1930	张杏邨	江苏苏州	涵康、同春、同安、同新	美丰银行	
1923—1939	宋季生	浙江湖州	敦馀	中和洋行	
1943—1945	汪清源	浙江宁波	衡孚	麦加利银行	
1943—1945	龚星五	江苏洞庭山	成丰	汇丰银行	

资料来源:《上海钱庄史料》《旧上海的外商与买办》《上海钱业调查录》。

近代买办投资钱庄成为股东的共有 69 人，投资开设的钱庄 50 余家，由此可见，钱庄资本股东中的买办是一支非常庞大的投资群体。当然买办的本身身份也很复杂，许多买办往往身兼多职，或从事其他各种行业的经营。

（四）颜料商和鸦片商股东

清末民初之交，颜料商和鸦片商（土行）投资钱庄渐多。中国颜料商以销售外国化学染料为主。上海颜料行创设于19世纪末，到1900年已经积累了不少资金，在第一次世界大战中更是发了大财。一战后，颜料商顿成千万富豪，由同乡周宗良总经销下，批发商发大财者有：瑞康润颜料行贝润生，恒丰昌颜料行之秦君安，咸康润颜料行之薛宝润，德昶颜料行之邱渭卿，万丰顺颜料行之王馨泉，泰生东颜料行之张颜山，瑞康颜料行之奚萼衔，瑞康盛股东赵雨亭、奚鹤年、股东兼经理贝润生，以及吴善庆。拥有巨资的颜料商人对新兴工业没有兴趣，但因平时与钱庄有业务往来，接触颇多，认为投资钱庄有利可图，因而纷纷投资开设钱庄。早在1903年就有万丰顺颜料号投资合开永丰钱庄，1905年恒丰昌颜料号投资恒兴钱庄，1909年瑞康盛颜料号投资瑞昶钱庄。[①] 1916年之后颜料商投资钱庄蔚然成风。

表6　颜料商投资钱庄概况

年份	庄名	颜料商股份	资本（两）	所属颜料号
1903	永丰	万顺丰4股	1.6万	万顺丰
1905	恒兴	恒丰昌5股，秦君安3股	8万	恒丰昌
1909	瑞昶	瑞康盛6股，德昶4股	4万	瑞康盛、德昶
1916	滋康	瑞康盛7股，咸康润3股	12万	瑞康盛、咸康润
	泰康	奚萼衔、张云江、杨再修各3股	2.16万	瑞康
	润昶	邱渭卿独资	6万	德昶
	义生	张颜山独资	6万	泰生东
	宝丰	薛宝润4股，邹薇卿2股	3万	咸康润

① 马积祚：《领导上海钱庄业五十年之秦润卿》，《浙江月刊》（台）第15卷第8期，1983年；《上海钱庄史料》，第105—106页。

续表

年份	庄名	颜料商股份	资本（两）	所属颜料号
1918	恒隆	恒丰昌5股	5万	恒丰昌
	振泰	赵雨亭4.5股	2.25万	瑞康盛
	汇昶	邱渭卿6股	2.4万	德昶
1920	志丰	刘星耀、吴善庆、徐棣卿各2股	6万	瑞康盛
1922	永聚	秦珍荪2.5	2.5万	恒丰昌
	志裕	刘星耀、吴善庆、徐棣卿各2股，张兰坪1股	11.2万	瑞康盛
	巽康	赵雨亭2股	2万	瑞康盛
	滋丰	薛宝润3股，徐棣卿2股	5万	咸康润
1923	厚丰	赵雨亭3股，王荫亭1股	5万	瑞康盛
	晋康	赵雨亭2股	2万	瑞康盛
	裕大	赵雨亭2股	2万	瑞康盛
	裕成	奚萼衔3股	3万	瑞康
1924	瑞源	赵雨亭2.5股，张云江1股	4.2万	瑞康盛
1926	同庆	赵雨亭1股	1.6万	瑞康盛
	恒大	恒丰昌5股	10万	恒丰昌
	恒润	赵雨亭5股	10万	瑞康盛
1929	恒赉	秦涵琛3股	6万	恒丰昌
1931	恒巽	秦馀庆堂3股，恒丰昌2股	10万	恒丰昌
1932	生昶	邱彭年6股	12万	德昶
1933	同庆	秦善富2股，秦羡馥1股	9万元	恒丰昌
	慎源	秦善宝2.5股	7.5万元	恒丰昌
共计29家		资本总计　银：139.91万两，银元：16.5万元		

资料来源：《上海钱庄史料》，第193—202、264—269、762—764页。

颜料商钱庄投资股东中以行号出面投资的共5家，分别为万顺丰、恒丰昌、瑞康盛、德昶、咸康润；以个人名义投资的有20人，主要有秦君安、奚萼衔、张云江、杨再修、薛宝润、邱渭卿、赵雨亭、徐檪卿、刘星耀、吴善庆等人，其中宁波秦家（秦君安）成为颜料商投资钱庄最为著名的家族集团。1903—1933年颜料商投资钱庄共29家之多，投资资本总额达到140多万两，[①] 而整个近代颜料商投资钱庄者达82人，可见颜料商在上海钱庄股东和资本中占有重要的地位。

上海鸦片行（土行）与钱庄的往来一直非常密切，早在上海开埠初期就已有业务往来。据徐愚斋自叙年谱记载，1867年"冬间，市面大不靖，有某姓坏事倒至四五十万之多，钱业各家，无不被累，有业董张宝楚先生来商，将余茶土栈房契约值六七万借给转动，开春如数还来，因此交成莫逆"[②]。进入民国以后，由于政府颁布禁烟令，鸦片生意无法继续经营，土行纷纷停业，一部分鸦片商人将资本转而投资钱庄。1912年首先有以鸿泰土行（股东郭子彬）投资6股、敦和土行（股东郑培之）投资4股的鸿胜钱庄设立。同年由阜成、信和土行各投资4股，源大、聚成土行各投资2股，开设信成钱庄。1913—1926年土行投资的钱庄又陆续开设了31家。[③] 鸦片商蜂拥而至投资钱庄，为民初上海钱庄业的复苏和继续发展提供了丰富的资金和社会基础。

---

① 《上海钱庄史料》，第105、762—764页。

② 张宝楚为早期钱业董事。徐润：《徐愚斋自叙年谱》，近代中国史料丛刊续编第50辑，文海出版社1978年影印本，第27页。

③ 《上海钱庄史料》，第107页。

表 7　鸦片商投资钱庄概况

年份	投资钱庄	鸦片商股份	所占股数	资本(两)
1912	鸿胜	鸿泰土行 6 股，敦和上行 4 股	10	4 万
	信成	阜成、信和土行各 4 股，源大、聚成土行各 2 股	10	6 万
1913	永馀	施再春 4 股	4	1.6 万
	鼎新裕	施再春 2 股	2	0.8 万
1914	信元	信和土行 5 股，施再春 3 股，郑仁记土行 2 股	10	4 万
	茂丰	林仁记土行周敬之 6 股，裕记、源和土行各 2 股	10	2 万
	丰裕	长丰、裕泰元土行各 4 股	8	1.44 万
	源恒	施再春 3 股	3	1.2 万
1915	信裕	鸿裕土行郭子彬 3 股，郑仁记土行 2 股，信和土行陈青峰 5 股	10	6 万
	征祥	郭煜盛、长丰、郭源茂土行	10	2 万
1916	鸿祥	鸿泰土行 5 股，敦和土行 4 股	10	6 万
	聚康	聚成、信和、聚和土行	10	6 万
	益大	聚成、益和、源大、郑仁记土行	10	4 万
	通和	施再春，福和土行	不详	
	衡通	施再春	不详	
1918	信孚	陈青峰、郑淇亭各 3 股，郑建明、郑友松各 1.5 股	9	5.4 万
	光裕	郭壁臣独资	10	8 万
	大成	陈子芳、陈玉亭各 4 股，陈吟斋 2 股	10	6 万
	晋安	郭子彬 4 股，郑培之 2 股，陈迪斋、郑登五各 3 股	12	7.2 万
	益丰	周敬之 6 股，陈芝初、马义成各 2 股	10	6 万

续表

年份	投资钱庄	鸦片商股份	所占股数	资本（两）
1918	宝昶	郑佐之、郑鑑之各3股，郑淇亭、郑伯莲各2股	10	12万
	祥裕	郑汉芝、陈幹庭	10	12万
	润馀	陈幹庭	不详	
1919	仁亨	陈楚南4股，郭乐轩3股	7	7万
	德昶	郭德顺土行独资	10	6万
	鼎盛	陈幹庭、陈玉亭6股，陈月记4股	10	10万
1921	鸿赉	郑培之3股，郭永昌、郭华堂各2.5股，李兰谷、陈冕卿各1.5股	11	11万
1922	鸿丰	郑培之、郭振鸣各3股，郭辅庭、郭永昌各2.5股	11	11万
1923	鸿利	陈力耕6股	6	12万
1924	宝成	郑晋卿2.5股，陈玉亭、陈元振各2股，郭振鸣1.5股，郭若雨、郑德卿各1股	10	12万
1925	信丰	周敬之3股，郑卓如2.5股，陈幹庭1.5股	7	14万
	义兴	陈宜记独资	10	20万
1926	成丰	郑培之2股	2	3万
33家		统计已知资本额207.64万两		

资料来源：《上海钱庄史料》，第106—109、756—762页。

鸦片商股东中以土行名号出面投资的21家鸦片行，以鸦片商个人名义出面投资的计34人。① 这些鸦片商人大多数是来自广东的潮州帮，“常与浙系财界争雄者，为广东系财界。……而

① 《上海钱庄史料》，第758—762页。

就中经营鸦片事业者可以说构成今日粤系财界中的过半分子。这些鸦片事业经营者，因为近来烟禁甚严，又多转移为钱庄经营者”[1]。此外，由于中国之丝、茶商，往往身兼鸦片商，因此土行帮之钱庄投资中，可能亦掺杂部分丝、茶商人之资本。[2]

特别是民初新设之钱庄，以鸦片行商和颜料行商的投资为主。1912—1926年，上海新设120家钱庄，其中土行投资开设者计达33家，占总数的1/4，投资总额高达200余万两。[3] 晚清到民国时期，鸦片商投资钱庄共计124人。由此可见鸦片商和颜料商在上海钱庄股东中所占的分量。

（五）钱庄经理

上海钱庄股东中还有一个特殊的群体，就是钱庄经理。清末民初，上海钱业中开始出现自身经营上海钱庄的经理也往往投资钱庄。民国时期，钱庄经理自身投资钱庄的现象越来越普遍。

表8　钱庄经理投资认股情况

经理名称	年份	投资钱庄	服务钱庄	职务
赵文焕	1903	义昌1股	安康	经理
谢纶辉	1894	汇康1股，怡大1股	承裕	经理，清末钱业董事
	1903	同馀1股		
	1910	恒祥2股		
汪介眉	1906	源昇半股	源昇、致祥	经理
陈一斋	1916	宝丰2股	永丰	经理，清末钱业董事
	1920	志丰2股		
	1922	滋丰3股		
		鸿丰1股		

① 雷啸岑：《中国资产阶级的分析》，《时事新报》第7卷第2期，1932年。

② 郑亦芳：《上海钱庄（1843—1937）——中国传统金融业的蜕变》，第36页。

③ 《上海钱庄史料》，第762—767、757页。

续表 1

经理名称	年份	投资钱庄	服务钱庄	职务
李济生	1920	志丰 1 股	永丰	经理
	1922	滋丰 1 股		
	1925	和丰 1 股		
	1938	滋丰 2 股		
秦润卿	1916	鸿祥	福源	
	1926	恒大 1 股		经理，上海钱业公会总董、会长
冯受之	1916	鸿祥	鸿祥	经理
	1926	寅泰 2 股		
胡稑芗	1906	怡大 1 股	兆丰、怡大	经理，1917 年任上海中国银行副经理
	1918	信孚 1 股		
	1938	春元 1 股		
	1938	滋康 2 股		
谢韬甫	1918	志诚 1 股半	承裕	经理
盛筱珊	1918	志诚 1 股	赓裕	经理
陈子壎	1918	恒隆 1 股	恒隆	经理
罗樾卿	1924	春元 1 股	延源	经理
田祈原	1925	和丰 1 股	永丰	经理，上海钱业公会总董
冯斯仓	1926	寅泰 1 股	寅泰	经理
俞佐廷	1931	恒巽 1 股	恒巽	经理
戚子泉	1933	仁昶 1 股	仁昶	经理
	1938	仁昶 1 股半		
胡楚卿	1934	惠昌 1 股	惠昌	经理
	1938	惠昌 3 股		

续表 2

经理名称	年份	投资钱庄	服务钱庄	职务
何衷筱	1934	惠昌 1 股	滋康	经理，上海钱业公会会长
	1938	滋康 2 股		
沈晋镛	1938	春元 1 股	春元	经理
周楚琴	1938	均昌 1 股	均昌	经理
楼怀珍	1930	大赉 1 股	大赉	经理
傅松年	1938	信裕 1 股	信裕	经理
王怀廉	1938	聚康 1 股半	聚康	经理
郑秉权	1938	鸿祥 1 股	鸿胜	经理
沈景樑	1938	宝丰 1 股	宝丰	经理
张文波	1938	五丰 2 股	存德	经理
周叔唐	1938	衡九 1 股	衡九	经理
陈鲁孙	1938	敦馀 1 股	敦馀	经理

资料来源:《上海钱庄史料》，第 193—202、264—269、319—321 页。

清末民初，自身投资钱庄的钱业经理达 28 人，投资的钱庄有 20 多家。钱庄经理这一群体投资钱庄大致有以下几个特点：1. 曾经服务上海钱业，担任过钱庄经理职务，后改营他业，特别是转到银行界居多，如谢纶辉曾任上海钱业董事，后参加中国通商银行的筹办，转到银行业。2. 长期从事钱业经营，担任经理职务，所营钱庄赢利丰厚，存有不少积蓄，声誉卓著，转而投资钱庄，如秦润卿。3. 自身仍然服务钱业的经理投资钱庄时，往往认股较少，一般是 1 股或半股，极少超过 2 股。4. 钱庄新设时，股东认股不足，10 股差 1 股或半股时，该庄经理奔走相劝，邀请业内经理投资入股，或自己认股，以补充完整。

就金融业来说，除钱庄经理之外，现代新式银行界人士投资钱庄者亦不乏其人，兹不一一列出。

从以上的划分和梳理可以看出，近代投资上海钱庄的股东身份相当复杂，当然需要指出的是，近代中国商人的身份本身就很复杂，往往兼营多种行业，所以有时很难严格来区分，很难条分缕析，本文亦只是按其最初出身做一大致划分。但从整体上来看，上海钱庄投资的群体从早期传统商人、沙船主、士绅到地主、买办，再从鸦片商、颜料商、洋货商到新式工商企业家和金融业者，其实反映了近代上海社会经济变迁的过程，不同时期的投资群体有所不同，这些群体实际亦为不同时期上海经济社会的主体，与近代上海经济与社会的发展相吻合。

其　他

绩效与不足共存：从华北抗日根据地看 20 世纪 40 年代前期中共开展生产运动之本相

河北省社会科学院　把增强
河北大学历史学院　郑清坡

抗战时期生产运动，是中国共产党领导抗日根据地军民开展的以自给自足为目标的大规模生产自救运动，它是伴随着抗战艰难时期的到来而推行的，其主旨即在于为长期抗战奠定一个较好的物质和经济基础。在中共中央号召下，各抗日根据地党政机关、部队、学校普遍参与，并逐步达到粮食、经费自给、半自给或部分自给，较好实现了“自己动手，丰衣足食”的目标。毛泽东甚至还盛赞其为“中国历史上从来未有的奇迹”，“是我们不可征服的物质基础”。① 对于抗战时期开展生产运动的历史背景、所取得的成绩以及所具有的重大作用和意义，学术界早已达成共识，而且学术界在论及生产运动时也多是从这几方面来加以论述。由此而言，对于该问题似乎已无再加探讨的必要。然而，对于一个问题的阐释，往往并不如此简单。开展

① 毛泽东：《抗日时期的经济问题和财政问题》（1942 年 12 月），《毛泽东选集》（第三卷），人民出版社 1991 年版。

生产运动，从出台到实施，也并非是单一的“政策—效果”式的线性解释方式，而是在错综复杂的历史背景下提出，提出后经历了思想上的导引和动员，并在实施中结合各地实际情况贯穿着多元路径，其实施效果也并非是只有成绩而毫无弊端。如此等等，也就凸显了对该问题再探讨和再认识的必要性。以下笔者即以华北抗日根据地为考察中心，依据当时档案和报纸资料，对该问题做一考察，并就教于方家。不妥之处，敬请批评指正。

一、困境与自救：开展生产运动的历史背景及决策提出

某种程度上讲，经济条件在决定战争胜负与根据地建设的条件中应该是第一位的，而人力、物力和财力在经济条件中又占据着重要地位，抗战时期尤甚。然而，就是在这样一个时期，尤其是进入20世纪40年代后，在国内外敌对势力及天灾人祸侵害下，中共抗日根据地却进入了极其困难的“苦寒严冬”时节。用毛泽东的话讲就是，“我们曾经弄到几乎没有衣穿，没有油吃，没有纸，没有菜，战士没有鞋袜，工作人员在冬天没有被盖。国民党用停发经费和经济封锁来对待我们，企图把我们困死，我们的困难真是大极了”①。毛泽东之语，既凸显了中共抗日根据地所面临的困境，也概要指出了中共开展生产运动的重要背景。具体可从以下几个方面来分而论之：

首先，抗战相持阶段，日军对中共抗日根据地的“扫荡”与“蚕食”更加频繁，手段更加残暴。自七七事变揭开中华民族全面抗战的序幕始，国共两党就展开了艰苦卓绝的抗日战争，尤其是在战略防御阶段，双方通力合作，大大打击了日军迅速灭亡中国的嚣张气焰，并消耗了其很大的人力、物力与财力。

---

① 《毛泽东选集》(第3卷)，人民出版社1991年版，第892页。

在此阶段，中共领导的敌后抗日力量也在突飞猛进地增长。然而，经过多年对华侵略战争，日军逐渐认识到中共领导的抗日根据地不可小觑，于是就在进入战略相持阶段后调整了对中共抗日根据地的进攻策略。具体讲就是，在进攻方式上，由一口鲸吞或一举粉碎转变为分割封锁与逐渐蚕食；在进攻目标上，则是在继续关注中共领导的军事力量和政权组织的同时，进而扩展到使用各种各样的方法，栉比梳头一样地来搜索、摧残深入民间的中共抗日组织和武装力量。在此政策下，日军动用了14个师团（约占全部侵华部队44%的兵力）对中共抗日根据地进行封锁和残酷“扫荡”。据有关资料显示，该时期日军在华北地区所建封锁沟的长径约等于长城的六倍，如按地球周长来算，可环绕地球一周的1/4。① 在“扫荡”频率和兵力使用上，仅1939和1940两年间，侵华日军对华北地区出动千人以上的大规模“扫荡”就达109次，使用兵力总计在50万人以上。②

在“扫荡”过程中，日军还对中共抗日根据地军民实行了惨无人道的所谓“杀光”“烧光”“抢光”的“三光政策”。在晋察冀抗日根据地，从1938年9月到1939年6月，仅北岳区的崞县就有4万群众被杀。1941年1月，冀东日伪军5000多人制造了潘家峪惨案，全村1230人遇难，96人受伤，1100多间房子被烧毁。③ 1941年8月，日军又集中5万余兵力对晋察冀北岳区、平西区进行了长达两个月之久的大“扫荡”。其中，在北岳区，日军在平山东黄泥一带残杀无辜群众500余人，在阜平、龙华奸淫妇女近千人；在涞源东杏村残杀20余人，在曲阳野北用机枪扫射死100多人。日军在北岳区的这次“扫荡”，总计残

---

① 中共中央党校党史教研室：《中共党史参考资料》（五），人民出版社1979年版，第97页。

② 中共中央党校党史教研室：《中共党史参考资料》（五），人民出版社1979年版，第97页。

③ 魏宏运、左志远：《华北抗日根据地史》，档案出版社1990年版，第159页。

杀4.45万余人，烧毁房屋15万余间，抢走及烧毁粮食5800万斤，抢走牲畜1万余头。在晋冀鲁豫抗日根据地，1939年7至9月，日军纠集数万兵力对太行区实施九路围攻，武乡、榆社县城被烧成灰烬，仅武乡一县就有1500多人被杀害。在晋绥抗日根据地，仅1940年日军就发动了春、秋、冬三次大“扫荡”，并对该地人民进行了野蛮蹂躏。在山东抗日根据地，1939至1940年，日军出动千人以上兵力的“扫荡”达25次，其中万人以上的“扫荡”两次。①

从1941年3月开始，日军在其占领区不断实行“治安强化运动”。太平洋战争爆发后，日军在华北更是连续发动了两次所谓的“治安强化运动”。在实施“治安强化运动”的同时，日军针对中共抗日根据地中游击区的特点采取了以“蚕食”为主、恐怖与怀柔并用的政策，并以建立日伪政权的方式来压缩中共抗日根据地的空间，使游击区衍化为敌占区。不仅如此，日军还对占领区人民实行强化保甲制度，并对日常生活用品尤其是重要物品实行配给制度与限购政策，以封锁中共解放区。如日军在冀东和晋西“疯狂进行对我经济封锁，先后成立‘经济封锁委员会’，强迫当地不分男女，全体参加，其封锁重心为粮食、食盐、棉布等各种日常必需品”，对重要物品同时实行配给和限购制度，如其对食盐制定的限购标准是老百姓“每人每月至多准购食盐四两”，如发现有超过规定标准者即按照具体情节予以严惩，“如多买四两，查觉后斩手”，“如多买半斤，砍断一臂”，如多买“一斤以上，一律斩首”。② 此外，日军还利用地痞流氓组织“经济警察队”查店，在各交通要道来往巡查，并进

① 军事科学院外国军事研究部：《凶残的兽蹄——日军暴行录》，解放军出版社1994年版，第71页。

② 《晋冀鲁豫敌疯狂统治日用品，盐每月限购四两》，《解放日报》1941年12月18日第3版。

行伪装侦察，“严禁人民多买可用物品，或将物质运我根据地”①。

在日军疯狂“扫荡”“蚕食”与错综复杂的战争环境下，中共抗日根据地统辖范围大幅缩小。据有关资料显示，1940—1942年，有很多中共根据地面积都缩小了1/3—1/2不等，如晋西北、晋察冀和山东都缩小了1/3，晋东南区缩小了1/2，冀中区大部变成游击区，大清山抗日游击根据地党、政、军机关也已撤到晋西北偏关一带。山东抗日根据地被日伪“蚕食”村庄多达1100余个，鲁南抗日根据地最严重时竟缩至“南北十余里，东西一线穿”的境地。在此等情况下，中共抗日根据地军民人数也大为减少。就军队而言，至1942年，“八路军由1940年的40万人减少到30多万人，新四军由13.5万人减为11万人”。就抗日根据地人口而言，至1942年，解放区人口也从1940年的1亿人下降到5000万人，减少了一半。有个别地区减少得更多，如晋西北抗日根据地人口即由300万降至100万，减少了2/3。② 于是，随着抗战局势的转换，“抗战初期那种游击战争向敌后进军的蓬勃发展形势已经丝毫过去了。今后的问题，在于保持自己的力量，克服困难，熬过最后的艰难，谁能渡过这种严重的难关，胜利就是谁的”③。

其次，在战乱频仍的同时，中共抗日根据地还普遍遭受着水、旱、虫、疫等自然灾害的侵袭。在人祸与天灾的双重打击下，根据地人民的生产受到极大破坏，更加剧了中共抗战的严峻性。以华北抗日根据地为例，华北地区历史上自然灾害本来

---

① 《晋冀鲁豫敌疯狂统治日用品，盐每月限购四两》，《解放日报》1941年12月18日第3版。

② 中共陕西省委党史研究室、中共内蒙古自治区委党史资料征研委办公室、晋绥革命根据地史料征编指导组办公室：《晋绥革命根据地大事记》，山西人民出版社1989年版，第204页。

③ 社论：《精兵简政当前工作的中心环节》，《解放日报》1942年8月23日第1版。

就很频繁，抗战爆发后更是天灾不断，各地人民生命财产损失惨重。如据不完全统计，在1939年河北大水灾中，仅冀西14个县水灾，就倒塌房屋6.1984万间，冲毁田地110.0832万亩、树23.1万棵，冲走粮食8.451万石、牲口2260头，淹死4500人；北岳区沿河滩地是著名的粮食产区，但几乎全被冲毁，其中21个县原有滩地17.0427万亩，被冲毁的达14.7626万亩。①由此带来的结果更是触目惊心。据当时有关调查显示，各根据地“生产力都比以前减低了，甚至有个别地区减低到50%”②。据此，陶铸评判到：“敌后根据地民众的负担能力是不大的，在根据地基本地区内，民众生活较好，最大限度也只能每百人养活4个人；游击区因敌人容易到，破坏多，建设少，其人民负担能力是要少于基本地区的，即这里每百人只能养活2人；至于敌占区和近敌区，民众负担能力最差。”③

再者，由于国共关系的波折日多，以及国民党对中共外援通道的封锁，中共抗日根据地的财政困难更加突出和严重。抗战初期，为了尽快恢复根据地经济，中共中央采取的是“争取外援，休养民力”的政策，由此，中共抗日根据地所需物资和经费绝大部分仰给于外援。这里所说的外援主要由两部分构成：一部分是国民党政府给八路军提供的军饷，一部分是海外华侨和后方进步人士的捐款。按照黄正林对陕甘宁边区财政来源的分析，这两部分共约占边区财政收入的50%—85%。④其他抗日根据地亦当效法此例，只是各有不同而已。当抗日战争进入相持阶段后，中共抗日根据地力量的大大增长不仅使得日军大为重视，也使得国民党对待中共的态度发生了微妙变化，1941年1月“皖南事变”的发生即为一个显例。不仅如此，国民党

---

① 屈光：《边区水灾总述》，《抗敌报》1939年10月3日第4版。

② 陶铸：《再谈精兵简政》，《解放日报》1942年6月25日第2版。

③ 陶铸：《再谈精兵简政》，《解放日报》1942年6月25日第2版。

④ 黄正林：《抗日战争时期陕甘宁边区的财政来源》，《固原师专学报》1998年第2期。

还在“皖南事变”后停发了八路军军饷，并实行对中共抗日根据地断邮的举措。如此，中共大部分外援的补给之路自然被断绝，使得本来就十分拮据的抗日根据地的财政经济困难问题更加突出。解决这一问题，火烧眉毛，刻不容缓，这也是开展生产运动以自救的一个重要原因。

正是基于以上因素，为了支持长期抗战，彻底驱逐日本出中国，中共中央和毛泽东动员抗日根据地全体党政军民，自力更生，艰苦奋斗，发展生产，渡过难关。1939 年 2 月，中共中央在延安召开生产动员大会，毛泽东提出了“自己动手，生产自给”的伟大号召，要求陕甘宁边区部队在不妨碍作战的条件下参加生产运动。1942 年 12 月，毛泽东又提出了“发展经济，保障供给”的总方针，从而进一步推动了各抗日根据地生产运动。此后，毛泽东还相继发表了《开展根据地减租、生产和拥政爱民运动》《组织起来》《必须学会做经济工作》《游击区也能够进行生产》等文章和讲话。这些指导性文章和讲话，成为当时中共领导的抗日根据地生产运动的基本纲领。陕甘宁边区党政机关、部队、学校和群众率先响应号召，华北、华中等其他各抗日根据地也随即效仿，相继开展起轰轰烈烈的生产运动。

二、杂音绕耳：开展生产运动中存在的问题及因由

大力发展生产政策的实施为夺取抗日战争的最终胜利奠定了坚实的物质基础，其贡献不可估量，无可置疑。然而，对于该政策提出后党政军民各界人士反响如何，是否是一呼百应，既往研究未予系统探讨。实际上，在发展生产政策的实施过程中，党政军民各界人士并非一呼百应，而是反应复杂，并不同程度地存在着诸多问题。

其一，有些抗日根据地在接到发展生产的号召后，上至领导干部乃至组织系统，下至普通百姓，仍不同程度地存在着漠

视生产的现象。首先，有些普通群众，对于发展生产的号召，一般都存在着等待心理，劳动精神很差。如有的地方即便是在灾荒已临到头上时仍“像睡着一般，毫无动静”，“每天太阳出了山，才从床上起来”，很多肥沃荒地仍然荒着没人开垦，很多地里种上只供马吃的料草，而并非多种一些能充饥的蔬菜。① 其次，有些领导干部，对于发展生产的政策，一般存在着“只看眼前，只看自己”以及严重的放任自流倾向，总觉得“谁不知道着急，又何必多管闲事呢”，于是“工作马虎松懈，大多只是按照上级要求发了一些关于生产的指示、决定、号召之类东西，而却未进行深入动员”。在这种情况下，很多地区延误了生产的最佳时机，甚至即便下种也未能很好地予以管理。譬如，“浮山虽落透雨，有许多荒地什么也没有种上，有些好地竟完全种成草（高粱下种后，发芽不分叉，专供牲口吃的）”②。再者，在发展生产的领导组织上，有些地方存在着严重的“秃尾巴现象”。与其他工作不同，生产工作需要具体深入到户才能真正解决问题，“而我们往往由县布置到区、区到村还能直接传达下去，可是由村再到户呢？那就秃了尾巴啦，传而不达了”③。

其实，以上诸多现象的存在，主要还是思想认识问题，即认识不到发展生产对于自己生活和坚持抗战的重要性。由此也就在普通百姓中发生了消极、懒惰甚至抛荒现象，在领导干部中发生了似乎是“事不关己，高高挂起”的放任自流倾向，在领导组织中只是例行公事的传达而不予检查的“传而不达”的“秃尾巴”现象。然而，此等思想认识却产生了严重的不良后果，直观而言是大大阻滞了发展生产的成功实施，间接而言则

---

① 《青城忽视灾荒，群众生产松懈，浪费现象严重》，《太岳日报》1943年9月1日第5版。

② 《浮山生产节约现仍寂然无声，空发指示不做实际动员》，《太岳日报》1943年9月10日第4版。

③ 宏达：《当前生产领导上的一些问题》，《晋察冀日报》1943年8月24日第4版。

是阻滞了坚持抗战财力、物力支撑根基的发展与壮大。

其二，有些抗日根据地群众存在着因“怕发财后受压制”而不敢发展生产的“畏富”心理。这种思想无论是在敌占区、游击区，还是在敌后抗日根据地的巩固区，都不同程度地存在着。较典型言论就是“在共产党八路军领导下有穿有吃就够了，不要发财，发了财就要受压制”①。

此种认识的存在，主要有两大因由：一是中共在执行合理负担时存在着过分压榨地主与富农的偏颇；二是地主与富农中的“坏分子”过度渲染这一偏颇，从而致使不明就里的普通群众存在畏富心理。这种情况，在进步力量占优势的村庄尤其明显。比如，偏城县“李子岩富户张光成种地一顷评议 100 大石，各亩各平均一大石，小户评议每亩平均小斗 4.5 斗”②。对于这种产粮评议中畸轻畸重的情况，富户中普遍感到不满，如有的说：“今年减轻人民负担实际上还未减咱们的负担，大概政策改变了，实在出不起还得卖地。”有的说：“政府的政策就是剥削富农的。”③ 在这种情况下，即便是中共调整了富农与贫农产粮评议差距过大的不合理现象，一旦不良认识形成，要想使之发生彻底改观显然是不容易的。由此，畏富的想法就在一定程度上制约了人们发展生产的热情，对于争取抗战胜利也是一个很大的阻碍。

其三，有些地方虽然在领导组织上充分注意到生产的重要性，但却顾此失彼。比如，阜平某村过去一个老母猪也没有，后经生产委员会努力，“现在弄到十六个了！每口母猪每年生产两次至三次，一年来共生产了四百八十个小猪，卖了四千二百余元”。但生产委员会对开荒、造林、修渠、凿井却没有很好地

---

① 董志：《小学教师与生产运动》，《晋察冀日报》1943 年 8 月 24 日第 4 版。

② 《偏城县 1942 年合理负担工作总结》（1942 年 12 月 6 日），河北省档案馆藏档案，档案号：520—1—119—5。

③ 《偏城县 1942 年合理负担工作总结》（1942 年 12 月 6 日），河北省档案馆藏档案，档案号：520—1—119—5。

领导与督促，致使这些方面上的工作较为落后，从而影响了生产大局。①

此种现象的出现，显然是没有把握好局部与全局的关系，即只抓一点而不管其余。须知，发展生产是一个综合性的整体工程，其中既有农业生产、畜牧业生产，又有工业生产、商业生产，当然更包含着促发与保护农业生产得以提高的开荒、造林、修渠和凿井。开荒是扩大生产面积之策，造林是涵养水源之策，修渠与凿井则是灌溉之策，他们是一个整体的系统复合工程，均须积极贯彻，不可成为遗忘的角落，阜平某村生产委员会就是犯了顾此失彼的错误。诚然，发展养猪业是发展生产的一个重要举措，且能取得见效快、收益高的特点，但不能因此而荒废了其他各业，而应多业并举，共同提高，此方为发展生产的要义所在。如不统筹兼顾，必将严重影响生产发展的大局。

其四，有些人对于别人的生产成果不爱护、不珍惜，任意糟蹋、毁坏，甚或出现随意丢放而无法找寻的现象。比如，有些中共抗日根据地存在着为了所谓的“抄近道”而在麦田中间另辟“新道”，致使麦苗受损而减产的现象②；亦有贪图私利者“偷偷摸摸宰杀耕牛”以致严重影响农业生产的现象③。与此相类，在有些中共抗日根据地亦存在着对他人农作物随意糟蹋的现象。如阜平某村有一个老太太十分痛心地说，“她村南的一亩小麻子，不知是谁家牲口还是小孩子给糟蹋了一多半”④，要求政府给她做主。对于众所周知的生产物品，亦有经管组织和人员不知所归者。如某村代表对粮秣委员会满腹怨言地说，“在去

① 《阜平××村的村政检查大会》，《晋察冀日报》1942年10月16日第1版。

② 《冀南太行太岳行政联合办事处通令——指示麦田不准行走》（1941年2月1日），河北省档案馆藏档案，档案号：608—1—4—25。

③ 《严禁屠宰耕畜》（载晋察冀边区行政委员会：《边政往来》第2卷第8期，1942年12月5日），河北省档案馆藏档案，档案号：579—1—4—16。

④ 《阜平××村的村政检查大会》，《晋察冀日报》1942年10月16日第1版。

年××部队临走时，给粮秣主任丢下了三百余斤小米，还有××部队丢下了三百多双半新半旧的鞋子，不知道他把这些东西弄到哪里"，坚称对该事"应该彻底查究"。①

以上诸多现象的存在，主要原因有二：一是所谓的便利思想和私心作祟；二是责任心不强导致。一方面，因贪图"便利"而置现成之路不走，却忍心踩踏茵茵麦地开辟新的"近途"，毫不顾忌麦地是否会因此而减产；因私心而屠宰耕牛获取私利，因获利甚丰，而忘却生产的大局与责任。另一方面，因责任心不强，而放纵自家牲畜或小孩随意践踏他人田产而不管；因责任心不强，而随意使用别人托管或送与的米面与衣物，甚或对用于何处而不自知。以上种种，必然会在群众中造成恶劣影响。

三、多元并进：开展生产运动时采取的主要策略

20世纪40年代前期，中共谋划的发展生产之策主要可归纳为以下两个方面：一是着眼于现有生产人员生产热情的提高；二是着眼于如何在现有生产人员基础上动员新的人员加入生产。

（一）提高现有生产人员的生产热情

为了提高现有生产人员的生产热情，华北抗日根据地主要着眼于两个关键点来加以努力：一是在思想上找到有哪些阻碍生产人员生产热情提高的疙瘩，如何疏导方能使之通畅；二是在实践中摸索如何进一步提高生产人员生产热情的有效举措，如何贯彻方能使之显效。

首先，是在思想上解疙瘩，调动社会各界人士积极参与，并层层落实，责任到人，加强监督与管理。在组织上领导好生产的一个重要方法，就是从思想上改变原有区、村干部使生产

---

① 《阜平××村的村政检查大会》，《晋察冀日报》1942年10月16日第1版。

自流的观点。有了思想上的正确认识，还得要从行动中予以贯彻。对此，时有论者纷纷建言献策。如有论者提出，在村中领导生产时应确定“专人负责，甚至他不做别的事，以便实现具体领导”，同时可根据街道形式及社会关系等不同情况将全村划成一定的“小区”形态，在附近村中找一些“工作较少，肯负责任，对农业有研究”的村干部分区负责，“每人可管二十家—三十家不等”。为便于推动工作，可具体由实业委员及农会主任共同组织中心领导，如此可更能做到较为系统的传达。并且，为了避免形成“三个和尚没水吃”这种互相推诿的弊端，每小区应只确定一个负责人，负责人确定后应首先了解各户情况：如各户生产情形如何，地是否种好，有什么问题，应该做什么了，有何困难，然后针对这些具体情况，做有针对性的动员工作，“鼓励情绪，动员男女老少一齐下地，及组织互助、调剂劳力、解决个别户的困难问题”。在做好上述工作的同时，各小区负责人还应抓紧督促和推动中心领导深入各户去检查，以加强中心领导干部的责任心。[①] 这一策略应该说是极具可行性的。由此也可看出，通过思想疏导，根据地出现了群策群力的景象，而这也就为完成发展生产的目标和任务奠定了重要基础。

其次，是在加强生产教育上作文章。加强生产教育的做法主要有二：一是加强对群众的农业常识教育，以增加人们的生产知识，科学增产。例如，《晋察冀日报》专门开辟《科学知识》专栏进行农作物常见病预防和诊治的知识普及，并希望能识字、有文化的人士发挥自身长处将农作物中常见的病虫害，如“部分麦田中的黄疸和黑疸”，“指着实物讲给学生或老乡们，同时并应该听取老乡们一些经验”。[②] 二是加强对适龄儿童的生产教育和检查工作，以培养儿童从小热爱生产的良好习惯。生

① 宏达：《当前生产领导上的一些问题》，《晋察冀日报》1943年8月24日第4版。

② 董志：《小学教师与生产运动》，《晋察冀日报》1943年8月24日第4版。

产教育的内容，以做什么、教什么、学什么为原则，进行劳动组织、劳动纪律、劳动观点、生产技术以及正确的经济观点与物质观点的教育，养成儿童新的劳动态度，使课本知识与生产知识相结合。同时，为了兼顾学习与生产，规定建立“生产日”或“劳动日”，实行半日制或隔日制。原则上，“每天要有二小时到四小时的劳动”，并实行“学校与家庭双方配合工作”，“露天教学与室内教学密切配合”，“课本知识与实际问题密切配合”。① 儿童在校生产项目以手工业、农业为主，与家庭利益密切联系。手工业以合作集体经营为主，如编筐，编草帽，制造粉笔、石笔、墨汁；农业以集体与个体经营两种配合，按工作性质分成各种生产小组，如制造各种农产品（制柿饼、柿干、柿糖、枣饼等）、植树、养家畜、开荒、拾粪以及建立儿童菜园等。② 商业主要是将生产所得进行销售，将销售之赢利一部分分给儿童家庭，以资“帮助家庭生活，转变家庭观点”；一部分奖励儿童，奖励儿童时须“根据资本多少、劳动力大小、产品的好坏分配”；其余部分则用作生产基金，以备将来生产之用。③ 对于儿童在家生产情况，亦应给予足够重视，切实了解孩子们在家里是否参加生产，是勤还是惰；同时还要了解学生在家生产是否听话，生产情绪如何，等等。④

再者，以榜样的力量感染人，教育群众“发现劳动英雄、培育劳动英雄”，使大家在争当劳动英雄中营造发展生产的良好氛围。劳动英雄是中国共产党用来唤起人们生产热情的标杆，是一种至高无上的荣誉，代表着获得了中共政权的高度认可。但是，由于中共抗日根据地农民的文化水平普遍偏低，政治认

---

① 《三专区开教育会议，讨论民主教育生产教育教师业务学习三大问题》，《晋察冀日报》1943 年 8 月 27 日第 1 版。

② 董志：《小学教师与生产运动》，《晋察冀日报》1943 年 8 月 24 日第 4 版。

③ 《三专区开教育会议，讨论民主教育生产教育教师业务学习三大问题》，《晋察冀日报》1943 年 8 月 27 日第 1 版。

④ 董志：《小学教师与生产运动》，《晋察冀日报》1943 年 8 月 24 日第 4 版。

识水平也极为有限，因此要想在农村唤起农民乐当劳动英雄的氛围就需要采取一定策略。其中的重要一条就是依靠包括小学教师在内的稍有文化者，鼓励他们，帮助他们，大量地培养，以使发展生产政策取得实效。同时，要善于在农村中寻找并发现自发的无名英雄，以示奖励。比如，据时人董志云：他从前住过的××村有一个老乡，“（七七）事变前是一个当光了田、背着一身债务的破落户，（七七）事变后，由于减租减息，他摆脱了全身的负担，收回了十几亩地，而同时自己的儿子也长大了，家里有的是劳动力。根据这些条件，他春天、夏天耕耘，秋天、冬天就赶骡子做生意，几年的工夫，生活已相当富裕，可是由于他政治认识不够，却不能够更高的向前发展”①。类如该老乡之人在当时的中共抗日根据地是很多的。对于这样的人，就应该为他们多树标杆，如此既可使其自身得到更大提高，又可感染其他人竞相效仿。

（二）扩大参与生产的人员组成队伍

在科学技术水平较为低下的时代，扩大生产的实现，很重要的一个方面就是增加生产人员，在战争时期的敌后抗日根据地尤甚。可以说，没有充足的劳动者，发展生产就无异于一句空话。换而言之，要想使生产发展最大限度地支撑抗战，就必须调动一切可以调动的力量来支援生产建设。正是着眼于此，中共抗日根据地动员了多方力量参与生产建设事业，其中既有机关、部队人员，亦有妇女群体、小学教员和小学生群体，还有正在服刑的自新人员。

首先，组织机关、部队公职人员参加生产，并科学制定奖励生产节约的分红办法，提高人们生产节约的积极性。机关、部队公职人员是抗战时期生产建设的重要力量。以晋察冀边区为例，为了更好地扩大生产、支持抗战，晋察冀边区行政委员

---

① 董志：《小学教师与生产运动》，《晋察冀日报》1943年8月24日第4版。

会特结合自身情况规定了各机关、部队1944年总的生产任务：即自给一个月到两个月的粮食与公杂费（政民机关团体一个月到一个半月，部队一个半月到两个月）；改善生活用费；弥补公费不足。在总的生产任务既定的基础上，又根据工作忙闲、身体强弱、有无特殊技术等条件对个人提出不同的具体任务（个人生产应交公数额）。① 同时，为培养正确的劳动观念，激发高度的生产热忱，晋察冀边区行政委员会还本着公私兼顾之原则规定了机关、部队生产节约分红办法：

机关、部队生产，分为机关、部队公营生产及机关、部队个人私营生产两种。公营生产，系指机关、部队统一领导之集体经营（如修滩、垦荒及手工业作坊等）；个人私营生产，系指机关、部队中个人或自动组合之生产小组分散经营之农业、手工业及运输业生产（如分散经营之小块土地，纺线、编席等小手工业，及个人背粮、背布等）。上述公营生产分红办法，按全部红利百分之二十归生产者，百分之八十归公；上述个人私营生产，除完成个人规定交公数额外，其超过部分以百分之八十归个人所有，百分之二十用作改善机关、部队伙食。畜力运输方面，机关、部队首先应将牲口减到最低限度，将编余牲口全部合作化，可按二、八或三、七与骡夫分红（骡夫分百分之二十或三十，机关、部队分百分之八十或七十），在机关内部的牲口利用回空进行运输所得之收入亦按二八分红，百分之二十归于骡夫与牲口。②

以晋察冀边区行政委员会《关于机关、部队生产节约分红办法的规定》为指导，中共中央晋察冀分局亦制定了分局各机

① 晋察冀边区行政委员会：《关于机关部队生产节约分红办法的规定》（1944年3月29日），《晋察冀日报》1944年4月8日第1版。

② 晋察冀边区行政委员会：《关于机关部队生产节约分红办法的规定》（1944年3月29日），《晋察冀日报》1944年4月8日第1版。

关的生产节约分红办法。① 具体内容是：同其他机关一样，分局机关的生产分红办法采取二、二、六制，即 20%归个人，20%归伙食，60%归公。然而，经过一段时间的实行，发现二、二、六分成比例并不合理，即“没有按照不同的劳动时间、不同的体力而分别规定不同的生产任务”，“没有规定完成任务以前及以后，私人所得应有不同的比例”，而是“把每个人应交公数额一律规定为六十二斤半小米和六十块钱（一个半月的粮食与经费）”，“不论你生产多少，不论你完成了任务没有，个人收入都是百分之二十”，这样就犯了平均主义的错误，不仅不能更好地激发大家的生产热情，不能促使大家去迅速完成生产任务，而且还带来了很多弊端，具体表现为：有些经常外出人员不愿把 20%分给伙食；有些人员为了急于完成生产任务，愿意把收入全交给公家，不愿分红，而生产委员会的负责人员则又按照规定一定要分给他 20%。②

正是鉴于该分红办法存在的这一弊端，中共中央晋察冀分局专门召开了机关生产委员会会议，讨论决定了生产节约的新分红办法。新办法将全体机关人员按照工作、学习及生产时间分成甲、乙、丙、丁四类：甲类，每天工作四小时，学习三小时，生产五小时，其生产任务规定为交纳小米 100 斤；乙类，每天工作五小时，学习三小时，生产四小时，其生产任务规定为交纳小米 80 斤；丙类，每天工作五小时，学习四小时，生产三小时，其生产任务规定为交纳小米 60 斤；丁类，每天工作六小时至八小时，学习二小时至四小时，生产二小时，其生产任务规定为交纳小米 40 斤。其中，甲类一般系指警卫部队战士、驮骡饲养员等；乙类一般系指警卫员、通讯员、卫生员等；丙

① 兆休：《中共中央晋察冀分局机关的生产节约分红办法》，《晋察冀日报》1944 年 4 月 12 日第 2 版。

② 兆休：《中共中央晋察冀分局机关的生产节约分红办法》，《晋察冀日报》1944 年 4 月 12 日第 2 版。

类一般系指一般干部；丁类一般系指工作特别忙的干部，有些身体较差的同志，亦算做丁类。①

新办法对机关生产的分类及各类生产所包含的内容、分红比例亦做了规定。在机关生产的分类上，主要分为公营生产和私营生产两种：公营生产是指集体开荒、修滩、修渠等集体经营方面；私营生产是指个人或农业小组经营的小块土地、小手工业及个人运输运销方面。凡是小块土地经营，不论是公家分给的土地，还是个人开发的土地，都算作私营生产；凡是手工业作坊以外的小手工业，如作酱、卷烟、织席、编锅拍子等，都算作私营生产；凡是个人背东西所赚的脚钱，以及私人向公家低利贷款做的运销事业，也都算作私营生产。在私营生产中，完全取消二、二、六分红制，一切生产纯收入都归生产者所有，由生产者自行向公家交纳应负担的生产任务，交纳任务外的全部剩余，即归生产者私有（如经本人自愿并经大家同意可由本人自动捐出一部作为改善伙食之用）。在提倡节约，反对浪费原则下，生产者自由支配之。至于公营生产，则仍按二八分红办法，私人得 20%，公家得 80%。②

由上可知，该办法不仅较为合理地解决了不同生产时间、不同体力条件完成不同生产任务的问题，而且还给予了个人很大自由度，即“每人的生产任务不用行政指定的办法，而用开小组会、班务会自动自由报名的办法，经过群众路线民主讨论，自己决定自己应当完成的任务”③。因此，这种办法在全机关会议中提出后，立即得到大家热烈拥护。“大家感觉到在这种新办法之下，个人的利益与公家的利益结合得更加密切了”，因此，

---

① 兆休：《中共中央晋察冀分局机关的生产节约分红办法》，《晋察冀日报》1944 年 4 月 12 日第 2 版。

② 兆休：《中共中央晋察冀分局机关的生产节约分红办法》，《晋察冀日报》1944 年 4 月 12 日第 2 版。

③ 兆休：《中共中央晋察冀分局机关的生产节约分红办法》，《晋察冀日报》1944 年 4 月 12 日第 2 版。

"争取提早完成任务的信心也进一步提高起来"。生产信心提高的一个直接结果就是，当"四月三日号召大家'交公粮'后，有许多同志已经把一月余生产所得大部交公"，甚至"有完成全年个人生产任务几及半数者"。①

当然，在动员机关人员参加生产上，其他各抗日根据地亦均采取了较为得当的措施，有的机关将办公与生产结合起来，如太岳行署采取"每天上午办公，下午生产"② 的方式，生产时由专人负责领导进行。有的采取了发动生产竞赛运动的方式，如太岳行署财建处向秘书处下发了生产竞赛挑战书，提出"种得深，苗长齐，早成熟，收量丰"等几个具体竞赛条件。③ 有的机关还事先制定生产方针与计划，以使各部有一个明确的奋斗目标。如晋西北军区政治部在1943年生产方针中就规定要解决2/3的经费及全年蔬菜自给，为此"计划种地二百垧，发动每人种菜，各交南瓜五个"④。在此号召下，"某营贾、田两同志在动员大会上提出要在全年生产蔬菜五百斤（按规定是生产蔬菜五十斤及瓜五个）"，全营热烈响应，提出了"向贾、田二同志看齐"的口号⑤，从而极大调动了人们从事生产的热情和积极性。

其次，动员荣誉军人参加生产。部队军人的首要任务是作战，是保家卫国，这是毫无疑问的。然而，正是在作战期间，有很多军人负伤，甚至有很多还成为残疾人，不能再到战场去杀敌，并因此而进入荣誉军人学校去休养和学习。对于这些对国家、对根据地有功劳的荣誉军人，无论是仍在前线奋力作战

---

① 兆休：《中共中央晋察冀分局机关的生产节约分红办法》，《晋察冀日报》1944年4月12日第2版。

② 《行署节约一月，减缩公费千余元，自己种地四十五亩》，《太岳日报》1943年8月第4版。

③ 《行署节约一月，减缩公费千余元，自己种地四十五亩》，《太岳日报》1943年8月第4版。

④ 《军区政治部卫生部切实生产节约》，《抗战日报》1943年6月3日第2版。

⑤ 《军区政治部卫生部切实生产节约》，《抗战日报》1943年6月3日第2版。

的战士们，还是在后方积极从事生产的老乡们，大家都对其“表示无限的尊敬和关心，希望他们好好休养，好好学习”。但是，在前方战事吃紧，后方生产乏力、财力供应几近竭蹶的情况下，如何更好地扩大参与生产的人员也是中共必须加以思考的重要问题。荣誉军人虽然是不能上前线参加战斗了，但一些力所能及的生产活动还是可以参加的。毕竟在生产问题上，多一个人就会多一分力量。而荣誉军人也深深体会到部队、政府与普通群众对他们的深切关怀，并认识到生产对于抗战的重要性，“知道敌后抗战正处在更艰苦的阶段”，“不忍看着边区军民忙得要命，而自己却闲着，能够做的事情也不伸把手”！有了此种认识，很多荣誉军人均积极参加生产事业，“远的不提，就拿这次麦收来说吧，荣誉学校的同志就全都参加了：他们帮助割，帮助挑，干得非常起劲。特别是一只胳膊的罗纪才同志，不能割就背，每次都背七八个麦捆儿，使很多老乡吃惊的赞叹着：‘你这一只胳膊比两只胳膊的人还能干呢!’再如，一只腿的魏永祥同志，既割不了，又挑不了，但他不闲着，他就帮助老乡捡麦子，在场里做一些零活儿。另外，乔明生、翟登云、李明生、张二更等同志都是帮助麦收的能手，受到全村男女老幼的欢迎!”①

再者，动员妇女参加生产。动员妇女参加生产，有两方面意义：一是敌后抗日根据地的经济建设与发展离不开妇女的支持，尤其是当“壮丁们上了前线”之后，妇女在生产上的责任就尤其重大。可以说，没有广大妇女积极参加，抗日根据地的生产建设计划就不能及时完成，抗日战争的胜利就会受到极大挫折，甚至会影响到中华民族的解放日程。二是妇女参加生产也是妇女解放的一个重要表现方式。因为妇女要求得真正解放，必须首先在经济上求得独立，只有在经济上能够独立，才能够

---

① 《积极帮助老乡麦收，荣誉军人永远光荣》，《晋察冀日报》1943年7月10日第4版。

获得真正的自由与平等。因此，“发动广大妇女到生产运动中来，就是加强广大妇女的经济地位，就是提高她们的社会地位，也就是把妇女从重重的压迫和剥削之下解放出来”①。既然有如此好处，广大妇女就应该踊跃参加生产才是，为什么还需要加以动员呢？其中缘由自然脱离不了中国传统的积习，即秉持着“男主外，女主内”传统的中国妇女过去是不大从事生产的，甚至很多人还看不起劳动的女人。比如，在平北，“一年之前（即1942年——引者），还有这样的现象：敌人烧了房子，逃难时，一切都可以不管，而头油和香粉却不可不带在身边”②。那么，如何使妇女参加到生产中来？其中一个有效的办法就是边区妇联工作人员深入群众下层，尤其是在妇女中进行耐心解释工作，把各种有利的生产事业告诉农村妇女，帮助她们选择最适当的来做，这不仅有助于大大提高妇联在妇女中的地位、信仰和凝聚力，使农村妇女得到切实解放，而且对于发展中共抗日根据地经济建设，提高生产产量，积蓄物力支持抗战，有莫大好处。

复次，动员小学教师群体参加生产。抗日根据地的小学教师多是本地干部，一部分甚至是本村人。每天的早晨、午后和星期日的整天都是小学教师的休息时间，均可在这些时间内到田地里去参加生产劳动。这就为动员小学教师参加生产提供了条件。不过，由于小学教师的主要任务是教书育人，故而很多劳动技能他们是根本不会的。在这种情况下，他们往往是在学习中创造劳动成果，并且是在用认真勤劳的精神来进行学习的。比如，在“六六”教师节，北岳区各地开办了麦假小学教师训练班，阜平的小学教师“在检讨前半年的成绩以后，更加焕发的虚心学习，无论在谈天，无论在讨论会上，没有不拿生产当作最有兴趣的题目，神志集中地互相学习编草帽，织毛袜子、

---

① 《动员广大妇女到生产运动中来——在边区妇联扩大执委会上的讲话》（1942年12月17日），河北省档案馆藏档案，档案号：224—1—60—7。

② 武九：《平北的节约与生产》，《晋察冀日报》1943年8月26日第3版。

手套……在阜平召开十二天的教育座谈会上，全县教师统通学会编草帽了”[1]。易县小学教师的麦假训练班，采取分组研究的形式，技术熟练者做出东西来示范，其余的由他指导练习做。“在这个训练班上，学会编草帽的有三十三人，编笊篱的二十三人，编盖垫（锅盖）的十四人，采药的九人，全体七十余人全学会造粉笔了。”[2] 其他各县的麦假短训班中，每个小学教师都学会了一两种以上的生产技术。[3] 不仅如此，在进行生产过程中，小学教师群体还结合自身生产体会对个人思想做了相应改造，建立了新的劳动光荣观念，并带动了所在村群众的生产热情，这种境界是很令人佩服的。

又次，动员小学生群体参加生产。中共抗日根据地的小学生群体也是一个可资利用的生产力量。他们虽然年龄小，但亦可根据其自身年龄特点做一些力所能及的生产任务。对此，各抗日根据地均给予了充分重视。具体而言，主要有以下几种做法：一是推动校内集体生产；二是推动校外帮助家庭生产；三是推动小学生个人生产。在小学生参加生产方面，灵寿县张家庄小学的做法就很具典型性，大致如下：（1）在校内集体生产中，张家庄小学将全体小学生组成一个生产小队，生产小队下分三个生产小组，即一个纺织小组、两个农业小组。纺织小组由 12 岁以上的 13 名女生组成；农业小组主要由男生参加，每个小组由 5 至 9 人组成。（2）在推动校外帮助家庭生产中，张家庄小学的做法主要是按照小学生年龄大小及其家庭居住地区配合划分小组。（3）在推动小学生个人生产中，张家庄小学则采取自由组合或个人选择小块土地拼种的方式。在生产时间上则以不影响学习为原则，一般“在下午课外活动及礼拜六、礼拜天进行”。在这一原则下，“全校的小学生每当早饭后总跑到

---

① 《北岳区生产教育的活跃》，《晋察冀日报》1943 年 8 月 4 日第 4 版。
② 《北岳区生产教育的活跃》，《晋察冀日报》1943 年 8 月 4 日第 4 版。
③ 《北岳区生产教育的活跃》，《晋察冀日报》1943 年 8 月 4 日第 4 版。

自己的菜园里，该浇水的浇水，该锄草的锄草”①。由此可见，该校的生产活动充分考虑到了各种实际因素，极具可行性。比如，考虑到男生、女生的性别因素和身体条件，情况不同划分的劳动任务亦不同；又如，为了避免儿童家长的不满心理，而将校内生产与校外帮助家庭生产结合起来；再如，考虑到生产的地利因素，在划分小组时还与小学生家庭居住地区远近等情况结合起来，如此等等。

最后，动员自新人参加生产。所谓自新人，即因犯罪而受到惩罚或正在服刑者。自新人是抗日根据地扩大生产的重要参与力量，而且由于他们有很多系真诚悔过自新，故为求得政府对他们认识上的改观而在生产中尤为积极主动。比如，在晋察冀抗日根据地，为了加强生产力量特制定了《关于选拔监押犯参加生产的决定》，决定指出：“凡十八岁以上五十岁以下，已经判决正在执行徒刑的男犯，部分犯罪性质与期限，如表现良好、身体健壮并自愿担任采煤或其他劳作者，可入边区‘自新学艺所’为特别学员。在工作期间，除得享受经济优待外，政治上凡工作积极、刑期已满者，得恢复公民资格，并有特别奖励。各囚犯参加生产时，每三月考试一次，成绩优良者，记功一次，抵刑一月，连记功三次者，可抵刑六月，无期徒刑得改为有期徒刑八年。”在这一宽大政策激励下，“晋察冀边区在押人犯莫不感奋万分，纷纷请求入所参加生产”。②

四、绩效与不足：开展生产运动的真实境况

经过多措并举，中共抗日根据地的生产运动成效显著。这主要可从两方面来加以分析：一是各阶层人士的生产情绪普遍

---

① 《张家庄小学的生产教育》，《晋察冀日报》1943年6月26日第1版。

② 《晋察冀边委会规定囚犯参加生产，成绩优良者将功折罪》，《解放日报》1942年5月7日第2版。

提高；二是生产运动组成队伍不断扩大，并取得了重大成绩。

（一）对生产劳动的认识有了很大改观，生产热情得以提高

通过各抗日根据地扩大生产会议的动员与呼吁，社会各界人士对待劳动的偏差认识得以改变，生产热情逐渐提高。这在机关和学校中有着明显表现。

其一，各机关人士生产热情高涨。以阜平县各机关为例，在晋察冀边区政府1944年总的生产任务的指示下，1944年3月初，阜平县专门召开各机关部门会议，对机关生产予以初步布置。在县领导高度重视下，各机关生产热情逐渐发酵并高涨。其中，机关和机关、小组和小组提出挑战竞赛起了很大作用，特别是县委机关支部提出向全县机关支部挑战竞赛更是起到至关重要的推动作用。① 为了完成机关生产的艰巨任务，阜平县主要采取了以下有代表性的做法：

一是负责领导生产者亲自带头参加劳动，率先垂范，极大影响和提高了一般干部的劳动热忱与生产积极性。如中共阜平县委书记李一之首先带头做出个人生产计划，在支部大会上公布，而且每次参加生产时都比一般干部更加积极主动，“他这种模范作用的确给了同志们一个很大的推动作用”，也是阜平县机关生产取得重大成绩的主要原因之一。对于李一之在生产中的模范举动，有的干部深受感动地说：“李一之同志是自幼没有作过活的一个知识分子还这样干，咱自己过去受过半辈子苦还不如人家，以后可得努力干呢!”② 又如，阜平县马县长不仅亲自锄粪、抬粪不嫌脏，而且其积极热情还远过于人。对此，在阜

① 李国庆：《阜平县级机关生产概述》，《晋察冀日报》1944年4月16日第2版。

② 李国庆：《阜平县级机关生产概述》，《晋察冀日报》1944年4月16日第2版。

平县政府旁边居住的一位老太太说："这年头儿可与过去不同了，我这么大年纪了，没有见过县长担粪、割柴比别人还壮哩!"此外，有感于马县长积极生产的事迹，拿马县长积极生产的情形来教育自己子女努力生产的群众亦有很多。①

二是成立生产组织和制定相关生产制度，以组织和制度等带动机关生产。为了使机关生产有一个长效机制，各单位均纷纷成立了生产合作社，以之作为组织领导生产的专门机关。生产合作社，下设小组，以小组为生产的基本单位，每组五至八人不等。在每组人员构成中，充分照顾到干部身体的强弱、技术条件、下乡多少等情况，使各小组尽量达至平衡。同时，小组的组织要以自愿为原则，无论是找地种、积肥，还是买工具、贷款（政府规定每组可向机关合作社贷款不超过2000元），均以小组为单位。在经营方式上，按照从集体到个人的次序分为三种：第一种是大集体生产，即采取集体土地共同经营的方式。县委机关大部是由机关生产合作社总务股统一调动劳力，按人计工、在生产合作社直接领导计划下进行生产。这种大集体生产具有力量容易集中与易于领导和掌握的特点，故而便于种植工程较大的农作物，而且在干部大部下乡之后，留机关的人员仍然可以劳动，不致感到下乡后生产没人管的困难。第二种是小组生产。小组生产是大集体生产的必要补充。由于政府人数较多、部门也多，因此实行小组生产和小组之间的拨工可以补救因下乡干部过多而影响生产甚至荒芜生产的弊端。第三种是个人生产。阜平县的个人生产是与整风学习结合起来进行的，即将生产与整风学习结合起来，强调用自己动手的办法克服严重的困难，并指出"参加生产是光荣的，在劳动中改造自己"。同时，规定个人生产要以不影响工作、学习及集体生产为原则

① 李国庆：《阜平县级机关生产概述》，《晋察冀日报》1944年4月16日第2版。

自己挤时间进行。[①] 应该说，与整风相结合，是各地促动生产的一个颇具效应的方式。

其二，学校的生产教育成效显著，小学生生产热情逐渐高涨，学生家长对于学校的生产教育也褒扬有加。

首先，经过生产教育，不仅克服了某些儿童好吃懒做的错误意识，并且培养了勇于为大众服务、互助合作的美德。自实施生产教育后，各地学生不仅从实际生产行动中求得了知识与技能，而且还在对待劳动的观点上产生很大转变，养成了劳动的习惯与兴趣。如“涞水高小中有个富农的女孩子，平素在家不怎样劳动，而在学校里某一天的集体打柴中，她一个人就打了三六二斤”；“下明峪的小学二年级十岁的小学生庞汝民，在一个月里□□羊绒、织袜子三双。用白土粉作□□一个，解决了他父母同他自己的袜子。”[②] 又如，阜平县大车沟口小学生数月来积极学习生产的结果为：“已经学会纺织的有三十五人，会编筐的十一人，织出了腰带六十五条，腿带三双，纺线六七斤，编筐十四个，并开荒地一亩半。”[③] 不仅如此，随着生产运动的开展，儿童们生产热情也越发高涨，都认为生产是极光荣的事，并在生产比赛中涌现了大批劳动小英雄：“一高李荣，每次砍柴九十余斤，除交柴七斤外，余柴赚洋五十八元”；“邢慧芳每日课余纺线二两，八天纺线一斤，前后共已赚洋四百元”。在劳动小英雄影响下，各村学校中的儿童大都卷入生产热潮中，“龙王庙开始仅三个儿童纺线，现全校所有女儿童都开始学纺”；“辛庄儿童织毛袜由三个人扩大到全校四十个人”；“南城司小学生□锁，现在才七八岁，却整天扭着‘拨子’纺绒”。各村儿童除

① 李国庆：《阜平县级机关生产概述》，《晋察冀日报》1944年4月16日第2版。

② 王瑞英：《平西小学生在生产教育中逐渐养成劳动合作美德》，《晋察冀日报》1944年3月3日第1版。

③ 《北岳区生产教育的活跃》，《晋察冀日报》1943年8月4日第4版。

供自家烧饭柴外，还解决了文具纸张费。一高学生还改善了全校的生活，他们买了灯油，在班上复习功课。①

其次，经过生产教育，改变了老百姓对子女上学的看法。在中共抗日根据地，很多家长在子女上学上均存在着不正确的认识，即认为“上学除了识几个字，不顶什么用”，故而不愿让子女上学。经过学校的生产教育，“今天这种看法渐渐地少了，一种新的眼光代替了旧看法”，如灵寿张家庄一位老先生指着他的小孩对人说：“念书有出息了，每顿饭家来，不是拾粪，就是割草，学校里还集体种了一块菜园，今年上学用的笔呀……什么也不用家里掏钱，他们自己都解决了，眼下的学堂真不错啊!”又如，灵邱独峪村小学，“在李教员领导下，二十一个小学生三天里消灭了八亩七分地里的‘花媳妇’（吃山药蛋的害虫）”，老百姓高兴地交口称赞：“现在什么都好，先生教书还领着学生给咱们捉‘花媳妇’，打下山药蛋来，一定慰劳慰劳先生!”

正是在此种认识下，人民对于学校益发的欢迎和爱护，各根据地小学生的数量亦随之而逐日增加起来。以应县为例，在生产教育以前，“入学的不过五百四十五人，从春耕到现在，已经陆续增到一千一百三十五人，增长了一倍”②。“龙王庙在过去仅二十个儿童入校，现在全村五十三个学龄儿童，入校的已达四十多名，辛庄学龄儿童百分之百的入学”③。家长们也都高兴地说：“现在的学校可真沾，认识字还学会一套手艺，学生有了本领，不花家里的钱了。”④

① 《龙华小学生努力生产》，《晋察冀日报》1944年1月30日第1版。

② 《北岳区生产教育的活跃·老百姓欢迎生产教育》，《晋察冀日报》1943年8月4日第4版。

③ 《龙华小学生努力生产》，《晋察冀日报》1944年1月30日第1版。

④ 《龙华小学生努力生产》，《晋察冀日报》1944年1月30日第1版。

（二）各生产群体生产绩效

为了使生产运动更具实效，以为支持长期抗战提供必要的物质和经济基础，中共抗日根据地千方百计动员多方力量参与生产建设事业，并取得了可观成效。这可从部队生产、学校生产和自新人生产等三个方面来加以说明。

1. 部队生产绩效

部队生产主要体现在参与农业生产、参与工业生产、帮助群众生产以及参与贸易生产等几个方面：

首先，在参与农业生产方面，中共抗日根据地部队所涉领域甚广，从开辟荒地，到种植作物，再到养殖家畜，无所不包。

其一，开辟荒地。为了参加中共抗日根据地的生产建设，一一五师教二旅展开了开荒运动，数月间即开荒 800 余亩①；晋西北军区在开荒中亦取得显著成绩，如军区政治部某营仅 1943 年 6 月就连日开荒 230 余垧，又如军区卫生部制药厂抽出 10 余人开了 20 多亩荒地。② 此外，在发展生产的号召下，其他各地部队亦纷纷展开开荒运动，如太岳行署警卫连共开荒 25.2 亩，行署各处科除了经常外出干部外，留在机关里的 50 多个人共开荒 20 亩③；又如，胶东军区及其所属部队在 1943 年的农业生产中共开荒 1.0304 万亩。④

其二，种植作物。在注意开荒的同时，各级部门领导还亲自领导全体人员从事农作物的种植与生产。比如，为响应中央发展生产的号召，十八集团军野战政治部，“一年来在农业生产方面，计种水地 5.1 亩生产菜蔬，共值洋 2391 元；种山地 40

---

① 《精兵简政在一一五师教二旅》，《解放日报》1942 年 11 月 13 日第 2 版。

② 《军区政治部卫生部切实生产节约》，《抗战日报》1943 年 6 月 3 日第 2 版。

③ 《行署节约一月，减缩公费千余元，自己种地四十五亩》，《太岳日报》1943 年 8 月第 4 版。

④ 《去年胶东八路军生产节约七百万元》，《晋察冀日报》1944 年 3 月 14 日第 4 版。

亩，收山药蛋700斤，值洋1000元"[①]；一一五师教二旅"种菜154亩，植棉12亩，植树2292株"[②]。又如，晋察冀抗日根据地太岳行署警卫连，在新开辟荒地中广种蔬菜，"所有的畦子都已叠上堰，下了种，挖好了水渠"，"有的同志甚至常带病下地，有的同志手上打起泡子，挤掉水，还是干"。[③] 再如，山东抗日根据地各部队在种植作物上亦取得较大成绩。其中，胶东区部队，一年来（1942年4月至1943年4月）种菜××亩，产萝卜12.275万斤、白菜5.224万斤、茄子2.24万斤、葱蒜1.5万斤、番菜700斤、辣椒9500斤、豆子720斤[④]；清河区部队，一年来（1942年4月至1943年4月）种粮食1174亩，收获粮食6.1469万斤，种菜62亩，产菜1.0895万斤[⑤]；鲁中区部队，半年来（1942年10月至1943年4月）产菜24.7707万斤，产花生9000斤[⑥]；滨海区部队，一年来（1942年4月至1943年4月）开荒155.5亩，产量合价1.26905万元，种菜86.5亩，产白菜8.8993万斤、萝卜4985斤、菠菜9347斤、茄子1.515万斤、豆角1470斤、辣椒1625斤、葱蒜3030斤、瓜类2.6175万斤。[⑦]

其三，养殖家畜。养殖家畜也是扩大生产的一个重要方面。对此，各抗日根据地部队均有着深刻认识，并广为参与。比如，

---

① 《新华社太行廿五日电》，《解放日报》1942年12月28日第2版。

② 《精兵简政在一一五师教二旅》，《解放日报》1942年11月13日第2版。

③ 《行署节约一月，减缩公费千余元，自己种地四十五亩》，《太岳日报》1943年8月第4版。

④ 《山东纵队健儿扩大生产节约加强教育，去年完成一千三百万元任务》，《解放日报》1943年4月27日第1版。

⑤ 《山东纵队健儿扩大生产节约加强教育，去年完成一千三百万元任务》，《解放日报》1943年4月27日第1版。

⑥ 《山东纵队健儿扩大生产节约加强教育，去年完成一千三百万元任务》，《解放日报》1943年4月27日第1版。

⑦ 《山东纵队健儿扩大生产节约加强教育，去年完成一千三百万元任务》，《解放日报》1943年4月27日第1版。

1942年，十八集团军野战政治部计养猪生产263元，养羊18只获利900元。[①] 又如，一一五师教二旅在1942年的农业生产中，计喂猪106口、鸡2181只、羊48头，收菜6.4033万斤。[②] 再如，山东抗日根据地各部队在养殖家畜上亦取得较大成绩。其中，胶东区部队，一年来（1942年4月至1943年4月）养猪723口，养羊320头[③]；清河区部队，一年来（1942年4月至1943年4月）养猪154口，养羊505头，养鸡1160只[④]；滨海区部队一年来（1942年4月至1943年4月）养猪169口，养羊107头，养鸡510只[⑤]；鲁中区部队，半年来（1942年10月至1943年4月）养猪184口，养羊289头，养鸡123只。[⑥]

其次，在参与工业生产方面，中共抗日根据地部队所涉领域亦有很多，主要有四个方面：一是参与军需生产；二是参与日常办公与生活用品的生产；三是帮助群众生产；四是参与贸易生产。

其一，参与军需生产。保证必要的军需生产是坚持抗战胜利的必要基础。为此，各抗日根据地部队生产中对于军用必需品的生产极为重视，并取得了很大成绩。如一一五师教二旅在1942年的军需生产方面，计生产鞋子1.582万双、水壶2691把、被子6398床、纱布98匹、帆布168匹。[⑦] 此外，还收集了

① 《新华社太行廿五日电》，《解放日报》1942年12月28日第2版。

② 《精兵简政在一一五师教二旅》，《解放日报》1942年11月13日第2版。

③ 《山东纵队健儿扩大生产节约加强教育，去年完成一千三百万元任务》，《解放日报》1943年4月27日第1版。

④ 《山东纵队健儿扩大生产节约加强教育，去年完成一千三百万元任务》，《解放日报》1943年4月27日第1版。

⑤ 《山东纵队健儿扩大生产节约加强教育，去年完成一千三百万元任务》，《解放日报》1943年4月27日第1版。

⑥ 《山东纵队健儿扩大生产节约加强教育，去年完成一千三百万元任务》，《解放日报》1943年4月27日第1版。

⑦ 《精兵简政在一一五师教二旅》，《解放日报》1942年11月13日第2版。

破铜烂铁 9 万余斤，以供制造武器之用。①

其二，参与日常办公与生活用品的生产。在发展生产号召下，中共抗日根据地各工厂生产情绪甚为高涨。如十八集团军所属印刷厂决定，“自（1942 年）五月一日起，全体工人自愿增加义务工作一小时，直到抗战胜利为止”，在此种高度生产热忱下，“现每日生产平均增加 40%”。② 十八集团军所属之某工厂还发动了生产竞赛，“因五月中须制若干某种必需用品，而继续工作二十小时之久。现该厂人员减去 1/3，产量增加一倍，实现了两个人担负三个人工作的要求”③。除此之外，太行毛织厂发动生产竞赛，创造新民主主义劳动英雄，因而“毛巾的产量每月由 104 条增至 180 条”；太行纺织厂所织毛巾与布的产量亦增加三倍。④

其三，帮助群众生产。除了自己生产外，部队还普遍动员起来去帮助群众进行生产。1942 年，一一五师教二旅“帮助群众春耕 567 亩，运粪 532 担”，在麦收时“帮助群众收麦 2.7458 万亩，挑麦 9094 担”。⑤ 1943 年，胶东军区及其所属部队帮助人民春耕 719 亩、夏收 1.1091 万亩、秋收 6036 亩，共计 1.7846 万亩，约合人、畜工 1.5 万个，合洋 19.5 万元；帮助人民种子 2 万余斤，肥料 5 万余斤，约合洋 2.7 万余元。⑥

其四，参与贸易生产。从事贸易，以贸易获利来增加自身收入也是中共抗日根据地部队扩大生产的一个来源。比如，胶

---

① 《精兵简政在一一五师教二旅》，《解放日报》1942 年 11 月 13 日第 2 版。

② 《战斗动员月太行区各工厂增加生产》，《解放日报》1942 年 5 月 14 日第 2 版。

③ 《战斗动员月太行区各工厂增加生产》，《解放日报》1942 年 5 月 14 日第 2 版。

④ 《战斗动员月太行区各工厂增加生产》，《解放日报》1942 年 5 月 14 日第 2 版。

⑤ 《精兵简政在一一五师教二旅》，《解放日报》1942 年 11 月 13 日第 2 版。

⑥ 《去年胶东八路军生产节约七百万元》，《晋察冀日报》1944 年 3 月 14 日第 4 版。

东区部队，一年来（1942 年 4 月至 1943 年 4 月）共获利 10.866 万元；清河区部队，一年来（1942 年 4 月至 1943 年 4 月）生产贸易101.663 996万元；滨海区部队，一年来（1942 年 4 月至 1943 年 4 月）生产贸易获利109.107 382万元；鲁中区部队，半年来（1942 年 10 月至 1943 年 4 月）贸易获利50.453 423万元，淘金 3.2 两①，等等。

2. 学校生产绩效

学校生产绩效主要表现在物质产品数量大大增加，即无论是教师，还是学生，在生产方面均收获颇丰。

首先，就教师而言，经过多方努力，无论是在副业生产中，还是在养殖业与种植业生产中，均取得了较好成绩。如“阜平五个区的教师，在五个月中做出这样的成绩：编草帽 67 顶（在三个有苇叶麦秆的区），筐、篮、笊篱 45 个（五个区），织毛衣 7 件，手套、袜子、笔套、带子共 44 件（五个区），纺线 19 斤（三个区），磨石笔 8 打（二个区），采药材 91 斤（二个区），喂猪 2 口、鸡 80 余只，种大麻 100 余株，北瓜 300 余棵，种菜 5 亩多（四个区）”②。尤其需要说明的是，在前述纺线 19 斤中，仅孙玉连一人即纺线 13 斤，占了纺线总数的绝大多数份额，“在他勤劳成绩刺激下，全村群众生产积极性更高涨了”③。同时，小学教师们因为这样一种实干的劳动精神不仅使生产喜获佳绩，而且还因之而越发得到学生及其家长的爱戴。如据时人董志云讲，他曾亲见一位高级小学教师“养种着十几亩水旱地，雇着一个工，每天早晨天还不亮，他便领着他的子侄们到田里去拔草、浇水……他跟他才分居、养种着同样多的地而多雇着一个工的伯伯家打同样多的粮食。他这样辛勤地参加了田里的

---

① 《山东纵队健儿扩大生产节约加强教育，去年完成一千三百万元任务》，《解放日报》1943 年 4 月 27 日第 1 版。

② 《北岳区生产教育的活跃》，《晋察冀日报》1943 年 8 月 4 日第 4 版。

③ 《北岳区生产教育的活跃》，《晋察冀日报》1943 年 8 月 4 日第 4 版。

工作，但是并没有耽误过给孩子们上课，而且在他这样以身作则的影响之下，所有的小学生也都向他学习起来”①。而类如此等之小学教师也就因此而备受鼓舞，更加“愉快地肩负着‘百年树人’的重任，脚步踏实的向前迈进了”②。

其次，就学生而言，在教师的精密组织下，无论是在校内集体生产，还是在校外生产与个人生产方面，均取得很大成效。如张家庄小学生在校内集体生产中共“开荒 9 亩余，种谷子 7 亩、玉黍 0.6 亩、大麻子 1 亩、稻子 0.2 亩、杂豆 0.2 亩、北瓜 25 棵、菜园 0.1 亩，植树 50 余株（活着的），栽山药 0.3 亩，集体采菜 300 多斤（给贫苦儿童分头带回家），纺纱 20 天，共纺棉花 2.1 斤，得红利 12 元”，这些成果“除一部分奖励劳动英雄及积极生产者外，尚能解决全校课本问题、运动器械，并帮助贫苦儿童纸笔”③。在校外生产中，张家庄小学生亦取得了很大成绩，共计“采菜 1900 斤以上。帮助家中耕地 20 余亩，锄地 7 亩多，浇地 15 亩，拾柴 300 余斤”。在个人生产中，张家庄小学生共耕地“约 1.6 亩，多种豆子、菜蔬”④。又如，北岳区各小学的生产劳动成果亦很丰富。在那许多课余生产品中，就学习用具而言，主要有地球仪、看图识字牌、黑板擦、粉笔、石板、石笔，等等；就副业成品而言，主要有草帽、毛衣、毛袜、手套、手巾、带子、框篮，等等。⑤ 而且，最大的特色是在不同地区有着不同的产品，比如“山地的盂平、上龙窝小学的石笔、石板做得非常出色，平原产麦和苇子的地方以各色各样草帽为多，其他如行唐、平山、井陉、阜平等地的羊毛织物、棉织物都很不少”⑥。应该说，所有这些都是结合了各地实际情

---

① 董志：《小学教师与生产运动》，《晋察冀日报》1943 年 8 月 24 日第 4 版。

② 《北岳区生产教育的活跃》，《晋察冀日报》1943 年 8 月 4 日第 4 版。

③ 《张家庄小学的生产教育》，《晋察冀日报》1943 年 6 月 26 日第 1 版。

④ 《张家庄小学的生产教育》，《晋察冀日报》1943 年 6 月 26 日第 1 版。

⑤ 《北岳区生产教育的活跃》，《晋察冀日报》1943 年 8 月 4 日第 4 版。

⑥ 《北岳区生产教育的活跃》，《晋察冀日报》1943 年 8 月 4 日第 4 版。

况灵活运用的结果。

3. 自新人生产绩效

自新人生产主要表现在农业生产、手工业生产以及其他杂项生产上，成绩亦很可观。

其一，农业生产。在农业生产上，自新人取得的成绩主要体现在开荒、种地以及帮助老乡抢收农作物等方面。比如，繁峙县从 1943 年 4 月开始，一旬之间即开了生荒 5 亩（种山药蛋），种熟地 10 亩，5 月份原计划继续开种荒地 15 亩，由于行政上规定了生产奖励办法，自新人生产情绪更加高涨，生产组织也更加合理化，根据自新人体格强弱分别编成生产组、采菜组，生产组又分二组，经常轮番休息劳作，这样也提高了生产效率，“只用了半个月工夫即已超过原计划 1/3，在后半月就把山药蛋、萝卜都下种”，这些工作完成之后，自新人“还帮助老乡春耕，有 9 个犯人出去打短工，74 天共得工资 355 元，节省囚粮 55.5 斤”。总计，“自种山药蛋种子 30 余斤，莜面 7.5 升，萝卜籽用了 1.5 斤”，而所得之收获却远大于此，计收获“山药蛋 51 布袋、莜麦 8 斗、萝卜 3 布袋、荞麦 3 斗、黄豆 2 升、谷子 2 升、桃条 200 斤”。[①] 曲阳县犯人在生产方面的成绩亦很显著，“特别值得表扬的是那个种公地的犯人，他们以百倍的精神种着 10 亩地，早将地耕完，又充分的准备了种麦，并在剩余中起沙子，扩大着耕地面积。在他们起沙子时又照顾了造肥，将尿桶放在地里，每天的尿都提回去。他们的生活是早出晚归，晚上去民校学习，这种积极的生产情绪已获得该村群众的赞扬，对该村生产起不少影响”[②]。又如，1943 年秋，沁县看守所中的自新人全部参加生产劳动，“一星期内，共开生荒 22 亩，熟荒 6 亩，准备下种小麦”。有其他生产技术的亦从事劳作，“预计如

---

① 《繁峙县监所犯人去年生产成绩》，《晋察冀日报》1944 年 3 月 3 日第 1 版。

② 陈立民：《曲阳犯人参加生产生活能自给》，《晋察冀日报》1944 年 4 月 14 日第 2 版。

能按原定的生产计划完成，则自新人的全部食粮即可依靠自己的劳动获得解决”。①

此外，为了应对秋收时节敌人对抗日根据地进行的以“大肆抢粮”为目的的“扫荡”，自新人还积极帮助老乡抢收农作物。比如，繁峙县全体押犯“一面收割自己种的莜麦、山药蛋、萝卜，一面分一部分人帮助老乡抢收共用 52 个工，帮助老乡抢打、抢藏共用 411 个工，共节省囚粮 460 多斤，得利润 1442 元”②。

其二，手工业生产。在手工业生产上，自新人取得的成绩主要体现在纺织业、榨油业、皮革业等方面。比如，1943 年 1 月至 3 月，繁峙县开展了纺织手工业生产活动。在这一活动中，有 70 余名自新人先后学习了纺织技术，其中学会织袜子、毛衣的有 50 余人，“作出成品有毛袜子 159 双、手套 10 付、背心 3 件，三个月中共赢利 1000 余元”，除一部分提成改善犯人生活外，“还买了 800 多斤山药蛋种子”，为农业生产打下了基础。③又如，1943 年 8 月间，为了榨油，繁峙县自新人“采山桃每日出去 10 人，8 天就采了 20 多袋”，后来虽然因为转移地点影响了收成，“只榨油 20 斤”，但仍“解决监所灯油一部，节省油钱 400 余元”，而榨油的油渣又改善了犯人自己的生活。④

此外，技术改进对于手工业生产的提高起到了重要作用。如在晋察冀某皮革厂，做足球、手套、皮袜等都发现了新办法，“以前每人两天缝一个篮球，现在能够每人一天完成一个”⑤；在裁子弹盒方面亦有很大改进，“以前要用铅笔划印，现在改用手裁。以前四人裁，供应一个组不够用，现在一人裁、一人缝还

---

① 《沁县自新人全部参加生产，计划做到粮食自给》，《太岳日报》1943 年 9 月 10 日第 4 版。

② 《繁峙县监所犯人去年生产成绩》，《晋察冀日报》1944 年 3 月 3 日第 1 版。

③ 《繁峙县监所犯人去年生产成绩》，《晋察冀日报》1944 年 3 月 3 日第 1 版。

④ 《繁峙县监所犯人去年生产成绩》，《晋察冀日报》1944 年 3 月 3 日第 1 版。

⑤ 《晋察冀某皮革厂精简后面貌一新》，《解放日报》1943 年 1 月 22 日第 2 版。

缝不过来。以前一个子弹盒共缝200针，现在增加到了300针。以前只用直针，现在能斜缝。以前不会上针，现在都会代针。以前刨皮每人每天刨6张，现在增到8张。以前有的皮面发硬质松，现在做的又柔又软。以前做的子弹盒是花的，不适于正规兵团用，现在一色了，并且质地耐久"①。

其三，其他行业的生产。除了前述之农业生产、手工业生产外，自新人在运煤、开饭馆、砍柴等其他生产战线上亦都取得了很大成绩。如曲阳县犯人"运煤的12个人，每天运煤600斤，得运费132元，在10多天的过程中，生活都是自给自足"②；"开饭馆的三人带剃头，20天来除他们自给吃饭消耗外，获得纯利710元，他们并附带造肥种菜园"，这种营业"给了诉讼当人及来往干部家属很大方便"，节省了人民的开支。③ 又如，繁峙县犯人砍柴除一部分自烧外，"出卖赢利共计486元"，并在"二月份曾给政府盖房子13间，节省不少的工和公费"。④

需要说明的是，在中共抗日根据地生产运动取得重要成绩的同时，也仍然存在着不容忽视的问题。在机关生产中，一是有些地方推动生产运动的组织不够健全，存在着过度依赖领导人的现象。比如，阜平县机关生产合作社曾出现"负责人下乡走了，集体生产即没人照顾了"等现象。二是有些地方对于生产的重要性认识仍然不够，劳动观点转变仍需加强。比如，阜平县曾出现当一机关"干部大部下乡后，留机关的干部生产情绪就消沉了"等现象。三是有些地方个人生产与集体生产结合的仍然不够，生产自动性较差。比如，阜平县曾出现"集体生产很热闹都愿参加"，但"对个人生产就不愿干了"等现象。四

---

① 《晋察冀某皮革厂精简后面貌一新》，《解放日报》1943年1月22日第2版。

② 陈立民：《曲阳犯人参加生产生活能自给》，《晋察冀日报》1944年4月14日第2版。

③ 陈立民：《曲阳犯人参加生产生活能自给》，《晋察冀日报》1944年4月14日第2版。

④ 《繁峙县监所犯人去年生产成绩》，《晋察冀日报》1944年3月3日第1版。

是有些地方工作与生产并未协调发展，甚至有个别人员把工作和生产对立起来，特别是有些杂务人员只注意生产，不注意学习。[①] 在部队生产中，也存在一些偏向，最主要的就是生产和劳动的热潮仍然不够，其次是执行党的政策和政府法令不够。为此，有的纵队还特地发布指示，通令所属各部兵团将生产当作一个重要的政治任务，要求每一个人都参加到生产阵线中来；同时，还要加强部队特别是生产贸易人员的政策法令教育，在党的一元化领导之下推进根据地的生产建设运动。[②]

前述问题的存在表明，在发展生产运动上，并非只有光鲜的成绩，还有诸多问题与不足，亦即成绩与不足是同时存在的，成绩为主流，不足为支流。明了于此，我们不仅要倡导主流上对生产运动的一贯赞歌，也应探究赞歌背后的五味杂陈。如此，方能还原生产运动之本相。

---

① 李国庆：《阜平县级机关生产概述》，《晋察冀日报》1944年4月16日第2版。

② 《山东纵队健儿扩大生产节约加强教育，去年完成一千三百万元任务》，《解放日报》1943年4月27日第1版。

戊戌变法时期传教士办报之兴衰
——以《尚贤堂（新学）月报》（1897—1898）为中心

河北大学宋史研究中心暨历史学院　张　婷

《尚贤堂（新学）月报》（以下简称《尚》）是在戊戌变法前后，发行于北京地区的一份近代期刊。它是由美国传教士丁韪良（William Alexander Parson Martin，1827—1916）主编，因出版于美国传教士李佳白（Gilbert Reid，1857—1927）筹办的尚贤堂内而得名。《尚》从1897年6月至1898年5月，每月发行一期，一共十二期，从第三期开始改名为《新学月报》。主编丁韪良为美国基督教长老会传教士，在华活动六十余年，曾在京师同文馆担任总教习一职达三十年之久，对中国社会情况十分熟悉，与清廷官员、士大夫阶层也交往甚密。在戊戌前后，他围绕“救时”而发表一系列议论，认为中国变革的方法应立足于宗教：“化民之法，首在以神道设教，我国新建，必以昭事上帝为本。”① 在传教士中具有典型性。除此之外，该报内容还广涉西方科学、政治经济学、基督教心理学、新闻以及《伊索寓言》等，其栏目丰富多样，已基本具备了近代期刊的雏形。

但是，在近代报刊发展史上，《尚》都是一个受到忽略的部分，虽然存在于戊戌变法的关键时期，又发行于变法的京津地区。从现在掌握的材料来看，它在变法中所产生的影响并不能

① 《择人建国议》，《新学月报》第六本。

过高估计。之所以会出现这种情况，与中国近代报刊业的发展以及传教士报刊宣教的目的不适应国人的精神需要有直接关系。

一、维新派报刊宣传变法主张

甲午战后，维新派报刊迅速崛起，由于它们的内容特点及“时务文体”适应时代需要而颇受一般读者的青睐，在文化宣传阵地长期掌握着舆论导向权，这是新兴的《尚》不能望其项背的，在争取读者方面不可避免地要受到很大冲击。同时，传教士丁韪良念念不忘的“彼采西法而欲遣西教者，何异栽树而拔其本乎？[①]”的论调，也与被各阶层普遍接受的“中学为体，西学为用”的时代强音南辕北辙，这也在客观上加速了《尚》的被淘汰。

“中国人自办的具有近代意义的报刊，始于十九世纪五十年代。到甲午战争时，仍只有寥寥数家，而且极不景气。”[②] 维新运动兴起后，康梁等维新派率先认识到兴办报刊在启迪民智上的重要性：“以为新报尤足以开拓心思，发越聪明，与铁路开通，实相表里。”[③] “去塞求通……而报馆其导端也。”[④] 第一次将报纸作为一种传播新思想、新知识，并且引导民众舆论的变革工具，报纸在中国社会中的地位上升到从未有过的高度。自此，中国近代报刊业进入蓬勃发展阶段。

1895 年 8 月创办于北京的《中外纪闻》（初名《万国公报》）是维新派人士投身报业的第一次尝试。1896 年 1 月和 8 月康有为和梁启超等人在上海分别创办了《强学报》和后来影响巨大的《时务报》。1897 年 2 月，澳门出现了《知新报》，4

---

① 《以教兴华论》，《新学月报》第七本。

② 张九洲、张莲波：《戊戌时期的新兴报刊与近代文化》，《史学月刊》1986 年第 6 期。

③ 《戊戌变法》第二册，第 149 页。

④ 《戊戌变法》第四册，第 521 页。

月《湘学报》(后改名为《湘报》)在长沙与读者见面。同年十月份，《国闻报》与曾发表严复《天演论》的《国闻汇编》在天津问世。在这些维新刊物的宣传带动下，各地的社团、机构纷纷组建或筹办自己的报章，一时间各种报刊犹如雨后春笋般涌现出来。“据汤志均的《戊戌变法史论丛》与张静庐的《中国近代出版史料初编》，光绪二十一年至二十四年三年间，出现了约60种报纸。其中既有日报、旬报、月报，又有综合性报刊、专业性报刊与文摘性报刊。”① 而仅光绪二十三年（1897）一年，便出现了20家报纸，绝大部分集中于上海和天津等城市，② 对维新思想相对保守的北京形成包围之势，为京畿地区的变法活动源源不断地输送着新思想。虽然这些报刊的形式和内容不尽相同，但宣传变革、速兴变法大计的要求却是一致的，表现在报刊风格上就是政治色彩浓厚。有学者曾对这一阶段的几种维新报刊的第一期到第十期的政治类文章数量做过统计，情况如下：“《时务报》共399篇，完全谈论政治的文章110篇；《知新报》330篇，政治类90篇；《湘学新报》280篇，政治类104篇；《渝报》211篇，政治类85篇；《岭学报》274篇，政治性的147篇；《蜀学报》296篇，政治性的145篇。”③ 从这个统计上看，政治类文章大约占总数的三分之一左右，是当之无愧的核心。对于它们宣传的思想，我们恰好可以从守旧派恶意的攻击中看出：“如尔来《时务》《知新》等报所论，尊侠力、伸民权、兴党会、改制度。甚则欲去跪拜之礼仪，废满汉之文字，平君臣之尊卑，改男女之外内，直似止须中国一变而为外洋政

---

① 周积明：《变革的新工具——略说戊戌时期的学堂、学会、报纸》，《湖北大学学报》(哲学社会科学版) 1996年第2期。

② 笔者据汤志均“乙未戊戌间全国各地主要报刊负责人提名”统计，《戊戌变法人物传稿》，中华书局1982年版，第732—734页。

③ 张九洲、张莲波：《戊戌时期的新兴报刊与近代文化》，《史学月刊》1986年第6期。

教风俗，即可立致富强。”① 守旧派的恐惧倒是从侧面说明维新派的政治宣传在社会上引起了一定的反响，受到了人们的追捧。与之相对比，笔者统计《尚》的前十期共有203篇文章，其中政论类仅有35篇，从所占比例上看，还不足维新报刊的一半。不但数量上少之又少，其思想又是直接立足于基督教，与时下维新派的宣传更是毫不相干了。

二、写作文体的变革

不但在宣传变法内容上，维新派报刊提出的建议较切中实弊。在文章写作形式上，它们也较《尚》更胜一筹，突出表现在“时务文体”的应用上。“时务文体”是适应维新人士从事政论写作的需要而出现的一种新的报章文体，它打破了传统古文、时文、骈文在写作形式上的条条框框，主张畅所欲言，夹慷慨激昂于叙事、议论之中，给人以奋发向上的精神鞭策。当时曾涌现出一大批这样的报刊政论家，如康有为、梁启超、谭嗣同、唐才常、严复等人，他们名噪一时、形式新颖的政论文章，就多运用于这一文体。梁启超形容它的特点为：“务为平易畅达，时杂以俚语韵语及外国语法，纵笔所至不检束”，“然其条理明晰，笔锋常带情感，对于读者，别有一种魔力焉”。② 因此，在梁氏主笔的《时务报》出版仅几个月，销路便达到一万七千余份，“一时风靡海内，数月之间销行至万余份，为中国有报以来所未有，举国趋之，如饮狂泉”③。

以《时务报》和《尚》对同一政治事件的报道为例，梁启超这样惊呼德国占领胶州湾后，中国面临的危局：“敌无日不可

① 《戊戌变法》第二册，第485页。

② 梁启超：《清代学术概论》，中国人民大学出版社2004年版，第206页。

③ 梁启超：《中国报馆之沿革及其价值》，转载于张静庐辑注《中国出版史料补编》，中华书局1957年版，第82页。

以来，国无日不可以亡。数年以后，乡井不知谁氏之藩，眷属不知谁氏之奴，血肉不知谁氏之俎，魂魄不知谁氏之鬼。”他号召全体国人要“同心竭虑，摩荡热力，震撼精神，致心皈命，破釜沉船，以图自保万一”①。而丁韪良在回答“德人之举，若任其如此，则他国不将群起效尤乎”的提问时，却是摆出一副事不关己的理应如此的态度：“杀人之案，向每以银偿之。嗣后个国将援案据地以偿之，恐亦势所必然也。”② 虽然不是公开与侵略者同流合污，但是在民族感情上，丁韪良的论调也很难引起正处于家国悲痛的中国人情感上的共鸣。在报道清军战备情况上也是如此，梁启超运用“时务文体”往往锋芒毕露、无所畏惧：“兵惟无耻，故老弱羸病，苟且充额，力不能胜匹雏，耳未闻谭战事，以养兵十年之蓄，饮酒看花，距前敌百里而遥，望风弃甲。”③ 而丁韪良的建议则是在隔靴搔痒：“窃谓中国之病，一在实学隔膜，一在陆师废弛，如其添置兵舰，不如鼓舞实学、整顿陆师。二者立则本固，纵有侮予者，亦不难以守为攻，以逸待劳，以决胜于大雅坐镇之下。”④ 透过相关政治事件的报道，流露出两种截然不同的关注态度，在情绪表现上一动一静、一强一弱。一种“怒其不争”，但字里行间蕴含作者蓬勃战斗的朝气；另一种做出隔岸观火世事洞明的姿态，空洞说教的结果只能是默默无闻。

以上是从报刊风格、写作形式两个方面对《尚》和同时期的维新报刊进行比较，两者的区别可谓泾渭分明：一则表现保守，对清政府的改革以修补为主；一则几乎是痛下决心，要翻天覆地，换个人间。在国人求变若渴之际，维新派的报刊显然更迎合中国人的心理需要。另外，站在晚清社会正处于上升阶

① 梁启超：《南学会叙》，《时务报》第51册，光绪二十四年正月廿一日。
② 《近事或问》，《新学月报》第七本。
③ 梁启超：《知耻学会叙》，《时务报》第40册，光绪二十三年九月初一日。
④ 《各国水师（船数年饷）表》，《新学月报》第九本。

段的“中学为体，西学为用”思潮的角度看，丁韪良立足于基督教的本末论也与此时国人的共识背道而驰，这也是《尚》不能吸引读者注意的一个重要原因。

三、宣教主张备受冷遇

作为近代以来一个颇有代表性的口号，“中学为体，西学为用”的提出是伴随着中国知识分子对西方国家认识的加深而逐渐发展的，其内涵和外延在中西文化交流的实践中不断得到深化和扩大。早在1861年冯桂芬所写的《采西学议》一文中，就已朦胧有了“以中国之伦常名教为原本，辅以诸国富强之术”[①]的思想。1892年郑观应撰《西学》篇，他的结论是：“合而言之，则中学其本也，西学其末也，主以中学，辅以西学。”[②] 三年之后，沈寿康第一次将“中体西用”的框架完整、准确地表述出来：“夫中西学问，本身互有得失，为华人计，宜以中学为体，西学为用。”[③] 这时还是作为教育概念而出现，而直到1898年张之洞的《劝学篇》问世，“中学为体，西学为用”的纲领性地位才得以确定。“张之洞最乐道之，而举国以为至言。”[④] 它所包含的内容也逐渐扩大到政治、经济、文化乃至人们的衣食住行了。由于是顺应时代需要而产生，又随着人们知识的扩展而不断更新，“中学为体，西学为用”从诞生起就决定了它是一个内涵宽泛、人们可以见仁见智的口号。所以，维新运动期间，许多持不同政见和文化见解的人都能凭借“体用”概念的模糊性进行发挥，在同一个口号下“六经注我”，这一点在清政府官僚和维新派中皆有表现。不过，本文在这里不将他们两派看法

---

① 《戊戌变法》第一册，第28页。

② 《戊戌变法》第一册，第49页。

③ 沈寿康：《救时策》，李天纲编辑：《万国公报文选》，生活·读书·新知三联书店1998年版，第333页。

④ 梁启超：《清代学术概论》，中国人民大学出版社2004年版，第217页。

的孰优孰劣作为探讨重点，所要着重指出的是，尽管在“中体”和“西用”的范畴上，他们取舍不同，但是他们对于儒家思想在中国所占据的至高无上的地位却从未有过半点怀疑。

如京师大学堂的管学大臣孙家鼐，虽然认为《文学兴国策》“其于中国之病源，可谓洞见症结”，但是，随后他即表示“未敢留作局中之书”，原因是“《文学兴国策》论教化处，专以基督为主”，所以“只可由牧师自行印售”。在回应传教士要求中国改宗基督的问题上，他对儒教表现出坚决的回护，“若讲论道德期于正人心、厚风俗，则行之中国非孔圣之教不可，万不敢改弦更张，行耶稣基督之教”。义正词严地指出中国的贫弱，错不在于信仰孔子，而在于人们“读孔子书，不肯行孔圣之事”。①因此，由他聘请洋教士做教习的京师大学堂仍旧要求贯彻“中学为主，西学为辅；中学为体，西学为用……以中学包罗西学，不能以西学凌驾中学”② 的思想。维新派对于“中体”的认识，也与他们有着不约而同的一致性。“要之舍西学而言中学者，其中学必为无用；舍中学而言西学者，其西学必为无本。……方今四彝交侵，中国微矣！数万万之种族，有为奴之痛；三千年之教宗，有坠地之惧。存亡绝续在此数年，学者不以此自任，则颠覆惨毒，宁有幸乎？”③ 仍是以孔教马首是瞻，基督教毫无相提并论的可能性，更遑论取而代之了。

丁韪良提出的“道与政，本末之义”④ 自然是对这一思潮的回应，他从基督教出发，意图将人们的注意力转向于此。无奈它本来就力量弱小，传教的言论又明显地与主流声音格格不入，无法与后者融合，而汇聚成声势浩大的影响力，所以很快就被

---

① 寿州孙燮臣大司空：《覆龚景张太史心铭书》，《万国公报》，华文书局影印本，第26册，1896年8月，第16230页。

② 孙家鼐：《议覆开办京师大学堂折》，《戊戌变法》第二册，第426页。

③ 梁启超：《西学书目表后序》，光绪二十八年（1902）仲春月秦中官书局铅印。

④ 《回教盛衰纪略》，《尚贤堂月报》第一本。

遗忘到历史的角落中去了。这个时期，尽管在上海的《万国公报》还在为传播基督教做着不懈的努力，但是人们对于教会报刊动辄与政治攀亲的举动，已经颇有微词了，"《万国公报》亦出西人之手，凭教会之力，其宗旨多倚于教，于政治学问界非有大关系焉"①。这说明，随着中国近代知识分子的崛起，传教士在晚清社会中能起到的影响力越来越小了。

综上，随着维新派报刊的崛起、壮大，中国近代报刊业逐渐脱离开了最初那种由传教士主导的局面。而众多爱国知识分子的摇笔呐喊，因为贴近社会局势而受到广泛的认同。与之相反，传教士加诸政治上的宗教色彩以及由此表现出的文化优越感，非但不会引起国人的思考和关注，反被视为他们办报的一贯伎俩，而予以摒弃，这些因素最终导致了《尚》在戊戌维新变法的关键时期默默无闻。

---

① 梁启超：《中国报馆之沿革及其价值》，张静庐辑注：《中国出版史料补编》，中华书局1957年版，第82页。

集体行动理论下的探讨：抵货运动产生的驱动力量及其生成机制

——以1923年津埠抵制日货运动的产生为例

河北大学历史学院　魏国栋

近代以来，面对列强的不断欺凌，我国民众奋起抗争，曾屡次发动抵货运动。目前学界对抵货运动研究的成果甚多，但运用社会学理论来探讨抵货运动如何产生的学术成果仍付阙如。① 笔者不揣浅陋，以1923年津埠抵制日货运动的产生为例，运用社会学的集体行动理论中的情感论，从社会心理学角度出发，对抵货运动如何产生的问题进行初步考察，本文旨在抛砖引玉，敬请方家斧正。

一、“符号性事件”的出现与抵货运动产生的驱动力量

抵货运动是以抵制洋货为“唯一共识”或“共同诉求”，由不同的个人、群体及社会组织联合在一起采取的集体行动。王

---

① 关于抵货运动研究的代表著作有：金文恢《抵货研究》，浙江省立民众教育馆教导部出版，1930年；［美］雷麦《中国抵货运动研究》（C. F. Remer，A Study of Chinese Boycott），巴尔的摩，1933年；邵德厚《抵制日货之考察》，正中书局，1933年；菊池贵晴《中国民族主义运动的基本构成：抵制外货运动研究》，东京大安出版社1966年版。Delber L. McKee：Chinese Exclusion Versus the Open Door Policy 1900—1906：Clashes over China Policy in the Roosevelt Era，Detroit，1977；潘君祥《近代中国国货运动研究》，上海社会科学院出版社1998年版；［美］黄贤强《1905年抵制美货运动：中国城市抗争的研究》，上海辞书出版社2010年版。代表论文有：李学智《五四运动中天津商人罢市、抵制日货问题考察》，《近代史研究》1995年第2期；［韩］金希教《抵制美货运动时期中国民众的“近代性”》，《历史研究》1997年第4期；朱英《深入探讨抵制美货运动的新思路》，《历史研究》1998年第1期；王冠华《爱国运动中的合理私利：1905年抵货运动夭折的原因》，《历史研究》1999年第1期；王立新《中国近代民族主义的兴起与抵制美货运动》，《历史研究》2000年第1期；冯筱才《罢市与抵货运动中的江浙商人：以五四、五卅为中心》，《近代史研究》2003年第3期；许冠亭《商会在官、民、洋三元互动中的角色和作用——以1905年中美工约交涉及抵制美货运动为例》，《史学月刊》2007年第12期；周石峰《抵制日货的计量检视：1931—1934年》，《中国经济史研究》2009年第3期；吴志国《五四抵货运动中对“奸商”惩罚的行为研究》，《湖北社会科学》2009年第5期；齐春风《匹夫有责抑或勉为其难：商人与济案后的抵制日货运动》，《南京师范大学学报（社会科学版）》2012年第5期。代表的硕博士学位论文：吴志国《近代中国抵制洋货运动研究（1905—1937）》，华东师范大学博士学位论文；张华《1931年至1933年抵制日货运动研究》，山东师范大学硕士学位论文；李永玲《1923年抵制日货运动考察》，天津师范大学硕士学位论文。

冠华曾运用美国学者奥尔森的集体行动理论，精辟地分析了抵货运动的集体属性以及无法长期持久的原因，但未涉及抵货运动如何产生的问题。① 关于抵货运动如何产生的研究，目前，多数学者赞同“事件说”，认为抵货运动是在一定的激发事件刺激下产生的，但也有一些新观点，如“资产阶级成长说”“新兴群体说”“民族主义说”等。② 从近代抵货运动的历程来看，笔者承认，抵货运动确是在一定激发事件的强烈刺激下产生的，并带有较强的对外抗争性。③

在此，笔者试图运用社会学的集体行动理论中的情感论，从社会心理学的角度出发，以 1923 年津埠抵制日货运动的产生为例，对抵货运动如何产生的问题展开分析，重点探讨促使抵货运动产生的激发事件、内在驱动力量以及抵货运动的生成机制等方面。

（一）集体行动理论中情感论的理论阐释

西方学者［法］勒庞（Lebon）、［美］布鲁默（Blumer）、［美］特纳（Turner）、［美］贾斯柏（Jasper）等人都是集体行动理论中情感论的代表人物。

从社会心理学的情感角度研究集体运动的产生，勒庞是先驱者。他指出：群体（集体）并不是简单的多个人的聚集；群体（集体）要具备一种“集体心理”，即“其中的个体思想感情会全部朝一个共同的方向进发”；如果没有“集体心理”，那么聚集再多的人也形不成群体（集体）。他强调：“集体心理”的出现需要一个激发事件的冲击，这一事件能使不同的独立个体

---

① 王冠华：《爱国运动中的合理私利：1905 年抵货运动夭折的原因》，《历史研究》1999 年第 1 期。

② 吴志国：《近代中国抵制洋货运动研究》（1905—1937），华中师范大学 2009 年博士学位论文。

③ ［美］雷麦：《中国抵货运动研究》（C. F. Remer，AStudy of Chinese Boycott），巴尔的摩，1933 年。

爆发出“激烈情感”，各自独立的个人情感又“相互影响”，最终在心理意义上获得“群体特质”，即形成“集体心理”。他道：“很多时候，例如国家大事引发的激烈情感，可以让成千上万的各自独立的个人获得心理意义上的群体特质。在这一情况下，他们可以因为一个突发的事件就相互影响，并很快地聚集起来，由此立即获得群体行为的属性。”①

特纳进而将“集体心理”阐发为“共同的心理”。他认为，集体行动的产生需要不同的个体形成某种“共同的心理”，它包括“共同的愤恨”或“共同的意识形态和思想”。这种“共同的心理”形成的关键是独立个体在聚众过程中产生了某个“共同的看法或规范”。而“共同的看法或规范”的产生与一个激发事件紧密相连，他称之为“符号性事件”。“符号性事件”能“创造出一种独特的民族认同，它是随后仪式的焦点，并成为一个社会的集体记忆”②。但并非所有“符号性事件”都导致“共同的看法或规范”的产生，只有当一个“符号性事件”能引起普遍大众“一致的反感”时，围绕这一“符号”才会产生某种“共同的看法或规范”，并引发一场针对那个“符号”的反感或仇恨以及相应的聚众行动。③

特纳提到的“符号性事件”强调的是某些具有“道德震撼”意义的激发事件。“道德震撼”一词是由［美］贾斯柏提出的，指的是在社会运动刚刚开始产生的时候，一个未曾预料的事件发生或一个未曾料想的信息公布，普遍地激起了人们的道德愤怒，从而使人们倾向于参加集体行动，无论是否有人对他们进

① ［法］古斯塔夫·勒庞：《乌合之众：大众心理研究》，江西人民出版社2010年版，第14页。

② ［英］梅尔文·里克特：《政治和社会概念史研究》，华东师范大学出版社2010年版，第136页。

③ Turner，Ralph H. and Lewis M. Killian，Collective Behavior，Englewood Cliffs：Prentice—Hall，1987.

行动员。[1] 具有“道德震撼”意义的“符号性事件”能制造出一种令人震惊或眩晕的景象，它会猛烈地冲击不同个体的道德情感，使人们感受到一种深深的挫伤感，于是人们便聚集起来商议，在聚众中各自独立的个人情感又相互影响与感染，进而人们对此“符号性事件”产生了“一致的反感”与“共同的愤恨”，在心理层面上呈现出“共同的看法或规范”，这样“共同的心理”得以形成，最终独立个体具备了“群体特质”，集体行动随之产生。

（二）中日交涉旅大事件的渊源、过程及各地各阶层民众的反应

多数学者认为，中日交涉旅顺、大连事件导致了1923年全国性抵货运动的产生。旅大位于我国辽东半岛南端，背托东北大陆，扼渤海海峡咽喉，战略地位极其重要，近代以来一直为俄日两国所觊觎。1898年俄国向清政府强租旅大，1905年日俄战争后，俄国战败，俄擅自“将旅顺口、大连湾并其附近领土领水之租借权”转让给日本，旅大成为日本的殖民地。[2] 其后，日本于1915年5月同袁世凯政府签订“二十一条”及换文，袁政府同意将旅大租期改为99年，即至1997年。但当时中国国会并未批准，之后历届政府也未正式承认。

此后，在1918年的巴黎和会上，中国代表团提出废除二十一条的要求，称：“旅顺为亚洲最重之要塞，大连接南满安奉二路，占商业上重要地位，日本得此，足以控制中国历史上北胡

---

① Jasper, J &Jane poulsen 1995, “Recruiting Strangers and Friends: Moral Shocks and Social Networks in Animal Rights and Anti-Nuclear Protests.” *Sociological Forum* 13.

② 王芸生编：《六十年来中国与日本》第4卷，天津《大公报》1932年11月，第238页。

寇华所必经之通道，中国之安全从此岌岌不可终日矣。”[①] 巴黎和会是场帝国主义列强的分赃会议，根本对中国的合理要求不理不睬。1921年召开华盛顿会议，在会上中国代表团再一次提出了废除二十一条和收回旅大租借地案，但遭到日方无理拒绝。

日本企图长期侵占旅大，中国人民坚决反对。依据1898年3月中俄《旅大租地条约》和1905年12月中日《会议东三省事宜正约》的规定，旅大租借地应于1923年3月26日归还中国。但日本坚持按照1915年5月签订的中日条约，将旅大租期延至1997年。为捍卫领土主权完整、维护中华民族尊严，1922年以来，全国各界纷纷发起收回旅大运动。7月，辽宁各界组织国民外交后援会，向全国呼吁收回旅大。10月，国会议员刘彦、张树森等向众、参两院提出《民四二十一条中日协约无效案》，由众、参两院通过，当“主席宣告全案成立时，全场起立，鼓掌之声，震动屋瓦”，此举从法律上宣告中日协约无效。[②] 11月，全国商联会召开大会，集体上书北京政府，称：“日人强迫我之二十一条……已由我复活之正式国会议决撤销，是辽东半岛展借之期已无根据，所租年限应截至明年为止”，且宣布“举国商民誓不承认”。[③]

随后，中国于1923年3月10日正式照会日本，声明：“所有民国四年五月廿五日缔结之中日条约及换文，除已经解决及已经贵国政府声明放弃，并撤回所保留各项外，应即全部废止”，并要求日方指定日期以商酌旅大接收办法及废约后的其他问题。[④] 但日本于14日悍然拒绝了中国要求，诡称中国违背国际信义，擅自废除“成约”。

---

① 程道德、郑月明：《中华民国外交史资料选编（1919—1931）》，北京大学出版社1985年版，第19页。

② 《满洲报》1923年11月24日。

③ 《商联会主张收回辽东半岛》，《民国日报》1922年11月11日。

④ 中国第二历史档案馆编：《中华民国史档案资料汇编》（第三辑民众运动），江苏古籍出版社1991年版，第632页。

日本拒不归还旅大的消息传至国内，举国上下掀起了一场声势浩大的反日爱国浪潮。3 月 18 日，商联会在京召开评议会，就废弃“二十一条”及协商接收旅大问题，提出《警告国人一致对付案》。会后，天津商会代表杨明僧“以事关国权、国土，商会讵能置之不顾”为由，同各省商会代表赴外交部请愿。① 同日，武汉学生联合会决定联络全国商界抵制日货，与日本断绝一切经济往来。② 23 日，北京学生联合会召开各校代表大会决定 26 日举行反日游行示威。③ 24 日，中华民国救国会、中华女子救国会、国民外交后援会等 14 团体召开联席会议议决：通电全国，急起作否认“二十一条”之大示威运动；督促政府，速向日本政府严正交涉；与日本断绝商业关系。④

25 日，上海总商会举行对日外交市民大会，参加者两万余人，高呼“收回旅大主权”“否认二十一条”，商界正式宣布抵制日货。⑤ 26 日，北京 30 多所学校以及一些社会团体齐集天安门，举行游行示威，并召开国民大会。⑥ 28 日，全国商联会、京师商约研究会等举行游行示威，数千人手持白旗，上书“不承认二十一条”“力争收回旅大”，在游行时向府院递交请愿书，指出“二十一条片面迫定条约理应废除，旅顺大连理应照约收回”，总统黎元洪接见请愿代表，表示支持商界爱国行为。⑦

可见，在中日交涉旅大事件中，正是日本对中国收回旅大合理要求的蛮横拒绝，最终激起了各地各阶层民众对日本的反感与愤恨，他们慷慨激昂、奔走呼号，纷纷举行各种抗议活动，

---

① 《杨明僧述外部交涉谈》，天津《大公报》1923 年 3 月 26 日。

② 《武汉各团体注意外交》，《晨报》1923 年 3 月 24 日。

③ 《京学界将为旅大案游行》，《申报》1923 年 3 月 26 日。

④ 《旅大今日理应收回》，《晨报》1923 年 3 月 26 日。

⑤ 顾明义、张德良、杨洪范、赵春阳编：《日本侵占旅大四十年史》，辽宁人民出版社 1991 年版，第 554 页。

⑥ 《昨日为收回旅大示威运动》，《晨报》1923 年 3 月 27 日。

⑦ 顾明义、张德良、杨洪范、赵春阳编：《日本侵占旅大四十年史》，辽宁人民出版社 1991 年版，第 549 页。

以反抗日本的霸权行径。

（三）促使抵货运动产生的“符号性事件”及其内在驱动力量

结合西方学者关于集体行动理论中的情感论，我们来分析激发1923年津埠抵货运动产生的“符号性事件”及其内在的驱动力量。

在1923年中日交涉旅大过程中，日本拒不归还旅大这一事件，引发了全国各地工、农、商、学等阶层的反日怒潮。从情感论的角度来看，1923年中日交涉旅大事件即为具有“道德震撼”意义的“符号性事件”。

1923年3月，当日本拒绝归还旅大的消息被国人得悉，这一消息猛烈冲击了社会各个阶层的道德情感，严重地挫伤了全国民众的爱国情感，各地各阶层民众的思想感情开始“朝一个共同的方向进发”，逐渐产生了一种对日本的“一致的反感”及“共同的愤恨”的情感，举国上下形成了一致对抗日本、声援政府收回旅大的“共同的看法或规范”。随着人们彼此之间影响力、感染力的加强，各阶层民众、各社会团体的反日爱国情感不断汇合与趋同，共同对日本的愤恨与共同捍卫国家主权、维护民族尊严等反日爱国情感，即“集体心理”（“共同的心理”）也喷薄而生。

在“共同的心理”驱动下，各阶层民众及社会团体针对日本拒不归还旅大这一“符号”，普遍地焕发出参与反抗日本霸权的集体行动的蓬勃热情，他们在实践中通过合法制度内许可的多种渠道，发动了一系列集体行动，诸如游行、请愿、召开大会乃至商讨抵制日货运动，这充分地表达了对国家收回旅大外交活动的坚定支持和对日本霸权行径的一致愤慨。

根据以上分析，笔者认为，抵货运动的产生需要一个具有“道德震撼”意义的“符号性事件”来激发，抵货运动的参与者所形成的“集体心理”（“共同的心理”），即共同对列强（日本）的愤恨与共同捍卫国家主权、维护民族尊严等反日爱国情感是促使抵货运动产生的根本的内在驱动力量。

二、抵货运动生成的心理机制

前文在宏观层面上分析了促使抵货运动产生的“符号性事件”与内在的驱动力量，以下我们以津埠抵货运动的产生为个案，在微观层面上分析抵货运动在心理机制上又是如何生成的。意谓：抵货运动产生所需要的“集体心理”（“共同的心理”），它经历了什么样的心理阶段和环节才能生成？它又是怎样转化为集体行动的？

（一）勒庞的情感感染论与布鲁默的集体行动形成论的理论概述

勒庞在剖析了“集体心理”是“群体特质”之后，进而指出独立个体之间的“相互感染”与“相互影响”最终导致了“集体心理”的形成，他提出了情感具有“感染性”的理论。他指出：“所有的情感和行动在群体中都有感染性，它甚至可以把个体感染到随时准备为集体利益牺牲个人利益。”① 在群体中，每个人都特别容易接受他人“暗示”，彼此“暗示”又加强了人与人之间的“相互感染”。他强调：“其实群体一直都是这样一个状态——时时在期待被关注，因而他极容易受人暗示。最开始只是一个示意，经过相互感染，很快就进入到群体中所有的人的头脑中，于是一个事实即刻降临，群体一致的倾向性情感得以形成。”②

---

① ［法］古斯塔夫·勒庞：《乌合之众：大众心理研究》，江西人民出版社 2010 年版，第 19 页。

② ［法］古斯塔夫·勒庞：《乌合之众：大众心理研究》，江西人民出版社 2010 年版，第 28 页。

那么，独立个体之间“相互感染”与“相互影响”下产生的“集体心理”（“共同的心理”）的生成机制又如何？

布鲁默在汲取勒庞的情感感染论的基础上，进一步从“集体心理”生成机制的角度，分析了集体行动是如何具体生成的，提出了集体行动形成的理论。布鲁默指出：集体行动是一个人与人之间的“循环反应过程”，它包括三个阶段：集体磨合、集体兴奋和社会感染。

第一阶段——集体磨合：由于出现了某个激动事件，人们受到此事件的强烈刺激，情感上开始感到极大挫伤，他们四处乱转，内心惶恐不安，似乎在寻找什么，或又在逃避什么，于是人们开始聚集起来商讨。

第二阶段——集体兴奋：随着内心惶恐感的增强，人们在聚众中极易受到他人情感的暗示及刺激并做出反应，而这种反应又反过来对原有的情感及行为产生刺激作用，从而形成了循环反应。循环反应把人们的情感推向高潮，某种共同的愤恨情感得以产生，于是形成了集体兴奋。

第三阶段——社会感染：集体兴奋的过程，也就是情感相互感染的过程。它使群体在心理上逐渐聚焦，从而造成心理上的一致倾向，共同的愤恨情感进而形成。随着人们之间的感染力和愤怒感继续增强，群体成员会感到群体的聚众行为是一种不可征服的力量，便进入了集体行动的爆发阶段。①

可见，在布鲁默看来，集体磨合、集体兴奋和社会感染是集体行动生成的三个相延承的基本心理阶段。

（二）1923 年津埠抵货运动的具体产生过程

以上对勒庞的情感感染论和布鲁默的集体行动形成理论做

① Herbert Blumer, Elementary Collective Behavior. in Alfred Mc Clung Lee (ed.), New Out line of the Principles of Sociology. NewYork: Barnes&Noble, lnc, 1946, pp. 170—177.

了基本阐述，我们再来“复原”津埠抵货运动的具体产生过程。

1923年3月14日，即日本拒绝中国收回旅大合理要求的当日，哈尔滨商会致电天津商会，要求“一致进行，鼓吹民气，以壮我政府声援”①。当时，代表津埠民意的主要社会组织是天津各界团体代表会议。② 21日，天津各界团体代表会率先召开会议决定：（1）请各商家在门前悬挂白旗，上写取消二十一条、收回旅顺大连字样。（2）本月二十六日，在南开操场开市民大会，请各商家派人前往，去时携带手旗或国旗或本公会之旗，或写取消二十一条、收回旅大之旗。团体代表会还委托天津商会通知各商“按照上列办法一律实行，并希速速”③。随后，商会张贴布告，通知商民“26日在南开操场开市民大会，请各商家派人前往多多益善”④，并呼吁“事关外交，凡我国民，自应同作后盾”⑤。

在各界团体代表会与商会充分“暗示”与刺激下，26日，市民大会隆重召开，与会者约二十余万人，均成群结队，手执白旗，大声疾呼“还我旅大”“誓死不承认二十一条”。大会提议全埠民众采取实际行动抵制日货。当时，外人参观者亦为民气如此蓬勃而肃然起敬，“有某西人之脱帽致敬者”。《大公报》慨叹：“以民气如是蓬勃，我国前途尚未可量，我同胞本此民气，积极力争，实行最后之经济绝交主义，坚持到底，终有圆满达到目的之一日。”⑥

随之，商会下属的照相同业公会、木器同业公会、织染同

---

① 《哈尔滨商会致津商会电》，天津《大公报》1923年3月15日。

② 天津各界团体代表会议是在1921年华盛顿会议时成立的，由津埠一百多个社会团体组成。

③ 天津市档案馆、天津社会科学院历史研究所、天津市工商业联合会编：《天津商会档案汇编》（1912—1928）第4册，天津人民出版社1992年版，第4874—4875页。

④ 《昨日各团体代表开会会记》，天津《大公报》1923年3月26日。

⑤ 《津人一片力争外交声》，天津《大公报》1923年3月26日。

⑥ 《气吞山岳之市民大会》，天津《大公报》1923年3月27日。

业公会等纷纷开会，通知各同业商家悬挂白旗，并开始研究抵制日货的具体方法。① 胶皮车同业公会议决“对于日本外带，暂不购买”②。在日本设有分庄的商家也纷纷致电分庄“嘱其停购日货，暂行收束账目，以备回国”。津埠日商“多忧形于色，深恨该国政府之侵略政策为不当”。③

市民大会过后，抵制日货提上日程，发动抵货运动，非商会直接行动莫属。所以，团体代表会不断加强与商会的沟通，它于 27 日、28 日两次致函商会，称：“贵会为商家重要机关，对此问题定有妥善办法”，并提议“派代表来会磋商抵制日货事宜”。④

29 日，团体代表会派方卓陈、刘雁宾、朱述尧等人前往商会磋商。方、刘、朱到达商会，商会秘书长夏琴西在场，夏琴西就抵货事宜当即给卞月庭会长打电话，卞道：“会上是和议制，吾自己不能主持，总得想个办法，万别相从前的样子”，他决定于 4 月 3 日召开会行董会议共商此事。⑤ 同日，团体代表会发布对商宣言，声明：“以此宣言发表日为购订日货之截止期，在此截止期后购订之货，皆认为违背公约。”⑥ 但由于商会未正式采取行动，此宣言对商家约束力不强。

在津埠民众的一致要求下，由天津商会直接领导的抵制日货运动已迫在眉睫。为此，天津商会于 4 月初发动了抵制日货运动。

（三）抵货运动生成的心理机制及其内在环节

按照勒庞与布鲁默的理论路径，我们对津埠抵货运动的产

---

① 《津民力争民气之激昂》，天津《大公报》1923 年 3 月 25 日。
② 《力争外交中民气之澎湃》，天津《大公报》1923 年 3 月 30 日。
③ 《津民力争民气之激昂》，天津《大公报》1923 年 3 月 25 日。
④ 《汇编（1912—1928）》第 4 册，第 4875 页。
⑤ 《团体代表与商会之谈话》，天津《大公报》1923 年 3 月 31 日。
⑥ 《汇编（1912—1928）》第 4 册，第 4876—4877 页。

生过程进行分析，可知抵货运动的生成机制包含以下心理阶段和环节：

1. 强烈刺激——聚众接触——集体磨合

津埠抵货运动的产生是在中日交涉旅大这一“符号性事件”强烈刺激下爆发的。日本拒不归还旅大使津埠民众爱国情感受到极大挫伤，情绪上开始愤懑不安，于是人们聚合起来商讨对策，诸如天津各界团体代表会于 3 月 21 日召开会议，在会议中人们聚集在一起，畅所欲言，共商国是，人们的情感开始“相互感染”与“相互影响”，即进入了“集体磨合”阶段。

2. 充分暗示——循环反应——集体兴奋

21 日各界团体代表会做出了让商家悬挂白旗和召开市民大会等决议，并且通过商会张贴的布告对津埠民众充分地起到“暗示”与刺激作用，使对日愤恨的情感逐渐在各阶层民众中蔓延开来。

26 日津埠市民大会召开，在大会上，各社会团体通过声势浩大的聚众游行示威，展示了各阶层民众强烈的反日爱国情感，民众高呼“还我旅大”“誓死不承认二十一条”等“感染性”的话语，对日愤恨的情感一时之间在津埠的工、农、商、学等阶层中快速感染与传播，各阶层民众彼此又充分摩擦与互动，进一步地循环刺激与反应，这更加强了个体、群体、组织之间的感染力与凝聚力，各阶层对日愤恨的情感渐趋一致，且日益蓬勃与高涨，各阶层民众出现了“集体兴奋”。

3. 社会感染——集体行动

市民大会之后，各界团体代表会通过向商会致函和直接派代表等方式，与商会积极地展开信息互动。此时商会下属的同业公会也纷纷开会商讨抵货事宜，各界团体代表会与商会、同业公会之间的互动，又得到了广大民众的鼓励和支持，整个津埠呈现出了“社会感染”的氛围。正如有人道：“本埠市民连日对外交问题，咸抱坚决，力争主张，故挂白旗也、市民大会也、游行会也、讲演团也。轰轰烈烈，警动全城。然此仅表示民气与民意也，根本问题仍在抵制日货，使其身受痛苦，有所觉悟，为不可稍缓者也。乃连日仍未进行者也，系侯商会开会解决。”①

此时，津埠民众已处于情绪极其亢奋、情感亟须喷发的状态，各阶层的“集体心理”（“共同的心理”）也已形成，随着人们之间的感染力和愤怒感继续增强，人们会感到抵货运动有种不可征服的力量，于是就进入了抵货运动的爆发阶段。

结　论

历史是“过去”形成的事实，这一事实主要由人的活动谱写而成，而每个人乃至每个群体都具有情感，因此就会给“过去”打上深深的情感烙印。在每一历史事件发生、进行乃至终结的过程中，人类情感往往起到了非常重要的作用。

在本文对抵货运动产生的驱动力量及其生成机制的分析中，我们采用了两个维度的考察：

（一）宏观层面

抵货运动的产生需要一个具有“道德震撼”意义的“符号性事件”来激发。

民众的“集体心理”（“共同的心理”），即对列强（日本）“共同的愤恨”与共同的捍卫国家主权、维护民族尊严等反日爱国情感，它是抵货运动产生的内在驱动力量，直接推动了抵货运动的产生。

（二）微观层面

深入剖析抵货运动生成的具体心理机制，可发现它包括集体磨合、集体兴奋、社会感染三个阶段，具体环节包括：强烈刺激——聚众接触——集体磨合；充分暗示——循环反应——

① 《抵制日货中商人之奋起》，天津《大公报》1923年4月4日。

集体兴奋；社会感染——集体行动等。这一具体生成机制充分地反映了“集体心理”（“共同的心理”）形成的不同心理阶段与环节，只有当“集体心理”（“共同的心理”）在心理层面上形成了，集体行动才能在实践层面上产生。

在抵货运动中，民众爆发出的对日“共同的愤恨”与共同地捍卫国家主权、维护民族尊严等反日爱国情感是一种从内心油然而生的最诚挚的情感。当国家主权受到践踏、当神圣领土受到侵占，每个有正义感、责任感，有血性的炎黄子孙都会慷慨激昂、义愤填膺。这是中国人民不惜任何代价抗拒一切蔑视和羞辱，赢得国际承认和维护自身尊严的一种强烈的爱国情感。这种爱国情感对激发全国规模的抵货运动起着关键作用，它给予抵货运动以神圣的意味，并在具体行动中强化了人们的民族意识。

总之，本文仅是用社会学理论考察历史事件的粗浅尝试，也许能在一定程度上丰富“过去”的历史图景，但仍远远不够。诚然，认识历史事件的多面性，需要不同交叉学科理论工具的渗入，正如英国史学家彼得·伯克道：“如果用一句话来总结理论的价值，可以这样说，与比较的方法相似，理论能够让历史学家意识到除了自己所习惯的假设和解释外，还有其他可能的选择，从而扩展了历史学家的想象力。”① 彼得·伯克之言可谓切中肯綮，值得我们深思。

---

① ［英］彼得·伯克：《历史学与社会理论》，上海世纪出版集团2010年版，第201页。